U0940636

浙江经济普查年鉴 2018

Zhejiang Economic Census Yearbook

第二产业卷|下

浙江省人民政府第四次经济普查领导小组办公室　编著

中国统计出版社
China Statistics Press

图书在版编目（CIP）数据

浙江经济普查年鉴. 2018. 第二产业卷. 下 / 浙江省人民政府第四次经济普查领导小组办公室编著. -- 北京 : 中国统计出版社, 2020.11
ISBN 978-7-5037-9398-1

Ⅰ. ①浙… Ⅱ. ①浙… Ⅲ. ①经济－普查－浙江－2018－年鉴②第二产业－经济－普查－浙江－2018－年鉴 Ⅳ. ①F127.55-54②F427.55-54

中国版本图书馆 CIP 数据核字(2020)第 234149 号

浙江经济普查年鉴—2018/第二产业卷（下）

作　　者/浙江省人民政府第四次经济普查领导小组办公室
责任编辑/许立舫
封面设计/黄俊杰　李雪燕
出版发行/中国统计出版社
通信地址/北京市丰台区西三环南路甲 6 号　邮政编码/100073
电　　话/邮购（010）63376909　书店（010）68783171
网　　址/http://www.zgtjcbs.com/
印　　刷/河北鑫兆源印刷有限公司
经　　销/新华书店
开　　本/880mm×1230mm　1/16
字　　数/1154 千字
印　　张/37
版　　别/2020 年 11 月第 1 版
版　　次/2020 年 11 月第 1 次印刷
定　　价/980.00 元（全五册附光盘）

本书附同版本 CD-ROM 一张，光盘内容以书面文字为准。
如有印装差错，由本社发行部调换。

编辑委员会

编者说明

为便于社会各界共同分享第四次全国经济普查成果，更方便地开发利用普查资料，我们将浙江省经济普查资料编辑整理，汇编成《浙江经济普查年鉴-2018》一书。全书共三卷，即《综合卷（上、下）》《第二产业卷（上、下）》和《第三产业卷》。为使读者能够更好地使用本资料，现对有关问题作如下说明：

一、第四次全国经济普查的标准时点为 2018 年 12 月 31 日，时期资料为 2018 年度；

二、《综合卷》中“综合篇”和“企业篇”汇总表，均不包含少量无分组标识的单位数据，其中单位数包含兼营二、三产业的农、林、牧、渔业法人单位；从业人员数、营业收入和资产总计不包含兼营二、三产业的农、林、牧、渔业法人单位，不包含人民银行、银保监会、证监会监管的金融业以及铁路运输部门单位数据；个体经营户汇总表使用单位清查时的数据，从业人员数为 2018 年 6 月 30 日在本单位工作并取得工资或其他形式劳动报酬的人员数；

三、本资料建筑业按法人单位注册地，其他行业按法人单位经营地进行汇总；

四、本资料对部分数据由于计量单位取舍不同或四舍五入而产生的误差数均未作机械调整；

五、表中空格表示该项指标数值为零、不足最小单位、数据不详或无该项数据，“#”表示其中主要项，个别行业因涉及单个企业数据保密等原因不宜公开，以“*”表示；

六、为了更准确地使用本年鉴，每卷后附有该卷详细的指标解释。

浙江省第四次全国经济普查资料是全省普查工作者共同辛勤工作的成果，也是广大普查对象积极支持配合的结果。在此，我们向全省所有普查工作者、普查对象及所有参与和支持普查工作的人员致以崇高的敬意和衷心的感谢！

浙江省人民政府第四次经济普查领导小组办公室

2020 年 7 月

第二产业卷（下） 目录

第一篇 规模以上工业企业科技情况篇

A. R&D 及相关活动

B. 基本情况

C. R&D 人员

D. R&D 经费支出

E. R&D 项目

F. 企业研发机构

第二篇 建筑业企业生产经营及财务状况篇

附　录

第1篇

规模以上工业企业科技情况篇

A.R&D及相关活动

1-A-1 企业R&D及相关活动主要指标

主要指标	单位	总计	大型	中型	小微型
基本情况					
有R&D活动的企业	个	16505	473	2705	13327
有研发机构的企业	个	10141	372	2034	7735
有新产品销售的企业	个	17978	509	2949	14520
R&D人员情况					
R&D人员合计	人	513546	122475	167818	223253
#女性	人	117667	29494	39057	49116
#研究人员	人	115638	38877	34815	41946
#全时人员	人	396380	95952	129789	170639
R&D人员折合全时当量	人年	394147	97962	129533	166651
R&D经费情况					
R&D经费内部支出	万元	11473921.2	3470540.9	3771340.3	4232040.0
按支出用途分					
1.日常性支出	万元	10689623.1	3273231.7	3517013.3	3899378.1
#人员劳务费	万元	4262939.4	1494485.9	1339971.0	1428482.5
2.资产性支出	万元	784298.1	197309.2	254327.0	332661.9
#仪器和设备	万元	775120.6	195924.4	249740.7	329455.5
按资金来源分					
政府资金	万元	153008.0	64476.3	43524.1	45007.6
企业资金	万元	11276837.7	3399156.6	3712363.4	4165317.7
国外资金	万元	16793.8	4765.1	5226.7	6802.0
其他资金	万元	27281.7	2142.9	10226.1	14912.7
R&D经费外部支出	万元	606885.8	415261.9	129348.3	62275.6
#对境内研究机构支出	万元	166293.3	132532.1	22209.5	11551.7
对境内高等学校支出	万元	36790.7	10989.8	10568.5	15232.4
对境外支出	万元	36315.4	19104.8	13796.1	3414.5
R&D项目情况					
项目数	项	77940	7460	19901	50579
参加项目人员	人	479078	116713	156542	205823
项目人员折合全时当量	人年	368357	93596	120922	153838
项目经费内部支出	万元	11174133.7	3374719.2	3680139.5	4119275.0

1-A-1　续表

主要指标	单位	总计	大型	中型	小微型
企业办研发机构情况					
机构数	个	10769	529	2321	7919
机构人员数	人	380545	112109	127900	140536
#博士	人	2709	930	897	882
硕士	人	25578	14889	6630	4059
机构经费支出	万元	9954664.3	3789537.2	3285799.4	2879327.7
仪器和设备原价	万元	7703702.6	2030818.6	3008399.3	2664484.7
#进口	万元	724723.1	286026.7	284210.5	154485.9
新产品开发及生产情况					
新产品开发项目数	项	87445	8436	21872	57137
新产品开发经费支出	万元	12700402.1	3981809.0	4087127.6	4631465.5
新产品销售收入	万元	233081590.9	90694482.1	74667877.4	67719231.4
#新产品出口	万元	45318590.7	17667668.1	15841237.6	11809685.0
自主知识产权及相关情况					
专利申请数	件	100254	23966	26166	50122
#发明专利	件	27998	8752	7573	11673
有效发明专利数	件	62341	16156	19060	27125
#境外授权	件	2605	1101	1053	451
拥有注册商标数	件	78510	22916	25913	29681
#境外注册	件	10768	5066	3368	2334
形成国家或行业标准数	项	3584	763	1427	1394
政府相关政策落实情况					
来自政府部门的研究开发经费	万元	140164.3	59506.2	40753.3	39904.8
研究开发费用加计扣除减免税	万元	721992.3	241115.3	245937.5	234939.5
高新技术企业减免税	万元	1377922.9	585167.9	523144.4	269610.6
技术获取和技术改造情况					
引进技术经费支出	万元	94677.2	52307.1	29977.3	12392.8
消化吸收经费支出	万元	15559.2	10540.3	2988.2	2030.7
购买国内技术经费支出	万元	207200.2	88453.1	67427.5	51319.6
技术改造经费支出	万元	2271586.5	1265031.7	667412.5	339142.3

1-A-2 分登记注册类型企业R&D

主要指标	单位	内资企业	国有企业	集体企业	股份合作企业
基本情况					
有R&D活动的企业	个	14603	9	4	98
有研发机构的企业	个	8850	5	2	57
有新产品销售的企业	个	15897	5	1	113
R&D人员情况					
R&D人员合计	人	418783	194	20	1367
#女性	人	94441	32	4	268
#研究人员	人	88473	70	9	235
#全时人员	人	321016	111	15	1058
R&D人员折合全时当量	人年	318382	152	12	958
R&D经费情况					
R&D经费内部支出	万元	8903730.6	4843.1	264.9	22408.3
按支出用途分					
1.日常性支出	万元	8302020.9	4695.4	264.9	20751.7
#人员劳务费	万元	3207453.9	1112.9	155.3	8167.3
2.资产性支出	万元	601709.7	147.7		1656.6
#仪器和设备	万元	595040.4	147.7		1652.9
按资金来源分					
政府资金	万元	115328.1	2.6		133.9
企业资金	万元	8752682.2	4840.5	264.9	22274.4
国外资金	万元	12353.2			
其他资金	万元	23367.1			
R&D经费外部支出	万元	271884.1	21.4		180.9
#对境内研究机构支出	万元	72508.4	21.4		10.0
对境内高等学校支出	万元	30736.3			8.0
对境外支出	万元	15807.0			
R&D项目情况					
项目数	项	67143	22	4	330
参加项目人员	人	389808	177	19	1269
项目人员折合全时当量	人年	296676	138	11	904
项目经费内部支出	万元	8667430.6	4614.0	264.9	21873.1

及相关活动主要指标

联营企业	有限责任公司	股份有限公司	私营企业	港澳台商投资企业	外　　商投资企业
1	2278	897	11316	981	921
	1488	699	6599	677	614
	2452	922	12404	1059	1022
2	82637	77021	257542	55158	39605
	18383	17548	58206	13307	9919
1	20614	22657	44887	16657	10508
	63972	59258	196602	43963	31401
	63633	59256	194371	45016	30749
9.5	1994772.7	2028906.8	4852525.3	1556495.8	1013694.8
9.5	1873011.6	1911947.2	4491340.6	1455125.3	932476.9
2.2	740578.3	803680.9	1653757.0	672979.1	382506.4
	121761.1	116959.6	361184.7	101370.5	81217.9
	120146.9	115753.1	357339.8	100585.8	79494.4
	28215.3	46143.2	40833.1	21966.7	15713.2
9.5	1963555.6	1974858.0	4786879.3	1531896.5	992259.0
	968.0	4632.8	6752.4	1060.4	3380.2
	2033.8	3272.8	18060.5	1572.2	2342.4
	108978.4	95604.7	67098.7	177272.2	157729.5
	29663.8	33658.2	9155.0	43224.9	50560.0
	7876.4	9383.1	13468.8	3286.8	2767.6
	2429.2	9542.2	3835.6	2961.8	17546.6
1	11877	8101	46808	5542	5255
2	76798	72304	239239	52506	36764
	59240	55696	180688	43073	28608
9.5	1930777.7	1973204.6	4736686.8	1522121.3	984581.8

1-A-2 续表

主要指标	单位	内资企业	国有企业	集体企业	股份合作企业
企业办研发机构情况					
机构数	个	9384	5	2	58
机构人员数	人	295086	229	8	842
#博士	人	2108	2	1	3
硕士	人	14844	11		17
机构经费支出	万元	7212801.5	5997.2	36.0	15888.6
仪器和设备原价	万元	6125099.1	2681.2	66.0	18296.7
#进口	万元	492236.1			27.8
新产品开发及生产情况					
新产品开发项目数	项	74971	40	4	342
新产品开发经费支出	万元	9830635.2	6572.8	264.9	20591.2
新产品销售收入	万元	183474625.4	135818.3	2098.7	285378.9
#新产品出口	万元	32496525.6	1994.3		39529.6
自主知识产权及相关情况					
专利申请数	件	83594	17		213
#发明专利	件	22070	8		53
有效发明专利数	件	47525	18		123
#境外授权	件	1550			1
拥有注册商标数	件	66555	31		34
#境外注册	件	8384	2		2
形成国家或行业标准数	项	3228	1		5
政府相关政策落实情况					
来自政府部门的研究开发经费	万元	102352.7			127.9
研究开发费用加计扣除减免税	万元	562861.3	68.4		1190.7
高新技术企业减免税	万元	1008191.3	13.0		1993.5
技术获取和技术改造情况					
引进技术经费支出	万元	55009.8			
消化吸收经费支出	万元	12814.0			
购买国内技术经费支出	万元	188580.6			46.5
技术改造经费支出	万元	1874813.0	1150.9		3157.0

				港澳台商投资企业	外商投资企业
联营企业	有限责任公司	股份有限公司	私营企业		
	1605	889	6825	722	663
	61353	68337	164317	51529	33930
	468	811	823	261	340
	4209	6912	3695	7950	2784
	1712086.1	2101912.1	3376881.5	1691369.3	1050493.5
	2049707.4	1396107.8	2658240.0	848932.0	729671.5
	176993.0	172583.3	142632.0	131930.4	100556.6
	13466	9100	52019	6325	6149
	2297274.7	2209475.7	5296455.9	1745482.6	1124284.3
	55032235.0	39959106.8	88059987.7	26931561.9	22675403.6
	6598693.4	8198137.6	17658170.7	6784964.6	6037100.5
	19411	13941	50012	9774	6886
	6505	4521	10983	3944	1984
	11852	11384	24148	8799	6017
	422	624	503	290	765
	9945	18838	37707	5775	6180
	1111	3021	4248	938	1446
	605	1107	1510	227	129
	20927.6	44098.4	37198.8	21895.1	15916.5
	144028.8	160703.5	256869.9	90563.5	68567.5
	265715.0	385643.7	354826.1	171127.4	198604.2
	5852.7	30929.5	18227.6	3399.8	36267.6
	523.5	10934.7	1355.8	1347.7	1397.5
	50732.3	57896.4	79905.4	5458.6	13161.0
	620491.0	670670.5	579343.6	192326.7	204446.8

1-A-3 制造业企业R&D及

主要指标	单位	制造业合计	农副食品加工业	食品制造业	酒、饮料和精制茶制造业	烟草制品业	纺织业	纺织服装、服饰业
基本情况								
有R&D活动的企业	个	16420	173	120	58	2	1231	631
有研发机构的企业	个	10103	120	70	32	2	650	273
有新产品销售的企业	个	17939	202	134	70	1	1543	780
R&D人员情况								
R&D人员合计	人	511612	2603	2860	1330	142	33693	14909
#女性	人	117425	798	1021	383	53	11854	7591
#研究人员	人	115111	566	718	267	63	4615	2303
#全时人员	人	395071	1711	2100	858	86	25468	11653
R&D人员折合全时当量	人年	392833	1930	2012	909	87	24595	11853
R&D经费情况								
R&D经费内部支出	万元	11422523.4	56980.4	53766.9	19686.0	9374.0	672343.5	231790.9
按支出用途分								
1.日常性支出	万元	10650414.9	50976.9	50292.3	18816.0	8726.0	620444.3	220380.7
#人员劳务费	万元	4248734.8	15461.1	16952.4	7223.2	5523.5	205313.0	102387.7
2.资产性支出	万元	772108.5	6003.5	3474.6	870.0	648.0	51899.2	11410.2
#仪器和设备	万元	762979.1	5849.3	3451.6	866.8	647.8	51573.5	11246.8
按资金来源分								
政府资金	万元	152565.7	659.8	1598.0	156.6	7867.3	1586.4	1816.0
企业资金	万元	11226022.0	55787.2	52089.6	19307.3	1506.7	664720.3	227861.0
国外资金	万元	16789.0	34.8	56.3	188.7		2525.2	569.8
其他资金	万元	27146.7	498.6	23.0	33.4		3511.6	1544.1
R&D经费外部支出	万元	602748.6	1025.4	2198.5	675.2	727.3	8911.1	3433.7
#对境内研究机构支出	万元	163746.0	236.1	396.4	27.6	224.6	7326.9	1259.1
对境内高等学校支出	万元	36383.3	409.8	986.6	241.7	283.8	587.5	159.4
对境外支出	万元	36315.4	279.7	59.7			221.5	777.6
R&D项目情况								
项目数	项	77644	493	568	178	40	4432	1604
参加项目人员	人	477290	2340	2580	1223	111	31434	13954
项目人员折合全时当量	人年	367140	1726	1815	842	69	22956	11090
项目经费内部支出	万元	11123910.2	53719.6	51620.1	18941.6	4959.0	657019.2	227088.0

相关活动主要指标

皮革、毛皮、羽毛及其制品和制鞋业	木材加工和木、竹、藤、棕、草制品业	家具制造业	造纸及纸制品业	印刷和记录媒介复制业	文教、工美、体育和娱乐用品制造业	石油、煤炭及其他燃料加工业	化学原料和化学制品制造业	医药制造业
625	124	255	237	204	444	16	780	325
302	62	131	145	113	236	11	528	235
814	127	319	280	202	540	18	782	267
12679	3836	10248	7299	3954	11820	735	22185	17838
4808	1028	2601	1395	1059	3651	102	5126	7153
1263	571	1511	889	616	1890	252	6094	6883
9569	2890	7626	5536	2993	8720	494	16883	14049
9234	2921	7600	5423	2976	9270	568	17119	14135
147183.2	65120.9	165271.7	199371.3	67013.0	178571.8	37945.3	818706.5	449216.3
143554.8	61497.3	157810.8	180283.7	61473.0	170409.7	37696.3	778015.2	389686.2
61803.2	19096.8	69076.3	42826.8	23983.2	67686.7	7482.7	200358.0	157437.5
3628.4	3623.6	7460.9	19087.6	5540.0	8162.1	249.0	40691.3	59530.1
3599.1	3588.1	7283.4	17401.9	5488.0	7945.7	245.6	39948.6	58930.9
350.6	2084.5	357.7	491.0	373.2	2439.3	66.2	7761.0	16147.9
146151.2	62710.8	164566.4	198702.3	66479.6	175175.1	37879.1	807849.9	429344.4
213.3	29.8	126.7	128.1	44.5	220.5		1309.4	2861.3
468.1	295.8	220.9	49.9	115.7	736.9		1786.2	862.7
160.8	100.5	3672.6	768.2	1361.2	2755.4	3503.5	20584.3	127336.5
16.8		413.4	252.5	30.0	1308.2	2657.4	2843.3	39002.2
143.6	45.0	722.2	113.9	57.4	169.9	846.1	4173.8	7125.6
		423.8		1153.8	549.3		338.2	5320.8
1296	457	1275	960	704	1730	119	4242	3009
11966	3531	9377	6691	3700	11009	590	20556	16725
8678	2676	6978	4975	2780	8646	446	15900	13259
144679.1	63769.9	159719.3	195140.8	65692.4	172101.9	37915.0	791290.4	432059.4

1-A-3 续表 1

主要指标	单位	制造业合计	农副食品加工业	食品制造业	酒、饮料和精制茶制造业	烟草制品业	纺织业	纺织服装、服饰业
企业办研发机构情况								
机构数	个	10726	126	84	38	2	687	288
机构人员数	人	379516	2204	2037	662	161	18192	8972
#博士	人	2693	40	46	7	9	59	15
硕士	人	25516	157	141	63	60	259	138
机构经费支出	万元	9920832.4	48835.0	45173.7	15106.3	8090.2	398364.0	164098.2
仪器和设备原价	万元	7615009.4	48763.6	43568.5	11899.7	37039.2	355143.0	109314.1
#进口	万元	724038.2	6041.7	3585.0	2005.9	27836.0	65912.5	10048.1
新产品开发及生产情况								
新产品开发项目数	项	87236	583	625	209	46	4750	1732
新产品开发经费支出	万元	12672324.7	67341.8	58412.6	22946.0	10515.9	670755.9	256412.1
新产品销售收入	万元	232099208.4	1061506.8	1048633.8	731499.1	78714.8	12741316.9	6060455.6
#新产品出口	万元	45313722.8	120995.9	192242.2	60477.0	373.5	2596156.2	2688969.1
自主知识产权及相关情况								
专利申请数	件	98704	336	325	209	91	5147	1304
#发明专利	件	27341	131	154	42	56	996	202
有效发明专利数	件	60812	249	294	175	340	1864	420
#境外授权	件	2604	6	1			16	15
拥有注册商标数	件	78399	1251	2230	856	170	2469	4179
#境外注册	件	10766	120	28	91	24	235	239
形成国家或行业标准数	项	3567	19	20	11	6	139	65
政府相关政策落实情况								
来自政府部门的研究开发经费	万元	136297.4	1152.0	1536.0	3.2		1318.6	1671.2
研究开发费用加计扣除减免税	万元	718971.4	1349.0	2969.0	979.3		26643.8	9440.8
高新技术企业减免税	万元	1369544.1	6414.2	10125.4	1272.0		44327.6	9090.0
技术获取和技术改造情况								
引进技术经费支出	万元	94677.2		2957.9		178.2	565.0	2314.1
消化吸收经费支出	万元	15559.2						0.1
购买国内技术经费支出	万元	200134.2	839.0	11708.4	1479.1	22632.1	1597.4	2858.8
技术改造经费支出	万元	2218439.4	5538.0	17080.5	1562.2	5993.4	37522.1	6864.8

皮革、毛皮、羽毛及其制品和制鞋业	木材加工和木、竹、藤、棕、草制品业	家 具 制造业	造纸及纸 制 品 业	印 刷 和 记录媒介 复 制 业	文教、工美、体育和娱乐用品制造业	石油、煤炭及其他燃料加工业	化学原料和化学制品制造业	医 药 制造业
303	69	143	150	114	248	11	584	287
7217	2210	6060	4907	2884	7634	649	17275	14791
15	20	7	14	14	32	4	315	400
26	45	68	69	29	109	15	1755	2350
102328.4	36847.9	101408.7	178881.3	53716.9	121637.0	79628.6	742848.9	474412.5
45111.3	23727.9	38638.8	228411.7	65206.9	81423.1	254884.1	1027223.9	424353.0
2791.6	2919.1	1331.1	23887.9	6928.5	3692.2	70.1	78095.2	72082.2
1451	497	1421	1071	744	1935	87	4576	3177
163192.4	66257.3	185303.3	206925.9	70504.6	192895.4	34272.5	888098.7	444649.7
3341975.4	1364423.0	3740564.4	5017605.5	1165153.1	4035803.5	1904818.3	20109161.7	6096383.6
1275747.3	414836.3	2282980.0	492174.7	219843.7	1604457.3	7081.5	1699581.6	1513874.7
853	670	2890	1118	518	2733	74	2951	1442
149	217	452	291	143	408	18	1450	701
264	433	806	413	313	940	130	4672	3288
1	15	17	2	3	35		152	458
3018	1253	3064	650	384	4275	29	6943	5726
211	111	381	47	32	789		596	321
77	104	20	23	17	49		320	108
141.0	1971.6	346.0	465.9	307.6	2218.0	41.2	7541.2	15697.4
6460.8	3855.5	12434.0	11916.7	3300.5	8186.9	412.6	74812.9	44577.6
6185.1	9248.9	8988.4	31641.8	7815.3	7318.4	13078.5	138202.0	120459.4
76.8	68.1			1486.8	381.0		2309.3	3996.0
0.2					1332.7		1392.1	7127.5
758.4	384.3	2695.3	1642.4	2167.4	2987.8	333.4	6357.9	24735.4
2790.0	1759.3	7919.1	19154.5	13810.6	19807.2	133199.5	177086.2	108766.7

1-A-3 续表 2

主要指标	单位	化学纤维制造业	橡胶和塑料制品业	非金属矿物制品业	黑色金属冶炼和压延加工业	有色金属冶炼和压延加工业	金属制品业
基本情况							
有R&D活动的企业	个	200	856	477	162	216	956
有研发机构的企业	个	93	541	268	74	118	570
有新产品销售的企业	个	197	1004	465	198	220	1117
R&D人员情况							
R&D人员合计	人	6993	19233	9789	4325	5363	23368
#女性	人	1636	4403	1800	513	766	4408
#研究人员	人	1121	3320	1889	787	957	3649
#全时人员	人	5276	14602	6981	3178	3951	17242
R&D人员折合全时当量	人年	4969	14571	7390	3091	3973	17351
R&D经费情况							
R&D经费内部支出	万元	277281.7	409795.4	225228.8	181679.6	161690.0	413313.8
按支出用途分							
1.日常性支出	万元	261867.2	382022.2	212310.0	175638.9	153424.6	385673.5
#人员劳务费	万元	44982.7	128782.3	63115.3	31447.8	33457.6	147798.8
2.资产性支出	万元	15414.5	27773.2	12918.8	6040.7	8265.4	27640.3
#仪器和设备	万元	15321.2	27571.2	12766.3	5968.9	8183.0	27358.9
按资金来源分							
政府资金	万元	1988.2	2228.7	1117.6	604.2	2140.2	4109.7
企业资金	万元	274094.9	406968.3	222826.5	181002.3	158983.9	405570.7
国外资金	万元	337.9	181.4	112.0	21.7	438.0	427.2
其他资金	万元	860.7	417.0	1172.7	51.4	127.9	3206.2
R&D经费外部支出	万元	1046.9	1927.0	1362.8	817.4	1593.4	3270.0
#对境内研究机构支出	万元	214.3	315.8	169.8	60.2	154.7	831.9
对境内高等学校支出	万元	263.8	848.0	774.6	86.8	709.8	841.2
对境外支出	万元	38.8	34.4		13.8		141.5
R&D项目情况							
项目数	项	837	3484	1800	707	904	3899
参加项目人员	人	6717	17806	8999	4027	4995	21601
项目人员折合全时当量	人年	4768	13516	6816	2888	3691	16052
项目经费内部支出	万元	272046.4	400232.9	218432.4	174497.3	158975.2	404822.4

通用设备制造业	专用设备制造业	汽车制造业	铁路、船舶、航空航天和其他运输设备制造业	电气机械和器材制造业	计算机、通信和其他电子设备制造业	仪器仪表制造业	其他制造业	废弃资源综合利用业	金属制品、机械和设备修理业
2261	1103	1195	241	2138	839	401	121	19	10
1350	696	752	144	1558	631	312	70	10	6
2357	1111	1187	245	2284	910	412	126	22	5
61467	29521	46906	6708	72847	58723	17154	2397	400	287
10389	4343	7842	1124	15274	12480	3098	601	104	21
12520	6837	10599	1444	15443	21988	5673	271	54	58
46680	23436	37311	4948	57373	48215	13309	1450	311	172
46755	22753	35395	5318	55564	49378	13463	1736	300	191
1172376.4	609817.1	960393.8	137598.6	1618413.3	1671916.2	362303.4	31767.1	11466.0	5140.5
1090716.6	553064.7	871505.6	126057.3	1518571.7	1590138.6	334330.4	31166.2	9488.8	4375.4
451684.5	244876.1	377588.5	47181.5	562847.2	916016.2	178103.2	13465.7	3101.5	1673.8
81659.8	56752.4	88888.2	11541.3	99841.6	81777.6	27973.0	600.9	1977.2	765.1
81004.7	56205.3	87756.7	11429.9	98954.7	81361.0	27849.3	560.9	1944.6	675.4
18124.8	13274.6	7523.3	6862.0	12658.3	25992.9	12001.9	24.8	5.7	153.3
1152194.3	593425.3	950363.9	130654.0	1601478.5	1643236.2	347253.2	31494.1	11446.9	4898.1
793.0	546.2	1291.6	71.2	2530.5	1043.5	660.7	25.7		
1264.3	2571.0	1215.0	11.4	1746.0	1643.6	2387.6	222.5	13.4	89.1
18899.6	7483.1	179697.6	6734.9	32393.2	157232.2	12526.6	379.2	170.5	
5297.5	862.1	92880.3	1397.9	3694.7	1273.8	473.2	125.3		
3332.7	2198.7	1619.8	92.6	3919.9	3659.9	1651.3	253.9	64.0	
1140.5	1332.6	14804.4	940.3	2988.6	2453.4	3302.7			
11562	5908	7052	1114	11438	5029	2373	329	75	26
57076	27732	43605	6253	67442	56104	16278	2221	377	270
43415	21455	32931	4976	51637	47327	12751	1619	281	180
1147364.0	593412.6	938645.9	134799.1	1572269.9	1630833.0	355238.9	30901.4	10672.3	5050.8

1-A-3 续表 3

主要指标	单位	化学纤维制造业	橡胶和塑料制品业	非金属矿物制品业	黑色金属冶炼和压延加工业	有色金属冶炼和压延加工业	金属制品业
企业办研发机构情况							
机构数	个	108	553	297	74	122	588
机构人员数	人	4287	14854	5927	2381	3319	14650
#博士	人	77	70	65	15	31	45
硕士	人	114	374	302	54	166	228
机构经费支出	万元	190709.4	379677.9	153312.0	140528.8	97944.3	268737.8
仪器和设备原价	万元	195957.3	310351.7	104290.1	63847.2	176421.2	238061.6
#进口	万元	25060.5	37524.7	11002.5	1994.9	17001.7	19511.3
新产品开发及生产情况							
新产品开发项目数	项	1024	4251	1936	799	954	4337
新产品开发经费支出	万元	366514.7	509323.6	232143.4	233812.1	190365.1	427119.0
新产品销售收入	万元	10053214.5	6864924.8	4970114.6	4978296.9	5903296.5	7295606.7
#新产品出口	万元	646082.5	1552242.9	571055.3	360214.6	562665.0	2250685.7
自主知识产权及相关情况							
专利申请数	件	588	3697	2243	584	748	4567
#发明专利	件	175	871	739	137	180	845
有效发明专利数	件	440	1748	1220	387	526	2316
#境外授权	件	2	19	33	1	10	59
拥有注册商标数	件	245	2877	1067	99	633	3308
#境外注册	件	45	612	323	17	48	477
形成国家或行业标准数	项	30	166	59	16	57	163
政府相关政策落实情况							
来自政府部门的研究开发经费	万元	1771.3	1226.3	1110.8	619.3	1957.0	3929.3
研究开发费用加计扣除减免税	万元	9044.2	25923.3	9992.2	8738.8	6431.5	23185.0
高新技术企业减免税	万元	25750.0	35688.4	43637.6	7335.3	6101.2	34584.2
技术获取和技术改造情况							
引进技术经费支出	万元	7606.3	654.6	3108.2		288.3	10498.6
消化吸收经费支出	万元	60.5	394.7				1864.0
购买国内技术经费支出	万元	2398.1	9530.0	1807.2	1565.5	9018.2	9293.9
技术改造经费支出	万元	37067.2	67520.6	323568.2	90723.9	22373.7	50267.4

通用设备制造业	专用设备制造业	汽车制造业	铁路、船舶、航空航天和其他运输设备制造业	电气机械和器材制造业	计算机、通信和其他电子设备制造业	仪器仪表制造业	其他制造业	废弃资源综合利用业	金属制品、机械和设备修理业
1413	728	772	151	1673	686	337	71	13	6
42392	22346	34588	4534	59724	56727	16374	1111	239	208
234	137	156	10	370	374	110		2	
1559	1153	1480	111	2477	10664	1532	10	8	
924717.7	497885.2	932112.4	110468.3	1457973.4	1798485.4	370724.1	15823.1	4743.1	5611.9
772140.3	351801.0	593741.6	85491.6	902745.5	709658.8	269870.3	11879.5	27148.3	6894.6
60434.8	31874.9	61315.2	2505.4	78838.3	60582.6	3205.1	1338.6		4620.6
12864	6640	8042	1194	12935	6033	2871	375	55	22
1309484.0	656155.7	1109031.0	146621.1	1834615.5	1828704.5	444784.8	34003.5	6983.5	4179.1
19132836.8	8329830.2	28804175.8	2496622.5	33308624.9	26184702.9	4425921.1	505230.5	302586.7	45207.5
4155044.2	1725543.1	2229095.0	855883.0	8492706.9	5701731.0	849426.0	177246.2	7354.9	6955.5
13069	7658	6986	1382	20446	11756	3701	541	76	1
3246	2145	1730	297	4971	5192	1295	98	10	
7519	5084	3423	615	8688	11298	2707	209	27	4
266	97	79	27	345	768	166	11		
8022	3594	2235	813	10507	5506	2299	692	5	
1722	621	342	217	1650	956	416	95		
657	253	213	31	445	227	237	28	7	
16747.8	12449.7	7369.1	6617.0	9956.6	25807.1	12274.2	22.0	5.7	23.3
82668.0	41772.2	57283.1	6587.4	105092.1	104984.1	28349.7	1060.5	519.9	
143697.7	78933.3	160529.2	7586.9	200092.8	150878.8	59013.6	778.5	727.8	41.8
5822.8	1310.5	18754.5	23.5	30765.1	1511.6				
143.7	280.1	286.3	23.5	292.8	2361.0				
14350.5	6906.3	32520.7	205.2	10883.3	13964.4	4365.7	12.0	10.0	126.1
262557.1	126811.3	272122.2	4461.1	182763.4	195310.3	21657.8	169.9	2085.1	126.1

1-A-4 分地区企业R&D及

主要指标	单位	杭州市	宁波市	温州市	嘉兴市
基本情况					
有R&D活动的企业	个	1784	3612	2863	1859
有研发机构的企业	个	1384	2601	1979	1418
有新产品销售的企业	个	2198	3360	2853	2470
R&D人员情况					
R&D人员合计	人	92897	112311	64350	56637
#女性	人	21145	24526	13699	14614
#研究人员	人	32162	24404	10690	10337
#全时人员	人	75045	88488	51270	43170
R&D人员折合全时当量	人年	74664	86893	50335	41900
R&D经费情况					
R&D经费内部支出	万元	2682808.9	2396157.6	1053437.7	1389344.2
按支出用途分					
1.日常性支出	万元	2528800.4	2247471.7	987605.1	1316175.9
#人员劳务费	万元	1305463.7	936005.9	398815.5	421310.3
2.资产性支出	万元	154008.5	148685.9	65832.6	73168.3
#仪器和设备	万元	152065.7	147406.7	64981.6	72787.3
按资金来源分					
政府资金	万元	63123.9	11223.7	8838.0	7338.5
企业资金	万元	2613462.6	2379372.0	1041068.6	1375851.7
国外资金	万元	4143.5	2488.5	533.9	119.3
其他资金	万元	2078.9	3073.4	2997.2	6034.7
R&D经费外部支出	万元	211818.2	145681.5	22694.9	28082.8
#对境内研究机构支出	万元	16397.5	84230.2	1226.3	4752.5
对境内高等学校支出	万元	8935.8	7503.1	2020.1	2139.1
对境外支出	万元	3278.6	21898.0	1355.4	2323.8
R&D项目情况					
项目数	项	10102	19139	11134	9120
参加项目人员	人	87629	105602	59982	53560
项目人员折合全时当量	人年	70662	81866	46983	39645
项目经费内部支出	万元	2623270.1	2331946.5	1035768.3	1317709.4

相关活动主要指标

湖州市	绍兴市	金华市	衢州市	舟山市	台州市	丽水市
1015	1883	1223	289	139	1450	388
724	672	460	103	117	555	128
1049	1877	1538	328	105	1789	411
29004	53865	37700	9276	4220	44558	8728
6532	13322	9639	2133	883	9159	2015
6260	12137	6972	1498	1022	8615	1541
22214	39209	28365	6123	2865	32922	6709
22804	42009	28433	5412	3110	32324	6261
745051.8	1280969.8	654269.5	204805.5	84828.2	801595.4	180652.6
672767.2	1177639.2	597456.4	182218.7	72833.6	738673.6	167981.3
192420.6	362785.8	210429.7	42875.0	28956.2	312883.9	50992.8
72284.6	103330.6	56813.1	22586.8	11994.6	62921.8	12671.3
71422.6	102275.0	56094.3	21261.6	11730.8	62511.7	12583.3
6578.6	19200.0	14304.3	4392.4	1303.3	14955.5	1749.8
736646.0	1248670.3	636499.9	199512.5	83383.2	783761.5	178609.4
485.9	7410.0	661.6	213.1	52.6	594.5	90.9
1341.3	5689.5	2803.7	687.5	89.1	2283.9	202.5
10276.4	25929.2	16082.1	3341.6	1536.9	138490.0	2952.2
1152.8	4491.3	2100.9	1110.0	842.6	49736.6	252.6
2394.2	3783.5	2671.1	553.0	372.2	6059.5	359.1
704.3	1366.4	105.7	34.1	184.8	5064.3	
5567	6619	5413	1336	517	7415	1578
26679	49816	34396	8514	3927	41024	7949
21020	38933	25921	4910	2896	29816	5705
736151.6	1249558.2	641720.6	198839.3	82597.8	783044.3	173527.6

1-A-4 续表

主要指标	单位	杭州市	宁波市	温州市	嘉兴市
企业办研发机构情况					
机构数	个	1567	2637	2009	1471
机构人员数	人	88243	93135	49024	50086
#博士	人	723	445	173	295
硕士	人	14420	3962	859	1749
机构经费支出	万元	2780143.4	2259424.6	930114.1	1415971.6
仪器和设备原价	万元	1560115.2	2286985.4	712789.0	1149087.6
#进口	万元	206773.5	189459.2	18125.8	140286.3
新产品开发及生产情况					
新产品开发项目数	项	13195	21485	11368	11273
新产品开发经费支出	万元	3202802.6	2690290.7	1074446.6	1644481.8
新产品销售收入	万元	49864528.1	51604367.2	14899724.2	38377216.9
#新产品出口	万元	7370757.7	11107740.1	2411079.8	8198788.1
自主知识产权及相关情况					
专利申请数	件	20267	21468	9230	13286
#发明专利	件	7098	6355	1612	3316
有效发明专利数	件	18048	12818	4030	5404
#境外授权	件	870	564	103	246
拥有注册商标数	件	15917	12973	10030	7379
#境外注册	件	2680	1750	1349	852
形成国家或行业标准数	项	878	356	392	238
政府相关政策落实情况					
来自政府部门的研究开发经费	万元	55917.2	10728.6	7937.4	6511.1
研究开发费用加计扣除减免税	万元	197311.4	133481.8	69883.3	101518.3
高新技术企业减免税	万元	303583.9	307560.7	104401.3	203725.6
技术获取和技术改造情况					
引进技术经费支出	万元	7092.5	23433.6	2150.2	51270.3
消化吸收经费支出	万元	434.7	1088.0	25.8	3185.0
购买国内技术经费支出	万元	35330.4	72960.0	11133.6	4332.3
技术改造经费支出	万元	330285.0	664322.6	162145.4	489268.2

湖州市	绍兴市	金华市	衢州市	舟山市	台州市	丽水市
821	737	500	144	122	628	133
18947	25490	15462	3871	3665	29320	3302
224	263	157	77	17	302	33
734	1525	574	263	81	1321	90
512587.6	729455.4	355450.5	135761.5	78513.1	680448.0	76794.5
371163.0	530892.2	316585.9	146215.3	74667.8	507429.7	47771.5
19553.2	50462.2	26956.6	18680.5	8038.3	45282.0	1105.5
6008	6540	5759	1564	539	8016	1698
813087.8	1283912.0	669188.8	212940.7	83146.3	829449.7	196655.1
15529303.6	23325615.3	12232462.0	4692102.0	1203599.8	17134567.2	4218104.6
2825953.6	3865641.9	3333281.4	538800.8	278489.9	4726178.6	661878.8
7081	9991	7058	1649	439	6945	1847
2528	2303	1608	493	111	1723	340
6263	4560	3267	831	269	4658	954
87	209	162	7	5	348	3
5197	6360	8029	826	244	9057	2498
500	650	756	56	3	1989	183
305	365	381	107	6	515	26
6146.3	15197.8	13452.0	3901.1	1690.2	17257.0	1425.6
49036.4	52476.8	34758.2	11082.3	3290.2	61273.9	7879.7
93831.6	128492.2	63341.4	20965.6	9369.2	129303.1	13348.3
561.2	1468.3	304.3	4739.0		3657.8	
1458.8		9.6	570.8		8783.0	3.5
4129.4	3916.8	11627.3	24211.5	1178.7	34622.9	3757.3
45102.4	98996.0	93015.1	116354.3	18806.5	244493.1	8797.9

B.基本情况

1-B-1 分登记注册类型企业基本情况

单位：个

登记注册类型	有R&D活动的企业	有研发机构的企业	有新产品销售的企业
总　计	**16505**	**10141**	**17978**
内资企业	**14603**	**8850**	**15897**
国有企业	9	5	5
集体企业	4	2	1
股份合作企业	98	57	113
联营企业	1		
集体联营企业			
有限责任公司	2278	1488	2452
国有独资公司	32	19	21
其他有限责任公司	2246	1469	2431
股份有限公司	897	699	922
私营企业	11316	6599	12404
私营独资企业	177	61	212
私营合伙企业	46	11	55
私营有限责任公司	10499	6143	11534
私营股份有限公司	594	384	603
港、澳、台商投资企业	**981**	**677**	**1059**
合资经营企业	541	373	566
合作经营企业	12	11	14
港、澳、台商独资经营企业	399	273	445
港、澳、台商投资股份有限公司	20	13	23
其他港、澳、台投资企业	9	7	11
外商投资企业	**921**	**614**	**1022**
中外合资经营企业	491	329	527
中外合作经营企业	7	5	5
外资企业	381	255	447
外商投资股份有限公司	22	15	23
其他外商投资企业	20	10	20

1-B-2　分登记注册类型大中型企业基本情况

单位：个

登记注册类型	有R&D活动的企业	有研发机构的企业	有新产品销售的企业
总　计	**3178**	**2406**	**3458**
内资企业	**2542**	**1896**	**2733**
国有企业	5	3	3
集体企业			
股份合作企业	7	5	5
有限责任公司	567	430	626
国有独资公司	16	10	9
其他有限责任公司	551	420	617
股份有限公司	430	366	431
私营企业	1533	1092	1668
私营独资企业	3	1	4
私营合伙企业	1	1	1
私营有限责任公司	1358	967	1488
私营股份有限公司	171	123	175
港、澳、台商投资企业	**339**	**278**	**378**
合资经营企业	198	163	211
合作经营企业	4	5	6
港、澳、台商独资经营企业	121	96	142
港、澳、台商投资股份有限公司	14	11	15
其他港、澳、台投资企业	2	3	4
外商投资企业	**297**	**232**	**347**
中外合资经营企业	162	132	177
中外合作经营企业	1	1	2
外资企业	118	88	151
外商投资股份有限公司	10	8	10
其他外商投资企业	6	3	7

1-B-3 分行业企业基本情况

单位：个

行　业	有R&D活动的企业	有研发机构的企业	有新产品销售的企业
总　计	**16505**	**10141**	**17978**
采矿业	**9**	**6**	**9**
煤炭开采和洗选业		1	
其他煤炭采选		1	
黑色金属矿采选业		1	
铁矿采选		1	
有色金属矿采选业			1
常用有色金属矿采选			
稀有稀土金属矿采选			1
非金属矿采选业	9	4	8
土砂石开采	7	4	8
化学矿开采			
石棉及其他非金属矿采选	2		
制造业	**16420**	**10103**	**17939**
农副食品加工业	173	120	202
谷物磨制	6	4	9
饲料加工	42	27	53
植物油加工	9	2	7
制糖业			1
屠宰及肉类加工	19	11	23
水产品加工	58	45	60
蔬菜、菌类、水果和坚果加工	26	20	36
其他农副食品加工	13	11	13
食品制造业	120	70	134
焙烤食品制造	11	8	16
糖果、巧克力及蜜饯制造	9	6	7
方便食品制造	9	7	14
乳制品制造	11	5	13
罐头食品制造	16	6	12
调味品、发酵制品制造	6	5	9
其他食品制造	58	33	63
酒、饮料和精制茶制造业	58	32	70
酒的制造	16	10	20
饮料制造	19	12	26
精制茶加工	23	10	24
烟草制品业	2	2	1
卷烟制造	1	1	1
其他烟草制品制造	1	1	
纺织业	1231	650	1543
棉纺织及印染精加工	486	242	603
毛纺织及染整精加工	71	43	75
麻纺织及染整精加工	10	8	9
丝绢纺织及印染精加工	44	27	61
化纤织造及印染精加工	146	101	277

1-B-3　续表 1　　单位：个

行　业	有R&D活动的企业	有研发机构的企业	有新产品销售的企业
针织或钩针编织物及其制品制造	245	89	227
家用纺织制成品制造	81	50	115
产业用纺织制成品制造	148	90	176
纺织服装、服饰业	631	273	780
机织服装制造	245	115	311
针织或钩针编织服装制造	214	90	263
服饰制造	172	68	206
皮革、毛皮、羽毛及其制品和制鞋业	625	302	814
皮革鞣制加工	32	24	51
皮革制品制造	105	62	160
毛皮鞣制及制品加工	12	7	15
羽毛(绒)加工及制品制造	10	6	7
制鞋业	466	203	581
木材加工和木、竹、藤、棕、草制品业	124	62	127
木材加工	8	6	5
人造板制造	51	17	43
木质制品制造	40	29	55
竹、藤、棕、草等制品制造	25	10	24
家具制造业	255	131	319
木质家具制造	99	42	123
竹、藤家具制造	6	3	11
金属家具制造	83	40	107
塑料家具制造	17	8	19
其他家具制造	50	38	59
造纸和纸制品业	237	145	280
纸浆制造			
造纸	104	73	136
纸制品制造	133	72	144
印刷和记录媒介复制业	204	113	202
印刷	201	111	199
装订及印刷相关服务	3	2	3
文教、工美、体育和娱乐用品制造业	444	236	540
文教办公用品制造	87	54	97
乐器制造	12	8	9
工艺美术及礼仪用品制造	164	70	207
体育用品制造	80	36	90
玩具制造	72	47	105
游艺器材及娱乐用品制造	29	21	32
石油、煤炭及其他燃料加工业	16	11	18
精炼石油产品制造	15	11	16
煤炭加工			
生物质燃料加工	1		2
化学原料和化学制品制造业	780	528	782
基础化学原料制造	127	80	125
肥料制造	6	4	5
农药制造	34	26	29

1-B-3 续表 2 单位：个

行业	有R&D活动的企业	有研发机构的企业	有新产品销售的企业
涂料、油墨、颜料及类似产品制造	149	99	162
合成材料制造	170	128	179
专用化学产品制造	214	144	212
炸药、火工及焰火产品制造	5	4	2
日用化学产品制造	75	43	68
医药制造业	325	235	267
化学药品原料药制造	97	72	78
化学药品制剂制造	58	35	42
中药饮片加工	18	10	14
中成药生产	37	26	32
兽用药品制造	12	7	10
生物药品制品制造	47	38	35
卫生材料及医药用品制造	33	28	33
药用辅料及包装材料	23	19	23
化学纤维制造业	200	93	197
纤维素纤维原料及纤维制造	8	5	5
合成纤维制造	191	87	192
生物基材料制造	1	1	
橡胶和塑料制品业	856	541	1004
橡胶制品业	123	84	127
塑料制品业	733	457	877
非金属矿物制品业	477	268	465
水泥、石灰和石膏制造	27	15	26
石膏、水泥制品及类似制品制造	151	64	126
砖瓦、石材等建筑材料制造	76	36	79
玻璃制造	24	15	19
玻璃制品制造	51	27	55
玻璃纤维和玻璃纤维增强塑料制品制造	36	24	39
陶瓷制品制造	24	17	33
耐火材料制品制造	53	49	58
石墨及其他非金属矿物制品制造	35	21	30
黑色金属冶炼和压延加工业	162	74	198
炼钢	2	2	3
钢压延加工	150	68	185
铁合金冶炼	10	4	10
有色金属冶炼和压延加工业	216	118	220
常用有色金属冶炼	15	7	12
贵金属冶炼	1		
稀有稀土金属冶炼	1		1
有色金属合金制造	40	21	35
有色金属压延加工	159	90	172
金属制品业	956	570	1117
结构性金属制品制造	133	66	148
金属工具制造	126	77	161
集装箱及金属包装容器制造	38	24	37
金属丝绳及其制品制造	24	16	28

1-B-3　续表 3　　　　单位：个

行　　业	有R&D活动的企业	有研发机构的企业	有新产品销售的企业
建筑、安全用金属制品制造	230	142	241
金属表面处理及热处理加工	43	29	53
搪瓷制品制造	9	2	10
金属制日用品制造	139	82	213
铸造及其他金属制品制造	214	132	226
通用设备制造业	2261	1350	2357
锅炉及原动设备制造	64	46	67
金属加工机械制造	224	123	229
物料搬运设备制造	215	137	205
泵、阀门、压缩机及类似机械制造	715	417	759
轴承、齿轮和传动部件制造	317	185	357
烘炉、风机、包装等设备制造	353	216	369
文化、办公用机械制造	47	36	47
通用零部件制造	286	163	285
其他通用设备制造业	40	27	39
专用设备制造业	1103	696	1111
采矿、冶金、建筑专用设备制造	62	44	73
化工、木材、非金属加工专用设备制造	311	217	320
食品、饮料、烟草及饲料生产专用设备制造	30	20	32
印刷、制药、日化及日用品生产专用设备制造	79	54	80
纺织、服装和皮革加工专用设备制造	152	74	154
电子和电工机械专用设备制造	47	43	54
农、林、牧、渔专用机械制造	80	30	77
医疗仪器设备及器械制造	163	98	148
环保、邮政、社会公共服务及其他专用设备制造	179	116	173
汽车制造业	1195	752	1187
汽车整车制造	12	8	20
汽车用发动机制造	10	10	10
改装汽车制造	8	4	10
汽车车身、挂车制造	18	12	18
汽车零部件及配件制造	1147	718	1129
铁路、船舶、航空航天和其他运输设备制造业	241	144	245
铁路运输设备制造	18	13	16
城市轨道交通设备制造	2	1	2
船舶及相关装置制造	48	35	49
航空、航天器及设备制造	4	3	6
摩托车制造	91	51	77
自行车和残疾人座车制造	28	23	27
助动车制造	26	13	31
非公路休闲车及零配件制造	17	2	32
潜水救捞及其他未列明运输设备制造	7	3	5
电气机械和器材制造业	2138	1558	2284
电机制造	322	189	319
输配电及控制设备制造	762	595	850
电线、电缆、光缆及电工器材制造	242	186	267

1-B-3 续表 4

单位：个

行　　业	有R&D活动的企业	有研发机构的企业	有新产品销售的企业
电池制造	81	64	80
家用电力器具制造	387	293	394
非电力家用器具制造	47	22	55
照明器具制造	259	183	284
其他电气机械及器材制造	38	26	35
计算机、通信和其他电子设备制造业	839	631	910
计算机制造	45	31	49
通信设备制造	102	87	112
广播电视设备制造	30	21	37
雷达及配套设备制造	1	2	2
非专业视听设备制造	45	30	45
智能消费设备制造	62	43	71
电子器件制造	174	127	189
电子元件及电子专用材料制造	349	273	371
其他电子设备制造	31	17	34
仪器仪表制造业	401	312	412
通用仪器仪表制造	289	226	298
专用仪器仪表制造	69	51	67
钟表与计时仪器制造	6	7	8
光学仪器制造	25	20	24
衡器制造	10	5	11
其他仪器仪表制造业	2	3	4
其他制造业	121	70	126
日用杂品制造	115	68	121
其他未列明制造业	6	2	5
废弃资源综合利用业	19	10	22
金属废料和碎屑加工处理	9	4	12
非金属废料和碎屑加工处理	10	6	10
金属制品、机械和设备修理业	10	6	5
金属制品修理			
专用设备修理	1		1
铁路、船舶、航空航天等运输设备修理	9	6	3
电气设备修理			
其他机械和设备修理业			1
电力、热力、燃气及水生产和供应业	**76**	**32**	**30**
电力、热力生产和供应业	64	25	24
电力生产	47	22	23
电力供应	12	1	1
热力生产和供应	5	2	
燃气生产和供应业	1		1
燃气生产和供应业	1		1
水的生产和供应业	11	7	5
自来水生产和供应	7	1	
污水处理及其再生利用	4	6	5

1-B-4　分行业大中型企业基本情况

单位：个

行　业	有R&D活动的企业	有研发机构的企业	有新产品销售的企业
总　计	**3178**	**2406**	**3458**
采矿业		**1**	
黑色金属矿采选业		1	
铁矿采选		1	
有色金属矿采选业			
常用有色金属矿采选			
非金属矿采选业			
土砂石开采			
制造业	**3158**	**2398**	**3452**
农副食品加工业	20	27	24
谷物磨制		1	1
饲料加工	2	2	2
屠宰及肉类加工	3	3	3
水产品加工	9	11	9
蔬菜、菌类、水果和坚果加工	3	7	6
其他农副食品加工	3	3	3
食品制造业	32	19	34
焙烤食品制造	2	2	4
糖果、巧克力及蜜饯制造	1	1	1
方便食品制造	5	4	5
乳制品制造	7	2	7
罐头食品制造	6	1	4
调味品、发酵制品制造	2	2	2
其他食品制造	9	7	11
酒、饮料和精制茶制造业	9	5	15
酒的制造	7	4	9
饮料制造	2	1	6
精制茶加工			
烟草制品业	1	1	1
卷烟制造	1	1	1
纺织业	278	185	329
棉纺织及印染精加工	183	101	209
毛纺织及染整精加工	12	12	14
麻纺织及染整精加工	4	3	3
丝绢纺织及印染精加工	10	5	10
化纤织造及印染精加工	21	16	29
针织或钩针编织物及其制品制造	18	14	21
家用纺织制成品制造	9	13	14
产业用纺织制成品制造	21	21	29
纺织服装、服饰业	125	75	152
机织服装制造	59	36	83
针织或钩针编织服装制造	46	27	48
服饰制造	20	12	21
皮革、毛皮、羽毛及其制品和制鞋业	97	66	121
皮革鞣制加工	6	5	8
皮革制品制造	16	11	27
毛皮鞣制及制品加工	1	1	1
羽毛(绒)加工及制品制造	5	4	3
制鞋业	69	45	82
木材加工和木、竹、藤、棕、草制品业	24	15	24

1-B-4 续表 1 单位：个

行　　业	有R&D活动的企业	有研发机构的企业	有新产品销售的企业
木材加工	2	2	2
人造板制造	5	1	5
木质制品制造	13	10	13
竹、藤、棕、草等制品制造	4	2	4
家具制造业	98	67	113
木质家具制造	35	21	36
竹、藤家具制造	2	1	2
金属家具制造	34	22	43
塑料家具制造	3	2	2
其他家具制造	24	21	30
造纸和纸制品业	45	33	48
造纸	22	18	26
纸制品制造	23	15	22
印刷和记录媒介复制业	27	21	34
印刷	27	21	34
文教、工美、体育和娱乐用品制造业	81	57	100
文教办公用品制造	16	13	22
乐器制造	1	1	2
工艺美术及礼仪用品制造	31	19	35
体育用品制造	15	8	17
玩具制造	12	10	18
游艺器材及娱乐用品制造	6	6	6
石油、煤炭及其他燃料加工业	3	1	2
精炼石油产品制造	3	1	2
化学原料和化学制品制造业	128	108	125
基础化学原料制造	33	30	29
肥料制造	2		1
农药制造	11	10	11
涂料、油墨、颜料及类似产品制造	16	14	18
合成材料制造	37	31	37
专用化学产品制造	12	10	13
炸药、火工及焰火产品制造	2	2	
日用化学产品制造	15	11	16
医药制造业	114	94	104
化学药品原料药制造	56	47	50
化学药品制剂制造	24	19	22
中药饮片加工	1		1
中成药生产	14	10	12
生物药品制品制造	10	9	10
卫生材料及医药用品制造	8	7	7
药用辅料及包装材料	1	2	2
化学纤维制造业	46	30	55
纤维素纤维原料及纤维制造	1	1	1
合成纤维制造	45	29	54
橡胶和塑料制品业	120	92	134
橡胶制品业	17	17	23
塑料制品业	103	75	111
非金属矿物制品业	47	32	48
水泥、石灰和石膏制造	1	1	3
石膏、水泥制品及类似制品制造	10	4	8
砖瓦、石材等建筑材料制造	3	2	3

1-B-4　续表 2　　单位：个

行　　业	有R&D活动的企业	有研发机构的企业	有新产品销售的企业
玻璃制造	5	3	4
玻璃制品制造	11	7	12
玻璃纤维和玻璃纤维增强塑料制品制造	2	3	3
陶瓷制品制造	6	4	6
耐火材料制品制造	3	3	3
石墨及其他非金属矿物制品制造	6	5	6
黑色金属冶炼和压延加工业	28	16	33
炼钢	1	2	2
钢压延加工	25	14	29
铁合金冶炼	2		2
有色金属冶炼和压延加工业	34	20	34
常用有色金属冶炼	4	1	4
贵金属冶炼	1		
有色金属合金制造	3	3	3
有色金属压延加工	26	16	27
金属制品业	174	124	201
结构性金属制品制造	24	17	29
金属工具制造	25	17	30
集装箱及金属包装容器制造	10	6	11
金属丝绳及其制品制造	5	3	3
建筑、安全用金属制品制造	37	29	41
金属表面处理及热处理加工	3	2	4
搪瓷制品制造	1	1	2
金属制日用品制造	36	25	44
铸造及其他金属制品制造	33	24	37
通用设备制造业	354	288	377
锅炉及原动设备制造	12	11	15
金属加工机械制造	30	24	31
物料搬运设备制造	48	39	47
泵、阀门、压缩机及类似机械制造	92	77	97
轴承、齿轮和传动部件制造	67	57	73
烘炉、风机、包装等设备制造	67	47	70
文化、办公用机械制造	5	5	6
通用零部件制造	30	25	35
其他通用设备制造业	3	3	3
专用设备制造业	149	128	156
采矿、冶金、建筑专用设备制造	7	7	9
化工、木材、非金属加工专用设备制造	52	51	55
食品、饮料、烟草及饲料生产专用设备制造	2	1	1
印刷、制药、日化及日用品生产专用设备制造	5	3	5
纺织、服装和皮革加工专用设备制造	18	13	18
电子和电工机械专用设备制造	4	4	5
农、林、牧、渔专用机械制造	12	9	13
医疗仪器设备及器械制造	34	28	32
环保、邮政、社会公共服务及其他专用设备制造	15	12	18
汽车制造业	264	199	288
汽车整车制造	6	6	14
汽车用发动机制造	7	6	6
汽车车身、挂车制造	3	3	3
汽车零部件及配件制造	248	184	265
铁路、船舶、航空航天和其他运输设备制造业	44	29	45

1-B-4 续表 3 单位：个

行 业	有R&D活动的企业	有研发机构的企业	有新产品销售的企业
铁路运输设备制造	2	1	2
船舶及相关装置制造	8	7	9
航空、航天器及设备制造		1	1
摩托车制造	21	12	18
自行车和残疾人座车制造	4	5	5
助动车制造	6	3	7
非公路休闲车及零配件制造	3		3
电气机械和器材制造业	461	377	482
电机制造	86	71	86
输配电及控制设备制造	129	104	137
电线、电缆、光缆及电工器材制造	31	24	32
电池制造	27	22	29
家用电力器具制造	121	105	133
非电力家用器具制造	9	5	9
照明器具制造	53	41	51
其他电气机械及器材制造	5	5	5
计算机、通信和其他电子设备制造业	242	200	258
计算机制造	8	6	10
通信设备制造	34	34	37
广播电视设备制造	8	7	11
非专业视听设备制造	8	6	8
智能消费设备制造	24	15	26
电子器件制造	57	45	58
电子元件及电子专用材料制造	96	82	100
其他电子设备制造	7	5	8
仪器仪表制造业	87	72	87
通用仪器仪表制造	57	47	55
专用仪器仪表制造	12	10	12
钟表与计时仪器制造	5	5	6
光学仪器制造	11	10	11
衡器制造	2		2
其他仪器仪表制造业			1
其他制造业	18	12	22
日用杂品制造	17	11	20
其他未列明制造业	1	1	2
废弃资源综合利用业	4	2	6
金属废料和碎屑加工处理	1		3
非金属废料和碎屑加工处理	3	2	3
金属制品、机械和设备修理业	4	3	
铁路、船舶、航空航天等运输设备修理	4	3	
电力、热力、燃气及水生产和供应业	**20**	**7**	**6**
电力、热力生产和供应业	19	6	6
电力生产	16	6	6
电力供应	3		
热力生产和供应			
燃气生产和供应业			
燃气生产和供应业			
水的生产和供应业	1	1	
自来水生产和供应	1		
污水处理及其再生利用		1	

1-B-5　分行业内资企业基本情况

单位：个

行　　业	有R&D活动的企业	有研发机构的企业	有新产品销售的企业
总　计	**14603**	**8850**	**15897**
采矿业	**8**	**5**	**8**
煤炭开采和洗选业		1	
其他煤炭采选		1	
黑色金属矿采选业		1	
铁矿采选		1	
有色金属矿采选业			1
常用有色金属矿采选			
稀有稀土金属矿采选			1
非金属矿采选业	8	3	7
土砂石开采	6	3	7
化学矿开采			
石棉及其他非金属矿采选	2		
制造业	**14531**	**8821**	**15867**
农副食品加工业	156	107	184
谷物磨制	6	3	8
饲料加工	40	27	50
植物油加工	9	2	6
制糖业			1
屠宰及肉类加工	16	9	19
水产品加工	50	39	57
蔬菜、菌类、水果和坚果加工	23	16	31
其他农副食品加工	12	11	12
食品制造业	99	59	108
焙烤食品制造	11	8	15
糖果、巧克力及蜜饯制造	9	6	6
方便食品制造	6	5	12
乳制品制造	10	4	10
罐头食品制造	11	5	7
调味品、发酵制品制造	5	5	8
其他食品制造	47	26	50
酒、饮料和精制茶制造业	46	27	54
酒的制造	14	9	16
饮料制造	11	9	15
精制茶加工	21	9	23
烟草制品业	1	1	1
卷烟制造	1	1	1
纺织业	1058	549	1343
棉纺织及印染精加工	408	199	514
毛纺织及染整精加工	62	36	67
麻纺织及染整精加工	8	5	7
丝绢纺织及印染精加工	33	24	48
化纤织造及印染精加工	130	94	256
针织或钩针编织物及其制品制造	215	74	198

1-B-5 续表 1

单位：个

行　　业	有R&D活动的企业	有研发机构的企业	有新产品销售的企业
家用纺织制成品制造	68	39	99
产业用纺织制成品制造	134	78	154
纺织服装、服饰业	528	223	638
机织服装制造	204	97	241
针织或钩针编织服装制造	178	72	223
服饰制造	146	54	174
皮革、毛皮、羽毛及其制品和制鞋业	594	286	771
皮革鞣制加工	30	22	47
皮革制品制造	97	56	141
毛皮鞣制及制品加工	9	6	14
羽毛(绒)加工及制品制造	9	6	7
制鞋业	449	196	562
木材加工和木、竹、藤、棕、草制品业	112	59	118
木材加工	6	6	5
人造板制造	44	16	38
木质制品制造	37	27	51
竹、藤、棕、草等制品制造	25	10	24
家具制造业	221	106	275
木质家具制造	89	35	111
竹、藤家具制造	6	3	9
金属家具制造	71	31	94
塑料家具制造	15	8	17
其他家具制造	40	29	44
造纸和纸制品业	213	128	250
纸浆制造			
造纸	93	66	119
纸制品制造	120	62	131
印刷和记录媒介复制业	193	105	190
印刷	191	104	188
装订及印刷相关服务	2	1	2
文教、工美、体育和娱乐用品制造业	378	198	461
文教办公用品制造	74	46	84
乐器制造	9	5	8
工艺美术及礼仪用品制造	144	63	183
体育用品制造	63	28	74
玩具制造	63	37	84
游艺器材及娱乐用品制造	25	19	28
石油、煤炭及其他燃料加工业	12	9	16
精炼石油产品制造	11	9	14
煤炭加工			
生物质燃料加工	1		2
化学原料和化学制品制造业	669	441	675
基础化学原料制造	113	64	111
肥料制造	6	4	5
农药制造	27	19	23

1-B-5　续表 2　　单位：个

行　　业	有R&D活动的企业	有研发机构的企业	有新产品销售的企业
涂料、油墨、颜料及类似产品制造	124	76	138
合成材料制造	152	119	164
专用化学产品制造	177	116	178
炸药、火工及焰火产品制造	5	4	2
日用化学产品制造	65	39	54
医药制造业	278	198	228
化学药品原料药制造	85	63	69
化学药品制剂制造	52	32	38
中药饮片加工	15	8	12
中成药生产	34	23	29
兽用药品制造	10	5	8
生物药品制品制造	36	28	26
卫生材料及医药用品制造	27	23	27
药用辅料及包装材料	19	16	19
化学纤维制造业	182	81	176
纤维素纤维原料及纤维制造	7	4	4
合成纤维制造	174	76	172
生物基材料制造	1	1	
橡胶和塑料制品业	781	484	918
橡胶制品业	115	77	115
塑料制品业	666	407	803
非金属矿物制品业	440	244	424
水泥、石灰和石膏制造	27	15	26
石膏、水泥制品及类似制品制造	145	62	121
砖瓦、石材等建筑材料制造	72	33	73
玻璃制造	23	14	18
玻璃制品制造	43	24	45
玻璃纤维和玻璃纤维增强塑料制品制造	29	17	32
陶瓷制品制造	16	11	24
耐火材料制品制造	51	47	56
石墨及其他非金属矿物制品制造	34	21	29
黑色金属冶炼和压延加工业	149	68	186
炼钢	2	2	3
钢压延加工	137	62	173
铁合金冶炼	10	4	10
有色金属冶炼和压延加工业	198	109	204
常用有色金属冶炼	13	6	10
贵金属冶炼	1		
稀有稀土金属冶炼	1		1
有色金属合金制造	35	17	32
有色金属压延加工	148	86	161
金属制品业	851	503	1005
结构性金属制品制造	122	61	136
金属工具制造	111	67	144
集装箱及金属包装容器制造	33	21	31

1-B-5 续表 3

单位：个

行 业	有R&D活动的企业	有研发机构的企业	有新产品销售的企业
金属丝绳及其制品制造	19	14	27
建筑、安全用金属制品制造	200	124	209
金属表面处理及热处理加工	40	27	51
搪瓷制品制造	9	2	9
金属制日用品制造	122	70	196
铸造及其他金属制品制造	195	117	202
通用设备制造业	2020	1182	2101
锅炉及原动设备制造	53	38	57
金属加工机械制造	201	106	201
物料搬运设备制造	182	119	171
泵、阀门、压缩机及类似机械制造	657	373	704
轴承、齿轮和传动部件制造	284	159	318
烘炉、风机、包装等设备制造	321	194	336
文化、办公用机械制造	42	32	42
通用零部件制造	244	134	237
其他通用设备制造业	36	27	35
专用设备制造业	961	603	965
采矿、冶金、建筑专用设备制造	55	41	65
化工、木材、非金属加工专用设备制造	263	186	270
食品、饮料、烟草及饲料生产专用设备制造	28	20	29
印刷、制药、日化及日用品生产专用设备制造	73	49	74
纺织、服装和皮革加工专用设备制造	138	66	138
电子和电工机械专用设备制造	41	37	47
农、林、牧、渔专用机械制造	67	25	65
医疗仪器设备及器械制造	136	78	128
环保、邮政、社会公共服务及其他专用设备制造	160	101	149
汽车制造业	1036	642	1013
汽车整车制造	8	4	16
汽车用发动机制造	6	7	6
改装汽车制造	7	3	9
汽车车身、挂车制造	16	10	14
汽车零部件及配件制造	999	618	968
铁路、船舶、航空航天和其他运输设备制造业	230	140	236
铁路运输设备制造	18	13	16
城市轨道交通设备制造	2	1	2
船舶及相关装置制造	44	33	46
航空、航天器及设备制造	4	3	6
摩托车制造	89	50	76
自行车和残疾人座车制造	27	23	25
助动车制造	23	12	28
非公路休闲车及零配件制造	17	2	32
潜水救捞及其他未列明运输设备制造	6	3	5
电气机械和器材制造业	1912	1377	2047
电机制造	289	163	287
输配电及控制设备制造	691	544	782

1-B-5　续表 4　　　　单位：个

行　　业	有R&D活动的企业	有研发机构的企业	有新产品销售的企业
电线、电缆、光缆及电工器材制造	213	160	229
电池制造	65	50	65
家用电力器具制造	352	266	357
非电力家用器具制造	43	20	51
照明器具制造	224	150	243
其他电气机械及器材制造	35	24	33
计算机、通信和其他电子设备制造业	718	533	776
计算机制造	33	23	36
通信设备制造	86	74	95
广播电视设备制造	25	17	29
雷达及配套设备制造	1	1	1
非专业视听设备制造	31	20	34
智能消费设备制造	55	38	63
电子器件制造	145	106	160
电子元件及电子专用材料制造	315	239	328
其他电子设备制造	27	15	30
仪器仪表制造业	362	281	367
通用仪器仪表制造	263	206	267
专用仪器仪表制造	64	49	63
钟表与计时仪器制造	5	5	6
光学仪器制造	18	14	17
衡器制造	10	5	11
其他仪器仪表制造业	2	2	3
其他制造业	109	63	113
日用杂品制造	104	61	109
其他未列明制造业	5	2	4
废弃资源综合利用业	17	10	20
金属废料和碎屑加工处理	8	4	11
非金属废料和碎屑加工处理	9	6	9
金属制品、机械和设备修理业	7	5	4
金属制品修理			
铁路、船舶、航空航天等运输设备修理	7	5	3
电气设备修理			
其他机械和设备修理业			1
电力、热力、燃气及水生产和供应业	**64**	**24**	**22**
电力、热力生产和供应业	54	18	16
电力生产	37	15	15
电力供应	12	1	1
热力生产和供应	5	2	
燃气生产和供应业			1
燃气生产和供应业			1
水的生产和供应业	10	6	5
自来水生产和供应	6	1	
污水处理及其再生利用	4	5	5

1-B-6 分行业港澳台商投资企业基本情况

单位：个

行　　业	有R&D活动的企业	有研发机构的企业	有新产品销售的企业
总　计	**981**	**677**	**1059**
采矿业			
黑色金属矿采选业			
铁矿采选			
有色金属矿采选业			
常用有色金属矿采选			
非金属矿采选业			
土砂石开采			
制造业	**975**	**674**	**1056**
农副食品加工业	4	3	7
谷物磨制		1	1
饲料加工	1		2
植物油加工			
屠宰及肉类加工	3	2	3
水产品加工			
蔬菜、菌类、水果和坚果加工			1
其他农副食品加工			
食品制造业	6	4	7
焙烤食品制造			
糖果、巧克力及蜜饯制造			
方便食品制造	1	1	1
调味品、发酵制品制造			
其他食品制造	5	3	6
酒、饮料和精制茶制造业	4	2	7
酒的制造		1	2
饮料制造	2		4
精制茶加工	2	1	1
烟草制品业	1	1	
其他烟草制品制造	1	1	
纺织业	113	67	127
棉纺织及印染精加工	54	29	58
毛纺织及染整精加工	7	6	6
麻纺织及染整精加工	1	2	1
丝绢纺织及印染精加工	6	1	7
化纤织造及印染精加工	10	6	12
针织或钩针编织物及其制品制造	22	12	22
家用纺织制成品制造	8	6	10
产业用纺织制成品制造	5	5	11
纺织服装、服饰业	59	32	90
机织服装制造	25	10	43
针织或钩针编织服装制造	19	13	25
服饰制造	15	9	22
皮革、毛皮、羽毛及其制品和制鞋业	13	7	14
皮革鞣制加工			
皮革制品制造	2	3	7
毛皮鞣制及制品加工	2	1	1

1-B-6　续表 1　　　　单位：个

行　　业	有R&D活动的企业	有研发机构的企业	有新产品销售的企业
羽毛(绒)加工及制品制造	1		
制鞋业	8	3	6
木材加工和木、竹、藤、棕、草制品业	6	2	3
木材加工	1		
人造板制造	4	1	3
木质制品制造	1	1	
竹、藤、棕、草等制品制造			
家具制造业	17	14	22
木质家具制造	6	5	5
竹、藤家具制造			2
金属家具制造	8	6	8
塑料家具制造	1		1
其他家具制造	2	3	6
造纸和纸制品业	15	12	17
造纸	8	6	11
纸制品制造	7	6	6
印刷和记录媒介复制业	7	5	7
印刷	7	5	7
文教、工美、体育和娱乐用品制造业	31	20	36
文教办公用品制造	5	3	4
乐器制造	2	2	
工艺美术及礼仪用品制造	13	6	15
体育用品制造	3	1	2
玩具制造	5	6	11
游艺器材及娱乐用品制造	3	2	4
石油、煤炭及其他燃料加工业	3	2	2
精炼石油产品制造	3	2	2
化学原料和化学制品制造业	53	43	44
基础化学原料制造	6	7	4
农药制造	3	3	3
涂料、油墨、颜料及类似产品制造	15	13	15
合成材料制造	9	3	5
专用化学产品制造	15	14	14
日用化学产品制造	5	3	3
医药制造业	18	13	14
化学药品原料药制造	6	4	4
化学药品制剂制造	1		
中成药生产	3	3	3
生物药品制品制造	3	3	2
卫生材料及医药用品制造	4	2	4
药用辅料及包装材料	1	1	1
化学纤维制造业	12	6	12
纤维素纤维原料及纤维制造	1	1	1
合成纤维制造	11	5	11
橡胶和塑料制品业	46	33	48
橡胶制品业	3	1	5
塑料制品业	43	32	43

1-B-6 续表 2 单位：个

行 业	有R&D活动的企业	有研发机构的企业	有新产品销售的企业
非金属矿物制品业	15	9	17
石膏、水泥制品及类似制品制造	3	1	2
砖瓦、石材等建筑材料制造			
玻璃制造			
玻璃制品制造	2		3
玻璃纤维和玻璃纤维增强塑料制品制造	4	3	5
陶瓷制品制造	6	5	7
石墨及其他非金属矿物制品制造			
黑色金属冶炼和压延加工业	11	6	8
钢压延加工	11	6	8
有色金属冶炼和压延加工业	10	3	6
常用有色金属冶炼	1	1	1
有色金属合金制造	2	1	1
有色金属压延加工	7	1	4
金属制品业	63	47	73
结构性金属制品制造	4	2	5
金属工具制造	9	7	12
集装箱及金属包装容器制造	3	2	6
金属丝绳及其制品制造	5	2	1
建筑、安全用金属制品制造	19	15	21
金属表面处理及热处理加工	2	2	2
搪瓷制品制造			1
金属制日用品制造	8	6	8
铸造及其他金属制品制造	13	11	17
通用设备制造业	111	74	104
锅炉及原动设备制造	5	4	4
金属加工机械制造	10	9	12
物料搬运设备制造	15	7	15
泵、阀门、压缩机及类似机械制造	31	22	25
轴承、齿轮和传动部件制造	15	8	11
烘炉、风机、包装等设备制造	18	12	17
文化、办公用机械制造	2	1	1
通用零部件制造	15	11	19
专用设备制造业	76	50	84
采矿、冶金、建筑专用设备制造	5	2	4
化工、木材、非金属加工专用设备制造	27	16	32
食品、饮料、烟草及饲料生产专用设备制造	2		2
印刷、制药、日化及日用品生产专用设备制造	4	4	4
纺织、服装和皮革加工专用设备制造	7	3	9
电子和电工机械专用设备制造	4	4	4
农、林、牧、渔专用机械制造	6	4	6
医疗仪器设备及器械制造	11	8	10
环保、邮政、社会公共服务及其他专用设备制造	10	9	13
汽车制造业	72	50	81
汽车整车制造		1	1
汽车用发动机制造	1		2
汽车车身、挂车制造	2	2	4
汽车零部件及配件制造	69	47	74

1-B-6　续表 3　　　　单位：个

行　业	有R&D活动的企业	有研发机构的企业	有新产品销售的企业
铁路、船舶、航空航天和其他运输设备制造业	2		2
船舶及相关装置制造			
摩托车制造			
自行车和残疾人座车制造			
助动车制造	2		2
电气机械和器材制造业	121	98	127
电机制造	13	9	13
输配电及控制设备制造	40	30	35
电线、电缆、光缆及电工器材制造	14	14	17
电池制造	5	3	4
家用电力器具制造	21	16	24
非电力家用器具制造	2	1	2
照明器具制造	24	24	30
其他电气机械及器材制造	2	1	2
计算机、通信和其他电子设备制造业	59	48	66
计算机制造	7	4	7
通信设备制造	9	7	9
广播电视设备制造	1	2	2
雷达及配套设备制造		1	1
非专业视听设备制造	6	4	4
智能消费设备制造	3	2	3
电子器件制造	12	8	14
电子元件及电子专用材料制造	20	20	25
其他电子设备制造	1		1
仪器仪表制造业	20	17	25
通用仪器仪表制造	13	10	15
专用仪器仪表制造	1		2
钟表与计时仪器制造		1	1
光学仪器制造	6	5	6
其他仪器仪表制造业		1	1
其他制造业	6	5	6
日用杂品制造	6	5	6
废弃资源综合利用业			
金属废料和碎屑加工处理			
金属制品、机械和设备修理业	1	1	
铁路、船舶、航空航天等运输设备修理	1	1	
电力、热力、燃气及水生产和供应业	**6**	**3**	**3**
电力、热力生产和供应业	5	3	3
电力生产	5	3	3
热力生产和供应			
燃气生产和供应业	1		
燃气生产和供应业	1		
水的生产和供应业			
自来水生产和供应			
污水处理及其再生利用			

1-B-7 分行业外商投资企业基本情况

单位：个

行　业	有R&D活动的企业	有研发机构的企业	有新产品销售的企业
总　计	**921**	**614**	**1022**
采矿业	**1**	**1**	**1**
黑色金属矿采选业			
铁矿采选			
有色金属矿采选业			
常用有色金属矿采选			
非金属矿采选业	**1**	**1**	**1**
土砂石开采	1	1	1
制造业	**914**	**608**	**1016**
农副食品加工业	13	10	11
饲料加工	1		1
植物油加工			1
屠宰及肉类加工			1
水产品加工	8	6	3
蔬菜、菌类、水果和坚果加工	3	4	4
其他农副食品加工	1		1
食品制造业	15	7	19
焙烤食品制造			1
糖果、巧克力及蜜饯制造			1
方便食品制造	2	1	1
乳制品制造	1	1	3
罐头食品制造	5	1	5
调味品、发酵制品制造	1		1
其他食品制造	6	4	7
酒、饮料和精制茶制造业	8	3	9
酒的制造	2		2
饮料制造	6	3	7
精制茶加工			
纺织业	60	34	73
棉纺织及印染精加工	24	14	31
毛纺织及染整精加工	2	1	2
麻纺织及染整精加工	1	1	1
丝绢纺织及印染精加工	5	2	6
化纤织造及印染精加工	6	1	9
针织或钩针编织物及其制品制造	8	3	7
家用纺织制成品制造	5	5	6
产业用纺织制成品制造	9	7	11
纺织服装、服饰业	44	18	52
机织服装制造	16	8	27
针织或钩针编织服装制造	17	5	15
服饰制造	11	5	10
皮革、毛皮、羽毛及其制品和制鞋业	18	9	29
皮革鞣制加工	2	2	4
皮革制品制造	6	3	12
毛皮鞣制及制品加工	1		
羽毛(绒)加工及制品制造			
制鞋业	9	4	13

1-B-7　续表 1　　　　单位：个

行　业	有R&D活动的企业	有研发机构的企业	有新产品销售的企业
木材加工和木、竹、藤、棕、草制品业	6	1	6
木材加工	1		
人造板制造	3		2
木质制品制造	2	1	4
竹、藤、棕、草等制品制造			
家具制造业	17	11	22
木质家具制造	4	2	7
金属家具制造	4	3	5
塑料家具制造	1		1
其他家具制造	8	6	9
造纸和纸制品业	9	5	13
造纸	3	1	6
纸制品制造	6	4	7
印刷和记录媒介复制业	4	3	5
印刷	3	2	4
装订及印刷相关服务	1	1	1
文教、工美、体育和娱乐用品制造业	35	18	43
文教办公用品制造	8	5	9
乐器制造	1	1	1
工艺美术及礼仪用品制造	7	1	9
体育用品制造	14	7	14
玩具制造	4	4	10
游艺器材及娱乐用品制造	1		
石油、煤炭及其他燃料加工业	1		
精炼石油产品制造	1		
化学原料和化学制品制造业	58	44	63
基础化学原料制造	8	9	10
农药制造	4	4	3
涂料、油墨、颜料及类似产品制造	10	10	9
合成材料制造	9	6	10
专用化学产品制造	22	14	20
日用化学产品制造	5	1	11
医药制造业	29	24	25
化学药品原料药制造	6	5	5
化学药品制剂制造	5	3	4
中药饮片加工	3	2	2
中成药生产			
兽用药品制造	2	2	2
生物药品制品制造	8	7	7
卫生材料及医药用品制造	2	3	2
药用辅料及包装材料	3	2	3
化学纤维制造业	6	6	9
纤维素纤维原料及纤维制造			
合成纤维制造	6	6	9
橡胶和塑料制品业	29	24	38
橡胶制品业	5	6	7
塑料制品业	24	18	31
非金属矿物制品业	22	15	24
水泥、石灰和石膏制造			

1-B-7 续表 2

单位：个

行　业	有R&D活动的企业	有研发机构的企业	有新产品销售的企业
石膏、水泥制品及类似制品制造	3	1	3
砖瓦、石材等建筑材料制造	4	3	6
玻璃制造	1	1	1
玻璃制品制造	6	3	7
玻璃纤维和玻璃纤维增强塑料制品制造	3	4	2
陶瓷制品制造	2	1	2
耐火材料制品制造	2	2	2
石墨及其他非金属矿物制品制造	1		1
黑色金属冶炼和压延加工业	2		4
钢压延加工	2		4
有色金属冶炼和压延加工业	8	6	10
常用有色金属冶炼	1		1
有色金属合金制造	3	3	2
有色金属压延加工	4	3	7
金属制品业	42	20	39
结构性金属制品制造	7	3	7
金属工具制造	6	3	5
集装箱及金属包装容器制造	2	1	
金属丝绳及其制品制造			
建筑、安全用金属制品制造	11	3	11
金属表面处理及热处理加工	1		
搪瓷制品制造			
金属制日用品制造	9	6	9
铸造及其他金属制品制造	6	4	7
通用设备制造业	130	94	152
锅炉及原动设备制造	6	4	6
金属加工机械制造	13	8	16
物料搬运设备制造	18	11	19
泵、阀门、压缩机及类似机械制造	27	22	30
轴承、齿轮和传动部件制造	18	18	28
烘炉、风机、包装等设备制造	14	10	16
文化、办公用机械制造	3	3	4
通用零部件制造	27	18	29
其他通用设备制造业	4		4
专用设备制造业	66	43	62
采矿、冶金、建筑专用设备制造	2	1	4
化工、木材、非金属加工专用设备制造	21	15	18
食品、饮料、烟草及饲料生产专用设备制造			1
印刷、制药、日化及日用品生产专用设备制造	2	1	2
纺织、服装和皮革加工专用设备制造	7	5	7
电子和电工机械专用设备制造	2	2	3
农、林、牧、渔专用机械制造	7	1	6
医疗仪器设备及器械制造	16	12	10
环保、邮政、社会公共服务及其他专用设备制造	9	6	11
汽车制造业	87	60	93
汽车整车制造	4	3	3
汽车用发动机制造	3	3	2
改装汽车制造	1	1	1
汽车车身、挂车制造			
汽车零部件及配件制造	79	53	87

1-B-7 续表 3 单位：个

行 业	有R&D活动的企业	有研发机构的企业	有新产品销售的企业
铁路、船舶、航空航天和其他运输设备制造业	9	4	7
船舶及相关装置制造	4	2	3
摩托车制造	2	1	1
自行车和残疾人座车制造	1		2
助动车制造	1	1	1
潜水救捞及其他未列明运输设备制造	1		
电气机械和器材制造业	105	83	110
电机制造	20	17	19
输配电及控制设备制造	31	21	33
电线、电缆、光缆及电工器材制造	15	12	21
电池制造	11	11	11
家用电力器具制造	14	11	13
非电力家用器具制造	2	1	2
照明器具制造	11	9	11
其他电气机械及器材制造	1	1	
计算机、通信和其他电子设备制造业	62	50	68
计算机制造	5	4	6
通信设备制造	7	6	8
广播电视设备制造	4	2	6
非专业视听设备制造	8	6	7
智能消费设备制造	4	3	5
电子器件制造	17	13	15
电子元件及电了专用材料制造	14	14	18
其他电子设备制造	3	2	3
仪器仪表制造业	19	14	20
通用仪器仪表制造	13	10	16
专用仪器仪表制造	4	2	2
钟表与计时仪器制造	1	1	1
光学仪器制造	1	1	1
衡器制造			
其他制造业	6	2	7
日用杂品制造	5	2	6
其他未列明制造业	1		1
废弃资源综合利用业	2		2
金属废料和碎屑加工处理	1		1
非金属废料和碎屑加工处理	1		1
金属制品、机械和设备修理业	2		1
专用设备修理	1		1
铁路、船舶、航空航天等运输设备修理	1		
电力、热力、燃气及水生产和供应业	**6**	**5**	**5**
电力、热力生产和供应业	5	4	5
电力生产	5	4	5
热力生产和供应			
燃气生产和供应业			
燃气生产和供应业			
水的生产和供应业	1	1	
自来水生产和供应	1		

1-B-8 分地区企业基本情况

单位：个

地 区	有R&D活动的企业	有研发机构的企业	有新产品销售的企业
全 省	**16505**	**10141**	**17978**
杭州市	1784	1384	2198
宁波市	3612	2601	3360
温州市	2863	1979	2853
嘉兴市	1859	1418	2470
湖州市	1015	724	1049
绍兴市	1883	672	1877
金华市	1223	460	1538
衢州市	289	103	328
舟山市	139	117	105
台州市	1450	555	1789
丽水市	388	128	411

1-B-9 分地区大中型企业基本情况

单位：个

地 区	有R&D活动的企业	有研发机构的企业	有新产品销售的企业
全 省	**3178**	**2406**	**3458**
杭州市	454	386	527
宁波市	747	625	758
温州市	370	302	373
嘉兴市	365	345	471
湖州市	179	121	181
绍兴市	359	207	372
金华市	230	122	263
衢州市	67	39	72
舟山市	29	28	27
台州市	319	208	350
丽水市	59	23	64

1-B-10　分地区内资企业基本情况

单位：个

地　区	有R&D活动的企业	有研发机构的企业	有新产品销售的企业
全　省	**14603**	**8850**	**15897**
杭州市	1518	1192	1875
宁波市	2943	2122	2716
温州市	2788	1930	2782
嘉兴市	1487	1122	1960
湖州市	884	629	917
绍兴市	1651	568	1648
金华市	1159	429	1464
衢州市	273	93	307
舟山市	131	111	103
台州市	1393	527	1725
丽水市	376	127	400

1-B-11　分地区港澳台商投资企业基本情况

单位：个

地　区	有R&D活动的企业	有研发机构的企业	有新产品销售的企业
全　省	**981**	**677**	**1059**
杭州市	113	90	149
宁波市	374	272	356
温州市	31	22	29
嘉兴市	174	143	226
湖州市	67	51	66
绍兴市	139	56	143
金华市	37	20	45
衢州市	7	3	7
舟山市	1	1	
台州市	31	18	33
丽水市	7	1	5

1-B-12　分地区外商投资企业基本情况

单位：个

地　区	有R&D活动的企业	有研发机构的企业	有新产品销售的企业
全　省	**921**	**614**	**1022**
杭州市	153	102	174
宁波市	295	207	288
温州市	44	27	42
嘉兴市	198	153	284
湖州市	64	44	66
绍兴市	93	48	86
金华市	27	11	29
衢州市	9	7	14
舟山市	7	5	2
台州市	26	10	31
丽水市	5		6

C.R&D人员

1-C-1　分登记注册类型企业R&D人员情况

登记注册类型	R&D人员合计(人)	#女性	#研究人员	#全时人员	R&D人员折合全时当量(人年)
总　计	**513546**	**117667**	**115638**	**396380**	**394147**
内资企业	**418783**	**94441**	**88473**	**321016**	**318382**
国有企业	194	32	70	111	152
集体企业	20	4	9	15	12
股份合作企业	1367	268	235	1058	958
联营企业	2		1		
集体联营企业					
有限责任公司	82637	18383	20614	63972	63633
国有独资公司	1560	282	588	919	1026
其他有限责任公司	81077	18101	20026	63053	62608
股份有限公司	77021	17548	22657	59258	59256
私营企业	257542	58206	44887	196602	194371
私营独资企业	1504	407	245	1069	1077
私营合伙企业	267	80	55	177	151
私营有限责任公司	230856	53049	39197	176348	174108
私营股份有限公司	24915	4670	5390	19008	19036
港、澳、台商投资企业	**55158**	**13307**	**16657**	**43963**	**45016**
合资经营企业(港或澳、台资)	25544	6222	6156	20126	19834
合作经营企业(港或澳、台资)	433	78	126	313	360
港、澳、台商独资经营企业	20499	5240	5976	15962	16906
港、澳、台商投资股份有限公司	8476	1727	4342	7409	7756
其他港澳台投资企业	206	40	57	153	160
外商投资企业	**39605**	**9919**	**10508**	**31401**	**30749**
中外合资经营企业	22109	5468	5853	17893	17057
中外合作经营企业	155	37	26	137	96
外资企业	14962	3924	4044	11649	11738
外商投资股份有限公司	1617	377	466	1093	1331
其他外商投资企业	762	113	119	629	528

1-C-2 分登记注册类型大中型企业R&D人员情况

登记注册类型	R&D人员合计(人)	#女性	#研究人员	#全时人员	R&D人员折合全时当量(人年)
总 计	**290293**	**68551**	**73692**	**225741**	**227496**
内资企业	**219882**	**51419**	**51636**	**169271**	**169924**
国有企业	174	27	61	92	133
集体企业					
股份合作企业	357	41	68	291	284
有限责任公司	50109	11882	13738	38700	39438
国有独资公司	1073	209	414	518	651
其他有限责任公司	49036	11673	13324	38182	38787
股份有限公司	65544	15194	19928	50093	50444
私营企业	103698	24275	17841	80095	79625
私营独资企业	116	40	13	103	70
私营合伙企业	26	19	9	23	9
私营有限责任公司	88938	21566	14649	69064	68353
私营股份有限公司	14618	2650	3170	10905	11194
港、澳、台商投资企业	**43181**	**10405**	**14347**	**34716**	**36139**
合资经营企业(港或澳、台资)	19072	4596	4875	15139	14998
合作经营企业(港或澳、台资)	263	46	84	176	214
港、澳、台商独资经营企业	15409	4049	5038	12031	13165
港、澳、台商投资股份有限公司	8343	1703	4311	7310	7675
其他港澳台投资企业	94	11	39	60	87
外商投资企业	**27230**	**6727**	**7709**	**21754**	**21433**
中外合资经营企业	15333	3661	4400	12646	11968
中外合作经营企业	54	10	2	49	49
外资企业	9934	2652	2825	7715	7911
外商投资股份有限公司	1348	326	402	883	1142
其他外商投资企业	561	78	80	461	363

1-C-3　分行业企业R&D人员情况

行　　业	R&D人员合计（人）	#女性	#研究人员	#全时人员	R&D人员折合全时当量（人年）
总　计	**513546**	**117667**	**115638**	**396380**	**394147**
采矿业	**191**	**25**	**34**	**169**	**147**
煤炭开采和洗选业					
其他煤炭采选					
黑色金属矿采选业					
铁矿采选					
有色金属矿采选业					
常用有色金属矿采选					
稀有稀土金属矿采选					
非金属矿采选业	191	25	34	169	147
土砂石开采	161	21	30	142	134
化学矿开采					
石棉及其他非金属矿采选	30	4	4	27	14
制造业	**511612**	**117425**	**115111**	**395071**	**392833**
农副食品加工业	2603	798	566	1711	1930
谷物磨制	86	20	20	50	74
饲料加工	800	244	158	556	602
植物油加工	126	38	35	103	75
制糖业					
屠宰及肉类加工	293	88	58	192	194
水产品加工	813	229	164	520	617
蔬菜、菌类、水果和坚果加工	309	117	82	186	242
其他农副食品加工	176	62	49	104	126
食品制造业	2860	1021	718	2100	2012
焙烤食品制造	193	60	46	138	139
糖果、巧克力及蜜饯制造	236	110	32	177	178
方便食品制造	320	122	56	245	166
乳制品制造	420	149	87	274	319
罐头食品制造	195	72	37	117	124
调味品、发酵制品制造	159	60	43	102	111
其他食品制造	1337	448	417	1047	975
酒、饮料和精制茶制造业	1330	383	267	858	909
酒的制造	633	121	98	318	433
饮料制造	325	139	83	284	222
精制茶加工	372	123	86	256	254
烟草制品业	142	53	63	86	87
卷烟制造	127	48	58	77	73
其他烟草制品制造	15	5	5	9	14
纺织业	33693	11854	4615	25468	24595
棉纺织及印染精加工	18971	6449	2443	14408	13739
毛纺织及染整精加工	1818	783	204	1407	1377
麻纺织及染整精加工	218	110	25	146	147
丝绢纺织及印染精加工	1496	712	235	1060	1111
化纤织造及印染精加工	2994	1082	428	2313	2245

1-C-3 续表 1

行 业	R&D人员合计(人)	#女性	#研究人员	#全时人员	R&D人员折合全时当量(人年)
针织或钩针编织物及其制品制造	3207	1056	486	2285	2192
家用纺织制成品制造	1715	789	289	1355	1322
产业用纺织制成品制造	3274	873	505	2494	2462
纺织服装、服饰业	14909	7591	2303	11653	11853
机织服装制造	6720	3467	1035	5224	5354
针织或钩针编织服装制造	4696	2603	629	3879	3738
服饰制造	3493	1521	639	2550	2761
皮革、毛皮、羽毛及其制品和制鞋业	12679	4808	1263	9569	9234
皮革鞣制加工	1458	476	151	560	344
皮革制品制造	2052	869	231	1563	1615
毛皮鞣制及制品加工	169	59	36	112	102
羽毛(绒)加工及制品制造	811	463	51	466	778
制鞋业	8189	2941	794	6868	6395
木材加工和木、竹、藤、棕、草制品业	3836	1028	571	2890	2921
木材加工	267	78	64	163	201
人造板制造	1243	281	144	929	922
木质制品制造	1838	533	263	1433	1418
竹、藤、棕、草等制品制造	488	136	100	365	381
家具制造业	10248	2601	1511	7626	7600
木质家具制造	3449	867	441	2532	2329
竹、藤家具制造	68	11	16	48	48
金属家具制造	3659	902	458	2914	2897
塑料家具制造	218	54	37	194	161
其他家具制造	2854	767	559	1938	2166
造纸和纸制品业	7299	1395	889	5536	5423
纸浆制造					
造纸	3693	547	422	2683	2747
纸制品制造	3606	848	467	2853	2676
印刷和记录媒介复制业	3954	1059	616	2993	2976
印刷	3925	1055	613	2967	2956
装订及印刷相关服务	29	4	3	26	20
文教、工美、体育和娱乐用品制造业	11820	3651	1890	8720	9270
文教办公用品制造	2761	897	483	1774	2135
乐器制造	251	57	39	185	208
工艺美术及礼仪用品制造	3946	1418	617	2888	3080
体育用品制造	2086	479	249	1622	1566
玩具制造	1755	560	244	1367	1397
游艺器材及娱乐用品制造	1021	240	258	884	884
石油、煤炭及其他燃料加工业	735	102	252	494	568
精炼石油产品制造	724	100	249	484	558
煤炭加工					
生物质燃料加工	11	2	3	10	10
化学原料和化学制品制造业	22185	5126	6094	16883	17119
基础化学原料制造	4310	797	1310	3116	3310
肥料制造	156	46	52	133	148
农药制造	1629	390	512	1124	1335

1-C-3　续表 2

行　　业	R&D人员合计(人)	#女性	#研究人员	#全时人员	R&D人员折合全时当量(人年)
涂料、油墨、颜料及类似产品制造	4002	986	997	3134	3288
合成材料制造	5281	985	1268	4002	3935
专用化学产品制造	4840	1222	1510	3814	3682
炸药、火工及焰火产品制造	202	36	35	131	115
日用化学产品制造	1765	664	410	1429	1306
医药制造业	17838	7153	6883	14049	14135
化学药品原料药制造	8004	2915	3140	6413	6434
化学药品制剂制造	4460	1952	1935	3474	3589
中药饮片加工	356	134	98	254	240
中成药生产	1707	869	670	1333	1340
兽用药品制造	255	98	110	226	195
生物药品制品制造	1651	620	613	1271	1213
卫生材料及医药用品制造	918	382	230	760	777
药用辅料及包装材料	487	183	87	318	348
化学纤维制造业	6993	1636	1121	5276	4969
纤维素纤维原料及纤维制造	153	41	17	114	141
合成纤维制造	6800	1585	1095	5126	4801
生物基材料制造	40	10	9	36	28
橡胶和塑料制品业	19233	4403	3320	14602	14571
橡胶制品业	3312	796	711	2719	2423
塑料制品业	15921	3607	2609	11883	12148
非金属矿物制品业	9789	1800	1889	6981	7390
水泥、石灰和石膏制造	429	107	55	279	281
石膏、水泥制品及类似制品制造	2735	442	426	1929	1982
砖瓦、石材等建筑材料制造	1117	202	194	797	793
玻璃制造	647	75	109	491	529
玻璃制品制造	1131	245	162	888	851
玻璃纤维和玻璃纤维增强塑料制品制造	1085	139	429	631	907
陶瓷制品制造	734	205	100	552	507
耐火材料制品制造	1119	242	234	759	890
石墨及其他非金属矿物制品制造	792	143	180	655	648
黑色金属冶炼和压延加工业	4325	513	787	3178	3091
炼钢	220	33	90	189	117
钢压延加工	3875	452	668	2799	2828
铁合金冶炼	230	28	29	190	146
有色金属冶炼和压延加工业	5363	766	957	3951	3973
常用有色金属冶炼	536	60	70	337	367
贵金属冶炼	29	3	12	26	19
稀有稀土金属冶炼	27	5	5	15	27
有色金属合金制造	991	179	240	799	751
有色金属压延加工	3780	519	630	2774	2808
金属制品业	23368	4408	3649	17242	17351
结构性金属制品制造	3457	593	621	2609	2614
金属工具制造	3113	678	447	2340	2273
集装箱及金属包装容器制造	983	205	164	781	762
金属丝绳及其制品制造	524	106	76	423	398

1-C-3 续表 3

行业	R&D人员合计(人)	#女性	#研究人员	#全时人员	R&D人员折合全时当量(人年)
建筑、安全用金属制品制造	5058	984	748	3982	3780
金属表面处理及热处理加工	639	100	87	517	527
搪瓷制品制造	154	33	36	86	131
金属制日用品制造	4994	1083	677	3377	3480
铸造及其他金属制品制造	4446	626	793	3127	3387
通用设备制造业	61467	10389	12520	46680	46755
锅炉及原动设备制造	2407	408	837	1683	1786
金属加工机械制造	5514	727	1082	4202	4023
物料搬运设备制造	7175	876	1612	5471	5394
泵、阀门、压缩机及类似机械制造	17503	3064	3119	13426	13488
轴承、齿轮和传动部件制造	10506	2113	1761	7702	7836
烘炉、风机、包装等设备制造	10445	1820	2399	8119	8212
文化、办公用机械制造	1116	213	274	844	825
通用零部件制造	5502	1022	904	4129	4245
其他通用设备制造业	1299	146	532	1104	947
专用设备制造业	29521	4343	6837	23436	22753
采矿、冶金、建筑专用设备制造	1440	162	308	1148	1173
化工、木材、非金属加工专用设备制造	9475	1066	1911	7513	6958
食品、饮料、烟草及饲料生产专用设备制造	530	63	122	426	408
印刷、制药、日化及日用品生产专用设备制造	1428	180	309	1152	1107
纺织、服装和皮革加工专用设备制造	3878	501	863	3003	3051
电子和电工机械专用设备制造	1185	142	311	996	928
农、林、牧、渔专用机械制造	1963	300	380	1525	1460
医疗仪器设备及器械制造	4692	1224	1099	3681	3491
环保、邮政、社会公共服务及其他专用设备制造	4930	705	1534	3992	4177
汽车制造业	46906	7842	10599	37311	35395
汽车整车制造	1154	265	415	885	816
汽车用发动机制造	1822	285	531	1384	1329
改装汽车制造	201	17	46	160	134
汽车车身、挂车制造	853	159	252	684	738
汽车零部件及配件制造	42876	7116	9355	34198	32378
铁路、船舶、航空航天和其他运输设备制造业	6708	1124	1444	4948	5318
铁路运输设备制造	502	75	134	393	382
城市轨道交通设备制造	71	9	34	25	57
船舶及相关装置制造	1698	367	527	1169	1345
航空、航天器及设备制造	29	4	10	19	19
摩托车制造	2517	332	422	1933	2000
自行车和残疾人座车制造	450	130	61	294	340
助动车制造	793	117	120	569	657
非公路休闲车及零配件制造	541	59	116	466	439
潜水救捞及其他未列明运输设备制造	107	31	20	80	80
电气机械和器材制造业	72847	15274	15443	57373	55564
电机制造	11596	2305	2363	8917	9045
输配电及控制设备制造	24191	4716	4999	19087	18913
电线、电缆、光缆及电工器材制造	5583	1268	1116	4340	4103

1-C-3　续表 4

行　业	R&D人员合计(人)	#女性	#研究人员	#全时人员	R&D人员折合全时当量(人年)
电池制造	4817	1004	1495	3997	3525
家用电力器具制造	15883	3213	3725	12881	11851
非电力家用器具制造	1168	227	201	967	870
照明器具制造	8658	2396	1362	6388	6482
其他电气机械及器材制造	951	145	182	796	775
计算机、通信和其他电子设备制造业	58723	12480	21988	48215	49378
计算机制造	1922	292	540	1571	1601
通信设备制造	28109	5545	14317	24611	25875
广播电视设备制造	1126	246	337	926	915
雷达及配套设备制造	73	3	35	66	44
非专业视听设备制造	1630	368	506	1416	1175
智能消费设备制造	2634	488	593	2162	1958
电子器件制造	7438	1612	2281	5920	5936
电子元件及电子专用材料制造	14546	3649	2996	10495	10846
其他电子设备制造	1245	277	383	1048	1029
仪器仪表制造业	17154	3098	5673	13309	13463
通用仪器仪表制造	11492	1986	3728	9132	8972
专用仪器仪表制造	3087	586	987	2575	2485
钟表与计时仪器制造	283	98	47	235	225
光学仪器制造	2051	385	865	1159	1592
衡器制造	216	37	38	187	166
其他仪器仪表制造业	25	6	8	21	23
其他制造业	2397	601	271	1450	1736
日用杂品制造	2268	587	238	1348	1632
其他未列明制造业	129	14	33	102	104
废弃资源综合利用业	400	104	54	311	300
金属废料和碎屑加工处理	192	45	28	150	117
非金属废料和碎屑加工处理	208	59	26	161	183
金属制品、机械和设备修理业	287	21	58	172	191
金属制品修理					
专用设备修理	17	8	1	15	16
铁路、船舶、航空航天等运输设备修理	270	13	57	157	176
电气设备修理					
其他机械和设备修理业					
电力、热力、燃气及水生产和供应业	**1743**	**217**	**493**	**1140**	**1166**
电力、热力生产和供应业	1423	152	357	960	989
电力生产	1241	126	281	820	845
电力供应	149	22	72	110	116
热力生产和供应	33	4	4	30	27
燃气生产和供应业	62	1	31	49	34
燃气生产和供应业	62	1	31	49	34
水的生产和供应业	258	64	105	131	144
自来水生产和供应	147	43	71	36	58
污水处理及其再生利用	111	21	34	95	86

1-C-4 分行业大中型企业R&D人员情况

行业	R&D人员合计（人）	#女性	#研究人员	#全时人员	R&D人员折合全时当量（人年）
总计	**290293**	**68551**	**73692**	**225741**	**227496**
采矿业					
黑色金属矿采选业					
铁矿采选					
有色金属矿采选业					
常用有色金属矿采选					
非金属矿采选业					
土砂石开采					
制造业	**289607**	**68445**	**73424**	**225370**	**227097**
农副食品加工业	694	213	109	434	511
谷物磨制					
饲料加工	165	94	12	129	107
屠宰及肉类加工	104	30	26	60	63
水产品加工	314	49	38	170	261
蔬菜、菌类、水果和坚果加工	43	17	17	31	27
其他农副食品加工	68	23	16	44	53
食品制造业	1379	481	318	978	985
焙烤食品制造	45	14	17	31	36
糖果、巧克力及蜜饯制造	129	83	11	116	105
方便食品制造	288	109	46	222	139
乳制品制造	379	129	72	239	294
罐头食品制造	45	20	6	10	24
调味品、发酵制品制造	62	29	12	39	59
其他食品制造	431	97	154	321	327
酒、饮料和精制茶制造业	547	105	87	269	388
酒的制造	524	97	76	248	371
饮料制造	23	8	11	21	17
精制茶加工					
烟草制品业	127	48	58	77	73
卷烟制造	127	48	58	77	73
纺织业	20436	7011	2646	15984	14947
棉纺织及印染精加工	14430	4754	1795	11238	10374
毛纺织及染整精加工	841	405	108	655	665
麻纺织及染整精加工	149	84	9	94	109
丝绢纺织及印染精加工	915	470	149	654	695
化纤织造及印染精加工	1254	394	156	1068	952
针织或钩针编织物及其制品制造	979	301	107	797	653
家用纺织制成品制造	646	274	122	563	557
产业用纺织制成品制造	1222	329	200	915	942
纺织服装、服饰业	8638	4799	1271	6925	6907
机织服装制造	4619	2437	687	3650	3707
针织或钩针编织服装制造	2590	1628	337	2222	2150
服饰制造	1429	734	247	1053	1049
皮革、毛皮、羽毛及其制品和制鞋业	7482	3149	542	5494	5241
皮革鞣制加工	1221	430	109	410	183
皮革制品制造	893	410	65	680	758
毛皮鞣制及制品加工	47	16	15	24	19
羽毛(绒)加工及制品制造	759	442	34	421	740
制鞋业	4562	1851	319	3959	3540
木材加工和木、竹、藤、棕、草制品业	2310	639	317	1829	1816

1-C-4　续表 1

行　业	R&D人员合计(人)	#女性	#研究人员	#全时人员	R&D人员折合全时当量(人年)
木材加工	193	62	49	127	151
人造板制造	647	121	56	559	496
木质制品制造	1313	408	175	1035	1030
竹、藤、棕、草等制品制造	157	48	37	108	139
家具制造业	7585	2000	1105	5672	5660
木质家具制造	2386	641	253	1802	1563
竹、藤家具制造	51	6	11	37	36
金属家具制造	2733	689	323	2201	2216
塑料家具制造	63	20	14	57	55
其他家具制造	2352	644	504	1575	1791
造纸和纸制品业	3806	717	455	2908	2983
造纸	2142	329	233	1556	1674
纸制品制造	1664	388	222	1352	1309
印刷和记录媒介复制业	1353	406	232	1122	1089
印刷	1353	406	232	1122	1089
文教、工美、体育和娱乐用品制造业	6426	2073	1043	4728	5250
文教办公用品制造	1927	637	356	1163	1545
乐器制造	78	9	7	65	77
工艺美术及礼仪用品制造	1953	759	280	1474	1584
体育用品制造	1120	271	125	881	880
玩具制造	734	232	106	610	616
游艺器材及娱乐用品制造	614	165	169	535	547
石油、煤炭及其他燃料加工业	542	50	187	333	419
精炼石油产品制造	542	50	187	333	419
化学原料和化学制品制造业	9736	2213	2977	7384	7799
基础化学原料制造	2339	391	829	1656	1872
肥料制造	56	12	18	51	51
农药制造	1056	249	317	710	881
涂料、油墨、颜料及类似产品制造	1391	406	398	1113	1253
合成材料制造	2741	471	651	2065	2066
专用化学产品制造	1333	367	550	1121	1052
炸药、火工及焰火产品制造	66	16	12	44	44
日用化学产品制造	754	301	202	624	581
医药制造业	13441	5508	5580	10666	10791
化学药品原料药制造	7031	2653	2875	5612	5659
化学药品制剂制造	3800	1665	1685	2946	3118
中药饮片加工	40	3	4	8	9
中成药生产	1311	683	565	1035	1006
生物药品制品制造	779	300	309	641	589
卫生材料及医药用品制造	417	188	119	371	363
药用辅料及包装材料	63	16	23	53	47
化学纤维制造业	4836	1057	733	3770	3356
纤维素纤维原料及纤维制造	68	18	4	61	68
合成纤维制造	4768	1039	729	3709	3288
橡胶和塑料制品业	8061	1917	1547	6057	6316
橡胶制品业	1709	387	460	1473	1245
塑料制品业	6352	1530	1087	4584	5071
非金属矿物制品业	3365	513	769	2177	2648
水泥、石灰和石膏制造	21		6	11	13
石膏、水泥制品及类似制品制造	543	67	48	240	376
砖瓦、石材等建筑材料制造	126	26	27	94	94

1-C-4 续表 2

行业	R&D人员合计（人）	#女性	#研究人员	#全时人员	R&D人员折合全时当量（人年）
玻璃制造	382	30	61	271	353
玻璃制品制造	545	126	76	445	412
玻璃纤维和玻璃纤维增强塑料制品制造	655	29	346	317	567
陶瓷制品制造	452	127	50	335	276
耐火材料制品制造	245	40	42	125	200
石墨及其他非金属矿物制品制造	396	68	113	339	356
黑色金属冶炼和压延加工业	2256	205	454	1577	1590
炼钢	201	30	83	181	101
钢压延加工	1971	170	361	1336	1417
铁合金冶炼	84	5	10	60	72
有色金属冶炼和压延加工业	2593	305	542	1844	1978
常用有色金属冶炼	391	38	47	234	266
贵金属冶炼	29	3	12	26	19
有色金属合金制造	460	59	146	381	358
有色金属压延加工	1713	205	337	1203	1334
金属制品业	11278	2066	1800	8086	8549
结构性金属制品制造	1812	302	340	1390	1409
金属工具制造	1301	291	183	1039	970
集装箱及金属包装容器制造	519	104	71	449	404
金属丝绳及其制品制造	186	44	21	153	144
建筑、安全用金属制品制造	2111	385	318	1638	1701
金属表面处理及热处理加工	154	11	20	135	146
搪瓷制品制造	64	10	24	28	60
金属制日用品制造	3309	719	441	1981	2275
铸造及其他金属制品制造	1822	200	382	1273	1439
通用设备制造业	27799	4917	6335	20939	21238
锅炉及原动设备制造	1314	264	536	821	901
金属加工机械制造	2061	281	507	1510	1438
物料搬运设备制造	4025	422	1017	3120	2979
泵、阀门、压缩机及类似机械制造	7233	1269	1266	5521	5687
轴承、齿轮和传动部件制造	5748	1236	1122	4180	4316
烘炉、风机、包装等设备制造	5026	991	1345	3977	4109
文化、办公用机械制造	326	87	73	200	187
通用零部件制造	1741	325	288	1343	1391
其他通用设备制造业	325	42	181	267	230
专用设备制造业	11783	1797	3096	9507	9499
采矿、冶金、建筑专用设备制造	520	66	120	406	475
化工、木材、非金属加工专用设备制造	4379	423	1044	3544	3362
食品、饮料、烟草及饲料生产专用设备制造	90	5	29	56	71
印刷、制药、日化及日用品生产专用设备制造	256	57	40	210	178
纺织、服装和皮革加工专用设备制造	1583	205	446	1310	1345
电子和电工机械专用设备制造	330	29	97	267	279
农、林、牧、渔专用机械制造	846	125	202	733	630
医疗仪器设备及器械制造	2202	626	487	1681	1684
环保、邮政、社会公共服务及其他专用设备制造	1577	261	631	1300	1477
汽车制造业	29120	4852	7633	23359	22283
汽车整车制造	975	254	339	747	708
汽车用发动机制造	1707	273	523	1281	1236
汽车车身、挂车制造	564	109	206	486	486
汽车零部件及配件制造	25874	4216	6565	20845	19852
铁路、船舶、航空航天和其他运输设备制造业	3495	577	777	2445	2908

1-C-4　续表 3

行　业	R&D人员合计（人）	#女性	#研究人员	#全时人员	R&D人员折合全时当量（人年）
铁路运输设备制造	101	24	28	50	63
船舶及相关装置制造	951	249	324	555	794
航空、航天器及设备制造					
摩托车制造	1496	180	268	1150	1251
自行车和残疾人座车制造	112	16	15	72	98
助动车制造	569	84	77	379	469
非公路休闲车及零配件制造	266	24	65	239	234
电气机械和器材制造业	43080	9045	10182	34253	33141
电机制造	7330	1422	1545	5748	5898
输配电及控制设备制造	12213	2483	2844	9632	9682
电线、电缆、光缆及电工器材制造	2099	475	469	1642	1523
电池制造	3564	701	1192	2948	2543
家用电力器具制造	11767	2345	3100	9790	8903
非电力家用器具制造	473	77	78	399	390
照明器具制造	5272	1482	877	3796	3909
其他电气机械及器材制造	362	60	77	298	292
计算机、通信和其他电子设备制造业	45585	9492	18783	37891	39369
计算机制造	1053	131	348	884	951
通信设备制造	26287	5183	13744	23065	24541
广播电视设备制造	759	159	234	621	645
非专业视听设备制造	786	181	243	684	490
智能消费设备制造	1831	321	382	1563	1367
电子器件制造	4795	1033	1577	3883	3985
电子元件及电子专用材料制造	9565	2379	2104	6766	6959
其他电子设备制造	509	105	151	425	431
仪器仪表制造业	10297	1950	3670	7785	8208
通用仪器仪表制造	6256	1161	2243	4903	4918
专用仪器仪表制造	1877	334	579	1622	1605
钟表与计时仪器制造	265	94	44	220	210
光学仪器制造	1788	346	786	940	1392
衡器制造	111	15	18	100	82
其他仪器仪表制造业					
其他制造业	1270	306	120	688	937
日用杂品制造	1211	305	101	636	886
其他未列明制造业	59	1	19	52	50
废弃资源综合利用业	127	26	16	107	107
金属废料和碎屑加工处理	11	2	5	10	1
非金属废料和碎屑加工处理	116	24	11	97	106
金属制品、机械和设备修理业	160	8	40	82	110
铁路、船舶、航空航天等运输设备修理	160	8	40	82	110
电力、热力、燃气及水生产和供应业	**686**	**106**	**268**	**371**	**399**
电力、热力生产和供应业	581	78	213	371	362
电力生产	538	74	191	346	329
电力供应	43	4	22	25	33
热力生产和供应					
燃气生产和供应业					
燃气生产和供应业					
水的生产和供应业	105	28	55		37
自来水生产和供应	105	28	55		37
污水处理及其再生利用					

1-C-5 分行业内资企业R&D人员情况

行　　业	R&D人员合计(人)	#女性	#研究人员	#全时人员	R&D人员折合全时当量(人年)
总　计	**418783**	**94441**	**88473**	**321016**	**318382**
采矿业	**161**	**25**	**30**	**142**	**118**
煤炭开采和洗选业					
其他煤炭采选					
黑色金属矿采选业					
铁矿采选					
有色金属矿采选业					
常用有色金属矿采选					
稀有稀土金属矿采选					
非金属矿采选业	161	25	30	142	118
土砂石开采	131	21	26	115	104
化学矿开采					
石棉及其他非金属矿采选	30	4	4	27	14
制造业	**417265**	**94219**	**88012**	**320026**	**317355**
农副食品加工业	2325	690	505	1503	1736
谷物磨制	86	20	20	50	74
饲料加工	774	232	149	533	577
植物油加工	126	38	35	103	75
制糖业					
屠宰及肉类加工	210	66	44	144	153
水产品加工	703	182	146	420	538
蔬菜、菌类、水果和坚果加工	278	106	78	174	218
其他农副食品加工	148	46	33	79	100
食品制造业	2354	827	610	1734	1702
焙烤食品制造	193	60	46	138	139
糖果、巧克力及蜜饯制造	236	110	32	177	178
方便食品制造	165	48	40	105	111
乳制品制造	372	136	78	256	279
罐头食品制造	126	43	25	90	71
调味品、发酵制品制造	140	57	39	85	100
其他食品制造	1122	373	350	883	823
酒、饮料和精制茶制造业	995	279	185	589	681
酒的制造	473	90	67	200	322
饮料制造	174	78	37	155	115
精制茶加工	348	111	81	234	244
烟草制品业	127	48	58	77	73
卷烟制造	127	48	58	77	73
纺织业	26041	8784	3334	19547	18932
棉纺织及印染精加工	14405	4618	1687	10789	10336
毛纺织及染整精加工	1494	651	147	1188	1158
麻纺织及染整精加工	192	92	21	125	129
丝绢纺织及印染精加工	802	292	120	530	605
化纤织造及印染精加工	2348	896	340	1761	1805
针织或钩针编织物及其制品制造	2579	884	375	1790	1721

1-C-5　续表 1

行　　业	R&D人员合计(人)	#女性	#研究人员	#全时人员	R&D人员折合全时当量(人年)
家用纺织制成品制造	1420	636	208	1125	1089
产业用纺织制成品制造	2801	715	436	2239	2088
纺织服装、服饰业	11760	5774	1800	9251	9333
机织服装制造	5412	2709	828	4307	4251
针织或钩针编织服装制造	3564	1954	442	2902	2848
服饰制造	2784	1111	530	2042	2234
皮革、毛皮、羽毛及其制品和制鞋业	11600	4395	1146	8644	8445
皮革鞣制加工	1392	463	130	502	293
皮革制品制造	1589	625	197	1149	1227
毛皮鞣制及制品加工	100	32	19	75	77
羽毛(绒)加工及制品制造	798	460	50	454	772
制鞋业	7721	2815	750	6464	6076
木材加工和木、竹、藤、棕、草制品业	3490	946	523	2626	2683
木材加工	252	74	62	154	193
人造板制造	1121	245	124	851	833
木质制品制造	1629	491	237	1256	1276
竹、藤、棕、草等制品制造	488	136	100	365	381
家具制造业	8028	1899	1184	5935	6007
木质家具制造	2588	612	361	1846	1784
竹、藤家具制造	68	11	16	48	48
金属家具制造	3081	763	377	2494	2464
塑料家具制造	209	51	35	186	156
其他家具制造	2082	462	395	1361	1555
造纸和纸制品业	6174	1136	724	4642	4464
纸浆制造					
造纸	3218	450	377	2278	2375
纸制品制造	2956	686	347	2364	2089
印刷和记录媒介复制业	3540	979	530	2727	2724
印刷	3524	976	528	2713	2715
装订及印刷相关服务	16	3	2	14	8
文教、工美、体育和娱乐用品制造业	9457	2913	1395	6728	7253
文教办公用品制造	2181	704	330	1272	1705
乐器制造	226	54	36	166	184
工艺美术及礼仪用品制造	3375	1157	546	2433	2569
体育用品制造	1501	367	162	1131	1062
玩具制造	1499	504	189	1151	1185
游艺器材及娱乐用品制造	675	127	132	575	549
石油、煤炭及其他燃料加工业	697	93	239	470	546
精炼石油产品制造	686	91	236	460	536
煤炭加工					
生物质燃料加工	11	2	3	10	10
化学原料和化学制品制造业	18848	4291	5149	14314	14448
基础化学原料制造	3940	757	1167	2811	3014
肥料制造	156	46	52	133	148
农药制造	1430	341	465	995	1191

1-C-5 续表 2

行业	R&D人员合计（人）	#女性	#研究人员	#全时人员	R&D人员折合全时当量（人年）
涂料、油墨、颜料及类似产品制造	3054	715	741	2422	2461
合成材料制造	4899	899	1172	3687	3620
专用化学产品制造	3607	915	1141	2861	2733
炸药、火工及焰火产品制造	202	36	35	131	115
日用化学产品制造	1560	582	376	1274	1166
医药制造业	15255	6057	5851	11896	12030
化学药品原料药制造	7247	2650	2856	5781	5809
化学药品制剂制造	3968	1723	1688	3072	3183
中药饮片加工	286	110	82	192	176
中成药生产	1438	715	557	1093	1094
兽用药品制造	208	72	87	184	162
生物药品制品制造	996	322	349	748	693
卫生材料及医药用品制造	794	341	189	649	676
药用辅料及包装材料	318	124	43	177	238
化学纤维制造业	6131	1443	901	4769	4424
纤维素纤维原料及纤维制造	85	23	13	53	73
合成纤维制造	6006	1410	879	4680	4324
生物基材料制造	40	10	9	36	28
橡胶和塑料制品业	16728	3779	2730	12841	12555
橡胶制品业	2746	646	504	2253	1941
塑料制品业	13982	3133	2226	10588	10614
非金属矿物制品业	8718	1585	1669	6126	6615
水泥、石灰和石膏制造	429	107	55	279	281
石膏、水泥制品及类似制品制造	2592	420	390	1814	1911
砖瓦、石材等建筑材料制造	1069	197	179	764	754
玻璃制造	496	66	91	369	388
玻璃制品制造	990	210	135	766	742
玻璃纤维和玻璃纤维增强塑料制品制造	924	118	371	502	764
陶瓷制品制造	328	88	43	234	254
耐火材料制品制造	1100	238	226	745	874
石墨及其他非金属矿物制品制造	790	141	179	653	646
黑色金属冶炼和压延加工业	3947	466	746	2893	2798
炼钢	220	33	90	189	117
钢压延加工	3497	405	627	2514	2535
铁合金冶炼	230	28	29	190	146
有色金属冶炼和压延加工业	4259	611	674	3065	3222
常用有色金属冶炼	264	23	46	113	206
贵金属冶炼	29	3	12	26	19
稀有稀土金属冶炼	27	5	5	15	27
有色金属合金制造	619	122	123	498	457
有色金属压延加工	3320	458	488	2413	2512
金属制品业	19983	3675	3117	14887	14805
结构性金属制品制造	2945	495	536	2315	2237
金属工具制造	2605	563	385	1965	1880
集装箱及金属包装容器制造	926	199	138	729	715

1-C-5　续表 3

行　　业	R&D人员合计(人)	#女性	#研究人员	#全时人员	R&D人员折合全时当量(人年)
金属丝绳及其制品制造	347	64	53	263	262
建筑、安全用金属制品制造	4274	861	616	3406	3248
金属表面处理及热处理加工	616	85	81	499	515
搪瓷制品制造	154	33	36	86	131
金属制日用品制造	4358	852	619	3005	2990
铸造及其他金属制品制造	3758	523	653	2619	2827
通用设备制造业	52399	8858	10515	39701	39634
锅炉及原动设备制造	2052	339	707	1472	1508
金属加工机械制造	4539	623	775	3438	3279
物料搬运设备制造	5926	705	1344	4529	4440
泵、阀门、压缩机及类似机械制造	14804	2610	2572	11195	11297
轴承、齿轮和传动部件制造	9398	1917	1585	6897	6963
烘炉、风机、包装等设备制造	9361	1625	2143	7281	7352
文化、办公用机械制造	971	181	239	767	704
通用零部件制造	4128	719	640	3089	3216
其他通用设备制造业	1220	139	510	1033	874
专用设备制造业	24052	3484	5277	18879	18285
采矿、冶金、建筑专用设备制造	1289	136	279	1020	1051
化工、木材、非金属加工专用设备制造	7230	818	1295	5612	5008
食品、饮料、烟草及饲料生产专用设备制造	516	60	118	416	396
印刷、制药、日化及日用品生产专用设备制造	1195	144	262	943	928
纺织、服装和皮革加工专用设备制造	3187	431	606	2420	2451
电子和电工机械专用设备制造	1042	118	258	876	810
农、林、牧、渔专用机械制造	1365	213	224	1021	1029
医疗仪器设备及器械制造	3846	999	857	3042	2881
环保、邮政、社会公共服务及其他专用设备制造	4382	565	1378	3529	3731
汽车制造业	35307	5905	7118	27807	26365
汽车整车制造	727	200	347	616	477
汽车用发动机制造	793	132	133	571	599
改装汽车制造	171	11	33	133	124
汽车车身、挂车制造	807	146	243	642	699
汽车零部件及配件制造	32809	5416	6362	25845	24466
铁路、船舶、航空航天和其他运输设备制造业	6334	1050	1359	4661	5050
铁路运输设备制造	502	75	134	393	382
城市轨道交通设备制造	71	9	34	25	57
船舶及相关装置制造	1595	353	494	1079	1294
航空、航天器及设备制造	29	4	10	19	19
摩托车制造	2486	321	408	1910	1980
自行车和残疾人座车制造	442	128	61	287	337
助动车制造	567	71	83	407	469
非公路休闲车及零配件制造	541	59	116	466	439
潜水救捞及其他未列明运输设备制造	101	30	19	75	74
电气机械和器材制造业	62375	12643	12959	49278	47676
电机制造	10058	1883	1967	7758	7794
输配电及控制设备制造	21391	4060	4269	16819	16680

1-C-5 续表 4

行　业	R&D人员合计(人)	#女性	#研究人员	#全时人员	R&D人员折合全时当量(人年)
电线、电缆、光缆及电工器材制造	4636	1028	950	3553	3355
电池制造	2958	644	874	2407	2237
家用电力器具制造	14976	3031	3534	12143	11121
非电力家用器具制造	940	191	178	762	705
照明器具制造	6551	1681	1030	5113	5088
其他电气机械及器材制造	865	125	157	723	695
计算机、通信和其他电子设备制造业	40106	8636	12938	32216	32400
计算机制造	948	190	207	784	708
通信设备制造	14244	2689	6762	12341	12829
广播电视设备制造	843	212	236	681	653
雷达及配套设备制造	73	3	35	66	44
非专业视听设备制造	1213	241	404	1040	862
智能消费设备制造	2380	430	522	1950	1739
电子器件制造	6183	1332	1812	4914	4936
电子元件及电子专用材料制造	13109	3307	2622	9495	9696
其他电子设备制造	1113	232	338	945	931
仪器仪表制造业	13702	2344	4459	10766	10706
通用仪器仪表制造	10115	1723	3225	7991	7837
专用仪器仪表制造	2167	323	731	1794	1745
钟表与计时仪器制造	247	81	45	203	192
光学仪器制造	932	174	412	570	744
衡器制造	216	37	38	187	166
其他仪器仪表制造业	25	6	8	21	23
其他制造业	1945	519	226	1059	1341
日用杂品制造	1875	506	212	1009	1287
其他未列明制造业	70	13	14	50	54
废弃资源综合利用业	350	101	46	266	261
金属废料和碎屑加工处理	181	43	23	140	116
非金属废料和碎屑加工处理	169	58	23	126	145
金属制品、机械和设备修理业	238	9	45	129	162
金属制品修理					
铁路、船舶、航空航天等运输设备修理	238	9	45	129	162
电气设备修理					
其他机械和设备修理业					
电力、热力、燃气及水生产和供应业	**1357**	**197**	**431**	**848**	**909**
电力、热力生产和供应业	1108	138	329	725	767
电力生产	926	112	253	585	624
电力供应	149	22	72	110	116
热力生产和供应	33	4	4	30	27
燃气生产和供应业					
燃气生产和供应业					
水的生产和供应业	249	59	102	123	142
自来水生产和供应	138	38	68	28	56
污水处理及其再生利用	111	21	34	95	86

1-C-6　分行业港澳台商投资企业R&D人员情况

行　　业	R&D人员合计(人)	#女性	#研究人员	#全时人员	R&D人员折合全时当量(人年)
总　计	**55158**	**13307**	**16657**	**43963**	**45016**
采矿业					
黑色金属矿采选业					
铁矿采选					
有色金属矿采选业					
常用有色金属矿采选					
非金属矿采选业					
土砂石开采					
制造业	**54899**	**13298**	**16613**	**43737**	**44867**
农副食品加工业	100	32	19	63	57
谷物磨制					
饲料加工	17	10	5	15	16
植物油加工					
屠宰及肉类加工	83	22	14	48	41
水产品加工					
蔬菜、菌类、水果和坚果加工					
其他农副食品加工					
食品制造业	149	50	48	109	121
焙烤食品制造					
糖果、巧克力及蜜饯制造					
方便食品制造	34	18	4	31	24
调味品、发酵制品制造					
其他食品制造	115	32	44	78	97
酒、饮料和精制茶制造业	48	26	11	44	16
酒的制造					
饮料制造	24	14	6	22	6
精制茶加工	24	12	5	22	10
烟草制品业	15	5	5	9	14
其他烟草制品制造	15	5	5	9	14
纺织业	5204	1959	925	4054	4074
棉纺织及印染精加工	3501	1398	641	2762	2770
毛纺织及染整精加工	262	96	47	163	176
麻纺织及染整精加工	13	10	2	12	13
丝绢纺织及印染精加工	183	72	16	151	138
化纤织造及印染精加工	411	145	75	367	316
针织或钩针编织物及其制品制造	485	108	79	377	378
家用纺织制成品制造	129	62	45	99	94
产业用纺织制成品制造	220	68	20	123	190
纺织服装、服饰业	2082	1212	383	1516	1700
机织服装制造	901	532	162	570	790
针织或钩针编织服装制造	800	450	142	701	643
服饰制造	381	230	79	245	266
皮革、毛皮、羽毛及其制品和制鞋业	460	171	50	384	323
皮革鞣制加工					
皮革制品制造	81	44	1	73	51
毛皮鞣制及制品加工	57	23	16	26	22

1-C-6 续表 1

行业	R&D人员合计(人)	#女性	#研究人员	#全时人员	R&D人员折合全时当量(人年)
羽毛(绒)加工及制品制造	13	3	1	12	7
制鞋业	309	101	32	273	244
木材加工和木、竹、藤、棕、草制品业	90	23	21	69	73
木材加工	6	1	1	1	1
人造板制造	73	20	16	58	61
木质制品制造	11	2	4	10	11
竹、藤、棕、草等制品制造					
家具制造业	963	233	99	740	643
木质家具制造	397	114	19	323	212
竹、藤家具制造					
金属家具制造	428	95	65	293	317
塑料家具制造	6	2	1	5	2
其他家具制造	132	22	14	119	113
造纸和纸制品业	523	118	63	435	418
造纸	329	39	34	274	238
纸制品制造	194	79	29	161	180
印刷和记录媒介复制业	231	55	56	172	142
印刷	231	55	56	172	142
文教、工美、体育和娱乐用品制造业	1072	392	236	908	948
文教办公用品制造	136	57	30	116	111
乐器制造	11	1	1	6	10
工艺美术及礼仪用品制造	404	170	53	331	361
体育用品制造	86	33	12	77	72
玩具制造	96	19	14	75	60
游艺器材及娱乐用品制造	339	112	126	303	333
石油、煤炭及其他燃料加工业	35	7	12	22	20
精炼石油产品制造	35	7	12	22	20
化学原料和化学制品制造业	1585	422	432	1257	1288
基础化学原料制造	123	13	52	107	102
农药制造	92	18	20	62	66
涂料、油墨、颜料及类似产品制造	654	193	175	503	584
合成材料制造	128	20	34	114	97
专用化学产品制造	442	122	130	364	332
日用化学产品制造	146	56	21	107	108
医药制造业	926	419	328	754	787
化学药品原料药制造	381	151	127	314	308
化学药品制剂制造	15	6	9	3	11
中成药生产	269	154	113	240	246
生物药品制品制造	150	79	50	97	132
卫生材料及医药用品制造	82	25	23	74	63
药用辅料及包装材料	29	4	6	26	26
化学纤维制造业	701	124	198	396	418
纤维素纤维原料及纤维制造	68	18	4	61	68
合成纤维制造	633	106	194	335	350
橡胶和塑料制品业	1684	431	396	1252	1329
橡胶制品业	390	123	148	308	308
塑料制品业	1294	308	248	944	1021

1-C-6 续表 2

行业	R&D人员合计(人)	#女性	#研究人员	#全时人员	R&D人员折合全时当量(人年)
非金属矿物制品业	594	146	119	455	356
石膏、水泥制品及类似制品制造	105	17	27	81	34
砖瓦、石材等建筑材料制造					
玻璃制造					
玻璃制品制造	15	4	7	11	6
玻璃纤维和玻璃纤维增强塑料制品制造	120	15	45	92	113
陶瓷制品制造	354	110	40	271	203
石墨及其他非金属矿物制品制造					
黑色金属冶炼和压延加工业	303	43	31	218	231
钢压延加工	303	43	31	218	231
有色金属冶炼和压延加工业	516	81	121	396	402
常用有色金属冶炼	16	1	1	14	16
有色金属合金制造	281	42	96	219	225
有色金属压延加工	219	38	24	163	161
金属制品业	2252	442	346	1502	1677
结构性金属制品制造	295	65	40	127	239
金属工具制造	299	55	32	191	211
集装箱及金属包装容器制造	33	4	12	30	26
金属丝绳及其制品制造	177	42	23	160	136
建筑、安全用金属制品制造	598	94	90	429	398
金属表面处理及热处理加工	18	14	5	14	11
搪瓷制品制造					
金属制日用品制造	235	75	22	123	152
铸造及其他金属制品制造	597	93	122	428	505
通用设备制造业	4579	789	925	3474	3611
锅炉及原动设备制造	168	24	74	81	130
金属加工机械制造	589	65	208	480	449
物料搬运设备制造	232	43	52	184	194
泵、阀门、压缩机及类似机械制造	1725	310	318	1431	1421
轴承、齿轮和传动部件制造	626	118	73	415	502
烘炉、风机、包装等设备制造	697	128	125	507	528
文化、办公用机械制造	88	19	11	26	67
通用零部件制造	454	82	64	350	320
专用设备制造业	3406	491	879	2917	2888
采矿、冶金、建筑专用设备制造	135	25	22	113	110
化工、木材、非金属加工专用设备制造	1783	173	456	1521	1623
食品、饮料、烟草及饲料生产专用设备制造	14	3	4	10	13
印刷、制药、日化及日用品生产专用设备制造	126	16	17	113	113
纺织、服装和皮革加工专用设备制造	78	8	10	53	57
电子和电工机械专用设备制造	122	18	42	105	104
农、林、牧、渔专用机械制造	487	76	133	438	355
医疗仪器设备及器械制造	307	77	70	266	242
环保、邮政、社会公共服务及其他专用设备制造	354	95	125	298	271
汽车制造业	5160	893	1592	4422	4152
汽车整车制造					
汽车用发动机制造	344	42	56	310	226
汽车车身、挂车制造	46	13	9	42	39
汽车零部件及配件制造	4770	838	1527	4070	3888

1-C-6 续表 3

行　业	R&D人员合计（人）	#女性	#研究人员	#全时人员	R&D人员折合全时当量（人年）
铁路、船舶、航空航天和其他运输设备制造业	220	43	36	159	184
船舶及相关装置制造					
摩托车制造					
自行车和残疾人座车制造					
助动车制造	220	43	36	159	184
电气机械和器材制造业	5181	1220	939	3716	3712
电机制造	440	48	114	377	322
输配电及控制设备制造	1521	315	378	1162	1141
电线、电缆、光缆及电工器材制造	572	115	100	486	447
电池制造	459	74	76	371	347
家用电力器具制造	546	117	119	449	422
非电力家用器具制造	83	17	5	74	74
照明器具制造	1536	527	144	780	941
其他电气机械及器材制造	24	7	3	17	17
计算机、通信和其他电子设备制造业	14957	3149	7743	13143	13875
计算机制造	296	39	71	220	239
通信设备制造	13312	2796	7301	11840	12554
广播电视设备制造	176	7	86	149	174
雷达及配套设备制造					
非专业视听设备制造	120	32	20	108	91
智能消费设备制造	107	17	36	97	98
电子器件制造	298	75	102	241	207
电子元件及电子专用材料制造	637	180	122	480	501
其他电子设备制造	11	3	5	8	10
仪器仪表制造业	1638	283	583	959	1228
通用仪器仪表制造	526	72	133	376	389
专用仪器仪表制造	15	3	6	14	8
钟表与计时仪器制造					
光学仪器制造	1097	208	444	569	830
其他仪器仪表制造业					
其他制造业	217	39	17	186	179
日用杂品制造	217	39	17	186	179
废弃资源综合利用业					
金属废料和碎屑加工处理					
金属制品、机械和设备修理业	8			6	1
铁路、船舶、航空航天等运输设备修理	8			6	1
电力、热力、燃气及水生产和供应业	**259**	**9**	**44**	**226**	**149**
电力、热力生产和供应业	197	8	13	177	115
电力生产	197	8	13	177	115
热力生产和供应					
燃气生产和供应业	62	1	31	49	34
燃气生产和供应业	62	1	31	49	34
水的生产和供应业					
自来水生产和供应					
污水处理及其再生利用					

1-C-7　分行业外商投资企业R&D人员情况

行　业	R&D人员合计(人)	#女性	#研究人员	#全时人员	R&D人员折合全时当量(人年)
总　计	**39605**	**9919**	**10508**	**31401**	**30749**
采矿业	**30**		**4**	**27**	**29**
黑色金属矿采选业					
铁矿采选					
有色金属矿采选业					
常用有色金属矿采选					
非金属矿采选业	30		4	27	29
土砂石开采	30		4	27	29
制造业	**39448**	**9908**	**10486**	**31308**	**30612**
农副食品加工业	178	76	42	145	137
饲料加工	9	2	4	8	9
植物油加工					
屠宰及肉类加工					
水产品加工	110	47	18	100	79
蔬菜、菌类、水果和坚果加工	31	11	4	12	24
其他农副食品加工	28	16	16	25	26
食品制造业	357	144	60	257	189
焙烤食品制造					
糖果、巧克力及蜜饯制造					
方便食品制造	121	56	12	109	31
乳制品制造	48	13	9	18	40
罐头食品制造	69	29	12	27	53
调味品、发酵制品制造	19	3	4	17	10
其他食品制造	100	43	23	86	55
酒、饮料和精制茶制造业	287	78	71	225	212
酒的制造	160	31	31	118	111
饮料制造	127	47	40	107	101
精制茶加工					
纺织业	2448	1111	356	1867	1589
棉纺织及印染精加工	1065	433	115	857	632
毛纺织及染整精加工	62	36	10	56	43
麻纺织及染整精加工	13	8	2	9	6
丝绢纺织及印染精加工	511	348	99	379	368
化纤织造及印染精加工	235	41	13	185	124
针织或钩针编织物及其制品制造	143	64	32	118	93
家用纺织制成品制造	166	91	36	131	139
产业用纺织制成品制造	253	90	49	132	184
纺织服装、服饰业	1067	605	120	886	820
机织服装制造	407	226	45	347	312
针织或钩针编织服装制造	332	199	45	276	247
服饰制造	328	180	30	263	262
皮革、毛皮、羽毛及其制品和制鞋业	619	242	67	541	465
皮革鞣制加工	66	13	21	58	51
皮革制品制造	382	200	33	341	336
毛皮鞣制及制品加工	12	4	1	11	4
羽毛(绒)加工及制品制造					
制鞋业	159	25	12	131	75
木材加工和木、竹、藤、棕、草制品业	256	59	27	195	166

1-C-7 续表 1

行业	R&D人员合计(人)	#女性	#研究人员	#全时人员	R&D人员折合全时当量(人年)
木材加工	9	3	1	8	7
人造板制造	49	16	4	20	28
木质制品制造	198	40	22	167	130
竹、藤、棕、草等制品制造					
家具制造业	1257	469	228	951	950
木质家具制造	464	141	61	363	332
金属家具制造	150	44	16	127	116
塑料家具制造	3	1	1	3	3
其他家具制造	640	283	150	458	499
造纸和纸制品业	602	141	102	459	541
造纸	146	58	11	131	133
纸制品制造	456	83	91	328	408
印刷和记录媒介复制业	183	25	30	94	110
印刷	170	24	29	82	98
装订及印刷相关服务	13	1	1	12	12
文教、工美、体育和娱乐用品制造业	1291	346	259	1084	1069
文教办公用品制造	444	136	123	386	320
乐器制造	14	2	2	13	14
工艺美术及礼仪用品制造	167	91	18	124	150
体育用品制造	499	79	75	414	432
玩具制造	160	37	41	141	152
游艺器材及娱乐用品制造	7	1		6	2
石油、煤炭及其他燃料加工业	3	2	1	2	3
精炼石油产品制造	3	2	1	2	3
化学原料和化学制品制造业	1752	413	513	1312	1383
基础化学原料制造	247	27	91	198	194
农药制造	107	31	27	67	79
涂料、油墨、颜料及类似产品制造	294	78	81	209	243
合成材料制造	254	66	62	201	218
专用化学产品制造	791	185	239	589	617
日用化学产品制造	59	26	13	48	31
医药制造业	1657	677	704	1399	1319
化学药品原料药制造	376	114	157	318	316
化学药品制剂制造	477	223	238	399	395
中药饮片加工	70	24	16	62	65
中成药生产					
兽用药品制造	47	26	23	42	33
生物药品制品制造	505	219	214	426	388
卫生材料及医药用品制造	42	16	18	37	38
药用辅料及包装材料	140	55	38	115	84
化学纤维制造业	161	69	22	111	127
纤维素纤维原料及纤维制造					
合成纤维制造	161	69	22	111	127
橡胶和塑料制品业	821	193	194	509	687
橡胶制品业	176	27	59	158	174
塑料制品业	645	166	135	351	513
非金属矿物制品业	477	69	101	400	419
水泥、石灰和石膏制造					
石膏、水泥制品及类似制品制造	38	5	9	34	38

1-C-7　续表 2

行　　业	R&D人员合计(人)	#女性	#研究人员	#全时人员	R&D人员折合全时当量(人年)
砖瓦、石材等建筑材料制造	48	5	15	33	40
玻璃制造	151	9	18	122	141
玻璃制品制造	126	31	20	111	104
玻璃纤维和玻璃纤维增强塑料制品制造	41	6	13	37	30
陶瓷制品制造	52	7	17	47	50
耐火材料制品制造	19	4	8	14	16
石墨及其他非金属矿物制品制造	2	2	1	2	2
黑色金属冶炼和压延加工业	75	4	10	67	62
钢压延加工	75	4	10	67	62
有色金属冶炼和压延加工业	588	74	162	490	349
常用有色金属冶炼	256	36	23	210	145
有色金属合金制造	91	15	21	82	69
有色金属压延加工	241	23	118	198	135
金属制品业	1133	291	186	853	870
结构性金属制品制造	217	33	45	167	139
金属工具制造	209	60	30	184	182
集装箱及金属包装容器制造	24	2	14	22	20
金属丝绳及其制品制造					
建筑、安全用金属制品制造	186	29	42	147	134
金属表面处理及热处理加工	5	1	1	4	
搪瓷制品制造					
金属制日用品制造	401	156	36	249	338
铸造及其他金属制品制造	91	10	18	80	55
通用设备制造业	4489	742	1080	3505	3510
锅炉及原动设备制造	187	45	56	130	148
金属加工机械制造	386	39	99	284	294
物料搬运设备制造	1017	128	216	758	760
泵、阀门、压缩机及类似机械制造	974	144	229	800	770
轴承、齿轮和传动部件制造	482	78	103	390	371
烘炉、风机、包装等设备制造	387	67	131	331	332
文化、办公用机械制造	57	13	24	51	54
通用零部件制造	920	221	200	690	709
其他通用设备制造业	79	7	22	71	73
专用设备制造业	2063	368	681	1640	1581
采矿、冶金、建筑专用设备制造	16	1	7	15	12
化工、木材、非金属加工专用设备制造	462	75	160	380	327
食品、饮料、烟草及饲料生产专用设备制造					
印刷、制药、日化及日用品生产专用设备制造	107	20	30	96	67
纺织、服装和皮革加工专用设备制造	613	62	247	530	543
电子和电工机械专用设备制造	21	6	11	15	14
农、林、牧、渔专用机械制造	111	11	23	66	75
医疗仪器设备及器械制造	539	148	172	373	368
环保、邮政、社会公共服务及其他专用设备制造	194	45	31	165	175
汽车制造业	6439	1044	1889	5082	4878
汽车整车制造	427	65	68	269	339
汽车用发动机制造	685	111	342	503	504
改装汽车制造	30	6	13	27	10
汽车车身、挂车制造					
汽车零部件及配件制造	5297	862	1466	4283	4024

1-C-7 续表 3

行　业	R&D人员合计(人)	#女性	#研究人员	#全时人员	R&D人员折合全时当量(人年)
铁路、船舶、航空航天和其他运输设备制造业	154	31	49	128	84
船舶及相关装置制造	103	14	33	90	51
摩托车制造	31	11	14	23	20
自行车和残疾人座车制造	8	2		7	3
助动车制造	6	3	1	3	5
潜水救捞及其他未列明运输设备制造	6	1	1	5	6
电气机械和器材制造业	5291	1411	1545	4379	4177
电机制造	1098	374	282	782	929
输配电及控制设备制造	1279	341	352	1106	1092
电线、电缆、光缆及电工器材制造	375	125	66	301	301
电池制造	1400	286	545	1219	941
家用电力器具制造	361	65	72	289	308
非电力家用器具制造	145	19	18	131	92
照明器具制造	571	188	188	495	452
其他电气机械及器材制造	62	13	22	56	62
计算机、通信和其他电子设备制造业	3660	695	1307	2856	3104
计算机制造	678	63	262	567	653
通信设备制造	553	60	254	430	492
广播电视设备制造	107	27	15	96	87
非专业视听设备制造	297	95	82	268	222
智能消费设备制造	147	41	35	115	120
电子器件制造	957	205	367	765	792
电子元件及电子专用材料制造	800	162	252	520	649
其他电子设备制造	121	42	40	95	88
仪器仪表制造业	1814	471	631	1584	1529
通用仪器仪表制造	851	191	370	765	746
专用仪器仪表制造	905	260	250	767	732
钟表与计时仪器制造	36	17	2	32	33
光学仪器制造	22	3	9	20	18
衡器制造					
其他制造业	235	43	28	205	216
日用杂品制造	176	42	9	153	165
其他未列明制造业	59	1	19	52	50
废弃资源综合利用业	50	3	8	45	39
金属废料和碎屑加工处理	11	2	5	10	1
非金属废料和碎屑加工处理	39	1	3	35	38
金属制品、机械和设备修理业	41	12	13	37	28
专用设备修理	17	8	1	15	16
铁路、船舶、航空航天等运输设备修理	24	4	12	22	12
电力、热力、燃气及水生产和供应业	127	11	18	66	108
电力、热力生产和供应业	118	6	15	58	107
电力生产	118	6	15	58	107
热力生产和供应					
燃气生产和供应业					
燃气生产和供应业					
水的生产和供应业	9	5	3	8	2
自来水生产和供应	9	5	3	8	2
污水处理及其再生利用					

1-C-8　分地区企业R&D人员情况

地　区	R&D人员合计(人)	#女性	#研究人员	#全时人员	R&D人员折合全时当量(人年)
全　省	**513546**	**117667**	**115638**	**396380**	**394147**
杭州市	92897	21145	32162	75045	74664
宁波市	112311	24526	24404	88488	86893
温州市	64350	13699	10690	51270	50335
嘉兴市	56637	14614	10337	43170	41900
湖州市	29004	6532	6260	22214	22804
绍兴市	53865	13322	12137	39209	42009
金华市	37700	9639	6972	28365	28433
衢州市	9276	2133	1498	6123	5412
舟山市	4220	883	1022	2865	3110
台州市	44558	9159	8615	32922	32324
丽水市	8728	2015	1541	6709	6261

1-C-9　分地区大中型企业R&D人员情况

地　区	R&D人员合计(人)	#女性	#研究人员	#全时人员	R&D人员折合全时当量(人年)
全　省	**290293**	**68551**	**73692**	**225741**	**227496**
杭州市	64751	14984	24931	52721	53629
宁波市	63258	13938	15773	50126	50553
温州市	30166	7136	5066	24211	24204
嘉兴市	29507	7481	5843	23115	22361
湖州市	13983	3216	3164	10702	11008
绍兴市	30440	7886	7031	22435	23413
金华市	19896	5429	3814	14833	15198
衢州市	5700	1348	891	3698	3185
舟山市	2367	459	575	1542	1830
台州市	26598	5750	5897	19481	19693
丽水市	3627	924	707	2877	2422

1-C-10 分地区内资企业R&D人员情况

地 区	R&D人员合计(人)	#女性	#研究人员	#全时人员	R&D人员折合全时当量(人年)
全 省	**418783**	**94441**	**88473**	**321016**	**318382**
杭州市	69121	15735	21873	55301	54314
宁波市	82497	17537	16743	64466	62596
温州市	60443	12769	9731	48120	47357
嘉兴市	41944	10861	7265	31733	30780
湖州市	23553	5195	4943	17919	18708
绍兴市	44217	10261	10002	32332	34782
金华市	35147	8898	6352	26314	26524
衢州市	8279	1931	1335	5277	4694
舟山市	4080	852	982	2743	3050
台州市	41115	8491	7749	30399	29591
丽水市	8387	1911	1498	6412	5986

1-C-11 分地区港澳台商投资企业R&D人员情况

地 区	R&D人员合计(人)	#女性	#研究人员	#全时人员	R&D人员折合全时当量(人年)
全 省	**55158**	**13307**	**16657**	**43963**	**45016**
杭州市	16745	3530	7927	14315	14924
宁波市	18954	4644	4804	15057	15713
温州市	767	162	135	648	484
嘉兴市	6617	1619	1244	5164	4851
湖州市	2719	664	522	2145	2111
绍兴市	5519	1700	1156	3606	4033
金华市	1853	524	495	1472	1416
衢州市	128	31	26	104	66
舟山市	8			6	1
台州市	1600	349	320	1231	1220
丽水市	248	84	28	215	197

1-C-12 分地区外商投资企业R&D人员情况

地 区	R&D人员合计(人)	#女性	#研究人员	#全时人员	R&D人员折合全时当量(人年)
全 省	**39605**	**9919**	**10508**	**31401**	**30749**
杭州市	7031	1880	2362	5429	5426
宁波市	10860	2345	2857	8965	8584
温州市	3140	768	824	2502	2494
嘉兴市	8076	2134	1828	6273	6269
湖州市	2732	673	795	2150	1985
绍兴市	4129	1361	979	3271	3194
金华市	700	217	125	579	494
衢州市	869	171	137	742	653
舟山市	132	31	40	116	59
台州市	1843	319	546	1292	1513
丽水市	93	20	15	82	79

D.R&D经费支出

1-D-1.1 分登记注册类型企业R&D经费内部支出情况

单位：万元

登记注册类型	R&D经费内部支出	日常性支出	#人员劳务费	资产性支出	#仪器和设备	#政府资金	#企业资金
总 计	**11473921**	**10689623**	**4262939**	**784298**	**775121**	**153008**	**11276838**
内资企业	**8903731**	**8302021**	**3207454**	**601710**	**595040**	**115328**	**8752682**
国有企业	4843	4695	1113	148	148	3	4841
集体企业	265	265	155				265
股份合作企业	22408	20752	8167	1657	1653	134	22274
联营企业	10	10	2				10
集体联营企业							
有限责任公司	1994773	1873012	740578	121761	120147	28215	1963556
国有独资公司	45286	42843	16315	2442	2373	8146	37140
其他有限责任公司	1949487	1830168	724264	119319	117774	20070	1926416
股份有限公司	2028907	1911947	803681	116960	115753	46143	1974858
私营企业	4852525	4491341	1653757	361185	357340	40833	4786879
私营独资企业	23560	22274	7406	1286	1278	41	23263
私营合伙企业	3371	3035	1064	335	334	4	3367
私营有限责任公司	4287629	3961451	1444296	326178	322556	33964	4233934
私营股份有限公司	537965	504580	200992	33385	33172	6824	526315
港、澳、台商投资企业	**1556496**	**1455125**	**672979**	**101371**	**100586**	**21967**	**1531897**
合资经营企业(港或澳、台资)	672895	616690	216374	56205	55660	4608	666740
合作经营企业(港或澳、台资)	11308	11023	3931	285	284		11308
港、澳、台商独资经营企业	599450	558311	286334	41139	40913	16494	581886
港、澳、台商投资股份有限公司	267149	263677	164529	3472	3459	790	266344
其他港澳台投资企业	5693	5424	1812	269	269	75	5618
外商投资企业	**1013695**	**932477**	**382506**	**81218**	**79494**	**15713**	**992259**
中外合资经营企业	537772	493183	198650	44588	42989	13859	521631
中外合作经营企业	3106	2921	1568	185	185		3105
外资企业	413616	378335	161154	35281	35165	1850	408347
外商投资股份有限公司	36397	35871	14899	526	519		36397
其他外商投资企业	22804	22167	6236	637	637	4	22780

1-D-1.2　分登记注册类型大中型企业R&D经费内部支出情况

单位：万元

登记注册类型	R&D经费内部支出	日常性支出	#人员劳务费	资产性支出	#仪器和设备	#政府资金	#企业资金
总　计	**7241881**	**6790245**	**2834457**	**451636**	**445665**	**108000**	**7111520**
内资企业	**5184114**	**4867583**	**1966692**	**316531**	**312784**	**78226**	**5089148**
国有企业	4554	4406	1025	148	148		4554
集体企业							
股份合作企业	8665	8312	3186	353	353	38	8627
有限责任公司	1323519	1248555	516032	74964	73822	18667	1303957
国有独资公司	36962	35198	12969	1764	1696	7907	29055
其他有限责任公司	1286557	1213357	503063	73200	72126	10760	1274902
股份有限公司	1771205	1673223	715418	97981	97050	40022	1725036
私营企业	2076172	1933088	731032	143084	141411	19499	2046975
私营独资企业	1736	1710	733	26	26		1736
私营合伙企业	317	317	83				317
私营有限责任公司	1741512	1619096	600997	122416	120842	14873	1720291
私营股份有限公司	332607	311964	129219	20642	20543	4626	324630
港、澳、台商投资企业	**1315758**	**1231667**	**588702**	**84091**	**83476**	**20285**	**1293751**
合资经营企业(港或澳、台资)	537443	490114	171167	47329	46903	3942	532642
合作经营企业(港或澳、台资)	7839	7670	2521	169	169		7839
港、澳、台商独资经营企业	504838	471626	250876	33212	33034	16016	487959
港、澳、台商投资股份有限公司	263368	260142	163199	3226	3216	251	263117
其他港澳台投资企业	2269	2115	938	154	154	75	2194
外商投资企业	**742010**	**690995**	**279063**	**51015**	**49406**	**9490**	**728622**
中外合资经营企业	395101	368114	146929	26987	25435	8917	384981
中外合作经营企业	676	676	504				676
外资企业	297023	274087	114505	22936	22886	573	293776
外商投资股份有限公司	30980	30516	12744	464	457		30980
其他外商投资企业	18230	17602	4381	628	628		18209

1-D-1.3 分行业企业R&D经费内部支出情况

单位：万元

行业	R&D经费内部支出	日常性支出	#人员劳务费	资产性支出	#仪器和设备	#政府资金	#企业资金
总　计	**11473921**	**10689623**	**4262939**	**784298**	**775121**	**153008**	**11276838**
采矿业	**5727**	**4526**	**1512**	**1201**	**1201**		**5592**
煤炭开采和洗选业							
其他煤炭采选							
黑色金属矿采选业							
铁矿采选							
有色金属矿采选业							
常用有色金属矿采选							
稀有稀土金属矿采选							
非金属矿采选业	5727	4526	1512	1201	1201		5592
土砂石开采	5494	4293	1413	1201	1201		5359
化学矿开采							
石棉及其他非金属矿采选	233	233	99				233
制造业	**11422523**	**10650415**	**4248735**	**772109**	**762979**	**152566**	**11226022**
农副食品加工业	56980	50977	15461	6004	5849	660	55787
谷物磨制	1678	1462	479	216	210	60	1618
饲料加工	17780	17159	4535	620	619	72	17205
植物油加工	3125	2794	768	331	331	41	3084
制糖业							
屠宰及肉类加工	5416	5134	1945	282	279	12	5404
水产品加工	19180	15003	4582	4176	4035	343	18826
蔬菜、菌类、水果和坚果加工	6473	6126	1695	347	345	133	6321
其他农副食品加工	3329	3298	1458	31	31		3329
食品制造业	53767	50292	16952	3475	3452	1598	52090
焙烤食品制造	4686	4007	882	679	679	15	4668
糖果、巧克力及蜜饯制造	3065	3039	1262	25	25		3065
方便食品制造	2961	2836	1094	125	123	20	2941
乳制品制造	6898	6430	3174	467	467	261	6637
罐头食品制造	3268	3005	742	263	263	107	3139
调味品、发酵制品制造	3573	3287	795	286	286	7	3566
其他食品制造	29317	27688	9003	1629	1608	1188	28075
酒、饮料和精制茶制造业	19686	18816	7223	870	867	157	19307
酒的制造	7724	7406	3270	319	319	105	7431
饮料制造	6422	6204	2194	218	218		6422
精制茶加工	5540	5207	1759	333	330	52	5455
烟草制品业	9374	8726	5524	648	648	7867	1507
卷烟制造	8884	8236	5063	647	647	7867	1016
其他烟草制品制造	491	490	460	1	1		491
纺织业	672344	620444	205313	51899	51574	1586	664720
棉纺织及印染精加工	366101	333287	113699	32814	32588	760	361926
毛纺织及染整精加工	38671	37439	11115	1231	1221	114	38452
麻纺织及染整精加工	4571	4080	1367	491	491		4571
丝绢纺织及印染精加工	24460	23324	8041	1136	1136	15	24104
化纤织造及印染精加工	61487	55339	17239	6148	6120	69	61046

1-D-1.3　续表 1　　单位：万元

行　　业	R&D经费内部支出	日常性支　出	#人　员劳务费	资产性支　出	#仪器和设　备	#政府资金	#企业资金
针织或钩针编织物及其制品制造	77155	72297	20966	4858	4834	278	75422
家用纺织制成品制造	29678	28000	11693	1679	1672	266	29069
产业用纺织制成品制造	70221	66680	21192	3541	3511	86	70130
纺织服装、服饰业	231791	220381	102388	11410	11247	1816	227861
机织服装制造	109382	101150	51613	8232	8147	408	107683
针织或钩针编织服装制造	67278	65547	30264	1731	1710	294	66616
服饰制造	55131	53685	20511	1447	1390	1115	53562
皮革、毛皮、羽毛及其制品和制鞋业	147183	143555	61803	3628	3599	351	146151
皮革鞣制加工	11186	10868	2815	318	317	230	10956
皮革制品制造	28359	27649	11404	710	707	58	28204
毛皮鞣制及制品加工	3612	3311	653	301	301		3612
羽毛(绒)加工及制品制造	11108	11076	2886	32	32		11108
制鞋业	92919	90652	44046	2267	2242	62	92272
木材加工和木、竹、藤、棕、草制品业	65121	61497	19097	3624	3588	2085	62711
木材加工	5498	4933	1492	565	543	183	5120
人造板制造	21281	20551	5031	730	723	170	21103
木质制品制造	30096	28297	9499	1799	1797	1575	28399
竹、藤、棕、草等制品制造	8245	7716	3075	529	526	156	8090
家具制造业	165272	157811	69076	7461	7283	358	164566
木质家具制造	44799	42369	19137	2429	2370	138	44601
竹、藤家具制造	640	637	378	3	3	0	639
金属家具制造	64866	60662	26754	4204	4123	19	64741
塑料家具制造	4179	3944	1611	235	235		4179
其他家具制造	50788	50199	21196	589	552	200	50405
造纸和纸制品业	199371	180284	42827	19088	17402	491	198702
纸浆制造							
造纸	122762	106461	22328	16302	14688	353	122250
纸制品制造	76609	73823	20498	2786	2714	138	76452
印刷和记录媒介复制业	67013	61473	23983	5540	5488	373	66480
印刷	66645	61117	23807	5528	5485	373	66111
装订及印刷相关服务	368	356	177	12	3		368
文教、工美、体育和娱乐用品制造业	178572	170410	67687	8162	7946	2439	175175
文教办公用品制造	35355	33520	15533	1835	1785	36	35309
乐器制造	3378	3262	1654	116	111		3378
工艺美术及礼仪用品制造	64272	60478	20582	3794	3645	1390	62355
体育用品制造	30614	29905	12795	709	698	15	30547
玩具制造	25951	24743	10565	1208	1206	320	25611
游艺器材及娱乐用品制造	19002	18502	6558	500	500	679	17976
石油、煤炭及其他燃料加工业	37945	37696	7483	249	246	66	37879
精炼石油产品制造	37584	37385	7364	200	200	66	37518
煤炭加工							
生物质燃料加工	361	312	119	49	46		361
化学原料和化学制品制造业	818707	778015	200358	40691	39949	7761	807850
基础化学原料制造	212009	200822	48774	11187	10850	1439	210106
肥料制造	2703	2590	894	114	114	237	2466
农药制造	53247	51361	12467	1885	1864	731	51668

1-D-1.3 续表 2 单位：万元

行业	R&D经费内部支出	日常性支出	#人员劳务费	资产性支出	#仪器和设备	#政府资金	#企业资金
涂料、油墨、颜料及类似产品制造	115763	111939	34884	3824	3680	926	114450
合成材料制造	246394	234610	45046	11784	11636	2564	242715
专用化学产品制造	154322	145051	42449	9270	9190	1849	152242
炸药、火工及焰火产品制造	2899	2890	1714	10	10		2899
日用化学产品制造	31371	28753	14129	2618	2606	16	31304
医药制造业	449216	389686	157438	59530	58931	16148	429344
化学药品原料药制造	202294	176571	77813	25723	25551	5115	195397
化学药品制剂制造	146353	123850	37682	22502	22214	8000	137297
中药饮片加工	6311	5789	2248	522	521	189	6029
中成药生产	27037	23648	13069	3389	3368	805	25834
兽用药品制造	4893	4538	2184	355	355	61	4436
生物药品制品制造	39469	35304	15738	4165	4078	1133	38336
卫生材料及医药用品制造	16256	14266	6185	1990	1959	723	15533
药用辅料及包装材料	6605	5719	2519	885	885	122	6482
化学纤维制造业	277282	261867	44983	15415	15321	1988	274095
纤维素纤维原料及纤维制造	8186	7541	1285	645	645		8186
合成纤维制造	267250	252481	43488	14769	14676	1984	264067
生物基材料制造	1846	1846	210			4	1841
橡胶和塑料制品业	409795	382022	128782	27773	27571	2229	406968
橡胶制品业	88344	77690	24058	10655	10626	422	87922
塑料制品业	321451	304333	104724	17118	16945	1807	319046
非金属矿物制品业	225229	212310	63115	12919	12766	1118	222827
水泥、石灰和石膏制造	13011	12059	2524	952	946	36	12840
石膏、水泥制品及类似制品制造	62409	57688	15465	4722	4683	287	61259
砖瓦、石材等建筑材料制造	19758	18654	6273	1104	1072	29	19707
玻璃制造	19795	19271	6595	524	523	0	19794
玻璃制品制造	18845	18340	6964	505	495	235	18610
玻璃纤维和玻璃纤维增强塑料制品制造	25865	25461	8331	404	400	25	25839
陶瓷制品制造	14288	13710	4723	578	565	273	14016
耐火材料制品制造	31263	29358	6235	1905	1859	141	30908
石墨及其他非金属矿物制品制造	19995	17770	6005	2226	2224	92	19855
黑色金属冶炼和压延加工业	181680	175639	31448	6041	5969	604	181002
炼钢	13785	13540	1283	244	244		13785
钢压延加工	160805	155288	28902	5517	5445	604	160128
铁合金冶炼	7090	6811	1263	280	280		7090
有色金属冶炼和压延加工业	161690	153425	33458	8265	8183	2140	158984
常用有色金属冶炼	15375	15043	2378	332	332	14	15361
贵金属冶炼	596	596	245				596
稀有稀土金属冶炼	298	298	121				298
有色金属合金制造	33927	31231	8439	2696	2644	578	33221
有色金属压延加工	111495	106258	22274	5237	5207	1548	109509
金属制品业	413314	385674	147799	27640	27359	4110	405571
结构性金属制品制造	66591	61723	22071	4867	4794	512	65544
金属工具制造	50526	46337	19213	4188	4174	390	49760
集装箱及金属包装容器制造	18212	16015	6467	2198	2194	105	18094
金属丝绳及其制品制造	13789	13296	3108	492	492	61	13728

1-D-1.3　续表 3　　单位：万元

行　　业	R&D经费内部支出	日常性支出	#人员劳务费	资产性支出	#仪器和设备	#政府资金	#企业资金
建筑、安全用金属制品制造	77699	72570	32021	5129	5096	378	76343
金属表面处理及热处理加工	28825	27903	4532	921	901	2	28595
搪瓷制品制造	2019	1952	882	66	66	50	1969
金属制日用品制造	73451	68730	27593	4721	4644	235	71889
铸造及其他金属制品制造	82204	77146	31913	5057	4998	2377	79651
通用设备制造业	1172376	1090717	451685	81660	81005	18125	1152194
锅炉及原动设备制造	65225	63685	25712	1541	1528	426	64788
金属加工机械制造	106673	101003	42185	5670	5615	1661	104821
物料搬运设备制造	168614	159491	57590	9123	9053	1611	166715
泵、阀门、压缩机及类似机械制造	313889	288986	116734	24903	24710	6891	306636
轴承、齿轮和传动部件制造	177482	158568	68396	18914	18761	1696	175343
烘炉、风机、包装等设备制造	196207	185447	80535	10760	10672	2195	193531
文化、办公用机械制造	19863	19154	9967	710	708	364	19310
通用零部件制造	94275	85277	35919	8999	8927	951	93249
其他通用设备制造业	30148	29107	14648	1042	1031	2330	27801
专用设备制造业	609817	553065	244876	56752	56205	13275	593425
采矿、冶金、建筑专用设备制造	39745	30154	11605	9591	9579	233	39049
化工、木材、非金属加工专用设备制造	184925	165763	77817	19162	18999	1114	182767
食品、饮料、烟草及饲料生产专用设备制造	9973	8918	3852	1055	1008	104	9868
印刷、制药、日化及日用品生产专用设备制造	25216	22720	9239	2496	2482	494	24670
纺织、服装和皮革加工专用设备制造	80225	74993	29980	5232	5204	1076	79124
电子和电工机械专用设备制造	31152	28434	10877	2718	2693	1180	29774
农、林、牧、渔专用机械制造	38733	36348	14083	2385	2267	245	38396
医疗仪器设备及器械制造	81117	74277	35301	6839	6767	7371	73134
环保、邮政、社会公共服务及其他专用设备制造	118733	111458	52123	7275	7208	1457	116642
汽车制造业	960394	871506	377589	88888	87757	7523	950364
汽车整车制造	44930	40931	11010	3999	3987		44488
汽车用发动机制造	48067	41834	24015	6234	6227	478	47589
改装汽车制造	4953	4939	1597	14	13		4953
汽车车身、挂车制造	19368	17979	8797	1389	1387	653	18619
汽车零部件及配件制造	843076	765824	332170	77252	76143	6392	834715
铁路、船舶、航空航天和其他运输设备制造业	137599	126057	47182	11541	11430	6862	130654
铁路运输设备制造	13127	9160	3765	3967	3963		13127
城市轨道交通设备制造	3785	2690	1175	1095	1093	180	3605
船舶及相关装置制造	32129	30569	12357	1561	1555	136	31930
航空、航天器及设备制造	668	665	144	2	2	250	418
摩托车制造	52431	49042	17480	3389	3313	6261	46170
自行车和残疾人座车制造	7448	6728	2910	720	718		7448
助动车制造	17652	17251	5657	401	381	25	17616
非公路休闲车及零配件制造	8744	8505	2988	239	238	10	8734
潜水救捞及其他未列明运输设备制造	1615	1448	707	167	167		1608
电气机械和器材制造业	1618413	1518572	562847	99842	98955	12658	1601479
电机制造	220462	199963	84531	20499	20221	1435	217672
输配电及控制设备制造	559548	521743	188319	37805	37568	7280	551473
电线、电缆、光缆及电工器材制造	194820	186014	40387	8806	8730	753	193501

1-D-1.3 续表 4 单位：万元

行业	R&D经费内部支出	日常性支出	#人员劳务费	资产性支出	#仪器和设备	#政府资金	#企业资金
电池制造	140267	128920	40089	11347	11282	1879	137676
家用电力器具制造	327050	313782	136237	13268	13062	424	326218
非电力家用器具制造	22593	20410	8662	2183	2181	129	22464
照明器具制造	136616	131247	58127	5369	5352	687	135494
其他电气机械及器材制造	17058	16493	6498	565	559	72	16980
计算机、通信和其他电子设备制造业	1671916	1590139	916016	81778	81361	25993	1643236
计算机制造	61989	60459	19681	1531	1528	532	60699
通信设备制造	1014176	979538	650188	34637	34482	17183	996947
广播电视设备制造	18882	17593	9720	1289	1281	106	18644
雷达及配套设备制造	2709	2656	928	53	52	483	2226
非专业视听设备制造	42026	37704	15017	4322	4288	188	41656
智能消费设备制造	53515	50284	25572	3232	3205	158	53357
电子器件制造	176405	160546	78989	15860	15773	2932	172575
电子元件及电子专用材料制造	276027	257201	101761	18827	18743	2933	272484
其他电子设备制造	26186	24158	14160	2028	2010	1479	24648
仪器仪表制造业	362303	334330	178103	27973	27849	12002	347253
通用仪器仪表制造	255378	234157	127528	21221	21141	9841	242658
专用仪器仪表制造	56533	54168	25812	2365	2346	1064	55468
钟表与计时仪器制造	4132	4103	1856	29	29	1	4131
光学仪器制造	42806	38460	21344	4346	4321	1083	41574
衡器制造	2945	2944	1218	1	1		2925
其他仪器仪表制造业	511	499	345	11	11	12	498
其他制造业	31767	31166	13466	601	561	25	31494
日用杂品制造	30114	29538	12721	576	536	22	29844
其他未列明制造业	1653	1629	745	25	25	3	1650
废弃资源综合利用业	11466	9489	3102	1977	1945	6	11447
金属废料和碎屑加工处理	4616	3836	1577	780	748	6	4611
非金属废料和碎屑加工处理	6850	5653	1525	1197	1197		6836
金属制品、机械和设备修理业	5141	4375	1674	765	675	153	4898
金属制品修理							
专用设备修理	577	577	97				577
铁路、船舶、航空航天等运输设备修理	4564	3799	1577	765	675	153	4322
电气设备修理							
其他机械和设备修理业							
电力、热力、燃气及水生产和供应业	**45671**	**34683**	**12692**	**10988**	**10941**	**442**	**45224**
电力、热力生产和供应业	41375	30887	10361	10487	10443	406	40963
电力生产	40344	29922	9945	10422	10377	406	39938
电力供应	177	177	93	0	0		177
热力生产和供应	853	788	323	65	65		849
燃气生产和供应业	294	294	277				294
燃气生产和供应业	294	294	277				294
水的生产和供应业	4003	3502	2054	501	498	36	3967
自来水生产和供应	1782	1684	899	99	99		1782
污水处理及其再生利用	2221	1818	1156	402	399	36	2185

1-D-1.4　分行业大中型企业R&D经费内部支出情况

单位：万元

行　业	R&D经费内部支出	日常性支出	#人员劳务费	资产性支出	#仪器和设备	#政府资金	#企业资金
总　计	**7241881**	**6790245**	**2834457**	**451636**	**445665**	**108000**	**7111520**
采矿业							
黑色金属矿采选业							
铁矿采选							
有色金属矿采选业							
常用有色金属矿采选							
非金属矿采选业							
土砂石开采							
制造业	**7225297**	**6775241**	**2829304**	**450056**	**444096**	**107594**	**7095342**
农副食品加工业	17488	14055	4724	3433	3295	183	17303
谷物磨制							
饲料加工	2563	2562	892	0	0		2563
屠宰及肉类加工	2263	2117	1077	147	144	11	2252
水产品加工	10299	7183	2002	3116	2982	160	10138
蔬菜、菌类、水果和坚果加工	1381	1225	256	157	156	12	1369
其他农副食品加工	982	968	498	14	14		982
食品制造业	29477	27845	7982	1632	1628	359	29110
焙烤食品制造	2660	2167	258	493	493		2660
糖果、巧克力及蜜饯制造	2133	2129	735	4	4		2133
方便食品制造	2628	2508	926	121	119	20	2608
乳制品制造	6193	5908	2892	285	285	241	5952
罐头食品制造	740	711	132	30	30	10	723
调味品、发酵制品制造	2310	2310	421				2310
其他食品制造	12812	12113	2618	699	697	88	12724
酒、饮料和精制茶制造业	6554	6402	3034	151	151	101	6264
酒的制造	5381	5238	2631	144	144	101	5091
饮料制造	1172	1164	404	8	8		1172
精制茶加工							
烟草制品业	**8884**	**8236**	**5063**	**647**	**647**	**7867**	**1016**
卷烟制造	8884	8236	5063	647	647	7867	1016
纺织业	385743	356264	128879	29479	29299	975	381694
棉纺织及印染精加工	268641	246241	88493	22400	22225	621	265659
毛纺织及染整精加工	22114	21604	5794	510	509	3	22051
麻纺织及染整精加工	3368	2899	1090	469	469		3368
丝绢纺织及印染精加工	13654	13211	4913	443	443	8	13628
化纤织造及印染精加工	24648	21011	8325	3637	3637	6	24503
针织或钩针编织物及其制品制造	17405	15920	5794	1485	1481	128	17021
家用纺织制成品制造	10436	10136	5314	300	300	187	10016
产业用纺织制成品制造	25478	25243	9155	235	235	23	25451

1-D-1.4 续表 1 单位：万元

行　业	R&D经费内部支出	日常性支出	#人员劳务费	资产性支出	#仪器和设备	#政府资金	#企业资金
纺织服装、服饰业	139012	130531	67005	8482	8344	1243	136656
机织服装制造	81621	74716	40076	6905	6821	289	80294
针织或钩针编织服装制造	37895	36962	18784	933	913	220	37676
服饰制造	19496	18853	8144	644	610	734	18687
皮革、毛皮、羽毛及其制品和制鞋业	83696	82245	37894	1451	1451	297	82989
皮革鞣制加工	6966	6807	1687	159	159	202	6765
皮革制品制造	14439	14310	5935	128	128	42	14397
毛皮鞣制及制品加工	1156	1156	185				1156
羽毛(绒)加工及制品制造	10281	10281	2650				10281
制鞋业	50854	49690	27438	1164	1163	54	50390
木材加工和木、竹、藤、棕、草制品业	40121	37675	12183	2447	2424	1999	37804
木材加工	4098	3565	1124	533	513	183	3720
人造板制造	10813	10711	2380	103	103	142	10671
木质制品制造	22083	20456	7346	1628	1625	1518	20443
竹、藤、棕、草等制品制造	3127	2943	1333	183	183	156	2971
家具制造业	124966	119799	54133	5167	5045	284	124617
木质家具制造	29725	27864	13590	1861	1810	65	29650
竹、藤家具制造	483	483	281			0	483
金属家具制造	49963	47165	21581	2798	2728	19	49943
塑料家具制造	1717	1609	675	108	108		1717
其他家具制造	43079	42679	18007	400	400	200	42824
造纸和纸制品业	134029	120209	25989	13820	12190	301	133729
造纸	89350	76601	14219	12750	11180	255	89095
纸制品制造	44679	43609	11770	1071	1010	46	44634
印刷和记录媒介复制业	25099	24047	10138	1052	1047	133	24966
印刷	25099	24047	10138	1052	1047	133	24966
文教、工美、体育和娱乐用品制造业	100683	97476	40431	3207	3123	1866	98811
文教办公用品制造	24171	23860	11368	311	302	27	24143
乐器制造	1172	1169	808	3			1172
工艺美术及礼仪用品制造	33522	31759	10953	1763	1691	1159	32357
体育用品制造	17738	17620	7879	118	118		17738
玩具制造	11414	10850	5022	564	564	1	11413
游艺器材及娱乐用品制造	12666	12217	4402	449	449	679	11988
石油、煤炭及其他燃料加工业	32649	32649	5170			41	32607
精炼石油产品制造	32649	32649	5170			41	32607
化学原料和化学制品制造业	472420	453961	103280	18460	17925	5318	466336
基础化学原料制造	151584	144848	32823	6736	6467	937	150574
肥料制造	1280	1266	365	14	14	37	1243
农药制造	38687	37257	8791	1431	1417	675	37320
涂料、油墨、颜料及类似产品制造	59257	57299	14605	1958	1854	435	58822
合成材料制造	152625	149207	24879	3418	3315	1914	150711

1-D-1.4　续表 2　　　　　　　　　　　　　　　　　　　　　　　　　单位：万元

行　业	R&D经费内部支出	日常性支出	#人员劳务费	资产性支出	#仪器和设备	#政府资金	#企业资金
专用化学产品制造	53049	49020	13991	4029	3994	1321	51728
炸药、火工及焰火产品制造	981	972	611	10	10		981
日用化学产品制造	14956	14091	7215	865	855		14956
医药制造业	364744	319189	126925	45555	45010	12848	348808
化学药品原料药制造	180888	160096	70260	20793	20643	5112	173993
化学药品制剂制造	134253	114533	33348	19720	19432	6591	126713
中药饮片加工	254	254	109				254
中成药生产	20141	18086	10419	2055	2053	699	19086
生物药品制品制造	18307	17349	8876	958	881	324	17983
卫生材料及医药用品制造	9142	7522	3169	1620	1591	122	9020
药用辅料及包装材料	1759	1349	744	410	410		1759
化学纤维制造业	207424	196888	30264	10535	10451	1836	205054
纤维素纤维原料及纤维制造	5132	5132	279				5132
合成纤维制造	202292	191757	29985	10535	10451	1836	199922
橡胶和塑料制品业	200542	186442	63094	14101	14063	733	199497
橡胶制品业	62413	55603	14539	6810	6800	204	62209
塑料制品业	138129	130838	48555	7291	7263	529	137288
非金属矿物制品业	84285	81563	26494	2722	2689	396	83890
水泥、石灰和石膏制造	1027	921	264	105	105		1027
石膏、水泥制品及类似制品制造	9027	8114	2864	913	913	40	8987
砖瓦、石材等建筑材料制造	2351	2294	675	57	33		2351
玻璃制造	16182	15710	5158	471	471		16182
玻璃制品制造	9008	8727	3560	280	275	123	8885
玻璃纤维和玻璃纤维增强塑料制品制造	17677	17630	5741	48	48		17677
陶瓷制品制造	10396	10056	2949	340	338	191	10205
耐火材料制品制造	7499	7233	1614	266	266		7499
石墨及其他非金属矿物制品制造	11119	10878	3670	242	241	42	11078
黑色金属冶炼和压延加工业	117853	115787	19094	2066	2066	576	117277
炼钢	12931	12702	1097	229	229		12931
钢压延加工	102254	100417	17447	1837	1837	576	101678
铁合金冶炼	2668	2668	549				2668
有色金属冶炼和压延加工业	84920	82301	18249	2619	2607	2083	82535
常用有色金属冶炼	11861	11587	1359	274	274		11861
贵金属冶炼	596	596	245				596
有色金属合金制造	16861	15751	4894	1110	1110	578	16283
有色金属压延加工	55603	54367	11750	1236	1224	1505	53796
金属制品业	215469	201995	78510	13474	13374	1700	211379
结构性金属制品制造	37795	36343	12811	1452	1408	3	37791
金属工具制造	24355	22309	9665	2046	2040	267	23729
集装箱及金属包装容器制造	10065	8698	3858	1367	1364	105	9947
金属丝绳及其制品制造	5875	5730	1126	145	145	1	5874

1-D-1.4 续表 3 单位：万元

行 业	R&D经费内部支出	日常性支出	#人员劳务费	资产性支出	#仪器和设备	#政府资金	#企业资金
建筑、安全用金属制品制造	34820	32365	15006	2456	2444	188	34098
金属表面处理及热处理加工	15436	15313	1168	123	123		15208
搪瓷制品制造	1004	1002	578	2	2	50	954
金属制日用品制造	49597	46223	18353	3374	3338	120	48248
铸造及其他金属制品制造	36521	34012	15947	2509	2509	966	35531
通用设备制造业	598410	563606	233809	34803	34623	12802	585083
锅炉及原动设备制造	43893	43233	15083	660	650	163	43719
金属加工机械制造	46835	45081	17931	1754	1733	942	45811
物料搬运设备制造	116677	110333	39181	6344	6321	1286	115298
泵、阀门、压缩机及类似机械制造	132896	123288	52635	9609	9582	5355	127416
轴承、齿轮和传动部件制造	97442	89861	40951	7581	7522	893	96336
烘炉、风机、包装等设备制造	109524	104233	45851	5291	5267	1593	107930
文化、办公用机械制造	4996	4922	2219	74	73	274	4722
通用零部件制造	33373	30523	13561	2849	2842	555	32818
其他通用设备制造业	12775	12133	6397	643	633	1742	11034
专用设备制造业	284084	257394	121593	26690	26402	5167	277402
采矿、冶金、建筑专用设备制造	22330	14059	5461	8272	8265	78	22252
化工、木材、非金属加工专用设备制造	91267	84258	41638	7008	6883	519	90186
食品、饮料、烟草及饲料生产专用设备制造	2728	2728	931			81	2647
印刷、制药、日化及日用品生产专用设备制造	3247	3200	1550	48	47	68	3180
纺织、服装和皮革加工专用设备制造	39801	37325	15877	2476	2467	740	39061
电子和电工机械专用设备制造	15718	15049	4656	669	657	988	14563
农、林、牧、渔专用机械制造	18687	17775	6976	913	812	63	18624
医疗仪器设备及器械制造	33239	29867	15841	3372	3343	2101	30923
环保、邮政、社会公共服务及其他专用设备制造	57066	53134	28664	3932	3928	529	55966
汽车制造业	658108	600675	264109	57433	56578	3197	653641
汽车整车制造	39629	35754	9325	3876	3863		39201
汽车用发动机制造	46986	40766	23378	6220	6213	478	46508
汽车车身、挂车制造	14289	13442	6980	848	848	653	13636
汽车零部件及配件制造	557203	510714	224426	46490	45654	2066	554296
铁路、船舶、航空航天和其他运输设备制造业	82371	74911	26627	7460	7430	6246	76124
铁路运输设备制造	6193	2330	594	3863	3859		6193
船舶及相关装置制造	17547	17045	6691	502	496	25	17522
航空、航天器及设备制造							
摩托车制造	39552	36742	12971	2809	2790	6211	33341
自行车和残疾人座车制造	1575	1502	771	73	72		1575
助动车制造	13698	13569	4241	129	129	10	13688
非公路休闲车及零配件制造	3806	3723	1361	83	83		3806
电气机械和器材制造业	1033967	978935	370735	55032	54580	5925	1025705
电机制造	137220	129040	56945	8180	8007	756	135334
输配电及控制设备制造	330113	308352	109872	21761	21672	2820	327067

1-D-1.4　续表 4　　　　单位：万元

行　业	R&D经费内部支出	日常性支出	#人员劳务费	资产性支出	#仪器和设备	#政府资金	#企业资金
电线、电缆、光缆及电工器材制造	89939	86697	16132	3242	3242	474	89445
电池制造	108222	99615	30180	8607	8551	1256	106282
家用电力器具制造	264577	255161	112338	9416	9293	229	264302
非电力家用器具制造	11318	10140	4804	1177	1175		11318
照明器具制造	85193	82892	37666	2301	2293	318	84644
其他电气机械及器材制造	7386	7038	2799	348	348	72	7314
计算机、通信和其他电子设备制造业	1429054	1361567	813646	67487	67197	22495	1404927
计算机制造	44239	43621	12799	618	617	20	43467
通信设备制造	970800	937825	632421	32975	32848	16722	954051
广播电视设备制造	13296	12461	7198	835	835		13296
非专业视听设备制造	28173	24239	7273	3934	3934		28173
智能消费设备制造	39150	36497	18310	2653	2644	107	39042
电子器件制造	128850	115656	57898	13194	13121	2425	125706
电子元件及电子专用材料制造	191712	179535	71473	12178	12111	2027	189551
其他电子设备制造	12835	11734	6275	1101	1087	1194	11641
仪器仪表制造业	237611	217937	120269	19674	19603	10593	224534
通用仪器仪表制造	158058	143817	82786	14241	14195	8876	146698
专用仪器仪表制造	35463	34154	16301	1309	1308	791	34672
钟表与计时仪器制造	3975	3947	1769	29	29		3975
光学仪器制造	38599	34503	19070	4095	4071	926	37672
衡器制造	1516	1516	342				1516
其他仪器仪表制造业							
其他制造业	18221	18124	7863	97	76	7	18190
日用杂品制造	17373	17301	7432	72	51	7	17341
其他未列明制造业	848	824	431	25	25		848
废弃资源综合利用业	4669	3992	937	677	663		4669
金属废料和碎屑加工处理	446	285	123	162	148		446
非金属废料和碎屑加工处理	4223	3708	814	515	515		4223
金属制品、机械和设备修理业	2749	2544	1184	205	116	23	2726
铁路、船舶、航空航天等运输设备修理	2749	2544	1184	205	116	23	2726
电力、热力、燃气及水生产和供应业	**16584**	**15004**	**5153**	**1580**	**1569**	**406**	**16178**
电力、热力生产和供应业	15180	13699	4526	1481	1471	406	14774
电力生产	15048	13567	4450	1481	1471	406	14642
电力供应	132	132	75				132
热力生产和供应							
燃气生产和供应业							
燃气生产和供应业							
水的生产和供应业	1404	1306	627	99	99		1404
自来水生产和供应	1404	1306	627	99	99		1404
污水处理及其再生利用							

1-D-1.5 分行业内资企业R&D经费内部支出情况

单位：万元

行业	R&D经费内部支出	日常性支出	#人员劳务费	资产性支出	#仪器和设备	#政府资金	#企业资金
总计	**8903731**	**8302021**	**3207454**	**601710**	**595040**	**115328**	**8752682**
采矿业	**3182**	**3055**	**1258**	**127**	**126**		**3047**
煤炭开采和洗选业							
其他煤炭采选							
黑色金属矿采选业							
铁矿采选							
有色金属矿采选业							
常用有色金属矿采选							
稀有稀土金属矿采选							
非金属矿采选业	3182	3055	1258	127	126		3047
土砂石开采	2949	2822	1159	127	126		2814
化学矿开采							
石棉及其他非金属矿采选	233	233	99				233
制造业	**8875109**	**8275596**	**3197634**	**599513**	**592864**	**114886**	**8724643**
农副食品加工业	49165	45940	13641	3225	3073	620	48031
谷物磨制	1678	1462	479	216	210	60	1618
饲料加工	17214	16594	4328	620	619	72	16640
植物油加工	3125	2794	768	331	331	41	3084
制糖业							
屠宰及肉类加工	4069	3787	1283	282	279	0	4069
水产品加工	14039	12636	4051	1403	1263	325	13703
蔬菜、菌类、水果和坚果加工	6206	5859	1604	347	345	123	6083
其他农副食品加工	2835	2809	1127	26	26		2835
食品制造业	45415	42180	13817	3235	3212	984	44386
焙烤食品制造	4686	4007	882	679	679	15	4668
糖果、巧克力及蜜饯制造	3065	3039	1262	25	25		3065
方便食品制造	1952	1911	630	41	40	20	1932
乳制品制造	5609	5145	2823	464	464	222	5387
罐头食品制造	2283	2045	583	237	237	107	2176
调味品、发酵制品制造	3413	3130	655	284	284	7	3406
其他食品制造	24408	22904	6980	1504	1483	613	23752
酒、饮料和精制茶制造业	15048	14257	5245	791	788	157	14669
酒的制造	6268	5955	2441	313	313	105	5974
饮料制造	3476	3298	1109	178	178		3476
精制茶加工	5304	5004	1695	300	297	52	5219
烟草制品业	8884	8236	5063	647	647	7867	1016
卷烟制造	8884	8236	5063	647	647	7867	1016
纺织业	512320	468434	150932	43886	43612	1086	506503
棉纺织及印染精加工	266998	239318	80187	27680	27492	416	263704
毛纺织及染整精加工	29047	27816	9092	1231	1221	114	28901
麻纺织及染整精加工	3154	3151	1206	3	3		3154
丝绢纺织及印染精加工	14962	14007	3869	955	955	7	14632
化纤织造及印染精加工	48799	43469	12099	5330	5303	10	48417
针织或钩针编织物及其制品制造	62161	58005	16600	4156	4143	278	61104

1-D-1.5　续表 1　　单位：万元

行　业	R&D经费内部支出	日常性支出	#人员劳务费	资产性支出	#仪器和设备	#政府资金	#企业资金
家用纺织制成品制造	23554	22142	9088	1413	1406	184	23027
产业用纺织制成品制造	63645	60527	18791	3118	3090	76	63565
纺织服装、服饰业	174746	169718	81736	5028	4936	1702	171079
机织服装制造	84501	82091	44449	2411	2394	405	82921
针织或钩针编织服装制造	47835	46571	21481	1264	1244	189	47294
服饰制造	42410	41057	15807	1353	1298	1108	40864
皮革、毛皮、羽毛及其制品和制鞋业	128144	124984	54925	3160	3132	265	127197
皮革鞣制加工	9578	9260	2238	318	317	230	9348
皮革制品制造	20116	19490	8208	626	623	16	20002
毛皮鞣制及制品加工	1878	1852	367	26	26		1878
羽毛(绒)加工及制品制造	10986	10954	2848	32	32		10986
制鞋业	85586	83428	41264	2158	2134	18	84984
木材加工和木、竹、藤、棕、草制品业	56441	53426	16870	3015	2982	2085	54031
木材加工	5388	4826	1449	562	542	183	5009
人造板制造	19805	19099	4422	707	700	170	19627
木质制品制造	23002	21785	7925	1217	1215	1575	21305
竹、藤、棕、草等制品制造	8245	7716	3075	529	526	156	8090
家具制造业	129264	123294	51748	5970	5811	286	128735
木质家具制造	35787	33449	14418	2338	2278	66	35711
竹、藤家具制造	640	637	378	3	3	0	639
金属家具制造	54761	51842	22088	2920	2857	19	54637
塑料家具制造	4063	3828	1542	235	235		4063
其他家具制造	34013	33538	13322	474	437	200	33685
造纸和纸制品业	149889	132986	35428	16903	16497	449	149263
纸浆制造							
造纸	95387	81019	19026	14368	14029	335	94894
纸制品制造	54502	51967	16402	2535	2468	114	54370
印刷和记录媒介复制业	57072	52406	20555	4666	4623	256	56656
印刷	56833	52167	20450	4666	4623	256	56417
装订及印刷相关服务	239	239	104				239
文教、工美、体育和娱乐用品制造业	141034	133767	50755	7267	7101	2275	137823
文教办公用品制造	28799	27002	12337	1798	1779	18	28772
乐器制造	2869	2754	1517	116	111		2869
工艺美术及礼仪用品制造	56362	52949	17320	3413	3281	1372	54483
体育用品制造	20413	19732	7844	681	671	15	20345
玩具制造	20938	19884	7621	1054	1053	300	20616
游艺器材及娱乐用品制造	11653	11446	4116	206	206	569	10737
石油、煤炭及其他燃料加工业	37423	37228	7233	195	192	25	37398
精炼石油产品制造	37062	36916	7115	146	146	25	37037
煤炭加工							
生物质燃料加工	361	312	119	49	46		361
化学原料和化学制品制造业	684305	648711	171188	35594	34881	6502	674780
基础化学原料制造	173935	164308	44333	9626	9303	1325	172146
肥料制造	2703	2590	894	114	114	237	2466
农药制造	46749	45377	11411	1372	1351	731	45185

1-D-1.5 续表 2

单位：万元

行业	R&D经费内部支出	日常性支出	#人员劳务费	资产性支出	#仪器和设备	#政府资金	#企业资金
涂料、油墨、颜料及类似产品制造	79678	76622	26750	3056	2912	500	78791
合成材料制造	235498	224053	41783	11445	11302	1971	232411
专用化学产品制造	115247	107651	31627	7597	7518	1725	113297
炸药、火工及焰火产品制造	2899	2890	1714	10	10		2899
日用化学产品制造	27597	25221	12677	2376	2372	13	27584
医药制造业	368267	317173	129527	51094	50663	12500	353370
化学药品原料药制造	188480	164439	72390	24042	23870	4627	182202
化学药品制剂制造	107254	88425	28558	18829	18603	5424	101534
中药饮片加工	5262	4805	1924	457	456	189	5020
中成药生产	21592	19089	10401	2504	2483	803	20392
兽用药品制造	3240	3091	1388	149	149	61	3178
生物药品制品制造	24729	21366	8293	3364	3352	559	24170
卫生材料及医药用品制造	13873	12598	5312	1275	1274	723	13150
药用辅料及包装材料	3837	3362	1260	475	475	114	3724
化学纤维制造业	246510	236122	40193	10389	10307	1667	243645
纤维素纤维原料及纤维制造	3055	2409	1006	645	645		3055
合成纤维制造	241610	231867	38977	9744	9661	1663	238749
生物基材料制造	1846	1846	210			4	1841
橡胶和塑料制品业	332452	312816	108778	19636	19446	2222	329664
橡胶制品业	49309	43716	17538	5593	5564	421	48888
塑料制品业	283144	269100	91239	14043	13881	1801	280776
非金属矿物制品业	200595	188001	55078	12594	12442	934	198409
水泥、石灰和石膏制造	13011	12059	2524	952	946	36	12840
石膏、水泥制品及类似制品制造	60854	56135	14901	4719	4681	280	59711
砖瓦、石材等建筑材料制造	18840	17833	6068	1007	975	29	18811
玻璃制造	12990	12465	4303	524	523	0	12989
玻璃制品制造	16302	15817	5894	485	476	235	16067
玻璃纤维和玻璃纤维增强塑料制品制造	23159	22780	7578	380	376	25	23133
陶瓷制品制造	4782	4244	1775	538	524	96	4686
耐火材料制品制造	30687	28923	6050	1764	1718	141	30332
石墨及其他非金属矿物制品制造	19971	17745	5984	2226	2224	92	19841
黑色金属冶炼和压延加工业	163001	158121	29390	4880	4808	604	162323
炼钢	13785	13540	1283	244	244		13785
钢压延加工	142126	137770	26845	4356	4285	604	141449
铁合金冶炼	7090	6811	1263	280	280		7090
有色金属冶炼和压延加工业	123190	116974	26395	6217	6186	801	121824
常用有色金属冶炼	6810	6482	1596	327	327	14	6796
贵金属冶炼	596	596	245				596
稀有稀土金属冶炼	298	298	121				298
有色金属合金制造	19000	17801	4417	1199	1198	491	18381
有色金属压延加工	96488	91797	20016	4690	4660	296	95754
金属制品业	350261	325006	121335	25255	24979	3473	344685
结构性金属制品制造	59642	55268	19438	4373	4304	512	58919
金属工具制造	42776	38833	15215	3943	3929	386	42350
集装箱及金属包装容器制造	17005	14811	5913	2195	2191	105	16900

1-D-1.5 续表 3

单位：万元

行业	R&D经费内部支出	日常性支出	#人员劳务费	资产性支出	#仪器和设备	#政府资金	#企业资金
金属丝绳及其制品制造	7882	7390	2043	492	492	51	7831
建筑、安全用金属制品制造	62678	58749	25615	3928	3896	284	61507
金属表面处理及热处理加工	28509	27593	4353	916	896		28281
搪瓷制品制造	2019	1952	882	66	66	50	1969
金属制日用品制造	60383	55774	22381	4609	4532	235	59563
铸造及其他金属制品制造	69368	64636	25495	4732	4672	1851	67366
通用设备制造业	987595	919252	377820	68344	67767	16014	969752
锅炉及原动设备制造	56402	55381	22935	1021	1009	155	56236
金属加工机械制造	81533	76842	31271	4691	4636	1406	79936
物料搬运设备制造	139994	131781	47657	8212	8162	1475	138295
泵、阀门、压缩机及类似机械制造	264981	245444	95397	19537	19357	6100	258644
轴承、齿轮和传动部件制造	156992	140535	60965	16457	16344	1602	154986
烘炉、风机、包装等设备制造	173354	162942	71393	10412	10325	2147	170727
文化、办公用机械制造	17413	16893	8706	520	520	364	16859
通用零部件制造	69627	63174	26012	6453	6383	866	68686
其他通用设备制造业	27301	26260	13484	1041	1031	1901	25383
专用设备制造业	468962	423931	185688	45031	44728	7303	458956
采矿、冶金、建筑专用设备制造	32607	26063	10022	6544	6538	233	31913
化工、木材、非金属加工专用设备制造	121576	106276	49512	15299	15249	964	119567
食品、饮料、烟草及饲料生产专用设备制造	9673	8618	3704	1055	1008	104	9568
印刷、制药、日化及日用品生产专用设备制造	20549	18493	7062	2057	2042	494	20004
纺织、服装和皮革加工专用设备制造	62390	58084	22180	4307	4279	676	61689
电子和电工机械专用设备制造	27503	25458	9944	2045	2032	680	26811
农、林、牧、渔专用机械制造	26003	24141	9038	1862	1851	245	25750
医疗仪器设备及器械制造	60315	55036	26516	5278	5206	2717	57129
环保、邮政、社会公共服务及其他专用设备制造	108347	101762	47710	6585	6522	1189	106524
汽车制造业	684806	620356	253422	64451	63519	6784	675686
汽车整车制造	37682	34616	8104	3066	3054		37254
汽车用发动机制造	12658	11636	5213	1022	1022	478	12180
改装汽车制造	4211	4196	1193	14	13		4211
汽车车身、挂车制造	18675	17287	8506	1389	1387	653	17927
汽车零部件及配件制造	611581	552621	230405	58960	58044	5653	604116
铁路、船舶、航空航天和其他运输设备制造业	128480	117180	44608	11300	11190	6862	121595
铁路运输设备制造	13127	9160	3765	3967	3963		13127
城市轨道交通设备制造	3785	2690	1175	1095	1093	180	3605
船舶及相关装置制造	30539	28978	11628	1561	1555	136	30392
航空、航天器及设备制造	668	665	144	2	2	250	418
摩托车制造	51602	48455	17261	3148	3073	6261	45341
自行车和残疾人座车制造	7410	6690	2896	720	718		7410
助动车制造	11062	10661	4055	401	381	25	11025
非公路休闲车及零配件制造	8744	8505	2988	239	238	10	8734
潜水救捞及其他未列明运输设备制造	1545	1377	697	167	167		1545
电气机械和器材制造业	1324472	1248821	464909	75651	74829	11021	1310796
电机制造	176763	162550	66941	14213	13942	1373	175219
输配电及控制设备制造	460270	432713	158351	27557	27328	6977	452522

1-D-1.5 续表 4

单位：万元

行　　业	R&D经费内部支出	日常性支出	#人员劳务费	资产性支出	#仪器和设备	#政府资金	#企业资金
电线、电缆、光缆及电工器材制造	173845	165460	33115	8385	8310	730	172671
电池制造	81196	73327	24005	7868	7804	685	79799
家用电力器具制造	302354	290923	127719	11431	11269	424	301578
非电力家用器具制造	16725	15529	6908	1196	1193	73	16652
照明器具制造	99933	95373	42646	4561	4549	687	99042
其他电气机械及器材制造	13386	12947	5225	439	434	72	13315
计算机、通信和其他电子设备制造业	992949	941022	527462	51927	51592	9810	981394
计算机制造	18405	17478	7507	927	925	46	18352
通信设备制造	462922	451708	314358	11214	11090	2106	460771
广播电视设备制造	14416	13161	7183	1254	1246	106	14177
雷达及配套设备制造	2709	2656	928	53	52	483	2226
非专业视听设备制造	35469	31493	11597	3976	3943	188	35281
智能消费设备制造	47899	44796	22586	3103	3076	73	47826
电子器件制造	139925	127350	62658	12575	12502	2446	136589
电子元件及电子专用材料制造	248318	230810	88309	17508	17460	2884	244824
其他电子设备制造	22886	21570	12337	1316	1298	1479	21347
仪器仪表制造业	275277	259103	139564	16173	16083	10172	262254
通用仪器仪表制造	211576	198899	107598	12676	12612	9494	199401
专用仪器仪表制造	39597	38026	18775	1572	1553	508	39089
钟表与计时仪器制造	3721	3692	1604	29	29	1	3720
光学仪器制造	16928	15043	10024	1884	1878	157	16622
衡器制造	2945	2944	1218	1	1		2925
其他仪器仪表制造业	511	499	345	11	11	12	498
其他制造业	24867	24449	10247	418	378	25	24683
日用杂品制造	24062	23644	9933	418	378	22	23881
其他未列明制造业	805	805	314			3	802
废弃资源综合利用业	9860	8044	2596	1816	1797	6	9841
金属废料和碎屑加工处理	4170	3552	1454	619	600	6	4165
非金属废料和碎屑加工处理	5690	4493	1142	1197	1197		5676
金属制品、机械和设备修理业	4419	3662	1488	757	667	130	4200
金属制品修理							
铁路、船舶、航空航天等运输设备修理	4419	3662	1488	757	667	130	4200
电气设备修理							
其他机械和设备修理业							
电力、热力、燃气及水生产和供应业	**25440**	**23370**	**8562**	**2070**	**2051**	**442**	**24993**
电力、热力生产和供应业	21467	19899	6531	1569	1552	406	21056
电力生产	20437	18933	6115	1503	1487	406	20030
电力供应	177	177	93	0	0		177
热力生产和供应	853	788	323	65	65		849
燃气生产和供应业							
燃气生产和供应业							
水的生产和供应业	3973	3471	2031	501	498	36	3937
自来水生产和供应	1752	1653	875	99	99		1752
污水处理及其再生利用	2221	1818	1156	402	399	36	2185

1-D-1.6 分行业港澳台商投资企业R&D经费内部支出情况

单位：万元

行业	R&D经费内部支出	日常性支出	#人员劳务费	资产性支出	#仪器和设备	#政府资金	#企业资金
总计	**1556496**	**1455125**	**672979**	**101371**	**100586**	**21967**	**1531897**
采矿业							
黑色金属矿采选业							
铁矿采选							
有色金属矿采选业							
常用有色金属矿采选							
非金属矿采选业							
土砂石开采							
制造业	**1546502**	**1447689**	**670238**	**98813**	**98056**	**21967**	**1521902**
农副食品加工业	1763	1763	801			11	1752
谷物磨制							
饲料加工	416	416	140				416
植物油加工							
屠宰及肉类加工	1347	1347	662			11	1336
水产品加工							
蔬菜、菌类、水果和坚果加工							
其他农副食品加工							
食品制造业	3551	3343	1328	208	208	75	3476
焙烤食品制造							
糖果、巧克力及蜜饯制造							
方便食品制造	635	551	159	83	83		635
调味品、发酵制品制造							
其他食品制造	2916	2791	1170	125	125	75	2841
酒、饮料和精制茶制造业	715	677	156	38	38		715
酒的制造							
饮料制造	479	474	92	5	5		479
精制茶加工	236	203	64	33	33		236
烟草制品业	491	490	460	1	1		491
其他烟草制品制造	491	490	460	1	1		491
纺织业	118074	112589	38656	5485	5451	361	116903
棉纺织及印染精加工	76896	73411	26438	3484	3463	301	76551
毛纺织及染整精加工	8699	8699	1807				8627
麻纺织及染整精加工	1340	871	144	469	469		1340
丝绢纺织及印染精加工	3746	3662	1395	84	84		3727
化纤织造及印染精加工	9836	9148	3651	688	687	59	9777
针织或钩针编织物及其制品制造	11723	11027	3176	696	685		11048
家用纺织制成品制造	2969	2918	975	50	50	1	2968
产业用纺织制成品制造	2867	2853	1070	14	14		2867
纺织服装、服饰业	45220	38988	14629	6232	6162	105	44999
机织服装制造	21248	15448	5245	5800	5731	3	21131
针织或钩针编织服装制造	14738	14357	6486	381	380	96	14642
服饰制造	9234	9183	2899	51	50	7	9227
皮革、毛皮、羽毛及其制品和制鞋业	8129	8069	3127	60	60	86	8043
皮革鞣制加工							
皮革制品制造	1109	1107	498	2	2	42	1068
毛皮鞣制及制品加工	1209	1209	221				1209

1-D-1.6 续表 1　　　　单位：万元

行　业	R&D经费内部支出	日常性支出	#人员劳务费	资产性支出	#仪器和设备	#政府资金	#企业资金
羽毛(绒)加工及制品制造	122	122	38				122
制鞋业	5689	5631	2370	58	58	44	5645
木材加工和木、竹、藤、棕、草制品业	1165	1144	444	21	20		1165
木材加工	29	29	13	1			29
人造板制造	982	981	398	0	0		982
木质制品制造	154	134	32	20	20		154
竹、藤、棕、草等制品制造							
家具制造业	15806	14432	6385	1374	1356	72	15734
木质家具制造	2240	2193	964	47	47	72	2168
竹、藤家具制造							
金属家具制造	8015	6755	3688	1260	1242		8015
塑料家具制造	46	46	44				46
其他家具制造	5506	5438	1689	68	68		5506
造纸和纸制品业	22853	22851	3526	2	2	42	22811
造纸	18696	18696	2582			19	18677
纸制品制造	4158	4156	945	2	2	24	4134
印刷和记录媒介复制业	6506	5749	2450	757	757	118	6388
印刷	6506	5749	2450	757	757	118	6388
文教、工美、体育和娱乐用品制造业	17741	16995	7027	746	702	127	17613
文教办公用品制造	1669	1639	705	30	3		1669
乐器制造	318	318	69				318
工艺美术及礼仪用品制造	6283	5977	2613	306	290	17	6266
体育用品制造	935	935	590				935
玩具制造	1194	1078	615	116	115		1194
游艺器材及娱乐用品制造	7342	7048	2435	294	294	110	7232
石油、煤炭及其他燃料加工业	511	457	239	54	54	41	470
精炼石油产品制造	511	457	239	54	54	41	470
化学原料和化学制品制造业	72576	69953	12279	2623	2597	321	72235
基础化学原料制造	19002	17938	1472	1064	1050	113	18889
农药制造	4507	4001	481	506	505		4492
涂料、油墨、颜料及类似产品制造	29393	28800	4871	593	593	127	29266
合成材料制造	5110	5104	996	7	4	5	5105
专用化学产品制造	11872	11656	3474	217	216	75	11791
日用化学产品制造	2692	2456	985	237	228		2692
医药制造业	17819	14774	7833	3046	3016	67	17753
化学药品原料药制造	7680	6396	3023	1284	1284		7680
化学药品制剂制造	53	53	20			53	
中成药生产	5444	4559	2668	885	885	2	5442
生物药品制品制造	2518	2357	1317	162	162	11	2507
卫生材料及医药用品制造	1598	884	565	715	685		1598
药用辅料及包装材料	526	526	240				526
化学纤维制造业	25583	20557	3639	5026	5015	151	25432
纤维素纤维原料及纤维制造	5132	5132	279				5132
合成纤维制造	20451	15426	3359	5026	5015	151	20301
橡胶和塑料制品业	56493	52717	13972	3776	3766	7	56454
橡胶制品业	30134	28075	4975	2059	2059	1	30133
塑料制品业	26359	24643	8998	1717	1707	6	26321

1-D-1.6　续表 2　　　　单位：万元

行　　业	R&D经费内部支出	日常性支出	#人员劳务费	资产性支出	#仪器和设备	#政府资金	#企业资金
非金属矿物制品业	11267	11242	3337	25	25	8	11259
石膏、水泥制品及类似制品制造	747	747	255			8	739
砖瓦、石材等建筑材料制造							
玻璃制造							
玻璃制品制造	650	650	175				650
玻璃纤维和玻璃纤维增强塑料制品制造	1404	1385	446	19	19		1404
陶瓷制品制造	8467	8461	2462	6	6		8467
石墨及其他非金属矿物制品制造							
黑色金属冶炼和压延加工业	16413	15296	2025	1117	1117		16413
钢压延加工	16413	15296	2025	1117	1117		16413
有色金属冶炼和压延加工业	17588	17572	4465	16	16	127	17461
常用有色金属冶炼	72	67	37	5	5		72
有色金属合金制造	10482	10482	3154				10482
有色金属压延加工	7034	7023	1275	11	11	127	6907
金属制品业	41453	39861	17041	1593	1592	117	41299
结构性金属制品制造	3777	3757	1276	20	20		3777
金属工具制造	4580	4369	2257	211	211	4	4576
集装箱及金属包装容器制造	934	931	373	3	3		921
金属丝绳及其制品制造	5907	5907	1065			10	5897
建筑、安全用金属制品制造	11579	10501	5129	1078	1078	91	11488
金属表面处理及热处理加工	314	309	178	5	5	2	313
搪瓷制品制造							
金属制日用品制造	3263	3263	1148				3263
铸造及其他金属制品制造	11099	10824	5616	276	276	10	11065
通用设备制造业	82954	75949	36002	7005	6956	1065	81725
锅炉及原动设备制造	4374	4233	1003	142	142	91	4283
金属加工机械制造	15376	15343	6781	33	33	65	15311
物料搬运设备制造	4291	4144	1246	147	139	5	4286
泵、阀门、压缩机及类似机械制造	27757	23665	12844	4092	4090	718	26913
轴承、齿轮和传动部件制造	9393	8098	3475	1295	1256	71	9283
烘炉、风机、包装等设备制造	12073	11839	6200	234	234	49	12024
文化、办公用机械制造	1237	1083	626	155	155		1237
通用零部件制造	8452	7545	3827	907	907	65	8387
专用设备制造业	88757	80423	35442	8335	8093	1831	86740
采矿、冶金、建筑专用设备制造	6605	3643	1293	2962	2956		6605
化工、木材、非金属加工专用设备制造	51413	47726	22321	3687	3575		51413
食品、饮料、烟草及饲料生产专用设备制造	300	300	147				300
印刷、制药、日化及日用品生产专用设备制造	3239	2826	1423	413	413		3239
纺织、服装和皮革加工专用设备制造	1906	1906	695	0			1906
电子和电工机械专用设备制造	3294	2621	764	673	661	500	2607
农、林、牧、渔专用机械制造	10275	9954	3880	321	214		10275
医疗仪器设备及器械制造	5152	4960	2185	193	192	1063	4090
环保、邮政、社会公共服务及其他专用设备制造	6574	6488	2734	86	82	268	6305
汽车制造业	121083	110981	57199	10102	10004	323	120738
汽车整车制造							
汽车用发动机制造	10373	9790	6139	584	584		10373
汽车车身、挂车制造	693	692	291	0	0		693
汽车零部件及配件制造	110017	100499	50770	9518	9420	323	109672

1-D-1.6 续表 3　　　　单位：万元

行　业	R&D经费内部支出	日常性支出	#人员劳务费	资产性支出	#仪器和设备	#政府资金	#企业资金
铁路、船舶、航空航天和其他运输设备制造业	6438	6438	1535				6438
船舶及相关装置制造							
摩托车制造							
自行车和残疾人座车制造							
助动车制造	6438	6438	1535				6438
电气机械和器材制造业	142234	128950	41221	13284	13233	394	141513
电机制造	10707	10220	3930	487	485	13	10669
输配电及控制设备制造	63505	54285	15334	9220	9220	303	63202
电线、电缆、光缆及电工器材制造	14697	14418	4710	280	279	23	14607
电池制造	14994	14417	3306	577	576		14994
家用电力器具制造	19615	17929	5796	1686	1643		19615
非电力家用器具制造	1984	1425	490	559	559	55	1929
照明器具制造	16480	16006	7513	473	470		16250
其他电气机械及器材制造	254	251	142	3	3		247
计算机、通信和其他电子设备制造业	564604	539642	338256	24961	24907	15571	548281
计算机制造	8908	8354	3066	554	554	486	7670
通信设备制造	531124	508035	324873	23089	23065	14827	516297
广播电视设备制造	2955	2941	1581	14	14		2955
雷达及配套设备制造							
非专业视听设备制造	1500	1499	807	1			1500
智能消费设备制造	1776	1728	867	47	47	85	1691
电子器件制造	5714	5629	2459	86	86	124	5591
电子元件及电子专用材料制造	12404	11273	4557	1130	1101	49	12355
其他电子设备制造	223	183	46	40	40		223
仪器仪表制造业	34925	32159	15439	2766	2747	926	33924
通用仪器仪表制造	9410	9050	4578	361	360		9336
专用仪器仪表制造	361	358	32	3	3		361
钟表与计时仪器制造							
光学仪器制造	25154	22751	10830	2402	2384	926	24227
其他仪器仪表制造业							
其他制造业	3766	3611	1321	155	155		3677
日用杂品制造	3766	3611	1321	155	155		3677
废弃资源综合利用业							
金属废料和碎屑加工处理							
金属制品、机械和设备修理业	25	17	4	8	8	23	2
铁路、船舶、航空航天等运输设备修理	25	17	4	8	8	23	2
电力、热力、燃气及水生产和供应业	**9994**	**7437**	**2741**	**2558**	**2530**		**9994**
电力、热力生产和供应业	9701	7143	2464	2558	2530		9701
电力生产	9701	7143	2464	2558	2530		9701
热力生产和供应							
燃气生产和供应业	294	294	277				294
燃气生产和供应业	294	294	277				294
水的生产和供应业							
自来水生产和供应							
污水处理及其再生利用							

1-D-1.7　分行业外商投资企业R&D经费内部支出情况

单位：万元

行　业	R&D经费内部支出	日常性支出	#人员劳务费	资产性支出	#仪器和设备	#政府资金	#企业资金
总　计	**1013695**	**932477**	**382506**	**81218**	**79494**	**15713**	**992259**
采矿业	**2545**	**1471**	**254**	**1074**	**1074**		**2545**
黑色金属矿采选业							
铁矿采选							
有色金属矿采选业							
常用有色金属矿采选							
非金属矿采选业	2545	1471	254	1074	1074		2545
土砂石开采	2545	1471	254	1074	1074		2545
制造业	**1000913**	**927130**	**380863**	**73783**	**72059**	**15713**	**979477**
农副食品加工业	6052	3274	1019	2779	2777	28	6005
饲料加工	150	150	67				150
植物油加工							
屠宰及肉类加工							
水产品加工	5141	2368	531	2773	2772	18	5123
蔬菜、菌类、水果和坚果加工	267	267	91			10	238
其他农副食品加工	494	489	331	5	5		494
食品制造业	4802	4770	1808	32	32	539	4228
焙烤食品制造							
糖果、巧克力及蜜饯制造							
方便食品制造	375	375	305				375
乳制品制造	1289	1285	351	3	3	39	1250
罐头食品制造	986	960	158	26	26		963
调味品、发酵制品制造	160	157	140	3	3		160
其他食品制造	1993	1993	853	0	0	500	1481
酒、饮料和精制茶制造业	3923	3882	1822	41	41		3923
酒的制造	1457	1451	829	6	6		1457
饮料制造	2467	2431	993	35	35		2467
精制茶加工							
纺织业	41950	39421	15726	2529	2511	140	41315
棉纺织及印染精加工	22207	20558	7074	1650	1633	43	21671
毛纺织及染整精加工	924	924	216				924
麻纺织及染整精加工	78	58	18	20	20		78
丝绢纺织及印染精加工	5752	5654	2777	98	98	8	5745
化纤织造及印染精加工	2853	2722	1489	131	131		2853
针织或钩针编织物及其制品制造	3271	3265	1190	6	6		3271
家用纺织制成品制造	3155	2940	1631	216	216	81	3075
产业用纺织制成品制造	3710	3301	1331	409	407	9	3699
纺织服装、服饰业	11826	11675	6023	151	150	9	11783
机织服装制造	3632	3611	1920	21	21		3632
针织或钩针编织服装制造	4705	4619	2297	86	86	9	4680
服饰制造	3488	3445	1806	43	42		3471
皮革、毛皮、羽毛及其制品和制鞋业	10910	10502	3751	409	407		10910
皮革鞣制加工	1608	1608	576				1608
皮革制品制造	7134	7052	2698	82	82		7134
毛皮鞣制及制品加工	525	250	65	275	275		525
羽毛(绒)加工及制品制造							
制鞋业	1643	1592	412	51	50		1643
木材加工和木、竹、藤、棕、草制品业	7515	6928	1783	587	586		7515

1-D-1.7 续表 1

单位：万元

行业	R&D经费内部支出	日常性支出	#人员劳务费	资产性支出	#仪器和设备	#政府资金	#企业资金
木材加工	81	79	31	2	2		81
人造板制造	494	471	211	24	23		494
木质制品制造	6940	6378	1542	562	562		6940
竹、藤、棕、草等制品制造							
家具制造业	20202	20086	10944	117	116		20097
木质家具制造	6772	6727	3754	45	45		6722
金属家具制造	2090	2066	978	25	24		2090
塑料家具制造	70	70	25				70
其他家具制造	11270	11223	6186	47	47		11214
造纸和纸制品业	26629	24447	3873	2182	903		26628
造纸	8679	6746	721	1933	659		8679
纸制品制造	17950	17701	3152	249	244		17948
印刷和记录媒介复制业	3436	3318	979	117	108		3436
印刷	3306	3201	907	105	105		3306
装订及印刷相关服务	130	117	72	12	3		130
文教、工美、体育和娱乐用品制造业	19797	19648	9905	149	143	37	19739
文教办公用品制造	4887	4879	2492	8	4	18	4869
乐器制造	191	191	68				191
工艺美术及礼仪用品制造	1627	1552	649	75	75		1606
体育用品制造	9266	9238	4362	29	27		9266
玩具制造	3820	3781	2329	38	38	19	3800
游艺器材及娱乐用品制造	7	7	7				7
石油、煤炭及其他燃料加工业	11	11	11				11
精炼石油产品制造	11	11	11				11
化学原料和化学制品制造业	61825	59351	16891	2474	2470	939	60835
基础化学原料制造	19073	18576	2969	497	497	1	19072
农药制造	1991	1983	575	7	7		1991
涂料、油墨、颜料及类似产品制造	6692	6517	3264	175	175	298	6393
合成材料制造	5786	5454	2267	333	330	588	5199
专用化学产品制造	27202	25745	7349	1457	1456	49	27154
日用化学产品制造	1082	1076	467	6	6	3	1028
医药制造业	63130	57739	20078	5391	5253	3581	58222
化学药品原料药制造	6134	5737	2400	397	397	487	5515
化学药品制剂制造	39046	35372	9104	3674	3611	2523	35763
中药饮片加工	1049	985	324	65	65		1009
中成药生产							
兽用药品制造	1653	1447	796	206	206		1258
生物药品制品制造	12222	11582	6127	640	564	563	11660
卫生材料及医药用品制造	785	785	308				785
药用辅料及包装材料	2241	1831	1019	410	410	9	2233
化学纤维制造业	5188	5188	1151			170	5018
纤维素纤维原料及纤维制造							
合成纤维制造	5188	5188	1151			170	5018
橡胶和塑料制品业	20850	16489	6032	4361	4360		20850
橡胶制品业	8902	5899	1546	3003	3003		8902
塑料制品业	11948	10590	4487	1359	1357		11948
非金属矿物制品业	13368	13067	4701	301	300	176	13159
水泥、石灰和石膏制造							
石膏、水泥制品及类似制品制造	809	807	309	2	2		809

1-D-1.7　续表 2　　单位：万元

行　业	R&D经费内部支出	日常性支　出	#人　员劳务费	资产性支　出	#仪器和设　备	#政府资金	#企业资金
砖瓦、石材等建筑材料制造	918	820	205	97	97		896
玻璃制造	6805	6805	2293				6805
玻璃制品制造	1893	1874	895	20	20		1893
玻璃纤维和玻璃纤维增强塑料制品制造	1302	1297	307	5	5		1302
陶瓷制品制造	1040	1005	487	35	35	176	863
耐火材料制品制造	576	435	185	141	141		576
石墨及其他非金属矿物制品制造	25	25	21				14
黑色金属冶炼和压延加工业	2266	2223	33	44	44		2266
钢压延加工	2266	2223	33	44	44		2266
有色金属冶炼和压延加工业	20912	18879	2597	2033	1981	1213	19699
常用有色金属冶炼	8494	8494	746				8494
有色金属合金制造	4445	2948	868	1497	1446	87	4358
有色金属压延加工	7973	7438	984	536	536	1126	6848
金属制品业	21599	20807	9423	793	788	520	19587
结构性金属制品制造	3172	2698	1357	474	470		2848
金属工具制造	3169	3135	1741	34	34		2834
集装箱及金属包装容器制造	273	273	180				273
金属丝绳及其制品制造							
建筑、安全用金属制品制造	3443	3320	1277	123	123	3	3349
金属表面处理及热处理加工	1	1	1				1
搪瓷制品制造							
金属制日用品制造	9805	9694	4065	112	112		9063
铸造及其他金属制品制造	1736	1686	802	50	50	517	1220
通用设备制造业	101828	95516	37863	6312	6281	1046	100718
锅炉及原动设备制造	4450	4071	1774	378	377	180	4270
金属加工机械制造	9764	8818	4132	946	946	190	9574
物料搬运设备制造	24329	23566	8686	764	752	131	24134
泵、阀门、压缩机及类似机械制造	21152	19877	8494	1274	1262	73	21079
轴承、齿轮和传动部件制造	11096	9935	3957	1162	1160	23	11073
烘炉、风机、包装等设备制造	10780	10667	2942	114	113		10780
文化、办公用机械制造	1213	1179	635	35	34		1213
通用零部件制造	16196	14557	6081	1639	1637	20	16176
其他通用设备制造业	2847	2847	1164	1	1	429	2418
专用设备制造业	52098	48711	23747	3387	3384	4141	47729
采矿、冶金、建筑专用设备制造	532	447	290	85	85		531
化工、木材、非金属加工专用设备制造	11936	11761	5984	176	174	149	11787
食品、饮料、烟草及饲料生产专用设备制造							
印刷、制药、日化及日用品生产专用设备制造	1428	1401	754	27	27		1428
纺织、服装和皮革加工专用设备制造	15929	15004	7105	925	925	400	15529
电子和电工机械专用设备制造	355	355	169				355
农、林、牧、渔专用机械制造	2455	2253	1165	202	202		2371
医疗仪器设备及器械制造	15650	14281	6600	1369	1368	3591	11916
环保、邮政、社会公共服务及其他专用设备制造	3813	3208	1679	604	604		3813
汽车制造业	154505	140169	66968	14336	14234	416	153940
汽车整车制造	7248	6315	2905	933	933		7234
汽车用发动机制造	25036	20408	12663	4628	4622		25036
改装汽车制造	743	743	404				743
汽车车身、挂车制造							
汽车零部件及配件制造	121478	112704	50995	8774	8679	416	120927

1-D-1.7 续表 3 单位：万元

行　　业	R&D经费内部支出	日常性支出	#人员劳务费	资产性支出	#仪器和设备	#政府资金	#企业资金
铁路、船舶、航空航天和其他运输设备制造业	2680	2439	1039	241	240		2621
船舶及相关装置制造	1591	1591	729				1538
摩托车制造	828	587	219	241	240		828
自行车和残疾人座车制造	38	38	14				38
助动车制造	153	153	67				153
潜水救捞及其他未列明运输设备制造	71	71	10				64
电气机械和器材制造业	151707	140800	56717	10907	10893	1243	149170
电机制造	32993	27194	13659	5798	5794	49	31784
输配电及控制设备制造	35773	34745	14634	1028	1021		35750
电线、电缆、光缆及电工器材制造	6278	6137	2563	141	141		6223
电池制造	44077	41176	12778	2902	2902	1194	42883
家用电力器具制造	5082	4930	2722	151	150		5025
非电力家用器具制造	3884	3455	1263	428	428		3884
照明器具制造	20203	19868	7968	335	333		20203
其他电气机械及器材制造	3419	3296	1131	123	123		3419
计算机、通信和其他电子设备制造业	114364	109475	50298	4890	4863	612	113561
计算机制造	34676	34627	9108	49	49		34676
通信设备制造	20130	19795	10957	335	328	250	19880
广播电视设备制造	1511	1490	957	21	21		1511
非专业视听设备制造	5057	4712	2613	345	345		4875
智能消费设备制造	3840	3759	2119	81	81		3840
电子器件制造	30766	27568	13872	3199	3185	362	30395
电子元件及电子专用材料制造	15305	15117	8896	188	182		15305
其他电子设备制造	3078	2406	1777	672	672		3078
仪器仪表制造业	52102	43068	23100	9034	9019	904	51075
通用仪器仪表制造	34392	26208	15352	8184	8169	348	33921
专用仪器仪表制造	16574	15784	7005	790	790	556	16018
钟表与计时仪器制造	411	411	252				411
光学仪器制造	725	665	491	60	60		725
衡器制造							
其他制造业	3134	3106	1898	28	28		3134
日用杂品制造	2286	2282	1466	4	4		2286
其他未列明制造业	848	824	431	25	25		848
废弃资源综合利用业	1606	1445	506	162	148		1606
金属废料和碎屑加工处理	446	285	123	162	148		446
非金属废料和碎屑加工处理	1160	1160	383				1160
金属制品、机械和设备修理业	697	697	182				697
专用设备修理	577	577	97				577
铁路、船舶、航空航天等运输设备修理	121	121	85				121
电力、热力、燃气及水生产和供应业	**10237**	**3876**	**1389**	**6361**	**6361**		**10237**
电力、热力生产和供应业	10207	3846	1365	6361	6361		10207
电力生产	10207	3846	1365	6361	6361		10207
热力生产和供应							
燃气生产和供应业							
燃气生产和供应业							
水的生产和供应业	30	30	24				30
自来水生产和供应	30	30	24				30
污水处理及其再生利用							

1-D-1.8　分地区企业R&D经费内部支出情况

单位：万元

地　区	R&D经费内部支出	日常性支出	#人员劳务费	资产性支出	#仪器和设备	#政府资金	#企业资金
全　省	**11473921**	**10689623**	**4262939**	**784298**	**775121**	**153008**	**11276838**
杭州市	2682809	2528800	1305464	154009	152066	63124	2613463
宁波市	2396158	2247472	936006	148686	147407	11224	2379372
温州市	1053438	987605	398816	65833	64982	8838	1041069
嘉兴市	1389344	1316176	421310	73168	72787	7339	1375852
湖州市	745052	672767	192421	72285	71423	6579	736646
绍兴市	1280970	1177639	362786	103331	102275	19200	1248670
金华市	654270	597456	210430	56813	56094	14304	636500
衢州市	204806	182219	42875	22587	21262	4392	199513
舟山市	84828	72834	28956	11995	11731	1303	83383
台州市	801595	738674	312884	62922	62512	14956	783762
丽水市	180653	167981	50993	12671	12583	1750	178609

1-D-1.9　分地区大中型企业R&D经费内部支出情况

单位：万元

地　区	R&D经费内部支出	日常性支出	#人员劳务费	资产性支出	#仪器和设备	#政府资金	#企业资金
全　省	**7241881**	**6790245**	**2834457**	**451636**	**445665**	**108000**	**7111520**
杭州市	2045552	1948437	1070827	97115	95745	50004	1991137
宁波市	1532450	1439528	585134	92922	92123	6967	1522389
温州市	518235	493342	220562	24893	24553	6030	509999
嘉兴市	834844	790100	244039	44744	44551	4763	828096
湖州市	417570	381283	102734	36286	35900	4931	412191
绍兴市	727648.2	671948	213271.9	55700.2	55174	11597.2	709877.9
金华市	378048	344748	117989	33300	32718	6342	369774
衢州市	128539	114084	26440	14456	13177	3170	125362
舟山市	47708	42583	17166	5125	4890	246	47461
台州市	523116	479602	209790	43514	43272	13181	508032
丽水市	88172	84591	26505	3581	3563	769	87201

1-D-1.10　分地区内资企业R&D经费内部支出情况

单位：万元

地　区	R&D经费内部支出	日常性支出	#人员劳务费	资产性支出	#仪器和设备	#政府资金	#企业资金
全　省	**8903731**	**8302021**	**3207454**	**601710**	**595040**	**115328**	**8752682**
杭州市	1849690	1739120	849047	110570	108952	39587	1807024
宁波市	1677895	1585762	649786	92133	91385	6731	1667111
温州市	985871	922155	367335	63716	62880	7564	974899
嘉兴市	984930	942792	291601	42139	41892	6153	973384
湖州市	596364	543512	153965	52852	52050	4500	590296
绍兴市	1049523	962387	304079	87136	86228	15939	1022394
金华市	605000	554292	193876	50708	49998	13561	588400
衢州市	170859	150558	37930	20302	20253	3814	166160
舟山市	81555	70634	28312	10921	10657	1262	80204
台州市	728180	669560	282924	58620	58221	14472	710989
丽水市	173863	161250	48600	12613	12525	1747	171822

1-D-1.11　分地区港澳台商投资企业R&D经费内部支出情况

单位：万元

地　区	R&D经费内部支出	日常性支出	#人员劳务费	资产性支出	#仪器和设备	#政府资金	#企业资金
全　省	**1556496**	**1455125**	**672979**	**101371**	**100586**	**21967**	**1531897**
杭州市	634938	601102	359909	33835	33706	16680	617462
宁波市	464205	435001	177637	29205	28810	2589	461014
温州市	11913	11690	4726	223	221	64	11837
嘉兴市	175648	159503	55225	16145	16069	889	174697
湖州市	73800	65879	18203	7920	7877	748	72883
绍兴市	126361	116709	31960	9651	9530	592	124960
金华市	35023	32206	12211	2817	2812	330	34682
衢州市	2019	1904	554	115	114	1	2003
舟山市	25	17	4	8	8	23	2
台州市	27508	26089	10820	1420	1408	48	27303
丽水市	5057	5025	1730	32	32	3	5055

1-D-1.12　分地区外商投资企业R&D经费内部支出情况

单位：万元

地　区	R&D经费内部支出	日常性支出	#人员劳务费	资产性支出	#仪器和设备	#政府资金	#企业资金
全　省	**1013695**	**932477**	**382506**	**81218**	**79494**	**15713**	**992259**
杭州市	198181	188578	96508	9603	9409	6857	188977
宁波市	254058	226709	108582	27349	27212	1904	251248
温州市	55653	53760	26754	1893	1881	1210	54333
嘉兴市	228766	213882	74485	14885	14826	297	227771
湖州市	74889	63376	20253	11513	11496	1331	73467
绍兴市	105086	98543	26748	6543	6517	2670	101317
金华市	14247	10959	4342	3288	3284	414	13418
衢州市	31927	29757	4391	2170	896	577	31350
舟山市	3248	2183	641	1066	1066	18	3178
台州市	45908	43025	19140	2882	2882	436	45470
丽水市	1732	1706	663	26	26		1732

1-D-2.1 分登记注册类型企业R&D经费外部支出情况

单位：万元

登记注册类型	R&D经费外部支出	#对境内研究机构支出	#对境内高等学校支出
总　计	**606886**	**166293**	**36791**
内资企业	**271884**	**72508**	**30736**
国有企业	21	21	
集体企业			
股份合作企业	181	10	8
联营企业			
集体联营企业			
有限责任公司	108978	29664	7876
国有独资公司	1205	623	325
其他有限责任公司	107774	29041	7551
股份有限公司	95605	33658	9383
私营企业	67099	9155	13469
私营独资企业	159	80	
私营合伙企业	73	3	38
私营有限责任公司	51535	6097	10470
私营股份有限公司	15332	2976	2961
港、澳、台商投资企业	**177272**	**43225**	**3287**
合资经营企业(港或澳、台资)	49124	34367	2848
合作经营企业(港或澳、台资)	135		19
港、澳、台商独资经营企业	40391	1524	301
港、澳、台商投资股份有限公司	87544	7335	39
其他港澳台投资企业	79		79
外商投资企业	**157730**	**50560**	**2768**
中外合资经营企业	106246	23228	1678
中外合作经营企业	917		
外资企业	49910	26893	978
外商投资股份有限公司	225	37	82
其他外商投资企业	433	403	30

1-D-2.2　分登记注册类型大中型企业R&D经费外部支出情况

单位：万元

登记注册类型	R&D经费外部支出	#对境内研究机构支出	#对境内高等学校支出
总　计	**544610**	**154742**	**21558**
内资企业	**217993**	**61755**	**16720**
国有企业	21	21	
集体企业			
股份合作企业	126		8
有限责任公司	91397	25530	4356
国有独资公司	1144	623	284
其他有限责任公司	90253	24907	4073
股份有限公司	89511	31748	8301
私营企业	36937	4455	4054
私营独资企业	35		
私营合伙企业			
私营有限责任公司	27013	2471	3074
私营股份有限公司	9890	1984	980
港、澳、台商投资企业	**173787**	**42722**	**2683**
合资经营企业(港或澳、台资)	47367	34070	2380
合作经营企业(港或澳、台资)	135		19
港、澳、台商独资经营企业	38702	1317	205
港、澳、台商投资股份有限公司	87505	7335	
其他港澳台投资企业	79		79
外商投资企业	**152830**	**50265**	**2155**
中外合资经营企业	104090	23030	1290
中外合作经营企业			
外资企业	48272	26796	837
外商投资股份有限公司	66	37	29
其他外商投资企业	403	403	

1-D-2.3 分行业企业R&D经费外部支出情况

单位：万元

行业	R&D经费外部支出	#对境内研究机构支出	#对境内高等学校支出
总计	**606886**	**166293**	**36791**
采矿业	**24**		**24**
煤炭开采和洗选业			
其他煤炭采选			
黑色金属矿采选业			
铁矿采选			
有色金属矿采选业			
常用有色金属矿采选			
稀有稀土金属矿采选			
非金属矿采选业	24		24
土砂石开采	24		24
化学矿开采			
石棉及其他非金属矿采选			
制造业	**602749**	**163746**	**36383**
农副食品加工业	1025	236	410
谷物磨制			
饲料加工	376	15	20
植物油加工	22	2	21
制糖业			
屠宰及肉类加工	121		121
水产品加工	420	201	181
蔬菜、菌类、水果和坚果加工	32	18	14
其他农副食品加工	54		54
食品制造业	2199	396	987
焙烤食品制造			
糖果、巧克力及蜜饯制造	10		10
方便食品制造	13	4	7
乳制品制造	635		444
罐头食品制造	22		22
调味品、发酵制品制造	14		9
其他食品制造	1504	393	495
酒、饮料和精制茶制造业	675	28	242
酒的制造	67	10	26
饮料制造	228		215
精制茶加工	381	18	
烟草制品业	727	225	284
卷烟制造	727	225	284
其他烟草制品制造			
纺织业	8911	7327	588
棉纺织及印染精加工	7769	6930	294
毛纺织及染整精加工	111	111	
麻纺织及染整精加工			
丝绢纺织及印染精加工	105	5	75
化纤织造及印染精加工	149	49	76

1-D-2.3　续表 1　　单位：万元

行　业	R&D经费外部支出	#对境内研究机构支出	#对境内高等学校支出
针织或钩针编织物及其制品制造	533	149	36
家用纺织制成品制造	8	3	5
产业用纺织制成品制造	236	80	101
纺织服装、服饰业	3434	1259	159
机织服装制造	2688	676	125
针织或钩针编织服装制造	615	572	29
服饰制造	130	11	5
皮革、毛皮、羽毛及其制品和制鞋业	161	17	144
皮革鞣制加工	8	8	
皮革制品制造	2		2
毛皮鞣制及制品加工			
羽毛(绒)加工及制品制造			
制鞋业	151	9	142
木材加工和木、竹、藤、棕、草制品业	101		45
木材加工	37		37
人造板制造	55		
木质制品制造	9		8
竹、藤、棕、草等制品制造			
家具制造业	3673	413	722
木质家具制造	1282	16	596
竹、藤家具制造			
金属家具制造	1857	371	5
塑料家具制造	36	11	
其他家具制造	498	16	121
造纸和纸制品业	768	253	114
纸浆制造			
造纸	678	253	70
纸制品制造	90		44
印刷和记录媒介复制业	1361	30	57
印刷	1361	30	57
装订及印刷相关服务			
文教、工美、体育和娱乐用品制造业	2755	1308	170
文教办公用品制造	54	4	30
乐器制造			
工艺美术及礼仪用品制造	187	61	56
体育用品制造	1815	1244	5
玩具制造	623		2
游艺器材及娱乐用品制造	77		77
石油、煤炭及其他燃料加工业	3504	2657	846
精炼石油产品制造	3504	2657	846
煤炭加工			
生物质燃料加工			
化学原料和化学制品制造业	20584	2843	4174
基础化学原料制造	6294	1279	378
肥料制造	10	1	7
农药制造	2877	530	742

1-D-2.3 续表 2 单位：万元

行 业	R&D经费外部支出	#对境内研究机构支出	#对境内高等学校支出
涂料、油墨、颜料及类似产品制造	1407	63	1124
合成材料制造	5083	699	873
专用化学产品制造	1911	251	925
炸药、火工及焰火产品制造	7	1	
日用化学产品制造	2996	19	126
医药制造业	127337	39002	7126
化学药品原料药制造	53559	24658	2421
化学药品制剂制造	62131	12452	2123
中药饮片加工	515	24	462
中成药生产	5735	1217	708
兽用药品制造	632	211	213
生物药品制品制造	4363	425	964
卫生材料及医药用品制造	284	15	149
药用辅料及包装材料	119		88
化学纤维制造业	1047	214	264
纤维素纤维原料及纤维制造			
合成纤维制造	1047	214	264
生物基材料制造			
橡胶和塑料制品业	1927	316	848
橡胶制品业	300	34	266
塑料制品业	1628	282	582
非金属矿物制品业	1363	170	775
水泥、石灰和石膏制造	46	5	41
石膏、水泥制品及类似制品制造	508	80	399
砖瓦、石材等建筑材料制造	199	12	
玻璃制造			
玻璃制品制造	53		41
玻璃纤维和玻璃纤维增强塑料制品制造	34	30	4
陶瓷制品制造	118		118
耐火材料制品制造	395	43	162
石墨及其他非金属矿物制品制造	9		9
黑色金属冶炼和压延加工业	817	60	87
炼钢			
钢压延加工	787	60	57
铁合金冶炼	30		30
有色金属冶炼和压延加工业	1593	155	710
常用有色金属冶炼	372	79	273
贵金属冶炼			
稀有稀土金属冶炼			
有色金属合金制造	262		248
有色金属压延加工	960	76	189
金属制品业	3270	832	841
结构性金属制品制造	421	359	39
金属工具制造	553	84	175
集装箱及金属包装容器制造	34	24	10
金属丝绳及其制品制造	233		95

1-D-2.3　续表 3　　单位：万元

行　业	R&D经费外部支出	#对境内研究机构支出	#对境内高等学校支出
建筑、安全用金属制品制造	719	96	109
金属表面处理及热处理加工	183		183
搪瓷制品制造	4	4	
金属制日用品制造	217	188	7
铸造及其他金属制品制造	907	77	223
通用设备制造业	18900	5298	3333
锅炉及原动设备制造	617	124	209
金属加工机械制造	1139	45	271
物料搬运设备制造	4816	3337	392
泵、阀门、压缩机及类似机械制造	3952	1083	1203
轴承、齿轮和传动部件制造	3720	217	592
烘炉、风机、包装等设备制造	3191	401	394
文化、办公用机械制造	121	13	20
通用零部件制造	1158	21	126
其他通用设备制造业	185	59	126
专用设备制造业	7483	862	2199
采矿、冶金、建筑专用设备制造	627		312
化工、木材、非金属加工专用设备制造	1043	252	323
食品、饮料、烟草及饲料生产专用设备制造	33		10
印刷、制药、日化及日用品生产专用设备制造	278		28
纺织、服装和皮革加工专用设备制造	668	203	306
电子和电工机械专用设备制造	564		70
农、林、牧、渔专用机械制造	47	8	24
医疗仪器设备及器械制造	3037	235	564
环保、邮政、社会公共服务及其他专用设备制造	1188	165	563
汽车制造业	179698	92880	1620
汽车整车制造	27116	23791	26
汽车用发动机制造	8537	783	
改装汽车制造	18		
汽车车身、挂车制造	301	45	58
汽车零部件及配件制造	143725	68262	1536
铁路、船舶、航空航天和其他运输设备制造业	6735	1398	93
铁路运输设备制造	46		
城市轨道交通设备制造	37		37
船舶及相关装置制造	1599	853	14
航空、航天器及设备制造			
摩托车制造	116	73	17
自行车和残疾人座车制造	233		
助动车制造	4202	280	
非公路休闲车及零配件制造	282	192	25
潜水救捞及其他未列明运输设备制造	222		
电气机械和器材制造业	32393	3695	3920
电机制造	3486	177	184
输配电及控制设备制造	14988	994	1632
电线、电缆、光缆及电工器材制造	2295	1560	137

1-D-2.3 续表 4 单位：万元

行业	R&D经费外部支出	#对境内研究机构支出	#对境内高等学校支出
电池制造	1880	43	667
家用电力器具制造	7292	707	767
非电力家用器具制造	603		17
照明器具制造	1317	189	424
其他电气机械及器材制造	532	25	92
计算机、通信和其他电子设备制造业	157232	1274	3660
计算机制造	345	67	67
通信设备制造	144979	7	1915
广播电视设备制造	728		54
雷达及配套设备制造	115		
非专业视听设备制造	158	115	9
智能消费设备制造	1179	716	118
电子器件制造	4910	15	736
电子元件及电子专用材料制造	4747	351	761
其他电子设备制造	72	3	
仪器仪表制造业	12527	473	1651
通用仪器仪表制造	6635	262	939
专用仪器仪表制造	5042	211	546
钟表与计时仪器制造			
光学仪器制造	819		136
衡器制造	30		30
其他仪器仪表制造业			
其他制造业	379	125	254
日用杂品制造	379	125	254
其他未列明制造业			
废弃资源综合利用业	171		64
金属废料和碎屑加工处理	104		
非金属废料和碎屑加工处理	67		64
金属制品、机械和设备修理业			
金属制品修理			
专用设备修理			
铁路、船舶、航空航天等运输设备修理			
电气设备修理			
其他机械和设备修理业			
电力、热力、燃气及水生产和供应业	**4113**	**2547**	**383**
电力、热力生产和供应业	3770	2538	383
电力生产	3744	2538	382
电力供应	22		1
热力生产和供应	4		
燃气生产和供应业	262		
燃气生产和供应业	262		
水的生产和供应业	82	9	
自来水生产和供应	72		
污水处理及其再生利用	9	9	

1-D-2.4　分行业大中型企业R&D经费外部支出情况

单位：万元

行　业	R&D经费外部支出	#对境内研究机构支出	#对境内高等学校支出
总　计	**544610**	**154742**	**21558**
采矿业			
黑色金属矿采选业			
铁矿采选			
有色金属矿采选业			
常用有色金属矿采选			
非金属矿采选业			
土砂石开采			
制造业	**543247**	**154473**	**21176**
农副食品加工业	588		308
谷物磨制			
饲料加工	280		
屠宰及肉类加工	121		121
水产品加工	173		173
蔬菜、菌类、水果和坚果加工	14		14
其他农副食品加工			
食品制造业	1079	4	715
焙烤食品制造			
糖果、巧克力及蜜饯制造	10		10
方便食品制造	13	4	7
乳制品制造	635		444
罐头食品制造	20		20
调味品、发酵制品制造			
其他食品制造	401		234
酒、饮料和精制茶制造业	66	10	13
酒的制造	53	10	12
饮料制造	13		1
精制茶加工			
烟草制品业	727	225	284
卷烟制造	727	225	284
纺织业	7762	6993	275
棉纺织及印染精加工	7168	6882	131
毛纺织及染整精加工	111	111	
麻纺织及染整精加工			
丝绢纺织及印染精加工	82		61
化纤织造及印染精加工	41		41
针织或钩针编织物及其制品制造	346		30
家用纺织制成品制造	2		2
产业用纺织制成品制造	11		11
纺织服装、服饰业	3150	1215	90
机织服装制造	2532	676	85
针织或钩针编织服装制造	550	537	
服饰制造	68	2	5
皮革、毛皮、羽毛及其制品和制鞋业	122		122
皮革鞣制加工			
皮革制品制造			
毛皮鞣制及制品加工			
羽毛(绒)加工及制品制造			
制鞋业	122		122
木材加工和木、竹、藤、棕、草制品业	37		37

1-D-2.4 续表 1 单位：万元

行 业	R&D经费外部支出	#对境内研究机构支出	#对境内高等学校支出
木材加工	37		37
人造板制造			
木质制品制造			
竹、藤、棕、草等制品制造			
家具制造业	3513	376	701
木质家具制造	1256		596
竹、藤家具制造			
金属家具制造	1788	371	3
塑料家具制造			
其他家具制造	468	5	102
造纸和纸制品业	555	163	44
造纸	528	163	20
纸制品制造	26		25
印刷和记录媒介复制业	1160		6
印刷	1160		6
文教、工美、体育和娱乐用品制造业	2516	1258	59
文教办公用品制造			
乐器制造			
工艺美术及礼仪用品制造	81	50	
体育用品制造	1759	1208	2
玩具制造	622		1
游艺器材及娱乐用品制造	56		56
石油、煤炭及其他燃料加工业	3504	2657	846
精炼石油产品制造	3504	2657	846
化学原料和化学制品制造业	14712	1718	2256
基础化学原料制造	4515	414	68
肥料制造			
农药制造	2570	518	563
涂料、油墨、颜料及类似产品制造	1003	21	933
合成材料制造	3291	670	260
专用化学产品制造	640	95	421
炸药、火工及焰火产品制造	7	1	
日用化学产品制造	2687		12
医药制造业	118063	37287	4823
化学药品原料药制造	51288	24097	2263
化学药品制剂制造	59054	11739	1724
中药饮片加工	58		30
中成药生产	4807	1093	603
生物药品制品制造	2735	343	99
卫生材料及医药用品制造	119	15	104
药用辅料及包装材料			
化学纤维制造业	956	204	222
纤维素纤维原料及纤维制造			
合成纤维制造	956	204	222
橡胶和塑料制品业	1041	139	523
橡胶制品业	289	23	266
塑料制品业	752	116	258
非金属矿物制品业	219	48	159
水泥、石灰和石膏制造			
石膏、水泥制品及类似制品制造	21	5	16
砖瓦、石材等建筑材料制造			

1-D-2.4　续表 2　　　　单位：万元

行　　业	R&D经费外部支出	#对境内研究机构支出	#对境内高等学校支出
玻璃制造			
玻璃制品制造	53		41
玻璃纤维和玻璃纤维增强塑料制品制造			
陶瓷制品制造	98		98
耐火材料制品制造	43	43	
石墨及其他非金属矿物制品制造	3		3
黑色金属冶炼和压延加工业	681	60	37
炼钢			
钢压延加工	681	60	37
铁合金冶炼			
有色金属冶炼和压延加工业	794	2	231
常用有色金属冶炼	109		109
贵金属冶炼			
有色金属合金制造	52		39
有色金属压延加工	634	2	84
金属制品业	1567	656	402
结构性金属制品制造	390	349	27
金属工具制造	393	84	66
集装箱及金属包装容器制造	27	24	3
金属丝绳及其制品制造	2		0
建筑、安全用金属制品制造	334	62	83
金属表面处理及热处理加工	98		98
搪瓷制品制造	4	4	
金属制日用品制造	128	123	5
铸造及其他金属制品制造	191	11	120
通用设备制造业	13639	4479	1687
锅炉及原动设备制造	402	4	209
金属加工机械制造	482	2	69
物料搬运设备制造	4210	3279	254
泵、阀门、压缩机及类似机械制造	2172	943	532
轴承、齿轮和传动部件制造	3128	43	339
烘炉、风机、包装等设备制造	2259	197	147
文化、办公用机械制造	85		
通用零部件制造	764		10
其他通用设备制造业	137	11	126
专用设备制造业	2495	351	779
采矿、冶金、建筑专用设备制造	322		289
化工、木材、非金属加工专用设备制造	495	74	157
食品、饮料、烟草及饲料生产专用设备制造			
印刷、制药、日化及日用品生产专用设备制造	9		9
纺织、服装和皮革加工专用设备制造	358	203	87
电子和电工机械专用设备制造	214		47
农、林、牧、渔专用机械制造	20		19
医疗仪器设备及器械制造	978	73	90
环保、邮政、社会公共服务及其他专用设备制造	101	1	82
汽车制造业	173803	91837	1281
汽车整车制造	26990	23791	
汽车用发动机制造	8537	783	
汽车车身、挂车制造	301	45	58
汽车零部件及配件制造	137976	67219	1223
铁路、船舶、航空航天和其他运输设备制造业	5157	967	28

1-D-2.4 续表 3 单位：万元

行业	R&D经费外部支出	#对境内研究机构支出	#对境内高等学校支出
铁路运输设备制造			
船舶及相关装置制造	979	775	11
航空、航天器及设备制造			
摩托车制造	40		17
自行车和残疾人座车制造	3		
助动车制造	3922		
非公路休闲车及零配件制造	214	192	
电气机械和器材制造业	26214	2579	1890
电机制造	3105	82	83
输配电及控制设备制造	11596	249	241
电线、电缆、光缆及电工器材制造	1947	1494	
电池制造	1196	41	496
家用电力器具制造	6624	604	679
非电力家用器具制造	595		10
照明器具制造	789	83	344
其他电气机械及器材制造	362	25	37
计算机、通信和其他电子设备制造业	149510	923	2230
计算机制造	1		1
通信设备制造	142285	6	1385
广播电视设备制造	681		7
非专业视听设备制造	14		
智能消费设备制造	1093	716	84
电子器件制造	2065	15	508
电子元件及电子专用材料制造	3371	186	244
其他电子设备制造			
仪器仪表制造业	9228	214	849
通用仪器仪表制造	4192	65	397
专用仪器仪表制造	4415	148	320
钟表与计时仪器制造			
光学仪器制造	621		132
衡器制造			
其他仪器仪表制造业			
其他制造业	364	110	254
日用杂品制造	364	110	254
其他未列明制造业			
废弃资源综合利用业	26		26
金属废料和碎屑加工处理			
非金属废料和碎屑加工处理	26		26
金属制品、机械和设备修理业			
铁路、船舶、航空航天等运输设备修理			
电力、热力、燃气及水生产和供应业	**1363**	**268**	**382**
电力、热力生产和供应业	1363	268	382
电力生产	1359	268	382
电力供应	4		
热力生产和供应			
燃气生产和供应业			
燃气生产和供应业			
水的生产和供应业			
自来水生产和供应			
污水处理及其再生利用			

1-D-2.5　分行业内资企业R&D经费外部支出情况

单位：万元

行　业	R&D经费外部支出	#对境内研究机构支出	#对境内高等学校支出
总　计	**271884**	**72508**	**30736**
采矿业	**24**		**24**
煤炭开采和洗选业			
其他煤炭采选			
黑色金属矿采选业			
铁矿采选			
有色金属矿采选业			
常用有色金属矿采选			
稀有稀土金属矿采选			
非金属矿采选业	24		24
土砂石开采	24		24
化学矿开采			
石棉及其他非金属矿采选			
制造业	**268009**	**69961**	**30329**
农副食品加工业	925	236	310
谷物磨制			
饲料加工	376	15	20
植物油加工	22	2	21
制糖业			
屠宰及肉类加工	121		121
水产品加工	320	201	81
蔬菜、菌类、水果和坚果加工	32	18	14
其他农副食品加工	54		54
食品制造业	1245	206	937
焙烤食品制造			
糖果、巧克力及蜜饯制造	10		10
方便食品制造	13	4	7
乳制品制造	473		414
罐头食品制造	2		2
调味品、发酵制品制造	14		9
其他食品制造	733	203	495
酒、饮料和精制茶制造业	662	28	241
酒的制造	67	10	26
饮料制造	215		215
精制茶加工	381	18	
烟草制品业	727	225	284
卷烟制造	727	225	284
纺织业	1324	461	467
棉纺织及印染精加工	684	64	259
毛纺织及染整精加工	111	111	
麻纺织及染整精加工			
丝绢纺织及印染精加工	8	5	1
化纤织造及印染精加工	115	49	66
针织或钩针编织物及其制品制造	213	149	35

1-D-2.5 续表 1

单位：万元

行　业	R&D经费外部支出	#对境内研究机构支出	#对境内高等学校支出
家用纺织制成品制造	8	3	5
产业用纺织制成品制造	185	80	101
纺织服装、服饰业	2755	713	89
机织服装制造	2646	676	83
针织或钩针编织服装制造	41	36	5
服饰制造	68	2	0
皮革、毛皮、羽毛及其制品和制鞋业	161	17	144
皮革鞣制加工	8	8	
皮革制品制造	2		2
毛皮鞣制及制品加工			
羽毛(绒)加工及制品制造			
制鞋业	151	9	142
木材加工和木、竹、藤、棕、草制品业	46		45
木材加工	37		37
人造板制造			
木质制品制造	9		8
竹、藤、棕、草等制品制造			
家具制造业	2633	44	136
木质家具制造	631	10	10
竹、藤家具制造			
金属家具制造	1493	7	5
塑料家具制造	11	11	
其他家具制造	498	16	121
造纸和纸制品业	598	253	97
纸浆制造			
造纸	508	253	53
纸制品制造	90		44
印刷和记录媒介复制业	1361	30	57
印刷	1361	30	57
装订及印刷相关服务			
文教、工美、体育和娱乐用品制造业	829	100	108
文教办公用品制造	34	4	30
乐器制造			
工艺美术及礼仪用品制造	182	61	51
体育用品制造	572	35	5
玩具制造	20		1
游艺器材及娱乐用品制造	22		22
石油、煤炭及其他燃料加工业	3407	2625	782
精炼石油产品制造	3407	2625	782
煤炭加工			
生物质燃料加工			
化学原料和化学制品制造业	19309	2368	3837
基础化学原料制造	6288	1279	372
肥料制造	10	1	7
农药制造	2864	530	729

1-D-2.5　续表 2　　　单位：万元

行　业	R&D经费外部支出	#对境内研究机构支出	#对境内高等学校支出
涂料、油墨、颜料及类似产品制造	1184	39	1124
合成材料制造	4199	247	667
专用化学产品制造	1775	251	827
炸药、火工及焰火产品制造	7	1	
日用化学产品制造	2983	19	113
医药制造业	108694	37643	6418
化学药品原料药制造	52945	24442	2301
化学药品制剂制造	46529	12383	2021
中药饮片加工	509	24	456
中成药生产	4080	437	322
兽用药品制造	520	211	170
生物药品制品制造	3879	131	964
卫生材料及医药用品制造	131	15	115
药用辅料及包装材料	102		70
化学纤维制造业	645	210	231
纤维素纤维原料及纤维制造			
合成纤维制造	645	210	231
生物基材料制造			
橡胶和塑料制品业	1826	316	747
橡胶制品业	268	34	234
塑料制品业	1558	282	513
非金属矿物制品业	1351	170	763
水泥、石灰和石膏制造	46	5	41
石膏、水泥制品及类似制品制造	496	80	387
砖瓦、石材等建筑材料制造	199	12	
玻璃制造			
玻璃制品制造	53		41
玻璃纤维和玻璃纤维增强塑料制品制造	34	30	4
陶瓷制品制造	118		118
耐火材料制品制造	395	43	162
石墨及其他非金属矿物制品制造	9		9
黑色金属冶炼和压延加工业	425	60	50
炼钢			
钢压延加工	395	60	20
铁合金冶炼	30		30
有色金属冶炼和压延加工业	1593	155	710
常用有色金属冶炼	372	79	273
贵金属冶炼			
稀有稀土金属冶炼			
有色金属合金制造	262		248
有色金属压延加工	960	76	189
金属制品业	2673	798	764
结构性金属制品制造	409	359	27
金属工具制造	515	84	137
集装箱及金属包装容器制造	34	24	10

1-D-2.5 续表 3 单位：万元

行业	R&D经费外部支出	#对境内研究机构支出	#对境内高等学校支出
金属丝绳及其制品制造	138		95
建筑、安全用金属制品制造	664	62	89
金属表面处理及热处理加工	183		183
搪瓷制品制造	4	4	
金属制日用品制造	217	188	7
铸造及其他金属制品制造	509	77	216
通用设备制造业	11146	2058	2931
锅炉及原动设备制造	407	124	104
金属加工机械制造	577	45	265
物料搬运设备制造	1431	142	362
泵、阀门、压缩机及类似机械制造	3229	1083	1065
轴承、齿轮和传动部件制造	2401	197	592
烘炉、风机、包装等设备制造	2353	389	321
文化、办公用机械制造	108		20
通用零部件制造	456	21	76
其他通用设备制造业	185	59	126
专用设备制造业	5946	487	1886
采矿、冶金、建筑专用设备制造	357		285
化工、木材、非金属加工专用设备制造	586	56	248
食品、饮料、烟草及饲料生产专用设备制造	33		10
印刷、制药、日化及日用品生产专用设备制造	28		28
纺织、服装和皮革加工专用设备制造	632	203	270
电子和电工机械专用设备制造	564		70
农、林、牧、渔专用机械制造	31	8	8
医疗仪器设备及器械制造	2539	56	404
环保、邮政、社会公共服务及其他专用设备制造	1177	165	563
汽车制造业	25146	14164	1099
汽车整车制造	1342	354	26
汽车用发动机制造	668	222	
改装汽车制造			
汽车车身、挂车制造	301	45	58
汽车零部件及配件制造	22834	13543	1015
铁路、船舶、航空航天和其他运输设备制造业	6697	1398	93
铁路运输设备制造	46		
城市轨道交通设备制造	37		37
船舶及相关装置制造	1561	853	14
航空、航天器及设备制造			
摩托车制造	116	73	17
自行车和残疾人座车制造	233		
助动车制造	4202	280	
非公路休闲车及零配件制造	282	192	25
潜水救捞及其他未列明运输设备制造	222		
电气机械和器材制造业	24212	3535	3418
电机制造	1623	177	91
输配电及控制设备制造	10640	880	1607

1-D-2.5　续表 4　　单位：万元

行　　业	R&D经费外部支出	#对境内研究机构支出	#对境内高等学校支出
电线、电缆、光缆及电工器材制造	2202	1556	137
电池制造	813	2	319
家用电力器具制造	6642	707	741
非电力家用器具制造	598		12
照明器具制造	1169	189	424
其他电气机械及器材制造	527	25	87
计算机、通信和其他电子设备制造业	33573	1213	2123
计算机制造	215	67	41
通信设备制造	23581	3	824
广播电视设备制造	728		54
雷达及配套设备制造	115		
非专业视听设备制造	87	59	9
智能消费设备制造	1179	716	118
电子器件制造	2858	15	325
电子元件及电子专用材料制造	4738	351	752
其他电子设备制造	72	3	
仪器仪表制造业	7562	325	1258
通用仪器仪表制造	6021	262	816
专用仪器仪表制造	1268	63	350
钟表与计时仪器制造			
光学仪器制造	243		62
衡器制造	30		30
其他仪器仪表制造业			
其他制造业	379	125	254
日用杂品制造	379	125	254
其他未列明制造业			
废弃资源综合利用业	160		53
金属废料和碎屑加工处理	104		
非金属废料和碎屑加工处理	56		53
金属制品、机械和设备修理业			
金属制品修理			
铁路、船舶、航空航天等运输设备修理			
电气设备修理			
其他机械和设备修理业			
电力、热力、燃气及水生产和供应业	**3851**	**2547**	**383**
电力、热力生产和供应业	3770	2538	383
电力生产	3744	2538	382
电力供应	22		1
热力生产和供应	4		
燃气生产和供应业			
燃气生产和供应业			
水的生产和供应业	82	9	
自来水生产和供应	72		
污水处理及其再生利用	9	9	

1-D-2.6 分行业港澳台商投资企业R&D经费外部支出情况

单位：万元

行 业	R&D经费外部支出	#对境内研究机构支出	#对境内高等学校支出
总 计	**177272**	**43225**	**3287**
采矿业			
黑色金属矿采选业			
铁矿采选			
有色金属矿采选业			
常用有色金属矿采选			
非金属矿采选业			
土砂石开采			
制造业	**177010**	**43225**	**3287**
农副食品加工业			
谷物磨制			
饲料加工			
植物油加工			
屠宰及肉类加工			
水产品加工			
蔬菜、菌类、水果和坚果加工			
其他农副食品加工			
食品制造业	321	190	
焙烤食品制造			
糖果、巧克力及蜜饯制造			
方便食品制造			
调味品、发酵制品制造			
其他食品制造	321	190	
酒、饮料和精制茶制造业			
酒的制造			
饮料制造			
精制茶加工			
烟草制品业			
其他烟草制品制造			
纺织业	7272	6846	39
棉纺织及印染精加工	6910	6846	15
毛纺织及染整精加工			
麻纺织及染整精加工			
丝绢纺织及印染精加工	36		14
化纤织造及印染精加工	10		10
针织或钩针编织物及其制品制造	316		
家用纺织制成品制造			
产业用纺织制成品制造			
纺织服装、服饰业	579	537	42
机织服装制造	42		42
针织或钩针编织服装制造	537	537	
服饰制造			
皮革、毛皮、羽毛及其制品和制鞋业			
皮革鞣制加工			
皮革制品制造			
毛皮鞣制及制品加工			

1-D-2.6　续表 1　　单位：万元

行　业	R&D经费外部支出	#对境内研究机构支出	#对境内高等学校支出
羽毛(绒)加工及制品制造			
制鞋业			
木材加工和木、竹、藤、棕、草制品业			
木材加工			
人造板制造			
木质制品制造			
竹、藤、棕、草等制品制造			
家具制造业	389	364	
木质家具制造			
竹、藤家具制造			
金属家具制造	364	364	
塑料家具制造	25		
其他家具制造			
造纸和纸制品业	153		
造纸	153		
纸制品制造			
印刷和记录媒介复制业			
印刷			
文教、工美、体育和娱乐用品制造业	62		62
文教办公用品制造			
乐器制造			
工艺美术及礼仪用品制造	5		5
体育用品制造			
玩具制造	1		1
游艺器材及娱乐用品制造	56		56
石油、煤炭及其他燃料加工业	97	33	64
精炼石油产品制造	97	33	64
化学原料和化学制品制造业	500		312
基础化学原料制造			
农药制造	13		13
涂料、油墨、颜料及类似产品制造	150		
合成材料制造	206		206
专用化学产品制造	131		93
日用化学产品制造			
医药制造业	2433	1019	528
化学药品原料药制造	579	183	120
化学药品制剂制造			
中成药生产	1655	780	386
生物药品制品制造	56	56	
卫生材料及医药用品制造	125		5
药用辅料及包装材料	18		18
化学纤维制造业	402	4	33
纤维素纤维原料及纤维制造			
合成纤维制造	402	4	33
橡胶和塑料制品业	77		77
橡胶制品业	32		32
塑料制品业	46		45

1-D-2.6 续表 2

单位：万元

行　业	R&D经费外部支出	#对境内研究机构支出	#对境内高等学校支出
非金属矿物制品业	12		12
石膏、水泥制品及类似制品制造	12		12
砖瓦、石材等建筑材料制造			
玻璃制造			
玻璃制品制造			
玻璃纤维和玻璃纤维增强塑料制品制造			
陶瓷制品制造			
石墨及其他非金属矿物制品制造			
黑色金属冶炼和压延加工业			
钢压延加工			
有色金属冶炼和压延加工业			
常用有色金属冶炼			
有色金属合金制造			
有色金属压延加工			
金属制品业	193	34	65
结构性金属制品制造			
金属工具制造	38		38
集装箱及金属包装容器制造			
金属丝绳及其制品制造	94		
建筑、安全用金属制品制造	54	34	20
金属表面处理及热处理加工			
搪瓷制品制造			
金属制日用品制造			
铸造及其他金属制品制造	7		7
通用设备制造业	946	5	204
锅炉及原动设备制造	210		105
金属加工机械制造	7		5
物料搬运设备制造	83		
泵、阀门、压缩机及类似机械制造	575		27
轴承、齿轮和传动部件制造			
烘炉、风机、包装等设备制造	62	5	57
文化、办公用机械制造			
通用零部件制造	10		10
专用设备制造业	588	223	73
采矿、冶金、建筑专用设备制造	27		27
化工、木材、非金属加工专用设备制造	229	176	22
食品、饮料、烟草及饲料生产专用设备制造			
印刷、制药、日化及日用品生产专用设备制造	250		
纺织、服装和皮革加工专用设备制造			
电子和电工机械专用设备制造			
农、林、牧、渔专用机械制造	16		16
医疗仪器设备及器械制造	56	47	9
环保、邮政、社会公共服务及其他专用设备制造	11		
汽车制造业	40044	33856	459
汽车整车制造			
汽车用发动机制造			
汽车车身、挂车制造			
汽车零部件及配件制造	40044	33856	459

1-D-2.6 续表 3

单位：万元

行 业	R&D经费外部支出	#对境内研究机构支出	#对境内高等学校支出
铁路、船舶、航空航天和其他运输设备制造业			
船舶及相关装置制造			
摩托车制造			
自行车和残疾人座车制造			
助动车制造			
电气机械和器材制造业	690	115	96
电机制造	65		65
输配电及控制设备制造	444	115	
电线、电缆、光缆及电工器材制造			
电池制造			
家用电力器具制造	48		21
非电力家用器具制造	5		5
照明器具制造	124		
其他电气机械及器材制造	5		5
计算机、通信和其他电子设备制造业	121566		1152
计算机制造	26		26
通信设备制造	121395		1090
广播电视设备制造			
雷达及配套设备制造			
非专业视听设备制造			
智能消费设备制造			
电子器件制造	136		26
电子元件及电子专用材料制造	9		9
其他电子设备制造			
仪器仪表制造业	687		70
通用仪器仪表制造	128		
专用仪器仪表制造			
钟表与计时仪器制造			
光学仪器制造	559		70
其他仪器仪表制造业			
其他制造业			
日用杂品制造			
废弃资源综合利用业			
金属废料和碎屑加工处理			
金属制品、机械和设备修理业			
铁路、船舶、航空航天等运输设备修理			
电力、热力、燃气及水生产和供应业	**262**		
电力、热力生产和供应业			
电力生产			
热力生产和供应			
燃气生产和供应业	262		
燃气生产和供应业	262		
水的生产和供应业			
自来水生产和供应			
污水处理及其再生利用			

1-D-2.7 分行业外商投资企业R&D经费外部支出情况

单位：万元

行业	R&D经费外部支出	#对境内研究机构支出	#对境内高等学校支出
总　计	**157730**	**50560**	**2768**
采矿业			
黑色金属矿采选业			
铁矿采选			
有色金属矿采选业			
常用有色金属矿采选			
非金属矿采选业			
土砂石开采			
制造业	**157730**	**50560**	**2768**
农副食品加工业	100		100
饲料加工			
植物油加工			
屠宰及肉类加工			
水产品加工	100		100
蔬菜、菌类、水果和坚果加工			
其他农副食品加工			
食品制造业	632		50
焙烤食品制造			
糖果、巧克力及蜜饯制造			
方便食品制造			
乳制品制造	162		30
罐头食品制造	20		20
调味品、发酵制品制造			
其他食品制造	450		
酒、饮料和精制茶制造业	13		1
酒的制造			
饮料制造	13		1
精制茶加工			
纺织业	315	20	82
棉纺织及印染精加工	175	20	20
毛纺织及染整精加工			
麻纺织及染整精加工			
丝绢纺织及印染精加工	61		61
化纤织造及印染精加工	24		
针织或钩针编织物及其制品制造	4		1
家用纺织制成品制造			
产业用纺织制成品制造	51		
纺织服装、服饰业	100	9	29
机织服装制造			
针织或钩针编织服装制造	38		24
服饰制造	62	9	5
皮革、毛皮、羽毛及其制品和制鞋业			
皮革鞣制加工			
皮革制品制造			
毛皮鞣制及制品加工			
羽毛(绒)加工及制品制造			
制鞋业			
木材加工和木、竹、藤、棕、草制品业	55		

1-D-2.7 续表 1

单位：万元

行 业	R&D经费外部支出	#对境内研究机构支出	#对境内高等学校支出
木材加工			
人造板制造	55		
木质制品制造			
竹、藤、棕、草等制品制造			
家具制造业	650	6	586
木质家具制造	650	6	586
金属家具制造			
塑料家具制造			
其他家具制造			
造纸和纸制品业	17		17
造纸	17		17
纸制品制造			
印刷和记录媒介复制业			
印刷			
装订及印刷相关服务			
文教、工美、体育和娱乐用品制造业	1865	1208	
文教办公用品制造	20		
乐器制造			
工艺美术及礼仪用品制造			
体育用品制造	1243	1208	
玩具制造	602		
游艺器材及娱乐用品制造			
石油、煤炭及其他燃料加工业			
精炼石油产品制造			
化学原料和化学制品制造业	776	476	25
基础化学原料制造	6		6
农药制造			
涂料、油墨、颜料及类似产品制造	73	24	
合成材料制造	678	452	
专用化学产品制造	5		5
日用化学产品制造	13		13
医药制造业	16210	340	179
化学药品原料药制造	34	34	
化学药品制剂制造	15602	69	102
中药饮片加工	6		6
中成药生产			
兽用药品制造	112		43
生物药品制品制造	428	238	
卫生材料及医药用品制造	29		29
药用辅料及包装材料			
化学纤维制造业			
纤维素纤维原料及纤维制造			
合成纤维制造			
橡胶和塑料制品业	24		24
橡胶制品业			
塑料制品业	24		24
非金属矿物制品业			
水泥、石灰和石膏制造			
石膏、水泥制品及类似制品制造			

1-D-2.7 续表 2

单位：万元

行　业	R&D经费外部支出	#对境内研究机构支出	#对境内高等学校支出
砖瓦、石材等建筑材料制造			
玻璃制造			
玻璃制品制造			
玻璃纤维和玻璃纤维增强塑料制品制造			
陶瓷制品制造			
耐火材料制品制造			
石墨及其他非金属矿物制品制造			
黑色金属冶炼和压延加工业	392		37
钢压延加工	392		37
有色金属冶炼和压延加工业			
常用有色金属冶炼			
有色金属合金制造			
有色金属压延加工			
金属制品业	404		13
结构性金属制品制造	12		12
金属工具制造	1		1
集装箱及金属包装容器制造			
金属丝绳及其制品制造			
建筑、安全用金属制品制造	1		1
金属表面处理及热处理加工			
搪瓷制品制造			
金属制日用品制造			
铸造及其他金属制品制造	391		
通用设备制造业	6808	3235	198
锅炉及原动设备制造			
金属加工机械制造	556		
物料搬运设备制造	3303	3194	30
泵、阀门、压缩机及类似机械制造	148	1	111
轴承、齿轮和传动部件制造	1320	20	1
烘炉、风机、包装等设备制造	776	8	17
文化、办公用机械制造	13	13	
通用零部件制造	693		40
其他通用设备制造业			
专用设备制造业	950	152	240
采矿、冶金、建筑专用设备制造	244		
化工、木材、非金属加工专用设备制造	228	20	53
食品、饮料、烟草及饲料生产专用设备制造			
印刷、制药、日化及日用品生产专用设备制造			
纺织、服装和皮革加工专用设备制造	36		36
电子和电工机械专用设备制造			
农、林、牧、渔专用机械制造			
医疗仪器设备及器械制造	442	131	151
环保、邮政、社会公共服务及其他专用设备制造			
汽车制造业	114508	44860	62
汽车整车制造	25774	23437	
汽车用发动机制造	7869	561	
改装汽车制造	18		
汽车车身、挂车制造			
汽车零部件及配件制造	80847	20862	62

1-D-2.7　续表 3　　　　单位：万元

行　业	R&D经费外部支出	#对境内研究机构支出	#对境内高等学校支出
铁路、船舶、航空航天和其他运输设备制造业	38		
船舶及相关装置制造	38		
摩托车制造			
自行车和残疾人座车制造			
助动车制造			
潜水救捞及其他未列明运输设备制造			
电气机械和器材制造业	7491	45	406
电机制造	1798		29
输配电及控制设备制造	3905		24
电线、电缆、光缆及电工器材制造	94	4	
电池制造	1068	41	348
家用电力器具制造	602		5
非电力家用器具制造			
照明器具制造	24		
其他电气机械及器材制造			
计算机、通信和其他电子设备制造业	2093	60	386
计算机制造	104		
通信设备制造	4	4	
广播电视设备制造			
非专业视听设备制造	71	57	
智能消费设备制造			
电子器件制造	1915		386
电子元件及电子专用材料制造			
其他电子设备制造			
仪器仪表制造业	4278	148	323
通用仪器仪表制造	487		123
专用仪器仪表制造	3775	148	196
钟表与计时仪器制造			
光学仪器制造	17		4
衡器制造			
其他制造业			
日用杂品制造			
其他未列明制造业			
废弃资源综合利用业	11		11
金属废料和碎屑加工处理			
非金属废料和碎屑加工处理	11		11
金属制品、机械和设备修理业			
专用设备修理			
铁路、船舶、航空航天等运输设备修理			
电力、热力、燃气及水生产和供应业			
电力、热力生产和供应业			
电力生产			
热力生产和供应			
燃气生产和供应业			
燃气生产和供应业			
水的生产和供应业			
自来水生产和供应			
污水处理及其再生利用			

1-D-2.8　分地区企业R&D经费外部支出情况

单位：万元

地　区	R&D经费外部支出	#对境内研究机构支出	#对境内高等学校支出
全　省	**606886**	**166293**	**36791**
杭州市	211818	16398	8936
宁波市	145682	84230	7503
温州市	22695	1226	2020
嘉兴市	28083	4753	2139
湖州市	10276	1153	2394
绍兴市	25929	4491	3784
金华市	16082	2101	2671
衢州市	3342	1110	553
舟山市	1537	843	372
台州市	138490	49737	6060
丽水市	2952	253	359

1-D-2.9　分地区大中型企业R&D经费外部支出情况

单位：万元

地　区	R&D经费外部支出	#对境内研究机构支出	#对境内高等学校支出
全　省	**544610**	**154742**	**21558**
杭州市	195415	14994	5125
宁波市	134039	81751	4414
温州市	20638	940	1526
嘉兴市	21345	1745	1035
湖州市	5331	730	1069
绍兴市	19658.4	3441.2	2344.4
金华市	10189	1500	1272
衢州市	1892	709	335
舟山市	841	541	92
台州市	133006.5	48295	4142.7
丽水市	2256	95	204

1-D-2.10　分地区内资企业R&D经费外部支出情况

单位：万元

地　区	R&D经费外部支出	#对境内研究机构支出	#对境内高等学校支出
全　省	**271884**	**72508**	**30736**
杭州市	69746	12850	7223
宁波市	52584	19300	5123
温州市	17353	1078	1698
嘉兴市	24769	4749	1836
湖州市	7988	702	1830
绍兴市	19872	4266	3592
金华市	12456	1698	2482
衢州市	2876	658	539
舟山市	1537	843	372
台州市	59752	26112	5683
丽水市	2952	253	359

1-D-2.11　分地区港澳台商投资企业R&D经费外部支出情况

单位：万元

地　区	R&D经费外部支出	#对境内研究机构支出	#对境内高等学校支出
全　省	**177272**	**43225**	**3287**
杭州市	116948	13	523
宁波市	53384	42604	1930
温州市	2		2
嘉兴市	765	4	207
湖州市	1070	368	162
绍兴市	475	48	29
金华市	2710		87
衢州市	13		13
舟山市			
台州市	1905	188	334
丽水市			

1-D-2.12 分地区外商投资企业R&D经费外部支出情况

单位：万元

地 区	R&D经费外部支出	#对境内研究机构支出	#对境内高等学校支出
全 省	**157730**	**50560**	**2768**
杭州市	25124	3534	1190
宁波市	39714	22326	450
温州市	5340	148	321
嘉兴市	2549		96
湖州市	1219	84	402
绍兴市	5582	177	162
金华市	916	403	102
衢州市	453	452	1
舟山市			
台州市	76833	23437	43
丽水市			

E.R&D项目

1-E-1　分登记注册类型企业全部R&D项目情况

登记注册类型	项目数(项)	参加项目人员(人)	项目人员折合全时当量(人年)	项目经费内部支出(万元)
总　计	**77940**	**479078**	**368357**	**11174134**
内资企业	**67143**	**389808**	**296676**	**8667431**
国有企业	22	177	138	4614
集体企业	4	19	11	265
股份合作企业	330	1269	904	21873
联营企业	1	2		10
集体联营企业				
有限责任公司	11877	76798	59240	1930778
国有独资公司	168	1420	938	40152
其他有限责任公司	11709	75378	58302	1890626
股份有限公司	8101	72304	55696	1973205
私营企业	46808	239239	180688	4736687
私营独资企业	272	1375	984	22662
私营合伙企业	65	244	138	3336
私营有限责任公司	42583	214275	161751	4183750
私营股份有限公司	3888	23345	17816	526939
港、澳、台商投资企业	**5542**	**52506**	**43073**	**1522121**
合资经营企业(港或澳、台资)	3182	24190	18811	658303
合作经营企业(港或澳、台资)	62	411	342	10466
港、澳、台商独资经营企业	2097	19339	16104	581207
港、澳、台商投资股份有限公司	162	8371	7665	266472
其他港澳台投资企业	39	195	151	5673
外商投资企业	**5255**	**36764**	**28608**	**984582**
中外合资经营企业	2854	20310	15716	525564
中外合作经营企业	20	149	93	2484
外资企业	2059	14032	11020	401993
外商投资股份有限公司	210	1549	1278	32783
其他外商投资企业	112	724	500	21759

1-E-2　分登记注册类型大中型企业全部R&D项目情况

登记注册类型	项目数（项）	参加项目人员（人）	项目人员折合全时当量（人年）	项目经费内部支出（万元）
总　计	**27361**	**273255**	**214518**	**7054859**
内资企业	**21896**	**206439**	**159649**	**5045752**
国有企业	18	160	121	4324
集体企业				
股份合作企业	75	342	271	8642
有限责任公司	4739	46944	37004	1277909
国有独资公司	106	973	594	32164
其他有限责任公司	4633	45971	36409	1245744.7
股份有限公司	5672	61777	47588	1719957.9
私营企业	11392	97216	74665	2034918.4
私营独资企业	4	106	67	1574
私营合伙企业	1	25	8	317
私营有限责任公司	9678	83230	63992	1706811
私营股份有限公司	1709	13855	10598	326216
港、澳、台商投资企业	**2806**	**41455**	**34862**	**1288297**
合资经营企业(港或澳、台资)	1684	18259	14359	526043
合作经营企业(港或澳、台资)	35	250	203	7015
港、澳、台商独资经营企业	939	14612	12628	490236
港、澳、台商投资股份有限公司	136	8244	7588	262744
其他港澳台投资企业	12	90	83	2261
外商投资企业	**2659**	**25361**	**20007**	**720810**
中外合资经营企业	1498	14117	11066	386433
中外合作经营企业	4	52	47	655
外资企业	966	9360	7447	288347
外商投资股份有限公司	135	1293	1098	27781
其他外商投资企业	56	539	348	17595

1-E-3　分行业企业全部R&D项目情况

行　　业	项目数(项)	参加项目人　员(人)	项目人员折合全时当量(人年)	项目经费内部支出(万元)
总　计	**77940**	**479078**	**368357**	**11174134**
采矿业	**25**	**168**	**131**	**5690**
煤炭开采和洗选业				
其他煤炭采选				
黑色金属矿采选业				
铁矿采选				
有色金属矿采选业				
常用有色金属矿采选				
稀有稀土金属矿采选				
非金属矿采选业	25	168	131	5690
土砂石开采	23	145	120	5457
化学矿开采				
石棉及其他非金属矿采选	2	23	11	233
制造业	**77644**	**477290**	**367140**	**11123910**
农副食品加工业	493	2340	1726	53720
谷物磨制	14	70	60	1555
饲料加工	160	727	541	17344
植物油加工	24	108	61	2587
制糖业				
屠宰及肉类加工	63	264	175	5184
水产品加工	135	726	552	18441
蔬菜、菌类、水果和坚果加工	57	289	226	6196
其他农副食品加工	40	156	110	2412
食品制造业	568	2580	1815	51620
焙烤食品制造	33	160	111	4657
糖果、巧克力及蜜饯制造	30	223	170	3051
方便食品制造	43	278	140	2908
乳制品制造	64	389	295	6768
罐头食品制造	46	161	100	2965
调味品、发酵制品制造	27	140	97	3573
其他食品制造	325	1229	903	27699
酒、饮料和精制茶制造业	178	1223	842	18942
酒的制造	68	613	422	7516
饮料制造	59	300	207	6020
精制茶加工	51	310	212	5407
烟草制品业	40	111	69	4959
卷烟制造	37	98	57	4469
其他烟草制品制造	3	13	12	491
纺织业	4432	31434	22956	657019
棉纺织及印染精加工	1933	17809	12909	356917
毛纺织及染整精加工	296	1663	1256	37639
麻纺织及染整精加工	43	209	141	4319
丝绢纺织及印染精加工	179	1326	983	24258
化纤织造及印染精加工	537	2844	2126	60102

1-E-3 续表 1

行　业	项目数(项)	参加项目人员(人)	项目人员折合全时当量(人年)	项目经费内部支出(万元)
针织或钩针编织物及其制品制造	518	2998	2046	75790
家用纺织制成品制造	264	1598	1240	29245
产业用纺织制成品制造	662	2987	2255	68749
纺织服装、服饰业	1604	13954	11090	227088
机织服装制造	622	6365	5074	107244
针织或钩针编织服装制造	576	4405	3513	65460
服饰制造	406	3184	2503	54384
皮革、毛皮、羽毛及其制品和制鞋业	1296	11966	8678	144679
皮革鞣制加工	91	1439	336	11123
皮革制品制造	264	1959	1548	27403
毛皮鞣制及制品加工	37	152	90	3491
羽毛(绒)加工及制品制造	54	763	732	11103
制鞋业	850	7653	5971	91560
木材加工和木、竹、藤、棕、草制品业	457	3531	2676	63770
木材加工	41	249	188	5476
人造板制造	162	1129	831	20707
木质制品制造	175	1708	1311	29549
竹、藤、棕、草等制品制造	79	445	346	8038
家具制造业	1275	9377	6978	159719
木质家具制造	413	3264	2187	43655
竹、藤家具制造	9	63	45	613
金属家具制造	512	3202	2580	63853
塑料家具制造	55	197	146	4110
其他家具制造	286	2651	2020	47489
造纸和纸制品业	960	6691	4975	195141
纸浆制造				
造纸	449	3395	2529	120155
纸制品制造	511	3296	2446	74986
印刷和记录媒介复制业	704	3700	2780	65692
印刷	697	3672	2761	65333
装订及印刷相关服务	7	28	19	359
文教、工美、体育和娱乐用品制造业	1730	11009	8646	172102
文教办公用品制造	421	2638	2035	34947
乐器制造	33	223	185	3175
工艺美术及礼仪用品制造	516	3667	2854	62838
体育用品制造	344	1905	1448	28228
玩具制造	277	1615	1288	24639
游艺器材及娱乐用品制造	139	961	835	18275
石油、煤炭及其他燃料加工业	119	590	446	37915
精炼石油产品制造	118	580	437	37573
煤炭加工				
生物质燃料加工	1	10	9	342
化学原料和化学制品制造业	4242	20556	15900	791290
基础化学原料制造	714	4016	3087	198731
肥料制造	18	141	133	2703
农药制造	271	1400	1144	52077

1-E-3　续表 2

行　　业	项目数（项）	参加项目人　　员（人）	项目人员折合全时当量（人年）	项目经费内部支出（万元）
涂料、油墨、颜料及类似产品制造	788	3729	3069	112799
合成材料制造	984	4962	3716	240710
专用化学产品制造	1091	4470	3412	150207
炸药、火工及焰火产品制造	19	181	103	2848
日用化学产品制造	357	1657	1235	31216
医药制造业	3009	16725	13259	432059
化学药品原料药制造	1137	7522	6048	190898
化学药品制剂制造	746	4223	3405	143200
中药饮片加工	111	328	221	6087
中成药生产	315	1577	1230	26042
兽用药品制造	80	240	184	4694
生物药品制品制造	338	1537	1130	38648
卫生材料及医药用品制造	185	863	731	16151
药用辅料及包装材料	97	435	311	6341
化学纤维制造业	837	6717	4768	272046
纤维素纤维原料及纤维制造	28	145	133	8186
合成纤维制造	794	6536	4610	262015
生物基材料制造	15	36	25	1846
橡胶和塑料制品业	3484	17806	13516	400233
橡胶制品业	495	3021	2221	86381
塑料制品业	2989	14785	11295	313852
非金属矿物制品业	1800	8999	6816	218432
水泥、石灰和石膏制造	67	387	250	12533
石膏、水泥制品及类似制品制造	451	2515	1825	60166
砖瓦、石材等建筑材料制造	296	1010	722	19109
玻璃制造	94	612	505	18929
玻璃制品制造	218	1028	772	18416
玻璃纤维和玻璃纤维增强塑料制品制造	150	1033	866	24246
陶瓷制品制造	138	682	480	14154
耐火材料制品制造	246	1001	793	31135
石墨及其他非金属矿物制品制造	140	731	603	19743
黑色金属冶炼和压延加工业	707	4027	2888	174497
炼钢	16	209	112	13784
钢压延加工	661	3593	2634	154121
铁合金冶炼	30	225	143	6593
有色金属冶炼和压延加工业	904	4995	3691	158975
常用有色金属冶炼	69	505	346	15326
贵金属冶炼	1	20	13	596
稀有稀土金属冶炼	5	25	25	298
有色金属合金制造	177	910	691	33440
有色金属压延加工	652	3535	2615	109316
金属制品业	3899	21601	16052	404822
结构性金属制品制造	473	3087	2329	64458
金属工具制造	574	2868	2103	50105
集装箱及金属包装容器制造	181	920	713	18163
金属丝绳及其制品制造	96	480	369	13236

1-E-3 续表 3

行　业	项目数（项）	参加项目人员（人）	项目人员折合全时当量（人年）	项目经费内部支出（万元）
建筑、安全用金属制品制造	963	4682	3494	76513
金属表面处理及热处理加工	131	597	493	28696
搪瓷制品制造	34	142	120	1994
金属制日用品制造	602	4622	3221	71681
铸造及其他金属制品制造	845	4203	3210	79978
通用设备制造业	11562	57076	43415	1147364
锅炉及原动设备制造	411	2296	1704	64378
金属加工机械制造	1188	5157	3767	103927
物料搬运设备制造	1378	6754	5077	166660
泵、阀门、压缩机及类似机械制造	3310	16149	12456	305960
轴承、齿轮和传动部件制造	1737	9742	7253	173527
烘炉、风机、包装等设备制造	1834	9636	7579	191806
文化、办公用机械制造	250	1022	757	19286
通用零部件制造	1183	5095	3936	92208
其他通用设备制造业	271	1225	886	29612
专用设备制造业	5908	27732	21455	593413
采矿、冶金、建筑专用设备制造	285	1363	1119	39154
化工、木材、非金属加工专用设备制造	1966	8936	6610	181494
食品、饮料、烟草及饲料生产专用设备制造	143	498	387	9818
印刷、制药、日化及日用品生产专用设备制造	371	1343	1039	24950
纺织、服装和皮革加工专用设备制造	656	3651	2871	78529
电子和电工机械专用设备制造	267	1093	856	30521
农、林、牧、渔专用机械制造	457	1819	1360	37655
医疗仪器设备及器械制造	875	4402	3276	79052
环保、邮政、社会公共服务及其他专用设备制造	888	4627	3938	112240
汽车制造业	7052	43605	32931	938646
汽车整车制造	67	1036	743	44674
汽车用发动机制造	258	1717	1252	47707
改装汽车制造	65	190	126	4935
汽车车身、挂车制造	109	808	699	19305
汽车零部件及配件制造	6553	39854	30111	822024
铁路、船舶、航空航天和其他运输设备制造业	1114	6253	4976	134799
铁路运输设备制造	104	447	346	13010
城市轨道交通设备制造	8	68	56	3783
船舶及相关装置制造	204	1594	1266	31880
航空、航天器及设备制造	7	26	17	668
摩托车制造	446	2366	1883	51477
自行车和残疾人座车制造	75	425	322	7143
助动车制造	154	727	601	16712
非公路休闲车及零配件制造	95	503	411	8533
潜水救捞及其他未列明运输设备制造	21	97	72	1593
电气机械和器材制造业	11438	67442	51637	1572270
电机制造	1650	10757	8388	216739
输配电及控制设备制造	4130	22647	17747	549643
电线、电缆、光缆及电工器材制造	1105	5164	3820	191425

1-E-3　续表 4

行　　业	项目数（项）	参加项目人　员（人）	项目人员折合全时当量（人年）	项目经费内部支出（万元）
电池制造	628	4330	3227	139712
家用电力器具制造	2105	14683	10962	303193
非电力家用器具制造	245	1085	803	21962
照明器具制造	1376	7877	5960	133161
其他电气机械及器材制造	199	899	730	16436
计算机、通信和其他电子设备制造业	5029	56104	47327	1630833
计算机制造	249	1783	1496	59455
通信设备制造	729	27435	25328	992011
广播电视设备制造	144	1094	891	18835
雷达及配套设备制造	38	67	41	2663
非专业视听设备制造	221	1536	1107	41633
智能消费设备制造	401	2499	1849	49621
电子器件制造	1041	6940	5540	172376
电子元件及电子专用材料制造	2068	13590	10115	268313
其他电子设备制造	138	1160	961	25926
仪器仪表制造业	2373	16278	12751	355239
通用仪器仪表制造	1652	10861	8464	249787
专用仪器仪表制造	491	2898	2327	55212
钟表与计时仪器制造	38	273	216	4052
光学仪器制造	144	2010	1559	42734
衡器制造	37	211	162	2944
其他仪器仪表制造业	11	25	23	511
其他制造业	329	2221	1619	30901
日用杂品制造	308	2101	1521	29248
其他未列明制造业	21	120	98	1653
废弃资源综合利用业	75	377	281	10672
金属废料和碎屑加工处理	42	187	114	4107
非金属废料和碎屑加工处理	33	190	167	6566
金属制品、机械和设备修理业	26	270	180	5051
金属制品修理				
专用设备修理	6	17	16	577
铁路、船舶、航空航天等运输设备修理	20	253	164	4474
电气设备修理				
其他机械和设备修理业				
电力、热力、燃气及水生产和供应业	**271**	**1620**	**1086**	**44534**
电力、热力生产和供应业	226	1312	915	40245
电力生产	198	1141	780	39253
电力供应	19	138	108	157
热力生产和供应	9	33	27	835
燃气生产和供应业	8	59	32	294
燃气生产和供应业	8	59	32	294
水的生产和供应业	37	249	139	3996
自来水生产和供应	15	140	55	1778
污水处理及其再生利用	22	109	84	2217

1-E-4 分行业大中型企业全部R&D项目情况

行业	项目数（项）	参加项目人员（人）	项目人员折合全时当量（人年）	项目经费内部支出（万元）
总计	**27361**	**273255**	**214518**	**7054859**
采矿业				
黑色金属矿采选业				
铁矿采选				
有色金属矿采选业				
常用有色金属矿采选				
非金属矿采选业				
土砂石开采				
制造业	**27283**	**272617**	**214144**	**7039215**
农副食品加工业	91	647	473	16659
谷物磨制				
饲料加工	19	163	106	2558
屠宰及肉类加工	14	102	62	2034
水产品加工	32	284	235	9905
蔬菜、菌类、水果和坚果加工	12	40	25	1180
其他农副食品加工	14	58	45	982
食品制造业	246	1265	906	28841
焙烤食品制造	12	39	32	2640
糖果、巧克力及蜜饯制造	11	125	102	2133
方便食品制造	37	251	117	2575
乳制品制造	55	352	272	6168
罐头食品制造	8	37	18	698
调味品、发酵制品制造	15	56	54	2310
其他食品制造	108	405	310	12317
酒、饮料和精制茶制造业	44	533	379	5991
酒的制造	40	511	363	5210
饮料制造	4	22	16	781
精制茶加工				
烟草制品业	37	98	57	4469
卷烟制造	37	98	57	4469
纺织业	1738	19134	14009	378948
棉纺织及印染精加工	1076	13596	9789	263340
毛纺织及染整精加工	102	739	580	21775
麻纺织及染整精加工	20	142	104	3129
丝绢纺织及印染精加工	82	785	597	13645
化纤织造及印染精加工	121	1205	916	24361
针织或钩针编织物及其制品制造	111	938	624	17358
家用纺织制成品制造	64	628	542	10247
产业用纺织制成品制造	162	1101	857	25093
纺织服装、服饰业	598	8160	6528	135899
机织服装制造	293	4390	3526	80099
针织或钩针编织服装制造	218	2463	2047	36459
服饰制造	87	1307	954	19341
皮革、毛皮、羽毛及其制品和制鞋业	421	7198	5011	82350
皮革鞣制加工	37	1210	181	6954
皮革制品制造	72	874	742	14149
毛皮鞣制及制品加工	3	46	19	1062
羽毛(绒)加工及制品制造	41	714	697	10281
制鞋业	268	4354	3372	49905
木材加工和木、竹、藤、棕、草制品业	149	2163	1684	39476

1-E-4　续表 1

行　　业	项目数(项)	参加项目人　员(人)	项目人员折合全时当量(人年)	项目经费内部支出(万元)
木材加工	28	187	146	4078
人造板制造	41	601	452	10806
木质制品制造	66	1236	964	21664
竹、藤、棕、草等制品制造	14	139	123	2929
家具制造业	712	6954	5216	120938
木质家具制造	237	2306	1506	29257
竹、藤家具制造	4	48	34	482
金属家具制造	270	2364	1958	49104
塑料家具制造	16	61	53	1717
其他家具制造	185	2175	1664	40378
造纸和纸制品业	311	3464	2720	130927
造纸	174	1962	1539	87308
纸制品制造	137	1502	1181	43619
印刷和记录媒介复制业	160	1297	1042	24524
印刷	160	1297	1042	24524
文教、工美、体育和娱乐用品制造业	709	6087	4973	97242
文教办公用品制造	218	1868	1489	24048
乐器制造	7	78	77	1122
工艺美术及礼仪用品制造	196	1839	1486	32965
体育用品制造	137	1026	816	15871
玩具制造	98	689	581	10903
游艺器材及娱乐用品制造	53	587	523	12333
石油、煤炭及其他燃料加工业	70	409	307	32649
精炼石油产品制造	70	409	307	32649
化学原料和化学制品制造业	1173	9069	7282	455190
基础化学原料制造	292	2208	1766	139618
肥料制造	5	47	43	1280
农药制造	116	869	722	37647
涂料、油墨、颜料及类似产品制造	156	1317	1189	58066
合成材料制造	311	2592	1971	150684
专用化学产品制造	163	1270	1003	52089
炸药、火工及焰火产品制造	7	52	35	930
日用化学产品制造	123	714	555	14878
医药制造业	1826	12693	10183	350761
化学药品原料药制造	914	6650	5347	171040
化学药品制剂制造	557	3631	2979	131382
中药饮片加工	5	39	9	254
中成药生产	185	1219	929	19258
生物药品制品制造	83	695	526	18230
卫生材料及医药用品制造	73	398	347	9048
药用辅料及包装材料	9	61	46	1549
化学纤维制造业	440	4664	3235	204237
纤维素纤维原料及纤维制造	3	63	63	5132
合成纤维制造	437	4601	3172	199106
橡胶和塑料制品业	919	7556	5926	195612
橡胶制品业	138	1554	1141	60822
塑料制品业	781	6002	4785	134790
非金属矿物制品业	319	3153	2495	81325
水泥、石灰和石膏制造	1	20	13	1027
石膏、水泥制品及类似制品制造	47	528	367	8590
砖瓦、石材等建筑材料制造	20	108	83	2172

1-E-4 续表 2

行　　业	项目数（项）	参加项目人员（人）	项目人员折合全时当量（人年）	项目经费内部支出（万元）
玻璃制造	32	364	336	15398
玻璃制品制造	58	502	380	8762
玻璃纤维和玻璃纤维增强塑料制品制造	27	643	557	16486
陶瓷制品制造	61	412	259	10311
耐火材料制品制造	29	201	163	7499
石墨及其他非金属矿物制品制造	44	375	337	11081
黑色金属冶炼和压延加工业	236	2123	1504	113050
炼钢	15	191	96	12931
钢压延加工	215	1850	1337	97471
铁合金冶炼	6	82	71	2648
有色金属冶炼和压延加工业	301	2436	1848	84234
常用有色金属冶炼	38	373	254	11860
贵金属冶炼	1	20	13	596
有色金属合金制造	48	432	335	16861
有色金属压延加工	214	1611	1245	54917
金属制品业	1159	10519	7966	211903
结构性金属制品制造	126	1625	1254	37040
金属工具制造	172	1219	912	24206
集装箱及金属包装容器制造	71	491	383	10040
金属丝绳及其制品制造	29	160	125	5742
建筑、安全用金属制品制造	263	1964	1580	34684
金属表面处理及热处理加工	12	144	137	15431
搪瓷制品制造	5	62	59	1004
金属制日用品制造	256	3085	2116	48365
铸造及其他金属制品制造	225	1769	1401	35391
通用设备制造业	3460	26051	19867	587080
锅炉及原动设备制造	197	1258	863	43372
金属加工机械制造	240	1918	1348	45638
物料搬运设备制造	644	3870	2862	115463
泵、阀门、压缩机及类似机械制造	864	6719	5276	130038
轴承、齿轮和传动部件制造	642	5353	4004	95183
烘炉、风机、包装等设备制造	572	4690	3822	107106
文化、办公用机械制造	41	325	186	4911
通用零部件制造	245	1602	1282	32953
其他通用设备制造业	15	316	224	12416
专用设备制造业	1520	11238	9113	276550
采矿、冶金、建筑专用设备制造	68	504	461	22324
化工、木材、非金属加工专用设备制造	633	4099	3187	90101
食品、饮料、烟草及饲料生产专用设备制造	12	90	71	2728
印刷、制药、日化及日用品生产专用设备制造	26	241	166	3247
纺织、服装和皮革加工专用设备制造	180	1542	1310	39219
电子和电工机械专用设备制造	68	318	268	15697
农、林、牧、渔专用机械制造	143	801	601	18542
医疗仪器设备及器械制造	291	2100	1604	32798
环保、邮政、社会公共服务及其他专用设备制造	99	1543	1445	51895
汽车制造业	2870	27296	20882	643659
汽车整车制造	40	903	662	39617
汽车用发动机制造	234	1625	1177	46627
汽车车身、挂车制造	51	544	469	14289
汽车零部件及配件制造	2545	24224	18575	543127
铁路、船舶、航空航天和其他运输设备制造业	429	3311	2764	80924

1-E-4　续表 3

行　　业	项目数(项)	参加项目人　员(人)	项目人员折合全时当量(人年)	项目经费内部支出(万元)
铁路运输设备制造	18	84	54	6189
船舶及相关装置制造	51	884	740	17517
航空、航天器及设备制造				
摩托车制造	200	1437	1203	38820
自行车和残疾人座车制造	20	110	96	1569
助动车制造	101	537	443	13023
非公路休闲车及零配件制造	39	259	228	3806
电气机械和器材制造业	4184	39892	30835	1001464
电机制造	703	6855	5484	134601
输配电及控制设备制造	1151	11552	9175	326446
电线、电缆、光缆及电工器材制造	241	1929	1419	88541
电池制造	389	3151	2300	107856
家用电力器具制造	1141	10888	8245	242918
非电力家用器具制造	77	433	353	11262
照明器具制造	435	4727	3570	82979
其他电气机械及器材制造	47	357	288	6861
计算机、通信和其他电子设备制造业	2175	43864	37990	1395317
计算机制造	85	981	884	42198
通信设备制造	360	25702	24066	950002
广播电视设备制造	66	739	629	13293
非专业视听设备制造	56	759	474	28086
智能消费设备制造	223	1744	1295	35808
电子器件制造	429	4467	3718	126511
电子元件及电子专用材料制造	907	8986	6515	186600
其他电子设备制造	49	486	410	12820
仪器仪表制造业	853	9885	7868	234415
通用仪器仪表制造	513	5981	4695	155469
专用仪器仪表制造	229	1783	1525	34962
钟表与计时仪器制造	32	255	202	3895
光学仪器制造	74	1756	1365	38573
衡器制造	5	110	81	1516
其他仪器仪表制造业				
其他制造业	107	1183	874	17864
日用杂品制造	101	1126	825	17016
其他未列明制造业	6	57	49	848
废弃资源综合利用业	16	124	104	4062
金属废料和碎屑加工处理	4	11	1	43
非金属废料和碎屑加工处理	12	113	103	4019
金属制品、机械和设备修理业	10	151	104	2659
铁路、船舶、航空航天等运输设备修理	10	151	104	2659
电力、热力、燃气及水生产和供应业	**78**	**638**	**374**	**15643**
电力、热力生产和供应业	73	533	337	14243
电力生产	69	495	309	14125
电力供应	4	38	28	119
热力生产和供应				
燃气生产和供应业				
燃气生产和供应业				
水的生产和供应业	5	105	37	1400
自来水生产和供应	5	105	37	1400
污水处理及其再生利用				

1-E-5 分行业内资企业全部R&D项目情况

行　业	项目数(项)	参加项目人员(人)	项目人员折合全时当量(人年)	项目经费内部支出(万元)
总　计	**67143**	**389808**	**296676**	**8667431**
采矿业	**17**	**139**	**103**	**3151**
煤炭开采和洗选业				
其他煤炭采选				
黑色金属矿采选业				
铁矿采选				
有色金属矿采选业				
常用有色金属矿采选				
稀有稀土金属矿采选				
非金属矿采选业	17	139	103	3151
土砂石开采	15	116	92	2918
化学矿开采				
石棉及其他非金属矿采选	2	23	11	233
制造业	**66917**	**388411**	**295732**	**8639448**
农副食品加工业	442	2087	1551	46026
谷物磨制	14	70	60	1555
饲料加工	150	702	517	16818
植物油加工	24	108	61	2587
制糖业				
屠宰及肉类加工	49	183	134	3908
水产品加工	115	632	487	13302
蔬菜、菌类、水果和坚果加工	54	262	206	5938
其他农副食品加工	36	130	86	1918
食品制造业	496	2128	1541	44035
焙烤食品制造	33	160	111	4657
糖果、巧克力及蜜饯制造	30	223	170	3051
方便食品制造	28	139	95	1899
乳制品制造	57	341	255	5479
罐头食品制造	36	108	59	2009
调味品、发酵制品制造	26	122	88	3414
其他食品制造	286	1035	764	23526
酒、饮料和精制茶制造业	134	917	630	14305
酒的制造	55	461	315	6059
饮料制造	32	163	109	3076
精制茶加工	47	293	206	5171
烟草制品业	37	98	57	4469
卷烟制造	37	98	57	4469
纺织业	3648	24193	17593	499227
棉纺织及印染精加工	1540	13432	9644	259273
毛纺织及染整精加工	248	1363	1054	28237
麻纺织及染整精加工	41	185	124	2996
丝绢纺织及印染精加工	137	732	552	14881
化纤织造及印染精加工	436	2215	1697	47498
针织或钩针编织物及其制品制造	434	2401	1598	60897

1-E-5　续表 1

行　　业	项目数(项)	参加项目人　　员(人)	项目人员折合全时当量(人年)	项目经费内部支出(万元)
家用纺织制成品制造	223	1319	1019	23122
产业用纺织制成品制造	589	2546	1906	62323
纺织服装、服饰业	1325	11031	8755	171701
机织服装制造	536	5144	4042	82675
针织或钩针编织服装制造	464	3346	2686	47156
服饰制造	325	2541	2027	41870
皮革、毛皮、羽毛及其制品和制鞋业	1167	10917	7909	125756
皮革鞣制加工	75	1376	288	9515
皮革制品制造	217	1500	1163	19170
毛皮鞣制及制品加工	29	88	66	1851
羽毛(绒)加工及制品制造	50	751	726	10986
制鞋业	796	7202	5665	84235
木材加工和木、竹、藤、棕、草制品业	418	3201	2447	55279
木材加工	38	236	181	5367
人造板制造	140	1018	748	19420
木质制品制造	161	1502	1172	22455
竹、藤、棕、草等制品制造	79	445	346	8038
家具制造业	1074	7262	5463	126619
木质家具制造	351	2417	1654	34679
竹、藤家具制造	9	63	45	613
金属家具制造	434	2665	2176	54087
塑料家具制造	53	188	141	3994
其他家具制造	227	1929	1447	33247
造纸和纸制品业	836	5676	4103	147840
纸浆制造				
造纸	387	2975	2197	94080
纸制品制造	449	2701	1906	53760
印刷和记录媒介复制业	649	3300	2538	55851
印刷	647	3284	2530	55613
装订及印刷相关服务	2	16	8	239
文教、工美、体育和娱乐用品制造业	1436	8760	6728	137626
文教办公用品制造	345	2073	1617	28497
乐器制造	29	200	163	2667
工艺美术及礼仪用品制造	458	3155	2396	55445
体育用品制造	263	1334	954	20008
玩具制造	222	1363	1080	20086
游艺器材及娱乐用品制造	119	635	518	10925
石油、煤炭及其他燃料加工业	103	553	424	37393
精炼石油产品制造	102	543	415	37051
煤炭加工				
生物质燃料加工	1	10	9	342
化学原料和化学制品制造业	3589	17490	13437	659833
基础化学原料制造	621	3661	2802	161634
肥料制造	18	141	133	2703
农药制造	229	1224	1015	45580

1-E-5 续表 2

行 业	项目数(项)	参加项目人员(人)	项目人员折合全时当量(人年)	项目经费内部支出(万元)
涂料、油墨、颜料及类似产品制造	650	2862	2310	77079
合成材料制造	918	4601	3421	229837
专用化学产品制造	829	3357	2550	112702
炸药、火工及焰火产品制造	19	181	103	2848
日用化学产品制造	305	1463	1103	27450
医药制造业	2550	14401	11370	352286
化学药品原料药制造	983	6844	5490	177682
化学药品制剂制造	670	3777	3037	104256
中药饮片加工	82	261	159	5075
中成药生产	270	1346	1021	20598
兽用药品制造	61	197	153	3073
生物药品制品制造	252	948	664	23984
卫生材料及医药用品制造	156	745	635	13806
药用辅料及包装材料	76	283	210	3813
化学纤维制造业	735	5882	4243	241490
纤维素纤维原料及纤维制造	25	82	70	3054
合成纤维制造	695	5764	4147	236590
生物基材料制造	15	36	25	1846
橡胶和塑料制品业	3119	15426	11603	324600
橡胶制品业	447	2486	1764	48776
塑料制品业	2672	12940	9839	275825
非金属矿物制品业	1610	8006	6088	194936
水泥、石灰和石膏制造	67	387	250	12533
石膏、水泥制品及类似制品制造	435	2381	1759	58615
砖瓦、石材等建筑材料制造	284	963	683	18234
玻璃制造	83	466	369	12732
玻璃制品制造	181	899	672	15992
玻璃纤维和玻璃纤维增强塑料制品制造	116	883	732	21799
陶瓷制品制造	66	316	244	4753
耐火材料制品制造	239	982	777	30559
石墨及其他非金属矿物制品制造	139	729	601	19719
黑色金属冶炼和压延加工业	648	3683	2621	155910
炼钢	16	209	112	13784
钢压延加工	602	3249	2367	135533
铁合金冶炼	30	225	143	6593
有色金属冶炼和压延加工业	788	3946	2978	121240
常用有色金属冶炼	39	246	193	6761
贵金属冶炼	1	20	13	596
稀有稀土金属冶炼	5	25	25	298
有色金属合金制造	139	562	416	18759
有色金属压延加工	604	3093	2331	94828
金属制品业	3344	18444	13671	342867
结构性金属制品制造	429	2632	1992	57533
金属工具制造	493	2403	1741	42363
集装箱及金属包装容器制造	162	869	673	16956

1-E-5 续表 3

行业	项目数 (项)	参加项目 人员 (人)	项目人员折合 全时当量 (人年)	项目经费 内部支出 (万元)
金属丝绳及其制品制造	65	327	250	7360
建筑、安全用金属制品制造	798	3937	2991	61656
金属表面处理及热处理加工	126	575	482	28424
搪瓷制品制造	34	142	120	1994
金属制日用品制造	508	4024	2756	58769
铸造及其他金属制品制造	729	3535	2666	67814
通用设备制造业	10079	48610	36735	965950
锅炉及原动设备制造	351	1963	1443	55581
金属加工机械制造	1057	4235	3057	79893
物料搬运设备制造	1158	5585	4180	138188
泵、阀门、压缩机及类似机械制造	2941	13626	10404	257657
轴承、齿轮和传动部件制造	1534	8691	6423	153619
烘炉、风机、包装等设备制造	1648	8634	6773	169119
文化、办公用机械制造	219	908	661	16889
通用零部件制造	917	3817	2976	68108
其他通用设备制造业	254	1151	818	26899
专用设备制造业	4986	22567	17217	454502
采矿、冶金、建筑专用设备制造	259	1219	1002	32215
化工、木材、非金属加工专用设备制造	1598	6792	4741	119229
食品、饮料、烟草及饲料生产专用设备制造	138	484	374	9524
印刷、制药、日化及日用品生产专用设备制造	339	1119	867	20284
纺织、服装和皮革加工专用设备制造	561	2976	2284	60831
电子和电工机械专用设备制造	242	959	745	26911
农、林、牧、渔专用机械制造	348	1271	963	25055
医疗仪器设备及器械制造	712	3631	2721	58445
环保、邮政、社会公共服务及其他专用设备制造	789	4116	3520	102007
汽车制造业	5887	32770	24532	672066
汽车整车制造	49	625	417	37428
汽车用发动机制造	211	728	555	12304
改装汽车制造	56	161	116	4202
汽车车身、挂车制造	98	763	661	18613
汽车零部件及配件制造	5473	30493	22782	599519
铁路、船舶、航空航天和其他运输设备制造业	1046	5911	4731	126426
铁路运输设备制造	104	447	346	13010
城市轨道交通设备制造	8	68	56	3783
船舶及相关装置制造	180	1495	1217	30302
航空、航天器及设备制造	7	26	17	668
摩托车制造	437	2341	1867	50708
自行车和残疾人座车制造	74	418	320	7106
助动车制造	124	520	428	10795
非公路休闲车及零配件制造	95	503	411	8533
潜水救捞及其他未列明运输设备制造	17	93	68	1522
电气机械和器材制造业	10165	57905	44291	1293402
电机制造	1450	9311	7206	173598
输配电及控制设备制造	3793	20030	15640	452296

1-E-5 续表 4

行　　业	项目数（项）	参加项目人　　员（人）	项目人员折合全时当量（人年）	项目经费内部支出（万元）
电线、电缆、光缆及电工器材制造	976	4260	3107	170677
电池制造	405	2713	2058	80935
家用电力器具制造	1948	13837	10277	288924
非电力家用器具制造	215	876	652	16094
照明器具制造	1190	6061	4698	98096
其他电气机械及器材制造	188	817	654	12782
计算机、通信和其他电子设备制造业	4238	37942	30734	959845
计算机制造	154	885	673	18158
通信设备制造	578	13728	12432	442624
广播电视设备制造	110	816	634	14382
雷达及配套设备制造	38	67	41	2663
非专业视听设备制造	153	1150	817	35145
智能消费设备制造	361	2270	1654	44571
电子器件制造	886	5781	4604	137778
电子元件及电子专用材料制造	1838	12207	9008	241801
其他电子设备制造	120	1038	871	22723
仪器仪表制造业	2013	12968	10108	269720
通用仪器仪表制造	1505	9525	7360	207398
专用仪器仪表制造	333	2060	1653	38337
钟表与计时仪器制造	34	239	185	3641
光学仪器制造	93	908	726	16890
衡器制造	37	211	162	2944
其他仪器仪表制造业	11	25	23	511
其他制造业	272	1784	1236	24449
日用杂品制造	257	1721	1187	23644
其他未列明制造业	15	63	49	805
废弃资源综合利用业	65	328	243	9469
金属废料和碎屑加工处理	38	176	113	4063
非金属废料和碎屑加工处理	27	152	130	5406
金属制品、机械和设备修理业	18	225	153	4329
金属制品修理				
铁路、船舶、航空航天等运输设备修理	18	225	153	4329
电气设备修理				
其他机械和设备修理业				
电力、热力、燃气及水生产和供应业	**209**	**1258**	**841**	**24832**
电力、热力生产和供应业	173	1015	703	20867
电力生产	145	844	569	19876
电力供应	19	138	108	157
热力生产和供应	9	33	27	835
燃气生产和供应业				
燃气生产和供应业				
水的生产和供应业	36	243	138	3965
自来水生产和供应	14	134	54	1748
污水处理及其再生利用	22	109	84	2217

1-E-6　分行业港澳台商投资企业全部R&D项目情况

行　　业	项目数(项)	参加项目人员(人)	项目人员折合全时当量(人年)	项目经费内部支出(万元)
总　计	**5542**	**52506**	**43073**	**1522121**
采矿业				
黑色金属矿采选业				
铁矿采选				
有色金属矿采选业				
常用有色金属矿采选				
非金属矿采选业				
土砂石开采				
制造业	**5501**	**52264**	**42933**	**1512657**
农副食品加工业	23	98	57	1653
谷物磨制				
饲料加工	9	17	16	377
植物油加工				
屠宰及肉类加工	14	81	40	1276
水产品加工				
蔬菜、菌类、水果和坚果加工				
其他农副食品加工				
食品制造业	33	137	111	3481
焙烤食品制造				
糖果、巧克力及蜜饯制造				
方便食品制造	6	27	19	634
调味品、发酵制品制造				
其他食品制造	27	110	92	2847
酒、饮料和精制茶制造业	8	38	12	715
酒的制造				
饮料制造	4	21	6	479
精制茶加工	4	17	7	236
烟草制品业	3	13	12	491
其他烟草制品制造	3	13	12	491
纺织业	529	4972	3898	116725
棉纺织及印染精加工	293	3359	2663	76066
毛纺织及染整精加工	38	251	168	8479
麻纺织及染整精加工	1	12	12	1245
丝绢纺织及印染精加工	20	167	125	3724
化纤织造及印染精加工	70	406	312	9756
针织或钩针编织物及其制品制造	56	463	362	11631
家用纺织制成品制造	16	116	84	2968
产业用纺织制成品制造	35	198	172	2855
纺织服装、服饰业	171	1964	1596	43774
机织服装制造	56	855	750	20940
针织或钩针编织服装制造	70	748	595	13602
服饰制造	45	361	250	9233
皮革、毛皮、羽毛及其制品和制鞋业	56	443	312	8021
皮革鞣制加工				
皮革制品制造	9	81	51	1101
毛皮鞣制及制品加工	4	55	21	1115

1-E-6 续表 1

行业	项目数(项)	参加项目人员(人)	项目人员折合全时当量(人年)	项目经费内部支出(万元)
羽毛(绒)加工及制品制造	4	12	6	116
制鞋业	39	295	234	5689
木材加工和木、竹、藤、棕、草制品业	19	83	69	1149
木材加工	1	5		29
人造板制造	17	68	58	966
木质制品制造	1	10	10	154
竹、藤、棕、草等制品制造				
家具制造业	90	911	605	15496
木质家具制造	30	390	207	2239
竹、藤家具制造				
金属家具制造	46	392	292	7705
塑料家具制造	1	6	2	46
其他家具制造	13	123	105	5506
造纸和纸制品业	78	488	397	22788
造纸	43	309	232	18696
纸制品制造	35	179	165	4093
印刷和记录媒介复制业	32	223	137	6483
印刷	32	223	137	6483
文教、工美、体育和娱乐用品制造业	117	1012	895	16986
文教办公用品制造	24	131	107	1572
乐器制造	2	10	9	318
工艺美术及礼仪用品制造	41	372	334	5769
体育用品制造	13	83	71	801
玩具制造	18	95	59	1184
游艺器材及娱乐用品制造	19	321	316	7342
石油、煤炭及其他燃料加工业	15	34	19	511
精炼石油产品制造	15	34	19	511
化学原料和化学制品制造业	293	1471	1195	71846
基础化学原料制造	31	120	99	18569
农药制造	15	85	62	4506
涂料、油墨、颜料及类似产品制造	90	615	549	29308
合成材料制造	33	117	87	5106
专用化学产品制造	88	395	295	11673
日用化学产品制造	36	139	103	2684
医药制造业	163	854	720	17790
化学药品原料药制造	64	371	301	7680
化学药品制剂制造	1	13	10	53
中成药生产	45	231	209	5444
生物药品制品制造	28	132	115	2518
卫生材料及医药用品制造	20	79	61	1569
药用辅料及包装材料	5	28	25	526
化学纤维制造业	79	676	400	25429
纤维素纤维原料及纤维制造	3	63	63	5132
合成纤维制造	76	613	337	20297
橡胶和塑料制品业	238	1613	1272	54834
橡胶制品业	29	361	285	28711
塑料制品业	209	1252	987	26123

1-E-6　续表 2

行　　业	项目数(项)	参加项目人　员(人)	项目人员折合全时当量(人年)	项目经费内部支出(万元)
非金属矿物制品业	93	543	332	11153
石膏、水泥制品及类似制品制造	10	101	33	742
砖瓦、石材等建筑材料制造				
玻璃制造				
玻璃制品制造	5	15	6	563
玻璃纤维和玻璃纤维增强塑料制品制造	17	113	107	1404
陶瓷制品制造	61	314	186	8445
石墨及其他非金属矿物制品制造				
黑色金属冶炼和压延加工业	48	270	206	16321
钢压延加工	48	270	206	16321
有色金属冶炼和压延加工业	43	494	385	17089
常用有色金属冶炼	1	16	16	72
有色金属合金制造	20	266	213	10482
有色金属压延加工	22	212	156	6535
金属制品业	346	2100	1568	40468
结构性金属制品制造	13	261	213	3777
金属工具制造	50	278	197	4580
集装箱及金属包装容器制造	11	33	26	934
金属丝绳及其制品制造	31	153	118	5876
建筑、安全用金属制品制造	121	568	375	11421
金属表面处理及热处理加工	4	17	10	271
搪瓷制品制造				
金属制日用品制造	25	211	140	3173
铸造及其他金属制品制造	91	579	489	10436
通用设备制造业	724	4296	3401	81633
锅炉及原动设备制造	28	152	118	4374
金属加工机械制造	66	571	438	14841
物料搬运设备制造	77	202	168	4252
泵、阀门、压缩机及类似机械制造	229	1629	1346	27542
轴承、齿轮和传动部件制造	91	593	477	9259
烘炉、风机、包装等设备制造	122	655	502	11935
文化、办公用机械制造	18	61	46	1185
通用零部件制造	93	433	306	8246
专用设备制造业	574	3204	2727	87586
采矿、冶金、建筑专用设备制造	21	128	105	6591
化工、木材、非金属加工专用设备制造	268	1710	1558	50638
食品、饮料、烟草及饲料生产专用设备制造	5	14	13	293
印刷、制药、日化及日用品生产专用设备制造	23	120	107	3238
纺织、服装和皮革加工专用设备制造	20	76	56	1875
电子和电工机械专用设备制造	20	117	100	3273
农、林、牧、渔专用机械制造	85	448	330	10155
医疗仪器设备及器械制造	67	269	213	5075
环保、邮政、社会公共服务及其他专用设备制造	65	322	246	6449
汽车制造业	523	4893	3935	114454
汽车整车制造				
汽车用发动机制造	20	338	222	10374
汽车车身、挂车制造	11	45	38	692
汽车零部件及配件制造	492	4510	3676	103388

1-E-6 续表 3

行　业	项目数（项）	参加项目人员（人）	项目人员折合全时当量（人年）	项目经费内部支出（万元）
铁路、船舶、航空航天和其他运输设备制造业	29	201	168	5764
船舶及相关装置制造				
摩托车制造				
自行车和残疾人座车制造				
助动车制造	29	201	168	5764
电气机械和器材制造业	643	4705	3467	130456
电机制造	84	415	309	10292
输配电及控制设备制造	202	1433	1089	62690
电线、电缆、光缆及电工器材制造	67	546	427	14533
电池制造	56	432	327	14943
家用电力器具制造	88	501	390	9565
非电力家用器具制造	14	78	69	1984
照明器具制造	124	1278	839	16214
其他电气机械及器材制造	8	22	16	236
计算机、通信和其他电子设备制造业	382	14711	13661	561386
计算机制造	40	273	221	8050
通信设备制造	118	13174	12423	529900
广播电视设备制造	16	173	171	2955
雷达及配套设备制造				
非专业视听设备制造	23	117	91	1491
智能消费设备制造	20	91	82	1642
电子器件制造	53	267	188	5540
电子元件及电子专用材料制造	111	605	475	11682
其他电子设备制造	1	11	10	126
仪器仪表制造业	119	1600	1200	34818
通用仪器仪表制造	72	508	378	9338
专用仪器仪表制造	4	12	7	361
钟表与计时仪器制造				
光学仪器制造	43	1080	816	25120
其他仪器仪表制造业				
其他制造业	29	209	173	3335
日用杂品制造	29	209	173	3335
废弃资源综合利用业				
金属废料和碎屑加工处理				
金属制品、机械和设备修理业	1	8	1	25
铁路、船舶、航空航天等运输设备修理	1	8	1	25
电力、热力、燃气及水生产和供应业	**41**	**242**	**140**	**9465**
电力、热力生产和供应业	33	183	108	9171
电力生产	33	183	108	9171
热力生产和供应				
燃气生产和供应业	8	59	32	294
燃气生产和供应业	8	59	32	294
水的生产和供应业				
自来水生产和供应				
污水处理及其再生利用				

1-E-7　分行业外商投资企业全部R&D项目情况

行　业	项目数(项)	参加项目人　员(人)	项目人员折合全时当量(人年)	项目经费内部支出(万元)
总　计	**5255**	**36764**	**28608**	**984582**
采矿业	**8**	**29**	**28**	**2539**
黑色金属矿采选业				
铁矿采选				
有色金属矿采选业				
常用有色金属矿采选				
非金属矿采选业	8	29	28	2539
土砂石开采	8	29	28	2539
制造业	**5226**	**36615**	**28475**	**971806**
农副食品加工业	28	155	118	6041
饲料加工	1	8	8	150
植物油加工				
屠宰及肉类加工				
水产品加工	20	94	66	5139
蔬菜、菌类、水果和坚果加工	3	27	20	258
其他农副食品加工	4	26	24	494
食品制造业	39	315	163	4104
焙烤食品制造				
糖果、巧克力及蜜饯制造				
方便食品制造	9	112	26	375
乳制品制造	7	48	40	1289
罐头食品制造	10	53	41	956
调味品、发酵制品制造	1	18	10	160
其他食品制造	12	84	46	1326
酒、饮料和精制茶制造业	36	268	199	3921
酒的制造	13	152	106	1457
饮料制造	23	116	93	2465
精制茶加工				
纺织业	255	2269	1464	41068
棉纺织及印染精加工	100	1018	602	21577
毛纺织及染整精加工	10	49	34	923
麻纺织及染整精加工	1	12	5	78
丝绢纺织及印染精加工	22	427	306	5653
化纤织造及印染精加工	31	223	117	2848
针织或钩针编织物及其制品制造	28	134	86	3262
家用纺织制成品制造	25	163	136	3155
产业用纺织制成品制造	38	243	177	3571
纺织服装、服饰业	108	959	740	11613
机织服装制造	30	366	282	3630
针织或钩针编织服装制造	42	311	232	4702
服饰制造	36	282	226	3282
皮革、毛皮、羽毛及其制品和制鞋业	73	606	458	10902
皮革鞣制加工	16	63	48	1608
皮革制品制造	38	378	334	7132
毛皮鞣制及制品加工	4	9	3	525
羽毛(绒)加工及制品制造				
制鞋业	15	156	73	1637
木材加工和木、竹、藤、棕、草制品业	20	247	160	7342

1-E-7 续表 1

行　业	项目数(项)	参加项目人员(人)	项目人员折合全时当量(人年)	项目经费内部支出(万元)
木材加工	2	8	6	81
人造板制造	5	43	24	321
木质制品制造	13	196	129	6940
竹、藤、棕、草等制品制造				
家具制造业	111	1204	910	17604
木质家具制造	32	457	327	6737
金属家具制造	32	145	112	2061
塑料家具制造	1	3	3	70
其他家具制造	46	599	468	8736
造纸和纸制品业	46	527	475	24513
造纸	19	111	100	7379
纸制品制造	27	416	375	17133
印刷和记录媒介复制业	23	177	105	3358
印刷	18	165	94	3237
装订及印刷相关服务	5	12	11	121
文教、工美、体育和娱乐用品制造业	177	1237	1022	17490
文教办公用品制造	52	434	312	4879
乐器制造	2	13	13	191
工艺美术及礼仪用品制造	17	140	124	1624
体育用品制造	68	488	424	7420
玩具制造	37	157	149	3369
游艺器材及娱乐用品制造	1	5	1	7
石油、煤炭及其他燃料加工业	1	3	3	11
精炼石油产品制造	1	3	3	11
化学原料和化学制品制造业	360	1595	1267	59612
基础化学原料制造	62	235	186	18529
农药制造	27	91	67	1991
涂料、油墨、颜料及类似产品制造	48	252	210	6411
合成材料制造	33	244	209	5767
专用化学产品制造	174	718	567	25833
日用化学产品制造	16	55	29	1082
医药制造业	296	1470	1169	61984
化学药品原料药制造	90	307	257	5536
化学药品制剂制造	75	433	358	38891
中药饮片加工	29	67	62	1012
中成药生产				
兽用药品制造	19	43	30	1620
生物药品制品制造	58	457	351	12146
卫生材料及医药用品制造	9	39	35	776
药用辅料及包装材料	16	124	76	2002
化学纤维制造业	23	159	126	5128
纤维素纤维原料及纤维制造				
合成纤维制造	23	159	126	5128
橡胶和塑料制品业	127	767	641	20799
橡胶制品业	19	174	172	8895
塑料制品业	108	593	469	11904
非金属矿物制品业	97	450	396	12343
水泥、石灰和石膏制造				
石膏、水泥制品及类似制品制造	6	33	33	809

1-E-7　续表 2

行　　业	项目数（项）	参加项目人　员（人）	项目人员折合全时当量（人年）	项目经费内部支出（万元）
砖瓦、石材等建筑材料制造	12	47	39	875
玻璃制造	11	146	136	6197
玻璃制品制造	32	114	94	1861
玻璃纤维和玻璃纤维增强塑料制品制造	17	37	27	1044
陶瓷制品制造	11	52	50	956
耐火材料制品制造	7	19	16	576
石墨及其他非金属矿物制品制造	1	2	2	25
黑色金属冶炼和压延加工业	11	74	61	2266
钢压延加工	11	74	61	2266
有色金属冶炼和压延加工业	73	555	328	20646
常用有色金属冶炼	29	243	138	8494
有色金属合金制造	18	82	61	4199
有色金属压延加工	26	230	129	7954
金属制品业	209	1057	813	21488
结构性金属制品制造	31	194	124	3148
金属工具制造	31	187	165	3163
集装箱及金属包装容器制造	8	18	15	273
金属丝绳及其制品制造				
建筑、安全用金属制品制造	44	177	128	3436
金属表面处理及热处理加工	1	5		1
搪瓷制品制造				
金属制日用品制造	69	387	326	9739
铸造及其他金属制品制造	25	89	54	1728
通用设备制造业	759	4170	3278	99781
锅炉及原动设备制造	32	181	143	4423
金属加工机械制造	65	351	272	9193
物料搬运设备制造	143	967	728	24221
泵、阀门、压缩机及类似机械制造	140	894	706	20761
轴承、齿轮和传动部件制造	112	458	354	10650
烘炉、风机、包装等设备制造	64	347	303	10752
文化、办公用机械制造	13	53	50	1212
通用零部件制造	173	845	654	15855
其他通用设备制造业	17	74	68	2714
专用设备制造业	348	1961	1511	51325
采矿、冶金、建筑专用设备制造	5	16	12	348
化工、木材、非金属加工专用设备制造	100	434	311	11627
食品、饮料、烟草及饲料生产专用设备制造				
印刷、制药、日化及日用品生产专用设备制造	9	104	65	1428
纺织、服装和皮革加工专用设备制造	75	599	531	15823
电子和电工机械专用设备制造	5	17	11	337
农、林、牧、渔专用机械制造	24	100	67	2445
医疗仪器设备及器械制造	96	502	342	15533
环保、邮政、社会公共服务及其他专用设备制造	34	189	171	3785
汽车制造业	642	5942	4465	152127
汽车整车制造	18	411	326	7247
汽车用发动机制造	27	651	476	25030
改装汽车制造	9	29	10	733
汽车车身、挂车制造				
汽车零部件及配件制造	588	4851	3653	119117

1-E-7 续表 3

行　业	项目数(项)	参加项目人员(人)	项目人员折合全时当量(人年)	项目经费内部支出(万元)
铁路、船舶、航空航天和其他运输设备制造业	39	141	77	2609
船舶及相关装置制造	24	99	49	1579
摩托车制造	9	25	16	770
自行车和残疾人座车制造	1	7	3	38
助动车制造	1	6	5	153
潜水救捞及其他未列明运输设备制造	4	4	4	71
电气机械和器材制造业	630	4832	3879	148412
电机制造	116	1031	873	32849
输配电及控制设备制造	135	1184	1018	34657
电线、电缆、光缆及电工器材制造	62	358	287	6215
电池制造	167	1185	842	43834
家用电力器具制造	69	345	295	4704
非电力家用器具制造	16	131	82	3884
照明器具制造	62	538	423	18851
其他电气机械及器材制造	3	60	60	3419
计算机、通信和其他电子设备制造业	409	3451	2932	109602
计算机制造	55	625	602	33247
通信设备制造	33	533	474	19487
广播电视设备制造	18	105	86	1497
非专业视听设备制造	45	269	199	4997
智能消费设备制造	20	138	112	3407
电子器件制造	102	892	747	29059
电子元件及电子专用材料制造	119	778	632	14831
其他电子设备制造	17	111	81	3077
仪器仪表制造业	241	1710	1443	50701
通用仪器仪表制造	75	828	726	33051
专用仪器仪表制造	154	826	668	16514
钟表与计时仪器制造	4	34	31	411
光学仪器制造	8	22	18	725
衡器制造				
其他制造业	28	228	210	3118
日用杂品制造	22	171	161	2270
其他未列明制造业	6	57	49	848
废弃资源综合利用业	10	49	38	1204
金属废料和碎屑加工处理	4	11	1	43
非金属废料和碎屑加工处理	6	38	37	1160
金属制品、机械和设备修理业	7	37	26	697
专用设备修理	6	17	16	577
铁路、船舶、航空航天等运输设备修理	1	20	10	121
电力、热力、燃气及水生产和供应业	**21**	**120**	**104**	**10237**
电力、热力生产和供应业	20	114	103	10207
电力生产	20	114	103	10207
热力生产和供应				
燃气生产和供应业				
燃气生产和供应业				
水的生产和供应业	1	6	1	30
自来水生产和供应	1	6	1	30
污水处理及其再生利用				

1-E-8　分地区企业全部R&D项目情况

地　区	项目数 (项)	参加项目 人　　员 (人)	项目人员折合 全时当量 (人年)	项目经费 内部支出 (万元)
全　省	**77940**	**479078**	**368357**	**11174134**
杭州市	10102	87629	70662	2623270
宁波市	19139	105602	81866	2331947
温州市	11134	59982	46983	1035768
嘉兴市	9120	53560	39645	1317709
湖州市	5567	26679	21020	736152
绍兴市	6619	49816	38933	1249558
金华市	5413	34396	25921	641721
衢州市	1336	8514	4910	198839
舟山市	517	3927	2896	82598
台州市	7415	41024	29816	783044
丽水市	1578	7949	5705	173528

1-E-9　分地区大中型企业全部R&D项目情况

地　区	项目数 (项)	参加项目 人　　员 (人)	项目人员折合 全时当量 (人年)	项目经费 内部支出 (万元)
全　省	**27361**	**273255**	**214518**	**7054859**
杭州市	4176	61795	51337	2002820
宁波市	7071	59891	47932	1490288
温州市	2968	28392	22775	509961
嘉兴市	2877	27951	21204	788267
湖州市	1772	12956	10236	414053
绍兴市	2523	28399	21945	712972
金华市	1834	18326	13935	371508
衢州市	484	5274	2888	124485
舟山市	201	2204	1704	46806
台州市	3055	24731	18333	510026
丽水市	400	3336	2229	83674

1-E-10 分地区内资企业全部R&D项目情况

地 区	项目数 (项)	参加项目 人 员 (人)	项目人员折合 全时当量 (人年)	项目经费 内部支出 (万元)
全 省	**67143**	**389808**	**296676**	**8667431**
杭州市	8599	64812	51046	1810963
宁波市	15116	77342	58829	1627632
温州市	10731	56399	44234	969258
嘉兴市	7111	39656	29105	931714
湖州市	4700	21686	17215	588906
绍兴市	5637	41033	32295	1022200
金华市	5040	32048	24155	594780
衢州市	1225	7616	4272	166169
舟山市	485	3798	2841	79338
台州市	6977	37794	27244	709713
丽水市	1522	7624	5442	166757

1-E-11 分地区港澳台商投资企业全部R&D项目情况

地 区	项目数 (项)	参加项目 人 员 (人)	项目人员折合 全时当量 (人年)	项目经费 内部支出 (万元)
全 省	**5542**	**52506**	**43073**	**1522121**
杭州市	692	16273	14552	622435
宁波市	2388	18141	15054	454594
温州市	129	685	449	11798
嘉兴市	883	6259	4588	169280
湖州市	417	2564	1989	72781
绍兴市	480	5013	3732	123939
金华市	250	1722	1323	32758
衢州市	21	115	60	2018
舟山市	1	8	1	25
台州市	243	1490	1137	27456
丽水市	38	236	187	5039

1-E-12　分地区外商投资企业全部R&D项目情况

地　区	项目数 (项)	参加项目 人　　员 (人)	项目人员折合 全时当量 (人年)	项目经费 内部支出 (万元)
全　省	**5255**	**36764**	**28608**	**984582**
杭州市	811	6544	5065	189872
宁波市	1635	10119	7983	249721
温州市	274	2898	2300	54712
嘉兴市	1126	7645	5952	216715
湖州市	450	2429	1817	74465
绍兴市	502	3770	2906	103420
金华市	123	626	443	14183
衢州市	90	783	578	30652
舟山市	31	121	53	3235
台州市	195	1740	1435	45875
丽水市	18	89	76	1732

F.企业研发机构

1-F-1 分登记注册类型企业办研发机构情况

登记注册类型	机构数（个）	机构人员数（人）	#博士	#硕士	机构经费支出（万元）	仪器和设备原价（万元）
总　计	**10769**	**380545**	**2709**	**25578**	**9954664**	**7703703**
内资企业	**9384**	**295086**	**2108**	**14844**	**7212802**	**6125099**
国有企业	5	229	2	11	5997	2681
集体企业	2	8	1		36	66
股份合作企业	58	842	3	17	15889	18297
联营企业						
集体联营企业						
有限责任公司	1605	61353	468	4209	1712086	2049707
国有独资公司	20	726	18	136	28823	57217
其他有限责任公司	1585	60627	450	4073	1683263	1992491
股份有限公司	889	68337	811	6912	2101912	1396108
私营企业	6825	164317	823	3695	3376882	2658240
私营独资企业	61	477	2	5	7828	4411
私营合伙企业	11	75			1054	490
私营有限责任公司	6299	146767	657	2877	2931323	2295194
私营股份有限公司	454	16998	164	813	436677	358145
港、澳、台商投资企业	**722**	**51529**	**261**	**7950**	**1691369**	**848932**
合资经营企业(港或澳、台资)	398	22443	125	1115	722907	478961
合作经营企业(港或澳、台资)	11	530	1	19	14493	4604
港、澳、台商独资经营企业	292	17413	44	2706	585511	308479
港、澳、台商投资股份有限公司	13	10893	91	4095	362390	51032
其他港澳台投资企业	8	250		15	6068	5856
外商投资企业	**663**	**33930**	**340**	**2784**	**1050494**	**729672**
中外合资经营企业	354	20094	246	1668	613585	334549
中外合作经营企业	5	126		3	2082	990
外资企业	278	12742	85	1081	407188	369951
外商投资股份有限公司	15	675	7	27	11437	20439
其他外商投资企业	11	293	2	5	16201	3743

1-F-2　分登记注册类型大中型企业办研发机构情况

登记注册类型	机构数（个）	机构人员数（人）			机构经费支出（万元）	仪器和设备原价（万元）
			#博士	#硕士		
总　计	**2850**	**240009**	**1827**	**21519**	**7075337**	**5039218**
内资企业	**2263**	**171284**	**1343**	**11453**	**4724691**	**3880213**
国有企业	3	146			4995	2488
集体企业						
股份合作企业	5	231	1	10	7053	8710
有限责任公司	516	39211	315	3311	1198253	1553123
国有独资公司	10	537	16	114	19946	45646
其他有限责任公司	506	38674	299	3197	1178308	1507477
股份有限公司	541	59556	699	6393	1879492	1232129
私营企业	1198	72140	328	1739	1634899	1083764
私营独资企业	1	10			400	110
私营合伙企业	1	25			317	55
私营有限责任公司	1035	61888	249	1185	1348643	852543
私营股份有限公司	161	10217	79	554	285538	231056
港、澳、台商投资企业	**316**	**43295**	**218**	**7716**	**1506920**	**665240**
合资经营企业(港或澳、台资)	187	17940	92	973	618871	368152
合作经营企业(港或澳、台资)	5	399	1	17	10881	2736
港、澳、台商独资经营企业	110	13979	34	2626	515175	240098
港、澳、台商投资股份有限公司	11	10796	91	4085	358914	49375
其他港澳台投资企业	3	181		15	3079	4879
外商投资企业	**271**	**25430**	**266**	**2350**	**843725**	**493765**
中外合资经营企业	156	15724	198	1484	506161	220561
中外合作经营企业	1	51			676	235
外资企业	103	8966	62	845	313966	252562
外商投资股份有限公司	8	510	5	18	9049	18411
其他外商投资企业	3	179	1	3	13874	1996

1-F-3 分行业企业办研发机构情况

行业	机构数（个）	机构人员数（人）	#博士	#硕士	机构经费支出（万元）	仪器和设备原价（万元）
总计	**10769**	**380545**	**2709**	**25578**	**9954664**	**7703703**
采矿业	**6**	**97**	**1**	**5**	**4075**	**2083**
煤炭开采和洗选业	1	9			64	2
其他煤炭采选	1	9			64	2
黑色金属矿采选业	1	15			35	15
铁矿采选	1	15			35	15
有色金属矿采选业						
常用有色金属矿采选						
稀有稀土金属矿采选						
非金属矿采选业	4	73	1	5	3975	2066
土砂石开采	4	73	1	5	3975	2066
化学矿开采						
石棉及其他非金属矿采选						
制造业	**10726**	**379516**	**2693**	**25516**	**9920832**	**7615009**
农副食品加工业	126	2204	40	157	48835	48764
谷物磨制	4	72		4	2501	5838
饲料加工	27	627	14	39	17104	8797
植物油加工	2	27	1	2	668	184
制糖业						
屠宰及肉类加工	14	205	6	21	3703	7259
水产品加工	47	819	13	45	18767	20205
蔬菜、菌类、水果和坚果加工	21	336	4	37	4242	5650
其他农副食品加工	11	118	2	9	1851	832
食品制造业	84	2037	46	141	45174	43569
焙烤食品制造	8	138		11	2273	1067
糖果、巧克力及蜜饯制造	6	163		1	2729	624
方便食品制造	7	422		11	2696	1657
乳制品制造	7	211	5	16	5454	3537
罐头食品制造	6	73	1	3	1598	519
调味品、发酵制品制造	5	116	4	10	4708	5260
其他食品制造	45	914	36	89	25716	30905
酒、饮料和精制茶制造业	38	662	7	63	15106	11900
酒的制造	10	188	1	3	2861	4703
饮料制造	13	314	2	47	8843	5208
精制茶加工	15	160	4	13	3402	1989
烟草制品业	2	161	9	60	8090	37039
卷烟制造	1	136	9	56	6739	36642
其他烟草制品制造	1	25		4	1351	397
纺织业	687	18192	59	259	398364	355143
棉纺织及印染精加工	258	8824	41	141	195073	182414
毛纺织及染整精加工	47	1319		7	30010	22289
麻纺织及染整精加工	8	107		2	2362	3008
丝绢纺织及印染精加工	27	696	2	5	13278	14570
化纤织造及印染精加工	108	1835	7	22	35498	37978

1-F-3 续表 1

行 业	机构数（个）	机构人员数（人）	#博士	#硕士	机构经费支出（万元）	仪器和设备原价（万元）
针织或钩针编织物及其制品制造	89	1860	2	40	44940	39089
家用纺织制成品制造	51	1279	4	10	21374	13301
产业用纺织制成品制造	99	2272	3	32	55829	42493
纺织服装、服饰业	288	8972	15	138	164098	109314
机织服装制造	117	4846	5	77	102564	74530
针织或钩针编织服装制造	91	2401	7	36	37951	17424
服饰制造	80	1725	3	25	23584	17360
皮革、毛皮、羽毛及其制品和制鞋业	303	7217	15	26	102328	45111
皮革鞣制加工	25	412	6	5	10622	11264
皮革制品制造	62	1523	6	8	26009	7738
毛皮鞣制及制品加工	7	80	2	2	2157	1381
羽毛(绒)加工及制品制造	6	446			2310	1000
制鞋业	203	4756	1	11	61231	23728
木材加工和木、竹、藤、棕、草制品业	69	2210	20	45	36848	23728
木材加工	6	233	10	9	5104	3992
人造板制造	17	257	1	7	4434	2104
木质制品制造	34	1507	9	27	23867	14313
竹、藤、棕、草等制品制造	12	213		2	3443	3320
家具制造业	143	6060	7	68	101409	38639
木质家具制造	42	1707	1	18	25174	15643
竹、藤家具制造	3	51			503	197
金属家具制造	42	2125	1	12	35536	13553
塑料家具制造	8	149	1	3	2655	1493
其他家具制造	48	2028	4	35	37541	7753
造纸和纸制品业	150	4907	14	69	178881	228412
纸浆制造						
造纸	73	2788	8	51	125696	178206
纸制品制造	77	2119	6	18	53185	50206
印刷和记录媒介复制业	114	2884	14	29	53717	65207
印刷	112	2847	14	29	53191	64862
装订及印刷相关服务	2	37			526	345
文教、工美、体育和娱乐用品制造业	248	7634	32	109	121637	81423
文教办公用品制造	54	2022	11	14	30604	28690
乐器制造	8	171	1		2519	1141
工艺美术及礼仪用品制造	77	2037	10	43	30462	17603
体育用品制造	37	1200	7	22	20681	14456
玩具制造	47	1438		12	20053	6333
游艺器材及娱乐用品制造	25	766	3	18	17318	13200
石油、煤炭及其他燃料加工业	11	649	4	15	79629	254884
精炼石油产品制造	11	649	4	15	79629	254884
煤炭加工						
生物质燃料加工						
化学原料和化学制品制造业	584	17275	315	1755	742849	1027224
基础化学原料制造	96	3403	81	467	223051	708344
肥料制造	4	114	6	5	1695	902
农药制造	38	1419	36	206	54090	22656

1-F-3 续表 2

行业	机构数（个）	机构人员数（人）	#博士	#硕士	机构经费支出（万元）	仪器和设备原价（万元）
涂料、油墨、颜料及类似产品制造	107	2950	43	195	101070	56507
合成材料制造	129	4296	60	358	202125	148370
专用化学产品制造	162	3658	81	428	127853	71761
炸药、火工及焰火产品制造	4	179		3	3027	2917
日用化学产品制造	44	1256	8	93	29937	15768
医药制造业	287	14791	400	2350	474413	424353
化学药品原料药制造	97	6829	216	1042	198869	214296
化学药品制剂制造	48	3713	80	745	167621	114552
中药饮片加工	18	157	16	17	3838	10301
中成药生产	30	1166	19	85	30079	27575
兽用药品制造	7	169	4	42	5429	2788
生物药品制品制造	39	1510	60	355	45706	39770
卫生材料及医药用品制造	29	799	3	47	16055	7710
药用辅料及包装材料	19	448	2	17	6815	7360
化学纤维制造业	108	4287	77	114	190709	195957
纤维素纤维原料及纤维制造	5	214	1	3	15834	13498
合成纤维制造	101	4032	76	109	172838	182407
生物基材料制造	2	41		2	2038	52
橡胶和塑料制品业	553	14854	70	374	379678	310352
橡胶制品业	86	3947	12	119	133698	122763
塑料制品业	467	10907	58	255	245980	187588
非金属矿物制品业	297	5927	65	302	153312	104290
水泥、石灰和石膏制造	16	216	3	7	5566	3259
石膏、水泥制品及类似制品制造	69	1046	3	27	23626	17299
砖瓦、石材等建筑材料制造	37	614	1	13	12398	12879
玻璃制造	16	360	3	8	15238	8948
玻璃制品制造	27	751	3	5	16066	8846
玻璃纤维和玻璃纤维增强塑料制品制造	31	850	12	128	28122	19250
陶瓷制品制造	21	652	9	19	14134	6323
耐火材料制品制造	55	912	21	42	22848	17756
石墨及其他非金属矿物制品制造	25	526	10	53	15315	9731
黑色金属冶炼和压延加工业	74	2381	15	54	140529	63847
炼钢	2	238	4	13	26155	3633
钢压延加工	68	2048	10	38	110507	59402
铁合金冶炼	4	95	1	3	3867	813
有色金属冶炼和压延加工业	122	3319	31	166	97944	176421
常用有色金属冶炼	7	182	1	13	1981	1972
贵金属冶炼						
稀有稀土金属冶炼						
有色金属合金制造	21	777	11	57	27981	65460
有色金属压延加工	94	2360	19	96	67982	108989
金属制品业	588	14650	45	228	268738	238062
结构性金属制品制造	66	1460	8	20	29400	15968
金属工具制造	77	1938		14	32940	33829
集装箱及金属包装容器制造	24	712	2	21	12974	8552
金属丝绳及其制品制造	16	544	1	7	9415	8609

1-F-3　续表 3

行　业	机构数（个）	机构人员数（人）	#博士	#硕士	机构经费支出（万元）	仪器和设备原价（万元）
建筑、安全用金属制品制造	143	3439	11	50	60273	39068
金属表面处理及热处理加工	29	391	3	2	11092	10760
搪瓷制品制造	2	62			1124	135
金属制日用品制造	87	2849		21	40268	22740
铸造及其他金属制品制造	144	3255	20	93	71253	98400
通用设备制造业	1413	42392	234	1559	924718	772140
锅炉及原动设备制造	52	2045	16	206	56147	68841
金属加工机械制造	124	3729	27	115	78027	74083
物料搬运设备制造	155	5476	30	209	155899	91456
泵、阀门、压缩机及类似机械制造	435	12027	63	303	255650	208802
轴承、齿轮和传动部件制造	191	6060	41	168	105921	136708
烘炉、风机、包装等设备制造	224	7187	20	300	153397	80274
文化、办公用机械制造	36	853	7	20	14743	12034
通用零部件制造	168	3968	16	70	81054	87152
其他通用设备制造业	28	1047	14	168	23880	12789
专用设备制造业	728	22346	137	1153	497885	351801
采矿、冶金、建筑专用设备制造	44	1269	9	61	31388	26846
化工、木材、非金属加工专用设备制造	225	7707	25	191	164900	171684
食品、饮料、烟草及饲料生产专用设备制造	20	361		11	7659	4803
印刷、制药、日化及日用品生产专用设备制造	57	1120	1	17	19610	13184
纺织、服装和皮革加工专用设备制造	78	2298	6	76	50592	25697
电子和电工机械专用设备制造	43	1185	15	88	32238	14450
农、林、牧、渔专用机械制造	30	1318	5	19	27659	12868
医疗仪器设备及器械制造	107	3325	30	226	67132	42060
环保、邮政、社会公共服务及其他专用设备制造	124	3763	46	464	96708	40209
汽车制造业	772	34588	156	1480	932112	593742
汽车整车制造	10	831	6	81	44573	27406
汽车用发动机制造	10	3151	46	540	67265	24840
改装汽车制造	4	134		4	4322	1152
汽车车身、挂车制造	12	849	8	78	22108	18000
汽车零部件及配件制造	736	29623	96	777	793844	522343
铁路、船舶、航空航天和其他运输设备制造业	151	4534	10	111	110468	85492
铁路运输设备制造	15	370	1	23	6645	11169
城市轨道交通设备制造	1	62		16	2585	1123
船舶及相关装置制造	38	1391	5	39	32465	33198
航空、航天器及设备制造	3	53	2	7	1623	2837
摩托车制造	52	1783	1	20	48559	29773
自行车和残疾人座车制造	24	359			6176	3321
助动车制造	13	435			10324	3145
非公路休闲车及零配件制造	2	41		5	991	106
潜水救捞及其他未列明运输设备制造	3	40	1	1	1101	819
电气机械和器材制造业	1673	59724	370	2477	1457973	902746
电机制造	214	8627	54	312	186453	152488
输配电及控制设备制造	622	20767	120	801	528858	364974
电线、电缆、光缆及电工器材制造	197	4960	23	84	173717	109557

1-F-3 续表 4

行业	机构数（个）	机构人员数（人）	#博士	#硕士	机构经费支出（万元）	仪器和设备原价（万元）
电池制造	95	4518	109	622	145233	80089
家用电力器具制造	299	13497	53	508	275352	120343
非电力家用器具制造	22	646		6	12622	5359
照明器具制造	197	5887	10	121	119657	61779
其他电气机械及器材制造	27	822	1	23	16081	8157
计算机、通信和其他电子设备制造业	686	56727	374	10664	1798485	709659
计算机制造	34	1751	3	49	63928	18536
通信设备制造	102	31972	165	8994	1172571	213813
广播电视设备制造	24	943	5	40	17760	11178
雷达及配套设备制造	2	92	1	26	3362	949
非专业视听设备制造	32	1315	8	191	41882	17262
智能消费设备制造	45	2000	6	38	39043	16744
电子器件制造	135	6757	81	853	171312	125342
电子元件及电子专用材料制造	295	11081	99	399	269620	296551
其他电子设备制造	17	816	6	74	19008	9285
仪器仪表制造业	337	16374	110	1532	370724	269870
通用仪器仪表制造	243	10788	55	965	245031	214479
专用仪器仪表制造	57	2625	29	117	55832	26130
钟表与计时仪器制造	7	326		5	5642	2293
光学仪器制造	22	2520	25	443	62256	23895
衡器制造	5	78			1257	2988
其他仪器仪表制造业	3	37	1	2	705	85
其他制造业	71	1111		10	15823	11880
日用杂品制造	69	1042		8	15273	11276
其他未列明制造业	2	69		2	551	604
废弃资源综合利用业	13	239	2	8	4743	27148
金属废料和碎屑加工处理	7	117	2	4	2956	2134
非金属废料和碎屑加工处理	6	122		4	1788	25014
金属制品、机械和设备修理业	6	208			5612	6895
金属制品修理						
专用设备修理						
铁路、船舶、航空航天等运输设备修理	6	208			5612	6895
电气设备修理						
其他机械和设备修理业						
电力、热力、燃气及水生产和供应业	**37**	**932**	**15**	**57**	**29757**	**86611**
电力、热力生产和供应业	29	785	9	36	26830	84285
电力生产	25	724	9	33	25391	82531
电力供应	2	16		3	2	2
热力生产和供应	2	45			1437	1753
燃气生产和供应业						
燃气生产和供应业						
水的生产和供应业	8	147	6	21	2928	2325
自来水生产和供应	1	3			24	16
污水处理及其再生利用	7	144	6	21	2904	2309

1-F-4　分行业大中型企业办研发机构情况

行　业	机构数(个)	机构人员数(人)	#博士	#硕士	机构经费支出(万元)	仪器和设备原价(万元)
总　计	**2850**	**240009**	**1827**	**21519**	**7075337**	**5039218**
采矿业	**1**	**15**			**35**	**15**
黑色金属矿采选业	1	15			35	15
铁矿采选	1	15			35	15
有色金属矿采选业						
常用有色金属矿采选						
非金属矿采选业						
土砂石开采						
制造业	**2841**	**239632**	**1818**	**21489**	**7065478**	**5015365**
农副食品加工业	32	941	7	60	20934	27826
谷物磨制	1	16		1	640	475
饲料加工	2	191	1		3258	1270
屠宰及肉类加工	6	128		17	2131	6780
水产品加工	12	434	4	15	11892	14327
蔬菜、菌类、水果和坚果加工	8	116	2	21	2297	4444
其他农副食品加工	3	56		6	715	530
食品制造业	30	1227	31	61	28323	17619
焙烤食品制造	2	31		1	576	124
糖果、巧克力及蜜饯制造	1	124		1	2166	394
方便食品制造	4	403		10	2449	1409
乳制品制造	4	197	5	15	5081	3225
罐头食品制造	1	13			585	21
调味品、发酵制品制造	2	50	1		3124	2180
其他食品制造	16	409	25	34	14342	10267
酒、饮料和精制茶制造业	5	146	1	28	3906	6139
酒的制造	4	110	1		1112	3822
饮料制造	1	36		28	2795	2317
精制茶加工						
烟草制品业	**1**	**136**	**9**	**56**	**6739**	**36642**
卷烟制造	1	136	9	56	6739	36642
纺织业	213	11199	28	175	252773	210198
棉纺织及印染精加工	116	6727	20	112	153254	135214
毛纺织及染整精加工	15	701		6	20533	9232
麻纺织及染整精加工	3	43		1	1206	2268
丝绢纺织及印染精加工	5	336			7116	4675
化纤织造及印染精加工	18	813	4	14	15482	20213
针织或钩针编织物及其制品制造	14	788	1	17	15803	14536
家用纺织制成品制造	13	671	2	7	11161	7143
产业用纺织制成品制造	29	1120	1	18	28218	16917
纺织服装、服饰业	89	5992	9	114	120647	46731
机织服装制造	37	3601	3	68	86242	30672
针织或钩针编织服装制造	28	1473	4	32	23846	9927
服饰制造	24	918	2	14	10559	6131
皮革、毛皮、羽毛及其制品和制鞋业	67	4499	12	13	63805	19886
皮革鞣制加工	6	193	6	3	6892	3584
皮革制品制造	11	829	5	5	15764	3681
毛皮鞣制及制品加工	1	25			1050	905
羽毛(绒)加工及制品制造	4	420			1908	946
制鞋业	45	3032	1	5	38191	10770
木材加工和木、竹、藤、棕、草制品业	21	1512	13	31	24957	16466

1-F-4 续表 1

行业	机构数（个）	机构人员数（人）	#博士	#硕士	机构经费支出（万元）	仪器和设备原价（万元）
木材加工	2	195	10	9	4906	3941
人造板制造	1	56	1	2	1207	100
木质制品制造	14	1163	2	19	17431	11059
竹、藤、棕、草等制品制造	4	98		1	1414	1367
家具制造业	79	5007	7	57	83728	26584
木质家具制造	21	1343	1	11	18635	10911
竹、藤家具制造	1	40			452	164
金属家具制造	24	1834	1	10	30825	8947
塑料家具制造	2	76	1	2	1606	203
其他家具制造	31	1714	4	34	32208	6360
造纸和纸制品业	35	3010	11	58	139973	139308
造纸	18	1879	7	47	106728	113620
纸制品制造	17	1131	4	11	33245	25688
印刷和记录媒介复制业	21	1359	6	11	28137	21960
印刷	21	1359	6	11	28137	21960
文教、工美、体育和娱乐用品制造业	68	4873	25	72	80796	45327
文教办公用品制造	13	1492	10	9	24275	17530
乐器制造	1	100	1		1341	781
工艺美术及礼仪用品制造	26	1304	6	30	19051	9009
体育用品制造	9	728	5	17	13708	6397
玩具制造	10	712		3	9256	2056
游艺器材及娱乐用品制造	9	537	3	13	13165	9554
石油、煤炭及其他燃料加工业	1	490		8	68243	251285
精炼石油产品制造	1	490		8	68243	251285
化学原料和化学制品制造业	151	8767	182	1213	482713	821185
基础化学原料制造	43	2357	62	411	184831	685640
肥料制造						
农药制造	20	929	29	151	41048	17893
涂料、油墨、颜料及类似产品制造	19	1342	24	139	60725	32172
合成材料制造	31	2240	34	244	133850	47698
专用化学产品制造	24	1222	25	189	42735	26733
炸药、火工及焰火产品制造	2	67		2	1818	1810
日用化学产品制造	12	610	8	77	17706	9240
医药制造业	136	11579	316	2047	398457	337561
化学药品原料药制造	71	6191	206	999	184245	197008
化学药品制剂制造	32	3267	76	696	156943	101668
中药饮片加工						
中成药生产	13	791	11	69	20377	19066
生物药品制品制造	10	834	22	260	26090	14618
卫生材料及医药用品制造	8	386	1	22	8639	2940
药用辅料及包装材料	2	110		1	2162	2262
化学纤维制造业	40	3202	65	80	160226	167217
纤维素纤维原料及纤维制造	1	158			13775	11629
合成纤维制造	39	3044	65	80	146451	155588
橡胶和塑料制品业	99	7466	32	251	232802	181215
橡胶制品业	18	2631	6	104	115062	102396
塑料制品业	81	4835	26	147	117740	78819
非金属矿物制品业	51	2394	31	204	77513	39428
水泥、石灰和石膏制造	1	20			921	515
石膏、水泥制品及类似制品制造	8	216	1	7	5578	5092
砖瓦、石材等建筑材料制造	2	119		4	3311	1531

1-F-4　续表 2

行　业	机构数（个）	机构人员数（人）	#博士	#硕士	机构经费支出（万元）	仪器和设备原价（万元）
玻璃制造	3	136	1	7	11892	1906
玻璃制品制造	7	402		3	8909	5046
玻璃纤维和玻璃纤维增强塑料制品制造	10	502	10	116	21553	8894
陶瓷制品制造	8	411	4	11	10959	4375
耐火材料制品制造	3	259	7	16	3286	4984
石墨及其他非金属矿物制品制造	9	329	8	40	11104	7086
黑色金属冶炼和压延加工业	16	1391	14	41	114123	36747
炼钢	2	238	4	13	26155	3633
钢压延加工	14	1153	10	28	87968	33114
铁合金冶炼						
有色金属冶炼和压延加工业	23	1816	22	129	49121	108529
常用有色金属冶炼	1	90		5	312	1056
贵金属冶炼						
有色金属合金制造	3	482	10	44	18038	54983
有色金属压延加工	19	1244	12	80	30772	52489
金属制品业	128	7485	26	130	144565	120967
结构性金属制品制造	17	778	8	15	16936	6692
金属工具制造	17	914		5	19195	18070
集装箱及金属包装容器制造	6	366	1	8	7677	4581
金属丝绳及其制品制造	3	308		3	3718	5872
建筑、安全用金属制品制造	29	1627	8	32	32088	20379
金属表面处理及热处理加工	2	48		1	766	149
搪瓷制品制造	1	41			767	58
金属制日用品制造	27	1966		11	27543	15367
铸造及其他金属制品制造	26	1437	9	55	35875	49799
通用设备制造业	336	23032	151	1162	562128	429989
锅炉及原动设备制造	13	1198	8	147	37595	52661
金属加工机械制造	25	1933	15	92	44931	32210
物料搬运设备制造	57	3605	27	169	118154	67734
泵、阀门、压缩机及类似机械制造	91	5973	41	210	139185	103911
轴承、齿轮和传动部件制造	62	3694	21	133	66894	71770
烘炉、风机、包装等设备制造	53	3950	12	223	95743	46267
文化、办公用机械制造	5	409	4	7	6969	5557
通用零部件制造	27	1725	10	33	38902	46606
其他通用设备制造业	3	545	13	148	13754	3273
专用设备制造业	145	10666	64	723	267457	158429
采矿、冶金、建筑专用设备制造	7	460	1	25	17044	15693
化工、木材、非金属加工专用设备制造	56	4256	13	140	97820	77194
食品、饮料、烟草及饲料生产专用设备制造	1	70		1	2607	1869
印刷、制药、日化及日用品生产专用设备制造	3	184	1	4	2426	1679
纺织、服装和皮革加工专用设备制造	17	1333	6	60	30909	13829
电子和电工机械专用设备制造	4	330	9	33	15134	5040
农、林、牧、渔专用机械制造	9	937	3	17	19563	9459
医疗仪器设备及器械制造	33	1728	17	109	31767	18898
环保、邮政、社会公共服务及其他专用设备制造	15	1368	14	334	50188	14769
汽车制造业	216	23500	124	1339	732461	385317
汽车整车制造	8	770	6	73	41329	21678
汽车用发动机制造	6	2990	46	539	65465	23358
汽车车身、挂车制造	3	697	8	72	18713	15160
汽车零部件及配件制造	199	19043	64	655	606954	325122
铁路、船舶、航空航天和其他运输设备制造业	34	2292	1	53	68943	32740

1-F-4 续表 3

行业	机构数（个）	机构人员数（人）			机构经费支出（万元）	仪器和设备原价（万元）
			#博士	#硕士		
铁路运输设备制造	3	44		4	131	4114
船舶及相关装置制造	9	648		23	18417	10986
航空、航天器及设备制造	1	24	1	6	1159	1200
摩托车制造	13	1195		20	40399	13482
自行车和残疾人座车制造	5	125			2009	2049
助动车制造	3	256			6829	909
非公路休闲车及零配件制造						
电气机械和器材制造业	457	37968	271	2025	1004212	576195
电机制造	91	6296	29	241	135561	110292
输配电及控制设备制造	124	11424	82	628	334148	197871
电线、电缆、光缆及电工器材制造	29	1970	14	38	95316	65792
电池制造	44	3372	89	528	113265	60293
家用电力器具制造	111	10757	50	487	231242	95354
非电力家用器具制造	5	319		4	7105	2511
照明器具制造	48	3456	7	96	79404	40833
其他电气机械及器材制造	5	374		3	8171	3250
计算机、通信和其他电子设备制造业	242	46700	288	10170	1578684	520646
计算机制造	6	951	1	13	43508	9608
通信设备制造	47	30545	141	8873	1126266	196599
广播电视设备制造	10	619	4	33	13654	7256
非专业视听设备制造	7	788		148	28383	9507
智能消费设备制造	15	1317	1	5	25911	9012
电子器件制造	52	4717	62	725	131873	97580
电子元件及电子专用材料制造	100	7271	75	319	196420	183888
其他电子设备制造	5	492	4	54	12670	7196
仪器仪表制造业	88	10311	72	1174	255548	199290
通用仪器仪表制造	58	6104	30	680	154493	160628
专用仪器仪表制造	15	1657	24	61	38483	15919
钟表与计时仪器制造	5	274		1	4977	1900
光学仪器制造	10	2276	18	432	57595	20843
衡器制造						
其他仪器仪表制造业						
其他制造业	12	416		4	7199	2784
日用杂品制造	11	385		4	7164	2458
其他未列明制造业	1	31			36	326
废弃资源综合利用业	2	74			1120	24673
金属废料和碎屑加工处理						
非金属废料和碎屑加工处理	2	74			1120	24673
金属制品、机械和设备修理业	3	182			5248	6484
铁路、船舶、航空航天等运输设备修理	3	182			5248	6484
电力、热力、燃气及水生产和供应业	**8**	**362**	**9**	**30**	**9823**	**23838**
电力、热力生产和供应业	7	355	9	27	9769	23587
电力生产	7	355	9	27	9769	23587
电力供应						
热力生产和供应						
燃气生产和供应业						
燃气生产和供应业						
水的生产和供应业	1	7		3	54	251
自来水生产和供应						
污水处理及其再生利用	1	7		3	54	251

1-F-5　分行业内资企业办研发机构情况

行　业	机构数（个）	机构人员数（人）	#博士	#硕士	机构经费支出（万元）	仪器和设备原价（万元）
总　计	**9384**	**295086**	**2108**	**14844**	**7212802**	**6125099**
采矿业	**5**	**68**	**1**	**5**	**2494**	**1008**
煤炭开采和洗选业	1	9			64	2
其他煤炭采选	1	9			64	2
黑色金属矿采选业	1	15			35	15
铁矿采选	1	15			35	15
有色金属矿采选业						
常用有色金属矿采选						
稀有稀土金属矿采选						
非金属矿采选业	3	44	1	5	2395	991
土砂石开采	3	44	1	5	2395	991
化学矿开采						
石棉及其他非金属矿采选						
制造业	**9350**	**294344**	**2093**	**14785**	**7191434**	**6079333**
农副食品加工业	113	2001	35	139	40567	37465
谷物磨制	3	56		3	1861	5362
饲料加工	27	627	14	39	17104	8797
植物油加工	2	27	1	2	668	184
制糖业						
屠宰及肉类加工	12	155	6	16	2515	7132
水产品加工	41	714	10	36	12564	9576
蔬菜、菌类、水果和坚果加工	17	304	2	34	4005	5583
其他农副食品加工	11	118	2	9	1851	832
食品制造业	71	1521	39	111	38158	28367
焙烤食品制造	8	138		11	2273	1067
糖果、巧克力及蜜饯制造	6	163		1	2729	624
方便食品制造	5	99		10	1415	1093
乳制品制造	4	164	1	11	4187	3014
罐头食品制造	5	60	1	3	1013	499
调味品、发酵制品制造	5	116	4	10	4708	5260
其他食品制造	38	781	33	65	21834	16811
酒、饮料和精制茶制造业	33	530	7	31	10182	8446
酒的制造	9	167	1	3	2500	4348
饮料制造	10	219	2	16	4637	2323
精制茶加工	14	144	4	12	3045	1775
烟草制品业	1	136	9	56	6739	36642
卷烟制造	1	136	9	56	6739	36642
纺织业	582	13278	50	155	276615	239190
棉纺织及印染精加工	214	5876	36	72	118891	110503
毛纺织及染整精加工	40	1035		5	20051	13337
麻纺织及染整精加工	5	51			987	711
丝绢纺织及印染精加工	24	590	2	5	10852	10900
化纤织造及印染精加工	99	1485	5	16	27328	27101
针织或钩针编织物及其制品制造	74	1370	2	26	32910	31329

1-F-5 续表 1

行业	机构数（个）	机构人员数（人）	#博士	#硕士	机构经费支出（万元）	仪器和设备原价（万元）
家用纺织制成品制造	40	1020	2	8	15688	10816
产业用纺织制成品制造	86	1851	3	23	49908	34492
纺织服装、服饰业	238	7257	12	105	129464	88539
机织服装制造	99	4388	4	65	88627	63390
针织或钩针编织服装制造	73	1617	5	17	22397	12591
服饰制造	66	1252	3	23	18440	12557
皮革、毛皮、羽毛及其制品和制鞋业	287	6548	13	22	84917	40129
皮革鞣制加工	23	386	6	5	9643	11215
皮革制品制造	56	1165	4	4	17219	4991
毛皮鞣制及制品加工	6	55	2	2	1107	476
羽毛(绒)加工及制品制造	6	446			2310	1000
制鞋业	196	4496	1	11	54638	22447
木材加工和木、竹、藤、棕、草制品业	66	1943	20	45	34278	18693
木材加工	6	233	10	9	5104	3992
人造板制造	16	242	1	7	4274	1699
木质制品制造	32	1255	9	27	21456	9682
竹、藤、棕、草等制品制造	12	213		2	3443	3320
家具制造业	117	4365	5	50	72499	26659
木质家具制造	35	1206	1	13	15977	11450
竹、藤家具制造	3	51			503	197
金属家具制造	32	1583		7	26603	8216
塑料家具制造	8	149	1	3	2655	1493
其他家具制造	39	1376	3	27	26760	5304
造纸和纸制品业	133	3861	14	59	115444	163919
纸浆制造						
造纸	66	2315	8	45	82680	125787
纸制品制造	67	1546	6	14	32763	38132
印刷和记录媒介复制业	106	2486	8	17	41801	54591
印刷	105	2461	8	17	41427	54399
装订及印刷相关服务	1	25			373	192
文教、工美、体育和娱乐用品制造业	209	5738	21	94	90678	63132
文教办公用品制造	46	1500	1	10	25208	22468
乐器制造	5	148	1		2018	1041
工艺美术及礼仪用品制造	70	1904	10	43	27992	17032
体育用品制造	28	562	6	11	9905	10579
玩具制造	37	1183		12	15914	4858
游艺器材及娱乐用品制造	23	441	3	18	9641	7154
石油、煤炭及其他燃料加工业	9	627	2	13	79156	254575
精炼石油产品制造	9	627	2	13	79156	254575
煤炭加工						
生物质燃料加工						
化学原料和化学制品制造业	492	14558	271	1581	616327	955114
基础化学原料制造	80	2993	76	445	178622	693836
肥料制造	4	114	6	5	1695	902
农药制造	31	1226	35	196	47381	19942

1-F-5　续表 2

行　　业	机构数（个）	机构人员数（人）	#博士	#硕士	机构经费支出（万元）	仪器和设备原价（万元）
涂料、油墨、颜料及类似产品制造	79	2056	25	144	62738	36904
合成材料制造	120	4032	56	341	193043	130953
专用化学产品制造	134	2826	66	358	102841	55276
炸药、火工及焰火产品制造	4	179		3	3027	2917
日用化学产品制造	40	1132	7	89	26979	14386
医药制造业	244	12434	333	1878	382614	378819
化学药品原料药制造	84	6115	196	939	182127	202290
化学药品制剂制造	44	3339	55	605	126604	100511
中药饮片加工	16	115	13	15	3140	9893
中成药生产	27	803	14	77	21423	21631
兽用药品制造	5	113	3	19	3549	1590
生物药品制品制造	28	926	47	170	27211	31790
卫生材料及医药用品制造	24	714	3	40	14283	5969
药用辅料及包装材料	16	309	2	13	4278	5147
化学纤维制造业	91	3716	71	113	158256	168648
纤维素纤维原料及纤维制造	4	56	1	3	2058	1870
合成纤维制造	85	3619	70	108	154160	166726
生物基材料制造	2	41		2	2038	52
橡胶和塑料制品业	495	12007	53	233	258445	228354
橡胶制品业	78	2585	7	37	44528	59288
塑料制品业	417	9422	46	196	213918	169067
非金属矿物制品业	266	5072	55	192	126020	91941
水泥、石灰和石膏制造	16	216	3	7	5566	3259
石膏、水泥制品及类似制品制造	67	1016	3	23	22945	14616
砖瓦、石材等建筑材料制造	34	561	1	11	11804	12636
玻璃制造	15	298	3	5	6307	8498
玻璃制品制造	24	707	2	4	15170	7714
玻璃纤维和玻璃纤维增强塑料制品制造	21	608	7	44	23057	16559
陶瓷制品制造	11	246	5	6	3462	1692
耐火材料制品制造	53	894	21	39	22394	17235
石墨及其他非金属矿物制品制造	25	526	10	53	15315	9731
黑色金属冶炼和压延加工业	68	2205	15	53	131826	52291
炼钢	2	238	4	13	26155	3633
钢压延加工	62	1872	10	37	101804	47845
铁合金冶炼	4	95	1	3	3867	813
有色金属冶炼和压延加工业	110	2345	14	73	71627	87121
常用有色金属冶炼	6	166	1	13	1912	1904
贵金属冶炼						
稀有稀土金属冶炼						
有色金属合金制造	17	394	4	21	14110	12567
有色金属压延加工	87	1785	9	39	55605	72649
金属制品业	516	12207	31	187	223156	173160
结构性金属制品制造	61	1277	8	19	26277	15017
金属工具制造	67	1555		11	25850	28778
集装箱及金属包装容器制造	21	684	2	19	12802	8166

1-F-5 续表 3

行　　业	机构数（个）	机构人员数（人）			机构经费支出（万元）	仪器和设备原价（万元）
			#博士	#硕士		
金属丝绳及其制品制造	14	280		3	6250	4395
建筑、安全用金属制品制造	125	2917	10	38	48568	23345
金属表面处理及热处理加工	27	370	1	1	10778	10437
搪瓷制品制造	2	62			1124	135
金属制日用品制造	71	2410		16	32656	17337
铸造及其他金属制品制造	128	2652	10	80	58851	65550
通用设备制造业	1235	34466	215	1286	750260	630757
锅炉及原动设备制造	43	1652	14	179	45981	62225
金属加工机械制造	107	2729	25	37	51288	52952
物料搬运设备制造	136	4560	28	162	131499	83835
泵、阀门、压缩机及类似机械制造	385	9791	60	266	213459	167306
轴承、齿轮和传动部件制造	165	5100	39	152	87556	116427
烘炉、风机、包装等设备制造	200	6151	18	267	131022	72216
文化、办公用机械制造	32	758	7	15	12486	10555
通用零部件制造	139	2678	10	40	53090	52452
其他通用设备制造业	28	1047	14	168	23880	12789
专用设备制造业	627	17409	103	843	356833	289821
采矿、冶金、建筑专用设备制造	41	1188	9	59	28394	23641
化工、木材、非金属加工专用设备制造	192	5399	16	66	96387	139570
食品、饮料、烟草及饲料生产专用设备制造	20	361		11	7659	4803
印刷、制药、日化及日用品生产专用设备制造	51	928	1	16	15611	11008
纺织、服装和皮革加工专用设备制造	66	1627	1	19	32838	22242
电子和电工机械专用设备制造	37	1041	7	81	27190	12013
农、林、牧、渔专用机械制造	25	812	4	4	16596	9900
医疗仪器设备及器械制造	86	2676	24	148	44032	32079
环保、邮政、社会公共服务及其他专用设备制造	109	3377	41	439	88125	34565
汽车制造业	656	24754	97	648	542142	448104
汽车整车制造	6	340	5	70	11906	13877
汽车用发动机制造	7	807	3	12	14610	8023
改装汽车制造	3	86		2	3390	1052
汽车车身、挂车制造	10	810	8	74	21046	17406
汽车零部件及配件制造	630	22711	81	490	491190	407747
铁路、船舶、航空航天和其他运输设备制造业	147	4410	8	104	107829	75672
铁路运输设备制造	15	370	1	23	6645	11169
城市轨道交通设备制造	1	62		16	2585	1123
船舶及相关装置制造	36	1282	3	32	30068	23732
航空、航天器及设备制造	3	53	2	7	1623	2837
摩托车制造	51	1774	1	20	48493	29604
自行车和残疾人座车制造	24	359			6176	3321
助动车制造	12	429			10147	2961
非公路休闲车及零配件制造	2	41		5	991	106
潜水救捞及其他未列明运输设备制造	3	40	1	1	1101	819
电气机械和器材制造业	1471	50490	289	1799	1178218	729769
电机制造	186	6953	47	207	139929	119480
输配电及控制设备制造	570	18494	101	635	435933	300036

1-F-5 续表 4

行业	机构数（个）	机构人员数（人）	#博士	#硕士	机构经费支出（万元）	仪器和设备原价（万元）
电线、电缆、光缆及电工器材制造	170	4130	20	71	158923	99183
电池制造	64	2520	62	325	80736	47624
家用电力器具制造	272	12621	52	499	259441	110142
非电力家用器具制造	20	496		4	9765	4003
照明器具制造	164	4530	7	51	80943	43355
其他电气机械及器材制造	25	746		7	12548	5945
计算机、通信和其他电子设备制造业	584	34236	225	3803	978257	455885
计算机制造	26	748	3	26	17925	6335
通信设备制造	87	14461	56	2439	490995	61981
广播电视设备制造	20	701	2	35	12414	9628
雷达及配套设备制造	1	70	1	26	3044	934
非专业视听设备制造	22	960	7	178	36087	14149
智能消费设备制造	40	1602	6	37	31023	14498
电子器件制造	114	5427	52	626	132346	86553
电子元件及电子专用材料制造	259	9514	93	363	236007	252691
其他电子设备制造	15	753	5	73	18417	9118
仪器仪表制造业	302	12543	76	1078	269525	214864
通用仪器仪表制造	222	9204	47	756	200906	180882
专用仪器仪表制造	52	1881	13	88	40594	16458
钟表与计时仪器制造	5	257		1	4718	1893
光学仪器制造	16	1101	15	231	21488	12625
衡器制造	5	78			1257	2988
其他仪器仪表制造业	2	22	1	2	562	18
其他制造业	63	863		9	13215	9356
日用杂品制造	61	794		7	12664	8752
其他未列明制造业	2	69		2	551	604
废弃资源综合利用业	13	239	2	8	4743	27148
金属废料和碎屑加工处理	7	117	2	4	2956	2134
非金属废料和碎屑加工处理	6	122		4	1788	25014
金属制品、机械和设备修理业	5	99			1645	2162
金属制品修理						
铁路、船舶、航空航天等运输设备修理	5	99			1645	2162
电气设备修理						
其他机械和设备修理业						
电力、热力、燃气及水生产和供应业	**29**	**674**	**14**	**54**	**18873**	**44758**
电力、热力生产和供应业	22	531	8	33	15981	42500
电力生产	18	470	8	30	14542	40746
电力供应	2	16		3	2	2
热力生产和供应	2	45			1437	1753
燃气生产和供应业						
燃气生产和供应业						
水的生产和供应业	7	143	6	21	2892	2258
自来水生产和供应	1	3			24	16
污水处理及其再生利用	6	140	6	21	2868	2242

1-F-6 分行业港澳台商投资企业办研发机构情况

行业	机构数（个）	机构人员数（人）	#博士	#硕士	机构经费支出（万元）	仪器和设备原价（万元）
总计	**722**	**51529**	**261**	**7950**	**1691369**	**848932**
采矿业						
黑色金属矿采选业						
铁矿采选						
有色金属矿采选业						
常用有色金属矿采选						
非金属矿采选业						
土砂石开采						
制造业	**719**	**51404**	**260**	**7949**	**1684706**	**844937**
农副食品加工业	3	66		6	1828	602
谷物磨制	1	16		1	640	475
饲料加工						
植物油加工						
屠宰及肉类加工	2	50		5	1188	127
水产品加工						
蔬菜、菌类、水果和坚果加工						
其他农副食品加工						
食品制造业	4	94	1	20	2502	11019
焙烤食品制造						
糖果、巧克力及蜜饯制造						
方便食品制造	1	27		1	606	240
调味品、发酵制品制造						
其他食品制造	3	67	1	19	1896	10779
酒、饮料和精制茶制造业	2	37		1	719	569
酒的制造	1	21			361	355
饮料制造						
精制茶加工	1	16		1	358	214
烟草制品业	1	25		4	1351	397
其他烟草制品制造	1	25		4	1351	397
纺织业	69	3767	6	90	95942	76605
棉纺织及印染精加工	29	2488	4	65	62788	46077
毛纺织及染整精加工	6	240		2	9052	8079
麻纺织及染整精加工	2	44		1	1317	1984
丝绢纺织及印染精加工	1	25			474	570
化纤织造及印染精加工	8	318	2	6	8116	10838
针织或钩针编织物及其制品制造	12	375		13	9123	5169
家用纺织制成品制造	6	102		1	2664	1246
产业用纺织制成品制造	5	175		2	2408	2642
纺织服装、服饰业	32	1315	3	31	29526	18778
机织服装制造	10	388	1	12	13078	10692
针织或钩针编织服装制造	13	680	2	18	13759	4496
服饰制造	9	247		1	2689	3590
皮革、毛皮、羽毛及其制品和制鞋业	7	385			9519	2291
皮革鞣制加工						
皮革制品制造	3	141			2892	194
毛皮鞣制及制品加工	1	25			1050	905

1-F-6　续表 1

行　业	机构数（个）	机构人员数（人）	#博士	#硕士	机构经费支出（万元）	仪器和设备原价（万元）
羽毛(绒)加工及制品制造						
制鞋业	3	219			5577	1192
木材加工和木、竹、藤、棕、草制品业	2	25			294	425
木材加工						
人造板制造	1	15			160	405
木质制品制造	1	10			135	20
竹、藤、棕、草等制品制造						
家具制造业	15	753	1	5	16237	9759
木质家具制造	5	155			2653	3135
竹、藤家具制造						
金属家具制造	7	411	1	5	7120	4757
塑料家具制造						
其他家具制造	3	187			6464	1866
造纸和纸制品业	12	510		7	37796	15411
造纸	6	368		6	35037	5230
纸制品制造	6	142		1	2760	10182
印刷和记录媒介复制业	5	258	6	8	7580	6484
印刷	5	258	6	8	7580	6484
文教、工美、体育和娱乐用品制造业	21	818		4	13937	8100
文教办公用品制造	3	127			1027	148
乐器制造	2	10			300	18
工艺美术及礼仪用品制造	6	124			2337	511
体育用品制造	2	91		4	1086	1103
玩具制造	6	141			1512	275
游艺器材及娱乐用品制造	2	325			7676	6046
石油、煤炭及其他燃料加工业	2	22	2	2	472	309
精炼石油产品制造	2	22	2	2	472	309
化学原料和化学制品制造业	47	1471	11	60	79900	41192
基础化学原料制造	7	185	3	7	26803	8668
农药制造	3	110		3	4839	1634
涂料、油墨、颜料及类似产品制造	17	593	3	20	28854	7988
合成材料制造	3	66			3510	13192
专用化学产品制造	14	403	4	26	13448	8348
日用化学产品制造	3	114	1	4	2446	1362
医药制造业	17	836	11	59	17933	14009
化学药品原料药制造	8	325	5	32	6339	5456
化学药品制剂制造						
中成药生产	3	363	5	8	8657	5944
生物药品制品制造	3	90	1	12	1648	1078
卫生材料及医药用品制造	2	31		4	647	1176
药用辅料及包装材料	1	27		3	643	354
化学纤维制造业	9	409	4	1	26775	23677
纤维素纤维原料及纤维制造	1	158			13775	11629
合成纤维制造	8	251	4	1	13000	12048
橡胶和塑料制品业	34	2067	12	112	104886	55999
橡胶制品业	2	1095	3	69	82198	44292
塑料制品业	32	972	9	43	22688	11707

1-F-6 续表 2

行业	机构数（个）	机构人员数（人）	#博士	#硕士	机构经费支出（万元）	仪器和设备原价（万元）
非金属矿物制品业	14	462	3	74	11124	3698
石膏、水泥制品及类似制品制造	1	10		1	136	110
砖瓦、石材等建筑材料制造						
玻璃制造						
玻璃制品制造						
玻璃纤维和玻璃纤维增强塑料制品制造	4	86	1	70	1273	689
陶瓷制品制造	9	366	2	3	9715	2899
石墨及其他非金属矿物制品制造						
黑色金属冶炼和压延加工业	6	176		1	8703	11557
钢压延加工	6	176		1	8703	11557
有色金属冶炼和压延加工业	3	482	8	26	18451	35936
常用有色金属冶炼	1	16			69	68
有色金属合金制造	1	271	5	24	11292	1064
有色金属压延加工	1	195	3	2	7090	34805
金属制品业	48	1802	9	30	33677	58463
结构性金属制品制造	2	70		1	1571	509
金属工具制造	7	240		1	4862	4633
集装箱及金属包装容器制造	2	23			163	377
金属丝绳及其制品制造	2	264	1	4	3164	4214
建筑、安全用金属制品制造	15	479	1	11	10691	15259
金属表面处理及热处理加工	2	21	2	1	314	323
搪瓷制品制造						
金属制日用品制造	6	219		3	3355	3781
铸造及其他金属制品制造	12	486	5	9	9557	29367
通用设备制造业	80	4126	6	118	81345	68318
锅炉及原动设备制造	4	192	1	17	5140	2930
金属加工机械制造	9	710	1	64	17658	9409
物料搬运设备制造	7	154		1	3012	851
泵、阀门、压缩机及类似机械制造	27	1407	2	13	22428	22466
轴承、齿轮和传动部件制造	8	462		5	7220	4237
烘炉、风机、包装等设备制造	13	578		17	11349	4125
文化、办公用机械制造	1	30		1	953	1008
通用零部件制造	11	593	2		13584	23292
专用设备制造业	51	3135	18	116	87924	40597
采矿、冶金、建筑专用设备制造	2	66			2553	3121
化工、木材、非金属加工专用设备制造	16	1799	2	70	55337	22689
食品、饮料、烟草及饲料生产专用设备制造						
印刷、制药、日化及日用品生产专用设备制造	5	137		1	3465	2149
纺织、服装和皮革加工专用设备制造	3	40			1055	494
电子和电工机械专用设备制造	4	122	8	2	3036	2253
农、林、牧、渔专用机械制造	4	458	1	15	10309	2762
医疗仪器设备及器械制造	8	207	3	9	6096	2604
环保、邮政、社会公共服务及其他专用设备制造	9	306	4	19	6075	4526
汽车制造业	56	3756	10	191	132791	68610
汽车整车制造	1	88		5	374	529
汽车用发动机制造						
汽车车身、挂车制造	2	39		4	1062	595
汽车零部件及配件制造	53	3629	10	182	131355	67486

1-F-6　续表 3

行　　业	机构数（个）	机构人员数（人）	#博士	#硕士	机构经费支出（万元）	仪器和设备原价（万元）
铁路、船舶、航空航天和其他运输设备制造业						
船舶及相关装置制造						
摩托车制造						
自行车和残疾人座车制造						
助动车制造						
电气机械和器材制造业	108	4156	25	199	115320	73795
电机制造	9	501	3	27	12015	6648
输配电及控制设备制造	30	1229	14	113	56694	45337
电线、电缆、光缆及电工器材制造	15	507	1	7	10202	5841
电池制造	12	350	5	39	4780	2762
家用电力器具制造	16	583	1	9	12072	7892
非电力家用器具制造	1	50			402	562
照明器具制造	24	920	1	4	18918	4498
其他电气机械及器材制造	1	16			237	255
计算机、通信和其他电子设备制造业	48	18267	113	6559	692144	173632
计算机制造	4	361		15	9869	5269
通信设备制造	7	16502	103	6506	652765	143195
广播电视设备制造	2	190	3	5	4787	1156
雷达及配套设备制造	1	22			318	15
非专业视听设备制造	4	73		1	1437	733
智能消费设备制造	2	84		1	1703	810
电子器件制造	8	343	6	23	8260	3941
电子元件及电子专用材料制造	20	692	1	8	13006	18513
其他电子设备制造						
仪器仪表制造业	17	1868	11	224	49921	17540
通用仪器仪表制造	10	432	1	12	9523	6532
专用仪器仪表制造						
钟表与计时仪器制造	1	35		4	505	282
光学仪器制造	5	1386	10	208	39749	10659
其他仪器仪表制造业	1	15			144	67
其他制造业	5	207		1	2144	2435
日用杂品制造	5	207		1	2144	2435
废弃资源综合利用业						
金属废料和碎屑加工处理						
金属制品、机械和设备修理业	1	109			3967	4732
铁路、船舶、航空航天等运输设备修理	1	109			3967	4732
电力、热力、燃气及水生产和供应业	**3**	**125**	**1**	**1**	**6664**	**3995**
电力、热力生产和供应业	3	125	1	1	6664	3995
电力生产	3	125	1	1	6664	3995
热力生产和供应						
燃气生产和供应业						
燃气生产和供应业						
水的生产和供应业						
自来水生产和供应						
污水处理及其再生利用						

1-F-7　分行业外商投资企业办研发机构情况

行　业	机构数（个）	机构人员数（人）	#博士	#硕士	机构经费支出（万元）	仪器和设备原价（万元）
总　计	**663**	**33930**	**340**	**2784**	**1050494**	**729672**
采矿业	**1**	**29**			**1581**	**1074**
黑色金属矿采选业						
铁矿采选						
有色金属矿采选业						
常用有色金属矿采选						
非金属矿采选业	1	29			1580.5	1074.3
土砂石开采	1	29			1580.5	1074.3
制造业	**657**	**33768**	**340**	**2782**	**1044692**	**690740**
农副食品加工业	10	137	5	12	6440	10697
饲料加工						
植物油加工						
屠宰及肉类加工						
水产品加工	6	105	3	9	6203	10629
蔬菜、菌类、水果和坚果加工	4	32	2	3	237	67
其他农副食品加工						
食品制造业	9	422	6	10	4513	4182
焙烤食品制造						
糖果、巧克力及蜜饯制造						
方便食品制造	1	296			676	324
乳制品制造	3	47	4	5	1267	524
罐头食品制造	1	13			585	21
调味品、发酵制品制造						
其他食品制造	4	66	2	5	1986	3314
酒、饮料和精制茶制造业	3	95		31	4206	2885
酒的制造						
饮料制造	3	95		31	4206	2885
精制茶加工						
纺织业	36	1147	3	14	25807	39349
棉纺织及印染精加工	15	460	1	4	13394	25834
毛纺织及染整精加工	1	44			908	873
麻纺织及染整精加工	1	12		1	58	312
丝绢纺织及印染精加工	2	81			1953	3100
化纤织造及印染精加工	1	32			53	39
针织或钩针编织物及其制品制造	3	115		1	2907	2591
家用纺织制成品制造	5	157	2	1	3022	1240
产业用纺织制成品制造	8	246		7	3513	5359
纺织服装、服饰业	18	400		2	5108	1997
机织服装制造	8	70			859	448
针织或钩针编织服装制造	5	104		1	1795	337
服饰制造	5	226		1	2454	1213
皮革、毛皮、羽毛及其制品和制鞋业	9	284	2	4	7892	2692
皮革鞣制加工	2	26			979	49
皮革制品制造	3	217	2	4	5897	2553
毛皮鞣制及制品加工						
羽毛(绒)加工及制品制造						
制鞋业	4	41			1016	90
木材加工和木、竹、藤、棕、草制品业	1	242			2276	4611

1-F-7　续表 1

行　业	机构数（个）	机构人员数（人）			机构经费支出（万元）	仪器和设备原价（万元）
			#博士	#硕士		
木材加工						
人造板制造						
木质制品制造	1	242			2276	4611
竹、藤、棕、草等制品制造						
家具制造业	11	942	1	13	12673	2221
木质家具制造	2	346		5	6544	1058
金属家具制造	3	131			1813	579
塑料家具制造						
其他家具制造	6	465	1	8	4316	584
造纸和纸制品业	5	536		3	25642	49081
造纸	1	105			7979	47189
纸制品制造	4	431		3	17662	1892
印刷和记录媒介复制业	3	140		4	4337	4132
印刷	2	128		4	4184	3979
装订及印刷相关服务	1	12			153	153
文教、工美、体育和娱乐用品制造业	18	1078	11	11	17022	10190
文教办公用品制造	5	395	10	4	4370	6075
乐器制造	1	13			202	82
工艺美术及礼仪用品制造	1	9			134	60
体育用品制造	7	547	1	7	9690	2774
玩具制造	4	114			2627	1200
游艺器材及娱乐用品制造						
石油、煤炭及其他燃料加工业						
精炼石油产品制造						
化学原料和化学制品制造业	45	1246	33	114	46623	30918
基础化学原料制造	9	225	2	15	17627	5840
农药制造	4	83	1	7	1870	1079
涂料、油墨、颜料及类似产品制造	11	301	15	31	9479	11616
合成材料制造	6	198	4	17	5572	4226
专用化学产品制造	14	429	11	44	11565	8137
日用化学产品制造	1	10			511	20
医药制造业	26	1521	56	413	73866	31525
化学药品原料药制造	5	389	15	71	10404	6550
化学药品制剂制造	4	374	25	140	41017	14042
中药饮片加工	2	42	3	2	699	408
中成药生产						
兽用药品制造	2	56	1	23	1880	1199
生物药品制品制造	8	494	12	173	16847	6902
卫生材料及医药用品制造	3	54		3	1125	565
药用辅料及包装材料	2	112		1	1894	1860
化学纤维制造业	8	162	2		5678	3633
纤维素纤维原料及纤维制造						
合成纤维制造	8	162	2		5678	3633
橡胶和塑料制品业	24	780	5	29	16347	25998
橡胶制品业	6	267	2	13	6972	19183
塑料制品业	18	513	3	16	9374	6815
非金属矿物制品业	17	393	7	36	16169	8652
水泥、石灰和石膏制造						
石膏、水泥制品及类似制品制造	1	20		3	545	2573

1-F-7 续表 2

行业	机构数（个）	机构人员数（人）	#博士	#硕士	机构经费支出（万元）	仪器和设备原价（万元）
砖瓦、石材等建筑材料制造	3	53		2	594	242
玻璃制造	1	62		3	8931	450
玻璃制品制造	3	44	1	1	896	1132
玻璃纤维和玻璃纤维增强塑料制品制造	6	156	4	14	3792	2002
陶瓷制品制造	1	40	2	10	957	1732
耐火材料制品制造	2	18		3	455	521
石墨及其他非金属矿物制品制造						
黑色金属冶炼和压延加工业						
钢压延加工						
有色金属冶炼和压延加工业	9	492	9	67	7866	53364
常用有色金属冶炼						
有色金属合金制造	3	112	2	12	2580	51829
有色金属压延加工	6	380	7	55	5287	1536
金属制品业	24	641	5	11	11905	6438
结构性金属制品制造	3	113			1552	441
金属工具制造	3	143		2	2228	418
集装箱及金属包装容器制造	1	5		2	9	10
金属丝绳及其制品制造						
建筑、安全用金属制品制造	3	43		1	1014	464
金属表面处理及热处理加工						
搪瓷制品制造						
金属制日用品制造	10	220		2	4258	1622
铸造及其他金属制品制造	4	117	5	4	2845	3483
通用设备制造业	98	3800	13	155	93113	73066
锅炉及原动设备制造	5	201	1	10	5026	3687
金属加工机械制造	8	290	1	14	9081	11723
物料搬运设备制造	12	762	2	46	21388	6770
泵、阀门、压缩机及类似机械制造	23	829	1	24	19763	19029
轴承、齿轮和传动部件制造	18	498	2	11	11146	16044
烘炉、风机、包装等设备制造	11	458	2	16	11026	3933
文化、办公用机械制造	3	65		4	1304	471
通用零部件制造	18	697	4	30	14379	11409
其他通用设备制造业						
专用设备制造业	50	1802	16	194	53129	21383
采矿、冶金、建筑专用设备制造	1	15		2	441	85
化工、木材、非金属加工专用设备制造	17	509	7	55	13177	9425
食品、饮料、烟草及饲料生产专用设备制造						
印刷、制药、日化及日用品生产专用设备制造	1	55			533	27
纺织、服装和皮革加工专用设备制造	9	631	5	57	16699	2961
电子和电工机械专用设备制造	2	22		5	2012	184
农、林、牧、渔专用机械制造	1	48			755	206
医疗仪器设备及器械制造	13	442	3	69	17004	7378
环保、邮政、社会公共服务及其他专用设备制造	6	80	1	6	2509	1118
汽车制造业	60	6078	49	641	257180	77028
汽车整车制造	3	403	1	6	32294	13001
汽车用发动机制造	3	2344	43	528	52655	16818
改装汽车制造	1	48		2	932	100
汽车车身、挂车制造						
汽车零部件及配件制造	53	3283	5	105	171299	47111

1-F-7　续表 3

行　　业	机构数（个）	机构人员数（人）			机构经费支出（万元）	仪器和设备原价（万元）
			#博士	#硕士		
铁路、船舶、航空航天和其他运输设备制造业	4	124	2	7	2639	9820
船舶及相关装置制造	2	109	2	7	2397	9466
摩托车制造	1	9			66	169
自行车和残疾人座车制造						
助动车制造	1	6			176	184
潜水救捞及其他未列明运输设备制造						
电气机械和器材制造业	94	5078	56	479	164435	99182
电机制造	19	1173	4	78	34508	26359
输配电及控制设备制造	22	1044	5	53	36231	19601
电线、电缆、光缆及电工器材制造	12	323	2	6	4593	4534
电池制造	19	1648	42	258	59716	29703
家用电力器具制造	11	293			3839	2308
非电力家用器具制造	1	100		2	2456	794
照明器具制造	9	437	2	66	19796	13927
其他电气机械及器材制造	1	60	1	16	3296	1957
计算机、通信和其他电子设备制造业	54	4224	36	302	128085	80142
计算机制造	4	642		8	36134	6932
通信设备制造	8	1009	6	49	28812	8637
广播电视设备制造	2	52			560	395
非专业视听设备制造	6	282	1	12	4357	2381
智能消费设备制造	3	314			6318	1436
电子器件制造	13	987	23	204	30706	34848
电子元件及电子专用材料制造	16	875	5	28	20607	25348
其他电子设备制造	2	63	1	1	592	167
仪器仪表制造业	18	1963	23	230	51279	37466
通用仪器仪表制造	11	1152	7	197	34602	27065
专用仪器仪表制造	5	744	16	29	15238	9672
钟表与计时仪器制造	1	34			420	118
光学仪器制造	1	33		4	1018	611
衡器制造						
其他制造业	3	41			464	88
日用杂品制造	3	41			464	88
其他未列明制造业						
废弃资源综合利用业						
金属废料和碎屑加工处理						
非金属废料和碎屑加工处理						
金属制品、机械和设备修理业						
专用设备修理						
铁路、船舶、航空航天等运输设备修理						
电力、热力、燃气及水生产和供应业	**5**	**133**		**2**	**4221**	**37858**
电力、热力生产和供应业	4	129		2	4185	37790
电力生产	4	129		2	4185	37790
热力生产和供应						
燃气生产和供应业						
燃气生产和供应业						
水的生产和供应业	1	4			36	68
自来水生产和供应						
污水处理及其再生利用	1	4			36	68

1-F-8 分地区企业办研发机构情况

地区	机构数（个）	机构人员数（人）	#博士	#硕士	机构经费支出（万元）	仪器和设备原价（万元）
全省	**10769**	**380545**	**2709**	**25578**	**9954664**	**7703703**
杭州市	1567	88243	723	14420	2780143	1560115
宁波市	2637	93135	445	3962	2259425	2286985
温州市	2009	49024	173	859	930114	712789
嘉兴市	1471	50086	295	1749	1415972	1149088
湖州市	821	18947	224	734	512588	371163
绍兴市	737	25490	263	1525	729455	530892
金华市	500	15462	157	574	355451	316586
衢州市	144	3871	77	263	135762	146215
舟山市	122	3665	17	81	78513	74668
台州市	628	29320	302	1321	680448	507430
丽水市	133	3302	33	90	76795	47772

1-F-9 分地区大中型企业办研发机构情况

地区	机构数（个）	机构人员数（人）	#博士	#硕士	机构经费支出（万元）	仪器和设备原价（万元）
全省	**2850**	**240009**	**1827**	**21519**	**7075337**	**5039218**
杭州市	503	64082	495	12876	2188292	994731
宁波市	647	58000	276	3165	1588770	1734566
温州市	322	24778	118	612	523411	322051
嘉兴市	380	29327	168	1262	965619	706097
湖州市	178	9295	130	478	300461	187734
绍兴市	258	17233	187	1231	518252	336366
金华市	157	9192	103	382	245707	209786
衢州市	70	2555	57	201	105543	107075
舟山市	33	2081	1	35	50253	30728
台州市	274	21924	269	1212	542965	384908
丽水市	28	1542	23	65	46064	25177

1-F-10　分地区内资企业办研发机构情况

地　区	机构数(个)	机构人员数(人)			机构经费支　出(万元)	仪　器　和设备原价(万元)
			#博士	#硕士		
全　省	**9384**	**295086**	**2108**	**14844**	**7212802**	**6125099**
杭州市	1358	61871	493	6913	1786445	1117659
宁波市	2155	65029	296	2182	1478379	1809416
温州市	1954	46776	150	780	868064	680202
嘉兴市	1160	35750	219	1089	999410	837071
湖州市	694	14773	161	501	385050	274347
绍兴市	629	20347	226	1268	574829	439981
金华市	465	13891	153	524	322048	294719
衢州市	134	3249	77	228	112123	94679
舟山市	116	3425	12	72	67904	55634
台州市	587	26795	288	1197	546258	474090
丽水市	132	3180	33	90	72292	47303

1-F-11　分地区港澳台商投资企业办研发机构情况

地　区	机构数(个)	机构人员数(人)			机构经费支　出(万元)	仪　器　和设备原价(万元)
			#博士	#硕士		
全　省	**722**	**51529**	**261**	**7950**	**1691369**	**848932**
杭州市	94	19631	139	6481	771167	286317
宁波市	273	17234	58	882	515906	281662
温州市	22	492	1	5	9185	7534
嘉兴市	149	6943	27	352	196841	152365
湖州市	72	2166	21	80	70766	49517
绍兴市	56	2536	7	75	73742	35660
金华市	24	1199	2	37	21720	14762
衢州市	3	76		2	1728	1108
舟山市	1	109			3967	4732
台州市	27	1021	6	36	21845	14807
丽水市	1	122			4502	469

1-F-12　分地区外商投资企业办研发机构情况

地　区	机构数(个)	机构人员数(人)			机构经费支　出(万元)	仪 器 和设备原价(万元)
			#博士	#硕士		
全　省	**663**	**33930**	**340**	**2784**	**1050494**	**729672**
杭州市	115	6741	91	1026	222532	156140
宁波市	209	10872	91	898	265139	195907
温州市	33	1756	22	74	52866	25053
嘉兴市	162	7393	49	308	219720	159652
湖州市	55	2008	42	153	56772	47300
绍兴市	52	2607	30	182	80885	55252
金华市	11	372	2	13	11682	7105
衢州市	7	546		33	21910	50428
舟山市	5	131	5	9	6643	14302
台州市	14	1504	8	88	112346	18533
丽水市						

G.新产品开发及销售

1-G-1　分登记注册类型企业新产品开发及销售情况

单位：万元

登记注册类型	新产品开发项目数(项)	新产品开发经费支出	新产品销售收入	#出口
总　计	**87445**	**12700402**	**233081591**	**45318591**
内资企业	**74971**	**9830635**	**183474625**	**32496526**
国有企业	40	6573	135818	1994
集体企业	4	265	2099	
股份合作企业	342	20591	285379	39530
联营企业				
集体联营企业				
有限责任公司	13466	2297275	55032235	6598693
国有独资公司	159	37040	442395	7697
其他有限责任公司	13307	2260235	54589840	6590997
股份有限公司	9100	2209476	39959107	8198138
私营企业	52019	5296456	88059988	17658171
私营独资企业	284	23207	316131	82009
私营合伙企业	82	3767	73582	18770
私营有限责任公司	47340	4680238	78026902	15404073
私营股份有限公司	4313	589244	9643373	2153319
港、澳、台商投资企业	**6325**	**1745483**	**26931562**	**6784965**
合资经营企业(港或澳、台资)	3519	758897	14717991	3287376
合作经营企业(港或澳、台资)	73	15219	266372	144931
港、澳、台商独资经营企业	2493	677196	9556543	3008035
港、澳、台商投资股份有限公司	202	285152	2263372	300889
其他港澳台投资企业	38	9018	127283	43735
外商投资企业	**6149**	**1124284**	**22675404**	**6037101**
中外合资经营企业	3275	610937	12874444	2709026
中外合作经营企业	32	4031	35430	7213
外资企业	2457	439629	8155680	3008230
外商投资股份有限公司	261	44668	925515	189206
其他外商投资企业	124	25020	684335	123425

1-G-2 分登记注册类型大中型企业新产品开发及销售情况

单位：万元

登记注册类型	新产品开发项目数(项)	新产品开发经费支出	新产品销售收入	#出口
总 计	**30308**	**8068937**	**165362360**	**33508906**
内资企业	**24094**	**5771920**	**124559450**	**22810137**
国有企业	15	4728	128271	
集体企业				
股份合作企业	56	5478	119973	18156
有限责任公司	5356	1564692	42731656	5211708
国有独资公司	100	28903	188972	7226
其他有限责任公司	5256	1535789	42542684	5204482
股份有限公司	6204	1917561	35029553	7663442
私营企业	12463	2279460	46549997	9916831
私营独资企业	4	1736	18464	5989
私营合伙企业	1	317	2340	
私营有限责任公司	10501	1902517	39763597	8166404
私营股份有限公司	1957	374890	6765596	1744438
港、澳、台商投资企业	**3160**	**1478808**	**22918567**	**5866833**
合资经营企业(港或澳、台资)	1865	615678	12557442	2819643
合作经营企业(港或澳、台资)	41	11239	223676	126881
港、澳、台商独资经营企业	1067	565995	7853821	2606123
港、澳、台商投资股份有限公司	174	279825	2186857	274938
其他港澳台投资企业	13	6072	96770	39248
外商投资企业	**3054**	**818209**	**17884342**	**4831935**
中外合资经营企业	1721	453440	10351027	2099388
中外合作经营企业	4	676	20450	5438
外资企业	1099	306227	6127639	2470141
外商投资股份有限公司	174	38675	794212	163554
其他外商投资企业	56	19192	591014	93415

1-G-3　分行业企业新产品开发及销售情况

单位：万元

行　业	新产品开发项目数(项)	新产品开发经费支出	新产品销售收入	#出口
总　计	**87445**	**12700402**	**233081591**	**45318591**
采矿业	**11**	**1642**	**119999**	
煤炭开采和洗选业				
其他煤炭采选				
黑色金属矿采选业	1	62		
铁矿采选	1	62		
有色金属矿采选业			2432	
常用有色金属矿采选				
稀有稀土金属矿采选			2432	
非金属矿采选业	10	1580	117568	
土砂石开采	10	1580	117568	
化学矿开采				
石棉及其他非金属矿采选				
制造业	**87236**	**12672325**	**232099208**	**45313723**
农副食品加工业	583	67342	1061507	120996
谷物磨制	15	2100	38002	
饲料加工	191	21367	438651	56793
植物油加工	21	1230	167128	
制糖业			4365	
屠宰及肉类加工	87	7868	156711	1646
水产品加工	157	22395	115834	36335
蔬菜、菌类、水果和坚果加工	72	9163	108841	25336
其他农副食品加工	40	3219	31974	886
食品制造业	625	58413	1048634	192242
焙烤食品制造	40	7584	108792	115
糖果、巧克力及蜜饯制造	33	1990	20480	1597
方便食品制造	53	3338	77210	313
乳制品制造	80	8524	180665	435
罐头食品制造	43	2563	36774	26750
调味品、发酵制品制造	28	3692	99051	30413
其他食品制造	348	30721	525661	132619
酒、饮料和精制茶制造业	209	22946	731499	60477
酒的制造	72	7498	141058	1555
饮料制造	85	9444	467939	20012
精制茶加工	52	6005	122502	38910
烟草制品业	46	10516	78715	374
卷烟制造	38	9261	78715	374
其他烟草制品制造	8	1255		
纺织业	4750	670756	12741317	2596156
棉纺织及印染精加工	1909	327919	6424631	925873
毛纺织及染整精加工	292	38500	719372	128265
麻纺织及染整精加工	48	4956	45632	49
丝绢纺织及印染精加工	185	26760	457548	66116
化纤织造及印染精加工	631	71089	1605004	238428

1-G-3 续表 1

单位：万元

行业	新产品开发项目数（项）	新产品开发经费支出	新产品销售收入	
				#出口
针织或钩针编织物及其制品制造	602	83017	1380167	357722
家用纺织制成品制造	318	35223	545802	320075
产业用纺织制成品制造	765	83291	1563161	559629
纺织服装、服饰业	1732	256412	6060456	2688969
机织服装制造	672	127510	2962381	790443
针织或钩针编织服装制造	615	70993	2241665	1494105
服饰制造	445	57910	856410	404421
皮革、毛皮、羽毛及其制品和制鞋业	1451	163192	3341975	1275747
皮革鞣制加工	75	9311	409951	140709
皮革制品制造	329	35415	736887	307408
毛皮鞣制及制品加工	33	5932	47256	304
羽毛(绒)加工及制品制造	53	10951	261876	136428
制鞋业	961	101584	1886006	690900
木材加工和木、竹、藤、棕、草制品业	497	66257	1364423	414836
木材加工	50	5563	72915	23272
人造板制造	163	21051	428042	118674
木质制品制造	212	33032	728577	244038
竹、藤、棕、草等制品制造	72	6611	134889	28852
家具制造业	1421	185303	3740564	2282980
木质家具制造	447	46361	1062458	361881
竹、藤家具制造	16	722	17268	10576
金属家具制造	578	70774	1311337	1057618
塑料家具制造	62	4645	75685	47199
其他家具制造	318	62802	1273817	805706
造纸和纸制品业	1071	206926	5017606	492175
纸浆制造				
造纸	495	133652	3901723	316909
纸制品制造	576	73274	1115882	175266
印刷和记录媒介复制业	744	70505	1165153	219844
印刷	736	70061	1159909	219844
装订及印刷相关服务	8	444	5245	
文教、工美、体育和娱乐用品制造业	1935	192895	4035804	1604457
文教办公用品制造	473	37171	830347	252278
乐器制造	38	4476	35754	3714
工艺美术及礼仪用品制造	549	64523	1687427	422431
体育用品制造	394	32974	558180	366022
玩具制造	336	33861	524505	329532
游艺器材及娱乐用品制造	145	19892	399590	230481
石油、煤炭及其他燃料加工业	87	34273	1904818	7082
精炼石油产品制造	86	33771	1886918	7082
煤炭加工				
生物质燃料加工	1	501	17900	
化学原料和化学制品制造业	4576	888099	20109162	1699582
基础化学原料制造	579	179746	5381449	485231
肥料制造	13	1452	27072	3187
农药制造	268	44611	630498	221285

1-G-3　续表 2　　　　单位：万元

行　　业	新产品开发项目数(项)	新产品开发经费支出	新产品销售收入	#出口
涂料、油墨、颜料及类似产品制造	857	125957	2105326	162649
合成材料制造	1226	347395	7935922	378169
专用化学产品制造	1205	150204	2761614	212489
炸药、火工及焰火产品制造	18	2674	23075	
日用化学产品制造	410	36060	1244206	236571
医药制造业	3177	444650	6096384	1513875
化学药品原料药制造	981	162135	3031346	1105532
化学药品制剂制造	837	155504	1842417	139401
中药饮片加工	118	5355	87686	4598
中成药生产	400	36552	307279	5814
兽用药品制造	106	4967	104642	7953
生物药品制品制造	402	53732	458220	169890
卫生材料及医药用品制造	237	19383	188908	72798
药用辅料及包装材料	96	7022	75887	7889
化学纤维制造业	1024	366515	10053215	646083
纤维素纤维原料及纤维制造	37	15932	261633	299
合成纤维制造	985	350078	9791582	645784
生物基材料制造	2	505		
橡胶和塑料制品业	4251	509324	6864925	1552243
橡胶制品业	665	139386	1651675	322475
塑料制品业	3586	369937	5213250	1229768
非金属矿物制品业	1936	232143	4970115	571055
水泥、石灰和石膏制造	64	9205	533695	
石膏、水泥制品及类似制品制造	441	57386	1128564	2567
砖瓦、石材等建筑材料制造	314	21992	395955	76462
玻璃制造	107	20744	323686	31041
玻璃制品制造	242	21154	431105	115727
玻璃纤维和玻璃纤维增强塑料制品制造	189	30521	550564	231344
陶瓷制品制造	173	16955	597463	40973
耐火材料制品制造	255	34239	679076	33343
石墨及其他非金属矿物制品制造	151	19947	330007	39600
黑色金属冶炼和压延加工业	799	233812	4978297	360215
炼钢	32	39369	386647	49992
钢压延加工	739	188206	4436223	306641
铁合金冶炼	28	6237	155427	3582
有色金属冶炼和压延加工业	954	190365	5903297	562665
常用有色金属冶炼	62	11355	554458	49379
贵金属冶炼				
稀有稀土金属冶炼	5	298	2246	2015
有色金属合金制造	182	33176	533308	41980
有色金属压延加工	705	145536	4813285	469292
金属制品业	4337	427119	7295607	2250686
结构性金属制品制造	506	61832	1219297	160342
金属工具制造	682	55354	747517	441166
集装箱及金属包装容器制造	188	16978	319547	173514
金属丝绳及其制品制造	106	13901	231077	8864

1-G-3 续表 3

单位：万元

行　业	新产品开发项目数(项)	新产品开发经费支出	新产品销售收入	#出口
建筑、安全用金属制品制造	1078	85607	985359	324744
金属表面处理及热处理加工	130	21501	781872	115492
搪瓷制品制造	34	3126	40616	18842
金属制日用品制造	631	76852	1294557	743686
铸造及其他金属制品制造	982	91968	1675766	264037
通用设备制造业	12864	1309484	19132837	4155044
锅炉及原动设备制造	475	65604	1176785	102053
金属加工机械制造	1299	117567	1766005	253964
物料搬运设备制造	1612	201538	3726606	628491
泵、阀门、压缩机及类似机械制造	3585	345323	4986365	1358289
轴承、齿轮和传动部件制造	1920	190157	2424479	505546
烘炉、风机、包装等设备制造	1978	213682	3186257	898793
文化、办公用机械制造	307	24936	255957	66595
通用零部件制造	1385	117497	1375061	301633
其他通用设备制造业	303	33180	235323	39681
专用设备制造业	6640	656156	8329830	1725543
采矿、冶金、建筑专用设备制造	359	44320	562414	70224
化工、木材、非金属加工专用设备制造	2188	197153	2749790	469261
食品、饮料、烟草及饲料生产专用设备制造	151	9554	112636	29228
印刷、制药、日化及日用品生产专用设备制造	416	27909	304042	49406
纺织、服装和皮革加工专用设备制造	710	83366	1276320	334480
电子和电工机械专用设备制造	319	38389	545863	47399
农、林、牧、渔专用机械制造	505	40385	617650	348233
医疗仪器设备及器械制造	1014	93032	700985	228691
环保、邮政、社会公共服务及其他专用设备制造	978	122048	1460130	148621
汽车制造业	8042	1109031	28804176	2229095
汽车整车制造	91	77784	8066234	1506
汽车用发动机制造	284	67467	534780	33084
改装汽车制造	90	6241	116360	1471
汽车车身、挂车制造	135	24384	304195	55813
汽车零部件及配件制造	7442	933155	19782607	2137221
铁路、船舶、航空航天和其他运输设备制造业	1194	146621	2496623	855883
铁路运输设备制造	114	13514	132293	91
城市轨道交通设备制造	8	3787	78301	
船舶及相关装置制造	211	32263	707867	221628
航空、航天器及设备制造	14	1704	19072	
摩托车制造	433	57026	725101	402406
自行车和残疾人座车制造	85	7672	97023	21343
助动车制造	181	18434	495061	57194
非公路休闲车及零配件制造	125	10373	218302	147866
潜水救捞及其他未列明运输设备制造	23	1848	23603	5355
电气机械和器材制造业	12935	1834616	33308625	8492707
电机制造	1797	239892	3972229	1399522
输配电及控制设备制造	4547	602004	11899282	2432771
电线、电缆、光缆及电工器材制造	1378	246644	5305720	416924

1-G-3　续表 4　　单位：万元

行　业	新产品开发项目数(项)	新产品开发经费支出	新产品销售收入	#出口
电池制造	808	179462	2937532	394292
家用电力器具制造	2457	381711	6553974	2522644
非电力家用器具制造	265	21609	412213	191590
照明器具制造	1465	145146	2092364	1096663
其他电气机械及器材制造	218	18148	135311	38302
计算机、通信和其他电子设备制造业	6033	1828705	26184703	5701731
计算机制造	296	38594	1048851	789110
通信设备制造	941	1090115	14938314	1906637
广播电视设备制造	179	24167	665926	134626
雷达及配套设备制造	43	2741	65696	326
非专业视听设备制造	280	53894	844959	595236
智能消费设备制造	562	67182	1092958	305703
电子器件制造	1301	212572	2728018	663375
电子元件及电子专用材料制造	2252	308639	4523476	1244016
其他电子设备制造	179	30802	276505	62703
仪器仪表制造业	2871	444785	4425921	849426
通用仪器仪表制造	2006	309687	3213625	576181
专用仪器仪表制造	569	63311	672383	105871
钟表与计时仪器制造	45	5218	61130	36146
光学仪器制造	188	62637	418003	107401
衡器制造	40	2980	46746	22318
其他仪器仪表制造业	23	952	14034	1509
其他制造业	375	34004	505231	177246
日用杂品制造	348	31535	484036	173787
其他未列明制造业	27	2468	21194	3460
废弃资源综合利用业	55	6984	302587	7355
金属废料和碎屑加工处理	31	2967	168608	
非金属废料和碎屑加工处理	24	4017	133979	7355
金属制品、机械和设备修理业	22	4179	45208	6956
金属制品修理				
专用设备修理	6	577	999	
铁路、船舶、航空航天等运输设备修理	15	2800	42176	6956
电气设备修理				
其他机械和设备修理业	1	802	2033	
电力、热力、燃气及水生产和供应业	**198**	**26436**	**862383**	**4868**
电力、热力生产和供应业	157	17202	818058	4868
电力生产	141	16336	815544	4868
电力供应	10	251	2515	
热力生产和供应	6	615		
燃气生产和供应业	14	846	8450	
燃气生产和供应业	14	846	8450	
水的生产和供应业	27	8387	35875	
自来水生产和供应	11	3348		
污水处理及其再生利用	16	5040	35875	

1-G-4 分行业大中型企业新产品开发及销售情况

单位：万元

行业	新产品开发项目数(项)	新产品开发经费支出	新产品销售收入	#出口
总计	**30308**	**8068937**	**165362360**	**33508906**
采矿业	**1**	**62**		
黑色金属矿采选业	1	62		
铁矿采选	1	62		
有色金属矿采选业				
常用有色金属矿采选				
非金属矿采选业				
土砂石开采				
制造业	**30247**	**8055724**	**164957633**	**33504038**
农副食品加工业	117	24288	194089	61630
谷物磨制			3789	
饲料加工	23	2942	39994	39994
屠宰及肉类加工	21	3700	46595	1646
水产品加工	36	12646	42331	3202
蔬菜、菌类、水果和坚果加工	24	4034	41492	16778
其他农副食品加工	13	967	19889	12
食品制造业	259	29834	594968	98954
焙烤食品制造	14	5046	72980	75
糖果、巧克力及蜜饯制造	3	661	5573	
方便食品制造	46	2971	68982	313
乳制品制造	69	6926	108441	
罐头食品制造	6	764	6861	5730
调味品、发酵制品制造	16	2390	58975	26
其他食品制造	105	11077	273157	92809
酒、饮料和精制茶制造业	52	8126	451032	1511
酒的制造	37	5021	105780	1511
饮料制造	15	3104	345252	
精制茶加工				
烟草制品业	38	9261	78715	374
卷烟制造	38	9261	78715	374
纺织业	1655	354920	7464113	1567121
棉纺织及印染精加工	935	225802	4783599	678652
毛纺织及染整精加工	99	22096	447783	112778
麻纺织及染整精加工	22	3570	24442	
丝绢纺织及印染精加工	68	13196	243964	38814
化纤织造及印染精加工	131	25403	464224	62592
针织或钩针编织物及其制品制造	119	17923	508168	206844
家用纺织制成品制造	80	13803	251451	142570
产业用纺织制成品制造	201	33126	740484	324872
纺织服装、服饰业	633	156337	4132476	1971820
机织服装制造	333	98383	2324531	541595
针织或钩针编织服装制造	209	37965	1489537	1298211
服饰制造	91	19990	318408	132015
皮革、毛皮、羽毛及其制品和制鞋业	473	89382	1899897	747413
皮革鞣制加工	31	5497	193086	115331
皮革制品制造	92	18228	422394	176491
毛皮鞣制及制品加工	3	1156	13800	
羽毛(绒)加工及制品制造	43	10340	67631	27857
制鞋业	304	54161	1202986	427734
木材加工和木、竹、藤、棕、草制品业	164	40494	942773	277282

1-G-4　续表 1

单位：万元

行　　业	新产品开发项目数(项)	新产品开发经费支出	新产品销售收入	#出口
木材加工	32	4438	49114	6506
人造板制造	50	11560	288440	95711
木质制品制造	74	22995	540782	159239
竹、藤、棕、草等制品制造	8	1501	64437	15827
家具制造业	795	143129	3202096	2005845
木质家具制造	250	30656	827139	282078
竹、藤家具制造	4	483	11972	5904
金属家具制造	303	54731	1156611	964936
塑料家具制造	22	2167	20907	17937
其他家具制造	216	55092	1185468	734989
造纸和纸制品业	351	131155	3559820	408958
造纸	197	95710	2883417	291636
纸制品制造	154	35446	676404	117323
印刷和记录媒介复制业	202	28764	590960	178870
印刷	202	28764	590960	178870
文教、工美、体育和娱乐用品制造业	753	107632	2869653	1080718
文教办公用品制造	225	24737	714501	206577
乐器制造	14	2505	27545	3333
工艺美术及礼仪用品制造	204	34208	1199393	220272
体育用品制造	141	17786	359214	265191
玩具制造	113	14890	296031	191898
游艺器材及娱乐用品制造	56	13505	272968	193447
石油、煤炭及其他燃料加工业	23	20604	1778947	6935
精炼石油产品制造	23	20604	1778947	6935
化学原料和化学制品制造业	1209	541592	12942011	1055765
基础化学原料制造	209	138140	4004238	328344
肥料制造	1	139	7840	
农药制造	98	28702	466078	175641
涂料、油墨、颜料及类似产品制造	169	68180	1315442	90166
合成材料制造	416	239038	5244402	202570
专用化学产品制造	157	47564	921512	109554
炸药、火工及焰火产品制造	10	1127		
日用化学产品制造	149	18702	982499	149490
医药制造业	1801	348224	5241402	1403510
化学药品原料药制造	781	142826	2844398	1075577
化学药品制剂制造	593	138700	1704909	133267
中药饮片加工	5	254	30627	
中成药生产	227	27124	203770	296
生物药品制品制造	96	27042	358424	138913
卫生材料及医药用品制造	89	10209	84626	53681
药用辅料及包装材料	10	2070	14649	1776
化学纤维制造业	574	290033	8552655	564239
纤维素纤维原料及纤维制造	11	12705	229183	
合成纤维制造	563	277329	8323472	564239
橡胶和塑料制品业	1076	262085	3482802	973269
橡胶制品业	220	110102	1363706	263305
塑料制品业	856	151983	2119095	709964
非金属矿物制品业	343	89648	2100983	408319
水泥、石灰和石膏制造	1	1027	158916	
石膏、水泥制品及类似制品制造	36	6890	210722	28
砖瓦、石材等建筑材料制造	26	2826	87724	61096

1-G-4 续表 2 单位：万元

行业	新产品开发项目数(项)	新产品开发经费支出	新产品销售收入	#出口
玻璃制造	33	16634	273301	30611
玻璃制品制造	58	9591	260283	81644
玻璃纤维和玻璃纤维增强塑料制品制造	41	20672	413923	176902
陶瓷制品制造	69	11812	352737	21559
耐火材料制品制造	37	9301	223456	15574
石墨及其他非金属矿物制品制造	42	10897	119922	20905
黑色金属冶炼和压延加工业	283	170420	3197858	287384
炼钢	31	38515	376098	49992
钢压延加工	246	129236	2749651	237391
铁合金冶炼	6	2668	72109	
有色金属冶炼和压延加工业	332	111871	3994922	515034
常用有色金属冶炼	28	8583	473759	41768
贵金属冶炼				
有色金属合金制造	54	17006	167971	27457
有色金属压延加工	250	86283	3353192	445809
金属制品业	1256	214963	4231436	1312580
结构性金属制品制造	115	31877	820044	67607
金属工具制造	215	26948	411820	262626
集装箱及金属包装容器制造	49	7520	237974	160914
金属丝绳及其制品制造	41	6285	107231	
建筑、安全用金属制品制造	305	39036	450698	140525
金属表面处理及热处理加工	8	8770	300834	
搪瓷制品制造	11	2147	26828	11273
金属制日用品制造	252	50309	831214	510309
铸造及其他金属制品制造	260	42072	1044795	159326
通用设备制造业	3880	674924	11894794	2665453
锅炉及原动设备制造	255	46661	914379	86269
金属加工机械制造	278	53468	983519	179331
物料搬运设备制造	738	139417	2907133	455068
泵、阀门、压缩机及类似机械制造	915	146666	2834992	861865
轴承、齿轮和传动部件制造	686	101638	1433649	354185
烘炉、风机、包装等设备制造	645	124217	2013071	546336
文化、办公用机械制造	62	6399	111476	25788
通用零部件制造	285	43054	633431	143816
其他通用设备制造业	16	13404	63146	12796
专用设备制造业	1751	305989	4220585	978350
采矿、冶金、建筑专用设备制造	76	23357	254030	27495
化工、木材、非金属加工专用设备制造	726	97106	1523201	288381
食品、饮料、烟草及饲料生产专用设备制造	11	2742	40506	
印刷、制药、日化及日用品生产专用设备制造	29	3544	53825	8135
纺织、服装和皮革加工专用设备制造	201	42183	621856	224174
电子和电工机械专用设备制造	74	18224	314706	12486
农、林、牧、渔专用机械制造	173	20452	351250	228392
医疗仪器设备及器械制造	321	37225	362143	108750
环保、邮政、社会公共服务及其他专用设备制造	140	61157	699069	80536
汽车制造业	3250	777082	24926219	1586863
汽车整车制造	58	71999	7971321	1496
汽车用发动机制造	257	65656	483612	30275
汽车车身、挂车制造	61	18046	231972	37541
汽车零部件及配件制造	2874	621382	16239313	1517552
铁路、船舶、航空航天和其他运输设备制造业	424	84642	1599976	598959

1-G-4　续表 3　　单位：万元

行　业	新产品开发项目数(项)	新产品开发经费支出	新产品销售收入	#出口
铁路运输设备制造	19	5798	60247	
船舶及相关装置制造	41	15823	436481	131274
航空、航天器及设备制造			1971	
摩托车制造	190	44164	576489	388165
自行车和残疾人座车制造	23	1775	19695	8754
助动车制造	112	13277	426204	19033
非公路休闲车及零配件制造	39	3806	78888	51734
电气机械和器材制造业	4847	1191687	24748110	6960223
电机制造	773	151190	3009910	1186667
输配电及控制设备制造	1318	356861	8744965	2065015
电线、电缆、光缆及电工器材制造	335	126914	3191902	246554
电池制造	493	139488	2330278	339851
家用电力器具制造	1346	311954	5823863	2255572
非电力家用器具制造	77	10264	251005	145164
照明器具制造	454	87109	1336539	693186
其他电气机械及器材制造	51	7905	59647	28215
计算机、通信和其他电子设备制造业	2550	1529412	22747881	5069220
计算机制造	56	11745	773874	657008
通信设备制造	462	1032892	14460504	1880959
广播电视设备制造	72	16608	482689	55092
非专业视听设备制造	64	34603	689852	534909
智能消费设备制造	283	45786	867953	285920
电子器件制造	552	154445	2129383	569398
电子元件及电子专用材料制造	1008	217799	3177728	1036746
其他电子设备制造	53	15535	165900	49186
仪器仪表制造业	1030	295572	2832171	596278
通用仪器仪表制造	623	191765	1922764	369664
专用仪器仪表制造	252	39377	432666	84813
钟表与计时仪器制造	36	4903	53555	30427
光学仪器制造	111	57763	386806	94349
衡器制造	5	1516	27696	17025
其他仪器仪表制造业	3	249	8684	
其他制造业	102	18670	340380	113807
日用杂品制造	91	17079	323313	110418
其他未列明制造业	11	1591	17067	3389
废弃资源综合利用业	19	4108	143909	7355
金属废料和碎屑加工处理	8	563	52884	
非金属废料和碎屑加工处理	11	3545	91025	7355
金属制品、机械和设备修理业	5	877		
铁路、船舶、航空航天等运输设备修理	5	877		
电力、热力、燃气及水生产和供应业	**60**	**13151**	**404726**	**4868**
电力、热力生产和供应业	50	9591	404726	4868
电力生产	50	9591	404726	4868
电力供应				
热力生产和供应				
燃气生产和供应业	4	481		
燃气生产和供应业	4	481		
水的生产和供应业	6	3079		
自来水生产和供应	6	3079		
污水处理及其再生利用				

1-G-5 分行业内资企业新产品开发及销售情况

单位：万元

行业	新产品开发项目数(项)	新产品开发经费支出	新产品销售收入	#出口
总计	**74971**	**9830635**	**183474625**	**32496526**
采矿业	**10**	**1470**	**70919**	
煤炭开采和洗选业				
其他煤炭采选				
黑色金属矿采选业	1	62		
铁矿采选	1	62		
有色金属矿采选业			2432	
常用有色金属矿采选				
稀有稀土金属矿采选			2432	
非金属矿采选业	9	1408	68487	
土砂石开采	9	1408	68487	
化学矿开采				
石棉及其他非金属矿采选				
制造业	**74775**	**9803162**	**182849761**	**32491658**
农副食品加工业	514	55590	915106	110875
谷物磨制	15	2100	34213	
饲料加工	181	20802	432177	56793
植物油加工	21	1230	126128	
制糖业			4365	
屠宰及肉类加工	65	6324	100569	
水产品加工	125	13282	100071	36335
蔬菜、菌类、水果和坚果加工	70	8910	85761	16861
其他农副食品加工	37	2944	31821	886
食品制造业	529	46611	896763	172073
焙烤食品制造	39	7550	108274	75
糖果、巧克力及蜜饯制造	33	1990	18883	
方便食品制造	28	2020	49833	
乳制品制造	72	6382	129572	
罐头食品制造	37	1772	29357	20328
调味品、发酵制品制造	27	3533	99004	30413
其他食品制造	293	23365	461840	121257
酒、饮料和精制茶制造业	147	16525	527059	40859
酒的制造	52	5639	112947	44
饮料制造	47	5230	294848	5143
精制茶加工	48	5656	119264	35672
烟草制品业	38	9261	78715	374
卷烟制造	38	9261	78715	374
纺织业	3911	509425	9707951	1819841
棉纺织及印染精加工	1527	235212	4713641	631680
毛纺织及染整精加工	248	29364	552442	63428
麻纺织及染整精加工	43	3405	36315	49
丝绢纺织及印染精加工	137	16243	264130	39474
化纤织造及印染精加工	521	57026	1331051	179311
针织或钩针编织物及其制品制造	501	66784	1054451	167709

1-G-5　续表 1　　单位：万元

行　　业	新产品开发项目数(项)	新产品开发经费支出	新产品销售收入	
				#出口
家用纺织制成品制造	271	28038	428777	260894
产业用纺织制成品制造	663	73352	1327143	477296
纺织服装、服饰业	1454	197538	3904718	1149344
机织服装制造	590	103346	2411370	491832
针织或钩针编织服装制造	502	50165	823032	395370
服饰制造	362	44027	670315	262143
皮革、毛皮、羽毛及其制品和制鞋业	1316	141927	2875074	1119449
皮革鞣制加工	66	8417	338702	92680
皮革制品制造	263	24040	511802	248684
毛皮鞣制及制品加工	25	4197	33456	304
羽毛(绒)加工及制品制造	51	10883	261876	136428
制鞋业	911	94391	1729239	641355
木材加工和木、竹、藤、棕、草制品业	456	56426	1237717	314462
木材加工	47	5472	72915	23272
人造板制造	144	20164	418861	114138
木质制品制造	193	24179	611053	148199
竹、藤、棕、草等制品制造	72	6611	134889	28852
家具制造业	1208	142286	2629863	1563640
木质家具制造	394	37772	743657	191303
竹、藤家具制造	16	722	14237	7545
金属家具制造	491	59018	1092285	895913
塑料家具制造	60	4528	73023	44727
其他家具制造	247	40246	706661	424153
造纸和纸制品业	910	156662	3676741	205164
纸浆制造				
造纸	401	95198	2687996	60518
纸制品制造	509	61464	988745	144646
印刷和记录媒介复制业	678	59640	851222	132540
印刷	675	59331	847890	132540
装订及印刷相关服务	3	308	3332	
文教、工美、体育和娱乐用品制造业	1601	152372	3204056	970303
文教办公用品制造	382	30086	718801	162192
乐器制造	34	3968	35526	3485
工艺美术及礼仪用品制造	490	56422	1568282	378126
体育用品制造	299	21800	307899	157262
玩具制造	275	28280	372018	217796
游艺器材及娱乐用品制造	121	11816	201532	51443
石油、煤炭及其他燃料加工业	72	33727	1899312	6935
精炼石油产品制造	71	33225	1881412	6935
煤炭加工				
生物质燃料加工	1	501	17900	
化学原料和化学制品制造业	3893	751349	16913777	1327189
基础化学原料制造	499	138967	4055541	355186
肥料制造	13	1452	27072	3187
农药制造	227	38794	572127	173556

1-G-5 续表 2 单位：万元

行业	新产品开发项目数（项）	新产品开发经费支出	新产品销售收入	
				#出口
涂料、油墨、颜料及类似产品制造	717	86218	1473449	102422
合成材料制造	1134	334441	7635971	345908
专用化学产品制造	934	116664	2062249	163629
I am VBA User.	18	2674	23075	
日用化学产品制造	351	32139	1064292	183302
医药制造业	2680	361795	5128375	1218063
化学药品原料药制造	851	151734	2679303	902669
化学药品制剂制造	765	120716	1518653	135343
中药饮片加工	89	4306	81407	2884
中成药生产	341	29158	271220	5814
兽用药品制造	79	3020	79066	5873
生物药品制品制造	281	32094	299286	106553
卫生材料及医药用品制造	202	16864	154199	55171
药用辅料及包装材料	72	3903	45241	3756
化学纤维制造业	885	323293	8521619	569396
纤维素纤维原料及纤维制造	26	3227	32450	299
合成纤维制造	857	319561	8489169	569097
生物基材料制造	2	505		
橡胶和塑料制品业	3792	386045	5333700	1096818
橡胶制品业	576	60526	698784	75969
塑料制品业	3216	325519	4634916	1020849
非金属矿物制品业	1723	202188	4262077	479835
水泥、石灰和石膏制造	64	9205	533695	
石膏、水泥制品及类似制品制造	429	55993	1062963	2567
砖瓦、石材等建筑材料制造	302	21140	380088	70175
玻璃制造	95	13460	225353	855
玻璃制品制造	201	17739	371905	104369
玻璃纤维和玻璃纤维增强塑料制品制造	149	25394	419327	194029
陶瓷制品制造	84	5646	264693	35768
耐火材料制品制造	248	33663	674143	32474
石墨及其他非金属矿物制品制造	151	19947	329910	39600
黑色金属冶炼和压延加工业	723	211850	4615219	359290
炼钢	32	39369	386647	49992
钢压延加工	663	166243	4073145	305715
铁合金冶炼	28	6237	155427	3582
有色金属冶炼和压延加工业	825	141460	4407249	412149
常用有色金属冶炼	41	4292	245981	7611
贵金属冶炼				
稀有稀土金属冶炼	5	298	2246	2015
有色金属合金制造	142	18529	325809	23763
有色金属压延加工	637	118342	3833213	378760
金属制品业	3726	361981	5936906	1764734
结构性金属制品制造	464	55554	1088094	121160
金属工具制造	581	45747	631927	382669
集装箱及金属包装容器制造	168	15356	174099	50843

1-G-5　续表 3

单位：万元

行　　业	新产品开发项目数(项)	新产品开发经费支出	新产品销售收入	#出口
金属丝绳及其制品制造	68	8359	180483	8864
建筑、安全用金属制品制造	908	70380	779483	220019
金属表面处理及热处理加工	123	21036	779136	115334
搪瓷制品制造	34	3126	39674	18842
金属制日用品制造	539	63290	1197845	680398
铸造及其他金属制品制造	841	79133	1066165	166607
通用设备制造业	11125	1091436	15515370	3316435
锅炉及原动设备制造	407	56129	994805	89685
金属加工机械制造	1124	86450	1170979	145458
物料搬运设备制造	1317	165170	2953489	503009
泵、阀门、压缩机及类似机械制造	3207	297309	4296742	1118216
轴承、齿轮和传动部件制造	1689	167001	2160553	421920
烘炉、风机、包装等设备制造	1768	186739	2728805	783593
文化、办公用机械制造	274	22422	167849	43621
通用零部件制造	1056	80476	851259	190344
其他通用设备制造业	283	29740	190889	20589
专用设备制造业	5502	495533	6334299	1141867
采矿、冶金、建筑专用设备制造	314	36367	474357	49610
化工、木材、非金属加工专用设备制造	1728	127051	1809846	293732
食品、饮料、烟草及饲料生产专用设备制造	147	9432	108074	28264
印刷、制药、日化及日用品生产专用设备制造	380	22880	250930	37732
纺织、服装和皮革加工专用设备制造	603	63159	969712	193571
电子和电工机械专用设备制造	281	32608	478214	36565
农、林、牧、渔专用机械制造	391	28634	420097	192226
医疗仪器设备及器械制造	809	65873	605710	187844
环保、邮政、社会公共服务及其他专用设备制造	849	109529	1217360	122322
汽车制造业	6620	779496	22160233	1500927
汽车整车制造	71	66721	7226602	891
汽车用发动机制造	224	14065	222406	31757
改装汽车制造	77	5273	99737	1471
汽车车身、挂车制造	120	22855	295454	50022
汽车零部件及配件制造	6128	670583	14316034	1416786
铁路、船舶、航空航天和其他运输设备制造业	1137	138692	2299391	836058
铁路运输设备制造	114	13514	132293	91
城市轨道交通设备制造	8	3787	78301	
船舶及相关装置制造	193	31149	652287	221628
航空、航天器及设备制造	14	1704	19072	
摩托车制造	424	56197	724761	402406
自行车和残疾人座车制造	84	7634	94058	20714
助动车制造	152	12486	356716	37998
非公路休闲车及零配件制造	125	10373	218302	147866
潜水救捞及其他未列明运输设备制造	23	1848	23603	5355
电气机械和器材制造业	11424	1491250	27147582	6274337
电机制造	1540	185549	2933930	767204
输配电及控制设备制造	4139	486035	9677221	1720277

1-G-5 续表 4　　单位：万元

行　业	新产品开发项目数（项）	新产品开发经费支出	新产品销售收入	#出口
电线、电缆、光缆及电工器材制造	1238	224989	4648923	257318
电池制造	522	102067	1762392	199744
家用电力器具制造	2275	352768	6035068	2335679
非电力家用器具制造	237	16160	303497	104300
照明器具制造	1266	109206	1653098	851513
其他电气机械及器材制造	207	14476	133454	38302
计算机、通信和其他电子设备制造业	5084	1121781	17814191	3900533
计算机制造	229	25903	264748	112673
通信设备制造	756	507403	8895137	1393630
广播电视设备制造	146	18247	572833	92782
雷达及配套设备制造	43	2741	16370	
非专业视听设备制造	204	46518	765022	547912
智能消费设备制造	501	58170	1042100	285723
电子器件制造	1080	164332	2222227	434529
电子元件及电子专用材料制造	1963	270632	3803315	973304
其他电子设备制造	162	27836	232439	59979
仪器仪表制造业	2432	331679	3389537	557970
通用仪器仪表制造	1819	255826	2751277	404809
专用仪器仪表制造	406	46041	435536	73985
钟表与计时仪器制造	38	4649	55353	30427
光学仪器制造	112	21363	86990	25096
衡器制造	40	2980	46746	22318
其他仪器仪表制造业	17	820	13635	1335
其他制造业	311	26520	359725	123244
日用杂品制造	290	24900	346896	123083
其他未列明制造业	21	1620	12829	161
废弃资源综合利用业	44	5344	262006	
金属废料和碎屑加工处理	26	2488	154490	
非金属废料和碎屑加工处理	18	2856	107517	
金属制品、机械和设备修理业	15	3482	44209	6956
金属制品修理				
铁路、船舶、航空航天等运输设备修理	14	2680	42176	6956
电气设备修理				
其他机械和设备修理业	1	802	2033	
电力、热力、燃气及水生产和供应业	**186**	**26003**	**553946**	**4868**
电力、热力生产和供应业	155	17117	509621	4868
电力生产	139	16251	507106	4868
电力供应	10	251	2515	
热力生产和供应	6	615		
燃气生产和供应业	5	529	8450	
燃气生产和供应业	5	529	8450	
水的生产和供应业	26	8357	35875	
自来水生产和供应	10	3318		
污水处理及其再生利用	16	5040	35875	

1-G-6　分行业港澳台商投资企业新产品开发及销售情况

单位：万元

行　　业	新产品开发项目数(项)	新产品开发经费支出	新产品销售收入	#出口
总　计	**6325**	**1745483**	**26931562**	**6784965**
采矿业				
黑色金属矿采选业				
铁矿采选				
有色金属矿采选业				
常用有色金属矿采选				
非金属矿采选业				
土砂石开采				
制造业	**6315**	**1745135**	**26753703**	**6784965**
农副食品加工业	31	1960	35454	1646
谷物磨制			3789	
饲料加工	9	416	6453	
植物油加工				
屠宰及肉类加工	22	1544	17452	1646
水产品加工				
蔬菜、菌类、水果和坚果加工			7760	
其他农副食品加工				
食品制造业	42	5096	34068	6979
焙烤食品制造				
糖果、巧克力及蜜饯制造				
方便食品制造	6	635	9179	313
调味品、发酵制品制造				
其他食品制造	36	4461	24889	6666
酒、饮料和精制茶制造业	15	947	19302	4747
酒的制造	6	361	1935	
饮料制造	5	237	14128	1508
精制茶加工	4	349	3239	3239
烟草制品业	8	1255		
其他烟草制品制造	8	1255		
纺织业	540	112663	2213142	420677
棉纺织及印染精加工	269	68030	1419099	122408
毛纺织及染整精加工	34	8212	153300	58293
麻纺织及染整精加工	4	1473	9215	
丝绢纺织及印染精加工	24	4492	90772	11510
化纤织造及印染精加工	71	10207	168695	34949
针织或钩针编织物及其制品制造	71	12961	252017	139393
家用纺织制成品制造	18	3142	52179	26408
产业用纺织制成品制造	49	4147	67865	27718
纺织服装、服饰业	188	48057	1834892	1349923
机织服装制造	54	20918	405139	232677
针织或钩针编织服装制造	77	16461	1321893	1040214
服饰制造	57	10678	107860	77032
皮革、毛皮、羽毛及其制品和制鞋业	63	10647	222287	42670
皮革鞣制加工				
皮革制品制造	25	3576	92973	19934
毛皮鞣制及制品加工	4	1209	13800	

1-G-6 续表 1

单位：万元

行业	新产品开发项目数(项)	新产品开发经费支出	新产品销售收入	#出口
羽毛(绒)加工及制品制造	2	69		
制鞋业	32	5794	115514	22736
木材加工和木、竹、藤、棕、草制品业	18	955	6444	4175
木材加工	1	30		
人造板制造	16	771	6444	4175
木质制品制造	1	154		
竹、藤、棕、草等制品制造				
家具制造业	93	18706	430931	343858
木质家具制造	20	1715	171062	137688
竹、藤家具制造			3031	3031
金属家具制造	55	9728	141097	91955
塑料家具制造	1	46	1148	1148
其他家具制造	17	7218	114594	110036
造纸和纸制品业	104	29280	814925	187368
造纸	67	24415	774166	186828
纸制品制造	37	4865	40760	540
印刷和记录媒介复制业	21	4678	168077	11413
印刷	21	4678	168077	11413
文教、工美、体育和娱乐用品制造业	152	20950	403552	301306
文教办公用品制造	37	2105	29237	27973
乐器制造	2	318		
工艺美术及礼仪用品制造	43	6751	99420	27180
体育用品制造	19	1276	28014	27400
玩具制造	28	2432	48823	39714
游艺器材及娱乐用品制造	23	8068	198059	179038
石油、煤炭及其他燃料加工业	14	535	5506	147
精炼石油产品制造	14	535	5506	147
化学原料和化学制品制造业	324	90977	1144848	131500
基础化学原料制造	38	33326	323753	10672
农药制造	17	4818	50594	41183
涂料、油墨、颜料及类似产品制造	91	31247	426764	28949
合成材料制造	45	6783	100995	7978
专用化学产品制造	92	12015	220860	29085
日用化学产品制造	41	2789	21882	13632
医药制造业	184	18417	174871	56191
化学药品原料药制造	65	6115	72118	28191
化学药品制剂制造	1	53		
中成药生产	59	7394	36059	
生物药品制品制造	32	2671	29576	18619
卫生材料及医药用品制造	20	1618	19545	6567
药用辅料及包装材料	7	566	17572	2815
化学纤维制造业	108	35996	791570	51127
纤维素纤维原料及纤维制造	11	12705	229183	
合成纤维制造	97	23291	562387	51127
橡胶和塑料制品业	282	96909	1217451	308199
橡胶制品业	55	68676	814798	202983
塑料制品业	227	28234	402653	105216

1-G-6 续表 2

单位：万元

行业	新产品开发项目数(项)	新产品开发经费支出	新产品销售收入	
				#出口
非金属矿物制品业	104	11254	400419	5062
石膏、水泥制品及类似制品制造	6	597	37823	
砖瓦、石材等建筑材料制造				
玻璃制造				
玻璃制品制造	11	1112	2013	124
玻璃纤维和玻璃纤维增强塑料制品制造	19	729	30049	1328
陶瓷制品制造	68	8817	330533	3611
石墨及其他非金属矿物制品制造				
黑色金属冶炼和压延加工业	59	18672	227579	925
钢压延加工	59	18672	227579	925
有色金属冶炼和压延加工业	57	23214	368890	79331
常用有色金属冶炼	1	72	1150	
有色金属合金制造	22	10623	45615	10280
有色金属压延加工	34	12520	322125	69051
金属制品业	367	41137	1079107	351501
结构性金属制品制造	11	3738	84692	10584
金属工具制造	62	5673	66181	19068
集装箱及金属包装容器制造	19	1587	145448	122670
金属丝绳及其制品制造	38	5543	50593	
建筑、安全用金属制品制造	118	10834	141660	86368
金属表面处理及热处理加工	4	314	2736	158
搪瓷制品制造			942	
金属制日用品制造	23	2978	40579	39981
铸造及其他金属制品制造	92	10471	546276	72671
通用设备制造业	823	97972	1513450	422462
锅炉及原动设备制造	26	4554	82954	1786
金属加工机械制造	100	20008	410454	101288
物料搬运设备制造	105	6442	96498	14098
泵、阀门、压缩机及类似机械制造	216	25409	392051	144561
轴承、齿轮和传动部件制造	99	9756	72564	32077
烘炉、风机、包装等设备制造	126	11976	204196	73267
文化、办公用机械制造	19	1281	329	192
通用零部件制造	132	18547	254403	55193
专用设备制造业	677	93734	1290588	341853
采矿、冶金、建筑专用设备制造	25	6797	64016	4547
化工、木材、非金属加工专用设备制造	320	52083	721991	136319
食品、饮料、烟草及饲料生产专用设备制造	4	122	3788	908
印刷、制药、日化及日用品生产专用设备制造	27	3601	35183	10836
纺织、服装和皮革加工专用设备制造	29	2747	38234	2027
电子和电工机械专用设备制造	20	3190	45817	2706
农、林、牧、渔专用机械制造	88	10281	165136	139218
医疗仪器设备及器械制造	75	6317	55223	24147
环保、邮政、社会公共服务及其他专用设备制造	89	8596	161199	21146
汽车制造业	623	139424	2373506	304820
汽车整车制造	3	3954	18181	615
汽车用发动机制造	22	11060	133093	
汽车车身、挂车制造	15	1529	8741	5791
汽车零部件及配件制造	583	122881	2213490	298415

1-G-6 续表 3

单位：万元

行 业	新产品开发项目数（项）	新产品开发经费支出	新产品销售收入	#出口
铁路、船舶、航空航天和其他运输设备制造业	28	5796	138138	18990
船舶及相关装置制造				
摩托车制造				
自行车和残疾人座车制造				
助动车制造	28	5796	138138	18990
电气机械和器材制造业	727	157979	2753769	1210039
电机制造	113	18074	282555	101647
输配电及控制设备制造	221	69177	1329885	587387
电线、电缆、光缆及电工器材制造	72	15132	312309	80190
电池制造	60	14718	277615	37768
家用电力器具制造	111	23822	216744	164616
非电力家用器具制造	11	1533	29131	26173
照明器具制造	131	15270	303674	212258
其他电气机械及器材制造	8	254	1856	
计算机、通信和其他电子设备制造业	460	600865	6500619	675999
计算机制造	47	10915	122597	38116
通信设备制造	136	556735	5684988	361752
广播电视设备制造	17	4593	66366	28869
雷达及配套设备制造			49326	326
非专业视听设备制造	29	2291	20842	17319
智能消费设备制造	28	2202	37113	12980
电子器件制造	78	10612	251890	126536
电子元件及电子专用材料制造	124	13295	259180	90100
其他电子设备制造	1	223	8316	
仪器仪表制造业	171	52814	466274	108713
通用仪器仪表制造	94	11857	136114	26608
专用仪器仪表制造	4	361	644	
钟表与计时仪器制造	3	159	5719	5719
光学仪器制造	64	40307	323398	76212
其他仪器仪表制造业	6	131	399	174
其他制造业	32	4247	124047	43346
日用杂品制造	32	4247	124047	43346
废弃资源综合利用业				
金属废料和碎屑加工处理				
金属制品、机械和设备修理业				
铁路、船舶、航空航天等运输设备修理				
电力、热力、燃气及水生产和供应业	**10**	**348**	**177859**	
电力、热力生产和供应业	1	31	177859	
电力生产	1	31	177859	
热力生产和供应				
燃气生产和供应业	9	317		
燃气生产和供应业	9	317		
水的生产和供应业				
自来水生产和供应				
污水处理及其再生利用				

1-G-7　分行业外商投资企业新产品开发及销售情况

单位：万元

行　业	新产品开发项目数(项)	新产品开发经费支出	新产品销售收入	#出口
总　计	**6149**	**1124284**	**22675404**	**6037101**
采矿业	**1**	**172**	**49081**	
黑色金属矿采选业				
铁矿采选				
有色金属矿采选业				
常用有色金属矿采选				
非金属矿采选业	1	172	49081	
土砂石开采	1	172	49081	
制造业	**6146**	**1124028**	**22495744**	**6037101**
农副食品加工业	38	9791	110948	8475
饲料加工	1	150	21	
植物油加工			41000	
屠宰及肉类加工			38690	
水产品加工	32	9114	15763	
蔬菜、菌类、水果和坚果加工	2	253	15321	8475
其他农副食品加工	3	275	153	
食品制造业	54	6705	117803	13190
焙烤食品制造	1	34	518	40
糖果、巧克力及蜜饯制造			1597	1597
方便食品制造	19	683	18198	
乳制品制造	8	2143	51093	435
罐头食品制造	6	792	7417	6422
调味品、发酵制品制造	1	160	48	
其他食品制造	19	2895	38932	4697
酒、饮料和精制茶制造业	47	5474	185138	14872
酒的制造	14	1498	26176	1511
饮料制造	33	3977	158963	13361
精制茶加工				
纺织业	299	48668	820225	355638
棉纺织及印染精加工	113	24678	291891	171785
毛纺织及染整精加工	10	924	13630	6544
麻纺织及染整精加工	1	78	102	
丝绢纺织及印染精加工	24	6025	102646	15132
化纤织造及印染精加工	39	3855	105258	24168
针织或钩针编织物及其制品制造	30	3272	73699	50621
家用纺织制成品制造	29	4043	64846	32773
产业用纺织制成品制造	53	5792	168153	54616
纺织服装、服饰业	90	10817	320846	189702
机织服装制造	28	3246	145872	65934
针织或钩针编织服装制造	36	4367	96740	58522
服饰制造	26	3205	78234	65247
皮革、毛皮、羽毛及其制品和制鞋业	72	10618	244614	113628
皮革鞣制加工	9	895	71249	48029
皮革制品制造	41	7799	132112	38790
毛皮鞣制及制品加工	4	525		
羽毛(绒)加工及制品制造				
制鞋业	18	1400	41253	26809
木材加工和木、竹、藤、棕、草制品业	23	8877	120263	96200

1-G-7 续表 1　　单位：万元

行　　业	新产品开发项目数(项)	新产品开发经费支出	新产品销售收入	#出口
木材加工	2	61		
人造板制造	3	116	2738	361
木质制品制造	18	8699	117524	95839
竹、藤、棕、草等制品制造				
家具制造业	120	24311	679771	375482
木质家具制造	33	6874	147739	32890
金属家具制造	32	2028	77955	69750
塑料家具制造	1	70	1514	1324
其他家具制造	54	15339	452563	271518
造纸和纸制品业	57	20985	525939	99643
造纸	27	14040	439561	69563
纸制品制造	30	6945	86378	30080
印刷和记录媒介复制业	45	6187	145855	75891
印刷	40	6051	143942	75891
装订及印刷相关服务	5	136	1913	
文教、工美、体育和娱乐用品制造业	182	19573	428195	332848
文教办公用品制造	54	4979	82309	62113
乐器制造	2	191	229	229
工艺美术及礼仪用品制造	16	1349	19726	17126
体育用品制造	76	9898	222268	181360
玩具制造	33	3149	103664	72021
游艺器材及娱乐用品制造	1	7		
石油、煤炭及其他燃料加工业	1	11		
精炼石油产品制造	1	11		
化学原料和化学制品制造业	359	45772	2050536	240893
基础化学原料制造	42	7453	1002155	119373
农药制造	24	999	7777	6546
涂料、油墨、颜料及类似产品制造	49	8493	205113	31279
合成材料制造	47	6171	198955	24283
专用化学产品制造	179	21526	478505	19775
日用化学产品制造	18	1132	158032	39636
医药制造业	313	64438	793138	239621
化学药品原料药制造	65	4286	279924	174672
化学药品制剂制造	71	34735	323764	4058
中药饮片加工	29	1049	6279	1714
中成药生产				
兽用药品制造	27	1947	25576	2080
生物药品制品制造	89	18967	129358	44719
卫生材料及医药用品制造	15	902	15164	11060
药用辅料及包装材料	17	2552	13074	1318
化学纤维制造业	31	7226	740026	25559
纤维素纤维原料及纤维制造				
合成纤维制造	31	7226	740026	25559
橡胶和塑料制品业	177	26369	313774	147226
橡胶制品业	34	10185	138093	43524
塑料制品业	143	16184	175682	103702
非金属矿物制品业	109	18702	307619	86158
水泥、石灰和石膏制造				
石膏、水泥制品及类似制品制造	6	796	27779	

1-G-7　续表 2　　　　　　　　　　　　　　　　　　　　　　　单位：万元

行　　业	新产品开发项目数(项)	新产品开发经费支出	新产品销售收入	#出口
砖瓦、石材等建筑材料制造	12	852	15866	6287
玻璃制造	12	7284	98333	30186
玻璃制品制造	30	2304	57187	11234
玻璃纤维和玻璃纤维增强塑料制品制造	21	4399	101188	35988
陶瓷制品制造	21	2492	2237	1595
耐火材料制品制造	7	576	4932	869
石墨及其他非金属矿物制品制造			97	
黑色金属冶炼和压延加工业	17	3291	135500	
钢压延加工	17	3291	135500	
有色金属冶炼和压延加工业	72	25691	1127157	71185
常用有色金属冶炼	20	6992	307327	41768
有色金属合金制造	18	4024	161883	7936
有色金属压延加工	34	14675	657947	21480
金属制品业	244	24001	279594	134451
结构性金属制品制造	31	2541	46512	28599
金属工具制造	39	3933	49409	39430
集装箱及金属包装容器制造	1	36		
金属丝绳及其制品制造				
建筑、安全用金属制品制造	52	4393	64216	18357
金属表面处理及热处理加工	3	151		
搪瓷制品制造				
金属制日用品制造	69	10583	56133	23307
铸造及其他金属制品制造	49	2364	63325	24759
通用设备制造业	916	120076	2104017	416147
锅炉及原动设备制造	42	4920	99026	10582
金属加工机械制造	75	11110	184573	7217
物料搬运设备制造	190	29926	676619	111384
泵、阀门、压缩机及类似机械制造	162	22605	297571	95512
轴承、齿轮和传动部件制造	132	13400	191362	51549
烘炉、风机、包装等设备制造	84	14967	253256	41932
文化、办公用机械制造	14	1233	87778	22782
通用零部件制造	197	18474	269398	56096
其他通用设备制造业	20	3440	44435	19092
专用设备制造业	461	66890	704943	241824
采矿、冶金、建筑专用设备制造	20	1157	24041	16066
化工、木材、非金属加工专用设备制造	140	18020	217952	39211
食品、饮料、烟草及饲料生产专用设备制造			775	56
印刷、制药、日化及日用品生产专用设备制造	9	1428	17929	838
纺织、服装和皮革加工专用设备制造	78	17460	268375	138882
电子和电工机械专用设备制造	18	2592	21832	8128
农、林、牧、渔专用机械制造	26	1469	32417	16790
医疗仪器设备及器械制造	130	20842	40052	16701
环保、邮政、社会公共服务及其他专用设备制造	40	3923	81570	5154
汽车制造业	799	190111	4270436	423348
汽车整车制造	17	7109	821450	
汽车用发动机制造	38	42342	179280	1327
改装汽车制造	13	969	16623	
汽车车身、挂车制造				
汽车零部件及配件制造	731	139691	3253083	422021

1-G-7 续表 3

单位：万元

行　业	新产品开发项目数(项)	新产品开发经费支出	新产品销售收入	#出口
铁路、船舶、航空航天和其他运输设备制造业	29	2134	59093	836
船舶及相关装置制造	18	1114	55581	
摩托车制造	9	829	340	
自行车和残疾人座车制造	1	38	2966	629
助动车制造	1	153	207	207
潜水救捞及其他未列明运输设备制造				
电气机械和器材制造业	784	185387	3407274	1008331
电机制造	144	36269	755744	530671
输配电及控制设备制造	187	46792	892177	125107
电线、电缆、光缆及电工器材制造	68	6524	344488	79416
电池制造	226	62677	897525	156779
家用电力器具制造	71	5121	302163	22350
非电力家用器具制造	17	3916	79585	61116
照明器具制造	68	20670	135592	32893
其他电气机械及器材制造	3	3419		
计算机、通信和其他电子设备制造业	489	106059	1869893	1125200
计算机制造	20	1777	661506	638321
通信设备制造	49	25976	358189	151255
广播电视设备制造	16	1328	26727	12975
非专业视听设备制造	47	5085	59096	30005
智能消费设备制造	33	6810	13745	6999
电子器件制造	143	37628	253900	102309
电子元件及电子专用材料制造	165	24712	460981	180611
其他电子设备制造	16	2743	35750	2724
仪器仪表制造业	268	60292	570110	182742
通用仪器仪表制造	93	42004	326234	144765
专用仪器仪表制造	159	16910	236202	31886
钟表与计时仪器制造	4	411	58	
光学仪器制造	12	968	7615	6092
衡器制造				
其他制造业	32	3237	21459	10656
日用杂品制造	26	2389	13093	7357
其他未列明制造业	6	848	8366	3299
废弃资源综合利用业	11	1639	40580	7355
金属废料和碎屑加工处理	5	479	14118	
非金属废料和碎屑加工处理	6	1160	26463	7355
金属制品、机械和设备修理业	7	697	999	
专用设备修理	6	577	999	
铁路、船舶、航空航天等运输设备修理	1	121		
电力、热力、燃气及水生产和供应业	**2**	**85**	**130578**	
电力、热力生产和供应业	1	55	130578	
电力生产	1	55	130578	
热力生产和供应				
燃气生产和供应业				
燃气生产和供应业				
水的生产和供应业	1	30		
自来水生产和供应	1	30		
污水处理及其再生利用				

1-G-8　分地区企业新产品开发及销售情况

单位：万元

地　区	新产品开发项目数(项)	新产品开发经费支出	新产品销售收入	#出口
全　省	**87445**	**12700402**	**233081591**	**45318591**
杭州市	13195	3202803	49864528	7370758
宁波市	21485	2690291	51604367	11107740
温州市	11368	1074447	14899724	2411080
嘉兴市	11273	1644482	38377217	8198788
湖州市	6008	813088	15529304	2825954
绍兴市	6540	1283912	23325615	3865642
金华市	5759	669189	12232462	3333281
衢州市	1564	212941	4692102	538801
舟山市	539	83146	1203600	278490
台州市	8016	829450	17134567	4726179
丽水市	1698	196655	4218105	661879

1-G-9　分地区大中型企业新产品开发及销售情况

单位：万元

地　区	新产品开发项目数(项)	新产品开发经费支出	新产品销售收入	#出口
全　省	**30308**	**8068937**	**165362360**	**33508906**
杭州市	5097	2384102	38357157	5687478
宁波市	7951	1747495	40722991	8694807
温州市	3085	540422	8852352	1494825
嘉兴市	3487	989001	25930580	6233094
湖州市	1975	483594	9762429	2045418
绍兴市	2500	742224	14225672	2824218
金华市	1869	381490	7772479	1974104
衢州市	508	125403	3409762	385991
舟山市	196	46866	660699	154970
台州市	3197	529378	12951505	3589192
丽水市	443	98963	2716733	424809

1-G-10　分地区内资企业新产品开发及销售情况

单位：万元

地　区	新产品开发项目数(项)	新产品开发经费支出	新产品销售收入	#出口
全　省	**74971**	**9830635**	**183474625**	**32496526**
杭州市	11210	2253035	38713889	5444667
宁波市	16960	1859339	37713180	7026501
温州市	10969	1005630	13675957	2159806
嘉兴市	8689	1192741	27414069	4305983
湖州市	5005	642319	12111034	2150102
绍兴市	5621	1062427	19350037	2821314
金华市	5372	616635	11215241	3025410
衢州市	1450	179695	3803821	371819
舟山市	509	76897	1144306	278490
台州市	7542	751798	14238531	4253660
丽水市	1644	190120	4094561	658775

1-G-11　分地区港澳台商投资企业新产品开发及销售情况

单位：万元

地　区	新产品开发项目数(项)	新产品开发经费支出	新产品销售收入	#出口
全　省	**6325**	**1745483**	**26931562**	**6784965**
杭州市	879	700009	7325237	829835
宁波市	2628	529764	9915029	2873618
温州市	125	10755	140118	60460
嘉兴市	1219	231871	4729425	1727194
湖州市	489	90815	1705683	425565
绍兴市	431	115458	1775764	413042
金华市	256	34303	694260	221692
衢州市	27	2566	56102	16987
舟山市				
台州市	235	24735	495499	216052
丽水市	36	5207	94447	521

1-G-12　分地区外商投资企业新产品开发及销售情况

单位：万元

地　区	新产品开发项目数(项)	新产品开发经费支出	新产品销售收入	
				#出口
全　省	**6149**	**1124284**	**22675404**	**6037101**
杭州市	1106	249758	3825403	1096256
宁波市	1897	301188	3976159	1207622
温州市	274	58063	1083649	190814
嘉兴市	1365	219870	6233723	2165612
湖州市	514	79954	1712586	250286
绍兴市	488	106027	2199815	631286
金华市	131	18250	322961	86180
衢州市	87	30680	832180	149996
舟山市	30	6249	59294	
台州市	239	52917	2400538	256466
丽水市	18	1328	29096	2583

H.自主知识产权

1-H-1 分登记注册类型企业自主知识产权及相关情况

登记注册类型	专利申请数(件)	#发明专利	有效发明专利数(件)	拥有注册商标数(件)	形成国家或行业标准数(项)
总　计	**100254**	**27998**	**62341**	**78510**	**3584**
内资企业	**83594**	**22070**	**47525**	**66555**	**3228**
国有企业	17	8	18	31	1
集体企业					
股份合作企业	213	53	123	34	5
联营企业					
集体联营企业					
有限责任公司	19411	6505	11852	9945	605
国有独资公司	1341	695	1767	242	30
其他有限责任公司	18070	5810	10085	9703	575
股份有限公司	13941	4521	11384	18838	1107
私营企业	50012	10983	24148	37707	1510
私营独资企业	112	17	73	93	
私营合伙企业	18	6	10	10	
私营有限责任公司	45353	9688	20205	32313	1340
私营股份有限公司	4529	1272	3860	5291	170
港、澳、台商投资企业	**9774**	**3944**	**8799**	**5775**	**227**
合资经营企业(港或澳、台资)	4130	1247	2614	3480	159
合作经营企业(港或澳、台资)	73	15	38	25	6
港、澳、台商独资经营企业	3741	1634	5429	1892	38
港、澳、台商投资股份有限公司	1816	1043	709	363	24
其他港澳台投资企业	14	5	9	15	
外商投资企业	**6886**	**1984**	**6017**	**6180**	**129**
中外合资经营企业	3870	1236	3329	2292	101
中外合作经营企业	15		30	2	
外资企业	2353	688	2364	2618	13
外商投资股份有限公司	542	34	248	912	9
其他外商投资企业	106	26	46	356	6

1-H-2　分登记注册类型大中型企业自主知识产权及相关情况

登记注册类型	专　利申请数(件)	#发明专利	有效发明专 利 数(件)	拥有注册商 标 数(件)	形成国家或行业标准数(项)
总　计	**50132**	**16325**	**35216**	**48829**	**2190**
内资企业	**38889**	**11815**	**23990**	**40473**	**1950**
国有企业	12	7	14	31	1
集体企业					
股份合作企业	57	20	29	9	2
有限责任公司	12648	4788	7390	5669	309
国有独资公司	1211	638	1678	177	24
其他有限责任公司	11437	4150	5712	5492	285
股份有限公司	11219	3722	8996	16075	951
私营企业	14953	3278	7561	18689	687
私营独资企业	2	2	14	13	
私营合伙企业				2	
私营有限责任公司	12551	2575	5370	15819	575
私营股份有限公司	2400	701	2177	2855	112
港、澳、台商投资企业	**7087**	**3224**	**7056**	**3989**	**162**
合资经营企业(港或澳、台资)	2767	877	1707	2206	121
合作经营企业(港或澳、台资)	56	7	21	14	4
港、澳、台商独资经营企业	2498	1311	4741	1446	14
港、澳、台商投资股份有限公司	1757	1024	578	309	23
其他港澳台投资企业	9	5	9	14	
外商投资企业	**4156**	**1286**	**4170**	**4367**	**78**
中外合资经营企业	2293	778	2188	1508	57
中外合作经营企业			2		
外资企业	1286	466	1784	1645	7
外商投资股份有限公司	514	23	174	881	8
其他外商投资企业	63	19	22	333	6

1-H-3　分行业企业自主知识产权及相关情况

行　业	专利申请数（件）	#发明专利	有效发明专利数（件）	拥有注册商标数（件）	形成国家或行业标准数（项）
总　计	**100254**	**27998**	**62341**	**78510**	**3584**
采矿业	**21**	**3**	**14**	**1**	**1**
煤炭开采和洗选业					
其他煤炭采选					
黑色金属矿采选业					
铁矿采选					
有色金属矿采选业	8		8		
常用有色金属矿采选					
稀有稀土金属矿采选	8		8		
非金属矿采选业	13	3	6	1	1
土砂石开采	13	3	6	1	1
化学矿开采					
石棉及其他非金属矿采选					
制造业	**98704**	**27341**	**60812**	**78399**	**3567**
农副食品加工业	336	131	249	1251	19
谷物磨制	5			10	
饲料加工	94	40	53	389	3
植物油加工	14	2	20	29	
制糖业					
屠宰及肉类加工	42	23	31	251	8
水产品加工	73	24	69	133	1
蔬菜、菌类、水果和坚果加工	79	31	54	287	5
其他农副食品加工	29	11	22	152	2
食品制造业	325	154	294	2230	20
焙烤食品制造	5	3	5	186	1
糖果、巧克力及蜜饯制造	10	3	5	18	
方便食品制造	42	11	13	38	
乳制品制造	41	13	10	299	
罐头食品制造	15	8	13	93	4
调味品、发酵制品制造	22	9	29	114	1
其他食品制造	190	107	219	1482	14
酒、饮料和精制茶制造业	209	42	175	856	11
酒的制造	72	17	78	611	3
饮料制造	73	17	8	109	1
精制茶加工	64	8	89	136	7
烟草制品业	91	56	340	170	6
卷烟制造	90	56	334	170	6
其他烟草制品制造	1		6		
纺织业	5147	996	1864	2469	139
棉纺织及印染精加工	2273	425	744	492	64
毛纺织及染整精加工	270	41	102	86	1
麻纺织及染整精加工	40	14	18	1	
丝绢纺织及印染精加工	219	57	127	556	19
化纤织造及印染精加工	870	139	205	206	10

1-H-3　续表 1

行　业	专利申请数(件)	#发明专利	有效发明专利数(件)	拥有注册商标数(件)	形成国家或行业标准数(项)
针织或钩针编织物及其制品制造	408	118	167	165	5
家用纺织制成品制造	320	63	146	480	8
产业用纺织制成品制造	747	139	355	483	32
纺织服装、服饰业	1304	202	420	4179	65
机织服装制造	520	83	144	2820	6
针织或钩针编织服装制造	389	41	159	392	14
服饰制造	395	78	117	967	45
皮革、毛皮、羽毛及其制品和制鞋业	853	149	264	3018	77
皮革鞣制加工	45	12	45	14	13
皮革制品制造	364	69	104	340	
毛皮鞣制及制品加工	59	22	10	9	6
羽毛(绒)加工及制品制造	42	6	4	67	6
制鞋业	343	40	101	2588	52
木材加工和木、竹、藤、棕、草制品业	670	217	433	1253	104
木材加工	78	44	96	356	69
人造板制造	119	28	53	211	4
木质制品制造	346	104	183	522	29
竹、藤、棕、草等制品制造	127	41	101	164	2
家具制造业	2890	452	806	3064	20
木质家具制造	880	158	126	520	7
竹、藤家具制造	16	2	2	2	
金属家具制造	685	81	286	333	7
塑料家具制造	179	67	46	42	3
其他家具制造	1130	144	346	2167	3
造纸和纸制品业	1118	291	413	650	23
纸浆制造					
造纸	440	138	264	105	9
纸制品制造	678	153	149	545	14
印刷和记录媒介复制业	518	143	313	384	17
印刷	509	141	312	383	17
装订及印刷相关服务	9	2	1	1	
文教、工美、体育和娱乐用品制造业	2733	408	940	4275	49
文教办公用品制造	695	63	145	1532	26
乐器制造	78	14	22	39	1
工艺美术及礼仪用品制造	756	110	254	928	8
体育用品制造	445	110	253	530	1
玩具制造	571	68	123	920	3
游艺器材及娱乐用品制造	188	43	143	326	10
石油、煤炭及其他燃料加工业	74	18	130	29	
精炼石油产品制造	74	18	130	29	
煤炭加工					
生物质燃料加工					
化学原料和化学制品制造业	2951	1450	4672	6943	320
基础化学原料制造	427	218	1115	368	53
肥料制造	16	11	37	13	
农药制造	196	128	332	1943	18

1-H-3 续表 2

行业	专利申请数(件)	#发明专利	有效发明专利数(件)	拥有注册商标数(件)	形成国家或行业标准数(项)
涂料、油墨、颜料及类似产品制造	477	244	839	439	71
合成材料制造	765	361	912	553	34
专用化学产品制造	836	391	1138	762	90
炸药、火工及焰火产品制造	24	5	26	4	
日用化学产品制造	210	92	273	2861	54
医药制造业	1442	701	3288	5726	108
化学药品原料药制造	358	265	1389	891	25
化学药品制剂制造	228	143	763	2310	19
中药饮片加工	49	22	103	83	1
中成药生产	132	66	307	1009	20
兽用药品制造	37	13	43	231	2
生物药品制品制造	140	76	386	657	25
卫生材料及医药用品制造	320	93	201	528	15
药用辅料及包装材料	178	23	96	17	1
化学纤维制造业	588	175	440	245	30
纤维素纤维原料及纤维制造	32	20	20	11	
合成纤维制造	551	153	414	222	26
生物基材料制造	5	2	6	12	4
橡胶和塑料制品业	3697	871	1748	2877	166
橡胶制品业	421	139	236	876	63
塑料制品业	3276	732	1512	2001	103
非金属矿物制品业	2243	739	1220	1067	59
水泥、石灰和石膏制造	89	20	26	21	
石膏、水泥制品及类似制品制造	491	112	175	109	12
砖瓦、石材等建筑材料制造	320	87	181	118	5
玻璃制造	111	34	44	90	7
玻璃制品制造	302	39	137	187	4
玻璃纤维和玻璃纤维增强塑料制品制造	366	199	189	335	12
陶瓷制品制造	169	81	120	132	1
耐火材料制品制造	202	68	202	56	13
石墨及其他非金属矿物制品制造	193	99	146	19	5
黑色金属冶炼和压延加工业	584	137	387	99	16
炼钢	6	1	18		
钢压延加工	566	131	349	97	16
铁合金冶炼	12	5	20	2	
有色金属冶炼和压延加工业	748	180	526	633	57
常用有色金属冶炼	61	13	26	7	3
贵金属冶炼			3		
稀有稀土金属冶炼				2	
有色金属合金制造	143	40	176	99	2
有色金属压延加工	544	127	321	525	52
金属制品业	4567	845	2316	3308	163
结构性金属制品制造	570	122	357	314	20
金属工具制造	622	127	400	653	47
集装箱及金属包装容器制造	214	34	114	25	10
金属丝绳及其制品制造	60	3	45	11	2

1-H-3　续表 3

行　业	专利申请数(件)	#发明专利	有效发明专利数(件)	拥有注册商标数(件)	形成国家或行业标准数(项)
建筑、安全用金属制品制造	1148	198	471	1112	39
金属表面处理及热处理加工	149	61	53	21	3
搪瓷制品制造	46	11	9	34	13
金属制日用品制造	979	102	322	888	15
铸造及其他金属制品制造	779	187	545	250	14
通用设备制造业	13069	3246	7519	8022	657
锅炉及原动设备制造	381	136	214	83	11
金属加工机械制造	1358	329	871	622	21
物料搬运设备制造	1784	457	1063	1443	119
泵、阀门、压缩机及类似机械制造	2938	605	1647	2523	252
轴承、齿轮和传动部件制造	1608	328	742	624	83
烘炉、风机、包装等设备制造	2627	594	1893	1942	118
文化、办公用机械制造	399	86	140	281	4
通用零部件制造	1127	298	675	365	30
其他通用设备制造业	847	413	274	139	19
专用设备制造业	7658	2145	5084	3594	253
采矿、冶金、建筑专用设备制造	389	97	433	119	18
化工、木材、非金属加工专用设备制造	1570	442	1172	447	30
食品、饮料、烟草及饲料生产专用设备制造	186	48	94	84	17
印刷、制药、日化及日用品生产专用设备制造	564	108	264	120	24
纺织、服装和皮革加工专用设备制造	1224	340	597	591	35
电子和电工机械专用设备制造	355	125	262	84	20
农、林、牧、渔专用机械制造	632	194	436	393	12
医疗仪器设备及器械制造	1008	263	842	1200	55
环保、邮政、社会公共服务及其他专用设备制造	1730	528	984	556	42
汽车制造业	6986	1730	3423	2235	213
汽车整车制造	312	83	104	78	1
汽车用发动机制造	212	79	123	16	
改装汽车制造	46	8	25	25	1
汽车车身、挂车制造	357	87	196	103	27
汽车零部件及配件制造	6059	1473	2975	2013	184
铁路、船舶、航空航天和其他运输设备制造业	1382	297	615	813	31
铁路运输设备制造	89	24	74	39	
城市轨道交通设备制造	2	1	7		
船舶及相关装置制造	271	58	138	164	
航空、航天器及设备制造	48	7	22	1	
摩托车制造	425	68	175	349	13
自行车和残疾人座车制造	89	13	31	80	1
助动车制造	164	47	54	89	
非公路休闲车及零配件制造	272	76	112	89	17
潜水救捞及其他未列明运输设备制造	22	3	2	2	
电气机械和器材制造业	20446	4971	8688	10507	445
电机制造	2013	415	959	1225	132
输配电及控制设备制造	5067	1119	2649	3557	137
电线、电缆、光缆及电工器材制造	1077	230	654	618	39

1-H-3 续表 4

行　业	专　利 申请数 (件)	#发明专利	有　效 发　明 专利数 (件)	拥　有 注　册 商标数 (件)	形成国家 或行业 标准数 (项)
电池制造	1210	478	1136	890	14
家用电力器具制造	8517	2173	1846	2841	92
非电力家用器具制造	261	65	70	311	6
照明器具制造	2080	446	1178	924	21
其他电气机械及器材制造	221	45	196	141	4
计算机、通信和其他电子设备制造业	11756	5192	11298	5506	227
计算机制造	391	114	274	176	12
通信设备制造	4827	2974	5906	1258	21
广播电视设备制造	409	136	202	221	4
雷达及配套设备制造	18	3	7	1	
非专业视听设备制造	251	51	121	403	
智能消费设备制造	1426	268	425	1230	36
电子器件制造	1772	775	2341	743	58
电子元件及电子专用材料制造	2474	796	1900	1370	94
其他电子设备制造	188	75	122	104	2
仪器仪表制造业	3701	1295	2707	2299	237
通用仪器仪表制造	2295	796	2034	1670	141
专用仪器仪表制造	642	160	328	430	35
钟表与计时仪器制造	83	6	10	21	1
光学仪器制造	641	329	290	116	14
衡器制造	35	4	37	53	46
其他仪器仪表制造业	5		8	9	
其他制造业	541	98	209	692	28
日用杂品制造	498	95	197	656	25
其他未列明制造业	43	3	12	36	3
废弃资源综合利用业	76	10	27	5	7
金属废料和碎屑加工处理	40	7	13	3	
非金属废料和碎屑加工处理	36	3	14	2	7
金属制品、机械和设备修理业	1		4		
金属制品修理					
专用设备修理			4		
铁路、船舶、航空航天等运输设备修理	1				
电气设备修理					
其他机械和设备修理业					
电力、热力、燃气及水生产和供应业	**1529**	**654**	**1515**	**110**	**16**
电力、热力生产和供应业	1500	644	1502	105	16
电力生产	329	71	187	105	1
电力供应	1135	570	1304		15
热力生产和供应	36	3	11		
燃气生产和供应业					
燃气生产和供应业					
水的生产和供应业	29	10	13	5	
自来水生产和供应	23	7	2	1	
污水处理及其再生利用	6	3	11	4	

1-H-4　分行业大中型企业自主知识产权及相关情况

行　业	专　利申请数(件)	#发明专利	有　效发明专利数(件)	拥　有注　册商标数(件)	形成国家或行业标准数(项)
总　计	**50132**	**16325**	**35216**	**48829**	**2190**
采矿业					
黑色金属矿采选业					
铁矿采选					
有色金属矿采选业					
常用有色金属矿采选					
非金属矿采选业					
土砂石开采					
制造业	**48934**	**15737**	**33863**	**48724**	**2175**
农副食品加工业	77	36	91	506	7
谷物磨制					
饲料加工	4	2	10	150	
屠宰及肉类加工	9	7	13	168	5
水产品加工	28	7	30	34	
蔬菜、菌类、水果和坚果加工	26	15	27	154	
其他农副食品加工	10	5	11		2
食品制造业	141	80	78	814	5
焙烤食品制造	2		2	180	1
糖果、巧克力及蜜饯制造	7			10	
方便食品制造	26	9	10	21	
乳制品制造	33	11	9	230	
罐头食品制造			3	14	
调味品、发酵制品制造	4	4	6	101	
其他食品制造	69	56	48	258	4
酒、饮料和精制茶制造业	70	17	34	483	3
酒的制造	68	17	32	405	3
饮料制造	2		2	78	
精制茶加工					
烟草制品业	90	56	334	170	6
卷烟制造	90	56	334	170	6
纺织业	1968	387	833	1282	75
棉纺织及印染精加工	1305	236	426	261	31
毛纺织及染整精加工	55	14	42	82	
麻纺织及染整精加工	12	10	9		
丝绢纺织及印染精加工	113	45	50	371	2
化纤织造及印染精加工	113	27	44	74	4
针织或钩针编织物及其制品制造	82	9	55	61	1
家用纺织制成品制造	105	16	68	264	8
产业用纺织制成品制造	183	30	139	169	29
纺织服装、服饰业	589	69	182	3476	27
机织服装制造	304	39	84	2482	5
针织或钩针编织服装制造	111	14	49	210	13
服饰制造	174	16	49	784	9
皮革、毛皮、羽毛及其制品和制鞋业	405	36	126	2532	72
皮革鞣制加工	15		14	5	13
皮革制品制造	155	11	46	196	
毛皮鞣制及制品加工			4	5	4
羽毛(绒)加工及制品制造	22	1	3	30	6
制鞋业	213	24	59	2296	49
木材加工和木、竹、藤、棕、草制品业	197	63	248	1024	102

1-H-4 续表 1

行业	专利申请数(件)	#发明专利	有效发明专利数(件)	拥有注册商标数(件)	形成国家或行业标准数(项)
木材加工	49	40	91	356	69
人造板制造	37	4	20	173	4
木质制品制造	107	19	88	465	27
竹、藤、棕、草等制品制造	4		49	30	2
家具制造业	2028	291	520	2496	15
木质家具制造	461	101	49	138	3
竹、藤家具制造	2	1	2	1	
金属家具制造	471	54	138	304	7
塑料家具制造	82	4	14	34	2
其他家具制造	1012	131	317	2019	3
造纸和纸制品业	361	117	222	442	16
造纸	173	59	146	66	8
纸制品制造	188	58	76	376	8
印刷和记录媒介复制业	208	71	155	289	11
印刷	208	71	155	289	11
文教、工美、体育和娱乐用品制造业	1438	139	347	2740	42
文教办公用品制造	435	27	54	1364	24
乐器制造	59	10	4	33	1
工艺美术及礼仪用品制造	389	39	95	618	6
体育用品制造	186	33	100	330	1
玩具制造	276	14	31	179	3
游艺器材及娱乐用品制造	93	16	63	216	7
石油、煤炭及其他燃料加工业	16	12	96		
精炼石油产品制造	16	12	96		
化学原料和化学制品制造业	760	540	2224	4353	154
基础化学原料制造	174	121	837	305	26
肥料制造	9	9	15	1	
农药制造	97	83	196	1082	12
涂料、油墨、颜料及类似产品制造	71	51	350	123	18
合成材料制造	228	143	318	210	16
专用化学产品制造	99	88	355	242	32
炸药、火工及焰火产品制造	19	5	14	2	
日用化学产品制造	63	40	139	2388	50
医药制造业	692	439	2475	4068	74
化学药品原料药制造	243	224	1279	835	24
化学药品制剂制造	142	119	651	1832	16
中药饮片加工			5		
中成药生产	78	30	212	631	14
生物药品制品制造	50	22	245	449	19
卫生材料及医药用品制造	138	42	75	320	1
药用辅料及包装材料	41	2	8	1	
化学纤维制造业	303	90	303	137	14
纤维素纤维原料及纤维制造	13	8	14		
合成纤维制造	290	82	289	137	14
橡胶和塑料制品业	1001	312	672	1465	114
橡胶制品业	196	79	156	696	43
塑料制品业	805	233	516	769	71
非金属矿物制品业	532	295	384	645	27
水泥、石灰和石膏制造					
石膏、水泥制品及类似制品制造	53	6	32	60	2
砖瓦、石材等建筑材料制造	34	13	42	7	1

1-H-4　续表 2

行　业	专利申请数(件)	#发明专利	有效发明专利数(件)	拥有注册商标数(件)	形成国家或行业标准数(项)
玻璃制造	36	12	16	58	7
玻璃制品制造	74	11	43	80	3
玻璃纤维和玻璃纤维增强塑料制品制造	189	157	124	302	3
陶瓷制品制造	55	32	45	109	
耐火材料制品制造	8	6	15	20	7
石墨及其他非金属矿物制品制造	83	58	67	9	4
黑色金属冶炼和压延加工业	205	59	247	52	14
炼钢	6	1	18		
钢压延加工	191	56	225	51	14
铁合金冶炼	8	2	4	1	
有色金属冶炼和压延加工业	295	104	324	522	25
常用有色金属冶炼	16	2	13	3	3
贵金属冶炼			3		
有色金属合金制造	20	15	94	61	
有色金属压延加工	259	87	214	458	22
金属制品业	1814	330	962	1854	94
结构性金属制品制造	198	41	151	184	11
金属工具制造	287	71	164	433	27
集装箱及金属包装容器制造	80	22	55	9	2
金属丝绳及其制品制造	14	2	8		
建筑、安全用金属制品制造	453	61	187	336	16
金属表面处理及热处理加工	22	21	6	7	2
搪瓷制品制造	31	11	8	9	13
金属制日用品制造	477	45	168	758	14
铸造及其他金属制品制造	252	56	215	118	9
通用设备制造业	5468	1485	3500	4797	429
锅炉及原动设备制造	161	59	102	25	7
金属加工机械制造	379	103	279	295	9
物料搬运设备制造	963	264	578	1242	108
泵、阀门、压缩机及类似机械制造	1169	254	653	1310	129
轴承、齿轮和传动部件制造	552	135	336	379	52
烘炉、风机、包装等设备制造	1351	282	1133	1242	91
文化、办公用机械制造	159	26	26	73	3
通用零部件制造	226	65	335	161	20
其他通用设备制造业	508	297	58	70	10
专用设备制造业	2598	835	1577	1592	129
采矿、冶金、建筑专用设备制造	80	39	128	38	11
化工、木材、非金属加工专用设备制造	629	201	512	207	14
食品、饮料、烟草及饲料生产专用设备制造	18	9	18	32	2
印刷、制药、日化及日用品生产专用设备制造	108	17	38	22	1
纺织、服装和皮革加工专用设备制造	536	198	275	362	13
电子和电工机械专用设备制造	94	32	57	16	6
农、林、牧、渔专用机械制造	309	108	264	111	5
医疗仪器设备及器械制造	463	96	219	707	54
环保、邮政、社会公共服务及其他专用设备制造	361	135	66	97	23
汽车制造业	3438	948	1814	1320	64
汽车整车制造	257	65	44	74	
汽车用发动机制造	169	58	57	11	
汽车车身、挂车制造	300	73	162	95	27
汽车零部件及配件制造	2712	752	1551	1140	37
铁路、船舶、航空航天和其他运输设备制造业	526	116	229	356	29

1-H-4 续表 3

行业	专利申请数（件）	#发明专利	有效发明专利数（件）	拥有注册商标数（件）	形成国家或行业标准数（项）
铁路运输设备制造	17	10	25	14	
船舶及相关装置制造	94	14	42	14	
航空、航天器及设备制造	3	1	3		
摩托车制造	240	46	98	197	12
自行车和残疾人座车制造	23	3	19	52	
助动车制造	65	18	33	71	
非公路休闲车及零配件制造	84	24	9	8	17
电气机械和器材制造业	12849	3449	4813	6298	314
电机制造	1163	228	679	490	111
输配电及控制设备制造	2250	554	1228	2057	76
电线、电缆、光缆及电工器材制造	261	89	254	117	29
电池制造	711	337	895	794	11
家用电力器具制造	7362	1934	1315	2187	78
非电力家用器具制造	56	10	11	57	
照明器具制造	948	281	388	496	7
其他电气机械及器材制造	98	16	43	100	2
计算机、通信和其他电子设备制造业	8592	4436	9412	3295	179
计算机制造	107	10	43	58	1
通信设备制造	4383	2866	5672	1044	8
广播电视设备制造	297	128	161	120	4
非专业视听设备制造	59	13	6	183	
智能消费设备制造	1130	219	272	394	30
电子器件制造	1236	649	1889	547	58
电子元件及电子专用材料制造	1332	540	1323	923	78
其他电子设备制造	48	11	46	26	
仪器仪表制造业	1966	855	1493	1297	110
通用仪器仪表制造	1030	473	1081	840	81
专用仪器仪表制造	304	64	178	310	24
钟表与计时仪器制造	70	2	4	7	1
光学仪器制造	553	314	228	96	4
衡器制造	9	2	2	44	
其他仪器仪表制造业					
其他制造业	276	69	159	418	17
日用杂品制造	248	68	154	418	17
其他未列明制造业	28	1	5		
废弃资源综合利用业	31	1	9	1	7
金属废料和碎屑加工处理	16	1	7		
非金属废料和碎屑加工处理	15		2	1	7
金属制品、机械和设备修理业					
铁路、船舶、航空航天等运输设备修理					
电力、热力、燃气及水生产和供应业	**1198**	**588**	**1353**	**105**	**15**
电力、热力生产和供应业	1182	584	1353	104	15
电力生产	139	46	89	104	
电力供应	1043	538	1264		15
热力生产和供应					
燃气生产和供应业					
燃气生产和供应业					
水的生产和供应业	16	4		1	
自来水生产和供应	16	4		1	
污水处理及其再生利用					

1-H-5　分行业内资企业自主知识产权及相关情况

行　业	专　利申请数(件)	#发明专利	有　效发　明专利数(件)	拥　有注　册商标数(件)	形成国家或行业标准数(项)
总　计	**83594**	**22070**	**47525**	**66555**	**3228**
采矿业	**13**	**1**	**12**	**1**	**1**
煤炭开采和洗选业					
其他煤炭采选					
黑色金属矿采选业					
铁矿采选					
有色金属矿采选业	8		8		
常用有色金属矿采选					
稀有稀土金属矿采选	8		8		
非金属矿采选业	5	1	4	1	1
土砂石开采	5	1	4	1	1
化学矿开采					
石棉及其他非金属矿采选					
制造业	**82080**	**21419**	**46000**	**66444**	**3211**
农副食品加工业	309	121	221	1180	19
谷物磨制	5			10	
饲料加工	86	38	52	389	3
植物油加工	14	2	20	29	
制糖业					
屠宰及肉类加工	38	19	30	195	8
水产品加工	68	21	44	119	1
蔬菜、菌类、水果和坚果加工	75	31	53	286	5
其他农副食品加工	23	10	22	152	2
食品制造业	277	136	254	1381	9
焙烤食品制造	5	3	5	186	1
糖果、巧克力及蜜饯制造	10	3	5	18	
方便食品制造	40	9	13	22	
乳制品制造	34	11	9	247	
罐头食品制造	14	7	10	79	4
调味品、发酵制品制造	11	8	29	113	1
其他食品制造	163	95	183	716	3
酒、饮料和精制茶制造业	186	39	165	776	9
酒的制造	69	16	71	609	2
饮料制造	53	15	5	31	
精制茶加工	64	8	89	136	7
烟草制品业	90	56	334	170	6
卷烟制造	90	56	334	170	6
纺织业	4300	831	1398	1686	112
棉纺织及印染精加工	1746	339	520	293	52
毛纺织及染整精加工	261	32	87	86	1
麻纺织及染整精加工	20	6	5	1	
丝绢纺织及印染精加工	173	47	84	190	17
化纤织造及印染精加工	826	124	133	112	6
针织或钩针编织物及其制品制造	354	98	140	112	5

1-H-5 续表 1

行业	专利申请数（件）	#发明专利	有效发明专利数（件）	拥有注册商标数（件）	形成国家或行业标准数（项）
家用纺织制成品制造	284	56	105	464	8
产业用纺织制成品制造	636	129	324	428	23
纺织服装、服饰业	1182	171	348	3580	65
机织服装制造	482	75	114	2349	6
针织或钩针编织服装制造	339	35	142	306	14
服饰制造	361	61	92	925	45
皮革、毛皮、羽毛及其制品和制鞋业	715	129	237	2991	72
皮革鞣制加工	40	12	37	13	13
皮革制品制造	298	57	94	335	
毛皮鞣制及制品加工	59	22	6	4	2
羽毛(绒)加工及制品制造	29	3	4	66	6
制鞋业	289	35	96	2573	51
木材加工和木、竹、藤、棕、草制品业	656	214	375	1134	104
木材加工	78	44	96	356	69
人造板制造	118	28	38	203	4
木质制品制造	333	101	140	411	29
竹、藤、棕、草等制品制造	127	41	101	164	2
家具制造业	2122	401	656	2572	14
木质家具制造	744	146	98	495	6
竹、藤家具制造	16	2	2	2	
金属家具制造	597	75	244	319	4
塑料家具制造	179	67	46	42	3
其他家具制造	586	111	266	1714	1
造纸和纸制品业	1010	258	367	598	16
纸浆制造					
造纸	400	129	230	81	5
纸制品制造	610	129	137	517	11
印刷和记录媒介复制业	424	114	264	363	11
印刷	420	112	264	362	11
装订及印刷相关服务	4	2		1	
文教、工美、体育和娱乐用品制造业	2330	349	728	3313	32
文教办公用品制造	624	57	116	1457	16
乐器制造	78	14	22	39	1
工艺美术及礼仪用品制造	633	99	212	912	8
体育用品制造	400	96	164	208	1
玩具制造	444	50	95	396	
游艺器材及娱乐用品制造	151	33	119	301	6
石油、煤炭及其他燃料加工业	51	15	126	23	
精炼石油产品制造	51	15	126	23	
煤炭加工					
生物质燃料加工					
化学原料和化学制品制造业	2537	1253	4081	6327	283
基础化学原料制造	401	207	1070	365	47
肥料制造	16	11	37	13	
农药制造	172	118	301	1875	15

1-H-5　续表 2

行　业	专利申请数(件)	#发明专利	有效发明专利数(件)	拥有注册商标数(件)	形成国家或行业标准数(项)
涂料、油墨、颜料及类似产品制造	396	194	642	361	64
合成材料制造	697	314	863	540	34
专用化学产品制造	666	324	911	543	76
炸药、火工及焰火产品制造	24	5	26	4	
日用化学产品制造	165	80	231	2626	47
医药制造业	1253	605	2714	5123	107
化学药品原料药制造	326	243	1300	888	25
化学药品制剂制造	210	125	588	2221	18
中药饮片加工	44	17	73	83	1
中成药生产	106	56	239	882	20
兽用药品制造	37	13	35	118	2
生物药品制品制造	109	57	225	394	25
卫生材料及医药用品制造	297	87	189	520	15
药用辅料及包装材料	124	7	65	17	1
化学纤维制造业	508	148	379	216	27
纤维素纤维原料及纤维制造	19	12	6	11	
合成纤维制造	484	134	367	193	23
生物基材料制造	5	2	6	12	4
橡胶和塑料制品业	3174	684	1495	2138	157
橡胶制品业	321	97	170	277	58
塑料制品业	2853	587	1325	1861	99
非金属矿物制品业	2080	691	1059	896	52
水泥、石灰和石膏制造	89	20	26	21	
石膏、水泥制品及类似制品制造	486	107	156	109	12
砖瓦、石材等建筑材料制造	318	85	180	115	5
玻璃制造	93	27	42	39	1
玻璃制品制造	264	39	94	181	3
玻璃纤维和玻璃纤维增强塑料制品制造	314	187	157	335	12
陶瓷制品制造	130	62	59	22	1
耐火材料制品制造	195	67	199	55	13
石墨及其他非金属矿物制品制造	191	97	146	19	5
黑色金属冶炼和压延加工业	531	127	316	97	14
炼钢	6	1	18		
钢压延加工	513	121	278	95	14
铁合金冶炼	12	5	20	2	
有色金属冶炼和压延加工业	546	116	421	468	52
常用有色金属冶炼	61	13	26	7	3
贵金属冶炼			3		
稀有稀土金属冶炼				2	
有色金属合金制造	111	27	123	54	1
有色金属压延加工	374	76	269	405	48
金属制品业	4081	741	1946	2575	145
结构性金属制品制造	559	119	331	303	20
金属工具制造	563	94	305	596	45
集装箱及金属包装容器制造	198	34	107	22	10

1-H-5 续表 3

行业	专利申请数（件）	#发明专利	有效发明专利数（件）	拥有注册商标数（件）	形成国家或行业标准数（项）
金属丝绳及其制品制造	53	1	28	11	2
建筑、安全用金属制品制造	960	169	418	1036	24
金属表面处理及热处理加工	149	61	50	13	3
搪瓷制品制造	46	11	9	34	13
金属制日用品制造	887	84	209	384	15
铸造及其他金属制品制造	666	168	489	176	13
通用设备制造业	11092	2723	6124	7160	587
锅炉及原动设备制造	300	104	179	63	5
金属加工机械制造	1075	256	710	604	20
物料搬运设备制造	1462	366	802	1247	116
泵、阀门、压缩机及类似机械制造	2487	509	1418	2228	199
轴承、齿轮和传动部件制造	1442	290	634	600	83
烘炉、风机、包装等设备制造	2323	516	1683	1769	115
文化、办公用机械制造	371	78	107	259	4
通用零部件制造	819	198	328	266	26
其他通用设备制造业	813	406	263	124	19
专用设备制造业	6235	1649	3792	2887	211
采矿、冶金、建筑专用设备制造	353	90	413	119	18
化工、木材、非金属加工专用设备制造	1158	316	888	392	17
食品、饮料、烟草及饲料生产专用设备制造	173	45	92	84	17
印刷、制药、日化及日用品生产专用设备制造	534	106	252	95	19
纺织、服装和皮革加工专用设备制造	942	214	387	337	31
电子和电工机械专用设备制造	317	116	244	71	10
农、林、牧、渔专用机械制造	399	117	228	365	11
医疗仪器设备及器械制造	802	176	452	931	48
环保、邮政、社会公共服务及其他专用设备制造	1557	469	836	493	40
汽车制造业	5693	1356	2622	1769	201
汽车整车制造	298	83	50	78	1
汽车用发动机制造	98	38	108	16	
改装汽车制造	43	8	22	25	1
汽车车身、挂车制造	345	84	183	99	27
汽车零部件及配件制造	4909	1143	2259	1551	172
铁路、船舶、航空航天和其他运输设备制造业	1286	261	577	733	31
铁路运输设备制造	89	24	74	39	
城市轨道交通设备制造	2	1	7		
船舶及相关装置制造	252	50	120	152	
航空、航天器及设备制造	48	7	22	1	
摩托车制造	408	68	175	345	13
自行车和残疾人座车制造	89	13	31	80	1
助动车制造	106	21	34	25	
非公路休闲车及零配件制造	272	76	112	89	17
潜水救捞及其他未列明运输设备制造	20	1	2	2	
电气机械和器材制造业	18063	4305	7121	9401	407
电机制造	1620	333	784	1002	117
输配电及控制设备制造	4489	931	2334	3417	130

1-H-5　续表 4

行　业	专利申请数(件)	#发明专利	有效发明专利数(件)	拥有注册商标数(件)	形成国家或行业标准数(项)
电线、电缆、光缆及电工器材制造	923	192	561	587	34
电池制造	616	232	497	322	9
家用电力器具制造	8174	2118	1656	2738	86
非电力家用器具制造	250	64	67	303	6
照明器具制造	1782	397	1069	892	21
其他电气机械及器材制造	209	38	153	140	4
计算机、通信和其他电子设备制造业	7832	2834	5441	4524	209
计算机制造	254	92	113	101	11
通信设备制造	1925	992	1532	791	18
广播电视设备制造	295	110	152	173	4
雷达及配套设备制造	14	3	7	1	
非专业视听设备制造	163	28	60	236	
智能消费设备制造	1378	262	415	1228	36
电子器件制造	1391	542	1289	564	45
电子元件及电子专用材料制造	2266	735	1762	1326	93
其他电子设备制造	146	70	111	104	2
仪器仪表制造业	2993	1003	2265	1862	225
通用仪器仪表制造	2093	712	1826	1469	135
专用仪器仪表制造	505	125	258	259	32
钟表与计时仪器制造	74	5	7	7	1
光学仪器制造	285	157	129	72	11
衡器制造	35	4	37	53	46
其他仪器仪表制造业	1		8	2	
其他制造业	451	79	147	496	27
日用杂品制造	425	77	138	460	24
其他未列明制造业	26	2	9	36	3
废弃资源综合利用业	72	10	27	5	7
金属废料和碎屑加工处理	36	7	13	3	
非金属废料和碎屑加工处理	36	3	14	2	7
金属制品、机械和设备修理业	1				
金属制品修理					
铁路、船舶、航空航天等运输设备修理	1				
电气设备修理					
其他机械和设备修理业					
电力、热力、燃气及水生产和供应业	**1501**	**650**	**1513**	**110**	**16**
电力、热力生产和供应业	1472	640	1500	105	16
电力生产	301	67	185	105	1
电力供应	1135	570	1304		15
热力生产和供应	36	3	11		
燃气生产和供应业					
燃气生产和供应业					
水的生产和供应业	29	10	13	5	
自来水生产和供应	23	7	2	1	
污水处理及其再生利用	6	3	11	4	

1-H-6 分行业港澳台商投资企业自主知识产权及相关情况

行业	专利申请数(件)	#发明专利	有效发明专利数(件)	拥有注册商标数(件)	形成国家或行业标准数(项)
总计	**9774**	**3944**	**8799**	**5775**	**227**
采矿业					
黑色金属矿采选业					
铁矿采选					
有色金属矿采选业					
常用有色金属矿采选					
非金属矿采选业					
土砂石开采					
制造业	**9766**	**3942**	**8797**	**5775**	**227**
农副食品加工业	12	6	2	56	
谷物磨制					
饲料加工	8	2	1		
植物油加工					
屠宰及肉类加工	4	4	1	56	
水产品加工					
蔬菜、菌类、水果和坚果加工					
其他农副食品加工					
食品制造业	19	11	26	669	
焙烤食品制造					
糖果、巧克力及蜜饯制造					
方便食品制造	2	2		16	
调味品、发酵制品制造					
其他食品制造	17	9	26	653	
酒、饮料和精制茶制造业	1				
酒的制造					
饮料制造	1				
精制茶加工					
烟草制品业	1		6		
其他烟草制品制造	1		6		
纺织业	620	132	348	367	25
棉纺织及印染精加工	454	77	197	184	12
毛纺织及染整精加工	9	9	13		
麻纺织及染整精加工	20	8	9		
丝绢纺织及印染精加工	17	3	23		
化纤织造及印染精加工	33	13	60	89	4
针织或钩针编织物及其制品制造	40	16	23	53	
家用纺织制成品制造	16	3	6		
产业用纺织制成品制造	31	3	17	41	9
纺织服装、服饰业	83	19	60	492	
机织服装制造	29	5	27	374	
针织或钩针编织服装制造	32	3	13	83	
服饰制造	22	11	20	35	
皮革、毛皮、羽毛及其制品和制鞋业	102	18	11	15	5
皮革鞣制加工			1	1	
皮革制品制造	36	10	1	5	
毛皮鞣制及制品加工			4	5	4

1-H-6　续表 1

行　业	专利申请数(件)	#发明专利	有效发明专利数(件)	拥有注册商标数(件)	形成国家或行业标准数(项)
羽毛(绒)加工及制品制造	13	3		1	
制鞋业	53	5	5	3	1
木材加工和木、竹、藤、棕、草制品业	1		15	5	
木材加工					
人造板制造	1		15	5	
木质制品制造					
竹、藤、棕、草等制品制造					
家具制造业	71	5	30	34	4
木质家具制造	25	2	10	22	1
竹、藤家具制造					
金属家具制造	43	3	16	12	3
塑料家具制造					
其他家具制造	3		4		
造纸和纸制品业	77	27	29	39	2
造纸	28	8	23	14	1
纸制品制造	49	19	6	25	1
印刷和记录媒介复制业	56	18	36	21	6
印刷	56	18	36	21	6
文教、工美、体育和娱乐用品制造业	206	31	132	166	7
文教办公用品制造	11	4	11	38	
乐器制造					
工艺美术及礼仪用品制造	102	8	38	12	
体育用品制造	23	7	44		
玩具制造	33	2	16	97	3
游艺器材及娱乐用品制造	37	10	23	19	4
石油、煤炭及其他燃料加工业	23	3	4	6	
精炼石油产品制造	23	3	4	6	
化学原料和化学制品制造业	195	83	242	248	18
基础化学原料制造	11	5	9	2	5
农药制造	11	5	20	29	3
涂料、油墨、颜料及类似产品制造	54	37	124	22	3
合成材料制造	3	1	21	3	
专用化学产品制造	86	23	57	36	
日用化学产品制造	30	12	11	156	7
医药制造业	69	45	176	144	
化学药品原料药制造	12	12	47	1	
化学药品制剂制造					
中成药生产	26	10	68	127	
生物药品制品制造	8	6	28	13	
卫生材料及医药用品制造	11	5	11	3	
药用辅料及包装材料	12	12	22		
化学纤维制造业	45	16	34	16	2
纤维素纤维原料及纤维制造	13	8	14		
合成纤维制造	32	8	20	16	2
橡胶和塑料制品业	408	162	199	684	7
橡胶制品业	85	38	57	592	4
塑料制品业	323	124	142	92	3

1-H-6 续表 2

行业	专利申请数（件）	#发明专利	有效发明专利数（件）	拥有注册商标数（件）	形成国家或行业标准数（项）
非金属矿物制品业	41	10	91	110	
石膏、水泥制品及类似制品制造			15		
砖瓦、石材等建筑材料制造					
玻璃制造					
玻璃制品制造			26	3	
玻璃纤维和玻璃纤维增强塑料制品制造	17	1	9		
陶瓷制品制造	24	9	41	107	
石墨及其他非金属矿物制品制造					
黑色金属冶炼和压延加工业	38	6	26	1	
钢压延加工	38	6	26	1	
有色金属冶炼和压延加工业	17	17	58	74	3
常用有色金属冶炼					
有色金属合金制造	9	9	38	43	
有色金属压延加工	8	8	20	31	3
金属制品业	295	59	228	187	15
结构性金属制品制造	5	2	25	7	
金属工具制造	16	7	22	35	
集装箱及金属包装容器制造	15		7	3	
金属丝绳及其制品制造	7	2	17		
建筑、安全用金属制品制造	123	24	40	42	15
金属表面处理及热处理加工			3	8	
搪瓷制品制造					
金属制日用品制造	39	12	66	19	
铸造及其他金属制品制造	90	12	48	73	
通用设备制造业	910	219	563	465	56
锅炉及原动设备制造	38	17	25	12	5
金属加工机械制造	120	35	102	11	
物料搬运设备制造	118	29	101	17	3
泵、阀门、压缩机及类似机械制造	335	65	156	274	45
轴承、齿轮和传动部件制造	66	15	49	7	
烘炉、风机、包装等设备制造	134	37	74	78	1
文化、办公用机械制造	18	4	3		
通用零部件制造	81	17	53	66	2
专用设备制造业	871	266	655	239	26
采矿、冶金、建筑专用设备制造	29	5	16		
化工、木材、非金属加工专用设备制造	322	96	196	18	6
食品、饮料、烟草及饲料生产专用设备制造	13	3	2		
印刷、制药、日化及日用品生产专用设备制造	25	2	8	25	5
纺织、服装和皮革加工专用设备制造	40	11	28	13	2
电子和电工机械专用设备制造	27	7	13	13	10
农、林、牧、渔专用机械制造	218	73	192	28	1
医疗仪器设备及器械制造	50	15	62	100	
环保、邮政、社会公共服务及其他专用设备制造	147	54	138	42	2
汽车制造业	629	197	404	259	11
汽车整车制造			4		
汽车用发动机制造	10	1	5		
汽车车身、挂车制造	12	3	13	4	
汽车零部件及配件制造	607	193	382	255	11

1-H-6 续表 3

行业	专利申请数(件)	#发明专利	有效发明专利数(件)	拥有注册商标数(件)	形成国家或行业标准数(项)
铁路、船舶、航空航天和其他运输设备制造业	41	12	20	57	
船舶及相关装置制造					
摩托车制造					
自行车和残疾人座车制造					
助动车制造	41	12	20	57	
电气机械和器材制造业	1173	291	439	569	16
电机制造	175	41	76	212	6
输配电及控制设备制造	334	137	102	49	
电线、电缆、光缆及电工器材制造	81	31	58	27	5
电池制造	159	35	52	205	
家用电力器具制造	207	25	82	46	5
非电力家用器具制造	4	1	2	2	
照明器具制造	206	19	54	27	
其他电气机械及器材制造	7	2	13	1	
计算机、通信和其他电子设备制造业	3295	2096	4685	527	15
计算机制造	85	16	128	14	1
通信设备制造	2834	1975	4342	449	3
广播电视设备制造	90	24	39	3	
雷达及配套设备制造	4				
非专业视听设备制造	23	2	24	5	
智能消费设备制造	26	4	8	2	
电子器件制造	100	31	98	27	11
电子元件及电子专用材料制造	133	44	46	27	
其他电子设备制造					
仪器仪表制造业	413	178	230	184	8
通用仪器仪表制造	57	7	70	121	5
专用仪器仪表制造					
钟表与计时仪器制造	9	1	3	14	
光学仪器制造	343	170	157	42	3
其他仪器仪表制造业	4			7	
其他制造业	54	15	48	141	1
日用杂品制造	54	15	48	141	1
废弃资源综合利用业					
金属废料和碎屑加工处理					
金属制品、机械和设备修理业					
铁路、船舶、航空航天等运输设备修理					
电力、热力、燃气及水生产和供应业	**8**	**2**	**2**		
电力、热力生产和供应业	8	2	2		
电力生产	8	2	2		
热力生产和供应					
燃气生产和供应业					
燃气生产和供应业					
水的生产和供应业					
自来水生产和供应					
污水处理及其再生利用					

1-H-7　分行业外商投资企业自主知识产权及相关情况

行　业	专　利申请数(件)	#发明专利	有　效发　明专利数(件)	拥　有注　册商标数(件)	形成国家或行业标准数(项)
总　　计	**6886**	**1984**	**6017**	**6180**	**129**
采矿业	**8**	**2**	**2**		
黑色金属矿采选业					
铁矿采选					
有色金属矿采选业					
常用有色金属矿采选					
非金属矿采选业	8	2	2		
土砂石开采	8	2	2		
制造业	**6858**	**1980**	**6015**	**6180**	**129**
农副食品加工业	15	4	26	15	
饲料加工					
植物油加工					
屠宰及肉类加工					
水产品加工	5	3	25	14	
蔬菜、菌类、水果和坚果加工	4		1	1	
其他农副食品加工	6	1			
食品制造业	29	7	14	180	11
焙烤食品制造					
糖果、巧克力及蜜饯制造					
方便食品制造					
乳制品制造	7	2	1	52	
罐头食品制造	1	1	3	14	
调味品、发酵制品制造	11	1		1	
其他食品制造	10	3	10	113	11
酒、饮料和精制茶制造业	22	3	10	80	2
酒的制造	**3**	**1**	**7**	**2**	**1**
饮料制造	19	2	3	78	1
精制茶加工					
纺织业	227	33	118	416	2
棉纺织及印染精加工	73	9	27	15	
毛纺织及染整精加工			2		
麻纺织及染整精加工			4		
丝绢纺织及印染精加工	29	7	20	366	2
化纤织造及印染精加工	11	2	12	5	
针织或钩针编织物及其制品制造	14	4	4		
家用纺织制成品制造	20	4	35	16	
产业用纺织制成品制造	80	7	14	14	
纺织服装、服饰业	39	12	12	107	
机织服装制造	9	3	3	97	
针织或钩针编织服装制造	18	3	4	3	
服饰制造	12	6	5	7	
皮革、毛皮、羽毛及其制品和制鞋业	36	2	16	12	
皮革鞣制加工	5		7		
皮革制品制造	30	2	9		
毛皮鞣制及制品加工					
羽毛(绒)加工及制品制造					
制鞋业	1			12	
木材加工和木、竹、藤、棕、草制品业	13	3	43	114	

1-H-7　续表 1

行　　业	专　利 申请数 (件)	#发明专利	有　效 发　明 专利数 (件)	拥　有 注　册 商标数 (件)	形成国家 或行业 标准数 (项)
木材加工					
人造板制造				3	
木质制品制造	13	3	43	111	
竹、藤、棕、草等制品制造					
家具制造业	697	46	120	458	2
木质家具制造	111	10	18	3	
金属家具制造	45	3	26	2	
塑料家具制造					
其他家具制造	541	33	76	453	2
造纸和纸制品业	31	6	17	13	5
造纸	12	1	11	10	3
纸制品制造	19	5	6	3	2
印刷和记录媒介复制业	38	11	13		
印刷	33	11	12		
装订及印刷相关服务	5		1		
文教、工美、体育和娱乐用品制造业	197	28	80	796	10
文教办公用品制造	60	2	18	37	10
乐器制造					
工艺美术及礼仪用品制造	21	3	4	4	
体育用品制造	22	7	45	322	
玩具制造	94	16	12	427	
游艺器材及娱乐用品制造			1	6	
石油、煤炭及其他燃料加工业					
精炼石油产品制造					
化学原料和化学制品制造业	219	114	349	368	19
基础化学原料制造	15	6	36	1	1
农药制造	13	5	11	39	
涂料、油墨、颜料及类似产品制造	27	13	73	56	4
合成材料制造	65	46	28	10	
专用化学产品制造	84	44	170	183	14
日用化学产品制造	15		31	79	
医药制造业	120	51	398	459	1
化学药品原料药制造	20	10	42	2	
化学药品制剂制造	18	18	175	89	1
中药饮片加工	5	5	30		
中成药生产					
兽用药品制造			8	113	
生物药品制品制造	23	13	133	250	
卫生材料及医药用品制造	12	1	1	5	
药用辅料及包装材料	42	4	9		
化学纤维制造业	35	11	27	13	1
纤维素纤维原料及纤维制造					
合成纤维制造	35	11	27	13	1
橡胶和塑料制品业	115	25	54	55	2
橡胶制品业	15	4	9	7	1
塑料制品业	100	21	45	48	1
非金属矿物制品业	122	38	70	61	7
水泥、石灰和石膏制造					
石膏、水泥制品及类似制品制造	5	5	4		

1-H-7 续表 2

行业	专利申请数(件)	#发明专利	有效发明专利数(件)	拥有注册商标数(件)	形成国家或行业标准数(项)
砖瓦、石材等建筑材料制造	2	2	1	3	
玻璃制造	18	7	2	51	6
玻璃制品制造	38		17	3	1
玻璃纤维和玻璃纤维增强塑料制品制造	35	11	23		
陶瓷制品制造	15	10	20	3	
耐火材料制品制造	7	1	3	1	
石墨及其他非金属矿物制品制造	2	2			
黑色金属冶炼和压延加工业	15	4	45	1	2
钢压延加工	15	4	45	1	2
有色金属冶炼和压延加工业	185	47	47	91	2
常用有色金属冶炼					
有色金属合金制造	23	4	15	2	1
有色金属压延加工	162	43	32	89	1
金属制品业	191	45	142	546	3
结构性金属制品制造	6	1	1	4	
金属工具制造	43	26	73	22	2
集装箱及金属包装容器制造	1				
金属丝绳及其制品制造					
建筑、安全用金属制品制造	65	5	13	34	
金属表面处理及热处理加工					
搪瓷制品制造					
金属制日用品制造	53	6	47	485	
铸造及其他金属制品制造	23	7	8	1	1
通用设备制造业	1067	304	832	397	14
锅炉及原动设备制造	43	15	10	8	1
金属加工机械制造	163	38	59	7	1
物料搬运设备制造	204	62	160	179	
泵、阀门、压缩机及类似机械制造	116	31	73	21	8
轴承、齿轮和传动部件制造	100	23	59	17	
烘炉、风机、包装等设备制造	170	41	136	95	2
文化、办公用机械制造	10	4	30	22	
通用零部件制造	227	83	294	33	2
其他通用设备制造业	34	7	11	15	
专用设备制造业	552	230	637	468	16
采矿、冶金、建筑专用设备制造	7	2	4		
化工、木材、非金属加工专用设备制造	90	30	88	37	7
食品、饮料、烟草及饲料生产专用设备制造					
印刷、制药、日化及日用品生产专用设备制造	5		4		
纺织、服装和皮革加工专用设备制造	242	115	182	241	2
电子和电工机械专用设备制造	11	2	5		
农、林、牧、渔专用机械制造	15	4	16		
医疗仪器设备及器械制造	156	72	328	169	7
环保、邮政、社会公共服务及其他专用设备制造	26	5	10	21	
汽车制造业	664	177	397	207	1
汽车整车制造	14		50		
汽车用发动机制造	104	40	10		
改装汽车制造	3		3		
汽车车身、挂车制造					
汽车零部件及配件制造	543	137	334	207	1

1-H-7　续表 3

行　业	专　利申请数(件)	#发明专利	有　效发　明专利数(件)	拥　有注　册商标数(件)	形成国家或行业标准数(项)
铁路、船舶、航空航天和其他运输设备制造业	55	24	18	23	
船舶及相关装置制造	19	8	18	12	
摩托车制造	17			4	
自行车和残疾人座车制造					
助动车制造	17	14		7	
潜水救捞及其他未列明运输设备制造	2	2			
电气机械和器材制造业	1210	375	1128	537	22
电机制造	218	41	99	11	9
输配电及控制设备制造	244	51	213	91	7
电线、电缆、光缆及电工器材制造	73	7	35	4	
电池制造	435	211	587	363	5
家用电力器具制造	136	30	108	57	1
非电力家用器具制造	7		1	6	
照明器具制造	92	30	55	5	
其他电气机械及器材制造	5	5	30		
计算机、通信和其他电子设备制造业	629	262	1172	455	3
计算机制造	52	6	33	61	
通信设备制造	68	7	32	18	
广播电视设备制造	24	2	11	45	
非专业视听设备制造	65	21	37	162	
智能消费设备制造	22	2	2		
电子器件制造	281	202	954	152	2
电子元件及电子专用材料制造	75	17	92	17	1
其他电子设备制造	42	5	11		
仪器仪表制造业	295	114	212	253	4
通用仪器仪表制造	145	77	138	80	1
专用仪器仪表制造	137	35	70	171	3
钟表与计时仪器制造					
光学仪器制造	13	2	4	2	
衡器制造					
其他制造业	36	4	14	55	
日用杂品制造	19	3	11	55	
其他未列明制造业	17	1	3		
废弃资源综合利用业	4				
金属废料和碎屑加工处理	4				
非金属废料和碎屑加工处理					
金属制品、机械和设备修理业			4		
专用设备修理			4		
铁路、船舶、航空航天等运输设备修理					
电力、热力、燃气及水生产和供应业	**20**	**2**			
电力、热力生产和供应业	20	2			
电力生产	20	2			
热力生产和供应					
燃气生产和供应业					
燃气生产和供应业					
水的生产和供应业					
自来水生产和供应					
污水处理及其再生利用					

1-H-8 分地区企业自主知识产权及相关情况

地 区	专 利申请数(件)	#发明专利	有效发明专利数(件)	拥有注册商标数(件)	形成国家或行业标准数(项)
全 省	**100254**	**27998**	**62341**	**78510**	**3584**
杭州市	20267	7098	18048	15917	878
宁波市	21468	6355	12818	12973	356
温州市	9230	1612	4030	10030	392
嘉兴市	13286	3316	5404	7379	238
湖州市	7081	2528	6263	5197	305
绍兴市	9991	2303	4560	6360	365
金华市	7058	1608	3267	8029	381
衢州市	1649	493	831	826	107
舟山市	439	111	269	244	6
台州市	6945	1723	4658	9057	515
丽水市	1847	340	954	2498	26

1-H-9 分地区大中型企业自主知识产权及相关情况

地 区	专 利申请数(件)	#发明专利	有效发明专利数(件)	拥有注册商标数(件)	形成国家或行业标准数(项)
全 省	**50132**	**16325**	**35216**	**48829**	**2190**
杭州市	12549	5388	12330	10238	522
宁波市	12131	4025	7159	7300	207
温州市	3515	702	1820	6753	251
嘉兴市	4502	1290	2460	4157	172
湖州市	2557	959	2314	3384	204
绍兴市	5875	1205	2631	4515	246
金华市	2987	885	1521	4115	182
衢州市	455	181	328	448	59
舟山市	233	56	134	92	6
台州市	3748	1041	3025	6072	313
丽水市	587	82	255	1755	13

1-H-10　分地区内资企业自主知识产权及相关情况

地　区	专　利 申请数 (件)	#发明专利	有效发明 专 利 数 (件)	拥有注册 商 标 数 (件)	形成国家或 行业标准数 (项)
全　省	**83594**	**22070**	**47525**	**66555**	**3228**
杭州市	15263	4621	10726	12194	806
宁波市	17139	4953	9680	9798	250
温州市	8775	1494	3752	9578	374
嘉兴市	10417	2611	4056	6280	195
湖州市	5706	1971	5052	4103	289
绍兴市	8741	2007	3847	5667	344
金华市	6535	1480	3066	7513	362
衢州市	1563	468	783	788	101
舟山市	421	101	243	218	6
台州市	6253	1523	4155	7940	461
丽水市	1788	330	926	2476	25

1-H-11　分地区港澳台商投资企业自主知识产权及相关情况

地　区	专　利 申请数 (件)	#发明专利	有效发明 专 利 数 (件)	拥有注册 商 标 数 (件)	形成国家或 行业标准数 (项)
全　省	**9774**	**3944**	**8799**	**5775**	**227**
杭州市	3284	2002	5043	1987	30
宁波市	2727	962	1861	1754	58
温州市	107	31	73	32	10
嘉兴市	1639	448	742	539	34
湖州市	751	249	443	390	14
绍兴市	681	135	301	166	12
金华市	203	57	153	477	14
衢州市	32	5	10	26	3
舟山市					
台州市	296	49	160	385	51
丽水市	54	6	13	19	1

1-H-12 分地区外商投资企业自主知识产权及相关情况

地 区	专 利 申请数 (件)	#发明专利	有效发明 专 利 数 (件)	拥有注册 商 标 数 (件)	形成国家或 行业标准数 (项)
全 省	**6886**	**1984**	**6017**	**6180**	**129**
杭州市	1720	475	2279	1736	42
宁波市	1602	440	1277	1421	48
温州市	348	87	205	420	8
嘉兴市	1230	257	606	560	9
湖州市	624	308	768	704	2
绍兴市	569	161	412	527	9
金华市	320	71	48	39	5
衢州市	54	20	38	12	3
舟山市	18	10	26	26	
台州市	396	151	343	732	3
丽水市	5	4	15	3	

Ⅰ.政府相关政策落实

1-Ⅰ-1　分登记注册类型企业政府相关政策落实情况

单位：万元

登记注册类型	来自政府部门的研究开发经费	研究开发费用加计扣除减免税	高新技术企业减免税
总　计	**140164**	**721992**	**1377923**
内资企业	**102353**	**562861**	**1008191**
国有企业		68	13
集体企业			
股份合作企业	128	1191	1994
联营企业			
集体联营企业			
有限责任公司	20928	144029	265715
国有独资公司	227	1439	3541
其他有限责任公司	20701	142590	262174
股份有限公司	44098	160704	385644
私营企业	37199	256870	354826
私营独资企业	35	21	
私营合伙企业	15		
私营有限责任公司	30530	216864	284151
私营股份有限公司	6619	39985	70675
港、澳、台商投资企业	**21895**	**90564**	**171127**
合资经营企业(港或澳、台资)	4464	42620	84951
合作经营企业(港或澳、台资)		469	3116
港、澳、台商独资经营企业	16566	32794	75914
港、澳、台商投资股份有限公司	790	12376	5773
其他港澳台投资企业	75	2304	1373
外商投资企业	**15917**	**68568**	**198604**
中外合资经营企业	14168	38552	124870
中外合作经营企业		385	284
外资企业	1739	26676	52559
外商投资股份有限公司		2275	11221
其他外商投资企业	9	679	9672

1-I-2 分登记注册类型大中型企业政府相关政策落实情况

单位：万元

登记注册类型	来自政府部门的研究开发经费	研究开发费用加计扣除减免税	高新技术企业减免税
总　计	**100260**	**487053**	**1108312**
内资企业	**70606**	**356475**	**778501**
国有企业			
集体企业			
股份合作企业	38	726	1748
有限责任公司	13822	99308	200477
国有独资公司	40	1110	2463
其他有限责任公司	13782	98198	198014
股份有限公司	38252	138902	350764
私营企业	18494	117539	225511
私营独资企业			
私营合伙企业			
私营有限责任公司	13872	93443	174511
私营股份有限公司	4622	24096	50999
港、澳、台商投资企业	**19768**	**78027**	**151267**
合资经营企业(港或澳、台资)	3305	35875	74437
合作经营企业(港或澳、台资)		248	1146
港、澳、台商独资经营企业	16137	27593	69871
港、澳、台商投资股份有限公司	251	12206	4674
其他港澳台投资企业	75	2106	1139
外商投资企业	**9886**	**52550**	**178545**
中外合资经营企业	9198	30320	112148
中外合作经营企业			
外资企业	687	19704	46181
外商投资股份有限公司		1887	10556
其他外商投资企业		639	9660

1-I-3　分行业企业政府相关政策落实情况

单位：万元

行　业	来自政府部门的研究开发经费	研究开发费用加计扣除减免税	高新技术企业减免税
总　计	**140164**	**721992**	**1377923**
采矿业		**245**	**2377**
煤炭开采和洗选业			
其他煤炭采选			
黑色金属矿采选业			
铁矿采选			
有色金属矿采选业			
常用有色金属矿采选			
稀有稀土金属矿采选			
非金属矿采选业		245	2377
土砂石开采		245	2377
化学矿开采			
石棉及其他非金属矿采选			
制造业	**136297**	**718971**	**1369544**
农副食品加工业	1152	1349	6414
谷物磨制			
饲料加工	72	630	787
植物油加工	28	70	503
制糖业			
屠宰及肉类加工		113	76
水产品加工	959	458	4857
蔬菜、菌类、水果和坚果加工	88	74	187
其他农副食品加工	6	5	5
食品制造业	1536	2969	10125
焙烤食品制造		0	
糖果、巧克力及蜜饯制造		15	11
方便食品制造	20		
乳制品制造	259	613	1964
罐头食品制造	107	222	5
调味品、发酵制品制造	7	385	607
其他食品制造	1143	1735	7539
酒、饮料和精制茶制造业	3	979	1272
酒的制造	3	67	453
饮料制造		701	595
精制茶加工		212	225
烟草制品业			
卷烟制造			
其他烟草制品制造			
纺织业	1319	26644	44328
棉纺织及印染精加工	749	12917	25255
毛纺织及染整精加工	73	1909	4559
麻纺织及染整精加工		92	4
丝绢纺织及印染精加工	5	762	837
化纤织造及印染精加工	69	2304	2333

1-I-3 续表 1

单位：万元

行　业	来自政府部门的研究开发经费	研究开发费用加计扣除减免税	高新技术企业减免税
针织或钩针编织物及其制品制造	128	2945	5221
家用纺织制成品制造	266	1866	1275
产业用纺织制成品制造	29	3850	4843
纺织服装、服饰业	1671	9441	9090
机织服装制造	849	6363	4891
针织或钩针编织服装制造	308	1422	2024
服饰制造	514	1657	2175
皮革、毛皮、羽毛及其制品和制鞋业	141	6461	6185
皮革鞣制加工	29	404	218
皮革制品制造	60	2352	691
毛皮鞣制及制品加工		85	
羽毛(绒)加工及制品制造		204	
制鞋业	52	3416	5276
木材加工和木、竹、藤、棕、草制品业	1972	3856	9249
木材加工	183	503	2120
人造板制造	158	403	1328
木质制品制造	1575	2204	4651
竹、藤、棕、草等制品制造	56	746	1150
家具制造业	346	12434	8988
木质家具制造	66	1579	1731
竹、藤家具制造		42	
金属家具制造	19	5767	2807
塑料家具制造		322	747
其他家具制造	261	4725	3704
造纸和纸制品业	466	11917	31642
纸浆制造			
造纸	331	7526	24966
纸制品制造	135	4390	6676
印刷和记录媒介复制业	308	3301	7815
印刷	308	3254	7789
装订及印刷相关服务		47	27
文教、工美、体育和娱乐用品制造业	2218	8187	7318
文教办公用品制造	26	1316	1036
乐器制造		96	395
工艺美术及礼仪用品制造	1282	2052	2250
体育用品制造	15	1429	918
玩具制造	217	1982	1204
游艺器材及娱乐用品制造	679	1312	1516
石油、煤炭及其他燃料加工业	41	413	13079
精炼石油产品制造	41	413	13079
煤炭加工			
生物质燃料加工			
化学原料和化学制品制造业	7541	74813	138202
基础化学原料制造	1253	27607	53726
肥料制造	237	212	483
农药制造	731	4014	3561

1-Ⅰ-3　续表 2　　单位：万元

行　　业	来自政府部门的研究开发经费	研究开发费用加计扣除减免税	高新技术企业减免税
涂料、油墨、颜料及类似产品制造	973	10258	22066
合成材料制造	2351	19697	29245
专用化学产品制造	1994	10177	22186
炸药、火工及焰火产品制造		406	561
日用化学产品制造	3	2443	6374
医药制造业	15697	44578	120459
化学药品原料药制造	4990	20753	45729
化学药品制剂制造	7939	14009	50434
中药饮片加工	186	215	298
中成药生产	364	3197	10525
兽用药品制造	61	312	143
生物药品制品制造	1282	3918	9607
卫生材料及医药用品制造	746	1544	3003
药用辅料及包装材料	129	630	721
化学纤维制造业	1771	9044	25750
纤维素纤维原料及纤维制造		128	105
合成纤维制造	1767	8814	25646
生物基材料制造	4	103	
橡胶和塑料制品业	1226	25923	35688
橡胶制品业	25	5779	6441
塑料制品业	1201	20145	29248
非金属矿物制品业	1111	9992	43638
水泥、石灰和石膏制造	36	290	481
石膏、水泥制品及类似制品制造	295	1171	1440
砖瓦、石材等建筑材料制造	32	783	1936
玻璃制造	0	1445	7926
玻璃制品制造	268	1045	2298
玻璃纤维和玻璃纤维增强塑料制品制造	25	704	24682
陶瓷制品制造	273	1039	510
耐火材料制品制造	141	2413	2750
石墨及其他非金属矿物制品制造	42	1102	1615
黑色金属冶炼和压延加工业	619	8739	7335
炼钢		33	
钢压延加工	619	8353	6830
铁合金冶炼		353	505
有色金属冶炼和压延加工业	1957	6432	6101
常用有色金属冶炼	6	70	140
贵金属冶炼			
稀有稀土金属冶炼			
有色金属合金制造	578	1642	2817
有色金属压延加工	1373	4719	3145
金属制品业	3929	23185	34584
结构性金属制品制造	507	2819	3457
金属工具制造	335	3032	4495
集装箱及金属包装容器制造	105	893	729
金属丝绳及其制品制造	61	443	261

1-I-3 续表 3 单位：万元

行 业	来自政府部门的研究开发经费	研究开发费用加计扣除减免税	高新技术企业减免税
建筑、安全用金属制品制造	381	4387	4247
金属表面处理及热处理加工	2	1039	2127
搪瓷制品制造		402	67
金属制日用品制造	232	3978	7622
铸造及其他金属制品制造	2307	6193	11579
通用设备制造业	16748	82668	143698
锅炉及原动设备制造	285	7429	10732
金属加工机械制造	1141	7333	8830
物料搬运设备制造	1584	12877	31480
泵、阀门、压缩机及类似机械制造	6430	20726	43674
轴承、齿轮和传动部件制造	1442	11883	18717
烘炉、风机、包装等设备制造	2126	10752	18969
文化、办公用机械制造	490	1713	1196
通用零部件制造	939	6908	8172
其他通用设备制造业	2311	3047	1927
专用设备制造业	12450	41772	78933
采矿、冶金、建筑专用设备制造	212	3254	4489
化工、木材、非金属加工专用设备制造	1106	11360	35084
食品、饮料、烟草及饲料生产专用设备制造	93	508	763
印刷、制药、日化及日用品生产专用设备制造	494	1721	2370
纺织、服装和皮革加工专用设备制造	963	5436	8114
电子和电工机械专用设备制造	684	2589	7358
农、林、牧、渔专用机械制造	231	1787	2170
医疗仪器设备及器械制造	7293	5447	10860
环保、邮政、社会公共服务及其他专用设备制造	1373	9671	7726
汽车制造业	7369	57283	160529
汽车整车制造		3600	3586
汽车用发动机制造	478	3266	27452
改装汽车制造		127	217
汽车车身、挂车制造	653	1263	3627
汽车零部件及配件制造	6238	49027	125647
铁路、船舶、航空航天和其他运输设备制造业	6617	6587	7587
铁路运输设备制造		832	3395
城市轨道交通设备制造	180	88	195
船舶及相关装置制造	111	2025	616
航空、航天器及设备制造		43	378
摩托车制造	6291	2251	1284
自行车和残疾人座车制造		114	
助动车制造	25	798	790
非公路休闲车及零配件制造	10	277	883
潜水救捞及其他未列明运输设备制造		160	46
电气机械和器材制造业	9957	105092	200093
电机制造	1675	14108	27233
输配电及控制设备制造	4692	41996	78476
电线、电缆、光缆及电工器材制造	741	11571	12275

1-I-3 续表 4 单位：万元

行 业	来自政府部门的研究开发经费	研究开发费用加计扣除减免税	高新技术企业减免税
电池制造	1813	6524	10896
家用电力器具制造	418	18915	54649
非电力家用器具制造	129	777	1765
照明器具制造	418	10634	12934
其他电气机械及器材制造	72	568	1865
计算机、通信和其他电子设备制造业	25807	104984	150879
计算机制造	552	3381	4810
通信设备制造	16777	55294	61681
广播电视设备制造	106	1457	3203
雷达及配套设备制造	483	50	
非专业视听设备制造	188	1889	2844
智能消费设备制造	189	3912	10985
电子器件制造	3064	18708	19962
电子元件及电子专用材料制造	2970	19753	46777
其他电子设备制造	1479	541	618
仪器仪表制造业	12274	28350	59014
通用仪器仪表制造	10349	20408	44224
专用仪器仪表制造	829	3657	9615
钟表与计时仪器制造	1	150	49
光学仪器制造	1083	3923	4851
衡器制造		125	130
其他仪器仪表制造业	12	87	146
其他制造业	22	1061	779
日用杂品制造	19	1035	604
其他未列明制造业	3	26	174
废弃资源综合利用业	6	520	728
金属废料和碎屑加工处理	6	208	558
非金属废料和碎屑加工处理		312	170
金属制品、机械和设备修理业	23		42
金属制品修理			
专用设备修理			42
铁路、船舶、航空航天等运输设备修理	23		
电气设备修理			
其他机械和设备修理业			
电力、热力、燃气及水生产和供应业	**3867**	**2776**	**6002**
电力、热力生产和供应业	3831	2670	5366
电力生产	3831	2425	4533
电力供应			
热力生产和供应		245	833
燃气生产和供应业			
燃气生产和供应业			
水的生产和供应业	36	106	636
自来水生产和供应			
污水处理及其再生利用	36	106	636

1-I-4　分行业大中型企业政府相关政策落实情况

单位：万元

行　业	来自政府部门的研究开发经费	研究开发费用加计扣除减免税	高新技术企业减免税
总　计	**100260**	**487053**	**1108312**
采矿业			
黑色金属矿采选业			
铁矿采选			
有色金属矿采选业			
常用有色金属矿采选			
非金属矿采选业			
土砂石开采			
制造业	**96429**	**486237**	**1105160**
农副食品加工业	768	545	5326
谷物磨制			
饲料加工		213	488
屠宰及肉类加工			
水产品加工	689	330	4838
蔬菜、菌类、水果和坚果加工	79	2	
其他农副食品加工			
食品制造业	357	1742	6181
焙烤食品制造			
糖果、巧克力及蜜饯制造			
方便食品制造	20		
乳制品制造	239	546	1964
罐头食品制造	10		
调味品、发酵制品制造		150	
其他食品制造	88	1047	4218
酒、饮料和精制茶制造业		244	
酒的制造			
饮料制造		244	
精制茶加工			
烟草制品业			
卷烟制造			
纺织业	952	15032	37570
棉纺织及印染精加工	606	8030	23949
毛纺织及染整精加工		1404	3884
麻纺织及染整精加工		31	
丝绢纺织及印染精加工	5	383	485
化纤织造及印染精加工	6	910	1288
针织或钩针编织物及其制品制造	128	1764	4585
家用纺织制成品制造	187	879	914
产业用纺织制成品制造	20	1631	2465
纺织服装、服饰业	776	7981	8698
机织服装制造	413	5759	4804
针织或钩针编织服装制造	235	1017	1853
服饰制造	128	1205	2040
皮革、毛皮、羽毛及其制品和制鞋业	86	5544	5922
皮革鞣制加工		339	218
皮革制品制造	42	1825	545
毛皮鞣制及制品加工		85	
羽毛(绒)加工及制品制造		95	
制鞋业	44	3201	5159
木材加工和木、竹、藤、棕、草制品业	1899	2768	8765

1-I-4　续表 1

单位：万元

行　　业	来自政府部门的研究开发经费	研究开发费用加计扣除减免税	高新技术企业减免税
木材加工	183	381	2120
人造板制造	142	196	1233
木质制品制造	1518	1638	4578
竹、藤、棕、草等制品制造	56	552	834
家具制造业	340	10824	7826
木质家具制造	65	998	1321
竹、藤家具制造			
金属家具制造	19	5352	2493
塑料家具制造		202	400
其他家具制造	256	4272	3613
造纸和纸制品业	278	8698	30404
造纸	232	6418	24223
纸制品制造	46	2280	6181
印刷和记录媒介复制业	133	1605	6501
印刷	133	1605	6501
文教、工美、体育和娱乐用品制造业	1928	5677	6488
文教办公用品制造	14	1009	1014
乐器制造		57	388
工艺美术及礼仪用品制造	1159	1325	1870
体育用品制造		895	811
玩具制造	76	1168	1074
游艺器材及娱乐用品制造	679	1224	1331
石油、煤炭及其他燃料加工业	41	66	11593
精炼石油产品制造	41	66	11593
化学原料和化学制品制造业	5044	48126	90220
基础化学原料制造	833	23551	40238
肥料制造	37	127	450
农药制造	675	3099	2226
涂料、油墨、颜料及类似产品制造	435	5742	11437
合成材料制造	1744	10038	22442
专用化学产品制造	1321	3606	7411
炸药、火工及焰火产品制造		100	323
日用化学产品制造		1863	5693
医药制造业	12399	37379	102571
化学药品原料药制造	4990	19012	44099
化学药品制剂制造	6591	12775	47134
中药饮片加工			
中成药生产	259	2283	6611
生物药品制品制造	438	2322	2526
卫生材料及医药用品制造	122	808	1959
药用辅料及包装材料		178	242
化学纤维制造业	1656	7204	24654
纤维素纤维原料及纤维制造			
合成纤维制造	1656	7204	24654
橡胶和塑料制品业	324	12625	25502
橡胶制品业		4706	5373
塑料制品业	324	7920	20129
非金属矿物制品业	386	4949	36980
水泥、石灰和石膏制造			
石膏、水泥制品及类似制品制造	30	179	178
砖瓦、石材等建筑材料制造		165	1292

1-I-4 续表 2

单位：万元

行　业	来自政府部门的研究开发经费	研究开发费用加计扣除减免税	高新技术企业减免税
玻璃制造		1264	7637
玻璃制品制造	123	798	1541
玻璃纤维和玻璃纤维增强塑料制品制造		190	24160
陶瓷制品制造	191	757	265
耐火材料制品制造		891	880
石墨及其他非金属矿物制品制造	42	705	1028
黑色金属冶炼和压延加工业	576	6805	5557
炼钢		33	
钢压延加工	576	6772	5557
铁合金冶炼			
有色金属冶炼和压延加工业	1938	3630	3657
常用有色金属冶炼			
贵金属冶炼			
有色金属合金制造	578	935	2079
有色金属压延加工	1360	2694	1578
金属制品业	1657	12625	27651
结构性金属制品制造	3	1628	2687
金属工具制造	267	1688	3899
集装箱及金属包装容器制造	105	348	169
金属丝绳及其制品制造	1	160	
建筑、安全用金属制品制造	198	2298	3290
金属表面处理及热处理加工			1560
搪瓷制品制造		324	40
金属制日用品制造	117	2850	7328
铸造及其他金属制品制造	966	3328	8679
通用设备制造业	12319	46107	107804
锅炉及原动设备制造	202	5523	8439
金属加工机械制造	518	4003	5829
物料搬运设备制造	1286	8290	26913
泵、阀门、压缩机及类似机械制造	5335	11072	29752
轴承、齿轮和传动部件制造	754	6615	14959
烘炉、风机、包装等设备制造	1516	6186	14977
文化、办公用机械制造	412	570	563
通用零部件制造	555	2972	5335
其他通用设备制造业	1742	875	1037
专用设备制造业	4655	21715	53963
采矿、冶金、建筑专用设备制造	57	1742	2758
化工、木材、非金属加工专用设备制造	515	5048	27798
食品、饮料、烟草及饲料生产专用设备制造	81	81	459
印刷、制药、日化及日用品生产专用设备制造	68	167	934
纺织、服装和皮革加工专用设备制造	740	3452	3388
电子和电工机械专用设备制造	488	1058	5618
农、林、牧、渔专用机械制造	63	1342	1486
医疗仪器设备及器械制造	2115	2752	7897
环保、邮政、社会公共服务及其他专用设备制造	529	6074	3625
汽车制造业	3080	42248	141540
汽车整车制造		2951	3586
汽车用发动机制造	478	2948	27382
汽车车身、挂车制造	653	861	2936
汽车零部件及配件制造	1949	35489	107637
铁路、船舶、航空航天和其他运输设备制造业	6221	3069	4656

1-I-4　续表 3　单位：万元

行　　业	来自政府部门的研究开发经费	研究开发费用加计扣除减免税	高新技术企业减免税
铁路运输设备制造		238	2145
船舶及相关装置制造		129	58
航空、航天器及设备制造			
摩托车制造	6211	1940	1084
自行车和残疾人座车制造		34	
助动车制造	10	627	665
非公路休闲车及零配件制造		102	703
电气机械和器材制造业	5694	73144	171161
电机制造	756	10602	24434
输配电及控制设备制造	2816	26726	66563
电线、电缆、光缆及电工器材制造	474	6082	5585
电池制造	1256	5263	9367
家用电力器具制造	229	16498	53083
非电力家用器具制造		402	913
照明器具制造	91	7315	9643
其他电气机械及器材制造	72	257	1573
计算机、通信和其他电子设备制造业	22494	87398	130493
计算机制造	20	1983	3097
通信设备制造	16564	51493	56221
广播电视设备制造		916	2668
非专业视听设备制造		1094	1787
智能消费设备制造	107	2878	9696
电子器件制造	2520	15361	17524
电子元件及电子专用材料制造	2088	13536	39098
其他电子设备制造	1194	138	402
仪器仪表制造业	10401	17601	42825
通用仪器仪表制造	8919	12050	31631
专用仪器仪表制造	556	1793	7093
钟表与计时仪器制造		140	49
光学仪器制造	926	3558	4005
衡器制造		60	48
其他仪器仪表制造业			
其他制造业	4	727	516
日用杂品制造	4	727	347
其他未列明制造业			170
废弃资源综合利用业		163	135
金属废料和碎屑加工处理		98	
非金属废料和碎屑加工处理		65	135
金属制品、机械和设备修理业	23		
铁路、船舶、航空航天等运输设备修理	23		
电力、热力、燃气及水生产和供应业	**3831**	**815**	**3153**
电力、热力生产和供应业	3831	815	3153
电力生产	3831	815	3153
电力供应			
热力生产和供应			
燃气生产和供应业			
燃气生产和供应业			
水的生产和供应业			
自来水生产和供应			
污水处理及其再生利用			

1-I-5 分行业内资企业政府相关政策落实情况

单位：万元

行 业	来自政府部门的研究开发经费	研究开发费用加计扣除减免税	高新技术企业减免税
总 计	**102353**	**562861**	**1008191**
采矿业		**65**	**962**
煤炭开采和洗选业			
其他煤炭采选			
黑色金属矿采选业			
铁矿采选			
有色金属矿采选业			
常用有色金属矿采选			
稀有稀土金属矿采选			
非金属矿采选业		65	962
土砂石开采		65	962
化学矿开采			
石棉及其他非金属矿采选			
制造业	**98486**	**560717**	**1001686**
农副食品加工业	698	1148	1576
谷物磨制			
饲料加工	72	630	787
植物油加工	28	70	503
制糖业			
屠宰及肉类加工		113	76
水产品加工	505	257	19
蔬菜、菌类、水果和坚果加工	88	74	187
其他农副食品加工	6	5	5
食品制造业	922	2444	7449
焙烤食品制造		0	
糖果、巧克力及蜜饯制造		15	11
方便食品制造	20		
乳制品制造	220	332	900
罐头食品制造	107	222	5
调味品、发酵制品制造	7	385	607
其他食品制造	568	1490	5926
酒、饮料和精制茶制造业	3	611	858
酒的制造	3	67	453
饮料制造		350	180
精制茶加工		194	225
烟草制品业			
卷烟制造			
纺织业	821	17563	17542
棉纺织及印染精加工	406	8181	5217
毛纺织及染整精加工	73	1384	2880
麻纺织及染整精加工		35	4
丝绢纺织及印染精加工		215	650
化纤织造及印染精加工	10	1207	747
针织或钩针编织物及其制品制造	128	1995	2960

1-I-5　续表 1　　　　单位：万元

行　　业	来自政府部门的研究开发经费	研究开发费用加计扣除减免税	高新技术企业减免税
家用纺织制成品制造	184	1565	1166
产业用纺织制成品制造	20	2981	3918
纺织服装、服饰业	1006	8169	7604
机织服装制造	295	5701	4891
针织或钩针编织服装制造	204	1190	1532
服饰制造	507	1278	1182
皮革、毛皮、羽毛及其制品和制鞋业	55	3977	4449
皮革鞣制加工	29	65	218
皮革制品制造	18	696	432
毛皮鞣制及制品加工			
羽毛(绒)加工及制品制造		95	
制鞋业	8	3122	3799
木材加工和木、竹、藤、棕、草制品业	1972	3144	8811
木材加工	183	503	2120
人造板制造	158	279	1315
木质制品制造	1575	1618	4226
竹、藤、棕、草等制品制造	56	746	1150
家具制造业	346	8341	6693
木质家具制造	66	1146	993
竹、藤家具制造		42	
金属家具制造	19	2896	1395
塑料家具制造		322	747
其他家具制造	261	3935	3558
造纸和纸制品业	424	10096	24428
纸浆制造			
造纸	312	6732	22213
纸制品制造	112	3363	2215
印刷和记录媒介复制业	190	2427	3673
印刷	190	2401	3654
装订及印刷相关服务		26	19
文教、工美、体育和娱乐用品制造业	2053	5943	5725
文教办公用品制造	8	762	777
乐器制造		96	395
工艺美术及礼仪用品制造	1265	1594	2170
体育用品制造	15	1016	474
玩具制造	197	1873	1204
游艺器材及娱乐用品制造	569	602	705
石油、煤炭及其他燃料加工业		324	13072
精炼石油产品制造		324	13072
煤炭加工			
生物质燃料加工			
化学原料和化学制品制造业	6267	65648	107605
基础化学原料制造	1140	24796	37132
肥料制造	237	212	483
农药制造	731	3875	3232

1-I-5 续表 2　　单位：万元

行　业	来自政府部门的研究开发经费	研究开发费用加计扣除减免税	高新技术企业减免税
涂料、油墨、颜料及类似产品制造	526	7021	15754
合成材料制造	1763	18954	27896
专用化学产品制造	1870	8047	16558
炸药、火工及焰火产品制造		406	561
日用化学产品制造		2336	5989
医药制造业	11908	39373	104410
化学药品原料药制造	4503	19158	40186
化学药品制剂制造	5350	12653	46835
中药饮片加工	186	189	219
中成药生产	362	2592	8803
兽用药品制造	61	189	
生物药品制品制造	579	2868	5396
卫生材料及医药用品制造	746	1272	2492
药用辅料及包装材料	121	452	479
化学纤维制造业	1621	7252	23956
纤维素纤维原料及纤维制造		128	105
合成纤维制造	1616	7022	23851
生物基材料制造	4	103	
橡胶和塑料制品业	1226	20758	31711
橡胶制品业	25	2553	4560
塑料制品业	1201	18205	27151
非金属矿物制品业	923	8409	35222
水泥、石灰和石膏制造	36	290	481
石膏、水泥制品及类似制品制造	283	1169	1425
砖瓦、石材等建筑材料制造	32	698	1881
玻璃制造	0	1088	2990
玻璃制品制造	268	898	1539
玻璃纤维和玻璃纤维增强塑料制品制造	25	482	22312
陶瓷制品制造	96	303	290
耐火材料制品制造	141	2378	2689
石墨及其他非金属矿物制品制造	42	1102	1615
黑色金属冶炼和压延加工业	619	6306	6906
炼钢		33	
钢压延加工	619	5920	6402
铁合金冶炼		353	505
有色金属冶炼和压延加工业	744	5209	4256
常用有色金属冶炼	6	70	140
贵金属冶炼			
稀有稀土金属冶炼			
有色金属合金制造	491	1199	1001
有色金属压延加工	247	3940	3115
金属制品业	3295	19031	23989
结构性金属制品制造	507	2534	2838
金属工具制造	331	2399	3262
集装箱及金属包装容器制造	105	767	695

1-I-5　续表 3　　　　单位：万元

行　业	来自政府部门的研究开发经费	研究开发费用加计扣除减免税	高新技术企业减免税
金属丝绳及其制品制造	51	254	261
建筑、安全用金属制品制造	290	3511	2468
金属表面处理及热处理加工		978	2127
搪瓷制品制造		402	67
金属制日用品制造	232	2963	4034
铸造及其他金属制品制造	1780	5224	8238
通用设备制造业	14836	68239	114406
锅炉及原动设备制造	194	6761	9327
金属加工机械制造	886	3977	6139
物料搬运设备制造	1449	10438	26802
泵、阀门、压缩机及类似机械制造	5640	17441	31150
轴承、齿轮和传动部件制造	1350	10628	16753
烘炉、风机、包装等设备制造	2077	9961	18035
文化、办公用机械制造	490	1593	1071
通用零部件制造	870	4458	3427
其他通用设备制造业	1881	2983	1702
专用设备制造业	6996	33154	45969
采矿、冶金、建筑专用设备制造	212	2522	3887
化工、木材、非金属加工专用设备制造	956	8307	12210
食品、饮料、烟草及饲料生产专用设备制造	93	508	763
印刷、制药、日化及日用品生产专用设备制造	494	1484	1598
纺织、服装和皮革加工专用设备制造	563	4382	6506
电子和电工机械专用设备制造	684	2199	5734
农、林、牧、渔专用机械制造	231	725	993
医疗仪器设备及器械制造	2639	4226	7841
环保、邮政、社会公共服务及其他专用设备制造	1123	8801	6438
汽车制造业	6630	40994	76020
汽车整车制造		1308	
汽车用发动机制造	478	1408	1707
改装汽车制造		116	118
汽车车身、挂车制造	653	1090	3398
汽车零部件及配件制造	5499	37072	70797
铁路、船舶、航空航天和其他运输设备制造业	6617	5208	7000
铁路运输设备制造		832	3395
城市轨道交通设备制造	180	88	195
船舶及相关装置制造	111	822	616
航空、航天器及设备制造		43	378
摩托车制造	6291	2215	1284
自行车和残疾人座车制造		114	
助动车制造	25	657	203
非公路休闲车及零配件制造	10	277	883
潜水救捞及其他未列明运输设备制造		160	46
电气机械和器材制造业	8291	88991	168998
电机制造	1613	11460	20694
输配电及控制设备制造	4389	37823	67172

1-I-5 续表 4 单位：万元

行业	来自政府部门的研究开发经费	研究开发费用加计扣除减免税	高新技术企业减免税
电线、电缆、光缆及电工器材制造	718	10927	11066
电池制造	591	1779	2655
家用电力器具制造	418	16904	53083
非电力家用器具制造	73	578	1272
照明器具制造	418	8969	11207
其他电气机械及器材制造	72	551	1849
计算机、通信和其他电子设备制造业	9645	64218	104222
计算机制造	67	1456	1161
通信设备制造	1699	25657	31756
广播电视设备制造	106	1157	3033
雷达及配套设备制造	483	50	
非专业视听设备制造	188	1466	2346
智能消费设备制造	104	3580	10616
电子器件制造	2599	13004	14761
电子元件及电子专用材料制造	2921	17398	39939
其他电子设备制造	1479	449	611
仪器仪表制造业	10351	22595	44290
通用仪器仪表制造	9908	17279	35477
专用仪器仪表制造	273	3233	6828
钟表与计时仪器制造	1	150	49
光学仪器制造	157	1720	1661
衡器制造		125	130
其他仪器仪表制造业	12	87	146
其他制造业	22	726	256
日用杂品制造	19	700	81
其他未列明制造业	3	26	174
废弃资源综合利用业	6	422	593
金属废料和碎屑加工处理	6	110	558
非金属废料和碎屑加工处理		312	35
金属制品、机械和设备修理业			
金属制品修理			
铁路、船舶、航空航天等运输设备修理			
电气设备修理			
其他机械和设备修理业			
电力、热力、燃气及水生产和供应业	**3867**	**2080**	**5544**
电力、热力生产和供应业	3831	1974	4908
电力生产	3831	1729	4074
电力供应			
热力生产和供应		245	833
燃气生产和供应业			
燃气生产和供应业			
水的生产和供应业	36	106	636
自来水生产和供应			
污水处理及其再生利用	36	106	636

1-I-6　分行业港澳台商投资企业政府相关政策落实情况

单位：万元

行　　业	来自政府部门的研究开发经费	研究开发费用加计扣除减免税	高新技术企业减免税
总　计	**21895**	**90564**	**171127**
采矿业			
黑色金属矿采选业			
铁矿采选			
有色金属矿采选业			
常用有色金属矿采选			
非金属矿采选业			
土砂石开采			
制造业	**21895**	**89999**	**171127**
农副食品加工业			
谷物磨制			
饲料加工			
植物油加工			
屠宰及肉类加工			
水产品加工			
蔬菜、菌类、水果和坚果加工			
其他农副食品加工			
食品制造业	75	126	1186
焙烤食品制造			
糖果、巧克力及蜜饯制造			
方便食品制造			
调味品、发酵制品制造			
其他食品制造	75	126	1186
酒、饮料和精制茶制造业		18	
酒的制造			
饮料制造			
精制茶加工		18	
烟草制品业			
其他烟草制品制造			
纺织业	361	5862	24898
棉纺织及印染精加工	301	3267	19850
毛纺织及染整精加工		439	1130
麻纺织及染整精加工		31	
丝绢纺织及印染精加工		205	90
化纤织造及印染精加工	59	818	1586
针织或钩针编织物及其制品制造		784	1660
家用纺织制成品制造	1		109
产业用纺织制成品制造		318	472
纺织服装、服饰业	656	1018	131
机织服装制造	554	661	
针织或钩针编织服装制造	96	82	76
服饰制造	7	275	55
皮革、毛皮、羽毛及其制品和制鞋业	86	522	1477
皮革鞣制加工			
皮革制品制造	42	34	
毛皮鞣制及制品加工		85	

1-I-6 续表 1　　单位：万元

行　业	来自政府部门的研究开发经费	研究开发费用加计扣除减免税	高新技术企业减免税
羽毛(绒)加工及制品制造		109	
制鞋业	44	294	1477
木材加工和木、竹、藤、棕、草制品业		125	13
木材加工			
人造板制造		125	13
木质制品制造			
竹、藤、棕、草等制品制造			
家具制造业		2651	1103
木质家具制造		17	17
竹、藤家具制造			
金属家具制造		2313	1086
塑料家具制造			
其他家具制造		321	
造纸和纸制品业	42	297	64
造纸	19	255	64
纸制品制造	24	42	
印刷和记录媒介复制业	118	418	1273
印刷	118	418	1273
文教、工美、体育和娱乐用品制造业	127	1282	1366
文教办公用品制造		63	254
乐器制造			
工艺美术及礼仪用品制造	17	398	80
体育用品制造		84	221
玩具制造		27	
游艺器材及娱乐用品制造	110	710	811
石油、煤炭及其他燃料加工业	41	89	7
精炼石油产品制造	41	89	7
化学原料和化学制品制造业	316	5273	12049
基础化学原料制造	113	1605	3937
农药制造		91	21
涂料、油墨、颜料及类似产品制造	127	2365	5371
合成材料制造		529	259
专用化学产品制造	75	601	2076
日用化学产品制造		83	385
医药制造业	100	1538	5551
化学药品原料药制造		720	1527
化学药品制剂制造	66		
中成药生产	2	605	1722
生物药品制品制造	31	120	1913
卫生材料及医药用品制造		94	390
药用辅料及包装材料			
化学纤维制造业	151	1707	1628
纤维素纤维原料及纤维制造			
合成纤维制造	151	1707	1628
橡胶和塑料制品业		4354	3397
橡胶制品业		2736	1824
塑料制品业		1618	1573

1-I-6　续表 2　　单位：万元

行　　业	来自政府部门的研究开发经费	研究开发费用加计扣除减免税	高新技术企业减免税
非金属矿物制品业	12	760	96
石膏、水泥制品及类似制品制造	12	2	16
砖瓦、石材等建筑材料制造			
玻璃制造			
玻璃制品制造			
玻璃纤维和玻璃纤维增强塑料制品制造		107	
陶瓷制品制造		651	80
石墨及其他非金属矿物制品制造			
黑色金属冶炼和压延加工业		1868	429
钢压延加工		1868	429
有色金属冶炼和压延加工业		1110	955
常用有色金属冶炼			
有色金属合金制造		443	955
有色金属压延加工		666	
金属制品业	117	2094	6563
结构性金属制品制造		156	619
金属工具制造	4	333	369
集装箱及金属包装容器制造		65	34
金属丝绳及其制品制造	10	189	
建筑、安全用金属制品制造	91	729	1779
金属表面处理及热处理加工	2	33	
搪瓷制品制造			
金属制日用品制造		104	420
铸造及其他金属制品制造	10	485	3342
通用设备制造业	1060	5630	12535
锅炉及原动设备制造	91	285	781
金属加工机械制造	65	1235	2081
物料搬运设备制造	5	345	79
泵、阀门、压缩机及类似机械制造	718	1759	6535
轴承、齿轮和传动部件制造	66	94	909
烘炉、风机、包装等设备制造	49	647	717
文化、办公用机械制造		72	
通用零部件制造	65	1192	1434
专用设备制造业	1313	6277	27681
采矿、冶金、建筑专用设备制造		732	602
化工、木材、非金属加工专用设备制造		2261	20137
食品、饮料、烟草及饲料生产专用设备制造			
印刷、制药、日化及日用品生产专用设备制造		237	772
纺织、服装和皮革加工专用设备制造		242	590
电子和电工机械专用设备制造		225	604
农、林、牧、渔专用机械制造		1062	1058
医疗仪器设备及器械制造	1063	787	2736
环保、邮政、社会公共服务及其他专用设备制造	250	731	1182
汽车制造业	323	8546	24964
汽车整车制造		1825	
汽车用发动机制造		354	8064
汽车车身、挂车制造		173	229
汽车零部件及配件制造	323	6194	16672

1-I-6 续表 3

单位：万元

行　业	来自政府部门的研究开发经费	研究开发费用加计扣除减免税	高新技术企业减免税
铁路、船舶、航空航天和其他运输设备制造业		141	587
船舶及相关装置制造			
摩托车制造			
自行车和残疾人座车制造			
助动车制造		141	587
电气机械和器材制造业	394	5199	7828
电机制造	13	474	2738
输配电及控制设备制造	303	2454	1914
电线、电缆、光缆及电工器材制造	23	535	909
电池制造		270	34
家用电力器具制造		337	561
非电力家用器具制造	55		83
照明器具制造		1113	1573
其他电气机械及器材制造		18	17
计算机、通信和其他电子设备制造业	15571	29950	29205
计算机制造	486	376	2222
通信设备制造	14827	27628	24069
广播电视设备制造		261	170
雷达及配套设备制造			
非专业视听设备制造		65	210
智能消费设备制造	85	208	370
电子器件制造	124	528	681
电子元件及电子专用材料制造	49	885	1484
其他电子设备制造			
仪器仪表制造业	1010	2868	5623
通用仪器仪表制造	84	666	2633
专用仪器仪表制造			
钟表与计时仪器制造			
光学仪器制造	926	2203	2990
其他仪器仪表制造业			
其他制造业		278	523
日用杂品制造		278	523
废弃资源综合利用业			
金属废料和碎屑加工处理			
金属制品、机械和设备修理业	23		
铁路、船舶、航空航天等运输设备修理	23		
电力、热力、燃气及水生产和供应业		**565**	
电力、热力生产和供应业		565	
电力生产		565	
热力生产和供应			
燃气生产和供应业			
燃气生产和供应业			
水的生产和供应业			
自来水生产和供应			
污水处理及其再生利用			

1-I-7　分行业外商投资企业政府相关政策落实情况

单位：万元

行　　业	来自政府部门的研究开发经费	研究开发费用加计扣除减免税	高新技术企业减免税
总　计	**15917**	**68568**	**198604**
采矿业		**180**	**1415**
黑色金属矿采选业			
铁矿采选			
有色金属矿采选业			
常用有色金属矿采选			
非金属矿采选业		180	1415
土砂石开采		180	1415
制造业	**15917**	**68256**	**196731**
农副食品加工业	454	201	4838
饲料加工			
植物油加工			
屠宰及肉类加工			
水产品加工	454	201	4838
蔬菜、菌类、水果和坚果加工			
其他农副食品加工			
食品制造业	539	399	1490
焙烤食品制造			
糖果、巧克力及蜜饯制造			
方便食品制造			
乳制品制造	39	281	1064
罐头食品制造			
调味品、发酵制品制造			
其他食品制造	500	118	427
酒、饮料和精制茶制造业		350	415
酒的制造			
饮料制造		350	415
精制茶加工			
纺织业	138	3219	1888
棉纺织及印染精加工	43	1469	189
毛纺织及染整精加工		85	549
麻纺织及染整精加工		26	
丝绢纺织及印染精加工	5	342	97
化纤织造及印染精加工		278	
针织或钩针编织物及其制品制造		166	600
家用纺织制成品制造	81	301	
产业用纺织制成品制造	9	552	453
纺织服装、服饰业	9	253	1355
机织服装制造			
针织或钩针编织服装制造	9	150	416
服饰制造		104	938
皮革、毛皮、羽毛及其制品和制鞋业		1962	259
皮革鞣制加工		339	
皮革制品制造		1623	259
毛皮鞣制及制品加工			
羽毛(绒)加工及制品制造			
制鞋业			
木材加工和木、竹、藤、棕、草制品业		587	425

1-I-7 续表 1 单位：万元

行业	来自政府部门的研究开发经费	研究开发费用加计扣除减免税	高新技术企业减免税
木材加工			
人造板制造			
木质制品制造		587	425
竹、藤、棕、草等制品制造			
家具制造业		1443	1193
木质家具制造		416	721
金属家具制造		558	326
塑料家具制造			
其他家具制造		469	146
造纸和纸制品业		1524	7150
造纸		539	2690
纸制品制造		985	4461
印刷和记录媒介复制业		456	2870
印刷		435	2863
装订及印刷相关服务		21	8
文教、工美、体育和娱乐用品制造业	37	962	228
文教办公用品制造	18	491	5
乐器制造			
工艺美术及礼仪用品制造		60	
体育用品制造		330	223
玩具制造	19	82	
游艺器材及娱乐用品制造			
石油、煤炭及其他燃料加工业			
精炼石油产品制造			
化学原料和化学制品制造业	959	3891	18548
基础化学原料制造		1207	12657
农药制造		47	308
涂料、油墨、颜料及类似产品制造	320	872	941
合成材料制造	588	214	1090
专用化学产品制造	49	1529	3552
日用化学产品制造	3	24	
医药制造业	3690	3667	10498
化学药品原料药制造	487	875	4016
化学药品制剂制造	2523	1356	3598
中药饮片加工		26	79
中成药生产			
兽用药品制造		124	143
生物药品制品制造	672	930	2298
卫生材料及医药用品制造		178	121
药用辅料及包装材料	9	178	242
化学纤维制造业		86	166
纤维素纤维原料及纤维制造			
合成纤维制造		86	166
橡胶和塑料制品业		812	580
橡胶制品业		490	57
塑料制品业		322	524
非金属矿物制品业	176	823	8321
水泥、石灰和石膏制造			
石膏、水泥制品及类似制品制造			

1-I-7　续表 2　　　　单位：万元

行　　业	来自政府部门的研究开发经费	研究开发费用加计扣除减免税	高新技术企业减免税
砖瓦、石材等建筑材料制造		85	55
玻璃制造		357	4935
玻璃制品制造		147	759
玻璃纤维和玻璃纤维增强塑料制品制造		114	2370
陶瓷制品制造	176	85	140
耐火材料制品制造		35	61
石墨及其他非金属矿物制品制造			
黑色金属冶炼和压延加工业		565	
钢压延加工		565	
有色金属冶炼和压延加工业	1213	113	890
常用有色金属冶炼			
有色金属合金制造	87		861
有色金属压延加工	1126	113	29
金属制品业	517	2061	4032
结构性金属制品制造		129	
金属工具制造		300	864
集装箱及金属包装容器制造		62	
金属丝绳及其制品制造			
建筑、安全用金属制品制造		147	
金属表面处理及热处理加工		28	
搪瓷制品制造			
金属制日用品制造		911	3168
铸造及其他金属制品制造	517	484	
通用设备制造业	852	8799	16757
锅炉及原动设备制造		383	623
金属加工机械制造	190	2121	610
物料搬运设备制造	130	2093	4599
泵、阀门、压缩机及类似机械制造	73	1526	5989
轴承、齿轮和传动部件制造	26	1161	1056
烘炉、风机、包装等设备制造		144	218
文化、办公用机械制造		48	125
通用零部件制造	4	1258	3311
其他通用设备制造业	429	65	225
专用设备制造业	4141	2341	5283
采矿、冶金、建筑专用设备制造			
化工、木材、非金属加工专用设备制造	150	793	2737
食品、饮料、烟草及饲料生产专用设备制造			
印刷、制药、日化及日用品生产专用设备制造			
纺织、服装和皮革加工专用设备制造	400	812	1019
电子和电工机械专用设备制造		164	1020
农、林、牧、渔专用机械制造			118
医疗仪器设备及器械制造	3591	433	283
环保、邮政、社会公共服务及其他专用设备制造	0	139	106
汽车制造业	416	7744	59545
汽车整车制造		468	3586
汽车用发动机制造		1503	17681
改装汽车制造		11	99
汽车车身、挂车制造			
汽车零部件及配件制造	416	5761	38179

1-I-7 续表 3　　　　单位：万元

行　　业	来自政府部门的研究开发经费	研究开发费用加计扣除减免税	高新技术企业减免税
铁路、船舶、航空航天和其他运输设备制造业		1239	
船舶及相关装置制造		1203	
摩托车制造		36	
自行车和残疾人座车制造			
助动车制造			
潜水救捞及其他未列明运输设备制造			
电气机械和器材制造业	1271	10903	23268
电机制造	49	2175	3800
输配电及控制设备制造		1719	9391
电线、电缆、光缆及电工器材制造		109	301
电池制造	1223	4475	8207
家用电力器具制造		1674	1005
非电力家用器具制造		199	410
照明器具制造		552	154
其他电气机械及器材制造			
计算机、通信和其他电子设备制造业	591	10816	17452
计算机制造		1549	1428
通信设备制造	250	2008	5856
广播电视设备制造		39	
非专业视听设备制造		358	289
智能消费设备制造		124	
电子器件制造	341	5177	4520
电子元件及电子专用材料制造		1469	5354
其他电子设备制造		92	7
仪器仪表制造业	913	2887	9101
通用仪器仪表制造	357	2463	6114
专用仪器仪表制造	556	424	2787
钟表与计时仪器制造			
光学仪器制造			201
衡器制造			
其他制造业		57	
日用杂品制造		57	
其他未列明制造业			
废弃资源综合利用业		98	135
金属废料和碎屑加工处理		98	
非金属废料和碎屑加工处理			135
金属制品、机械和设备修理业			42
专用设备修理			42
铁路、船舶、航空航天等运输设备修理			
电力、热力、燃气及水生产和供应业		**131**	**458**
电力、热力生产和供应业		131	458
电力生产		131	458
热力生产和供应			
燃气生产和供应业			
燃气生产和供应业			
水的生产和供应业			
自来水生产和供应			
污水处理及其再生利用			

1-I-8　分地区企业政府相关政策落实情况

单位：万元

地　区	来自政府部门的研究开发经费	研究开发费用加计扣除减免税	高新技术企业减免税
全　省	**140164**	**721992**	**1377923**
杭州市	55917	197311	303584
宁波市	10729	133482	307561
温州市	7937	69883	104401
嘉兴市	6511	101518	203726
湖州市	6146	49036	93832
绍兴市	15198	52477	128492
金华市	13452	34758	63341
衢州市	3901	11082	20966
舟山市	1690	3290	9369
台州市	17257	61274	129303
丽水市	1426	7880	13348

1-I-9　分地区大中型企业政府相关政策落实情况

单位：万元

地　区	来自政府部门的研究开发经费	研究开发费用加计扣除减免税	高新技术企业减免税
全　省	**100260**	**487053**	**1108312**
杭州市	41763	139814	236952
宁波市	6755	92834	241229
温州市	5469	44557	84774
嘉兴市	4633	60907	167333
湖州市	4564	28779	66403
绍兴市	10806	38484	111646
金华市	6073	23368	52434
衢州市	2959	6263	14008
舟山市	696	1090	8008
台州市	15873	46753	115481
丽水市	669	4204	10044

1-I-10 分地区内资企业政府相关政策落实情况

单位：万元

地 区	来自政府部门的研究开发经费	研究开发费用加计扣除减免税	高新技术企业减免税
全 省	**102353**	**562861**	**1008191**
杭州市	31888	145567	220764
宁波市	6435	92967	197602
温州市	6671	64387	86738
嘉兴市	5401	71157	151328
湖州市	4569	36948	73204
绍兴市	11959	43750	99821
金华市	12696	32215	50769
衢州市	3325	10209	16865
舟山市	1213	1935	4531
台州市	16773	56150	95272
丽水市	1423	7576	11297

1-I-11 分地区港澳台商投资企业政府相关政策落实情况

单位：万元

地 区	来自政府部门的研究开发经费	研究开发费用加计扣除减免税	高新技术企业减免税
全 省	**21895**	**90564**	**171127**
杭州市	17222	31296	50552
宁波市	2574	27616	75395
温州市	59	655	931
嘉兴市	812	13684	19305
湖州市	248	7199	7348
绍兴市	592	5366	5495
金华市	313	1884	7145
衢州市		118	84
舟山市	23		
台州市	48	2550	3595
丽水市	3	196	1278

1-I-12　分地区外商投资企业政府相关政策落实情况

单位：万元

地　区	来自政府部门的研究开发经费	研究开发费用加计扣除减免税	高新技术企业减免税
全　省	**15917**	**68568**	**198604**
杭州市	6807	20448	32268
宁波市	1720	12899	34563
温州市	1207	4841	16733
嘉兴市	298	16677	33092
湖州市	1329	4890	13280
绍兴市	2647	3361	23176
金华市	443	659	5428
衢州市	576	755	4016
舟山市	454	1355	4838
台州市	436	2574	30436
丽水市	0	108	773

J.技术获取和技术改造

1-J-1 分登记注册类型企业技术获取和技术改造情况

单位：万元

登记注册类型	引进技术经费支出	消化吸收经费支出	购买国内技术经费支出	技术改造经费支出
总　计	**94677**	**15559**	**207200**	**2271587**
内资企业	**55010**	**12814**	**188581**	**1874813**
国有企业				1151
集体企业				
股份合作企业			47	3157
联营企业				
集体联营企业				
有限责任公司	5853	524	50732	620491
国有独资公司	178		29810	14874
其他有限责任公司	5675	524	20922	605617
股份有限公司	30930	10935	57896	670671
私营企业	18228	1356	79905	579344
私营独资企业			636	3001
私营合伙企业			48	
私营有限责任公司	17205	788	59577	479014
私营股份有限公司	1023	568	19644	97328
港、澳、台商投资企业	**3400**	**1348**	**5459**	**192327**
合资经营企业(港或澳、台资)	3400	1348	5301	106285
合作经营企业(港或澳、台资)				7
港、澳、台商独资经营企业			157	85597
港、澳、台商投资股份有限公司				438
其他港澳台投资企业				
外商投资企业	**36268**	**1398**	**13161**	**204447**
中外合资经营企业	3832	71	12334	86440
中外合作经营企业				75
外资企业	32245	1326	827	97206
外商投资股份有限公司	191			683
其他外商投资企业				20043

1-J-2　分登记注册类型大中型企业技术获取和技术改造情况

单位：万元

登记注册类型	引进技术经费支出	消化吸收经费支出	购买国内技术经费支出	技术改造经费支出
总　计	**82284**	**13529**	**155881**	**1932444**
内资企业	**45321**	**11839**	**140842**	**1574996**
国有企业				1151
集体企业				
股份合作企业				2386
有限责任公司	3481	523	36522	554180
国有独资公司	178		22884	7948
其他有限责任公司	3303.2	523.4	13637.7	546232.3
股份有限公司	30444.8	10934.7	54325	639476.7
私营企业	11395.1	380.8	49995.3	377802.8
私营独资企业				1322
私营合伙企业				
私营有限责任公司	10903	381	31948	290575
私营股份有限公司	492		18047	85906
港、澳、台商投资企业	**2812**	**1348**	**3345**	**174377**
合资经营企业(港或澳、台资)	2812	1348	3340	89781
合作经营企业(港或澳、台资)				7
港、澳、台商独资经营企业			6	84255
港、澳、台商投资股份有限公司				334
其他港澳台投资企业				
外商投资企业	**34152**	**342**	**11693**	**183071**
中外合资经营企业	3514	71	11491	78078
中外合作经营企业				
外资企业	30447	271	202	84268
外商投资股份有限公司	191			683
其他外商投资企业				20043

1-J-3 分行业企业技术获取和技术改造情况

单位：万元

行业	引进技术经费支出	消化吸收经费支出	购买国内技术经费支出	技术改造经费支出
总计	**94677**	**15559**	**207200**	**2271587**
采矿业				**24**
煤炭开采和洗选业				
其他煤炭采选				
黑色金属矿采选业				24
铁矿采选				24
有色金属矿采选业				
常用有色金属矿采选				
稀有稀土金属矿采选				
非金属矿采选业				
土砂石开采				
化学矿开采				
石棉及其他非金属矿采选				
制造业	**94677**	**15559**	**200134**	**2218439**
农副食品加工业			839	5538
谷物磨制				31
饲料加工				144
植物油加工				
制糖业				
屠宰及肉类加工			425	1307
水产品加工			105	3031
蔬菜、菌类、水果和坚果加工			309	1025
其他农副食品加工				
食品制造业	2958		11708	17081
焙烤食品制造			34	33
糖果、巧克力及蜜饯制造				12
方便食品制造			6	563
乳制品制造				132
罐头食品制造				126
调味品、发酵制品制造				1378
其他食品制造	2958		11669	14836
酒、饮料和精制茶制造业			1479	1562
酒的制造			1479	1562
饮料制造				
精制茶加工				
烟草制品业	178		22632	5993
卷烟制造	178		22632	5140
其他烟草制品制造				853
纺织业	565		1597	37522
棉纺织及印染精加工	415		904	29616
毛纺织及染整精加工			4	491
麻纺织及染整精加工				71
丝绢纺织及印染精加工	150		56	89
化纤织造及印染精加工			43	

1-J-3　续表 1　　单位：万元

行　业	引进技术经费支出	消化吸收经费支出	购买国内技术经费支出	技术改造经费支出
针织或钩针编织物及其制品制造			221	1390
家用纺织制成品制造			10	2844
产业用纺织制成品制造			359	3021
纺织服装、服饰业	2314	0	2859	6865
机织服装制造	27		1402	1881
针织或钩针编织服装制造			257	888
服饰制造	2288	0	1200	4096
皮革、毛皮、羽毛及其制品和制鞋业	77	0	758	2790
皮革鞣制加工	77	0	315	1671
皮革制品制造				135
毛皮鞣制及制品加工				
羽毛(绒)加工及制品制造			191	191
制鞋业			252	794
木材加工和木、竹、藤、棕、草制品业	68		384	1759
木材加工				800
人造板制造			141	956
木质制品制造	68		243	3
竹、藤、棕、草等制品制造				
家具制造业			2695	7919
木质家具制造			1641	5545
竹、藤家具制造				
金属家具制造			991	2334
塑料家具制造				
其他家具制造			63	40
造纸和纸制品业			1642	19155
纸浆制造				
造纸			20	16360
纸制品制造			1622	2795
印刷和记录媒介复制业	1487		2167	13811
印刷	1487		2167	13658
装订及印刷相关服务				153
文教、工美、体育和娱乐用品制造业	381	1333	2988	19807
文教办公用品制造			2024	13974
乐器制造			23	121
工艺美术及礼仪用品制造			384	1637
体育用品制造			87	1504
玩具制造			348	1105
游艺器材及娱乐用品制造	381	1333	122	1467
石油、煤炭及其他燃料加工业			333	133200
精炼石油产品制造			333	133200
煤炭加工				
生物质燃料加工				
化学原料和化学制品制造业	2309	1392	6358	177086
基础化学原料制造	1612	921	3380	63465
肥料制造				1690
农药制造	6	326	1288	20065

1-J-3 续表 2 单位：万元

行　　业	引进技术经费支出	消化吸收经费支出	购买国内技术经费支出	技术改造经费支出
涂料、油墨、颜料及类似产品制造			166	15521
合成材料制造	448	93	730	36080
专用化学产品制造	243	52	209	38646
炸药、火工及焰火产品制造			581	1331
日用化学产品制造			5	288
医药制造业	3996	7128	24735	108767
化学药品原料药制造	2398	7128	17130	46151
化学药品制剂制造	1599		5893	41799
中药饮片加工				1585
中成药生产			450	10756
兽用药品制造			293	104
生物药品制品制造			808	7249
卫生材料及医药用品制造			85	500
药用辅料及包装材料			76	624
化学纤维制造业	7606	61	2398	37067
纤维素纤维原料及纤维制造				
合成纤维制造	7606	61	2398	37067
生物基材料制造				
橡胶和塑料制品业	655	395	9530	67521
橡胶制品业	178		7021	33000
塑料制品业	477	395	2509	34520
非金属矿物制品业	3108		1807	323568
水泥、石灰和石膏制造			103	2832
石膏、水泥制品及类似制品制造			273	11724
砖瓦、石材等建筑材料制造	3108		43	1138
玻璃制造				20674
玻璃制品制造			890	2021
玻璃纤维和玻璃纤维增强塑料制品制造				282069
陶瓷制品制造			280	551
耐火材料制品制造			87	1225
石墨及其他非金属矿物制品制造			133	1335
黑色金属冶炼和压延加工业			1566	90724
炼钢				
钢压延加工			1566	90724
铁合金冶炼				
有色金属冶炼和压延加工业	288		9018	22374
常用有色金属冶炼			47	461
贵金属冶炼				
稀有稀土金属冶炼				
有色金属合金制造			41	4354
有色金属压延加工	288		8930	17559
金属制品业	10499	1864	9294	50267
结构性金属制品制造			2397	4358
金属工具制造	6658	1849	1003	10183
集装箱及金属包装容器制造	1605			9325
金属丝绳及其制品制造			1	314

1-J-3 续表 3

单位：万元

行　业	引进技术经费支出	消化吸收经费支出	购买国内技术经费支出	技术改造经费支出
建筑、安全用金属制品制造	2181	15	1181	6512
金属表面处理及热处理加工	52		1700	1700
搪瓷制品制造				
金属制日用品制造			1803	7321
铸造及其他金属制品制造	3		1210	10556
通用设备制造业	5823	144	14351	262557
锅炉及原动设备制造	1728	1	2030	14425
金属加工机械制造		4	1027	6041
物料搬运设备制造	98	126	117	34704
泵、阀门、压缩机及类似机械制造	3373		3537	83098
轴承、齿轮和传动部件制造	295	13	5235	84566
烘炉、风机、包装等设备制造			766	22294
文化、办公用机械制造			445	5393
通用零部件制造	329		1194	11784
其他通用设备制造业				254
专用设备制造业	1311	280	6906	126811
采矿、冶金、建筑专用设备制造	24	10	170	1462
化工、木材、非金属加工专用设备制造	1259	271	3996	86466
食品、饮料、烟草及饲料生产专用设备制造			419	396
印刷、制药、日化及日用品生产专用设备制造			388	1343
纺织、服装和皮革加工专用设备制造	28		351	24420
电子和电工机械专用设备制造			283	2143
农、林、牧、渔专用机械制造			127	1353
医疗仪器设备及器械制造			968	2543
环保、邮政、社会公共服务及其他专用设备制造			205	6686
汽车制造业	18755	286	32521	272122
汽车整车制造			3033	8962
汽车用发动机制造	6		6	45236
改装汽车制造				
汽车车身、挂车制造				30192
汽车零部件及配件制造	18749	286	29482	187733
铁路、船舶、航空航天和其他运输设备制造业	24	24	205	4461
铁路运输设备制造			12	10
城市轨道交通设备制造				
船舶及相关装置制造	24	24		
航空、航天器及设备制造				1200
摩托车制造				2381
自行车和残疾人座车制造				488
助动车制造			153	332
非公路休闲车及零配件制造			40	50
潜水救捞及其他未列明运输设备制造				
电气机械和器材制造业	30765	293	10883	182763
电机制造	30337	71	240	27338
输配电及控制设备制造	78		4443	66898
电线、电缆、光缆及电工器材制造	195	126	902	39078

1-J-3 续表 4 单位：万元

行 业	引进技术经费支出	消化吸收经费支出	购买国内技术经费支出	技术改造经费支出
电池制造			36	4988
家用电力器具制造	37	29	3203	38003
非电力家用器具制造			46	466
照明器具制造	118	67	1253	5001
其他电气机械及器材制造			760	992
计算机、通信和其他电子设备制造业	1512	2361	13964	195310
计算机制造	122		5	40648
通信设备制造	100		520	9545
广播电视设备制造			178	77
雷达及配套设备制造				
非专业视听设备制造	8	1656	241	2036
智能消费设备制造			693	1676
电子器件制造	143		6056	58923
电子元件及电子专用材料制造	1139	706	6181	80722
其他电子设备制造			90	1684
仪器仪表制造业			4366	21658
通用仪器仪表制造			2453	5593
专用仪器仪表制造			1913	13961
钟表与计时仪器制造				1298
光学仪器制造				801
衡器制造				5
其他仪器仪表制造业				
其他制造业			12	170
日用杂品制造			12	170
其他未列明制造业				
废弃资源综合利用业			10	2085
金属废料和碎屑加工处理				191
非金属废料和碎屑加工处理			10	1895
金属制品、机械和设备修理业			126	126
金属制品修理				
专用设备修理				
铁路、船舶、航空航天等运输设备修理			126	126
电气设备修理				
其他机械和设备修理业				
电力、热力、燃气及水生产和供应业			**7066**	**53123**
电力、热力生产和供应业			7066	53123
电力生产			7066	46248
电力供应				
热力生产和供应				6875
燃气生产和供应业				
燃气生产和供应业				
水的生产和供应业				
自来水生产和供应				
污水处理及其再生利用				

1-J-4　分行业大中型企业技术获取和技术改造情况

单位：万元

行　　业	引进技术经费支出	消化吸收经费支出	购买国内技术经费支出	技术改造经费支出
总　计	**82284**	**13529**	**155881**	**1932444**
采矿业				**24**
黑色金属矿采选业				24
铁矿采选				24
有色金属矿采选业				
常用有色金属矿采选				
非金属矿采选业				
土砂石开采				
制造业	**82284**	**13529**	**155741**	**1899322**
农副食品加工业			669	4247
谷物磨制				
饲料加工				
屠宰及肉类加工			425	1207
水产品加工				2796
蔬菜、菌类、水果和坚果加工			244	244
其他农副食品加工				
食品制造业	2958		9417	13814
焙烤食品制造				
糖果、巧克力及蜜饯制造				
方便食品制造			6	563
乳制品制造				
罐头食品制造				126
调味品、发酵制品制造				627
其他食品制造	2958		9411	12497
酒、饮料和精制茶制造业			1479	1497
酒的制造			1479	1497
饮料制造				
精制茶加工				
烟草制品业	178		22632	5140
卷烟制造	178		22632	5140
纺织业	150		665	31542
棉纺织及印染精加工			593	27536
毛纺织及染整精加工				
麻纺织及染整精加工				
丝绢纺织及印染精加工	150		56	
化纤织造及印染精加工				
针织或钩针编织物及其制品制造				197
家用纺织制成品制造			10	1572
产业用纺织制成品制造			5	2238
纺织服装、服饰业	2314		2237	5609
机织服装制造	27		1372	1846
针织或钩针编织服装制造				
服饰制造	2288		864	3763
皮革、毛皮、羽毛及其制品和制鞋业			242	980
皮革鞣制加工				362
皮革制品制造				
毛皮鞣制及制品加工				
羽毛(绒)加工及制品制造				
制鞋业			242	618
木材加工和木、竹、藤、棕、草制品业			243	800

1-J-4 续表 1 单位：万元

行业	引进技术经费支出	消化吸收经费支出	购买国内技术经费支出	技术改造经费支出
木材加工				800
人造板制造				
木质制品制造			243	
竹、藤、棕、草等制品制造				
家具制造业			1579	5481
木质家具制造			1569	4215
竹、藤家具制造				
金属家具制造				1226
塑料家具制造				
其他家具制造			10	40
造纸和纸制品业			1500	18155
造纸				16018
纸制品制造			1500	2137
印刷和记录媒介复制业			15	8795
印刷			15	8795
文教、工美、体育和娱乐用品制造业	381	1333	1793	16782
文教办公用品制造			1672	13297
乐器制造				
工艺美术及礼仪用品制造				531
体育用品制造				1503
玩具制造				
游艺器材及娱乐用品制造	381	1333	122	1451
石油、煤炭及其他燃料加工业			315	133000
精炼石油产品制造			315	133000
化学原料和化学制品制造业	191	326	4850	130600
基础化学原料制造			2630	45959
肥料制造				1409
农药制造		326	933	18899
涂料、油墨、颜料及类似产品制造			159	14134
合成材料制造			544	28843
专用化学产品制造	191			20477
炸药、火工及焰火产品制造			581	881
日用化学产品制造			4	
医药制造业	3996	7128	23749	101484
化学药品原料药制造	2398	7128	17070	43281
化学药品制剂制造	1599		5893	41327
中药饮片加工				
中成药生产			440	10469
生物药品制品制造			346	5993
卫生材料及医药用品制造				415
药用辅料及包装材料				
化学纤维制造业	7564	61	1213	32511
纤维素纤维原料及纤维制造				
合成纤维制造	7564	61	1213	32511
橡胶和塑料制品业	649	395	7984	57879
橡胶制品业	178		6830	30363
塑料制品业	471	395	1153	27516
非金属矿物制品业	1810		85	304685
水泥、石灰和石膏制造			13	
石膏、水泥制品及类似制品制造			5	513
砖瓦、石材等建筑材料制造	1810			238

1-J-4　续表 2

单位：万元

行　业	引进技术经费支出	消化吸收经费支出	购买国内技术经费支出	技术改造经费支出
玻璃制造				20674
玻璃制品制造			54	1054
玻璃纤维和玻璃纤维增强塑料制品制造				280837
陶瓷制品制造			13	36
耐火材料制品制造				
石墨及其他非金属矿物制品制造				1335
黑色金属冶炼和压延加工业				87695
炼钢				
钢压延加工				87695
铁合金冶炼				
有色金属冶炼和压延加工业	288		8858	12695
常用有色金属冶炼				
贵金属冶炼				
有色金属合金制造				
有色金属压延加工	288		8858	12695
金属制品业	10444	1864	6445	39111
结构性金属制品制造			2340	3578
金属工具制造	6658	1849	590	8842
集装箱及金属包装容器制造	1605			8774
金属丝绳及其制品制造				
建筑、安全用金属制品制造	2181	15	703	3922
金属表面处理及热处理加工			1537	1537
搪瓷制品制造				
金属制日用品制造			1273	5244
铸造及其他金属制品制造			2	7216
通用设备制造业	1380	140	5981	220859
锅炉及原动设备制造	161	1	446	11500
金属加工机械制造				1882
物料搬运设备制造	98	126	18	29835
泵、阀门、压缩机及类似机械制造	583		947	69833
轴承、齿轮和传动部件制造	295	13	4211	79121
烘炉、风机、包装等设备制造			144	19722
文化、办公用机械制造			216	
通用零部件制造	244			8967
其他通用设备制造业				
专用设备制造业	472	280	3640	103481
采矿、冶金、建筑专用设备制造	24	10		593
化工、木材、非金属加工专用设备制造	421	271	2337	73993
食品、饮料、烟草及饲料生产专用设备制造				
印刷、制药、日化及日用品生产专用设备制造				
纺织、服装和皮革加工专用设备制造	28		308	21210
电子和电工机械专用设备制造				498
农、林、牧、渔专用机械制造			31	1157
医疗仪器设备及器械制造			965	1480
环保、邮政、社会公共服务及其他专用设备制造				4550
汽车制造业	17999	248	27723	216471
汽车整车制造			655	6225
汽车用发动机制造	6		6	45167
汽车车身、挂车制造				29242
汽车零部件及配件制造	17993	248	27061	135837
铁路、船舶、航空航天和其他运输设备制造业				3029

1-J-4 续表 3

单位：万元

行　　业	引进技术经费支出	消化吸收经费支出	购买国内技术经费支出	技术改造经费支出
铁路运输设备制造				
船舶及相关装置制造				
航空、航天器及设备制造				1200
摩托车制造				1650
自行车和残疾人座车制造				
助动车制造				179
非公路休闲车及零配件制造				
电气机械和器材制造业	30371	97	7431	149951
电机制造	30337	71	119	24271
输配电及控制设备制造	8		3382	54555
电线、电缆、光缆及电工器材制造				29718
电池制造			34	323
家用电力器具制造	26	26	2453	37181
非电力家用器具制造				353
照明器具制造			685	2793
其他电气机械及器材制造			759	759
计算机、通信和其他电子设备制造业	1139	1658	12075	175280
计算机制造				40286
通信设备制造			209	8437
广播电视设备制造				24
非专业视听设备制造		1656		1541
智能消费设备制造				696
电子器件制造			5773	56400
电子元件及电子专用材料制造	1139	3	6003	66353
其他电子设备制造			90	1544
仪器仪表制造业			2901	15805
通用仪器仪表制造			1361	2063
专用仪器仪表制造			1540	12013
钟表与计时仪器制造				1298
光学仪器制造				432
衡器制造				
其他仪器仪表制造业				
其他制造业			12	50
日用杂品制造			12	50
其他未列明制造业				
废弃资源综合利用业			10	1895
金属废料和碎屑加工处理				
非金属废料和碎屑加工处理			10	1895
金属制品、机械和设备修理业				
铁路、船舶、航空航天等运输设备修理				
电力、热力、燃气及水生产和供应业			**140**	**33098**
电力、热力生产和供应业			140	33098
电力生产			140	33098
电力供应				
热力生产和供应				
燃气生产和供应业				
燃气生产和供应业				
水的生产和供应业				
自来水生产和供应				
污水处理及其再生利用				

1-J-5 分行业内资企业技术获取和技术改造情况

单位：万元

行 业	引进技术经费支出	消化吸收经费支出	购买国内技术经费支出	技术改造经费支出
总 计	**55010**	**12814**	**188581**	**1874813**
采矿业				**24**
煤炭开采和洗选业				
其他煤炭采选				
黑色金属矿采选业				24
铁矿采选				24
有色金属矿采选业				
常用有色金属矿采选				
稀有稀土金属矿采选				
非金属矿采选业				
土砂石开采				
化学矿开采				
石棉及其他非金属矿采选				
制造业	**55010**	**12814**	**181515**	**1827890**
农副食品加工业			839	2740
谷物磨制				31
饲料加工				144
植物油加工				
制糖业				
屠宰及肉类加工			425	1307
水产品加工			105	233
蔬菜、菌类、水果和坚果加工			309	1025
其他农副食品加工				
食品制造业	2958		11708	16935
焙烤食品制造			34	33
糖果、巧克力及蜜饯制造				12
方便食品制造			6	563
乳制品制造				132
罐头食品制造				71
调味品、发酵制品制造				1378
其他食品制造	2958		11669	14745
酒、饮料和精制茶制造业			1479	1562
酒的制造			1479	1562
饮料制造				
精制茶加工				
烟草制品业	178		22632	5140
卷烟制造	178		22632	5140
纺织业	565		1058	20154
棉纺织及印染精加工	415		582	12522
毛纺织及染整精加工			4	491
麻纺织及染整精加工				
丝绢纺织及印染精加工	150		56	89
化纤织造及印染精加工			43	
针织或钩针编织物及其制品制造			4	1219

1-J-5 续表 1

单位：万元

行业	引进技术经费支出	消化吸收经费支出	购买国内技术经费支出	技术改造经费支出
家用纺织制成品制造			10	2844
产业用纺织制成品制造			359	2989
纺织服装、服饰业	2314	0	2824	6352
机织服装制造	27		1372	1399
针织或钩针编织服装制造			257	888
服饰制造	2288	0	1195	4065
皮革、毛皮、羽毛及其制品和制鞋业	77	0	567	2599
皮革鞣制加工	77	0	315	1671
皮革制品制造				135
毛皮鞣制及制品加工				
羽毛(绒)加工及制品制造				
制鞋业			252	794
木材加工和木、竹、藤、棕、草制品业	68		384	1759
木材加工				800
人造板制造			141	956
木质制品制造	68		243	3
竹、藤、棕、草等制品制造				
家具制造业			2642	5404
木质家具制造			1641	3045
竹、藤家具制造				
金属家具制造			991	2319
塑料家具制造				
其他家具制造			10	40
造纸和纸制品业			103	13864
纸浆制造				
造纸			20	13403
纸制品制造			83	461
印刷和记录媒介复制业	1487		2167	9166
印刷	1487		2167	9166
装订及印刷相关服务				
文教、工美、体育和娱乐用品制造业			2713	17409
文教办公用品制造			2024	13649
乐器制造			23	121
工艺美术及礼仪用品制造			230	1504
体育用品制造			87	1014
玩具制造			348	1105
游艺器材及娱乐用品制造				16
石油、煤炭及其他燃料加工业			333	133018
精炼石油产品制造			333	133018
煤炭加工				
生物质燃料加工				
化学原料和化学制品制造业	741	1039	6310	167563
基础化学原料制造	531	568	3380	57519
肥料制造				1690
农药制造	6	326	1288	19432

1-J-5　续表 2

单位：万元

行　业	引进技术经费支出	消化吸收经费支出	购买国内技术经费支出	技术改造经费支出
涂料、油墨、颜料及类似产品制造			166	15202
合成材料制造	152	93	687	33586
专用化学产品制造	52	52	204	38521
炸药、火工及焰火产品制造			581	1331
日用化学产品制造			5	283
医药制造业	3996	7128	20290	103174
化学药品原料药制造	2398	7128	17130	46151
化学药品制剂制造	1599		2178	41799
中药饮片加工				1585
中成药生产			450	9725
兽用药品制造				
生物药品制品制造			372	2790
卫生材料及医药用品制造			85	500
药用辅料及包装材料			76	624
化学纤维制造业	7564	61	1693	36362
纤维素纤维原料及纤维制造				
合成纤维制造	7564	61	1693	36362
生物基材料制造				
橡胶和塑料制品业	649	395	8990	45911
橡胶制品业	178		7021	11414
塑料制品业	471	395	1969	34497
非金属矿物制品业	3108		1763	304131
水泥、石灰和石膏制造			103	2832
石膏、水泥制品及类似制品制造			273	11724
砖瓦、石材等建筑材料制造	3108		43	1138
玻璃制造				1558
玻璃制品制造			890	1991
玻璃纤维和玻璃纤维增强塑料制品制造				282069
陶瓷制品制造			236	259
耐火材料制品制造			87	1225
石墨及其他非金属矿物制品制造			133	1335
黑色金属冶炼和压延加工业			1566	90690
炼钢				
钢压延加工			1566	90690
铁合金冶炼				
有色金属冶炼和压延加工业	288		9018	9488
常用有色金属冶炼			47	461
贵金属冶炼				
稀有稀土金属冶炼				
有色金属合金制造			41	187
有色金属压延加工	288		8930	8840
金属制品业	8265	1849	6813	41008
结构性金属制品制造			2397	3158
金属工具制造	6658	1849	660	9064
集装箱及金属包装容器制造	1605			7281

1-J-5 续表 3 单位：万元

行　业	引进技术经费支出	消化吸收经费支出	购买国内技术经费支出	技术改造经费支出
金属丝绳及其制品制造			1	314
建筑、安全用金属制品制造			708	3370
金属表面处理及热处理加工			164	164
搪瓷制品制造				
金属制日用品制造			1720	7201
铸造及其他金属制品制造	3		1164	10457
通用设备制造业	4734	144	13303	203000
锅炉及原动设备制造	1728	1	2030	13948
金属加工机械制造		4	647	3228
物料搬运设备制造	98	126	117	34699
泵、阀门、压缩机及类似机械制造	2614		3476	47218
轴承、齿轮和传动部件制造	295	13	4748	74008
烘炉、风机、包装等设备制造			680	19493
文化、办公用机械制造			445	601
通用零部件制造			1161	9553
其他通用设备制造业				254
专用设备制造业	890	10	6906	62831
采矿、冶金、建筑专用设备制造	24	10	170	1109
化工、木材、非金属加工专用设备制造	838		3996	40804
食品、饮料、烟草及饲料生产专用设备制造			419	396
印刷、制药、日化及日用品生产专用设备制造			388	1264
纺织、服装和皮革加工专用设备制造	28		351	6854
电子和电工机械专用设备制造			283	2143
农、林、牧、渔专用机械制造			127	1353
医疗仪器设备及器械制造			968	2529
环保、邮政、社会公共服务及其他专用设备制造			205	6380
汽车制造业	15388	286	27684	214749
汽车整车制造			3033	8962
汽车用发动机制造				35205
改装汽车制造				
汽车车身、挂车制造				29972
汽车零部件及配件制造	15388	286	24651	140610
铁路、船舶、航空航天和其他运输设备制造业	24	24	205	4461
铁路运输设备制造			12	10
城市轨道交通设备制造				
船舶及相关装置制造	24	24		
航空、航天器及设备制造				1200
摩托车制造				2381
自行车和残疾人座车制造				488
助动车制造			153	332
非公路休闲车及零配件制造			40	50
潜水救捞及其他未列明运输设备制造				
电气机械和器材制造业	418	221	10856	171533
电机制造			240	24580
输配电及控制设备制造	78		4441	62055

1-J-5 续表 4

单位：万元

行业	引进技术经费支出	消化吸收经费支出	购买国内技术经费支出	技术改造经费支出
电线、电缆、光缆及电工器材制造	185	126	895	36765
电池制造			36	4561
家用电力器具制造	37	29	3203	37121
非电力家用器具制造			46	466
照明器具制造	118	67	1235	4994
其他电气机械及器材制造			760	992
计算机、通信和其他电子设备制造业	1297	1658	13698	125290
计算机制造	15		5	362
通信设备制造			254	3969
广播电视设备制造			178	77
雷达及配套设备制造				
非专业视听设备制造		1656	241	406
智能消费设备制造			693	1676
电子器件制造	143		6056	58411
电子元件及电子专用材料制造	1139	3	6181	58707
其他电子设备制造			90	1684
仪器仪表制造业			2822	9216
通用仪器仪表制造			2449	5593
专用仪器仪表制造			373	1951
钟表与计时仪器制造				1298
光学仪器制造				369
衡器制造				5
其他仪器仪表制造业				
其他制造业			12	170
日用杂品制造			12	170
其他未列明制造业				
废弃资源综合利用业			10	2085
金属废料和碎屑加工处理				191
非金属废料和碎屑加工处理			10	1895
金属制品、机械和设备修理业			126	126
金属制品修理				
铁路、船舶、航空航天等运输设备修理			126	126
电气设备修理				
其他机械和设备修理业				
电力、热力、燃气及水生产和供应业			**7066**	**46899**
电力、热力生产和供应业			7066	46899
电力生产			7066	40024
电力供应				
热力生产和供应				6875
燃气生产和供应业				
燃气生产和供应业				
水的生产和供应业				
自来水生产和供应				
污水处理及其再生利用				

1-J-6 分行业港澳台商投资企业技术获取和技术改造情况

单位：万元

行业	引进技术经费支出	消化吸收经费支出	购买国内技术经费支出	技术改造经费支出
总 计	**3400**	**1348**	**5459**	**192327**
采矿业				
黑色金属矿采选业				
铁矿采选				
有色金属矿采选业				
常用有色金属矿采选				
非金属矿采选业				
土砂石开采				
制造业	**3399.8**	**1348**	**5459**	**186103**
农副食品加工业				
谷物磨制				
饲料加工				
植物油加工				
屠宰及肉类加工				
水产品加工				
蔬菜、菌类、水果和坚果加工				
其他农副食品加工				
食品制造业				
焙烤食品制造				
糖果、巧克力及蜜饯制造				
方便食品制造				
调味品、发酵制品制造				
其他食品制造				
酒、饮料和精制茶制造业				
酒的制造				
饮料制造				
精制茶加工				
烟草制品业				853
其他烟草制品制造				853
纺织业			539	17321
棉纺织及印染精加工			322	17047
毛纺织及染整精加工				
麻纺织及染整精加工				71
丝绢纺织及印染精加工				
化纤织造及印染精加工				
针织或钩针编织物及其制品制造			217	170
家用纺织制成品制造				
产业用纺织制成品制造				33
纺织服装、服饰业			29	508
机织服装制造			29	482
针织或钩针编织服装制造				
服饰制造				26
皮革、毛皮、羽毛及其制品和制鞋业			191	191
皮革鞣制加工				
皮革制品制造				
毛皮鞣制及制品加工				

1-J-6　续表 1　　　　单位：万元

行　　业	引进技术经费支出	消化吸收经费支出	购买国内技术经费支出	技术改造经费支出
羽毛(绒)加工及制品制造			191	191
制鞋业				
木材加工和木、竹、藤、棕、草制品业				
木材加工				
人造板制造				
木质制品制造				
竹、藤、棕、草等制品制造				
家具制造业				
木质家具制造				
竹、藤家具制造				
金属家具制造				
塑料家具制造				
其他家具制造				
造纸和纸制品业			40	3136
造纸				2957
纸制品制造			40	179
印刷和记录媒介复制业				4493
印刷				4493
文教、工美、体育和娱乐用品制造业	381	1333	275	1584
文教办公用品制造				
乐器制造				
工艺美术及礼仪用品制造			154	133
体育用品制造				
玩具制造				
游艺器材及娱乐用品制造	381	1333	122	1451
石油、煤炭及其他燃料加工业				181
精炼石油产品制造				181
化学原料和化学制品制造业	296		43	808
基础化学原料制造				186
农药制造				104
涂料、油墨、颜料及类似产品制造				
合成材料制造	296		43	504
专用化学产品制造				10
日用化学产品制造				5
医药制造业			26	1031
化学药品原料药制造				
化学药品制剂制造				
中成药生产				1031
生物药品制品制造			26	
卫生材料及医药用品制造				
药用辅料及包装材料				
化学纤维制造业	42		705	705
纤维素纤维原料及纤维制造				
合成纤维制造	42		705	705
橡胶和塑料制品业			540	21294
橡胶制品业				21279
塑料制品业			540	15

1-J-6 续表 2 单位：万元

行　业	引进技术经费支出	消化吸收经费支出	购买国内技术经费支出	技术改造经费支出
非金属矿物制品业			44	291
石膏、水泥制品及类似制品制造				
砖瓦、石材等建筑材料制造				
玻璃制造				
玻璃制品制造				
玻璃纤维和玻璃纤维增强塑料制品制造				
陶瓷制品制造			44	291
石墨及其他非金属矿物制品制造				
黑色金属冶炼和压延加工业				34
钢压延加工				34
有色金属冶炼和压延加工业				4361
常用有色金属冶炼				
有色金属合金制造				
有色金属压延加工				4361
金属制品业	2181	15	2478	6453
结构性金属制品制造				1
金属工具制造			340	851
集装箱及金属包装容器制造				842
金属丝绳及其制品制造				
建筑、安全用金属制品制造	2181	15	473	3002
金属表面处理及热处理加工			1537	1537
搪瓷制品制造				
金属制日用品制造			83	120
铸造及其他金属制品制造			46	99
通用设备制造业	484		447	53722
锅炉及原动设备制造				
金属加工机械制造			380	2359
物料搬运设备制造				5
泵、阀门、压缩机及类似机械制造	240		41	33751
轴承、齿轮和传动部件制造				9312
烘炉、风机、包装等设备制造			25	2128
文化、办公用机械制造				4792
通用零部件制造	244			1376
专用设备制造业				44247
采矿、冶金、建筑专用设备制造				18
化工、木材、非金属加工专用设备制造				44109
食品、饮料、烟草及饲料生产专用设备制造				
印刷、制药、日化及日用品生产专用设备制造				79
纺织、服装和皮革加工专用设备制造				27
电子和电工机械专用设备制造				
农、林、牧、渔专用机械制造				
医疗仪器设备及器械制造				14
环保、邮政、社会公共服务及其他专用设备制造				
汽车制造业	6		98	16661
汽车整车制造				
汽车用发动机制造	6		6	728
汽车车身、挂车制造				219
汽车零部件及配件制造			92	15714

1-J-6 续表 3

单位：万元

行业	引进技术经费支出	消化吸收经费支出	购买国内技术经费支出	技术改造经费支出
铁路、船舶、航空航天和其他运输设备制造业				
船舶及相关装置制造				
摩托车制造				
自行车和残疾人座车制造				
助动车制造				
电气机械和器材制造业	10			1202
电机制造				
输配电及控制设备制造				1195
电线、电缆、光缆及电工器材制造	10			
电池制造				
家用电力器具制造				
非电力家用器具制造				
照明器具制造				7
其他电气机械及器材制造				
计算机、通信和其他电子设备制造业				6596
计算机制造				645
通信设备制造				276
广播电视设备制造				
雷达及配套设备制造				
非专业视听设备制造				87
智能消费设备制造				
电子器件制造				170
电子元件及电子专用材料制造				5418
其他电子设备制造				
仪器仪表制造业			4	432
通用仪器仪表制造			4	
专用仪器仪表制造				
钟表与计时仪器制造				
光学仪器制造				432
其他仪器仪表制造业				
其他制造业				
日用杂品制造				
废弃资源综合利用业				
金属废料和碎屑加工处理				
金属制品、机械和设备修理业				
铁路、船舶、航空航天等运输设备修理				
电力、热力、燃气及水生产和供应业				**6224**
电力、热力生产和供应业				6224
电力生产				6224
热力生产和供应				
燃气生产和供应业				
燃气生产和供应业				
水的生产和供应业				
自来水生产和供应				
污水处理及其再生利用				

1-J-7　分行业外商投资企业技术获取和技术改造情况

单位：万元

行　　业	引进技术经费支出	消化吸收经费支出	购买国内技术经费支出	技术改造经费支出
总　计	**36268**	**1398**	**13161**	**204447**
采矿业				
黑色金属矿采选业				
铁矿采选				
有色金属矿采选业				
常用有色金属矿采选				
非金属矿采选业				
土砂石开采				
制造业	**36268**	**1398**	**13161**	**204447**
农副食品加工业				2798
饲料加工				
植物油加工				
屠宰及肉类加工				
水产品加工				2798
蔬菜、菌类、水果和坚果加工				
其他农副食品加工				
食品制造业				146
焙烤食品制造				
糖果、巧克力及蜜饯制造				
方便食品制造				
乳制品制造				
罐头食品制造				55
调味品、发酵制品制造				
其他食品制造				91
酒、饮料和精制茶制造业				
酒的制造				
饮料制造				
精制茶加工				
纺织业				47
棉纺织及印染精加工				47
毛纺织及染整精加工				
麻纺织及染整精加工				
丝绢纺织及印染精加工				
化纤织造及印染精加工				
针织或钩针编织物及其制品制造				
家用纺织制成品制造				
产业用纺织制成品制造				
纺织服装、服饰业			5	5
机织服装制造				
针织或钩针编织服装制造				
服饰制造			5	5
皮革、毛皮、羽毛及其制品和制鞋业				
皮革鞣制加工				
皮革制品制造				
毛皮鞣制及制品加工				
羽毛(绒)加工及制品制造				
制鞋业				
木材加工和木、竹、藤、棕、草制品业				

1-J-7　续表 1　　　　单位：万元

行　　业	引进技术经费支出	消化吸收经费支出	购买国内技术经费支出	技术改造经费支出
木材加工				
人造板制造				
木质制品制造				
竹、藤、棕、草等制品制造				
家具制造业			53	2515
木质家具制造				2500
金属家具制造				15
塑料家具制造				
其他家具制造			53	
造纸和纸制品业			1500	2155
造纸				
纸制品制造			1500	2155
印刷和记录媒介复制业				153
印刷				
装订及印刷相关服务				153
文教、工美、体育和娱乐用品制造业				815
文教办公用品制造				325
乐器制造				
工艺美术及礼仪用品制造				
体育用品制造				490
玩具制造				
游艺器材及娱乐用品制造				
石油、煤炭及其他燃料加工业				
精炼石油产品制造				
化学原料和化学制品制造业	1272	353	5	8715
基础化学原料制造	1082	353		5760
农药制造				530
涂料、油墨、颜料及类似产品制造				320
合成材料制造				1990
专用化学产品制造	191		5	116
日用化学产品制造				
医药制造业			4419	4562
化学药品原料药制造				
化学药品制剂制造			3716	
中药饮片加工				
中成药生产				
兽用药品制造			293	104
生物药品制品制造			410	4458
卫生材料及医药用品制造				
药用辅料及包装材料				
化学纤维制造业				
纤维素纤维原料及纤维制造				
合成纤维制造				
橡胶和塑料制品业	5			316
橡胶制品业				307
塑料制品业	5			9
非金属矿物制品业				19146
水泥、石灰和石膏制造				
石膏、水泥制品及类似制品制造				

1-J-7 续表 2

单位：万元

行　业	引进技术经费支出	消化吸收经费支出	购买国内技术经费支出	技术改造经费支出
砖瓦、石材等建筑材料制造				
玻璃制造				19116
玻璃制品制造				30
玻璃纤维和玻璃纤维增强塑料制品制造				
陶瓷制品制造				
耐火材料制品制造				
石墨及其他非金属矿物制品制造				
黑色金属冶炼和压延加工业				
钢压延加工				
有色金属冶炼和压延加工业				8525
常用有色金属冶炼				
有色金属合金制造				4167
有色金属压延加工				4358
金属制品业	52		3	2807
结构性金属制品制造				1198
金属工具制造			3	268
集装箱及金属包装容器制造				1202
金属丝绳及其制品制造				
建筑、安全用金属制品制造				139
金属表面处理及热处理加工	52			
搪瓷制品制造				
金属制日用品制造				
铸造及其他金属制品制造				
通用设备制造业	605		601	5835
锅炉及原动设备制造				477
金属加工机械制造				454
物料搬运设备制造				
泵、阀门、压缩机及类似机械制造	519		20	2129
轴承、齿轮和传动部件制造			487	1247
烘炉、风机、包装等设备制造			61	674
文化、办公用机械制造				
通用零部件制造	85		34	855
其他通用设备制造业				
专用设备制造业	421	271		19733
采矿、冶金、建筑专用设备制造				334
化工、木材、非金属加工专用设备制造	421	271		1552
食品、饮料、烟草及饲料生产专用设备制造				
印刷、制药、日化及日用品生产专用设备制造				
纺织、服装和皮革加工专用设备制造				17540
电子和电工机械专用设备制造				
农、林、牧、渔专用机械制造				
医疗仪器设备及器械制造				
环保、邮政、社会公共服务及其他专用设备制造				306
汽车制造业	3361		4739	40712
汽车整车制造				
汽车用发动机制造				9303
改装汽车制造				
汽车车身、挂车制造				
汽车零部件及配件制造	3361		4739	31410

1-J-7　续表 3　　　单位：万元

行　业	引进技术经费支出	消化吸收经费支出	购买国内技术经费支出	技术改造经费支出
铁路、船舶、航空航天和其他运输设备制造业				
船舶及相关装置制造				
摩托车制造				
自行车和残疾人座车制造				
助动车制造				
潜水救捞及其他未列明运输设备制造				
电气机械和器材制造业	30337	71	28	10028
电机制造	30337	71		2758
输配电及控制设备制造			3	3648
电线、电缆、光缆及电工器材制造			7	2313
电池制造				427
家用电力器具制造				882
非电力家用器具制造				
照明器具制造			18	
其他电气机械及器材制造				
计算机、通信和其他电子设备制造业	214	703	267	63424
计算机制造	106			39641
通信设备制造	100		266	5301
广播电视设备制造				
非专业视听设备制造	8			1543
智能消费设备制造				
电子器件制造			1	342
电子元件及电子专用材料制造		703		16598
其他电子设备制造				
仪器仪表制造业			1540	12010
通用仪器仪表制造				
专用仪器仪表制造			1540	12010
钟表与计时仪器制造				
光学仪器制造				
衡器制造				
其他制造业				
日用杂品制造				
其他未列明制造业				
废弃资源综合利用业				
金属废料和碎屑加工处理				
非金属废料和碎屑加工处理				
金属制品、机械和设备修理业				
专用设备修理				
铁路、船舶、航空航天等运输设备修理				
电力、热力、燃气及水生产和供应业				
电力、热力生产和供应业				
电力生产				
热力生产和供应				
燃气生产和供应业				
燃气生产和供应业				
水的生产和供应业				
自来水生产和供应				
污水处理及其再生利用				

1-J-8 分地区企业技术获取和技术改造情况

单位：万元

地　区	引进技术经费支出	消化吸收经费支出	购买国内技术经费支出	技术改造经费支出
全　省	**94677**	**15559**	**207200**	**2271587**
杭州市	7093	435	35330	330285
宁波市	23434	1088	72960	664323
温州市	2150	26	11134	162145
嘉兴市	51270	3185	4332	489268
湖州市	561	1459	4129	45102
绍兴市	1468		3917	98996
金华市	304	10	11627	93015
衢州市	4739	571	24212	116354
舟山市			1179	18807
台州市	3658	8783	34623	244493
丽水市		4	3757	8798

1-J-9 分地区大中型企业技术获取和技术改造情况

单位：万元

地　区	引进技术经费支出	消化吸收经费支出	购买国内技术经费支出	技术改造经费支出
全　省	**82284**	**13529**	**155881**	**1932444**
杭州市	5531	411	30905	271513
宁波市	19689	263	60172	575737
温州市	587	26	5854	134721
嘉兴市	48010	2575	2154	458951
湖州市	479	1459	1336	27309
绍兴市	1292		930	67217
金华市	24	10	5495	59474
衢州市	4097	3	16432	96717
舟山市			833	17045
台州市	2576	8783	30207	222265
丽水市			1562	1497

1-J-10　分地区内资企业技术获取和技术改造情况

单位：万元

地　区	引进技术经费支出	消化吸收经费支出	购买国内技术经费支出	技术改造经费支出
全　省	**55010**	**12814**	**188581**	**1874813**
杭州市	5317	363	30839	254320
宁波市	17154	370	63832	495308
温州市	1631	26	9593	144627
嘉兴市	20720	2562	3895	398477
湖州市	172	126	3938	43232
绍兴市	1426		2857	87738
金华市	304	10	11478	91016
衢州市	4628	571	22712	108704
舟山市			1179	16011
台州市	3658	8783	34502	226583
丽水市		4	3757	8798

1-J-11　分地区港澳台商投资企业技术获取和技术改造情况

单位：万元

地　区	引进技术经费支出	消化吸收经费支出	购买国内技术经费支出	技术改造经费支出
全　省	**3400**	**1348**	**5459**	**192327**
杭州市	6		53	60991
宁波市	2971	15	3519	122856
温州市				46
嘉兴市			437	1250
湖州市	381	1333	186	1847
绍兴市	42		1060	4577
金华市			83	476
衢州市				104
舟山市				
台州市			121	182
丽水市				

1-J-12　分地区外商投资企业技术获取和技术改造情况

单位：万元

地　区	引进技术经费支出	消化吸收经费支出	购买国内技术经费支出	技术改造经费支出
全　省	**36268**	**1398**	**13161**	**204447**
杭州市	1770	71	4439	14974
宁波市	3309	703	5610	46159
温州市	519		1540	17472
嘉兴市	30550	623	0	89542
湖州市	8		5	24
绍兴市				6682
金华市			67	1523
衢州市	111		1500	7547
舟山市				2796
台州市				17728
丽水市				

第2篇

建筑业企业生产经营及财务状况篇

A.全社会建筑业企业

2-A-1　分地区全社会建筑业企业个数

单位：个

地　区	法人单位数	总承包和专业承包企业	劳务分包企业	资质以外企业
全　省	**51435**	**6779**	**377**	**44279**
杭州市	**14870**	**1501**	**196**	**13173**
上城区	263	70	7	186
下城区	846	71	6	769
江干区	1591	108	41	1442
拱墅区	1429	140	46	1243
西湖区	1678	129	26	1523
滨江区	697	57	10	630
萧山区	1895	292	27	1576
余杭区	2614	221	13	2380
富阳区	2074	119	10	1945
临安区	585	76	5	504
桐庐县	553	53		500
淳安县	316	64		252
经济技术开发区	19	17	2	
西湖风景名胜区	3	3		
大江东	42	39	3	
建德市	265	42		223
宁波市	**10393**	**994**	**18**	**9381**
海曙区	1338	96	2	1240
江北区	951	57	1	893
北仑区	1257	99	1	1157
镇海区	685	83	8	594
鄞州区	3109	156	1	2952
奉化区	440	68		372
象山县	498	79	1	418
宁海县	446	75		371
高新区	27	26	1	
余姚市	594	116	3	475
慈溪市	1048	139		909
温州市	**5391**	**762**	**29**	**4600**
鹿城区	891	132	7	752
龙湾区	489	59		430
瓯海区	394	58	6	330
洞头区	214	30	3	181
永嘉县	404	55		349
平阳县	667	79	2	586

注：本表是指有工作量的建筑业企业。

2-A-1　续表 1

单位：个

地　区	法人单位数	总承包和专业承包企业	劳务分包企业	资质以外企业
苍南县	565	80	3	482
文成县	117	30		87
泰顺县	259	58	5	196
温州经济技术开发区	117	32		85
瑞安市	531	80	3	448
乐清市	743	69		674
嘉兴市	**4187**	**358**	**26**	**3803**
南湖区	900	61		839
经济开发区	35	35		
秀洲区	653	45	2	606
嘉善县	601	30	1	570
海盐县	281	29	6	246
海宁市	420	49	4	367
平湖市	712	57	5	650
桐乡市	585	52	8	525
湖州市	**1917**	**327**	**3**	**1587**
吴兴区	493	67	1	425
南浔区	190	24		166
德清县	319	51		268
长兴县	555	80		475
安吉县	325	71	1	253
开发区	35	34	1	
绍兴市	**4020**	**796**	**42**	**3182**
越城区	657	162	17	478
柯桥区	528	181	6	341
上虞区	1149	123	4	1022
新昌县	184	53	1	130
诸暨市	1026	214	8	804
嵊州市	476	63	6	407
金华市	**3685**	**767**	**20**	**2898**
婺城区	592	46	2	544
金东区	299	52		247
经济技术开发区	79	78	1	
武义县	119	38	1	80
浦江县	115	31	3	81
磐安县	148	66		82
兰溪市	231	57		174
义乌市	1007	158	2	847
东阳市	863	196	11	656
永康市	232	45		187

2-A-1 续表 2

单位：个

地 区	法人单位数	总承包和专业承包企业	劳务分包企业	资质以外企业
衢州市	**1381**	**341**	**3**	**1037**
柯城区	504	64		440
衢江区	137	42		95
常山县	130	38	2	90
开化县	146	39	1	106
龙游县	189	52		137
江山市	255	86		169
西区	9	9		
绿色产业集聚区	11	11		
舟山市	**1698**	**167**	**5**	**1526**
定海区	1144	74	5	1065
普陀区	360	42		318
岱山县	129	20		109
嵊泗县	47	13		34
临城新区	18	18		
台州市	**3082**	**498**	**33**	**2551**
椒江区	641	72	12	557
黄岩区	273	44	1	228
路桥区	337	40	4	293
三门县	216	51		165
天台县	216	28	1	187
仙居县	232	38		194
温岭市	457	125	2	330
临海市	388	70	13	305
玉环市	322	30		292
丽水市	**811**	**268**	**2**	**541**
莲都区	258	81		177
青田县	157	23		134
缙云县	100	35		65
遂昌县	57	22	1	34
松阳县	54	16	1	37
云和县	42	15		27
庆元县	43	20		23
景宁畲族自治县	35	22		13
龙泉市	65	34		31

2-A-2　分地区全社会建筑业企业期末人数

单位：万人

地　区	从业人员期末人数	总承包和专业承包企业	劳务分包企业	资质以外企业
全　省	**786.9**	**665.6**	**84.6**	**36.7**
杭州市	**201.4**	**116.7**	**73.3**	**11.4**
上城区	10.7	7.2	2.6	0.9
下城区	9.4	4.1	4.9	0.4
江干区	28.7	9.2	18.5	1.0
拱墅区	18.7	8.4	9.2	1.1
西湖区	58.4	27.9	29.3	1.3
滨江区	15.2	11.3	1.4	2.6
萧山区	26.0	22.6	2.1	1.3
余杭区	13.0	9.2	2.4	1.3
富阳区	7.0	3.9	2.3	0.8
临安区	4.1	3.2	0.6	0.3
桐庐县	3.2	3.0		0.2
淳安县	1.1	1.0		0.1
经济技术开发区	0.8	0.8		
西湖风景名胜区				
大江东	3.6	3.5		
建德市	1.7	1.5		0.2
宁波市	**92.0**	**83.8**	**1.7**	**6.6**
海曙区	12.4	11.5	0.1	0.8
江北区	10.3	9.6		0.7
北仑区	7.9	6.8		1.1
镇海区	5.7	3.5	1.5	0.7
鄞州区	16.5	14.8		1.8
奉化区	3.4	3.1		0.3
象山县	21.5	21.2		0.2
宁海县	2.7	2.4		0.3
高新区	1.5	1.5		
余姚市	3.5	3.2		0.3
慈溪市	6.6	6.2		0.4
温州市	**64.9**	**58.4**	**2.9**	**3.6**
鹿城区	12.1	11.3	0.2	0.6
龙湾区	5.9	5.6		0.3
瓯海区	8.0	5.5	2.3	0.2
洞头区	2.0	1.6	0.2	0.1
永嘉县	2.7	2.5		0.2
平阳县	6.1	5.2	0.1	0.9

2-A-2 续表 1 单位：万人

地 区	从业人员期末人数	总承包和专业承包企业	劳务分包企业	资质以外企业
苍南县	9.1	8.7		0.4
文成县	1.4	1.4		0.1
泰顺县	5.8	5.7		0.1
温州经济技术开发区	1.6	1.5		0.1
瑞安市	5.1	4.9		0.2
乐清市	5.1	4.6		0.5
嘉兴市	**28.8**	**24.8**	**1.6**	**2.4**
南湖区	4.8	4.4		0.4
经济开发区	3.2	3.2		
秀洲区	3.9	2.9	0.7	0.3
嘉善县	1.4	1.1		0.3
海盐县	1.5	1.4		0.2
海宁市	3.9	3.7		0.2
平湖市	1.6	1.3		0.3
桐乡市	8.4	6.8	0.9	0.7
湖州市	**21.9**	**21.1**		**0.8**
吴兴区	12.0	11.8		0.3
南浔区	1.2	1.1		0.1
德清县	3.1	3.0		0.1
长兴县	2.7	2.5		0.3
安吉县	2.0	1.9		0.1
开发区	0.8	0.8		
绍兴市	**177.9**	**174.7**	**1.2**	**2.0**
越城区	26.2	25.5	0.5	0.2
柯桥区	48.4	48.0	0.2	0.1
上虞区	45.3	44.4	0.1	0.8
新昌县	5.5	5.4		0.1
诸暨市	43.4	42.6	0.2	0.6
嵊州市	9.1	8.7	0.2	0.2
金华市	**103.8**	**97.5**	**0.6**	**5.7**
婺城区	2.9	2.4	0.1	0.4
金东区	2.2	2.0		0.2
经济技术开发区	3.5	3.5		
武义县	0.9	0.9		0.1
浦江县	2.4	2.3		0.1
磐安县	7.2	7.1		0.1
兰溪市	2.5	2.3		0.2
义乌市	6.3	5.7		0.5
东阳市	72.8	68.2	0.5	4.1
永康市	3.1	3.0		0.1

2-A-2　续表 2　　　　单位：万人

地　区	从业人员期末人数	总承包和专业承包企业	劳务分包企业	资质以外企业
衢州市	**16.6**	**15.5**	**0.2**	**1.0**
柯城区	3.0	2.7		0.2
衢江区	1.6	1.5		0.1
常山县	2.2	2.0	0.2	
开化县	3.0	2.9		0.1
龙游县	2.8	2.3		0.5
江山市	2.9	2.8		0.1
西区	0.7	0.7		
绿色产业集聚区	0.6	0.6		
舟山市	**9.8**	**9.3**		**0.5**
定海区	5.3	5.0		0.3
普陀区	2.8	2.7		0.1
岱山县	1.1	1.1		
嵊泗县	0.4	0.3		
临城新区	0.3	0.3		
台州市	**57.9**	**52.8**	**2.9**	**2.2**
椒江区	10.7	8.6	1.4	0.7
黄岩区	5.0	4.9		0.1
路桥区	3.3	3.0	0.1	0.2
三门县	4.3	4.2		0.1
天台县	3.0	2.9		0.1
仙居县	3.1	3.0		0.2
温岭市	13.9	12.9	0.7	0.3
临海市	13.6	12.5	0.8	0.3
玉环市	0.9	0.7		0.2
丽水市	**11.7**	**11.2**	**0.1**	**0.4**
莲都区	4.5	4.4		0.1
青田县	0.7	0.7		0.1
缙云县	1.2	1.2		
遂昌县	1.0	0.9		
松阳县	1.1	0.9	0.1	0.1
云和县	0.9	0.9		
庆元县	0.4	0.4		
景宁畲族自治县	0.8	0.8		
龙泉市	1.1	1.1		

2-A-3 分地区全社会建筑业企业资产总计

单位：亿元

地 区	资产总计	总承包和专业承包企业	劳务分包企业	资质以外企业
全 省	**21505.98**	**13719.15**	**234.98**	**7551.85**
杭州市	**5394.82**	**3761.27**	**184.93**	**1448.62**
上城区	303.69	247.22	1.68	54.79
下城区	212.60	171.42	15.37	25.81
江干区	510.04	286.77	57.54	165.73
拱墅区	479.81	259.99	50.47	169.36
西湖区	1067.33	793.90	28.40	245.03
滨江区	626.45	560.15	11.59	54.71
萧山区	847.23	722.47	5.50	119.26
余杭区	756.69	257.79	7.16	491.74
富阳区	206.44	177.22	2.99	26.23
临安区	113.56	97.37	1.30	14.89
桐庐县	72.54	54.83		17.72
淳安县	86.28	32.14		54.15
经济技术开发区	21.55	19.35	2.20	
西湖风景名胜区	2.26	2.26		
大江东	44.84	44.10	0.74	
建德市	43.50	34.29		9.21
宁波市	**5246.78**	**2514.32**	**11.45**	**2721.01**
海曙区	483.50	247.05	4.63	231.82
江北区	1294.99	135.47	0.08	1159.44
北仑区	357.38	138.48	0.81	218.09
镇海区	267.05	226.50	4.08	36.47
鄞州区	458.93	367.30	0.04	91.59
奉化区	226.60	71.52		155.08
象山县	844.26	811.78	0.08	32.39
宁海县	328.43	97.40		231.03
高新区	225.01	223.37	1.64	
余姚市	282.21	82.21	0.09	199.91
慈溪市	478.43	113.22		365.21
温州市	**1439.73**	**806.26**	**8.95**	**624.51**
鹿城区	290.55	209.86	1.37	79.32
龙湾区	198.75	71.70		127.05
瓯海区	185.45	68.33	2.81	114.30
洞头区	44.40	34.16	0.61	9.63
永嘉县	150.08	46.93		103.15
平阳县	93.40	46.55	0.65	46.20

2-A-3　续表 1　　单位：亿元

地　区	资产总计	总承包和专业承包企业	劳务分包企业	资质以外企业
苍南县	75.66	63.55	0.26	11.85
文成县	31.71	17.18		14.53
泰顺县	112.03	102.32	3.09	6.62
温州经济技术开发区	46.34	33.51		12.84
瑞安市	104.56	67.23	0.16	37.17
乐清市	106.80	44.97		61.83
嘉兴市	**1016.84**	**626.72**	**5.67**	**384.46**
南湖区	158.09	96.55		61.54
经济开发区	49.62	49.62		
秀洲区	98.64	67.47	0.71	30.47
嘉善县	119.80	24.94	0.11	94.75
海盐县	65.09	49.34	0.33	15.42
海宁市	176.21	150.26	0.14	25.81
平湖市	154.55	63.77	0.23	90.55
桐乡市	194.83	124.77	4.15	65.91
湖州市	**945.13**	**451.32**	**0.35**	**493.46**
吴兴区	289.19	205.49		83.70
南浔区	36.49	20.07		16.42
德清县	75.34	61.90		13.44
长兴县	397.99	60.44		337.55
安吉县	103.12	60.51	0.26	42.35
开发区	43.00	42.91	0.09	
绍兴市	**2726.80**	**2221.42**	**5.03**	**500.34**
越城区	375.15	329.66	1.88	43.60
柯桥区	626.25	564.20	0.61	61.43
上虞区	836.04	699.08	0.33	136.63
新昌县	221.29	56.06	0.03	165.20
诸暨市	539.92	465.08	1.45	73.39
嵊州市	128.16	107.35	0.73	20.08
金华市	**2057.52**	**1860.82**	**3.90**	**192.81**
婺城区	140.70	97.15	1.09	42.47
金东区	52.52	45.82		6.70
经济技术开发区	85.15	85.11	0.04	
武义县	59.04	25.82	0.26	32.96
浦江县	63.82	61.85	0.57	1.41
磐安县	104.24	99.78		4.46
兰溪市	48.60	43.24		5.36
义乌市	163.51	149.77	0.45	13.29
东阳市	1282.15	1200.20	1.49	80.45
永康市	57.79	52.09		5.70

2-A-3 续表 2 单位：亿元

地 区	资产总计	总承包和专业承包企业	劳务分包企业	资质以外企业
衢州市	**291.06**	**236.93**	**0.17**	**53.96**
柯城区	78.75	50.79		27.96
衢江区	32.43	27.72		4.71
常山县	34.73	28.69	0.16	5.89
开化县	31.87	29.84	0.02	2.01
龙游县	35.50	25.89		9.61
江山市	43.85	40.06		3.79
西区	22.33	22.33		
绿色产业集聚区	11.61	11.61		
舟山市	**316.96**	**220.04**	**0.24**	**96.68**
定海区	172.16	126.50	0.24	45.42
普陀区	64.14	46.18		17.95
岱山县	38.17	21.68		16.49
嵊泗县	22.46	5.64		16.82
临城新区	20.03	20.03		
台州市	**1664.22**	**822.81**	**14.20**	**827.21**
椒江区	465.38	152.46	5.69	307.23
黄岩区	158.88	65.37	0.02	93.48
路桥区	174.82	121.53	0.90	52.40
三门县	71.64	56.03		15.61
天台县	38.26	28.51	0.02	9.73
仙居县	81.66	36.33		45.33
温岭市	348.94	176.01	0.60	172.33
临海市	182.09	163.42	6.97	11.70
玉环市	142.56	23.15		119.41
丽水市	**406.12**	**197.24**	**0.07**	**208.81**
莲都区	202.15	66.46		135.69
青田县	38.44	21.95		16.49
缙云县	27.99	23.75		4.24
遂昌县	11.76	11.39	0.01	0.36
松阳县	20.07	18.28	0.06	1.73
云和县	21.44	12.55		8.89
庆元县	18.91	10.69		8.22
景宁畲族自治县	45.04	12.43		32.60
龙泉市	20.30	19.74		0.56

2-A-4　分地区全社会建筑业企业负债合计

单位：亿元

地　区	负债合计	总承包和专业承包企业	劳务分包企业	资质以外企业
全　省	**12843.07**	**8477.66**	**211.11**	**4154.31**
杭州市	**3742.76**	**2498.73**	**171.30**	**1072.72**
上城区	240.70	192.90	0.51	47.28
下城区	153.91	123.80	14.93	15.17
江干区	368.81	184.33	54.28	130.20
拱墅区	356.17	179.04	46.79	130.34
西湖区	790.82	591.47	25.94	173.40
滨江区	460.59	410.59	11.00	38.99
萧山区	491.72	404.50	4.54	82.69
余杭区	543.89	163.99	6.72	373.18
富阳区	110.56	93.11	2.58	14.87
临安区	71.62	60.21	1.19	10.22
桐庐县	38.54	30.84		7.70
淳安县	58.63	15.78		42.84
经济技术开发区	11.80	9.70	2.10	
西湖风景名胜区	1.07	1.07		
大江东	17.74	17.02	0.72	
建德市	26.20	20.37		5.83
宁波市	**2539.40**	**1646.15**	**10.61**	**882.64**
海曙区	270.54	145.99	4.35	120.20
江北区	127.05	90.77	0.06	36.23
北仑区	200.21	86.53	0.81	112.87
镇海区	179.75	166.29	3.91	9.55
鄞州区	342.19	268.52	0.04	73.63
奉化区	168.95	47.12		121.83
象山县	566.61	542.10		24.51
宁海县	148.63	63.02		85.61
高新区	130.32	128.98	1.34	
余姚市	148.17	49.97	0.10	98.10
慈溪市	256.97	56.87		200.11
温州市	**890.49**	**468.16**	**7.23**	**415.09**
鹿城区	192.05	135.14	1.14	55.77
龙湾区	160.25	41.95		118.30
瓯海区	144.70	42.87	2.40	99.43
洞头区	31.88	25.08	0.58	6.22
永嘉县	69.82	21.80		48.02
平阳县	43.28	19.62	0.11	23.55

2-A-4 续表 1

单位：亿元

地　区	负债合计	总承包和专业承包企业	劳务分包企业	资质以外企业
苍南县	28.41	23.90	0.21	4.31
文成县	17.01	10.22		6.80
泰顺县	77.02	71.00	2.77	3.25
温州经济技术开发区	28.27	16.31		11.97
瑞安市	56.47	38.19	0.03	18.25
乐清市	41.31	22.09		19.22
嘉兴市	**690.93**	**434.72**	**4.50**	**251.71**
南湖区	95.26	63.66		31.60
经济开发区	29.33	29.33		
秀洲区	70.12	48.68	0.36	21.08
嘉善县	78.62	14.42	0.02	64.18
海盐县	46.57	35.25	0.19	11.13
海宁市	129.41	114.67	0.12	14.61
平湖市	102.44	42.42	0.20	59.81
桐乡市	139.19	86.29	3.60	49.30
湖州市	**601.40**	**293.02**	**0.22**	**308.16**
吴兴区	179.40	131.47		47.93
南浔区	24.47	11.47		13.00
德清县	48.07	43.25		4.82
长兴县	242.63	39.41		203.22
安吉县	82.78	43.44	0.16	39.19
开发区	24.05	23.99	0.06	
绍兴市	**1496.80**	**1140.21**	**3.29**	**353.30**
越城区	205.17	172.06	1.46	31.65
柯桥区	351.77	304.32	0.33	47.12
上虞区	433.76	341.18	0.13	92.45
新昌县	147.05	23.99	0.02	123.03
诸暨市	293.06	243.48	1.04	48.55
嵊州市	65.99	55.18	0.31	10.50
金华市	**1281.12**	**1137.34**	**2.40**	**141.37**
婺城区	102.34	72.29	0.78	29.28
金东区	26.05	22.92		3.13
经济技术开发区	39.34	39.34	0.01	
武义县	44.94	14.56	0.11	30.27
浦江县	46.44	45.12	0.44	0.88
磐安县	58.19	56.34		1.85
兰溪市	25.42	22.10		3.33
义乌市	82.33	78.08	0.25	4.00
东阳市	835.22	767.53	0.82	66.87
永康市	20.84	19.06		1.77

2-A-4　续表 2　　　　单位：亿元

地　区	负债合计	总承包和专业承包企业	劳务分包企业	资质以外企业
衢州市	**158.65**	**122.63**	**0.13**	**35.89**
柯城区	47.88	27.60		20.28
衢江区	13.80	11.14		2.66
常山县	19.80	18.50	0.13	1.17
开化县	11.95	11.14		0.81
龙游县	20.27	11.46		8.82
江山市	27.25	25.09		2.15
西区	12.32	12.32		
绿色产业集聚区	5.38	5.38		
舟山市	**218.52**	**155.11**	**0.13**	**63.28**
定海区	120.71	94.28	0.13	26.30
普陀区	46.29	30.06		16.23
岱山县	22.59	12.79		9.80
嵊泗县	13.44	2.50		10.94
临城新区	15.48	15.48		
台州市	**1012.72**	**477.52**	**11.28**	**523.93**
椒江区	289.16	105.71	4.56	178.88
黄岩区	117.19	39.83	0.01	77.35
路桥区	92.75	51.22	0.67	40.86
三门县	40.56	30.58		9.98
天台县	13.67	9.62		4.05
仙居县	41.63	14.18		27.46
温岭市	214.36	103.67	0.24	110.46
临海市	117.47	107.42	5.79	4.25
玉环市	85.94	15.30		70.64
丽水市	**210.29**	**104.06**	**0.02**	**106.22**
莲都区	89.52	27.28		62.24
青田县	21.23	11.79		9.44
缙云县	18.38	15.40		2.98
遂昌县	7.88	7.72	0.01	0.15
松阳县	11.01	10.78	0.01	0.22
云和县	13.92	9.20		4.71
庆元县	6.70	6.65		0.05
景宁畲族自治县	33.02	6.85		26.17
龙泉市	8.64	8.36		0.28

2-A-5 分行业全社会建筑业企业个数

单位：个

行 业	法人单位数	总承包和专业承包企业	劳务分包企业	资质以外企业
全 省	**51739**	**7032**	**428**	**44279**
房屋建筑业	7819	2640	227	4952
土木工程建筑业	12024	2717	34	9273
铁路、道路、隧道和桥梁工程建筑	5322	1904	14	3404
水利和内河港口工程建筑	757	258	1	498
海洋工程建筑	52	1		51
工矿工程建筑	198	68		130
架线和管道工程建筑	898	197	7	694
其他土木工程建筑	4073	240	12	3821
建筑安装业	6829	622	34	6173
建筑装饰业和其他建筑业	25067	1053	133	23881

2-A-6 分行业全社会建筑业企业年末从业人员

单位：万人

行 业	从业人员期末人数	总承包和专业承包企业	劳务分包企业	资质以外企业
全 省	**786.9**	**665.6**	**84.6**	**36.7**
房屋建筑业	566.0	489.1	65.7	11.2
土木工程建筑业	143.8	134.0	2.0	7.8
铁路、道路、隧道和桥梁工程建筑	99.7	95.8	0.7	3.2
水利和内河港口工程建筑	9.4	8.9		0.4
海洋工程建筑	0.1			0.1
工矿工程建筑	10.4	10.3		0.1
架线和管道工程建筑	7.7	6.8		0.8
其他土木工程建筑	14.1	10.0	1.3	2.8
建筑安装业	21.6	15.4	1.2	4.9
建筑装饰业和其他建筑业	55.5	27.1	15.7	12.6

2-A-7　分行业全社会建筑业企业资产总计

单位：亿元

行　　业	资产总计	总承包和专业承包企业	劳务分包企业	资质以外企业
全　　省	**21505.98**	**13719.15**	**234.98**	**7551.85**
房屋建筑业	9561.59	8147.21	177.86	1236.52
土木工程建筑业	8376.46	4075.98	7.85	4292.64
铁路、道路、隧道和桥梁工程建筑	5308.44	2581.13	4.00	2723.31
水利和内河港口工程建筑	1017.26	457.38	0.26	559.62
海洋工程建筑	90.05	0.51		89.54
工矿工程建筑	190.82	182.65		8.18
架线和管道工程建筑	478.77	367.88	0.84	110.05
其他土木工程建筑	1077.78	342.66	2.75	732.37
建筑安装业	886.39	665.40	4.60	216.39
建筑装饰业和其他建筑业	2681.53	830.56	44.66	1806.31

2-A-8　分行业全社会建筑业企业负债合计

单位：亿元

行　　业	负债合计	总承包和专业承包企业	劳务分包企业	资质以外企业
全　　省	**12843.07**	**8477.66**	**211.11**	**4154.31**
房屋建筑业	6208.09	5088.24	162.78	957.07
土木工程建筑业	5069.32	2441.59	5.98	2621.75
铁路、道路、隧道和桥梁工程建筑	3243.16	1506.78	3.46	1732.93
水利和内河港口工程建筑	546.56	276.01	0.11	270.44
海洋工程建筑	73.34	0.17		73.17
工矿工程建筑	116.69	112.12		4.58
架线和管道工程建筑	292.23	242.86	0.57	48.79
其他土木工程建筑	646.64	202.41	1.84	442.4
建筑安装业	567.41	434.25	3.48	129.68
建筑装饰业和其他建筑业	998.25	513.57	38.87	445.81

B.总承包和专业承包建筑业企业

2-B-1.1 按经济类型划分的总承包和专业承包企业主要经济指标

分组	总计	内资	国有	集体	港澳台商投资	港澳台商独资	外商投资	外资企业
企业个数(个)	6779	6759	82	67	16	6	4	1
建筑业企业期末人数(万人)	665.6	660.1	5.9	4.9	3.8	0.7	1.8	
固定资产原价(亿元)								
固定资产净值(亿元)								
总台数(万台)	0.6	0.6						
净值(亿元)	423.00	421.33	4.42	3.77	1.21	0.02	0.46	
总功率(万千瓦)	1881.7	1862.8	21.0	18.0	16.3	0.2	2.6	
建筑业总产值(亿元)	20670.95	20434.36	279.25	128.56	179.22	14.90	57.37	0.19
本年折旧(亿元)	94.17	93.72	1.10	0.75	0.32	0.04	0.14	0.05
应付职工薪酬(亿元)	3295.99	3255.27	37.45	24.90	26.38	3.05	14.35	0.01
主营业务税金及附加(亿元)	109.71	109.19	1.10	0.94	0.36	0.03	0.17	
房屋施工面积(万平方米)	175716.10	172699.70	334.60	1301.70	1866.10	44.90	1150.30	
房屋竣工面积_合计(万平方米)	54209.90	53425.10	93.60	909.90	643.60		141.20	
利润总额(亿元)	494.38	489.40	10.11	2.98	4.14	0.15	0.85	0.05
税金总额(亿元)	531.74	526.64	8.08	4.20	3.22	0.27	1.88	0.04
技术装备率(元/人)	6355	6383	7500	7665	3216	245	2547	
动力装备率(千瓦时/人)	2.8	2.8	3.6	3.7	4.3	0.3	1.4	
房屋建筑面积竣工率(%)	30.9	30.9	28.0	69.9	34.5		12.3	
产值利润率(%)	2.4	2.4	3.6	2.3	2.3	1.0	1.5	25.4
产值利税率(%)	5.0	5.0	6.5	5.6	4.1	2.8	4.8	44.5

2-B-1.2 总承包和专业承包企业主要经济指标完成情况

指　　标	2018年
企业个数(个)	6779
从事建筑业活动的平均人数(万人)	670
签订合同额(亿元)	41631.22
本年新签合同额(亿元)	24976.33
建筑业总产值(亿元)	20670.95
建筑工程产值(亿元)	18325.81
安装工程产值(亿元)	1782.41
建筑业总产值_其他产值(亿元)	562.73
竣工产值(亿元)	12436.37
固定资产原价(亿元)	1459.12
固定资产净值(亿元)	793.01
总台数(万台)	197.5
净值(亿元)	423
总功率(万千瓦)	1881.7
本年折旧(亿元)	94.17
应付职工薪酬(亿元)	3295.99
主营业务税金及附加(亿元)	109.71
房屋施工面积(万平方米)	0.5
房屋竣工面积_合计(万平方米)	0.5
所有者权益合计_实收资本(亿元)	
资产总计(亿元)	13719.15
负债合计(亿元)	8477.66
利润总额(亿元)	494.38
税金总额(亿元)	531.74
按总产值计算的劳动生产率(元/人)	308513
技术装备率(元/人)	6355
动力装备率(千瓦时/人)	2.8
人均利税(元/人)	15315
房屋建筑面积竣工率(%)	30.9
资产负债率(%)	61.8
产值利润率(%)	2.4
产值利税率(%)	5.0

2-B-1.3 分地区总承包和专业承包企业签订合同情况

单位：万元

地　区	签订合同额	上年结转合同额	本年新签合同额
全　省	**416312250**	**166548925**	**249763325**
杭州市	**87772243**	**33731612**	**54040631**
上城区	5471206	1546409	3924798
下城区	5547025	2919421	2627604
江干区	7581789	2796155	4785634
拱墅区	5744824	1978674	3766151
西湖区	22294027	8572203	13721824
滨江区	12391824	6188644	6203180
萧山区	14469143	5123403	9345740
余杭区	5989561	1706550	4283011
富阳区	1802592	654860	1147733
临安区	1620920	468637	1152283
桐庐县	1658249	585134	1073115
淳安县	527840	201133	326707
经济技术开发区	386982	155527	231455
西湖风景名胜区	9068	4010	5058
大江东	1367086	575537	791549
建德市	910107	255315	654792
宁波市	**64275860**	**30707505**	**33568354**
海曙区	8789524	4341648	4447877
江北区	6098927	2735873	3363054
北仑区	2224953	825483	1399470
镇海区	5000104	2343969	2656135
鄞州区	9461786	3947033	5514753
奉化区	1594347	603269	991078
象山县	21816772	11672616	10144157
宁海县	1666762	712727	954036
高新区	3990800	2102084	1888716
余姚市	1307838	462856	844982
慈溪市	2324046	959949	1364097
温州市	**30389414**	**12194697**	**18194718**
鹿城区	7801753	3504270	4297483
龙湾区	2971579	1127270	1844309
瓯海区	2832175	1378644	1453531
洞头区	1798014	628140	1169874
永嘉县	1060573	555872	504701
平阳县	2556817	622778	1934039

2-B-1.3　续表 1　　　单位：万元

地　区	签订合同额	上年结转合同额	本年新签合同额
苍南县	2671357	660680	2010676
文成县	417046	131503	285544
泰顺县	2415749	1196835	1218914
温州经济技术开发区	1105863	312248	793616
瑞安市	2791199	1510309	1280890
乐清市	1967291	566148	1401143
嘉兴市	**18182400**	**5197825**	**12984575**
南湖区	2271741	531824	1739916
经济开发区	1720316	476100	1244216
秀洲区	2292134	929364	1362769
嘉善县	1042231	390151	652081
海盐县	944053	339983	604070
海宁市	3945053	905554	3039499
平湖市	1366232	469366	896866
桐乡市	4600640	1155483	3445157
湖州市	**12668612**	**4075444**	**8593168**
吴兴区	7299978	2405244	4894734
南浔区	784288	318020	466268
德清县	1773266	563145	1210121
长兴县	1330751	356730	974020
安吉县	808896	247363	561533
开发区	671433	184942	486491
绍兴市	**97703129**	**37353574**	**60349555**
越城区	15529491	6751569	8777922
柯桥区	31463680	12216997	19246684
上虞区	18460575	6366428	12094147
新昌县	2004156	487815	1516341
诸暨市	25984846	10298082	15686764
嵊州市	4260381	1232683	3027698
金华市	**63282571**	**28555181**	**34727390**
婺城区	1841647	897598	944048
金东区	1038146	333832	704315
经济技术开发区	1787089	445712	1341376
武义县	499155	200911	298244
浦江县	860992	264897	596095
磐安县	3342090	1453337	1888753
兰溪市	1001222	245338	755884
义乌市	3355610	1151578	2204032
东阳市	48030878	22904196	25126682
永康市	1525744	657783	867961

2-B-1.3 续表 2 单位：万元

地　区	签订合同额	上年结转合同额	本年新签合同额
衢州市	**6187321**	**1557419**	**4629902**
柯城区	978285	163787	814498
衢江区	810249	197617	612632
常山县	792208	207210	584999
开化县	1081965	294371	787594
龙游县	739401	147022	592379
江山市	1027383	312479	714904
西区	413001	140958	272042
绿色产业集聚区	344829	93974	250855
舟山市	**5111157**	**1858161**	**3252996**
定海区	2811155	902614	1908541
普陀区	1204553	566932	637621
岱山县	630060	218844	411216
嵊泗县	148633	47494	101140
临城新区	316755	122276	194479
台州市	**24577407**	**9602523**	**14974884**
椒江区	5728059	2383067	3344993
黄岩区	2304282	935295	1368987
路桥区	2936609	1426426	1510183
三门县	1636271	568870	1067401
天台县	944989	182525	762464
仙居县	2036899	811515	1225384
温岭市	4532106	1818952	2713154
临海市	4071903	1315672	2756232
玉环市	386288	160201	226087
丽水市	**6162137**	**1714985**	**4447152**
莲都区	2195332	594389	1600942
青田县	768841	234472	534369
缙云县	790873	208940	581933
遂昌县	329160	83705	245455
松阳县	739873	329811	410062
云和县	258435	67779	190655
庆元县	258986	56110	202876
景宁畲族自治县	292474	56640	235835
龙泉市	528166	83141	445024

2-B-1.4　分地区总承包和专业承包企业承包工程完成情况

单位：万元

地　区	直接从建设单位承揽工程完成的产值	自行完成施工产值	分包出去工程的产值	从建设单位以外承揽工程完成的产值
全　省	**203040433**	**199356706**	**3683726**	**7352819**
杭州市	**43606124**	**41057696**	**2548428**	**3269828**
上城区	2692931	2595480	97451	177202
下城区	1881477	1814041	67436	238935
江干区	3672029	3302762	369267	195596
拱墅区	3090422	3002766	87656	260490
西湖区	10197530	9455829	741701	888706
滨江区	5334280	4589539	744740	742187
萧山区	9312171	9020009	292163	485017
余杭区	2716710	2654069	62641	139721
富阳区	1018965	1008714	10250	39708
临安区	1038600	998351	40249	64166
桐庐县	917765	915926	1839	811
淳安县	367150	362509	4641	2910
经济技术开发区	225377	211133	14244	7707
西湖风景名胜区	10326	10326		
大江东	717548	715800	1748	10157
建德市	412845	400443	12402	16517
宁波市	**26507450**	**26112938**	**394512**	**1124518**
海曙区	4124897	4089486	35412	97137
江北区	2552361	2550354	2008	42855
北仑区	1163768	1135387	28381	171354
镇海区	2160735	2134558	26178	146035
鄞州区	4602195	4558730	43465	241042
奉化区	954027	953800	227	12014
象山县	6907051	6836797	70254	203793
宁海县	911772	911512	261	27538
高新区	1241000	1059966	181034	80975
余姚市	707351	700058	7293	14490
慈溪市	1182292	1182292		87284
温州市	**13957239**	**13879665**	**77574**	**342974**
鹿城区	2956851	2917942	38909	133557
龙湾区	1366657	1362667	3990	5122
瓯海区	1057342	1057060	283	14510
洞头区	685870	685015	855	17469
永嘉县	514103	514103		12960
平阳县	1364306	1355091	9215	16939

2-B-1.4 续表 1

单位：万元

地 区	直接从建设单位承揽工程完成的产值	自行完成施工产值	分包出去工程的产值	从建设单位以外承揽工程完成的产值
苍南县	1778710	1774058	4652	64799
文成县	278653	263125	15528	12910
泰顺县	1305663	1305663		837
温州经济技术开发区	445186	444633	553	2064
瑞安市	1064459	1060868	3591	57857
乐清市	1139440	1139440		3950
嘉兴市	**11483005**	**11430172**	**52833**	**180777**
南湖区	1695283	1688274	7009	4184
经济开发区	1178403	1164902	13501	5611
秀洲区	1075279	1053704	21575	46901
嘉善县	549947	549880	67	2917
海盐县	527107	524535	2572	19973
海宁市	2706739	2704801	1939	38707
平湖市	726924	723591	3333	62459
桐乡市	3023323	3020486	2837	25
湖州市	**7757576**	**7729764**	**27812**	**352162**
吴兴区	4582734	4581467	1267	268653
南浔区	369404	369404		
德清县	997393	984038	13354	19701
长兴县	887920	882903	5017	30860
安吉县	528071	526111	1960	24159
开发区	392055	385840	6215	8790
绍兴市	**50491808**	**50192903**	**298905**	**1039280**
越城区	7324990	7217934	107057	260621
柯桥区	15072316	14955642	116674	372239
上虞区	10830711	10782956	47755	235390
新昌县	1324588	1302241	22347	28678
诸暨市	13909389	13904316	5072	22511
嵊州市	2029814	2029814		119841
金华市	**27216097**	**27084797**	**131300**	**406992**
婺城区	1108445	1103363	5082	27001
金东区	615155	581618	33537	186519
经济技术开发区	1150364	1147565	2799	63725
武义县	273072	269418	3654	11394
浦江县	526800	523905	2894	14080
磐安县	1800294	1730695	69598	70281
兰溪市	595479	594218	1262	1338
义乌市	1850762	1842880	7883	6506
东阳市	18412399	18407877	4523	24052
永康市	883327	883259	69	2095

2-B-1.4　续表 2　　单位：万元

地　区	直接从建设单位承揽工程完成的产值	自行完成施工产值	分包出去工程的产值	从建设单位以外承揽工程完成的产值
衢州市	**3839905**	**3803252**	**36654**	**52310**
柯城区	650359	632552	17807	20265
衢江区	434037	426126	7911	10722
常山县	438922	434273	4649	7442
开化县	814084	813638	447	7063
龙游县	472329	471763	565	2538
江山市	627515	622988	4527	3814
西区	269139	269139		
绿色产业集聚区	133520	132773	747	465
舟山市	**3158462**	**3129021**	**29441**	**83309**
定海区	1718992	1692335	26658	34346
普陀区	799804	799804		16217
岱山县	360476	360476		19084
嵊泗县	64827	64827		13662
临城新区	214363	211579	2783	
台州市	**11977526**	**11897250**	**80275**	**321779**
椒江区	2450943	2447927	3016	18307
黄岩区	1137094	1136391	703	10461
路桥区	918985	914667	4318	50089
三门县	1104829	1048917	55912	34573
天台县	569356	560788	8568	8328
仙居县	966721	966674	47	6814
温岭市	2049349	2044197	5152	166137
临海市	2587212	2586672	540	25227
玉环市	193037	191017	2020	1844
丽水市	**3045242**	**3039249**	**5993**	**178890**
莲都区	1117650	1116915	735	113857
青田县	283469	283439	30	
缙云县	382535	382295	240	28354
遂昌县	228589	228097	492	492
松阳县	262816	262816		1976
云和县	116797	116142	656	3662
庆元县	118203	118203		3746
景宁畲族自治县	209743	205902	3841	23506
龙泉市	325440	325440		3298

2-B-1.5 分地区总承包和专业承包企业建筑业总产值和竣工产值

单位：万元

地　区	建筑业总产值	装饰装修产　值	在外省完成的产值	建筑工程产值	安装工程产值	其他产值	竣工产值
全　省	**206709525**	**15684382**	**81082832**	**183258116**	**17824122**	**5627288**	**124363657**
杭州市	**44327525**	**4199587**	**12095931**	**38230682**	**4919966**	**1176877**	**21893653**
上城区	2772682	190850	657215	1636943	1096772	38967	1308217
下城区	2052976	91367	798913	1743867	276268	32841	749868
江干区	3498358	567881	455985	3063795	351431	83132	1891559
拱墅区	3263256	288207	709547	2394379	772606	96271	1323263
西湖区	10344535	1012923	3176043	9515162	548715	280658	4520526
滨江区	5331727	489132	1431921	5199288	80292	52147	2325546
萧山区	9505026	1066540	3740532	8091473	1003731	409822	4825941
余杭区	2793789	219391	492917	2489950	287388	16452	2100560
富阳区	1048422	45311	64837	842083	148950	57389	880040
临安区	1062517	53624	99965	869766	138731	54019	408537
桐庐县	916736	35737	266038	843936	69325	3475	404962
淳安县	365419	4939	6018	299397	45421	20600	225079
经济技术开发区	218840	386	5963	182941	21550	14348	110799
西湖风景名胜区	10326	6645	686	10326			6059
大江东	725957	123881	162997	662599	47468	15891	590204
建德市	416960	2774	26355	384778	31318	864	222493
宁波市	**27237456**	**1691206**	**9177148**	**23271819**	**3125465**	**840172**	**16921794**
海曙区	4186623	164762	1342366	3985222	175103	26298	2199853
江北区	2593208	78746	1218672	2264515	328610	83	2064961
北仑区	1306742	85180	320104	791910	332009	182822	724263
镇海区	2280593	154035	499766	1994433	241345	44816	1030089
鄞州区	4799772	380241	698016	4179363	599330	21079	2531080
奉化区	965814	23216	259900	831775	120912	13128	627229
象山县	7040590	569810	4127612	5998076	605580	436933	5754064
宁海县	939050	21963	111223	777533	125590	35928	388304
高新区	1140941	92139	413312	680735	427068	33138	257487
余姚市	714548	88271	37802	625025	74452	15071	416995
慈溪市	1269576	32843	148376	1143233	95468	30874	927470
奉化市							
温州市	**14222639**	**962955**	**4470593**	**13297787**	**817628**	**107225**	**8696900**
鹿城区	3051499	370629	769538	2927538	105877	18084	1860933
龙湾区	1367789	142414	129731	1133679	232296	1814	881270
瓯海区	1071570	33143	59855	1022289	19526	29755	904826
洞头区	702484	41538	121377	660250	40031	2203	33117
永嘉县	527063	27350	18996	506399	17441	3223	435169

2-B-1.5　续表 1

单位：万元

地　区	建筑业总产值	装饰装修产　值	在外省完成的产值	建筑工程产值	安装工程产值	其他产值	竣工产值
平阳县	1372030	46646	626932	1234816	116145	21069	999816
苍南县	1838857	27085	1489343	1781856	52650	4351	962392
文成县	276036	5887	52103	243080	29341	3614	126308
泰顺县	1306500	167120	696485	1266190	22984	17326	798515
温州经济技术开发区	446697	6561	105348	434968	11652	77	323323
瑞安市	1118725	21096	97748	1015733	97860	5132	724436
乐清市	1143390	73487	303138	1070988	71825	577	646795
嘉兴市	**11610949**	**568370**	**1631141**	**10596216**	**698600**	**316133**	**7552755**
南湖区	1692458	152992	291055	1561475	89902	41082	1260545
经济开发区	1170513	36982	242468	1074386	65930	30196	843829
秀洲区	1100605	76580	128550	940531	94135	65939	603585
嘉善县	552797	5448	35897	488156	60632	4010	408276
海盐县	544508	16575	42303	483314	39246	21948	408406
海宁市	2743508	150257	295660	2617775	110110	15623	1290161
平湖市	786049	25397	94886	649848	77841	58360	480147
桐乡市	3020511	104139	500322	2780732	160804	78975	2257808
湖州市	**8081926**	**570490**	**1451250**	**6974498**	**607472**	**499956**	**4590729**
吴兴区	4850120	359634	1028392	4020018	411746	418356	2711657
南浔区	369404	8467	78539	362625	6594	185	206806
德清县	1003740	61390	128098	952922	35089	15729	644880
长兴县	913763	78784	157048	818579	57906	37278	554878
安吉县	550270	52151	7400	460238	68330	21702	334530
开发区	394630	10065	51772	360117	27807	6706	137978
绍兴市	**51232183**	**4739627**	**30017659**	**45343919**	**4545785**	**1342479**	**32754942**
越城区	7478555	419335	4727971	6820417	531668	126470	5291248
柯桥区	15327882	1263883	7515983	13850834	1189067	287981	10416072
上虞区	11018346	1900361	6804071	10195313	783620	39412	8375957
新昌县	1330919	103476	557546	1110962	105969	113987	765295
诸暨市	13926828	839277	9303557	11449669	1791199	685959	6353331
嵊州市	2149655	213295	1108531	1916723	144261	88670	1553039
金华市	**27491788**	**1838945**	**16311741**	**24975664**	**1852738**	**663386**	**16156171**
婺城区	1130364	27903	613292	1071723	24171	34470	718713
金东区	768137	93481	100862	704821	32228	31088	251769
经济技术开发区	1211289	149679	198512	1006098	160122	45070	550248
武义县	280812	12380	34927	255237	11450	14125	146062
浦江县	537986	7648	102282	490965	24434	22586	266690
磐安县	1800977	51572	1367629	1646229	82619	72129	785672
兰溪市	595556	16757	234907	486039	67184	42333	375424
义乌市	1849386	77194	321709	1741892	85751	21743	1082440
东阳市	18431929	1222723	13095565	16761385	1322978	347566	11506745
永康市	885354	179609	242057	811275	41801	32277	472409

2-B-1.5 续表 2

单位：万元

地 区	建筑业总产值	装饰装修产值	在外省完成的产值	建筑工程产值	安装工程产值	其他产值	竣工产值
衢州市	**3855561**	**234091**	**1043518**	**3373029**	**282350**	**200182**	**2584465**
柯城区	652817	44276	121546	482238	114171	56408	467712
衢江区	436848	14196	25094	394422	21377	21049	239483
常山县	441715	723	140045	391906	18372	31437	374745
开化县	820701	118103	381903	735251	15452	69998	566769
龙游县	474301	25148	26146	440761	25613	7928	404665
江山市	626802	10078	176383	558857	64262	3683	397562
西区	269139	19666	157662	238697	20762	9680	54720
绿色产业集聚区	133238	1902	14741	130897	2342		78808
舟山市	**3212330**	**133063**	**407322**	**2921026**	**230492**	**60813**	**2099954**
定海区	1726681	90445	241365	1640620	73013	13048	1310588
普陀区	816021	34127	84430	802610	12953	458	354733
岱山县	379560	2720	58076	324577	14568	40415	203438
嵊泗县	78489	441	764	76889	1600		50039
临城新区	211579	5330	22687	76329	128358	6892	181155
台州市	**12219029**	**594409**	**4183917**	**11477003**	**509386**	**232641**	**9195261**
椒江区	2466234	153691	673571	2369960	75870	20404	2198467
黄岩区	1146852	49063	419847	1062158	63995	20700	619710
路桥区	964756	60035	201160	867116	69402	28239	521471
三门县	1083490	84806	449230	1013274	59771	10444	728095
天台县	569116	23017	229657	547864	8457	12795	330713
仙居县	973488	24606	381572	821993	39813	111682	370776
温岭市	2210334	97518	653358	2130902	65319	14112	2116616
临海市	2611899	96769	1171485	2508345	103163	391	2182870
玉环市	192861	4905	4038	155390	23596	13875	126541
丽水市	**3218139**	**151641**	**292611**	**2796473**	**234241**	**187425**	**1917034**
莲都区	1230772	38532	78127	1070173	99809	60790	741209
青田县	283439	17496	29409	249428	12289	21722	212657
缙云县	410648	67194	83491	336954	47201	26494	197917
遂昌县	228589	5262	26436	201954	24134	2501	141297
松阳县	264792	7543	20834	218664	8426	37702	149792
云和县	119804	1346	7685	87698	10625	21480	93499
庆元县	121948	752		103885	15800	2264	77716
景宁畲族自治县	229408	13003	4943	218047	10320	1041	109897
龙泉市	328739	513	41688	309670	5638	13431	193050

2-B-1.6　分地区总承包和专业承包企业房屋建筑面积

地　区	房屋施工面积（万平方米）	#新开工面积（万平方米）	房屋竣工面积（万平方米）	房屋建筑面积竣工率（%）
全　省	**175716**	**68445**	**54210**	**30.9**
杭州市	**26842**	**10946**	**6764**	**25.2**
上城区	1525	660	256	16.8
下城区	102	42	16	15.7
江干区	2547	867	517	20.3
拱墅区	1677	561	461	27.5
西湖区	7665	3034	1422	18.5
滨江区	996	468	286	28.7
萧山区	5591	2396	1868	33.4
余杭区	2599	1112	677	26.0
富阳区	842	379	360	42.7
临安区	637	357	195	30.5
桐庐县	973	450	193	19.9
淳安县	126	43	50	39.4
经济技术开发区	160	41	30	18.6
西湖风景名胜区	2			
大江东	1129	356	394	34.9
建德市	269	181	42	15.6
宁波市	**19663**	**7715**	**5355**	**27.2**
海曙区	2575	1074	736	28.6
江北区	3042	1209	603	19.8
北仑区	467	170	75	16.0
镇海区	1283	640	326	25.4
鄞州区	3067	1259	825	26.9
奉化区	537	262	184	34.3
象山县	6069	1837	1707	28.1
宁海县	665	288	147	22.1
高新区	26	19	73	281.4
余姚市	595	269	209	35.1
慈溪市	1339	688	470	35.1
温州市	**10675**	**3809**	**3514**	**32.9**
鹿城区	2432	810	422	17.3
龙湾区	1184	541	380	32.1
瓯海区	1456	505	1166	80.0
洞头区	418	103	5	1.2
永嘉县	270	55	133	49.3
平阳县	763	356	258	33.8

2-B-1.6 续表 1

地 区	房屋施工面积（万平方米）	#新开工面积（万平方米）	房屋竣工面积（万平方米）	房屋建筑面积竣工率（%）
苍南县	261	109	51	19.4
文成县	98	36	25	25.0
泰顺县	878	256	295	33.5
温州经济技术开发区	491	193	133	27.1
瑞安市	1403	378	280	19.9
乐清市	1021	469	369	36.1
嘉兴市	**8213**	**4266**	**3109**	**37.9**
南湖区	1090	385	394	36.1
经济开发区	885	462	496	56.1
秀洲区	724	338	207	28.5
嘉善县	455	213	147	32.2
海盐县	303	143	178	58.6
海宁市	1970	1162	493	25.0
平湖市	540	237	180	33.3
桐乡市	2247	1327	1016	45.2
湖州市	**4149**	**2157**	**1648**	**39.7**
吴兴区	2177	1206	827	38.0
南浔区	276	161	107	38.8
德清县	782	370	280	35.8
长兴县	447	161	220	49.3
安吉县	332	191	148	44.5
开发区	136	69	66	48.7
绍兴市	**47725**	**19317**	**15244**	**31.9**
越城区	6521	2327	2526	38.7
柯桥区	13929	7118	4922	35.3
上虞区	9429	4147	3481	36.9
新昌县	969	531	396	40.9
诸暨市	15530	4414	3262	21.0
嵊州市	1348	780	656	48.7
金华市	**41817**	**13363**	**9805**	**23.4**
婺城区	1364	400	374	27.4
金东区	187	56	102	54.8
经济技术开发区	189	106	118	62.6
武义县	187	74	73	39.0
浦江县	349	84	135	38.6
磐安县	2393	909	563	23.5
兰溪市	391	244	239	61.0
义乌市	1432	657	417	29.1
东阳市	34666	10534	7561	21.8
永康市	659	300	223	33.9

2-B-1.6　续表 2

地　区	房屋施工面积（万平方米）	#新开工面积（万平方米）	房屋竣工面积（万平方米）	房屋建筑面积竣工率（%）
衢州市	**2014**	**1290**	**1089**	**54.1**
柯城区	170	126	114	67.2
衢江区	165	99	68	41.4
常山县	272	159	172	63.4
开化县	436	333	276	63.3
龙游县	274	200	227	82.6
江山市	598	315	182	30.5
西区	65	43	37	56.5
绿色产业集聚区	35	18	12	35.6
舟山市	**1378**	**464**	**338**	**24.5**
定海区	767	309	219	28.5
普陀区	384	120	63	16.3
岱山县	157	28	27	16.9
嵊泗县	42	6	6	14.4
临城新区	29	2	24	85.0
台州市	**11530**	**4257**	**6600**	**57.2**
椒江区	2923	903	724	24.8
黄岩区	2065	502	701	33.9
路桥区	322	128	264	82.2
三门县	791	342	344	43.5
天台县	328	196	273	83.1
仙居县	360	171	117	32.4
温岭市	2512	1075	2287	91.0
临海市	2093	879	1816	86.8
玉环市	136	60	73	53.7
丽水市	**1711**	**860**	**746**	**43.6**
莲都区	783	380	351	44.8
青田县	163	80	81	49.5
缙云县	209	125	50	24.1
遂昌县	64	27	31	48.7
松阳县	138	49	42	30.7
云和县	139	82	32	22.9
庆元县	58	33	45	77.6
景宁畲族自治县	70	23	32	46.6
龙泉市	88	61	81	92.1

2-B-1.7　分地区按主要用途分的总承包和

地　区	合　计	住宅房屋	商业及服务用房	商厦房屋(批发和零售用房)	宾馆用房屋(住宿用房)	餐饮用房屋(餐饮用房)	商务会展用房屋	其他商业及服务用房屋(居民服务业用房)
全　省	**54210**	**30984**	**4183**	**1814**	**491**	**224**	**303**	**1350**
杭州市	**6764**	**3628**	**551**	**263**	**29**	**43**	**32**	**185**
上城区	256	118	5	4				1
下城区	16	13						
江干区	517	415	51	21			15	15
拱墅区	461	299	68	32	15	4		18
西湖区	1422	854	128	70	7	2	6	43
滨江区	286	130	33	8			1	23
萧山区	1868	817	163	69	2	37	4	52
余杭区	677	411	55	38	4	1	6	7
富阳区	360	163	5	1				5
临安区	195	106	3	1			1	1
桐庐县	193	110	8	6				2
淳安县	50	20	5		1			4
经济技术开发区	30	23	2					2
大江东	394	141	18	14				5
建德市	42	9	9		1			8
宁波市	**5355**	**2879**	**282**	**72**	**18**	**4**	**54**	**134**
海曙区	736	611	18				2	16
江北区	603	383	35				20	14
北仑区	75	17	3		1			2
镇海区	326	116	2					2
鄞州区	825	446	34				1	33
奉化区	184	74	2	1				1
象山县	1707	1024	157	57	14	4	30	53
宁海县	147	58	14	14				1
高新区	73	2						
余姚市	209	58	3		3			1
慈溪市	470	90	14					14
奉化市								
温州市	**3514**	**1925**	**314**	**89**	**73**	**24**	**37**	**91**
鹿城区	422	210	12			4		8
龙湾区	380	222	3			1		1
瓯海区	1166	733	154	25	70		29	29
洞头区	5							
永嘉县	133	52	6	2				4
平阳县	258	128	27	6		3		18

专业承包企业房屋建筑竣工面积

单位：万平方米

办公用房屋	科研、教育、医疗用房屋	科学研究用房屋	教育用房屋	医疗用房屋(卫生医疗用房)	文化、体育、娱乐用房屋	厂房及建筑物	#厂房	仓库	其他未列明的房屋建筑物
3122	**1944**	**204**	**1246**	**494**	**610**	**11824**	**8161**	**501**	**1044**
400	**415**	**37**	**321**	**56**	**99**	**1426**	**1019**	**76**	**169**
13	48		48		3	59	57		10
						3			0
2	20		20		2	18	5		9
14	25	1	17	7	1	50	44	3	1
202	105	0	80	25	30	76	67	21	6
1	4	0		4	33	72	72		13
90	55	9	42	4	11	659	386		73
10	62		62		8	117	97	2	13
11	6		6		1	156	125	9	9
13	11		11		2	53	39	1	5
7	5	2	3			25	21	39	
3	3		2		2	7	6	1	10
						5	5		
32	71	25	30	15	5	105	77	1	21
1	2		2		1	20	18		
271	**180**	**29**	**133**	**18**	**98**	**1425**	**1076**	**18**	**202**
27	24	7	17		7	49	48		
35	7	1	3	3	26	117	113		
0	2		2		1	49	14	3	1
19	7		7			181	36		1
38	33	8	20	5	12	205	177	1	55
7	24		24		1	67	59	4	6
93	72	13	50	9	47	204	187	4	106
5	4		4	1	1	59	47	1	4
17						53	5	0	0
2	3		2		3	140	133		1
28	4		4		1	301	258	4	28
205	**82**	**5**	**58**	**18**	**4**	**924**	**706**	**5**	**56**
8	36	5	24	7		129	125	2	25
3	11		11			138	92	1	2
161	3		2	1		114	111		1
	1			1		3	3	1	
4	3		2	1	1	61	43		6
12	14		7	7		76	22		2

2-B-1.7 续表 1

地区	合计	住宅房屋	商业及服务用房	商厦房屋(批发和零售用房)	宾馆用房屋(住宿用房)	餐饮用房屋(餐饮用房)	商务会展用房屋	其他商业及服务用房屋(居民服务业用房)
苍南县	51	27						
文成县	25	17	4		3	1		1
泰顺县	295	203	73	49		16	8	
温州经济技术开发区	133	65	3	1				2
瑞安市	280	168						
乐清市	369	101	35	7				28
嘉兴市	**3109**	**1310**	**335**	**201**	**8**	**31**	**13**	**83**
南湖区	394	190	18	15				3
经济开发区	496	387	24	9	·	5	8	2
秀洲区	207	44	25					25
嘉善县	147	20	14	1	1			11
海盐县	178	78	18					18
海宁市	493	148	41	20		1		20
平湖市	180	53						0
桐乡市	1016	390	195	155	7	25	5	4
湖州市	**1648**	**678**	**95**	**52**	**3**	**3**	**2**	**35**
吴兴区	827	432	61	37		1		23
南浔区	107	26	1					1
德清县	280	121	2	0	2			
长兴县	220	42	18	4	1	2	2	8
安吉县	148	44	1	0				
开发区	66	13	12	11				2
绍兴市	**15244**	**9094**	**1151**	**547**	**160**	**89**	**93**	**263**
越城区	2526	1604	153	88	10	11	5	39
柯桥区	4922	2295	419	206	57	52	16	89
上虞区	3481	2213	285	143	32	8	42	60
新昌县	396	173	4	1	2			2
诸暨市	3262	2426	233	98	51	12	19	52
嵊州市	656	384	58	11	8	6	11	21
金华市	**9805**	**6808**	**771**	**308**	**74**	**11**	**31**	**347**
婺城区	374	296						
金东区	102	27	1					1
经济技术开发区	118	36	3	2		2		
武义县	73	16	1				1	
浦江县	135	75	8	7				
磐安县	563	426	24	4	9			12
兰溪市	239	67	84	8			5	71
义乌市	417	57	36	23				13
东阳市	7561	5758	590	265	65	9	25	227
永康市	223	53	22					22

单位：万平方米

办公用房屋	科研、教育、医疗用房屋				文化、体育、娱乐用房屋	厂房及建筑物		仓库	其他未列明的房屋建筑物
		科学研究用房屋	教育用房屋	医疗用房屋(卫生医疗用房)			#厂房		
3	3		3			14	8		4
					1	2	0		1
5	1		0			13	13	1	
3	2		1			51	47		10
	2		2			106	91		4
6	8		7	1	1	217	151	1	
105	**117**	**10**	**93**	**15**	**35**	**1130**	**898**	**17**	**59**
22	41	3	27	10	11	102	88	9	3
					9	76	69		
5	3		3		1	119	99	2	6
	3		3			102	78	3	5
5	2		2			67	38		8
29	30		27	4	8	213	127		23
	2		2	0	0	120	108		4
44	36	7	29	0	7	332	291	3	10
110	**68**	**5**	**21**	**41**	**22**	**634**	**403**	**10**	**32**
63	42	3	11	28	14	213	139		3
0	0					80	73		
25	8	2	5		1	108	52	1	15
17	8		1	7	5	109	52	9	12
1	10		3	6	3	87	85		3
4	0					37	3		
963	**513**	**95**	**264**	**155**	**144**	**2969**	**1873**	**273**	**136**
172	50	9	23	17	25	460	371	55	7
361	199	58	75	65	53	1357	806	162	78
263	138	7	109	23	40	506	204	20	18
5	2		1		1	197	158	3	12
136	92	17	33	42	14	323	233	26	13
27	34	3	23	8	11	126	101	7	10
574	**275**	**16**	**153**	**105**	**133**	**1115**	**639**	**30**	**100**
17	23		9	14	6	32	32		1
12					2	61	32		
10	3		3			53	51	1	13
2	4		4		1	37	28		12
10	2		2		1	18	11	9	12
17	20	5	14	2	7	67	42	1	1
3	4		4		1	76	47	1	2
27	12		12		0	258	81	5	22
473	189	9	103	77	117	386	209	12	36
3	18	2	4	12		127	106		1

2-B-1.7 续表 2

地 区	合 计	住宅房屋	商业及服务用房	商厦房屋(批发和零售用房)	宾馆用房屋(住宿用房)	餐饮用房屋(餐饮用房)	商务会展用房屋	其他商业及服务用房屋(居民服务业用房)
衢州市	**1089**	**520**	**87**	**24**	**3**			**59**
柯城区	114	39	7					7
衢江区	68	15	7					7
常山县	172	128	1		1			
开化县	276	118	47	6	2			38
龙游县	227	75	20	15	1			5
江山市	182	125	5	3				3
西区	37	22						
绿色产业集聚区	12							
舟山市	**338**	**191**	**30**	**15**	**5**		**4**	**6**
定海区	219	123	17	12	0		4	1
普陀区	63	37	9	4				5
岱山县	27	16						
嵊泗县	6		1		1			
临城新区	24	15	4		4			
台州市	**6600**	**3682**	**427**	**191**	**114**	**15**	**32**	**76**
椒江区	724	406	96	38	28		28	3
黄岩区	701	398	25	15				10
路桥区	264	75	46	12	15	4	4	11
玉环县								
三门县	344	169	22	6	2			14
天台县	273	69	39	35	4			
仙居县	117	51	6		3			3
温岭市	2287	1327	124	65	44	11		4
临海市	1816	1185	70	20	19			31
玉环市	73	3						
丽水市	**746**	**268**	**139**	**52**	**6**	**5**	**6**	**70**
莲都区	351	122	95	49	5	5	6	31
青田县	81	33						
缙云县	50	37	1					1
遂昌县	31	2	6	1	1			4
松阳县	42	2	26					26
云和县	32	17						
庆元县	45	21	5	1	1			3
景宁畲族自治县	32	5	5					5
龙泉市	81	30	1					

单位：万平方米

办公用房屋	科研、教育、医疗用房屋	科学研究用房屋	教育用房屋	医疗用房屋(卫生医疗用房)	文化、体育、娱乐用房屋	厂房及建筑物	#厂房	仓库	其他未列明的房屋建筑物
50	**24**		**18**	**6**	**7**	**343**	**228**	**17**	**40**
10	12		10	2		28	21	3	15
	2			2		43	40		
9	1			1		29	13	5	
9	1			1	7	83	50	3	9
12	1		1			107	53	3	9
2	6		6			39	38	2	4
8	1		1			6	4		
1						8	8	1	3
17	**35**	**2**	**10**	**23**	**9**	**52**	**38**		**4**
17	18	2	4	12	1	41	28		1
	9		1	8	2	6	5		1
	1		1		6	3	3		
	3		3						2
	4		1	3		2	2		
361	**211**	**3**	**158**	**51**	**56**	**1587**	**1175**	**50**	**226**
4	31	3	25	3	3	159	127	3	22
62	8		8	0	1	201	151	6	1
26	3		2	1	0	110	70	3	3
38	23		19	4		89	53	3	
80	31		21	10		50	19	5	
6					1	28	21	8	17
92	111		81	31	39	567	432	17	10
52	4		2	1	12	316	251	6	173
2						67	53		1
65	**24**	**1**	**17**	**6**	**2**	**220**	**107**	**6**	**21**
36	14		8	6		75	50	3	6
8	3	1	1			36	10		
1	2		2			7	6		3
1	4		4			17	16	1	
4	1		1		1	7	2		1
1						13	13		1
3						13	3	2	1
12					1	5	1		5
						47	6		4

2-B-1.8 分地区按主要用途分的总承包和

地 区	合 计	住宅房屋	商业及服务用房	商厦房屋(批发和零售用房)	宾馆用房屋(住宿用房)	餐饮用房屋(餐饮用房)	商务会展用房屋	其他商业及服务用房屋(居民服务业用房)
全 省	**92341843**	**54863097**	**8260807**	**3810379**	**885919**	**376571**	**713030**	**2474908**
杭州市	**12173946**	**6604474**	**1010592**	**500610**	**58173**	**24086**	**68400**	**359324**
上城区	783393	290866	12351	10436				1914
下城区	26116	20065						
江干区	962843	737743	98681	49455			25510	23717
拱墅区	812354	486233	154121	72738	23601	6254		51528
西湖区	2980990	1594058	299843	171848	17721	3339	27604	79331
滨江区	600979	281565	77821	15004			5309	57508
萧山区	3140955	1615038	169879	64168	8248	13984	2078	81402
余杭区	1092489	693967	104544	80040	4204	501	7229	12571
富阳区	503012	300303	14061	520				13541
临安区	293896	162519	4154	1431			648	2075
桐庐县	283609	140469	14979	13000				1979
淳安县	59170	19481	7579	470	1592	9	22	5485
经济技术开发区	52886	37577	3361					3361
大江东	517369	210866	29019	21500				7519
建德市	63887	13724	20200		2807			17393
宁波市	**10782879**	**6132885**	**800612**	**195010**	**51248**	**12820**	**180616**	**360918**
海曙区	1597280	1307882	39310				16019	23291
江北区	1274608	675486	70605	1728			38494	30383
北仑区	123728	15270	4769		1527		194	3048
镇海区	544499	218744	2923					2923
鄞州区	1375416	788498	60373	635			1051	58686
奉化区	262247	118925	2211	1322				889
象山县	4505857	2687831	550478	152230	44718	12767	124859	215905
宁海县	229256	95163	39814	39095		53		666
高新区	32931	1796						
余姚市	237872	81359	5834		5003			831
慈溪市	599186	141932	24297					24297
温州市	**5548253**	**3465557**	**492226**	**192024**	**27228**	**43872**	**63499**	**165604**
鹿城区	831289	475039	31180			9087		22093
龙湾区	768699	629867	4001			1539		2462
瓯海区	1258059	764667	208356	64825	21228		52179	70124
洞头区	7457							
永嘉县	302580	151550	15168	3819		553		10796
平阳县	347734	161158	25950	17000		3192		5758
苍南县	81244	51362						

专业承包企业房屋建筑竣工价值

单位：万元

办公用房屋	科研、教育、医疗用房屋	科学研究用房屋	教育用房屋	医疗用房屋(卫生医疗用房)	文化、体育、娱乐用房屋	厂房及建筑物	#厂房	仓库	其他未列明的房屋建筑物
5624403	**4212762**	**467495**	**2663659**	**1081608**	**1530182**	**14942796**	**10429181**	**758552**	**2149245**
852689	**869550**	**62243**	**720683**	**86625**	**283444**	**1937052**	**1318699**	**117891**	**498255**
29385	151793		151793		13198	121529	120263	409	163863
100						3980			1970
3405	69716		69331	385	733	33558	7923		19007
17794	40668	1145	35581	3942	1450	93579	86823	3036	15473
519106	287377	45	241259	46073	78812	145405	130188	39053	17337
2656	11067	170		10897	108071	79568	79568	83	40149
165367	120752	35000	79949	5803	26721	903400	483217		139798
18920	65487	41	65446		34465	154016	127544	2411	18679
8707	12889	35	12835	19	1134	141885	93122	7976	16057
23837	28434	186	27950	298	4414	62022	44512	690	7825
11104	17229	12544	4685		925	37557	33112	61346	
6092	3037	2	2815	221	2870	9851	7541	944	9316
						11949	11949		
44198	58317	13075	26255	18987	7688	116557	73383	1944	48781
2018	2784		2784		2964	22197	19556		
601410	**453731**	**61440**	**327940**	**64351**	**264089**	**2039713**	**1550680**	**34000**	**456438**
92840	49682	4957	44725		11475	94627	91377		1464
95186	26366	5514	9062	11790	88984	316997	313203	707	278
191	2270		2148	122	2019	71861	18479	4440	22909
25248	9384		9384			286383	40974		1819
54350	86129	17129	49141	19859	40549	271221	225560	3281	71016
9586	47235		47235		2436	70116	59992	3523	8215
269521	202234	33840	138088	30307	112533	396349	358430	13999	272913
10828	15913		14042	1871	2154	54826	41495	3170	7388
6349	165		165			23973	4557	607	43
1819	2393		1991	403	2887	137066	127610		6513
35493	11961		11961		1053	316297	269002	4273	63880
241285	**192466**	**13555**	**134554**	**44357**	**5641**	**1049444**	**836413**	**9352**	**92282**
25826	99848	13318	68612	17918	250	161161	155173	1666	36319
8003	20364		20364			100586	59049	3303	2575
149809	6448	237	5261	950	76	127318	123766	507	880
600	1200			1200		4190	3519	1013	453
10036	3767		1586	2181	3677	98999	96817	1121	18261
19799	31150		11246	19904		103985	29380		5692
3602	4332		4167	166		17104	11960		4843

2-B-1.8 续表 1

地 区	合 计	住宅房屋	商业及服务用房	商厦房屋(批发和零售用房)	宾馆用房屋(住宿用房)	餐饮用房屋(餐饮用房)	商务会展用房屋	其他商业及服务用房屋(居民服务业用房)
文成县	48749	36543	7560	24	6000	1000		536
泰顺县	629713	472364	130835	91015		28500	11320	
温州经济技术开发区	234682	136431	10188	3277				6911
瑞安市	579547	444742	33					33
乐清市	458501	141836	58954	12063				46891
嘉兴市	**5103466**	**2240994**	**697853**	**420959**	**10313**	**71635**	**38667**	**156278**
南湖区	648017	317792	36563	31118				5445
经济开发区	611655	452893	41328	15036		10050	12350	3892
秀洲区	354712	95126	49700					49700
嘉善县	257962	59662	33789	2196	2112		857	28625
海盐县	240001	117988	19639					19639
海宁市	834144	300702	72550	26721		2780		43049
平湖市	293142	122326	155					155
桐乡市	1863835	774506	444128	345889	8201	58805	25460	5774
湖州市	**2565092**	**1235844**	**195724**	**127379**	**5936**	**6703**	**4119**	**51586**
吴兴区	1399190	825341	119184	87711		2142		29332
南浔区	162844	38065	1736					1736
德清县	436209	228299	3492	300	2800			392
长兴县	249422	45730	39385	10216	3136	4561	4119	17353
安吉县	223768	78236	1719	744				974
开发区	93661	20174	30209	28409				1800
绍兴市	**26232127**	**16164321**	**2345817**	**1119423**	**343193**	**162906**	**188587**	**531709**
越城区	4218067	2718977	242980	146110	14480	17419	9367	55604
柯桥区	8549417	4143436	1021120	517962	107432	104714	33226	257786
上虞区	6827727	4716887	576623	261709	116395	11441	89440	97638
新昌县	505071	234082	6073	909	2387	257	346	2175
诸暨市	5113414	3730127	417929	176687	89775	23431	40639	87397
嵊州市	1018431	620811	81094	16046	12726	5645	15568	31109
金华市	**15047602**	**10343065**	**1303709**	**569837**	**162708**	**23905**	**55985**	**491274**
婺城区	617133	498057	77					77
金东区	107030	34134	2295					2295
经济技术开发区	139023	56897	4113	2371		1742		
武义县	73556	21814	2082	21	25	28	1975	35
浦江县	194729	97616	11578	10493		397	99	590
磐安县	710251	546998	48598	4812	25019	12	5	18749
兰溪市	259696	88790	100948	7010		31	9660	84246
义乌市	443147	88684	57232	34403				22830
东阳市	12145395	8833258	1023815	510727	137664	21695	44247	309483
永康市	357641	76817	52971					52971

单位：万元

办公用房屋	科研、教育、医疗用房屋	科学研究用房屋	教育用房屋	医疗用房屋(卫生医疗用房)	文化、体育、娱乐用房屋	厂房及建筑物	#厂房	仓库	其他未列明的房屋建筑物
40					168	3973	302		466
13774	1005		675	330		10394	10394	1192	148
5555	8802		7856	946		59791	53466		13917
249	9278		9278			116682	103800		8563
3992	6273		5510	762	1470	245262	188788	550	166
153823	**275792**	**27811**	**214647**	**33335**	**100248**	**1519901**	**1209032**	**24392**	**90463**
26998	100612	3766	74160	22686	46633	106914	98085	11702	803
763	550		550		17074	98873	88724	156	18
11829	5947		5947		4351	167884	134747	2347	17526
	8640		8142	498		141155	107879	6259	8457
5704	4102		4102			81307	44704		11261
42202	77911		69132	8779	19517	285515	159692		35747
	4201		3873	328	808	162043	146485	120	3490
66328	73829	24045	48739	1044	11866	476209	428714	3808	13161
190512	**136429**	**10692**	**39495**	**86243**	**59709**	**686846**	**415618**	**8537**	**51493**
114290	98805	7932	24640	66234	30381	206004	139089		5185
741	1955			1955		120347	70053		
45302	14046	2735	11230	81	676	118955	53781	1167	24274
22873	10563		1587	8976	7029	97692	48031	7370	18782
3402	10854	25	1975	8854	21624	104682	101885		3252
3905	207		64	143		39166	2779		
1697407	**1080684**	**239409**	**516372**	**324903**	**357565**	**3920087**	**2458458**	**416020**	**250226**
295830	93995	19950	50431	23615	96364	687395	560936	72665	9860
701724	487102	127081	172230	187791	116916	1678151	998905	263781	137187
420809	252283	18647	192750	40886	91511	716456	303781	29427	23732
4228	3420	467	2661	292	6464	227552	177874	2423	20829
234634	197070	66650	69585	60836	26023	428314	294148	36473	42845
40181	46814	6615	28716	11483	20288	182219	122815	11252	15773
1132238	**568157**	**34791**	**320267**	**213099**	**287053**	**1230187**	**785326**	**52832**	**130361**
39500	36499		19462	17037	8760	32450	32450		1790
12586					1146	56869	28386		
11958	5455		5295	160	40	48541	46226	1293	10727
3011	7463	32	7406	25	1378	21456	16021	225	16126
12476	4210		4104	107	1983	31518	19956	14162	21186
15630	21972	3463	13002	5508	7605	67361	47901	1268	820
4287	7343	313	6842	188	1102	54947	22745	788	1491
42585	21690		21690		670	191234	98357	12743	28308
985659	424381	26908	234389	163084	264370	542183	309346	22353	49377
4545	39143	4075	8077	26991		183628	163939		537

2-B-1.8 续表 2

地 区	合 计	住宅房屋	商业及服务用房	商厦房屋(批发和零售用房)	宾馆用房屋(住宿用房)	餐饮用房屋(餐饮用房)	商务会展用房屋	其他商业及服务用房屋(居民服务业用房)
衢州市	**1508174**	**788057**	**150680**	**36902**	**4334**	**25**	**90**	**109331**
柯城区	162403	52513	11509					11509
衢江区	76005	26592	13330	21	48	25	90	13147
常山县	209164	152756	226		226			
开化县	443280	208200	84889	10138	3560			71191
龙游县	293409	111707	31873	21930	500			9443
江山市	276720	213979	8852	4812				4040
西区	35564	22310						
绿色产业集聚区	11629							
舟山市	**858805**	**475514**	**104083**	**53380**	**1945**		**36974**	**11784**
定海区	610100	355024	79272	38800	317		36974	3181
普陀区	145613	81066	23183	14580				8603
岱山县	69443	28131						
嵊泗县	18008		1124		1124			
临城新区	15641	11293	504		504			
台州市	**11451730**	**6966541**	**942069**	**501980**	**213979**	**25844**	**64964**	**135302**
椒江区	1639153	935039	250065	140420	46083		58579	4983
黄岩区	1168489	768079	60052	34559				25493
路桥区	431655	137305	69526	16919	18816	4704	6385	22702
玉环县								
三门县	417186	215484	34218	9300	3458			21459
天台县	376169	98597	72031	65539	6492			
仙居县	182128	104026	10669		6655	14		4000
温岭市	3988260	2493105	295378	180595	89345	21127		4311
临海市	3163789	2210586	150130	54647	43129			52354
玉环市	84901	4319						
丽水市	**1069770**	**445846**	**217441**	**92875**	**6863**	**4777**	**11130**	**101797**
莲都区	462688	173693	144486	87083	4573	4642	10446	37743
青田县	180170	116692						
缙云县	52043	31918	1680					1680
遂昌县	45490	3463	10707	3100	1541			6066
松阳县	68189	4214	40894					40894
云和县	50353	35945						
庆元县	49808	16506	6934	1532	748	135	684	3835
景宁畲族自治县	56852	9045	11069					11069
龙泉市	104177	54370	1671	1160				511

单位：万元

办公用房屋	科研、教育、医疗用房屋	科学研究用房屋	教育用房屋	医疗用房屋(卫生医疗用房)	文化、体育、娱乐用房屋	厂房及建筑物	#厂房	仓库	其他未列明的房屋建筑物
63207	**40503**		**30720**	**9783**	**12608**	**380173**	**231793**	**20530**	**52416**
14050	20769		17986	2783		34395	24347	4938	24228
13	3763		553	3211		31711	24343	22	574
12149	1260		30	1230	25	35413	7206	7335	
14555	2555			2555	12583	105915	51978	3036	11547
12902	1169		1164	4		126841	80732	2282	6634
2833	9834		9834			31902	31819	2449	6871
5574	1153		1153			6528	3900		
1131						7468	7468	468	2561
19190	**117652**	**7620**	**32100**	**77932**	**38012**	**92804**	**80597**	**815**	**10735**
18990	77557	7620	14191	55746	1723	74024	62727	815	2695
	23590		1790	21800	6244	9147	8937		2383
200	3007		3007		30045	8060	8060		
	11227		11227						5657
	2271		1885	386		1573	873		
586787	**432150**	**8898**	**294112**	**129140**	**118086**	**1851724**	**1429138**	**66181**	**488192**
5792	96348	8898	77979	9471	20200	231742	199295	5481	94486
90164	10916		10766	150	316	232417	170981	5242	1303
43757	2401		1231	1170	374	169355	106626	6083	2855
42049	23750		18611	5139		93715	62218	7970	
96782	56924		35288	21637		45574	14606	6261	
16013	140		140		1306	29361	19696	6499	14113
172601	232947		144790	88157	72363	678517	578404	22779	20569
116844	8724		5307	3416	23527	294053	215028	5867	354056
2785						76987	62283		810
85857	**45647**	**1036**	**32770**	**11841**	**3726**	**234867**	**113427**	**8002**	**28385**
38258	23007		12919	10088	78	72710	46768	4147	6309
9058	4054	960	2012	1082	330	50036	11564		
1507	3068		3068			9018	7534		4852
1722	11514	71	11443		324	17169	16359	592	
7459	3328		3328		2122	8405	1896		1768
1550						12307	12307		551
3768	677	5		671		17579	3011	3127	1216
21823					472	6291	1771		8153
713					400	41352	12217	135	5536

2-B-1.9　分地区总承包和专业承包企业施工机械设备情况

地　区	总台数（台）	总功率（千瓦）	净值（万元）	技术装备率（元/人）	动力装备率（千瓦时/人）
全　省	**1974765**	**18816749**	**4230025**	**6355**	**2.8**
杭州市	**149080**	**3045803**	**741572**	**6353**	**2.6**
上城区	5206	83816	10170	1408	1.2
下城区	5485	187162	58685	14251	4.5
江干区	17143	174257	68415	7459	1.9
拱墅区	8796	276598	49698	5948	3.3
西湖区	18319	328838	78097	2798	1.2
滨江区	13067	276682	103374	9165	2.5
萧山区	38180	801714	193603	8560	3.5
余杭区	13725	271395	46165	5000	2.9
富阳区	7096	163734	44896	11586	4.2
临安区	6376	150457	24909	7868	4.8
桐庐县	4464	80887	18674	6284	2.7
淳安县	2693	69161	16256	16561	7.0
经济技术开发区	1476	28333	5349	6713	3.6
西湖风景名胜区	71	146	18	522	0.4
大江东	4095	96848	16789	4746	2.7
建德市	2888	55775	6476	4447	3.8
宁波市	**173596**	**2167079**	**545284**	**6510**	**2.6**
海曙区	7732	218201	34012	2962	1.9
江北区	7254	116729	31765	3316	1.2
北仑区	9263	192665	45563	6721	2.8
镇海区	20019	321513	105028	30242	9.3
鄞州区	12719	276666	49137	3328	1.9
奉化区	3669	73527	18530	5982	2.4
象山县	87428	366213	107010	5039	1.7
宁海县	6260	151809	38530	15991	6.3
高新区	4585	104742	32451	21714	7.0
余姚市	7295	124491	25610	7901	3.8
慈溪市	7372	220523	57649	9297	3.6
温州市	**1083578**	**1518086**	**440920**	**7553**	**2.6**
鹿城区	9009	315292	53282	4718	2.8
龙湾区	4929	105635	42363	7591	1.9
瓯海区	8960	92156	36491	6610	1.7
洞头区	1034	20625	4564	2814	1.3
永嘉县	1025960	62391	18026	7133	2.5
平阳县	6914	235648	70816	13748	4.6

2-B-1.9　续表 1

地　区	总台数（台）	总功率（千瓦）	净值（万元）	技术装备率（元/人）	动力装备率（千瓦时/人）
苍南县	10973	271269	103464	11893	3.1
文成县	827	10822	7557	5572	0.8
泰顺县	3547	124027	28492	5012	2.2
温州经济技术开发区	2278	61083	10835	7202	4.1
瑞安市	4681	125807	43120	8886	2.6
乐清市	4466	93331	21910	4782	2.0
嘉兴市	**48127**	**1080871**	**225717**	**9109**	**4.4**
南湖区	5009	127927	37792	8533	2.9
经济开发区	3644	61550	18927	5852	1.9
秀洲区	5164	105700	26742	9294	3.7
嘉善县	1857	41733	7887	7095	3.8
海盐县	3436	174802	55741	41095	12.9
海宁市	5229	129034	18070	4913	3.5
平湖市	4220	86508	17826	13714	6.7
桐乡市	19568	353617	42732	6290	5.2
湖州市	**27941**	**530765**	**137196**	**6515**	**2.5**
吴兴区	9137	261835	64702	5506	2.2
南浔区	5956	24644	11386	10157	2.2
德清县	5485	66131	12095	4016	2.2
长兴县	3564	85705	21136	8501	3.4
安吉县	2597	73089	21888	11453	3.8
开发区	1202	19361	5989	7726	2.5
绍兴市	**252399**	**4936022**	**855635**	**4897**	**2.8**
越城区	27881	607316	130053	5095	2.4
柯桥区	93986	1715986	262698	5472	3.6
上虞区	44558	990187	160239	3609	2.2
新昌县	9376	248663	53279	9782	4.6
诸暨市	62083	1164379	190949	4478	2.7
嵊州市	14515	209491	58417	6705	2.4
金华市	**112642**	**2475262**	**575699**	**5906**	**2.5**
婺城区	4583	150557	24224	9910	6.2
金东区	2915	114819	48688	23917	5.6
经济技术开发区	6970	189277	38030	10953	5.5
武义县	2237	37657	8589	9906	4.3
浦江县	2940	59539	23386	10325	2.6
磐安县	8163	106996	31323	4395	1.5
兰溪市	6268	164037	34272	15016	7.2
义乌市	12166	323345	81714	14218	5.6
东阳市	61389	1196396	253783	3721	1.8
永康市	5011	132639	31690	10454	4.4

2-B-1.9 续表 2

地 区	总台数(台)	总功率(千瓦)	净值(万元)	技术装备率(元/人)	动力装备率(千瓦时/人)
衢州市	**21355**	**647740**	**126809**	**8203**	**4.2**
柯城区	3025	62130	15692	5711	2.3
衢江区	2211	101577	17548	11726	6.8
常山县	1181	26907	14541	7352	1.4
开化县	6769	205209	33364	11560	7.1
龙游县	4339	105345	24639	10880	4.7
江山市	2495	82125	11794	4201	2.9
西区	806	41567	4258	6331	6.2
绿色产业集聚区	529	22880	4974	8200	3.8
舟山市	**12187**	**297635**	**48532**	**5215**	**3.2**
定海区	7648	179559	31571	6306	3.6
普陀区	2153	66071	7858	2953	2.5
岱山县	1103	33023	5099	4856	3.1
嵊泗县	274	5974	796	2400	1.8
临城新区	1009	13008	3208	12464	5.1
台州市	**73507**	**1774793**	**433428**	**8213**	**3.4**
椒江区	9358	101939	37164	4319	1.2
黄岩区	10322	136878	37959	7713	2.8
路桥区	4885	94754	23983	7909	3.1
三门县	10679	201915	89257	21156	4.8
天台县	3464	371668	33597	11626	12.9
仙居县	7847	126887	38656	13096	4.3
温岭市	14932	367178	95416	7383	2.8
临海市	10305	288167	68537	5478	2.3
玉环市	1715	85407	8859	12280	11.8
丽水市	**20353**	**342693**	**99234**	**8859**	**3.1**
莲都区	11348	150406	45700	10448	3.4
青田县	471	11300	2732	4160	1.7
缙云县	2333	27787	8830	7580	2.4
遂昌县	539	18276	4143	4460	2.0
松阳县	1090	21782	5276	5861	2.4
云和县	735	23723	2726	3183	2.8
庆元县	1083	10914	8470	19863	2.6
景宁畲族自治县	1158	27701	8504	10473	3.4
龙泉市	1596	50804	12853	11875	4.7

2-B-1.10　分地区总承包和专业承包企业建筑材料消耗情况

地　区	钢材（吨）	木材（立方米）	水泥（吨）	平板玻璃（重量箱）	平板玻璃（平方米）	铝材（吨）
全　省	**106009188**	**53543500**	**324430046**	**32995290**	**157312876**	**7448797**
杭州市	**20657698**	**9820139**	**48932709**	**4225150**	**18244868**	**1704982**
上城区	478948	421957	1370307	256636	1092534	25739
下城区	731421	1007361	3635034	20090	99368	79280
江干区	1335243	808097	2660170	290753	1418199	57308
拱墅区	989870	523915	1682870	272681	1280050	23537
西湖区	5806455	2913815	9819494	660352	2769853	175073
滨江区	1619462	555560	3233875	65098	578375	34844
萧山区	5934141	1719222	15807988	1555111	4986812	437800
余杭区	1215756	771200	4128969	508150	1662424	524902
富阳区	613304	234011	1450465	195976	611053	125144
临安区	553494	118829	727734	51971	279682	8790
桐庐县	572989	357615	2360435	67046	2116543	10843
淳安县	68287	42188	309638	18823	128759	23161
经济技术开发区	54939	52209	59515	31573	154178	67897
西湖风景名胜区	1243	3520	2700			
大江东	429311	111534	1012723	183422	853098	75875
建德市	252835	179106	670792	47468	213940	34789
宁波市	**12843248**	**5468911**	**38539834**	**5919142**	**21974661**	**517653**
海曙区	1512516	655220	3716452	317631	1230504	32319
江北区	1785878	690399	10746543	1593740	4547834	72338
北仑区	316108	121883	823874	167393	505064	15365
镇海区	1091596	618876	4056788	170199	1150138	79923
鄞州区	1449892	705554	3897668	555314	1608607	68249
奉化区	279755	278577	1345495	153557	575670	22481
象山县	4394896	1100379	9353505	2657115	10843683	146565
宁海县	867557	644420	848806	48740	304817	22251
高新区	122706	27328	717718	1556	8953	2194
余姚市	275099	158320	761592	78851	390134	8090
慈溪市	747245	467955	2271393	175046	809257	47878
温州市	**5470430**	**2222195**	**18919395**	**1937793**	**8667585**	**1575201**
鹿城区	1142558	616505	2231559	288564	963658	766936
龙湾区	497702	192379	3822660	343829	1800509	36060
瓯海区	736110	204568	2185786	283908	1287113	30914
洞头区	204057	46356	258670	32606	89363	427051
永嘉县	224274	39113	690492	51600	231722	4492
平阳县	419169	133192	2056375	99377	440560	41893

2-B-1.10 续表 1

地 区	钢材(吨)	木材(立方米)	水泥(吨)	平板玻璃(重量箱)	平板玻璃(平方米)	铝材(吨)
苍南县	232103	143601	840355	63195	242353	22312
文成县	134872	36722	344791	20523	201852	11707
泰顺县	640271	268925	3127819	299442	1238975	141534
温州经济技术开发区	140140	80887	503403	35420	89397	3276
瑞安市	402476	231803	1323893	109851	538902	14117
乐清市	696698	228144	1533592	309478	1543181	74909
嘉兴市	**4601343**	**1650206**	**10214806**	**868560**	**4586478**	**587275**
南湖区	730790	302674	2552534	50912	215579	101031
经济开发区	293340	50020	438017	31348	191452	9731
秀洲区	211437	178891	270235	120065	633050	12255
嘉善县	224789	88034	612472	49471	221530	91133
海盐县	194553	199442	362560	66394	255416	7259
海宁市	729606	279830	1677192	317621	1766472	38234
平湖市	216387	110216	539981	40554	228548	5691
桐乡市	2000441	441099	3761815	192195	1074431	321941
湖州市	**3095427**	**2003199**	**7586726**	**875339**	**4798321**	**177081**
吴兴区	1717994	1138017	4782992	463183	2073658	57047
南浔区	375272	65664	510645	18164	65322	1467
德清县	415077	401514	749331	240628	1333970	31697
长兴县	261779	128253	873914	103906	730512	12202
安吉县	184189	210731	541636	43874	541973	59849
开发区	141116	59020	128208	5584	52886	14819
绍兴市	**24531822**	**22888120**	**97943792**	**7338874**	**35061023**	**1430015**
越城区	3666830	836847	11608312	453501	4018766	269904
柯桥区	6837985	3850097	26976035	1919306	8941991	587554
上虞区	5623430	2802243	21373886	1769105	7912607	218795
新昌县	802446	500332	2922395	291015	1022455	19281
诸暨市	6610811	14501599	30633549	2541962	11341942	268200
嵊州市	990320	397002	4429615	363985	1823262	66281
金华市	**16716259**	**4690441**	**46424026**	**8393863**	**48020523**	**722396**
婺城区	397987	166602	1938261	121019	1350183	9381
金东区	242582	131441	1283784	64382	173540	42171
经济技术开发区	243744	61564	912014	49941	110866	7258
武义县	93476	38836	332413	24219	120424	2924
浦江县	366593	64172	351779	187715	623197	15189
磐安县	437778	121458	1016757	60728	367237	37838
兰溪市	262112	115417	1756568	84041	532250	15959
义乌市	987771	249377	2168739	184411	920156	32712
东阳市	13314769	3503692	35725828	7460188	43064217	457338
永康市	369447	237882	937883	157219	758453	101626

2-B-1.10　续表 2

地　区	钢材（吨）	木材（立方米）	水泥（吨）	平板玻璃（重量箱）	平板玻璃（平方米）	铝材（吨）
衢州市	**1370612**	**571674**	**6736021**	**385689**	**2209602**	**76112**
柯城区	202532	113911	607571	6071	154042	13052
衢江区	114537	33401	749169	31498	106319	8299
常山县	203542	56467	774459	94299	289693	6490
开化县	449269	220302	2287590	116365	634585	7171
龙游县	191770	73610	714121	84265	759960	28799
江山市	151739	60261	994605	50617	251136	11117
西区	20932	9879	449509	2408	12599	1046
绿色产业集聚区	36291	3843	158997	166	1268	138
舟山市	**1040902**	**329843**	**2767533**	**458007**	**1852804**	**68323**
定海区	640676	219695	1611085	158685	695565	54564
普陀区	163145	32743	572593	262276	1030378	7217
岱山县	148759	30986	401052	20688	90134	3357
嵊泗县	39473	22446	99459	12065	28083	2362
临城新区	48849	23973	83344	4293	8644	823
台州市	**13992101**	**2293070**	**41206649**	**2396412**	**10776450**	**357812**
椒江区	683152	450373	3825880	569654	2621396	25286
黄岩区	704052	296144	2347719	402735	1726905	78412
路桥区	335353	175440	3484028	45426	341745	9804
三门县	580541	303634	3626009	352902	1391159	130402
天台县	197444	52379	746389	70359	375900	32140
仙居县	9442052	228019	19939098	116720	652574	1937
温岭市	1084382	297262	5006395	473250	2286160	29201
临海市	867638	445520	1904761	342426	1127567	47784
玉环市	97487	44299	326370	22940	253044	2846
丽水市	**1689346**	**1605702**	**5158555**	**196461**	**1120561**	**231947**
莲都区	599612	290747	2528058	50679	280175	98417
青田县	117614	108191	300081	47608	206040	66315
缙云县	458015	101486	625805	31130	242741	7896
遂昌县	52115	14592	190225	3786	20544	1939
松阳县	64608	19495	274893	12327	63324	1493
云和县	22217	12824	65020	8423	37910	2643
庆元县	74640	453141	209369	6928	30622	35451
景宁畲族自治县	195088	559230	371516	12189	160730	12118
龙泉市	105437	45996	593588	23391	78475	5675

2-B-1.11 分地区总承包和专业承包企业主要生产效益指标

地　区	企业个数（个）	从事建筑业活动的平均人数（人）	按总产值计算的劳动生产率（元/人）	人均竣工产值（元/人）	人均施工面积（平方米/人）	人均竣工面积（平方米/人）
全　省	**6779**	**6700195**	**308513**	**185612**	**262.3**	**80.9**
杭州市	**1501**	**1221243**	**362971**	**179274**	**219.8**	**55.4**
上城区	70	79979	346676	163570	190.7	32.0
下城区	71	37837	542584	198184	27.0	4.2
江干区	108	94574	369907	200008	269.3	54.7
拱墅区	140	86688	376437	152647	193.5	53.2
西湖区	129	285946	361765	158090	268.1	49.7
滨江区	57	131807	404510	176436	75.6	21.7
萧山区	292	241420	393713	199898	231.6	77.4
余杭区	221	87924	317750	238906	295.6	77.0
富阳区	119	39791	263482	221165	211.5	90.3
临安区	76	34659	306563	117873	183.8	56.1
桐庐县	53	28875	317484	140247	337.1	66.9
淳安县	64	11415	320121	197179	110.1	43.4
经济技术开发区	17	8269	264651	133993	194.0	36.1
西湖风景名胜区	3	439	235207	138009	47.8	
大江东	39	36920	196630	159860	305.7	106.6
建德市	42	14700	283646	151356	183.1	28.6
宁波市	**994**	**907800**	**300038**	**186404**	**216.6**	**59.0**
海曙区	96	126320	331430	174149	203.8	58.3
江北区	57	108843	238252	189719	279.5	55.4
北仑区	99	66525	196429	108871	70.1	11.3
镇海区	83	64538	353372	159610	198.7	50.5
鄞州区	156	157109	305506	161103	195.2	52.5
奉化区	68	28955	333557	216622	185.4	63.6
象山县	79	211416	333021	272168	287.1	80.7
宁海县	75	34370	273218	112978	193.3	42.8
高新区	26	14115	808318	182421	18.4	51.9
余姚市	116	34877	204877	119562	170.5	59.9
慈溪市	139	60732	209046	152715	220.5	77.4
温州市	**762**	**541260**	**262769**	**160679**	**197.2**	**64.9**
鹿城区	132	101508	300617	183329	239.6	41.6
龙湾区	59	54098	252835	162903	218.9	70.2
瓯海区	58	56140	190875	161173	259.4	207.6
洞头区	30	15888	442148	20844	262.8	3.1
永嘉县	55	25029	210581	173866	107.7	53.1
平阳县	79	40699	337116	245661	187.4	63.3

2-B-1.11　续表 1

地　区	企业个数（个）	从事建筑业活动的平均人数（人）	按总产值计算的劳动生产率（元/人）	人均竣工产　值（元/人）	人均施工面　积（平方米/人）	人均竣工面　积（平方米/人）
苍南县	80	77517	237220	124152	33.7	6.5
文成县	30	12113	227884	104275	80.8	20.2
泰顺县	58	52648	248158	151670	166.8	56.0
温州经济技术开发区	32	13764	324540	234905	357.0	96.7
瑞安市	80	45967	243376	157599	305.2	60.8
乐清市	69	45889	249164	140948	222.6	80.4
嘉兴市	**358**	**252273**	**460253**	**299388**	**325.6**	**123.2**
南湖区	61	43070	392955	292674	253.0	91.5
经济开发区	35	32896	355822	256514	268.9	150.9
秀洲区	45	29303	375594	205980	246.9	70.5
嘉善县	30	11297	489331	361402	403.0	129.9
海盐县	29	13295	409558	307188	227.6	133.5
海宁市	49	36400	753711	354440	541.2	135.4
平湖市	57	20251	388153	237098	266.5	88.8
桐乡市	52	65761	459317	343335	341.7	154.4
湖州市	**327**	**214842**	**376180**	**213679**	**193.1**	**76.7**
吴兴区	67	119793	404875	226362	181.7	69.1
南浔区	24	11912	310110	173611	231.6	89.8
德清县	51	29547	339710	218256	264.8	94.7
长兴县	80	25202	362576	220172	177.3	87.4
安吉县	71	20123	273453	166243	164.9	73.4
开发区	34	8265	477471	166943	164.3	80.0
绍兴市	**796**	**1708461**	**299873**	**191722**	**279.3**	**89.2**
越城区	162	250258	298834	211432	260.6	100.9
柯桥区	181	475000	322692	219286	293.2	103.6
上虞区	123	435763	252852	192214	216.4	79.9
新昌县	53	54509	244165	140398	177.7	72.7
诸暨市	214	407556	341716	155889	381.1	80.0
嵊州市	63	85375	251790	181908	157.9	76.9
金华市	**767**	**974271**	**282178**	**165828**	**429.2**	**100.6**
婺城区	46	26181	431750	274517	521.1	142.9
金东区	52	19415	395641	129678	96.1	52.6
经济技术开发区	78	35359	342569	155618	53.4	33.4
武义县	38	9336	300784	156450	200.7	78.2
浦江县	31	19239	279633	138619	181.6	70.0
磐安县	66	63358	284254	124005	377.7	88.8
兰溪市	57	22429	265529	167383	174.3	106.4
义乌市	158	55550	332923	194859	257.8	75.1
东阳市	196	694678	265331	165641	499.0	108.8
永康市	45	28726	308206	164453	229.2	77.6

2-B-1.11 续表 2

地 区	企业个数（个）	从事建筑业活动的平均人数（人）	按总产值计算的劳动生产率（元/人）	人均竣工产值（元/人）	人均施工面积（平方米/人）	人均竣工面积（平方米/人）
衢州市	**341**	**153538**	**251114**	**168327**	**131.2**	**70.9**
柯城区	64	28335	230392	165065	59.9	40.2
衢江区	42	15184	287703	157721	108.5	45.0
常山县	38	19277	229141	194400	140.9	89.4
开化县	39	28601	286948	198164	152.6	96.5
龙游县	52	22726	208704	178062	120.6	99.7
江山市	86	26758	234249	148577	223.5	68.1
西区	9	6597	407971	82947	98.4	55.6
绿色产业集聚区	11	6060	219865	130047	56.9	20.3
舟山市	**167**	**87738**	**366128**	**239344**	**157.1**	**38.5**
定海区	74	47550	363129	275623	161.3	46.0
普陀区	42	23838	342319	148810	161.2	26.3
岱山县	20	10211	371717	199235	153.5	25.9
嵊泗县	13	3270	240028	153024	127.2	18.3
临城新区	18	2869	737467	631423	99.8	84.8
台州市	**498**	**524332**	**233040**	**175371**	**219.9**	**125.9**
椒江区	72	87856	280713	250235	332.7	82.5
黄岩区	44	46973	244151	131929	439.6	149.2
路桥区	40	32229	299344	161802	99.8	82.0
玉环县						
三门县	51	41567	260661	175162	190.2	82.7
天台县	28	29096	195599	113663	112.8	93.8
仙居县	38	28947	336300	128088	124.4	40.4
温岭市	125	127748	173023	165687	196.6	179.0
临海市	70	122611	213023	178032	170.7	148.1
玉环市	30	7305	264012	173226	185.8	99.8
丽水市	**268**	**114437**	**281215**	**167519**	**149.5**	**65.2**
莲都区	81	43015	286126	172314	181.9	81.5
青田县	23	6276	451623	338842	259.7	128.6
缙云县	35	13143	312446	150587	158.8	38.2
遂昌县	22	8761	260917	161280	73.1	35.6
松阳县	16	8890	297854	168495	155.0	47.6
云和县	15	8616	139048	108518	161.6	37.0
庆元县	20	3970	307175	195757	146.1	113.4
景宁畲族自治县	22	8802	260631	124854	79.0	36.8
龙泉市	34	12964	253578	148912	68.1	62.7

2-B-1.12　分地区总承包和专业承包企业营业收入

单位：万元

地　区	营业收入	建筑业企业在境外完成的营业收入	企业总产值	建筑业总产值
全　省	**170798343**	**1278372**	**220434554**	**206709525**
杭州市	**40291259**	**778674**	**46477937**	**44327525**
上城区	2430427	14136	3133800	2772682
下城区	1980097	78284	2201673	2052976
江干区	3634835	177924	3570971	3498358
拱墅区	2996232		3379272	3263256
西湖区	8502550	241358	10819093	10344535
滨江区	5392019	139329	5379914	5331727
萧山区	8086448	63169	10185419	9505026
余杭区	2871398	64224	2944679	2793789
富阳区	1000881		1067138	1048422
临安区	922311		1067536	1062517
桐庐县	780407		937934	916736
淳安县	323825	250	370184	365419
经济技术开发区	246446		235703	218840
西湖风景名胜区	9452		10636	10326
大江东	629121		733010	725957
建德市	484811		440977	416960
宁波市	**22340798**	**78890**	**28964304**	**27237456**
海曙区	3198395	14571	4324001	4186623
江北区	2051533		2613088	2593208
北仑区	1270422	7881	1332019	1306742
镇海区	1916297	21694	2456734	2280593
鄞州区	3587065	334	5009481	4799772
奉化区	802739		978390	965814
象山县	5752300	7120	7755719	7040590
宁海县	812235		959726	939050
高新区	1306356	25838	1452595	1140941
余姚市	580994	1242	795787	714548
慈溪市	1062463	210	1286764	1269576
温州市	**11960499**	**116186**	**15336725**	**14222639**
鹿城区	2529650	405	3602421	3051499
龙湾区	1054757		1424306	1367789
瓯海区	899505	11576	1073648	1071570
洞头区	662317		718083	702484
永嘉县	451480	171	532724	527063
平阳县	911571	32924	1382985	1372030

2-B-1.12 续表 1

单位：万元

地 区	营业收入	建筑业企业在境外完成的营业收入	企业总产值	建筑业总产值
苍南县	1565170	70612	1989898	1838857
文成县	180581		277043	276036
泰顺县	1502127	499	1393888	1306500
温州经济技术开发区	418167		560867	446697
瑞安市	1028899		1153250	1118725
乐清市	756275		1227615	1143390
嘉兴市	**8768580**	**2558**	**11820040**	**11610949**
南湖区	1407674		1729351	1692458
经济开发区	965510		1191675	1170513
秀洲区	953821	16	1134360	1100605
嘉善县	404222		552968	552797
海盐县	468034	2542	546117	544508
海宁市	1877122		2816650	2743508
平湖市	631725		821086	786049
桐乡市	2060471		3027833	3020511
湖州市	**6649509**	**23763**	**8261804**	**8081926**
吴兴区	3904692		4902960	4850120
南浔区	280615		394532	369404
德清县	808463	541	1030251	1003740
长兴县	785176		959055	913763
安吉县	466208	4219	577272	550270
开发区	404355	19004	397735	394630
绍兴市	**39776070**	**121084**	**56097472**	**51232183**
越城区	6498718		7647369	7478555
柯桥区	11304238	1	16907331	15327882
上虞区	8036723	762	12734048	11018346
新昌县	1160410	57749	1397760	1330919
诸暨市	10763056	44711	14580237	13926828
嵊州市	2012925	17861	2830727	2149655
金华市	**22966008**	**130832**	**29694426**	**27491788**
婺城区	930288		1139205	1130364
金东区	496373	15482	771873	768137
经济技术开发区	1062813		1245830	1211289
武义县	209879		284727	280812
浦江县	487300		538114	537986
磐安县	1669858	1	1809796	1800977
兰溪市	490449	776	658509	595556
义乌市	1462940		1842236	1849386
东阳市	15395786	114574	20518908	18431929
永康市	760323		885228	885354

2-B-1.12　续表 2　　单位：万元

地　区	营业收入	建筑业企业在境外完成的营业收入	企业总产值	建筑业总产值
衢州市	**3560319**	**1392**	**4116725**	**3855561**
柯城区	620228	705	695067	652817
衢江区	372840		500256	436848
常山县	404878		476442	441715
开化县	651246		832143	820701
龙游县	531493		548097	474301
江山市	563863	687	654728	626802
西区	268121		269199	269139
绿色产业集聚区	147652		140793	133238
舟山市	**2005087**		**3338945**	**3212330**
定海区	1055222		1821045	1726681
普陀区	532740		824134	816021
岱山县	183195		399073	379560
嵊泗县	60599		79611	78489
临城新区	173331		215083	211579
台州市	**9698615**	**20126**	**13012703**	**12219029**
椒江区	1936509		2482747	2466234
黄岩区	800836		1154725	1146852
路桥区	862195		966719	964756
三门县	925362	174	1199687	1083490
天台县	489176		610019	569116
仙居县	817014	19951	1270683	973488
温岭市	1841024		2495075	2210334
临海市	1834870		2623527	2611899
玉环市	191630		209520	192861
丽水市	**2781600**	**4867**	**3313473**	**3218139**
莲都区	1034381		1251249	1230772
青田县	266109		285740	283439
缙云县	355963	4597	415359	410648
遂昌县	185015	271	232382	228589
松阳县	248063		279792	264792
云和县	96418		148162	119804
庆元县	111588		121948	121948
景宁畲族自治县	197507		237732	229408
龙泉市	286555		341109	328739

2-B-1.13 分地区总承包和专业承包企业资产构成

单位：万元

地　区	资产总计	流动资产合计	#存货
全　省	**137191479**	**112972704**	**29826859**
杭州市	**37612671**	**30233416**	**7796199**
上城区	2472154	2193568	835762
下城区	1714189	1431090	368524
江干区	2867714	2295139	455588
拱墅区	2599864	2243742	444418
西湖区	7939049	6199624	2025585
滨江区	5601499	4432180	1158837
萧山区	7224721	5849343	1433985
余杭区	2577939	1984464	486228
富阳区	1772166	1221718	246507
临安区	973696	747956	102512
桐庐县	548269	493352	63693
淳安县	321372	282802	44432
经济技术开发区	193479	153333	26467
西湖风景名胜区	22605	20205	972
大江东	441049	369059	57194
建德市	342905	315842	45496
宁波市	**25143183**	**20395160**	**5775891**
海曙区	2470532	2030120	545070
江北区	1354743	1212271	304597
北仑区	1384774	1157407	273993
镇海区	2265020	1853784	438662
鄞州区	3673040	3289638	801664
奉化区	715226	592464	182032
象山县	8117838	6278899	2604569
宁海县	973972	835802	154849
高新区	2233719	1558276	169300
余姚市	822130	658013	119103
慈溪市	1132190	928487	182052
温州市	**8062631**	**6463409**	**1534085**
鹿城区	2098579	1609132	461143
龙湾区	716991	577081	147132
瓯海区	683324	557202	123383
洞头区	341553	327365	134976
永嘉县	469256	398984	58504
平阳县	465501	337565	83523

2-B-1.13　续表 1　　　　单位：万元

地　区	资产总计	流动资产合计	#存货
苍南县	635460	443980	78831
文成县	171756	142344	29737
泰顺县	1023167	891638	77013
温州经济技术开发区	335080	260894	97560
瑞安市	672313	576474	171023
乐清市	449652	340750	71260
嘉兴市	**6267203**	**5366803**	**1366253**
南湖区	965544	829528	132500
经济开发区	496244	429233	51609
秀洲区	674663	564570	106282
嘉善县	249376	216686	44161
海盐县	493389	388619	136922
海宁市	1502628	1273089	329693
平湖市	637688	535151	90568
桐乡市	1247673	1129926	474519
湖州市	**4513203**	**3690433**	**851214**
吴兴区	2054915	1652547	466844
南浔区	200678	174821	29315
德清县	619035	542195	97197
长兴县	604350	521528	69906
安吉县	605125	481373	119851
开发区	429102	317970	68101
绍兴市	**22214245**	**18672108**	**4943275**
越城区	3296650	2699283	703050
柯桥区	5642046	4905192	1201461
上虞区	6990777	5841383	1627109
新昌县	560553	438644	135087
诸暨市	4650764	3918684	1005873
嵊州市	1073455	868922	270696
金华市	**18608160**	**16054133**	**4467294**
婺城区	971465	872757	133597
金东区	458186	390498	111596
经济技术开发区	851092	728673	208820
武义县	258168	211358	60870
浦江县	618473	579251	97332
磐安县	997799	855939	179998
兰溪市	432421	358519	79994
义乌市	1497698	1238184	282629
东阳市	12002006	10386685	3216563
永康市	520853	432270	95896

2-B-1.13 续表 2 单位：万元

地 区	资产总计	流动资产合计	#存货
衢州市	**2369294**	**1923841**	**349164**
柯城区	507913	412405	86328
衢江区	277224	178645	25074
常山县	286888	258386	27147
开化县	298448	221482	55199
龙游县	258868	190365	39149
江山市	400576	363391	30359
西区	223265	205268	72647
绿色产业集聚区	116113	93900	13262
舟山市	**2200356**	**1832093**	**651677**
定海区	1265005	1096429	485695
普陀区	461830	349596	78195
岱山县	216804	164814	33499
嵊泗县	56419	44075	7651
临城新区	200297	177180	46638
台州市	**8228132**	**6705107**	**1760554**
椒江区	1524613	1340585	287278
黄岩区	653717	523983	185914
路桥区	1215263	835504	134809
三门县	560307	435665	139521
天台县	285100	224477	23419
仙居县	363332	273968	51692
温岭市	1760139	1446398	290447
临海市	1634190	1419529	617787
玉环市	231470	204998	29687
丽水市	**1972401**	**1636199**	**331253**
莲都区	664644	540135	123064
青田县	219454	184213	48828
缙云县	237501	217116	32063
遂昌县	113906	103192	2111
松阳县	182792	139542	33131
云和县	125492	114982	12034
庆元县	106893	85931	34885
景宁畲族自治县	124349	101722	3923
龙泉市	197371	149367	41215

2-B-1.14　分地区总承包和专业承包企业固定资产情况

单位：万元

地　区	固定资产原价	累计折旧		在建工程
			#本年折旧	
全　省	**14591234**	**6628883**	**941736**	**1113552**
杭州市	**3333520**	**1659644**	**223645**	**262482**
上城区	135674	68755	14164	4514
下城区	209033	103449	11293	6507
江干区	309688	142250	17079	9925
拱墅区	227454	115369	16611	16532
西湖区	450435	212364	18653	84603
滨江区	352156	181777	30371	27611
萧山区	825768	426836	50053	64537
余杭区	322198	156129	27964	14977
富阳区	174006	83387	14468	2824
临安区	98375	49045	5348	8744
桐庐县	48369	23924	3656	737
淳安县	40967	21169	2417	2617
经济技术开发区	34332	19593	5306	13287
西湖风景名胜区	1937	1132	85	
大江东	78770	42008	3803	295
建德市	24360	12457	2375	4771
宁波市	**2098798**	**986648**	**149829**	**66949**
海曙区	188968	86778	17432	461
江北区	137601	55644	11458	142
北仑区	143468	75691	13640	2884
镇海区	302654	144517	16779	17212
鄞州区	276640	120601	19439	13430
奉化区	63944	26723	5068	64
象山县	363810	173931	26145	27577
宁海县	120008	54965	10886	2002
高新区	184257	85200	10140	998
余姚市	107043	54967	6540	1249
慈溪市	210406	107631	12302	931
温州市	**1201165**	**452461**	**74991**	**117841**
鹿城区	318778	117019	19618	26262
龙湾区	93584	31402	4096	1599
瓯海区	73144	29032	3386	2397
洞头区	15276	5731	1532	1782
永嘉县	59292	25297	2473	8131
平阳县	102283	36787	6987	255

2-B-1.14 续表 1 单位：万元

地 区	固定资产原价	累计折旧		在建工程
			#本年折旧	
苍南县	197139	60309	10817	62
文成县	17217	9456	1430	850
泰顺县	73382	35522	3854	5815
温州经济技术开发区	67393	27689	8059	59242
瑞安市	95682	42709	9634	10224
乐清市	87995	31508	3106	1223
嘉兴市	**757631**	**321507**	**68687**	**22523**
南湖区	93785	43166	8340	1182
经济开发区	70414	37332	10326	1995
秀洲区	144674	59434	13864	2947
嘉善县	36675	15658	2623	594
海盐县	96555	35361	6805	2219
海宁市	111120	45123	9200	8885
平湖市	89897	36734	7434	1881
桐乡市	114512	48699	10097	2822
湖州市	**523396**	**220341**	**32132**	**54179**
吴兴区	266932	121510	18996	27359
南浔区	27544	13644	1140	9424
德清县	66603	25615	2846	932
长兴县	83982	31014	4381	4937
安吉县	34734	15162	2570	7823
开发区	43600	13396	2200	3706
绍兴市	**3076444**	**1390826**	**174354**	**346495**
越城区	501310	211091	34362	3977
柯桥区	827737	401266	40295	287188
上虞区	760741	361910	40778	7066
新昌县	120858	47343	5954	4852
诸暨市	614924	262742	40323	41019
嵊州市	250874	106474	12643	2393
金华市	**1505814**	**671892**	**105677**	**142666**
婺城区	75679	37103	4061	42031
金东区	48968	25363	2472	1529
经济技术开发区	146546	64564	8753	8850
武义县	47288	16329	3645	4883
浦江县	37257	19641	4122	3738
磐安县	101608	39242	5115	3256
兰溪市	66686	29321	4598	27782
义乌市	255209	111032	24831	17445
东阳市	611425	272566	39813	31926
永康市	115149	56732	8268	1227

2-B-1.14 续表 2 单位：万元

地 区	固定资产原价	累计折旧		在建工程
			#本年折旧	
衢州市	**335167**	**144152**	**17648**	**12523**
柯城区	60968	25683	3016	5511
衢江区	47798	20972	2307	561
常山县	26261	9762	1235	2202
开化县	72846	30951	4491	2442
龙游县	52510	21525	2712	1691
江山市	31147	17225	2189	36
西区	16393	7549	820	80
绿色产业集聚区	27244	10485	878	1
舟山市	**277197**	**115361**	**19117**	**26279**
定海区	116669	54312	6224	3533
普陀区	76110	31483	3045	19931
岱山县	55577	16047	8257	2661
嵊泗县	9125	2956	403	138
临城新区	19717	10564	1187	15
台州市	**1198596**	**536266**	**59370**	**33167**
椒江区	107742	46331	6122	11597
黄岩区	97378	45057	4176	536
路桥区	150169	60453	8340	1374
三门县	173295	59985	8760	382
天台县	62651	27374	2196	1029
仙居县	74256	35970	4724	1903
温岭市	338346	170766	15658	4923
临海市	167672	76217	7955	8721
玉环市	27088	14114	1439	2700
丽水市	**283507**	**129785**	**16286**	**28447**
莲都区	134516	62585	8231	10156
青田县	20307	11199	1243	433
缙云县	17905	8197	922	4605
遂昌县	9885	3831	949	95
松阳县	20127	6268	795	43
云和县	11099	7053	574	5355
庆元县	15679	4461	698	3207
景宁畲族自治县	21938	8140	1233	27
龙泉市	32052	18052	1642	4528

2-B-1.15 分地区总承包和专业承包企业负债及所有者权益

单位：万元

地 区	负债合计	#流动负债合计	#应付账款	所有者权益合计	#实收资本
全 省	**84776552**	**80205322**	**28632730**	**52414927**	**26788534**
杭州市	**24987331**	**23619861**	**8807660**	**12625340**	**6709940**
上城区	1929028	1911684	1002559	543127	255307
下城区	1238048	1182911	617067	476141	309972
江干区	1843264	1765212	750510	1024450	636414
拱墅区	1790357	1726438	691970	809508	519759
西湖区	5914745	5416008	1675696	2024304	897827
滨江区	4105937	3760452	1498015	1495562	773344
萧山区	4045012	3922211	1256038	3179710	1524391
余杭区	1639887	1594143	481053	938052	672896
富阳区	931145	806897	274472	841021	331097
临安区	602076	595798	196818	371619	189260
桐庐县	308416	302071	115756	239853	145467
淳安县	157847	155343	67514	163525	115250
经济技术开发区	96958	96725	28085	96522	82511
西湖风景名胜区	10684	10684	3102	11921	5285
大江东	170200	170200	43524	270849	148238
建德市	203727	203083	105481	139178	102923
宁波市	**16461479**	**15871428**	**6946124**	**8681704**	**4253774**
海曙区	1459937	1454104	461515	1010594	446943
江北区	907661	906971	333011	447082	409927
北仑区	865318	857073	421299	519456	278222
镇海区	1662864	1643712	988690	602156	354791
鄞州区	2685171	2671568	1107741	987869	707154
奉化区	471183	465348	136983	244043	169250
象山县	5420993	5009816	2490867	2696846	699135
宁海县	630181	583902	177286	343791	218330
高新区	1289810	1235062	564858	943909	304671
余姚市	499697	496032	118721	322433	224148
慈溪市	568665	547839	145153	563525	441203
温州市	**4681646**	**4528805**	**1279229**	**3380985**	**2484147**
鹿城区	1351441	1320555	462035	747137	551009
龙湾区	419479	418510	131763	297512	209348
瓯海区	428715	424358	125647	254610	220866
洞头区	250789	230410	46355	90765	60730
永嘉县	218011	197844	57171	251245	168507
平阳县	196208	179386	64725	269293	203698

2-B-1.15 续表 1 单位：万元

地区	负债合计	#流动负债合计	#应付账款	所有者权益合计	#实收资本
苍南县	238985	233143	40368	396475	274225
文成县	102153	101649	22349	69603	38938
泰顺县	710034	708181	97444	313133	233763
温州经济技术开发区	163085	162553	68472	171994	125088
瑞安市	381870	335004	124207	290443	239760
乐清市	220878	217213	38693	228775	158216
嘉兴市	**4347228**	**4272416**	**1503169**	**1919976**	**1300796**
南湖区	636607	628538	231835	328936	215626
经济开发区	293306	291065	109504	202938	117019
秀洲区	486770	482625	191164	187893	134336
嘉善县	144225	141412	40676	105151	88824
海盐县	352497	321733	151536	140892	109817
海宁市	1146747	1143026	481560	355880	244798
平湖市	424206	407092	99456	213482	159382
桐乡市	862869	856927	197439	384805	230995
湖州市	**2930172**	**2847504**	**987988**	**1583032**	**1466508**
吴兴区	1314682	1298916	434360	740232	389023
南浔区	114678	109970	44815	86000	64601
德清县	432513	416837	205862	186522	159262
长兴县	394082	366051	151253	210268	129942
安吉县	434365	418065	61955	170760	628680
开发区	239853	237664	89743	189249	95002
绍兴市	**11402097**	**10489484**	**3407290**	**10812149**	**3737762**
越城区	1720625	1592963	490246	1576025	698123
柯桥区	3043220	2934663	1013238	2598826	920657
上虞区	3411775	3292014	1086558	3579002	864354
新昌县	239891	222557	79007	320663	133009
诸暨市	2434797	2002689	622503	2215967	914921
嵊州市	551789	444598	115739	521667	206698
金华市	**11373404**	**10532709**	**3781847**	**7234756**	**3156992**
婺城区	722851	696017	287173	248614	179582
金东区	229228	227723	65671	228958	143639
经济技术开发区	393368	301051	72001	457724	219638
武义县	145643	138241	7067	112525	66339
浦江县	451197	358690	169517	167276	109379
磐安县	563415	559814	172134	434384	215926
兰溪市	220961	220171	55979	211460	123798
义乌市	780793	755257	188336	716905	532370
东阳市	7675310	7086290	2687293	4326696	1393099
永康市	190638	189455	76675	330215	173223

2-B-1.15 续表 2 单位：万元

地 区	负债合计	#流动负债合计	#应付账款	所有者权益合计	#实收资本
衢州市	**1226276**	**1117186**	**344112**	**1143018**	**741506**
柯城区	276009	243683	62746	231904	162448
衢江区	111386	106394	35235	165839	130723
常山县	184984	119870	37886	101904	60190
开化县	111414	109819	24327	187034	103888
龙游县	114564	110787	31339	144304	98091
江山市	250927	249663	74493	149649	115738
西区	123207	123207	69362	100057	27605
绿色产业集聚区	53785	53763	8724	62328	42824
舟山市	**1551145**	**1456066**	**297073**	**649211**	**478146**
定海区	942801	874852	178906	322205	224615
普陀区	300586	290538	78343	161245	115639
岱山县	127875	110983	24638	88929	80685
嵊泗县	25033	24855	2737	31386	26759
临城新区	154850	154837	12450	45448	30448
台州市	**4775219**	**4474898**	**1028559**	**3452913**	**1830586**
椒江区	1057129	1027205	306091	467484	222367
黄岩区	398264	384215	130352	255453	175866
路桥区	512200	405654	146679	703063	251131
三门县	305779	254391	61206	254528	126996
天台县	96208	82476	25929	188893	130936
仙居县	141761	140032	49742	221571	129758
温岭市	1036688	1031737	146214	723452	423078
临海市	1074230	1041004	129033	559960	300676
玉环市	152961	108184	33314	78510	69778
丽水市	**1040557**	**994967**	**249681**	**931844**	**628377**
莲都区	272833	266383	81359	391811	233802
青田县	117941	107382	12576	101513	78704
缙云县	154030	151349	83394	83471	62552
遂昌县	77223	77341	9668	36683	26637
松阳县	107815	107054	3136	74976	50630
云和县	92047	91863	19348	33445	31209
庆元县	66504	52603	15917	40389	28198
景宁畲族自治县	68536	67627	13400	55814	39831
龙泉市	83628	73366	10884	113743	76814

2-B-1.16　分地区总承包和专业承包企业实收资本

单位：万元

地　区	合　计	国家资本	集体资本	法人资本	个人资本	港澳台资本	外商资本
全　省	**26788534**	**1170446**	**559876**	**8468102**	**16526728**	**59742**	**3640**
杭州市	**6709940**	**611182**	**106342**	**2281182**	**3684124**	**23992**	**3118**
上城区	255307	2335	26185	137833	88955		
下城区	309972	135380	7790	56388	109369	1046	
江干区	636414	14708	4439	306371	310895		
拱墅区	519759	38840	420	191609	288890		
西湖区	897827	119235	2783	350675	408516	14000	2618
滨江区	773344	267363	10171	255617	240194		
萧山区	1524391	14908	25000	554845	926638	3000	
余杭区	672896	5000	11295	162611	493888	102	
富阳区	331097	1400	7910	76789	242498	2000	500
临安区	189260	4510		56430	128320		
桐庐县	145467	503	3400	45388	96176		
淳安县	115250		2950	18055	94245		
经济技术开发区	82511	5001		27475	46192	3843	
西湖风景名胜区	5285				5285		
大江东	148238			16085	132153		
建德市	102923	2000	4000	25011	71912		
宁波市	**4253774**	**133062**	**46602**	**1739464**	**2319151**	**15494**	
海曙区	446943	5028		223233	218682		
江北区	409927	5080		291205	113642		
北仑区	278222	23994	24626	71046	158306	250	
镇海区	354791	40240	5000	172162	137345	44	
鄞州区	707154	4800	7517	277483	402154	15200	
奉化区	169250		2000	28142	139108		
象山县	699135		2136	284260	412739		
宁海县	218330	2500	315	64644	150871		
高新区	304671	50000		180906	73765		
余姚市	224148			60676	163472		
慈溪市	441203	1420	5008	85706	349069		
温州市	**2484147**	**125384**	**78722**	**488481**	**1791560**		
鹿城区	551009	116676	10594	92033	331706		
龙湾区	209348		3100	50475	155773		
瓯海区	220866	6641	14832	12736	186657		
洞头区	60730		1577	33634	25520		
永嘉县	168507		3758	41507	123242		
平阳县	203698		12112	21475	170111		

2-B-1.16 续表 1 单位：万元

地区	合计	国家资本	集体资本	法人资本	个人资本	港澳台资本	外商资本
苍南县	274225	332	7258	59456	207178		
文成县	38938		1516	5353	32069		
泰顺县	233763	600	800	56441	175922		
温州经济技术开发区	125088		6600	28383	90105		
瑞安市	239760	1136	2300	52012	184312		
乐清市	158216		14275	34976	108965		
嘉兴市	**1300796**	**29420**	**69369**	**350690**	**837981**	**13336**	
南湖区	215626	1000	10635	88963	115029		
经济开发区	117019	2020	18235	11243	85521		
秀洲区	134336		3000	40722	90614		
嘉善县	88824		10000	16367	62457		
海盐县	109817	22000	2000	24809	61008		
海宁市	244798		4500	93927	146371		
平湖市	159382	300	8000	13413	137668		
桐乡市	230995	4100	13000	61247	139312	13336	
湖州市	**1466508**	**59145**	**45152**	**323378**	**1038834**		
吴兴区	389023	1673	26325	142955	218071		
南浔区	64601	506	2000	34023	28072		
德清县	159262	22487		46080	90695		
长兴县	129942	3401	9030	48909	68603		
安吉县	628680	3000	7798	32103	585779		
开发区	95002	28079		19309	47615		
绍兴市	**3737762**	**73858**	**60990**	**1416978**	**2179819**	**5595**	**522**
越城区	698123	51058	801	325878	318073	2313	
柯桥区	920657		38166	430428	448259	3282	522
上虞区	864354	22000	9040	206601	626713		
新昌县	133009	800	5702	36110	90397		
诸暨市	914921		7280	364813	542828		
嵊州市	206698			53147	153551		
金华市	**3156992**	**53625**	**62965**	**1239156**	**1800664**	**583**	
婺城区	179582	400	2159	64275	112748		
金东区	143639			61727	81913		
经济技术开发区	219638	12000	13591	50703	143345		
武义县	66339	1589	4494	25747	34509		
浦江县	109379	3613	1808	44785	59173		
磐安县	215926		808	55694	159424		
兰溪市	123798	3513	3500	10323	106462		
义乌市	532370	3000	25521	159385	343962	502	
东阳市	1393099	16108	8055	729934	639002		
永康市	173223	13401	3030	36584	120127	81	

2-B-1.16　续表 2　　单位：万元

地　区	合　计	国家资本	集体资本	法人资本	个人资本	港澳台资本	外商资本
衢州市	**741506**	**13090**	**15302**	**163786**	**549328**		
柯城区	162448	5000	5000	58436	94013		
衢江区	130723			27232	103491		
常山县	60190		2568	12720	44901		
开化县	103888		2000	8304	93584		
龙游县	98091	8090	2105	11731	76164		
江山市	115738		3628	30441	81668		
西区	27605			1500	26105		
绿色产业集聚区	42824			13422	29402		
舟山市	**478146**	**25015**	**3612**	**102964**	**346545**	**10**	
定海区	224615	17965		44019	162622	10	
普陀区	115639		652	12905	102082		
岱山县	80685	2000	1000	29010	48675		
嵊泗县	26759		1930	9447	15383		
临城新区	30448	5050	30	7584	17784		
台州市	**1830586**	**38411**	**44662**	**292069**	**1454711**	**733**	
椒江区	222367	3013	5104	54008	160242		
黄岩区	175866	5572	3409	20316	146569		
路桥区	251131	600	5274	25484	219774		
三门县	126996		1685	18419	106892		
天台县	130936	18000	360	2825	109751		
仙居县	129758	600	2050	13611	113497		
温岭市	423078	2653	2840	96978	320606		
临海市	300676	5378	21103	43929	229534	733	
玉环市	69778	2596	2837	16499	47846		
丽水市	**628377**	**8255**	**26157**	**69954**	**524012**		
莲都区	233802	500	11221	10178	211904		
青田县	78704	5795	1000	12191	59719		
缙云县	62552	350	3109	9075	50018		
遂昌县	26637	1025	2571	1606	21435		
松阳县	50630	585	2034	10186	37825		
云和县	31209		1300	8468	21441		
庆元县	28198		2050	2625	23523		
景宁畲族自治县	39831		872	3029	35930		
龙泉市	76814		2000	12598	62217		

2-B-1.17 分地区总承包和专业承包企业收入情况

单位：万元

地 区	主营业务收 入	主营业务成 本	主营业务税金及附加	其他业务收 入	其他业务成 本	其他业务利 润
全 省	**168950614**	**157349189**	**1097143**	**1847729**	**1269010**	**194510**
杭州市	**39762501**	**37168014**	**148803**	**528758**	**516821**	**87681**
上城区	2390766	2247606	7041	39662	33538	3606
下城区	1934814	1786548	5891	45283	39026	1524
江干区	3606511	3412415	12302	28323	24499	1306
拱墅区	2970684	2776765	9924	25549	16348	3260
西湖区	8421640	7930667	26487	80910	60246	17792
滨江区	5325382	4906308	15731	66637	133010	39714
萧山区	7908957	7391690	38427	177491	163706	8895
余杭区	2824804	2644401	11500	46595	33553	7960
富阳区	995346	901763	6384	5535	3363	1793
临安区	920891	862698	3457	1420	639	935
桐庐县	780248	732199	4440	159	496	
淳安县	320903	290992	1715	2922	1916	-22
经济技术开发区	245435	230053	1083	1011	164	847
西湖风景名胜区	9452	8454	24			
大江东	628894	595637	2346	228	88	77
建德市	477776	449819	2051	7035	6228	-6
宁波市	**22081908**	**20164855**	**119042**	**258891**	**243544**	**46926**
海曙区	3183395	2938939	14047	15000	2280	3567
江北区	2030076	1900787	11930	21457	18704	2522
北仑区	1244947	1104217	6188	25475	20344	4264
镇海区	1775816	1665603	7575	140480	128905	19781
鄞州区	3567713	3223886	12571	19352	12697	6655
奉化区	800798	720158	4328	1941	19231	53
象山县	5749220	5220019	42000	3080	951	2780
宁海县	810861	745631	5523	1374	603	
高新区	1293692	1175122	6322	12664	7063	6113
余姚市	580312	507721	4041	682	17555	562
慈溪市	1045077	962772	4519	17387	15211	630
温州市	**11923424**	**11120393**	**83815**	**37075**	**64547**	**4956**
鹿城区	2515683	2341918	17254	13967	20690	1599
龙湾区	1053921	994982	4772	836	83	598
瓯海区	898594	856536	5074	912	718	126
洞头区	662245	626948	2495	72		72
永嘉县	449947	402104	5135	1533	11222	244
平阳县	908650	822987	11866	2921	9257	

2-B-1.17　续表 1　　单位：万元

地　区	主营业务收　入	主营业务成　本	主营业务税金及附加	其他业务收　入	其他业务成　本	其他业务利　润
苍南县	1555012	1453503	8846	10158	17023	2023
文成县	180510	149967	1177	72	72	
泰顺县	1501135	1435086	12498	992	752	
温州经济技术开发区	418093	378361	2420	73	59	
瑞安市	1023501	952115	7004	5398	4593	171
乐清市	756134	705886	5277	141	81	124
嘉兴市	**8734299**	**8287469**	**35042**	**34281**	**17282**	**15190**
南湖区	1400023	1325655	8211	7652	2891	4565
经济开发区	961094	920887	3552	4417	3532	901
秀洲区	950416	897183	4093	3405	485	2979
嘉善县	401087	382619	1193	3136	2611	525
海盐县	462138	434548	1613	5896	4698	239
海宁市	1870118	1787662	6392	7004	1805	5106
平湖市	630074	586728	2163	1651	1003	354
桐乡市	2059350	1952189	7826	1121	257	523
湖州市	**6616931**	**6151992**	**29447**	**32578**	**26186**	**2368**
吴兴区	3892926	3694541	14960	11766	1340	1265
南浔区	280277	213199	1283	338	137	13
德清县	807635	761102	2540	828	3610	263
长兴县	777281	691790	5857	7895	13779	-28
安吉县	457776	421943	2958	8432	6233	399
开发区	401036	369419	1850	3319	1086	456
绍兴市	**39116585**	**36548398**	**389586**	**659485**	**133966**	**15820**
越城区	6466240	6122488	34616	32478	27201	1947
柯桥区	11261049	10607599	109251	43189	36803	5545
上虞区	8032632	7477492	72878	4090	7510	3138
新昌县	1143590	1057659	10521	16820	12570	3078
诸暨市	10207138	9460096	148280	555918	38723	1906
嵊州市	2005936	1823064	14040	6989	11158	206
金华市	**22910286**	**21413613**	**146969**	**55723**	**34983**	**5762**
婺城区	925405	879847	5303	4883	3998	2547
金东区	496058	453200	3868	316	293	
经济技术开发区	1058823	962128	8991	3991	3127	702
武义县	209787	190310	1594	92	228	
浦江县	487016	462505	3200	284	200	113
磐安县	1647477	1552113	17761	22381	628	70
兰溪市	485886	445457	6114	4563	4287	60
义乌市	1461982	1336483	10178	957	7822	549
东阳市	15377942	14446458	83134	17843	13991	1666
永康市	759910	685111	6826	413	411	56

2-B-1.17 续表 2 单位：万元

地 区	主营业务收入	主营业务成本	主营业务税金及附加	其他业务收入	其他业务成本	其他业务利润
衢州市	**3484115**	**3222950**	**34465**	**76204**	**73144**	**3321**
柯城区	557379	517112	3833	62849	60846	371
衢江区	372323	347953	3395	517	11	73
常山县	404830	373613	5447	47	2740	
开化县	648581	580625	9043	2664	642	1088
龙游县	528781	496031	3863	2712	1975	706
江山市	562188	521088	4312	1675	1528	1073
西区	268121	251775	3879	0	0	
绿色产业集聚区	141912	134754	695	5740	5403	9
舟山市	**1947248**	**1831101**	**8944**	**57838**	**47214**	**6116**
定海区	1012618	958819	4649	42604	37749	2137
普陀区	521818	490867	2005	10922	7755	1864
岱山县	183114	169021	940	80		80
嵊泗县	60206	55994	419	393	332	-43
临城新区	169492	156401	931	3839	1378	2078
台州市	**9615368**	**8943317**	**68143**	**83247**	**89943**	**5087**
椒江区	1934952	1845337	7677	1557	251	1116
黄岩区	799420	757354	7206	1416	793	236
路桥区	861691	772067	6290	504	1967	27
三门县	899721	826791	6419	25641	23008	
天台县	483461	437956	4843	5714	5462	64
仙居县	778397	726747	6053	38617	34959	
温岭市	1834714	1681594	10903	6310	21752	1852
临海市	1831933	1717304	17872	2937	1643	1541
玉环市	191080	178168	881	550	108	251
丽水市	**2757949**	**2497089**	**32886**	**23650**	**21381**	**1282**
莲都区	1030894	933377	13966	3487	1654	222
青田县	252627	228061	2534	13482	10940	583
缙云县	355592	326206	2410	372	351	11
遂昌县	184905	170248	1555	110	118	
松阳县	248061	228386	2142	2	1	1
云和县	94511	86029	573	1907	4021	445
庆元县	111588	104071	959	0		
景宁畲族自治县	193219	169219	1104	4288	4289	17
龙泉市	286551	251492	7645	4	8	4

2-B-1.18　分地区总承包和专业承包企业费用情况

单位：万元

地　区	管理费用	销售费用	财务费用		
				#利息收入	#利息支出
全　省	**4380759**	**383475**	**988738**	**114443**	**824342**
杭州市	**1261752**	**92896**	**243102**	**43329**	**229857**
上城区	95218	3785	6604	3694	11011
下城区	83930	3108	7575	1495	6320
江干区	129093	8372	16740	571	15590
拱墅区	103001	14978	15638	2153	10826
西湖区	213256	12210	65178	19367	78333
滨江区	168091	24297	40454	2780	27903
萧山区	204494	14085	38019	7367	31109
余杭区	109671	4463	21973	-208	22562
富阳区	46088	3292	19227	4829	15553
临安区	35496	1103	3788	139	3532
桐庐县	14482	1403	2338	197	2221
淳安县	19782	451	1864	27	1440
经济技术开发区	9382	371	543	261	302
西湖风景名胜区	731	2	383	0	270
大江东	14153	918	2250	70	2063
建德市	14888	58	527	586	823
宁波市	**799717**	**38580**	**143679**	**18573**	**139158**
海曙区	121061	4914	12085	-8840	18364
江北区	39423	570	7436	1622	8586
北仑区	59946	4627	3491	4157	7121
镇海区	68664	2241	6324	2445	7603
鄞州区	121870	6282	25931	13073	34044
奉化区	22370	2059	6100	644	5196
象山县	203131	8036	58485	1568	27582
宁海县	24814	1645	6702	174	6286
高新区	69030	3254	5985	1494	14664
余姚市	27742	1090	3979	651	4551
慈溪市	41665	3862	7161	1586	5161
温州市	**332478**	**21367**	**33267**	**1191**	**29392**
鹿城区	78692	6246	15579	332	15663
龙湾区	33237	609	2355	326	1349
瓯海区	24135	1806	1133	-129	1372
洞头区	12448	579	662	40	743
永嘉县	20326	1135	2764	35	2616
平阳县	24566	2182	872	15	502

2-B-1.18 续表 1　　单位：万元

地　区	管理费用	销售费用	财务费用		
				#利息收入	#利息支出
苍南县	36995	694	2651	23	474
文成县	10525	436	3039	23	3042
泰顺县	19620	326	1022	27	474
温州经济技术开发区	20305	1223	1594	56	1620
瑞安市	27238	2673	892	216	977
乐清市	24390	3460	705	229	562
嘉兴市	**198485**	**10727**	**47662**	**4339**	**41277**
南湖区	28422	5100	5868	2057	7090
经济开发区	19958	90	3476	137	3673
秀洲区	24787	2215	5803	473	3692
嘉善县	11175	371	1337	186	1062
海盐县	15956	342	5212	157	3973
海宁市	41194	509	8792	405	8701
平湖市	22541	1090	6395	651	4413
桐乡市	34452	1009	10780	272	8673
湖州市	**176477**	**20907**	**36584**	**-174**	**35200**
吴兴区	90997	8586	23379	3101	22783
南浔区	6474	433	1169	-110	833
德清县	19786	759	3116	-1101	2665
长兴县	25471	9131	6391	-2407	6489
安吉县	17807	1254	1430	238	1576
开发区	15942	744	1100	106	854
绍兴市	**695704**	**120814**	**191797**	**15834**	**131916**
越城区	103576	10558	27502	5931	25321
柯桥区	188562	39852	46853	2629	32206
上虞区	134991	27547	48410	3299	35479
新昌县	24716	4324	8417	227	6732
诸暨市	187983	30714	50308	3315	23792
嵊州市	55877	7819	10307	434	8386
金华市	**407016**	**32317**	**199278**	**20420**	**149927**
婺城区	23710	132	10476	1158	6828
金东区	15840	1072	3545	80	665
经济技术开发区	27974	3624	5259	4336	2786
武义县	9151	941	1343	32	888
浦江县	9010	201	1959	1	1663
磐安县	42734	9558	8521	388	5498
兰溪市	11840	542	3121	762	1092
义乌市	50788	1624	12510	676	6889
东阳市	190111	13503	149929	12648	121367
永康市	25857	1119	2615	341	2252

2-B-1.18　续表 2　　单位：万元

地　区	管理费用	销售费用	财务费用		
				#利息收入	#利息支出
衢州市	**103021**	**13357**	**12390**	**861**	**11137**
柯城区	18274	1735	1533	292	1510
衢江区	14865	651	2036	35	1872
常山县	10834	473	1051	29	890
开化县	20185	6468	2551	31	2258
龙游县	15670	1506	1937	172	1960
江山市	14973	730	1559	68	1246
西区	3992	1717	911	178	665
绿色产业集聚区	4228	76	810	57	736
舟山市	**72576**	**1520**	**13040**	**1490**	**12307**
定海区	32334	670	4544	997	5389
普陀区	20330	87	4307	60	3019
岱山县	7537	51	2490	183	2161
嵊泗县	3336	30	485	1	493
临城新区	9040	684	1215	250	1244
台州市	**244480**	**21310**	**60377**	**7954**	**38369**
椒江区	33077	558	10116	2259	9095
黄岩区	17560	3490	4401	2001	4167
路桥区	39076	1187	10512	295	3660
三门县	23307	1119	4707	2258	2058
天台县	13205	1241	5415	86	694
仙居县	19891	2500	2534	209	1659
温岭市	51383	6476	16623	91	11967
临海市	38580	4106	5582	649	4633
玉环市	8402	633	488	107	436
丽水市	**89055**	**9681**	**7562**	**626**	**5801**
莲都区	32112	2182	2443	262	1696
青田县	6452	63	466	74	447
缙云县	11869	1067	716	121	748
遂昌县	6778	87	175	70	193
松阳县	6962	12	1106	21	539
云和县	3115	137	218	25	161
庆元县	2827	92	297	16	185
景宁畲族自治县	7672	2150	1378	13	1316
龙泉市	11270	3892	764	24	517

2-B-1.19 分地区总承包和专业承包企业利润及税金情况

单位：万元

地 区	利润总额	税金总额	主营业务税金及附加	应交增值税
全 省	**4943850**	**5317380**	**1097143**	**4220237**
杭州市	**985205**	**978866**	**148803**	**830063**
上城区	40724	44487	7041	37446
下城区	56610	31367	5891	25476
江干区	50579	81560	12302	69258
拱墅区	60641	71973	9924	62049
西湖区	203166	189353	26487	162866
滨江区	177624	103671	15731	87940
萧山区	244528	224529	38427	186102
余杭区	50251	93202	11500	81702
富阳区	21944	26718	6384	20334
临安区	19024	26934	3457	23477
桐庐县	25295	25393	4440	20953
淳安县	6905	13170	1715	11455
经济技术开发区	3794	9089	1083	8005
西湖风景名胜区	-267	239	24	216
大江东	13788	17346	2346	15000
建德市	10599	19835	2051	17783
宁波市	**881100**	**539714**	**119042**	**420671**
海曙区	111330	63468	14047	49421
江北区	75600	42725	11930	30795
北仑区	82210	44681	6188	38494
镇海区	48107	46408	7575	38833
鄞州区	185162	68044	12571	55474
奉化区	28586	26615	4328	22287
象山县	224582	129359	42000	87359
宁海县	29674	23000	5523	17477
高新区	56694	46847	6322	40525
余姚市	16660	19320	4041	15279
慈溪市	22496	29246	4519	24728
温州市	**283392**	**452337**	**83815**	**368521**
鹿城区	53643	79937	17254	62683
龙湾区	18564	37721	4772	32949
瓯海区	12459	23921	5074	18848
洞头区	22772	35576	2495	33082
永嘉县	3579	16715	5135	11580
平阳县	27859	41992	11866	30127

2-B-1.19　续表 1　　单位：万元

地　区	利润总额	税金总额		
			主营业务税金及附加	应交增值税
苍南县	47627	62315	8846	53469
文成县	3260	7835	1177	6658
泰顺县	29286	68657	12498	56160
温州经济技术开发区	14386	13334	2420	10914
瑞安市	33152	39053	7004	32049
乐清市	16806	25280	5277	20004
嘉兴市	**170330**	**231335**	**35042**	**196293**
南湖区	34370	34997	8211	26787
经济开发区	13935	35093	3552	31541
秀洲区	19284	20570	4093	16477
嘉善县	5133	9987	1193	8794
海盐县	7050	10738	1613	9125
海宁市	25018	47950	6392	41558
平湖市	11669	16976	2163	14813
桐乡市	53873	55025	7826	47199
湖州市	**174029**	**197349**	**29447**	**167902**
吴兴区	86271	98340	14960	83380
南浔区	5302	6767	1283	5484
德清县	22197	20841	2540	18301
长兴县	31953	37875	5857	32018
安吉县	14242	16112	2958	13154
开发区	14064	17416	1850	15566
绍兴市	**1145940**	**1476450**	**389586**	**1086864**
越城区	171364	186539	34616	151923
柯桥区	279658	458665	109251	349414
上虞区	257484	323399	72878	250521
新昌县	38494	47322	10521	36801
诸暨市	310047	385762	148280	237481
嵊州市	88893	74764	14040	60723
金华市	**760209**	**756435**	**146969**	**609465**
婺城区	7492	27405	5303	22102
金东区	19216	13966	3868	10098
经济技术开发区	51620	40292	8991	31301
武义县	6475	8110	1594	6515
浦江县	13957	23873	3200	20673
磐安县	42897	52922	17761	35161
兰溪市	18746	20380	6114	14266
义乌市	46646	55842	10178	45665
东阳市	516313	482722	83134	399588
永康市	36847	30924	6826	24098

2-B-1.19 续表 2　　　　单位：万元

地　区	利润总额	税金总额		
			主营业务税金及附加	应交增值税
衢州市	**107154**	**141398**	**34465**	**106933**
柯城区	16752	22101	3833	18268
衢江区	7743	12935	3395	9540
常山县	11231	18126	5447	12679
开化县	31846	35708	9043	26666
龙游县	10660	15519	3863	11656
江山市	20464	25381	4312	21069
西区	5763	7661	3879	3782
绿色产业集聚区	2695	3968	695	3273
舟山市	**43798**	**62034**	**8944**	**53090**
定海区	26239	33763	4649	29114
普陀区	11414	14312	2005	12307
岱山县	2564	6726	940	5787
嵊泗县	73	2387	419	1968
临城新区	3508	4846	931	3915
台州市	**268609**	**349192**	**68143**	**281049**
椒江区	41413	55462	7677	47785
黄岩区	9806	28290	7206	21084
路桥区	27030	28379	6290	22089
三门县	37908	37818	6419	31400
天台县	21204	19734	4843	14891
仙居县	25071	37261	6053	31208
温岭市	53118	69011	10903	58108
临海市	50381	67486	17872	49614
玉环市	2677	5751	881	4870
丽水市	**124085**	**132271**	**32886**	**99385**
莲都区	48685	46308	13966	32342
青田县	17125	9580	2534	7046
缙云县	12717	14627	2410	12217
遂昌县	6778	10176	1555	8621
松阳县	9828	9193	2142	7051
云和县	1942	4999	573	4426
庆元县	3700	6571	959	5612
景宁畲族自治县	12080	8897	1104	7793
龙泉市	11229	21921	7645	14276

2-B-1.20　分地区总承包和专业承包企业应收工程款及企业亏损情况

地　区	应收工程款（万元）	企业个数（个）	#亏损企业	亏损企业比重（%）
全　省	**30079012**	**6779**	**1093**	**16.1**
杭州市	**7915042**	**1501**	**318**	**21.2**
上城区	558398	70	17	24.3
下城区	364223	71	13	18.3
江干区	774211	108	15	13.9
拱墅区	646401	140	29	20.7
西湖区	1694083	129	21	16.3
滨江区	840148	57	8	14.0
萧山区	1580444	292	51	17.5
余杭区	483079	221	62	28.1
富阳区	287940	119	25	21.0
临安区	247990	76	27	35.5
桐庐县	131212	53	7	13.2
淳安县	73135	64	20	31.3
经济技术开发区	48552	17	3	17.6
西湖风景名胜区	2931	3	3	100.0
大江东	74683	39	10	25.6
建德市	107613	42	7	16.7
宁波市	**5689985**	**994**	**179**	**18.0**
海曙区	588455	96	16	16.7
江北区	476937	57	16	28.1
北仑区	471469	99	20	20.2
镇海区	495861	83	16	19.3
鄞州区	772045	156	32	20.5
奉化区	140172	68	15	22.1
象山县	1609245	79	12	15.2
宁海县	273311	75	8	10.7
高新区	469718	26	5	19.2
余姚市	142486	116	21	18.1
慈溪市	250287	139	18	12.9
温州市	**1819070**	**762**	**102**	**13.4**
鹿城区	501822	132	18	13.6
龙湾区	120207	59	7	11.9
瓯海区	123930	58	7	12.1
洞头区	48878	30	2	6.7
永嘉县	97667	55	11	20.0
平阳县	108596	79	9	11.4

2-B-1.20 续表 1

地 区	应收工程款(万元)	企业个数(个)	#亏损企业	亏损企业比重(%)
苍南县	170367	80	4	5.0
文成县	34006	30	9	30.0
泰顺县	299206	58	14	24.1
温州经济技术开发区	62974	32	6	18.8
瑞安市	161991	80	8	10.0
乐清市	89427	69	7	10.1
嘉兴市	**1242891**	**358**	**48**	**13.4**
南湖区	216259	61	5	8.2
经济开发区	142029	35	4	11.4
秀洲区	173285	45	9	20.0
嘉善县	52885	30	6	20.0
海盐县	70513	29	3	10.3
海宁市	285502	49	8	16.3
平湖市	126485	57	9	15.8
桐乡市	175933	52	4	7.7
湖州市	**935044**	**327**	**59**	**18.0**
吴兴区	358319	67	6	9.0
南浔区	61911	24	3	12.5
德清县	152059	51	8	15.7
长兴县	176572	80	12	15.0
安吉县	75744	71	24	33.8
开发区	110439	34	6	17.6
绍兴市	**5463170**	**796**	**61**	**7.7**
越城区	652141	162	14	8.6
柯桥区	1088529	181	22	12.2
上虞区	1996147	123	4	3.3
新昌县	145922	53	3	5.7
诸暨市	1324718	214	15	7.0
嵊州市	255713	63	3	4.8
金华市	**3878259**	**767**	**101**	**13.2**
婺城区	288289	46	9	19.6
金东区	107212	52	5	9.6
经济技术开发区	228305	78	13	16.7
武义县	48934	38	7	18.4
浦江县	170053	31	4	12.9
磐安县	358652	66	8	12.1
兰溪市	70646	57	13	22.8
义乌市	262857	158	15	9.5
东阳市	2200428	196	25	12.8
永康市	142884	45	2	4.4

2-B-1.20　续表 2

地　区	应收工程款（万元）	企业个数（个）	#亏损企业	亏损企业比重（%）
衢州市	**597302**	**341**	**83**	**24.3**
柯城区	118956	64	20	31.3
衢江区	56652	42	11	26.2
常山县	62064	38	5	13.2
开化县	60555	39	9	23.1
龙游县	63504	52	11	21.2
江山市	142626	86	26	30.2
西区	76536	9		
绿色产业集聚区	16409	11	1	9.1
舟山市	**425585**	**167**	**48**	**28.7**
定海区	248196	74	20	27.0
普陀区	107596	42	11	26.2
岱山县	29075	20	5	25.0
嵊泗县	9621	13	5	38.5
临城新区	31097	18	7	38.9
台州市	**1587978**	**498**	**58**	**11.6**
椒江区	241802	72	7	9.7
黄岩区	109768	44	8	18.2
路桥区	195300	40	10	25.0
三门县	120809	51	3	5.9
天台县	45203	28	2	7.1
仙居县	61772	38	3	7.9
温岭市	493283	125	12	9.6
临海市	283418	70	8	11.4
玉环市	36625	30	5	16.7
丽水市	**524686**	**268**	**36**	**13.4**
莲都区	143167	81	11	13.6
青田县	57676	23	4	17.4
缙云县	104060	35	2	5.7
遂昌县	49993	22	4	18.2
松阳县	24439	16	1	6.3
云和县	25116	15	6	40.0
庆元县	27666	20	7	35.0
景宁畲族自治县	50355	22	1	4.5
龙泉市	42216	34		

2-B-1.21 分地区总承包和专业承包企业主要经济效益指标

地 区	产值利润率(%)	产值利税率(%)	资本利润率(%)	资本利税率(%)	人均利润(元/人)	人均利税(元/人)	资产负债率(%)
全 省	**2.4**	**5.0**	**18.5**	**38.3**	**7379**	**15315**	**61.8**
杭州市	**2.2**	**4.4**	**14.7**	**29.3**	**8067**	**16083**	**66.4**
上城区	1.5	3.1	16.0	33.4	5092	10654	78.0
下城区	2.8	4.3	18.3	28.4	14962	23252	72.2
江干区	1.4	3.8	7.9	20.8	5348	13972	64.3
拱墅区	1.9	4.1	11.7	25.5	6995	15298	68.9
西湖区	2.0	3.8	22.6	43.7	7105	13727	74.5
滨江区	3.3	5.3	23.0	36.4	13476	21341	73.3
萧山区	2.6	4.9	16.0	30.8	10129	19429	56.0
余杭区	1.8	5.1	7.5	21.3	5715	16316	63.6
富阳区	2.1	4.6	6.6	14.7	5515	12229	52.5
临安区	1.8	4.3	10.1	24.3	5489	13260	61.8
桐庐县	2.8	5.5	17.4	34.8	8760	17554	56.3
淳安县	1.9	5.5	6.0	17.4	6049	17586	49.1
经济技术开发区	1.7	5.9	4.6	15.6	4588	15579	50.1
西湖风景名胜区	-2.6	-0.3	-5.0	-0.5	-6075	-622	47.3
大江东	1.9	4.3	9.3	21.0	3735	8433	38.6
建德市	2.5	7.3	10.3	29.6	7210	20703	59.4
宁波市	**3.2**	**5.2**	**20.7**	**33.4**	**9706**	**15651**	**65.5**
海曙区	2.7	4.2	24.9	39.1	8813	13838	59.1
江东区							
江北区	2.9	4.6	18.4	28.9	6946	10871	67.0
北仑区	6.3	9.7	29.5	45.6	12358	19074	62.5
镇海区	2.1	4.1	13.6	26.6	7454	14645	73.4
鄞州区	3.9	5.3	26.2	35.8	11786	16117	73.1
奉化区	3.0	5.7	16.9	32.6	9873	19064	65.9
象山县	3.2	5.0	32.1	50.6	10623	16741	66.8
宁海县	3.2	5.6	13.6	24.1	8634	15326	64.7
高新区	5.0	9.1	18.6	34.0	40166	73355	57.7
余姚市	2.3	5.0	7.4	16.1	4777	10316	60.8
慈溪市	1.8	4.1	5.1	11.7	3704	8520	50.2
奉化市							
温州市	**2.0**	**5.2**	**11.4**	**29.6**	**5236**	**13593**	**58.1**
鹿城区	1.8	4.4	9.7	24.2	5285	13160	64.4
龙湾区	1.4	4.1	8.9	26.9	3432	10404	58.5
瓯海区	1.2	3.4	5.6	16.5	2219	6480	62.7
洞头区	3.2	8.3	37.5	96.1	14333	36725	73.4

2-B-1.21　续表 1

地　区	产值利润率(%)	产值利税率(%)	资本利润率(%)	资本利税率(%)	人均利润(元/人)	人均利税(元/人)	资产负债率(%)
永嘉县	0.7	3.9	2.1	12.0	1430	8108	46.5
平阳县	2.0	5.1	13.7	34.3	6845	17163	42.1
苍南县	2.6	6.0	17.4	40.1	6144	14183	37.6
文成县	1.2	4.0	8.4	28.5	2691	9159	59.5
泰顺县	2.2	7.5	12.5	41.9	5563	18603	69.4
温州经济技术开发区	3.2	6.2	11.5	22.2	10452	20139	48.7
瑞安市	3.0	6.5	13.8	30.1	7212	15708	56.8
乐清市	1.5	3.7	10.6	26.6	3662	9171	49.1
嘉兴市	**1.5**	**3.5**	**13.1**	**30.9**	**6752**	**15922**	**69.4**
南湖区	2.0	4.1	15.9	32.2	7980	16106	65.9
经济开发区	1.2	4.2	11.9	41.9	4236	14904	59.1
秀洲区	1.8	3.6	14.4	29.7	6581	13601	72.2
嘉善县	0.9	2.7	5.8	17.0	4543	13383	57.8
海盐县	1.3	3.3	6.4	16.2	5302	13379	71.4
海宁市	0.9	2.7	10.2	29.8	6873	20046	76.3
平湖市	1.5	3.6	7.3	18.0	5762	14145	66.5
桐乡市	1.8	3.6	23.3	47.1	8192	16560	69.2
湖州市	**2.2**	**4.6**	**11.9**	**25.3**	**8100**	**17286**	**64.9**
吴兴区	1.8	3.8	22.2	47.5	7202	15411	64.0
南浔区	1.4	3.3	8.2	18.7	4451	10131	57.1
德清县	2.2	4.3	13.9	27.0	7513	14566	69.9
长兴县	3.5	7.6	24.6	53.7	12679	27707	65.2
安吉县	2.6	5.5	2.3	4.8	7078	15084	71.8
开发区	3.6	8.0	14.8	33.1	17016	38088	55.9
绍兴市	**2.2**	**5.1**	**30.7**	**70.2**	**6707**	**15349**	**51.3**
越城区	2.3	4.8	24.5	51.3	6848	14301	52.2
柯桥区	1.8	4.8	30.4	80.2	5888	15544	53.9
上虞区	2.3	5.3	29.8	67.2	5909	13330	48.8
新昌县	2.9	6.4	28.9	64.5	7062	15743	42.8
诸暨市	2.2	5.0	33.9	76.1	7607	17073	52.4
嵊州市	4.1	7.6	43.0	79.2	10412	19169	51.4
金华市	**2.8**	**5.5**	**24.1**	**48.0**	**7803**	**15567**	**61.1**
婺城区	0.7	3.1	4.2	19.4	2862	13329	74.4
金东区	2.5	4.3	13.4	23.1	9897	17091	50.0
经济技术开发区	4.3	7.6	23.5	41.8	14599	25994	46.2
武义县	2.3	5.2	9.8	22.0	6935	15622	56.4
浦江县	2.6	7.0	12.8	34.6	7254	19663	73.0
磐安县	2.4	5.3	19.9	44.4	6771	15123	56.5
兰溪市	3.1	6.6	15.1	31.6	8358	17445	51.1

2-B-1.21 续表 2

地 区	产值利润率(%)	产值利税率(%)	资本利润率(%)	资本利税率(%)	人均利润(元/人)	人均利税(元/人)	资产负债率(%)
义乌市	2.5	5.5	8.8	19.3	8397	18450	52.1
东阳市	2.8	5.4	37.1	71.7	7432	14381	64.0
永康市	4.2	7.7	21.3	39.1	12827	23592	36.6
衢州市	**2.8**	**6.4**	**14.5**	**33.5**	**6979**	**16188**	**51.8**
柯城区	2.6	6.0	10.3	23.9	5912	13712	54.3
衢江区	1.8	4.7	5.9	15.8	5099	13618	40.2
常山县	2.5	6.6	18.7	48.8	5826	15229	64.5
开化县	3.9	8.2	30.7	65.0	11135	23620	37.3
龙游县	2.2	5.5	10.9	26.7	4691	11519	44.3
江山市	3.3	7.3	17.7	39.6	7648	17133	62.6
西区	2.1	5.0	20.9	48.6	8735	20348	55.2
绿色产业集聚区	2.0	5.0	6.3	15.6	4447	10995	46.3
舟山市	**1.4**	**3.3**	**9.2**	**22.1**	**4992**	**12062**	**70.5**
定海区	1.5	3.5	11.7	26.7	5518	12619	74.5
普陀区	1.4	3.2	9.9	22.2	4788	10792	65.1
岱山县	0.7	2.4	3.2	11.5	2511	9098	59.0
嵊泗县	0.1	3.1	0.3	9.2	224	7522	44.4
临城新区	1.7	3.9	11.5	27.4	12226	29115	77.3
台州市	**2.2**	**5.1**	**14.7**	**33.7**	**5123**	**11783**	**58.0**
椒江区	1.7	3.9	18.6	43.6	4714	11027	69.3
黄岩区	0.9	3.3	5.6	21.7	2088	8110	60.9
路桥区	2.8	5.7	10.8	22.1	8387	17192	42.1
三门县	3.5	7.0	29.8	59.6	9120	18218	54.6
天台县	3.7	7.2	16.2	31.3	7288	14070	33.7
仙居县	2.6	6.4	19.3	48.0	8661	21533	39.0
温岭市	2.4	5.5	12.6	28.9	4158	9560	58.9
临海市	1.9	4.5	16.8	39.2	4109	9613	65.7
玉环市	1.4	4.4	3.8	12.1	3665	11537	66.1
丽水市	**3.9**	**8.0**	**19.7**	**40.8**	**10843**	**22401**	**52.8**
莲都区	4.0	7.7	20.8	40.6	11318	22084	41.0
青田县	6.0	9.4	21.8	33.9	27287	42551	53.7
缙云县	3.1	6.7	20.3	43.7	9676	20805	64.9
遂昌县	3.0	7.4	25.4	63.6	7737	19351	67.8
松阳县	3.7	7.2	19.4	37.6	11055	21396	59.0
云和县	1.6	5.8	6.2	22.2	2254	8056	73.3
庆元县	3.0	8.4	13.1	36.4	9321	25871	62.2
景宁畲族自治县	5.3	9.1	30.3	52.7	13724	23832	55.1
龙泉市	3.4	10.1	14.6	43.2	8662	25571	42.4

2-B-2.1　分行业总承包和专业承包企业签订合同情况

单位：万元

行　　业	签订合同额		
		上年结转合同额	本年新签合同额
合　计	**416312250**	**166548925**	**249763325**
房屋建筑业	294018420	119449811	174568609
土木工程建筑业	93189575	38448175	54741400
铁路、道路、隧道和桥梁工程建筑	63631719	27480889	36150830
水利和内河港口工程建筑	10741073	4930801	5810272
海洋工程建筑	5800		5800
工矿工程建筑	4930197	1510347	3419850
架线和管道工程建筑	5463420	1192667	4270754
其他土木工程建筑	5655436	1872038	3783398
建筑安装业	15043253	5358958	9684295
建筑装饰业和其他建筑业	14061002	3291981	10769022

2-B-2.2　分行业总承包和专业承包企业承包工程完成情况

单位：万元

行　　业	直接从建设单位承揽工程完成的产值			从建设单位以外承揽工程完成的产值
		自行完成施工产值	分包出去工程的产值	
合　计	**203040433**	**199356706**	**3683726**	**7352819**
房屋建筑业	139887615	138442143	1445472	2772738
土木工程建筑业	46042627	44173623	1869004	3154337
铁路、道路、隧道和桥梁工程建筑	31040419	29997329	1043090	2468741
水利和内河港口工程建筑	3998113	3956045	42068	144768
海洋工程建筑	2000	2000		
工矿工程建筑	2967698	2765511	202188	73752
架线和管道工程建筑	3631856	3346095	285760	137324
其他土木工程建筑	3263184	3229400	33784	220456
建筑安装业	7506219	7282605	223614	668405
建筑装饰业和其他建筑业	9603972	9458336	145636	757340

2-B-2.3 分行业总承包和专业承包企业建筑业总产值和竣工产值

单位：万元

行业	建筑业总产值	#装饰装修产值	#在外省完成的产值	按构成分组			竣工产值
				建筑工程产值	安装工程产值	其他产值	
合计	**206709525**	**15684382**	**81082832**	**183258116**	**17824122**	**5627288**	**124363657**
房屋建筑业	141214881	8162580	61896439	130905245	7313260	2996376	92773583
土木工程建筑业	47327959	999679	13841342	41619793	4087623	1620544	22966922
铁路、道路、隧道和桥梁工程建筑	32466070	883784	8478084	30800255	572693	1093122	15491206
水利和内河港口工程建筑	4100813	18471	867010	3966033	64242	70539	1457685
海洋工程建筑	2000			2000			
工矿工程建筑	2839263	7968	2664008	2404225	409612	25426	1336992
架线和管道工程建筑	3483419	30908	403269	1194609	2184463	104347	2412015
其他土木工程建筑	3449856	56530	1143346	3012452	130247	307157	1881501
建筑安装业	7951009	317856	2367402	1942155	5477883	530971	3546740
建筑装饰业和其他建筑业	10215676	6204266	2977650	8790923	945356	479396	5076411

2-B-2.4 分行业总承包和专业承包企业房屋建筑面积

行业	房屋施工面积（万平方米）	#本年新开工面积	房屋竣工面积（万平方米）	房屋竣工率（%）
合计	**175716**	**68445**	**54210**	**30.9**
房屋建筑业	168243	65275	51368	30.5
土木工程建筑业	4751	2138	2102	44.3
铁路、道路、隧道和桥梁工程建筑	3947	1690	1785	45.2
水利和内河港口工程建筑	57	30	14	24.7
海洋工程建筑				
工矿工程建筑	4	2	2	64.9
架线和管道工程建筑	79	32	54	68.9
其他土木工程建筑	586	326	199	34.0
建筑安装业	2130	522	499	23.4
建筑装饰业和其他建筑业	593	510	241	40.6

2-B-2.5　分行业总承包和专业承包企业施工机械设备情况

行　　业	年末自有施工机械设备总台数（台）	年末自有施工机械设备总功率（千瓦）	年末自有施工机械设备净值（万元）	技术装备率（元/人）	动力装备率（千瓦时/人）
合　计	**1974765**	**18816749**	**4230025**	**6355**	**2.8**
房屋建筑业	640987	10738345	2119031	4333	2.2
土木工程建筑业	1237460	6850169	1812240	13525	5.1
铁路、道路、隧道和桥梁工程建筑	1156735	4883163	1260212	13148	5.1
水利和内河港口工程建筑	19470	764336	192040	21498	8.6
海洋工程建筑	4	320	49	10020	6.5
工矿工程建筑	14761	476183	147855	14373	4.6
架线和管道工程建筑	21955	213487	81085	11841	3.1
其他土木工程建筑	19168	431624	119364	11954	4.3
建筑安装业	46634	494240	133549	8645	3.2
建筑装饰业和其他建筑业	49684	733995	165205	6089	2.7

2-B-2.6　按主要用途分的各行业总承包和专业承包企业房屋建筑竣工面积

单位：万平方米

行　业	合　计	住宅房屋	商业及服务用房屋	办公用房　屋	科研、教育、医疗用房屋	文化、体育、娱乐用房屋	厂房及建筑物	仓　库	其他未列明的房屋建筑物
合　计	**54210**	**30984**	**4183**	**3122**	**1944**	**610**	**11824**	**501**	**1044**
房屋建筑业	51368	30110	3921	2894	1812	569	10709	474	880
土木工程建筑业	2102	799	210	164	78	40	677	18	116
铁路、道路、隧道和桥梁工程建筑	1785	704	199	148	71	17	581	13	52
水利和内河港口工程建筑	14	5	1	1	1		5	1	
海洋工程建筑									
工矿工程建筑	2				1		2		
架线和管道工程建筑	54	17		1	2		29		5
其他土木工程建筑	199	53	6	12	4	24	44		56
建筑安装业	499	24	3	25	2		397	9	38
建筑装饰业和其他建筑业	241	51	49	39	52		41		9

2-B-2.7 按主要用途分的各行业总承包和专业承包企业房屋建筑竣工价值

单位：万元

行　业	合　计	住宅房屋	商业及服务用房屋	办公用房　屋	科研、教育、医疗用房屋	文化、体育、娱乐用房屋	厂房及建筑物	仓　库	其他未列明的房屋建筑物
合　计	**92341843**	**54863097**	**8260807**	**5624403**	**4212762**	**1530182**	**14942796**	**758552**	**2149245**
房屋建筑业	88110847	53255906	7757223	5213174	4050947	1452399	13770122	726391	1884685
土木工程建筑业	3400041	1392928	418278	320265	121223	77668	859138	26998	183543
铁路、道路、隧道和桥梁工程建筑	2966901	1261090	403468	288723	108834	27762	765308	18708	93008
水利和内河港口工程建筑	22316	7963	1703	2217	745		8259	1429	
海洋工程建筑									
工矿工程建筑	3842				885		2958		
架线和管道工程建筑	53770	17958		1791	3173		30425		423
其他土木工程建筑	284966	65174	7728	23970	7586	49905	43227	198	87177
建筑安装业	435847	46612	3106	30148	3446	85	275513	5022	71916
建筑装饰业和其他建筑业	395109	167652	82200	60817	37146	30	38023	142	9100

2-B-2.8 分行业总承包和专业承包企业主要生产效益指标

行　业	建筑业企业个数（个）	从事建筑业活动的平均人数（人）	按总产值计算的劳动生产率（元/人）	人均竣工产值（元/人）	人均施工面积（平方米/人）	人均竣工面积（平方米/人）
合　计	**6779**	**6700195**	**308513**	**185612**	**262.3**	**80.9**
房屋建筑业	2535	4854474	290896	191109	346.6	105.8
土木工程建筑业	2646	1384158	341926	165927	34.3	15.2
铁路、道路、隧道和桥梁工程建筑	1850	978994	331627	158236	40.3	18.2
水利和内河港口工程建筑	252	101699	403230	143333	5.6	1.4
海洋工程建筑	1	67	298508			
工矿工程建筑	68	90828	312598	147200	0.4	0.3
架线和管道工程建筑	195	74041	470472	325768	10.6	7.3
其他土木工程建筑	233	115743	298062	162558	50.6	17.2
建筑安装业	596	170183	467204	208407	125.2	29.3
建筑装饰业和其他建筑业	1002	291380	350596	174220	20.3	8.3

2-B-2.9　分行业总承包和专业承包企业营业额

单位：万元

行　业	营业收入		企业总产值	
		在境外完成的营业收入		#建筑业总产值
合　计	**170798343**	**1278372**	**220434554**	**206709525**
房屋建筑业	111802695	584437	150586662	141214881
土木工程建筑业	42598645	673471	50558478	47327959
铁路、道路、隧道和桥梁工程建筑	27857589	277112	34183899	32466070
水利和内河港口工程建筑	3814099	108717	4246325	4100813
海洋工程建筑	2198		2000	2000
工矿工程建筑	2952235	96259	3482355	2839263
架线和管道工程建筑	3716219	5201	3782024	3483419
其他土木工程建筑	2880468	1655	3861481	3449856
建筑安装业	7660937	19396	8824225	7951009
建筑装饰业和其他建筑业	8736067	1069	10465190	10215676

2-B-2.10　分行业总承包和专业承包企业资产构成

单位：万元

行　业	资产总计		
		#流动资产总计	
			#存货
合　计	**137191479**	**112972704**	**29826859**
房屋建筑业	81472112	67813593	19642835
土木工程建筑业	40759756	32521063	7310560
铁路、道路、隧道和桥梁工程建筑	25811288	20572396	5100325
水利和内河港口工程建筑	4573841	3485790	400456
海洋工程建筑	5074	4830	259
工矿工程建筑	1826458	1456282	158892
架线和管道工程建筑	3678822	3160180	801499
其他土木工程建筑	3426608	2738580	744086
建筑安装业	6654005	5578447	1560572
建筑装饰业和其他建筑业	8305606	7059601	1312892

2-B-2.11 分行业总承包和专业承包企业固定资产情况

单位：万元

行业	固定资产原价	累计折旧	#本年折旧	在建工程
合计	**14591234**	**6628883**	**941736**	**1113552**
房屋建筑业	7055723	3122507	420620	428928
土木工程建筑业	5826071	2737069	386508	560954
铁路、道路、隧道和桥梁工程建筑	3699773	1766667	240991	416017
水利和内河港口工程建筑	635882	297986	33959	38032
海洋工程建筑	693	648		
工矿工程建筑	319240	128991	18637	61312
架线和管道工程建筑	553362	265863	55928	22913
其他土木工程建筑	509913	241772	29718	16468
建筑安装业	927285	404130	76794	73110
建筑装饰业和其他建筑业	782156	365177	57814	50560

2-B-2.12 分行业总承包和专业承包企业负债及所有者权益

单位：万元

行业	负债合计	#流动负债	#应付账款	所有者权益合计	#实收资本
合计	**84776552**	**80205322**	**28632730**	**52414927**	**26788534**
房屋建筑业	50882376	48005688	15651772	30589736	13615931
土木工程建筑业	24415929	22929451	9013320	16343828	10209288
铁路、道路、隧道和桥梁工程建筑	15067771	14139176	5304071	10743517	7222193
水利和内河港口工程建筑	2760086	2592683	1180051	1813755	1085236
海洋工程建筑	1733	1583	1087	3341	2000
工矿工程建筑	1121170	1071689	569059	705288	338854
架线和管道工程建筑	2428614	2287037	828451	1250208	550350
其他土木工程建筑	2024052	1884536	830909	1402556	814226
建筑安装业	4342521	4255752	1579741	2311484	1265568
建筑装饰业和其他建筑业	5135727	5014431	2387897	3169879	1697747

2-B-2.13 分行业总承包和专业承包企业实收资本

单位：万元

行 业	实收资本						
		国家资本	集体资本	法人资本	个人资本	港澳台资本	外商资本
合 计	**26788534**	**1170446**	**559876**	**8468102**	**16526728**	**59742**	**3640**
房屋建筑业	13615931	256193	129985	4398360	8791938	38433	1022
土木工程建筑业	10209288	777130	264689	3016287	6135249	15933	
铁路、道路、隧道和桥梁工程建筑	7222193	523786	69630	1857815	4770961		
水利和内河港口工程建筑	1085236	120140	4383	457931	502781		
海洋工程建筑	2000				2000		
工矿工程建筑	338854	58032	4189	90905	185728		
架线和管道工程建筑	550350	60201	169504	158422	162223		
其他土木工程建筑	814226	7476	5135	318645	467037	15933	
建筑安装业	1265568	76096	136800	508239	540590	3843	
建筑装饰业和其他建筑业	1697747	61027	28402	545216	1058951	1533	2618

2-B-2.14 分行业总承包和专业承包企业收入情况

单位：万元

行 业	主营业务收 入	主营业务成 本	主营业务税金及附加	其他业务收 入	其他业务成 本	其他业务利 润
合 计	**168950614**	**157349189**	**1097143**	**1847729**	**1269010**	**194510**
房屋建筑业	110732946	104332421	758268	1069749	513674	98090
土木工程建筑业	42128494	38471890	260904	470151	502698	61937
铁路、道路、隧道和桥梁工程建筑	27717603	25380205	185991	139986	237592	21802
水利和内河港口工程建筑	3764333	3463603	19196	49766	59258	2684
海洋工程建筑	2198	1896	4			
工矿工程建筑	2833267	2637205	16997	118968	96345	21841
架线和管道工程建筑	3630563	3203544	15504	85656	45519	11926
其他土木工程建筑	2833949	2535424	18602	46519	41577	109
建筑安装业	7465993	6722677	36420	194944	157608	15934
建筑装饰业和其他建筑业	8623181	7822201	41552	112885	95030	18548

2-B-2.15　分行业总承包和专业承包企业费用情况

单位：万元

行　业	管理费用	销售费用	财务费用		
				#利息收入	#利息支出
合　计	**4380759**	**383475**	**988738**	**114443**	**824342**
建筑业	4380759	383475	988738	114443	824342
房屋建筑业	1937317	155606	661678	84516	543057
住宅房屋建筑	1742614	139456	609125	73473	501743
体育场馆建筑	2063	2	926	98	836
其他房屋建筑业	192640	16148	51626	10945	40478
土木工程建筑业	1648904	122889	238032	23285	211958
铁路、道路、隧道和桥梁工程建筑	943361	64696	188866	10228	138118
水利和水运工程建筑	148364	7035	25147	-1967	29271
海洋工程建筑	131		28		28
工矿工程建筑	86803	4216	-1495	6027	3406
架线和管道工程建筑	263825	31806	-2335	4710	6374
节能环保工程施工	2884	92	492	3	25
电力工程施工	62893	2757	5838	2667	9625
其他土木工程建筑	140644	12288	21492	1618	25112
建筑安装业	410941	37276	36199	4971	27898
电气安装	208743	13870	2110	3164	7969
管道和设备安装	57116	5175	7669	794	6497
其他建筑安装业	145082	18231	26419	1013	13433
建筑装饰、装修和其他建筑业	383597	67705	52829	1672	41429
建筑装饰和装修业	304808	54293	42244	-90	32955
建筑物拆除和场地准备活动	53509	6447	8476	453	6028
提供施工设备服务	5727	392	522	772	467
其他未列明建筑业	19553	6572	1587	537	1979

2-B-2.16　分行业总承包和专业承包企业利润及税金情况

单位：万元

行　业	利润总额	税金总额	主营业务税金及附加	应交增值税
合　计	**4943850**	**5317380**	**1097143**	**4220237**
房屋建筑业	2970321	3576710	758268	2818442
土木工程建筑业	1430582	1308767	260904	1047863
铁路、道路、隧道和桥梁工程建筑	898820	861457	185991	675466
水利和内河港口工程建筑	97067	103619	19196	84424
海洋工程建筑	140	4	4	
工矿工程建筑	118958	134243	16997	117247
架线和管道工程建筑	163456	91870	15504	76367
其他土木工程建筑	109732	91175	18602	72573
建筑安装业	274475	194516	36420	158096
建筑装饰业和其他建筑业	268472	237387	41552	195835

2-B-2.17　分行业总承包和专业承包企业主要经济效益指标

行　业	产值利润率(%)	产值利税率(%)	资本利润率(%)	资本利税率(%)	人均利润(元/人)	人均利税(元/人)	资产负债率(%)
合　计	**2.4**	**5.0**	**18.5**	**38.3**	**7379**	**15315**	**61.8**
房屋建筑业	2.1	4.6	21.8	48.1	6119	13487	62.5
土木工程建筑业	3.0	5.8	14.0	26.8	10335	19791	59.9
铁路、道路、隧道和桥梁工程建筑	2.8	5.4	12.4	24.4	9181	17980	58.4
水利和内河港口工程建筑	2.4	4.9	8.9	18.5	9545	19733	60.3
海洋工程建筑	7.0		7.0		20866		34.2
工矿工程建筑	4.2	8.9	35.1	74.7	13097	27877	61.4
架线和管道工程建筑	4.7	7.3	29.7	46.4	22076	34485	66.0
其他土木工程建筑	3.2	5.8	13.5	24.7	9481	17358	59.1
建筑安装业	3.5	5.9	21.7	37.1	16128	27558	65.3
建筑装饰业和其他建筑业	2.6	5.0	15.8	29.8	9214	17361	61.8

C.总承包建筑业企业

2-C-1 分地区总承包企业承包工程完成情况

单位：万元

地 区	直接从建设单位承揽工程完成的产值	自行完成施工产值	分包出去工程的产值	从建设单位以外承揽工程完成的产值
全 省	**185955897**	**182621452**	**3334445**	**5298672**
杭州市	**36826809**	**34499465**	**2327344**	**2275195**
上城区	2350251	2277755	72496	94600
下城区	1634479	1581480	52999	117764
江干区	3146200	2790322	355877	165105
拱墅区	2280836	2245709	35127	26760
西湖区	8553424	7832663	720762	749122
滨江区	5116263	4372877	743386	630740
萧山区	7058234	6809298	248936	323452
余杭区	2471549	2422024	49525	96902
富阳区	892060	886785	5274	24234
临安区	886941	858987	27954	11404
桐庐县	885738	883920	1819	378
淳安县	314385	311908	2476	2910
经济技术开发区	192344	184525	7818	5152
西湖风景名胜区	2995	2995		
大江东	685334	683587	1748	10157
建德市	355777	354629	1148	16517
宁波市	**24211652**	**23859429**	**352223**	**689279**
海曙区	3897226	3874997	22229	77791
江北区	2217247	2215240	2008	81
北仑区	776015	763065	12950	124470
镇海区	1969100	1944689	24411	108769
鄞州区	4136821	4094666	42155	105050
奉化区	850933	850705	227	12014
象山县	6820006	6749752	70254	193772
宁海县	906157	905897	261	27538
高新区	1010915	835125	175790	850
余姚市	591730	589790	1940	6100
慈溪市	1035504	1035504		32844
温州市	**12720102**	**12653995**	**66107**	**290653**
鹿城区	2549751	2517204	32546	123124
龙湾区	1190564	1186932	3633	
瓯海区	962294	962011	283	2575
洞头区	666991	666135	855	1261
永嘉县	501813	501813		11562
平阳县	1297144	1288025	9120	12833

2-C-1　续表 1　　单位：万元

地　区	直接从建设单位承揽工程完成的产值	自行完成施工产值	分包出去工程的产值	从建设单位以外承揽工程完成的产值
苍南县	1708418	1708418		64799
文成县	275846	260318	15528	12910
泰顺县	1179513	1179513		620
温州经济技术开发区	438542	437989	553	2064
瑞安市	978700	975110	3591	54955
乐清市	970527	970527		3950
嘉兴市	**10745001**	**10698679**	**46322**	**119548**
南湖区	1631487	1625544	5942	2897
经济开发区	1119124	1105623	13501	4585
秀洲区	1009528	988549	20979	18732
嘉善县	486424	486357	67	2917
海盐县	497138	496539	599	15449
海宁市	2465469	2463530	1939	37508
平湖市	663875	663416	459	37461
桐乡市	2871958	2869121	2837	
湖州市	**7202259**	**7188858**	**13400**	**295704**
吴兴区	4441680	4441433	247	238655
南浔区	349058	349058		
德清县	837425	837042	382	224
长兴县	812154	807138	5017	30695
安吉县	451286	449386	1900	23630
开发区	310656	304801	5855	2500
绍兴市	**47360600**	**47080107**	**280492**	**868743**
越城区	6853006	6762178	90828	238994
柯桥区	14471428	14355480	115948	241429
上虞区	9523680	9475925	47755	219598
新昌县	1164148	1141801	22347	28678
诸暨市	13470099	13466484	3615	21054
上虞市				
嵊州市	1878240	1878240		118991
金华市	**26206584**	**26082192**	**124392**	**341038**
婺城区	1007506	1002424	5082	26266
金东区	520581	488569	32012	143279
经济技术开发区	962967	960278	2689	61595
武义县	253635	250924	2711	9825
浦江县	514495	512237	2258	13477
磐安县	1732676	1663078	69598	60917
兰溪市	553053	551792	1262	1262
义乌市	1739788	1732142	7647	4818
东阳市	18155530	18154397	1133	18036
永康市	766352	766352		1564

2-C-1 续表 2

单位：万元

地　区	直接从建设单位承揽工程完成的产值			从建设单位以外承揽工程完成的产值
		自行完成施工产值	分包出去工程的产值	
衢州市	**3722410**	**3686768**	**35642**	**50318**
柯城区	620616	602809	17807	20265
衢江区	393121	385474	7647	9797
常山县	428155	423506	4649	6840
开化县	812834	812387	447	7063
龙游县	465919	465354	565	2538
江山市	623507	618980	4527	3814
西区	255342	255342		
绿色产业集聚区	122917	122917		
舟山市	**2914474**	**2901680**	**12794**	**68967**
定海区	1640442	1630432	10011	21864
普陀区	700777	700777		15107
岱山县	307822	307822		19084
嵊泗县	57718	57718		12912
临城新区	207715	204932	2783	
台州市	**11300980**	**11230753**	**70227**	**164694**
椒江区	2254867	2254411	456	3541
黄岩区	1122005	1121304	701	10461
路桥区	876867	873324	3543	50089
三门县	1092672	1037806	54866	22290
天台县	554344	545776	8568	8328
仙居县	931352	931305	47	6814
温岭市	1883091	1883091		42976
临海市	2396398	2396371	27	18352
玉环市	189386	187365	2020	1844
丽水市	**2745028**	**2739526**	**5502**	**134532**
莲都区	976023	975288	735	93896
青田县	270461	270431	30	
缙云县	293953	293713	240	6425
遂昌县	214336	214336		
松阳县	250037	250037		
云和县	115777	115122	656	3662
庆元县	118203	118203		3746
景宁畲族自治县	196434	192593	3841	23506
龙泉市	309805	309805		3298

2-C-2　分地区总承包企业建筑业总产值和竣工产值

单位：万元

地　区	建筑业总产值	#装饰装修产值	#在外省完成的产值	按构成分			竣工产值
				建筑工程产　值	安装工程产　值	其他产值	
全　省	**187920124**	**9355830**	**76342286**	**170368478**	**12772636**	**4779010**	**114722248**
杭州市	**36774660**	**1995008**	**10031754**	**32804920**	**3132751**	**836988**	**18538806**
上城区	2372355	57751	593069	1426791	916109	29455	1203994
下城区	1699244	3193	692867	1604893	82805	11545	580467
江干区	2955427	243419	375780	2704366	215683	35378	1604982
拱墅区	2272469	53059	456918	1703775	534763	33931	1158682
西湖区	8581784	354711	2688626	8004773	312584	264428	3828357
滨江区	5003616	488009	1272638	4937346	15305	50965	2162656
萧山区	7132750	501610	2972641	6342853	518243	271655	3471532
余杭区	2518926	99931	431883	2283320	219243	16363	1927024
富阳区	911019	26770	49573	750886	114446	45687	788922
临安区	870391	36118	44303	757754	89856	22781	358675
桐庐县	884298	29729	265050	834617	46206	3475	382512
淳安县	314818	4939	6018	285624	8973	20221	216984
经济技术开发区	189678	386		173219	2111	14348	94299
西湖风景名胜区	2995			2995			3068
大江东	693744	93234	157762	631045	46808	15891	560633
建德市	371146	2150	24626	360665	9616	864	196020
宁波市	**24548708**	**911292**	**8737303**	**21717565**	**2178139**	**653004**	**15376340**
海曙区	3952787	53277	1336139	3806755	142062	3970	2032233
江北区	2215321	62708	1213718	2119946	95292	83	1810612
北仑区	887534	8698	189629	635884	190417	61234	441741
镇海区	2053458	101487	469805	1894544	121190	37725	858203
鄞州区	4199716	140891	614095	3694718	484683	20315	2216632
奉化区	862720	10153	244235	829031	20560	13128	557029
象山县	6943523	499903	4104906	5923009	586700	433814	5718917
宁海县	933435	16348	111223	774431	123392	35612	388260
高新区	835975		344360	525348	293790	16837	179028
余姚市	595890	12433	8036	523401	58203	14285	373745
慈溪市	1068348	5396	101155	990497	61851	16000	799942
温州市	**12944648**	**437962**	**4260070**	**12452637**	**397704**	**94306**	**7911924**
鹿城区	2640329	178563	680862	2556190	67033	17106	1660977
龙湾区	1186932	28696	110657	1045433	140551	949	779253
瓯海区	964586	15475	56683	926645	8987	28954	835836
洞头区	667397	21665	100878	660250	5976	1171	13872
永嘉县	513375	23765	18971	503874	6356	3146	427018
平阳县	1300858	45532	625649	1221511	67279	12069	945738

2-C-2 续表 1

单位：万元

地 区	建筑业总产值	#装饰装修产值	#在外省完成的产值	按构成分			竣工产值
				建筑工程产值	安装工程产值	其他产值	
苍南县	1773217	6896	1478217	1750297	18734	4186	846437
文成县	273229	3080	52048	240273	29341	3614	126308
泰顺县	1180133	85979	672264	1158218	4589	17326	753342
温州经济技术开发区	440053	6534	105348	430741	9235	77	320046
瑞安市	1030064	5143	93826	997952	26981	5132	665068
乐清市	974476	16635	264667	961255	12644	577	538029
嘉兴市	**10818227**	**299660**	**1433630**	**10134884**	**432842**	**250501**	**7158106**
南湖区	1628441	101287	286441	1501258	86671	40512	1221828
经济开发区	1110208	18485	239370	1036263	44250	29694	810540
秀洲区	1007281	28811	94157	881477	59865	65939	544239
嘉善县	489274	5448	25110	471472	15505	2297	346905
海盐县	511988	5235	33530	465904	32023	14062	379969
海宁市	2501038	72356	204988	2468354	32685		1216075
平湖市	700877	7443	82457	586141	57296	57439	429981
桐乡市	2869121	60597	467576	2724015	104548	40558	2208569
湖州市	**7484563**	**432739**	**1353365**	**6536411**	**471755**	**476397**	**4331056**
吴兴区	4680088	302705	994519	3883675	393880	402533	2613570
南浔区	349058	6559	75814	348749	124	185	191324
德清县	837267	29455	109534	816441	7622	13203	590241
长兴县	837832	44655	125763	753182	49051	35599	517441
安吉县	473017	45845	7211	447042	5803	20171	304218
开发区	307301	3520	40524	287321	15274	4706	114262
绍兴市	**47948850**	**3049136**	**28687101**	**42899832**	**3765403**	**1283616**	**30908125**
越城区	7001172	323534	4603260	6438073	457039	106060	4976984
柯桥区	14596909	934417	7245108	13224678	1085536	286696	10042752
上虞区	9695522	810856	6168676	9083165	587638	24720	7497801
新昌县	1170480	75716	502422	987348	71404	111727	665702
诸暨市	13487538	801170	9137238	11368717	1442250	676571	6283390
嵊州市	1997230	103443	1030396	1797852	121536	77842	1441497
金华市	**26423231**	**1496525**	**16131914**	**24332434**	**1530820**	**559977**	**15586193**
婺城区	1028690	13525	605678	984775	14424	29491	695111
金东区	631848	8046	60262	590191	28722	12935	206752
经济技术开发区	1021873	137762	182720	966522	29111	26240	477823
武义县	260749	11652	34475	247530	50	13169	127048
浦江县	525714	7648	102282	490654	12473	22586	256796
磐安县	1723995	47780	1361148	1607646	54622	61727	740901
兰溪市	553053	14056	234472	470855	41301	40898	338125
义乌市	1736960	43616	319308	1658766	69579	8615	1017244
东阳市	18172432	1110654	13025848	16560236	1273019	339177	11320580
永康市	767916	101786	205721	755259	7519	5139	405812

2-C-2 续表 2　　单位：万元

地　区	建筑业总产值	#装饰装修产值	#在外省完成的产值	按构成分			竣工产值
				建筑工程产　值	安装工程产　值	其他产值	
衢州市	**3737086**	**208463**	**1040568**	**3297135**	**248393**	**191558**	**2494242**
柯城区	623074	23414	121546	460518	106600	55957	443522
衢江区	395272	10885	25094	372102	5432	17738	205544
常山县	430346	723	140045	384022	18372	27953	368497
开化县	819450	117828	381683	734000	15452	69998	566714
龙游县	467892	24194	24652	434451	25613	7828	398018
江山市	622794	9852	176383	556178	64183	2433	395405
西区	255342	19666	157582	233961	11730	9651	50215
绿色产业集聚区	122917	1902	13585	121904	1013		66326
舟山市	**2970648**	**110087**	**381967**	**2755779**	**166921**	**47948**	**1931694**
定海区	1652296	79167	222553	1606826	34355	11114	1271797
普陀区	715884	25929	78012	708923	6503	458	262784
岱山县	326906	1807	58076	296582	120	30204	179719
嵊泗县	70630	441	764	70606	24		43187
临城新区	204932	2742	22562	72842	125918	6172	174207
台州市	**11395447**	**351010**	**4037597**	**10866926**	**307316**	**221205**	**8791262**
椒江区	2257952	58359	648559	2224511	15063	18378	2098537
黄岩区	1131765	44393	419579	1049652	61413	20700	611217
路桥区	923412	60035	200292	857113	38155	28144	511706
三门县	1060096	78592	448354	991604	58048	10444	712327
天台县	554104	12823	229444	536687	4622	12795	321030
仙居县	938120	18343	377400	799870	33780	104470	365513
温岭市	1926066	33146	591445	1891035	21595	13437	1949966
临海市	2414723	40414	1118486	2362625	51754	343	2096695
玉环市	189209	4905	4038	153830	22886	12493	124271
丽水市	**2874059**	**63949**	**247020**	**2569955**	**140594**	**163510**	**1694499**
莲都区	1069184	20511	65638	950327	71500	47357	646320
青田县	270431	16259	29080	249099	847	20485	199845
缙云县	300138	1511	50717	259884	20930	19324	126368
遂昌县	214336	4622	26436	199329	12506	2501	138756
松阳县	250037	6452	20834	214291	20	35726	137804
云和县	118784	326	7685	86678	10625	21480	92524
庆元县	121948	752		103885	15800	2264	77716
景宁畲族自治县	216098	13003	4943	210904	4153	1041	97552
龙泉市	313103	513	41688	295558	4213	13332	177616

2-C-3 分地区按主要用途分的总承包企业房屋建筑竣工面积

单位：万平方米

地 区	合 计	住宅房屋	商业及服务用房	办公用房屋	科研、教育、医疗用房屋	文化、体育、娱乐用房屋	厂房及建筑物	仓库	其他未列明的房屋建筑物
全 省	**52375**	**30921**	**4059**	**3092**	**1930**	**553**	**10461**	**488**	**872**
杭州市	**6062**	**3595**	**454**	**399**	**411**	**66**	**960**	**74**	**104**
上城区	256	118	5	13	48	3	59		10
下城区	16	13		0			3		
江干区	517	415	51	2	20	2	18		9
拱墅区	459	299	67	14	25	1	50	3	1
西湖区	1422	854	128	202	105	30	76	21	6
滨江区	198	130	33	1	4	6	19		6
萧山区	1379	784	67	90	53	4	366		16
余杭区	671	411	55	10	62	8	112	2	12
富阳区	255	163	5	11	6	1	55	7	8
临安区	181	106	2	13	10	2	42	1	5
桐庐县	193	110	8	7	5		25	39	
淳安县	49	20	5	3	3	2	7	1	10
经济技术开发区	30	23	2				5		
西湖风景名胜区									
大江东	392	141	18	32	71	5	104	1	21
建德市	42	9	9	1	2	1	20		
宁波市	**5126**	**2879**	**279**	**270**	**176**	**98**	**1245**	**18**	**162**
海曙区	734	611	16	27	24	7	48		
江北区	603	383	35	35	7	26	117		
北仑区	75	17	3		2	1	49	3	1
镇海区	318	116	2	19	6		175		1
鄞州区	739	446	33	38	29	12	164	1	15
奉化区	184	74	2	7	24	1	67	4	6
象山县	1707	1024	157	93	72	47	204	4	106
宁海县	147	58	14	5	4	1	59	1	4
高新区	72	2		17	0		52	0	
余姚市	202	58	3	2	3	3	133		1
慈溪市	346	90	14	27	4	1	178	4	28
温州市	**3474**	**1925**	**314**	**201**	**77**	**4**	**899**	**5**	**49**
鹿城区	416	210	12	8	36		129	2	19
龙湾区	380	222	3	3	11		138	1	2
瓯海区	1164	733	154	161	3		112		1
洞头区	5				1		3	1	
永嘉县	133	52	6	4	3	1	61		6
平阳县	256	128	27	12	14		74		2

2-C-3　续表 1　　　　单位：万平方米

地　区	合　计	住宅房屋	商业及服务用房	办公用房屋	科研、教育、医疗用房屋	文化、体育、娱乐用房屋	厂房及建筑物	仓库	其他未列明的房屋建筑物
苍南县	51	27		3	3		14		4
文成县	25	17	4			1	2		1
泰顺县	295	203	73	5	1		13	1	
温州经济技术开发区	132	65	3	3	2		50		10
瑞安市	280	168		0	2		106		4
乐清市	340	101	35	2	3	1	196	1	0
嘉兴市	**3055**	**1309**	**335**	**105**	**117**	**35**	**1087**	**17**	**49**
南湖区	390	190	18	22	41	11	98	9	3
经济开发区	495	386	24		0	9	76		
秀洲区	206	44	25	5	3	1	119	2	6
嘉善县	147	20	14		3		102	3	5
海盐县	178	78	18	5	2		67		8
海宁市	461	148	41	29	30	8	192		13
平湖市	163	53			2		103		4
桐乡市	1016	390	195	44	36	7	332	3	10
湖州市	**1522**	**678**	**95**	**110**	**68**	**22**	**516**	**10**	**24**
吴兴区	767	432	61	63	42	14	153		3
南浔区	87	26	1				59		
德清县	262	121	2	25	8	1	99	1	7
长兴县	192	42	18	17	8	5	81	9	12
安吉县	148	44	1	1	10	3	87		3
开发区	66	13	12	4			37		
绍兴市	**15003**	**9083**	**1136**	**941**	**513**	**144**	**2788**	**264**	**134**
越城区	2493	1604	152	172	49	25	440	46	5
柯桥区	4725	2284	405	339	199	53	1206	162	78
上虞区	3471	2213	284	262	138	40	497	20	18
新昌县	396	173	4	5	2	1	197	3	11
诸暨市	3262	2426	233	136	92	14	323	26	13
嵊州市	656	384	58	27	34	11	126	7	10
金华市	**9645**	**6793**	**763**	**572**	**274**	**116**	**1005**	**29**	**94**
婺城区	371	296		17	23	5	29		1
金东区	102	27	1	12		2	61		
经济技术开发区	91	36	3	10	3		27	1	11
武义县	61	16	1	2	4	1	26		12
浦江县	135	75	8	10	2	1	18	9	12
磐安县	551	426	20	17	20	7	59	1	1
兰溪市	200	67	84	3	4	1	38	1	2
义乌市	403	43	36	27	12	0	258	5	22
东阳市	7509	5756	586	471	189	99	362	12	33
永康市	223	53	22	3	18		126		1

2-C-3 续表 2 单位：万平方米

地 区	合 计	住宅房屋	商业及服务用房	办公用房屋	科研、教育、医疗用房屋	文化、体育、娱乐用房屋	厂房及建筑物	仓库	其他未列明的房屋建筑物
衢州市	**1026**	**520**	**87**	**50**	**24**	**7**	**282**	**16**	**40**
柯城区	114	39	7	10	12		28	3	15
衢江区	37	15	7		2		12		
常山县	169	128	1	9	1		26	5	
开化县	276	118	47	9	1	7	83	3	9
龙游县	210	75	20	12	1		91	3	9
江山市	178	125	5	2	6		35	2	4
西区	37	22		8	1		6		
绿色产业集聚区	5			1			1		3
舟山市	**330**	**191**	**30**	**17**	**35**	**9**	**43**		**4**
定海区	211	123	17	17	18	1	33		1
普陀区	63	37	9		9	2	6		1
岱山县	27	16			1	6	3		
嵊泗县	6		1		3				2
临城新区	24	15	4		4		2		
台州市	**6406**	**3682**	**427**	**361**	**211**	**50**	**1433**	**50**	**193**
椒江区	724	406	96	4	31	3	159	3	22
黄岩区	701	398	25	62	8	1	200	6	1
路桥区	256	75	46	26	3		102	3	3
三门县	343	169	22	38	23		89	3	
天台县	273	69	39	80	31		50	5	
仙居县	117	50	6	6	0	1	28	8	17
温岭市	2138	1327	124	92	111	39	425	17	2
临海市	1781	1185	70	52	4	6	312	6	147
玉环市	73	3		2			67		1
丽水市	**728**	**268**	**139**	**65**	**24**	**2**	**203**	**6**	**21**
莲都区	333	122	95	36	14		57	3	6
青田县	81	33		8	3		36		
缙云县	50	37	1	1	2		7		3
遂昌县	31	2	6	1	4		17	1	
松阳县	42	2	26	4	1	1	7		1
云和县	32	17		1			13		1
庆元县	45	21	5	3			13	2	1
景宁畲族自治县	32	5	5	12		1	5		5
龙泉市	81	30	1				47		4

2-C-4　分地区总承包企业机械设备情况

地　区	年末自有施工机械设备总台数（台）	年末自有施工机械设备总功率（千瓦）	年末自有施工机械设备净值（万元）	技术装备率（元/人）	动力装备率（千瓦时/人）
全　省	**1865149**	**17050280**	**3828469**	**6174**	**2.7**
杭州市	**114964**	**2523367**	**613542**	**6166**	**2.5**
上城区	3822	64742	6915	1069	1.0
下城区	4344	166307	57030	19370	5.6
江干区	14722	157792	64451	8366	2.0
拱墅区	6523	220427	38443	6852	3.9
西湖区	9670	250879	51594	2209	1.1
滨江区	12486	260680	95675	8793	2.4
萧山区	26404	582931	140387	7446	3.1
余杭区	11935	254081	42461	5037	3.0
富阳区	6178	142533	35838	10451	4.2
临安区	5173	109106	21463	8320	4.2
桐庐县	4177	79060	18114	6357	2.8
淳安县	2503	68103	14571	15710	7.3
经济技术开发区	1251	27748	5105	6772	3.7
西湖风景名胜区					
大江东	3992	94593	16287	4767	2.8
建德市	1784	44385	5209	4046	3.4
宁波市	**156281**	**1873107**	**465696**	**6101**	**2.5**
海曙区	5976	198895	31852	2888	1.8
江北区	6277	93726	23073	2589	1.1
北仑区	6713	126855	29414	6201	2.7
镇海区	18587	285202	93193	32141	9.8
鄞州区	8688	223069	34999	2651	1.7
奉化区	3417	71300	16534	5651	2.4
象山县	86197	341737	103199	4974	1.6
宁海县	6234	151382	38505	16028	6.3
高新区	2462	69652	26453	30788	8.1
余姚市	6260	117801	21097	7212	4.0
慈溪市	5470	193488	47378	8330	3.4
温州市	**1074862**	**1336681**	**415454**	**7675**	**2.5**
鹿城区	6491	230075	44397	4395	2.3
龙湾区	4491	98143	37882	7844	2.0
瓯海区	8383	86983	35296	6837	1.7
洞头区	741	18543	3726	2458	1.2
永嘉县	1025843	61061	17453	7021	2.5
平阳县	6293	231272	69533	14043	4.7

2-C-4 续表 1

地　区	年末自有施工机械设备总台数(台)	年末自有施工机械设备总功率(千瓦)	年末自有施工机械设备净值(万元)	技术装备率(元/人)	动力装备率(千瓦时/人)
苍南县	9377	267933	102573	12146	3.2
文成县	772	10717	7506	5568	0.8
泰顺县	2701	74408	26050	5079	1.5
温州经济技术开发区	2274	60783	10820	7284	4.1
瑞安市	4136	118321	41110	8903	2.6
乐清市	3360	78442	19108	4711	1.9
嘉兴市	**41922**	**894212**	**206084**	**8875**	**3.9**
南湖区	3998	124604	36571	8579	2.9
经济开发区	3406	58636	16708	5417	1.9
秀洲区	4817	99643	25800	9666	3.7
嘉善县	1667	30934	5890	5688	3.0
海盐县	2937	75991	50545	39628	6.0
海宁市	4588	120642	17208	5085	3.6
平湖市	2920	48873	15274	13960	4.5
桐乡市	17589	334889	38089	5938	5.2
湖州市	**23209**	**474232**	**117740**	**5933**	**2.4**
吴兴区	7587	240898	58110	5140	2.1
南浔区	5767	23857	10173	9668	2.3
德清县	3386	54940	9527	3549	2.0
长兴县	3186	73319	15722	6764	3.2
安吉县	2381	64595	20056	10923	3.5
开发区	902	16623	4153	6470	2.6
绍兴市	**239458**	**4807420**	**816773**	**4842**	**2.8**
越城区	25964	564535	120145	4921	2.3
柯桥区	89909	1694808	254915	5447	3.6
上虞区	42500	967678	154277	3624	2.3
新昌县	9257	245376	48412	9878	5.0
诸暨市	58136	1131299	184812	4428	2.7
嵊州市	13692	203724	54213	6559	2.5
金华市	**99732**	**2246654**	**540424**	**5706**	**2.4**
婺城区	3276	108222	20479	8853	4.7
金东区	2330	90684	46486	25487	5.0
经济技术开发区	4212	166025	30309	9477	5.2
武义县	1472	32596	7945	9735	4.0
浦江县	2904	59483	23065	10348	2.7
磐安县	7354	91419	27239	3983	1.3
兰溪市	5622	146422	30455	14010	6.7
义乌市	11464	315846	79666	14850	5.9
东阳市	57079	1112310	244711	3636	1.7
永康市	4019	123647	30070	11360	4.7

2-C-4　续表 2

地　区	年末自有施工机械设备总台数（台）	年末自有施工机械设备总功率（千瓦）	年末自有施工机械设备净值（万元）	技术装备率（元/人）	动力装备率（千瓦时/人）
衢州市	**20411**	**630487**	**123736**	**8171**	**4.2**
柯城区	2864	60300	15144	5695	2.3
衢江区	1902	98479	16150	11318	6.9
常山县	1176	26727	14492	7610	1.4
开化县	6727	203766	33190	11533	7.1
龙游县	4293	103135	24595	10919	4.6
江山市	2362	80034	11422	4093	2.9
西区	655	40146	4186	6476	6.2
绿色产业集聚区	432	17900	4557	7792	3.1
舟山市	**10058**	**246627**	**37419**	**4256**	**2.8**
定海区	6666	150012	24148	4992	3.1
普陀区	1753	58336	6139	2457	2.3
岱山县	866	24089	3839	4058	2.5
嵊泗县	210	4754	642	2114	1.6
临城新区	563	9436	2652	12820	4.6
台州市	**66114**	**1691422**	**399860**	**8078**	**3.4**
椒江区	6593	97811	34868	4353	1.2
黄岩区	10193	135942	37818	7739	2.8
路桥区	4708	92134	23059	7713	3.1
三门县	10387	198607	88125	21178	4.8
天台县	3215	365890	33123	11681	12.9
仙居县	7775	124959	34238	11874	4.3
温岭市	12533	324453	74953	6674	2.9
临海市	9000	266269	64843	5501	2.3
玉环市	1710	85357	8834	12394	12.0
丽水市	**18138**	**326071**	**91740**	**8973**	**3.2**
莲都区	10206	139995	40277	10253	3.6
青田县	466	11230	2720	4270	1.8
缙云县	1494	24603	8190	10285	3.1
遂昌县	500	18165	4118	4566	2.0
松阳县	1066	21633	4679	5349	2.5
云和县	733	23721	2725	3288	2.9
庆元县	1083	10914	8470	19863	2.6
景宁畲族自治县	1158	27701	8504	10805	3.5
龙泉市	1432	48109	12058	11555	4.6

2-C-5　分地区总承包企业主要生产效益指标

地　区	建筑业企业个数（个）	从事建筑业活动的平均人数（人）	按总产值计算的劳动生产率（元/人）	人均竣工产值（元/人）	人均施工面积（平方米/人）	人均竣工面积（平方米/人）
全　省	**4903**	**6198967**	**303147**	**185067**	**278.4**	**84.5**
杭州市	**978**	**1023605**	**359266**	**181113**	**251.0**	**59.2**
上城区	27	71263	332901	168951	213.6	35.9
下城区	24	25491	666605	227715	40.1	6.3
江干区	59	74210	398252	216276	343.1	69.7
拱墅区	77	60338	376623	192032	277.5	76.1
西湖区	60	238175	360314	160737	321.8	59.7
滨江区	43	126792	394632	170567	62.4	15.6
萧山区	182	188151	379097	184508	260.2	73.3
余杭区	173	80389	313342	239712	319.5	83.5
富阳区	94	35579	256055	221738	195.1	71.7
临安区	59	28168	309000	127334	206.0	64.3
桐庐县	41	27634	320004	138421	352.0	70.0
淳安县	58	10916	288401	198776	115.1	45.2
经济技术开发区	10	7748	244808	121707	207.0	38.6
西湖风景名胜区	1	122	245492	251475	172.1	
大江东	36	35733	194147	156895	313.9	109.8
建德市	34	12896	287799	152001	208.5	32.5
宁波市	**657**	**819188**	**299671**	**187702**	**235.0**	**62.6**
海曙区	46	121104	326396	167809	212.2	60.6
江北区	38	92221	240219	196334	329.8	65.3
北仑区	55	45482	195140	97124	102.5	16.4
镇海区	52	58375	351770	147016	216.1	54.5
鄞州区	78	139420	301228	158990	209.5	53.0
奉化区	46	27192	317270	204850	197.4	67.7
象山县	65	206762	335822	276594	293.0	82.6
宁海县	72	34265	272416	113311	193.9	42.9
高新区	15	8005	1044317	223645	31.3	90.2
余姚市	88	31129	191426	120063	188.1	64.9
慈溪市	102	55233	193426	144830	202.8	62.6
温州市	**549**	**496603**	**260664**	**159321**	**214.1**	**70.0**
鹿城区	57	89077	296410	186465	273.0	46.7
龙湾区	38	46956	252775	165954	252.2	80.8
瓯海区	42	52416	184025	159462	276.9	222.0
洞头区	24	14786	451371	9382	282.4	3.4
永嘉县	45	24532	209268	174066	109.9	54.2
平阳县	66	38519	337718	245525	197.1	66.6

2-C-5　续表 1

地　区	建筑业企业个数（个）	从事建筑业活动的平均人数（人）	按总产值计算的劳动生产率（元/人）	人均竣工产值（元/人）	人均施工面积（平方米/人）	人均竣工面积（平方米/人）
苍南县	67	74998	236435	112861	34.7	6.7
文成县	29	12019	227330	105091	81.4	20.4
泰顺县	41	46973	251236	160378	184.1	62.7
温州经济技术开发区	28	13517	325555	236773	362.8	97.8
瑞安市	60	43264	238088	153723	324.3	64.6
乐清市	52	39546	246416	136051	253.0	85.9
嘉兴市	**237**	**235027**	**460297**	**304565**	**345.2**	**130.0**
南湖区	43	41420	393153	294985	262.1	94.2
经济开发区	19	31444	353075	257772	280.4	157.4
秀洲区	29	27037	372556	201294	267.5	76.2
嘉善县	21	10549	463811	328851	429.7	139.1
海盐县	17	12536	408414	303102	241.4	141.6
海宁市	36	32884	760564	369808	577.1	140.2
平湖市	36	17678	396468	243230	294.5	92.1
桐乡市	36	61479	466683	359240	365.5	165.2
湖州市	**235**	**201456**	**371523**	**214988**	**194.5**	**75.5**
吴兴区	44	115249	406085	226776	179.4	66.6
南浔区	19	11222	311048	170490	220.1	77.2
德清县	27	25789	324660	228873	289.2	101.8
长兴县	64	22984	364528	225131	171.0	83.6
安吉县	59	19335	244643	157341	170.6	76.4
开发区	22	6877	446853	166151	196.7	95.6
绍兴市	**602**	**1646577**	**291203**	**187711**	**286.0**	**91.1**
越城区	95	236351	296219	210576	274.2	105.5
柯桥区	139	462985	315278	216913	288.5	102.1
上虞区	96	419652	231037	178667	224.4	82.7
新昌县	44	49548	236231	134355	195.4	79.9
诸暨市	182	397238	339533	158177	390.8	82.1
嵊州市	46	80803	247173	178396	166.8	81.2
金华市	**623**	**946618**	**279133**	**164651**	**439.3**	**101.9**
婺城区	35	24686	416710	281581	548.3	150.2
金东区	44	17587	359270	117560	106.0	58.1
经济技术开发区	55	32669	312796	146262	43.8	27.7
武义县	30	8823	295533	143997	198.3	69.3
浦江县	28	18872	278568	136073	185.1	71.4
磐安县	50	60265	286069	122940	392.5	91.4
兰溪市	48	21302	259625	158729	162.6	93.9
义乌市	131	51705	335937	196740	273.2	78.0
东阳市	174	685996	264906	165024	504.3	109.5
永康市	28	24713	310734	164210	266.3	90.1

2-C-5 续表 2

地　区	建筑业企业个数（个）	从事建筑业活动的平均人数（人）	按总产值计算的劳动生产率（元/人）	人均竣工产值（元/人）	人均施工面积（平方米/人）	人均竣工面积（平方米/人）
衢州市	**303**	**150290**	**248658**	**165962**	**127.6**	**68.2**
柯城区	50	27400	227399	161869	61.9	41.6
衢江区	35	14451	273525	142235	83.1	25.7
常山县	34	18531	232230	198855	144.8	91.1
开化县	37	28521	287315	198701	153.0	96.8
龙游县	50	22605	206986	176075	112.9	93.0
江山市	83	26607	234072	148609	221.7	67.0
西区	6	6335	403065	79266	102.4	57.9
绿色产业集聚区	8	5840	210473	113572	24.2	7.8
舟山市	**122**	**82853**	**358544**	**233147**	**165.3**	**39.8**
定海区	52	45837	360472	277461	165.4	45.9
普陀区	35	22263	321558	118036	172.6	28.1
岱山县	16	9391	348106	191373	166.9	28.2
嵊泗县	9	2968	237972	145509	140.2	20.1
临城新区	10	2394	856025	727680	119.6	101.7
台州市	**378**	**492035**	**231598**	**178671**	**230.8**	**130.2**
椒江区	40	81502	277043	257483	358.5	88.9
黄岩区	38	46458	243610	131563	444.5	150.8
路桥区	33	31806	290326	160883	98.1	80.5
三门县	44	40984	258661	173806	192.7	83.7
天台县	22	28550	194082	112445	114.8	95.6
仙居县	29	28259	331972	129344	127.4	41.3
温岭市	95	111324	173014	175161	217.3	192.1
临海市	52	115935	208282	180851	174.8	153.6
玉环市	25	7217	262171	172193	188.1	101.0
丽水市	**219**	**104715**	**274465**	**161820**	**160.0**	**69.5**
市辖区						
莲都区	61	38771	275769	166702	192.8	85.9
青田县	19	6076	445081	328908	268.3	132.8
缙云县	27	9608	312383	131524	217.3	52.3
遂昌县	18	8491	252427	163415	75.4	36.7
松阳县	12	8637	289495	159551	159.5	48.2
云和县	14	8330	142597	111073	167.1	38.3
庆元县	20	3970	307175	195757	146.1	113.4
景宁畲族自治县	20	8552	252687	114069	81.3	37.9
龙泉市	28	12280	254970	144638	71.9	66.2

2-C-6　分地区总承包企业资产构成

单位：万元

地　区	资产总计	#流动资产合计	#存货
全　省	**118723174**	**98226620**	**26575243**
杭州市	**29526721**	**24001194**	**6189336**
上城区	2183711	1940602	815865
下城区	1398841	1166062	343248
江干区	2507288	2009577	421435
拱墅区	1827754	1558659	312241
西湖区	6325025	4807366	1529164
滨江区	5306651	4180156	1080963
萧山区	4134221	3553539	750758
余杭区	2233831	1699975	428114
富阳区	1152729	1006790	199914
临安区	837663	630791	90903
桐庐县	505519	454640	60614
淳安县	276902	244875	36078
经济技术开发区	135926	123678	22646
西湖风景名胜区	5452	5444	
大江东	410955	351077	55222
建德市	284253	267964	42173
宁波市	**22734660**	**18354172**	**5292825**
海曙区	2297079	1878514	511405
江北区	1013621	918801	235709
北仑区	1090203	905496	221772
镇海区	1906824	1539146	331937
鄞州区	3216029	2915266	734314
奉化区	599016	486846	139952
象山县	8046983	6225245	2590253
宁海县	964848	827049	154750
高新区	2008900	1367269	123127
余姚市	700985	553620	104986
慈溪市	890173	736921	144619
温州市	**7291565**	**5828545**	**1399174**
鹿城区	1828892	1383545	412171
龙湾区	606605	489615	135893
瓯海区	638200	516928	117787
洞头区	319080	311722	132622
永嘉县	447660	384012	57242
平阳县	412582	291209	62633

2-C-6 续表 1 单位：万元

地 区	资产总计	#流动资产合计	#存货
苍南县	590620	405553	67158
文成县	165651	137300	29697
泰顺县	970397	849727	67059
温州经济技术开发区	331892	259237	96769
瑞安市	616573	527673	158020
乐清市	363413	272026	62125
嘉兴市	**5433089**	**4759876**	**1275212**
南湖区	896583	770026	123620
经济开发区	456560	396506	47693
秀洲区	507376	436258	82215
嘉善县	170406	153180	27619
海盐县	465231	367344	133431
海宁市	1217304	1105033	315527
平湖市	553286	471487	84372
桐乡市	1166343	1060044	460736
湖州市	**3895802**	**3178484**	**750787**
吴兴区	1956200	1574075	446518
南浔区	176944	152950	25629
德清县	477592	437590	78610
长兴县	459978	398044	64425
安吉县	556335	445048	98944
开发区	268754	170778	36660
绍兴市	**18677718**	**15737879**	**4463517**
越城区	2895110	2364025	630063
柯桥区	5099016	4439491	1107339
上虞区	4919307	4143171	1465766
新昌县	444408	343931	108743
诸暨市	4374006	3684479	930480
嵊州市	945871	762782	221127
金华市	**17709559**	**15340808**	**4319591**
婺城区	898329	806837	120304
金东区	402512	349625	102791
经济技术开发区	662033	576001	171080
武义县	214859	177098	49872
浦江县	610468	573116	96667
磐安县	938935	808326	172916
兰溪市	386457	323127	68894
义乌市	1343334	1121599	266351
东阳市	11813303	10240596	3188853
永康市	439330	364484	81864

2-C-6　续表 2　　单位：万元

地　区	资产总计	#流动资产合计	#存货
衢州市	**2247823**	**1827001**	**332669**
柯城区	478508	390516	84604
衢江区	236858	147299	19826
常山县	277291	250397	26864
开化县	295484	218959	55171
龙游县	250360	183739	37320
江山市	394672	358999	29044
西区	212287	194385	70621
绿色产业集聚区	102362	82707	9220
舟山市	**1980487**	**1649099**	**600606**
定海区	1161944	1019163	473045
普陀区	387127	278156	50270
岱山县	201326	152712	30160
嵊泗县	45345	34864	4614
临城新区	184744	164204	42516
台州市	**7516092**	**6120714**	**1654324**
椒江区	1387890	1219749	261603
黄岩区	643205	514559	184268
路桥区	1164759	796721	124944
三门县	545970	425786	136831
天台县	277792	218821	22955
仙居县	334508	253469	47900
温岭市	1482254	1234197	250273
临海市	1512716	1316620	596846
玉环市	166999	140792	28704
丽水市	**1709660**	**1428849**	**297202**
莲都区	527834	440843	107827
青田县	208384	175095	48465
缙云县	169776	153650	19093
遂昌县	103827	94512	1433
松阳县	171774	130085	30467
云和县	121450	110941	11901
庆元县	106893	85931	34885
景宁畲族自治县	114148	98167	3304
龙泉市	185574	139625	39828

2-C-7 分地区总承包企业负债及所有者权益

单位：万元

地 区	负债合计	#流动负债	#应付账款	所有者权益	#实收资本
全 省	**73442341**	**69371090**	**24122538**	**45280833**	**23199020**
杭州市	**19963279**	**18825384**	**6628072**	**9563441**	**5260415**
上城区	1717105	1703512	891960	466606	193227
下城区	1052447	997272	527573	346395	239462
江干区	1627674	1562312	665220	879614	526655
拱墅区	1202190	1142308	421411	625564	371517
西湖区	4752095	4351028	1068278	1572930	679172
滨江区	3956775	3613632	1414549	1349876	717503
萧山区	2201003	2104999	527690	1933218	977755
余杭区	1410699	1387603	397926	823132	598971
富阳区	721523	651904	257532	431206	281401
临安区	504711	498433	153232	332952	161352
桐庐县	284194	282848	101354	221326	132057
淳安县	133455	130951	56115	143447	105798
经济技术开发区	64066	63884	17324	71860	56357
西湖风景名胜区	4840	4840	2859	612	605
大江东	159471	159470	36631	251485	130038
建德市	171033	170389	88418	113219	88545
宁波市	**14902846**	**14337402**	**6413453**	**7831814**	**3729065**
海曙区	1368898	1363085	419093	928181	390786
江北区	626925	626922	244329	386696	368915
北仑区	684497	678212	334795	405706	220671
镇海区	1401455	1391710	888676	505369	302116
鄞州区	2399043	2386354	1038507	816986	581350
奉化区	408289	402474	130728	190727	142790
象山县	5371805	4965810	2482315	2675178	679282
宁海县	622155	575876	177348	342693	216712
高新区	1166682	1112898	513048	842218	252868
余姚市	424602	422431	78327	276383	195424
慈溪市	428496	411630	106287	461678	378151
温州市	**4277885**	**4132740**	**1122486**	**3013680**	**2235334**
鹿城区	1221066	1190999	418940	607826	461391
龙湾区	362522	361554	115176	244083	166802
瓯海区	398359	394003	115617	239841	210853
洞头区	242264	222082	44161	76816	49640
永嘉县	210523	190356	56004	237137	158323
平阳县	160244	143422	38813	252338	194857

2-C-7　续表 1　　单位：万元

地　区	负债合计	#流动负债	#应付账款	所有者权益	#实收资本
苍南县	219474	213632	28059	371146	256261
文成县	98345	97841	19708	67306	36938
泰顺县	681298	679466	84264	289099	213144
温州经济技术开发区	162732	162200	68375	169159	121802
瑞安市	353136	310735	110037	263437	225068
乐清市	167921	166451	23333	195492	140255
嘉兴市	**3767568**	**3699592**	**1363256**	**1665521**	**1112304**
南湖区	592750	585117	208310	303833	193930
经济开发区	270508	269956	101245	186052	104587
秀洲区	371673	369254	167143	135703	105916
嘉善县	96402	96386	24439	74005	67404
海盐县	335901	305150	146340	129331	99921
海宁市	924763	921154	449762	292541	184860
平湖市	363038	345976	89751	190249	144390
桐乡市	812534	806598	176266	353809	211297
湖州市	**2542636**	**2479500**	**895195**	**1353166**	**1332378**
吴兴区	1266580	1251457	437915	689620	363375
南浔区	106395	105927	44522	70550	61533
德清县	347254	340784	170608	130338	116438
长兴县	280875	254067	121714	179103	102096
安吉县	402471	389020	60655	153864	613580
开发区	139061	138246	59781	129693	75357
绍兴市	**9257016**	**8394003**	**2345674**	**9420702**	**3267418**
越城区	1463502	1345697	394653	1431607	614900
柯桥区	2630199	2545226	897344	2468817	815501
上虞区	2207320	2089009	305278	2711988	683356
新昌县	165386	149344	37324	279022	115576
诸暨市	2310326	1886845	608231	2063680	852943
嵊州市	480282	377883	102844	465589	185141
金华市	**10893724**	**10149399**	**3672293**	**6815836**	**2923308**
婺城区	682974	656140	272160	215355	161871
金东区	197264	196137	49271	205249	128162
经济技术开发区	277267	270116	65300	384766	182934
武义县	124220	117037	4979	90639	57585
浦江县	447395	354888	169091	163073	106971
磐安县	548301	544951	166677	390634	187369
兰溪市	194594	193809	47899	191863	112907
义乌市	676619	655866	179435	666715	486646
东阳市	7585387	7001912	2652372	4227916	1349615
永康市	159703	158544	65111	279627	149247

2-C-7 续表 2 单位：万元

地　区	负债合计	#流动负债	#应付账款	所有者权益	#实收资本
衢州市	**1158885**	**1052834**	**320397**	**1088938**	**693218**
柯城区	265853	235164	58583	212655	147746
衢江区	89812	84820	27483	147046	113333
常山县	178168	113356	34840	99123	58364
开化县	111120	109524	24294	184364	101222
龙游县	105407	102730	30689	144952	95292
江山市	248887	247623	74035	145785	113888
西区	115278	115278	62974	97009	24800
绿色产业集聚区	44359	44337	7500	58002	38574
舟山市	**1411358**	**1330584**	**231089**	**569129**	**431131**
定海区	888836	833623	162063	273108	204833
普陀区	238145	229493	37735	148982	105351
岱山县	118555	101688	19220	82771	74485
嵊泗县	20910	20881	936	24435	21429
临城新区	144911	144899	11135	39832	25034
台州市	**4362172**	**4108745**	**940838**	**3153920**	**1655162**
椒江区	975359	949343	291091	412532	182164
黄岩区	395401	381353	128667	247804	171955
路桥区	475764	369221	145471	688995	243572
三门县	301086	249729	60538	244884	120405
天台县	93091	79360	25794	184700	128734
仙居县	129152	128676	44436	205356	119761
温岭市	880060	876699	113371	602194	362154
临海市	1007739	972063	98492	504976	270019
玉环市	104520	102301	32978	62479	56398
丽水市	**904973**	**860908**	**189785**	**804686**	**559287**
莲都区	215323	209359	62861	312512	193518
青田县	109250	98691	9937	99134	77324
缙云县	108901	106602	54556	60876	50509
遂昌县	72670	72788	8259	31157	22179
松阳县	102309	101758	1308	69465	46578
云和县	88605	88421	17503	32845	30687
庆元县	66504	52603	15917	40389	28198
景宁畲族自治县	63799	62890	11385	50349	38031
龙泉市	77613	67797	8059	107961	72262

2-C-8　分地区总承包企业实收资本

单位：万元

地　区	实收资本						
		国家资本	集体资本	法人资本	个人资本	港澳台资本	外商资本
全　省	**23199020**	**1067962**	**393069**	**7233055**	**14455778**	**48633**	**522**
杭州市	**5260415**	**553062**	**72070**	**1769905**	**2851379**	**14000**	
上城区	193227	2010	25082	113257	52878		
下城区	239462	130180	7790	21155	80338		
江干区	526655	14208	4439	294986	213022		
拱墅区	371517	5640		144485	221393		
西湖区	679172	102843	2783	250573	308972	14000	
滨江区	717503	267363	10171	226850	213120		
萧山区	977755	14908		379203	583644		
余杭区	598971	3000	11295	132890	451787		
富阳区	281401	1400	7110	64442	208450		
临安区	161352	4510		35155	121687		
桐庐县	132057		3400	44538	84119		
淳安县	105798			14775	91023		
经济技术开发区	56357	5001		6500	44856		
西湖风景名胜区	605				605		
大江东	130038			16085	113953		
建德市	88545	2000		25011	61534		
宁波市	**3729065**	**121062**	**39602**	**1549589**	**2003611**	**15200**	
海曙区	390786	2028		196181	192578		
江北区	368915			280640	88275		
北仑区	220671	22494	24626	57232	116318		
镇海区	302116	38240		153895	109982		
鄞州区	581350	4800	7517	222688	331145	15200	
奉化区	142790			20651	122139		
象山县	679282		2136	277865	399281		
宁海县	216712	2500	315	64144	149753		
高新区	252868	50000		149478	53391		
余姚市	195424			52228	143197		
慈溪市	378151	1000	5008	74589	297554		
奉化市							
温州市	**2235334**	**124300**	**66420**	**438932**	**1605683**		
鹿城区	461391	116232	8794	75241	261124		
龙湾区	166802		3100	48405	115297		
瓯海区	210853	6000	14832	11326	178695		
洞头区	49640			26908	22733		
永嘉县	158323		3758	36439	118126		

2-C-8 续表 1 单位：万元

地 区	实收资本						
		国家资本	集体资本	法人资本	个人资本	港澳台资本	外商资本
平阳县	194857		8286	21475	165096		
苍南县	256261	332	5258	56056	194614		
文成县	36938		1516	5353	30069		
泰顺县	213144	600		56101	156443		
温州经济技术开发区	121802		6600	25905	89297		
瑞安市	225068	1136		49681	174251		
乐清市	140255		14275	26042	99938		
嘉兴市	**1112304**	**29120**	**59369**	**268080**	**742399**	**13336**	
南湖区	193930	1000	10635	78260	104036		
经济开发区	104587	2020	18235	6946	77387		
秀洲区	105916		3000	33095	69822		
嘉善县	67404			11177	56227		
海盐县	99921	22000	2000	19509	56412		
海宁市	184860		4500	52219	128141		
平湖市	144390		8000	10568	125821		
桐乡市	211297	4100	13000	56307	124554	13336	
湖州市	**1332378**	**47139**	**35855**	**260333**	**989052**		
吴兴区	363375	1673	26325	129530	205848		
南浔区	61533		2000	31821	27712		
德清县	116438	12487		25530	78421		
长兴县	102096	3401	7530	28347	62818		
安吉县	613580	3000		26989	583590		
开发区	75357	26579		18116	30663		
绍兴市	**3267418**	**69858**	**23057**	**1218906**	**1949479**	**5595**	**522**
越城区	614900	47058	150	295430	269950	2313	
柯桥区	815501		12966	379902	418829	3282	522
上虞区	683356	22000	6540	121403	533413		
新昌县	115576	800	3401	23853	87522		
诸暨市	852943			349708	503235		
嵊州市	185141			48610	136531		
金华市	**2923308**	**51635**	**34867**	**1174344**	**1661959**	**502**	
婺城区	161871		2159	62206	97507		
金东区	128162			55109	73054		
经济技术开发区	182934	12000	3050	45804	122080		
武义县	57585		500	23953	33132		
浦江县	106971	3613	608	44585	58165		
磐安县	187369			49487	137882		
兰溪市	112907	3513		9688	99707		
义乌市	486646	3000	25521	144133	313490	502	
东阳市	1349615	16108		720286	613221		
永康市	149247	13401	3030	19094	113722		

2-C-8　续表 2　　　　单位：万元

地　区	实收资本						
		国家资本	集体资本	法人资本	个人资本	港澳台资本	外商资本
衢州市	**693218**	**13090**	**15302**	**156234**	**508593**		
柯城区	147746	5000	5000	54836	82910		
衢江区	113333			26932	86401		
常山县	58364		2568	11598	44197		
开化县	101222		2000	8304	90918		
龙游县	95292	8090	2105	10741	74356		
江山市	113888		3628	30391	79868		
西区	24800			1500	23300		
绿色产业集聚区	38574			11932	26642		
舟山市	**431131**	**14126**	**600**	**97273**	**319133**		
定海区	204833	9126		41409	154298		
普陀区	105351		600	12247	92504		
岱山县	74485			29010	45475		
嵊泗县	21429			8447	12983		
临城新区	25034	5000		6160	13874		
台州市	**1655162**	**36665**	**38996**	**242552**	**1336949**		
椒江区	182164	3013	5104	40340	133707		
黄岩区	171955	5572	2929	18808	144646		
路桥区	243572	600	2188	23644	217141		
三门县	120405		1685	17411	101309		
天台县	128734	18000	360	2025	108349		
仙居县	119761	600		12585	106576		
温岭市	362154	2653	2840	84575	272086		
临海市	270019	4132	21053	38266	206568		
玉环市	56398	2096	2837	4899	46566		
丽水市	**559287**	**7905**	**6931**	**56908**	**487543**		
莲都区	193518	500	400	8078	184541		
青田县	77324	5795		11951	59579		
缙云县	50509		3109	2765	44635		
遂昌县	22179	1025		513	20641		
松阳县	46578	585		8668	37325		
云和县	30687		1300	8468	20919		
庆元县	28198		2050	2625	23523		
景宁畲族自治县	38031		72	3029	34930		
龙泉市	72262			10813	61449		

2-C-9 分地区总承包企业应收工程款及企业亏损情况

地　区	应收工程款 (万元)	企业个数 (个)	#亏损企业个数	亏损企业比重 (%)
全　省	**24593475**	**4903**	**795**	**16.2**
杭州市	**5780401**	**978**	**218**	**22.3**
上城区	453075	27	8	29.6
下城区	252388	24	2	8.3
江干区	645609	59	9	15.3
拱墅区	388873	77	17	22.1
西湖区	1260678	60	9	15.0
滨江区	762914	43	4	9.3
萧山区	853184	182	32	17.6
余杭区	381226	173	52	30.1
富阳区	223646	94	21	22.3
临安区	193596	59	23	39.0
桐庐县	117430	41	5	12.2
淳安县	56133	58	18	31.0
经济技术开发区	35656	10	2	20.0
西湖风景名胜区	201	1	1	100.0
大江东	68652	36	9	25.0
建德市	87140	34	6	17.6
宁波市	**4972363**	**657**	**118**	**18.0**
海曙区	537554	46	6	13.0
江北区	408461	38	13	34.2
北仑区	370801	55	10	18.2
镇海区	406796	52	10	19.2
鄞州区	619315	78	20	25.6
奉化区	123440	46	12	26.1
象山县	1592500	65	10	15.4
宁海县	273372	72	7	9.7
高新区	383516	15	4	26.7
余姚市	90807	88	15	17.0
慈溪市	165803	102	11	10.8
温州市	**1595758**	**549**	**65**	**11.8**
鹿城区	431362	57	7	12.3
龙湾区	84798	38	4	10.5
瓯海区	105800	42	4	9.5
洞头区	42396	24	2	8.3
永嘉县	93099	45	9	20.0
平阳县	98027	66	7	10.6

2-C-9　续表 1

地　区	应收工程款(万元)	企业个数(个)	#亏损企业个数	亏损企业比重(%)
苍南县	156811	67	3	4.5
文成县	32240	29	9	31.0
泰顺县	283441	41	9	22.0
温州经济技术开发区	62701	28	4	14.3
瑞安市	150752	60	2	3.3
乐清市	54334	52	5	9.6
嘉兴市	**1028305**	**237**	**25**	**10.5**
南湖区	200888	43	2	4.7
经济开发区	130047	19	1	5.3
秀洲区	120894	29	4	13.8
嘉善县	34802	21	3	14.3
海盐县	62504	17	2	11.8
海宁市	221785	36	5	13.9
平湖市	107417	36	6	16.7
桐乡市	149969	36	2	5.6
湖州市	**758452**	**235**	**50**	**21.3**
吴兴区	330460	44	3	6.8
南浔区	56682	19	3	15.8
德清县	107127	27	6	22.2
长兴县	145154	64	12	18.8
安吉县	70857	59	20	33.9
开发区	48172	22	6	27.3
绍兴市	**4039093**	**602**	**49**	**8.1**
越城区	549853	95	10	10.5
柯桥区	973852	139	16	11.5
上虞区	906752	96	3	3.1
新昌县	103670	44	3	6.8
诸暨市	1277646	182	14	7.7
嵊州市	227320	46	3	6.5
金华市	**3617541**	**623**	**83**	**13.3**
婺城区	258627	35	9	25.7
金东区	91789	44	4	9.1
经济技术开发区	160603	55	8	14.5
武义县	42972	30	5	16.7
浦江县	169237	28	2	7.1
磐安县	337672	50	7	14.0
兰溪市	57920	48	10	20.8
义乌市	229231	131	13	9.9
东阳市	2156675	174	23	13.2
永康市	112815	28	2	7.1

2-C-9 续表 2

地　区	应收工程款 (万元)	企业个数 (个)	#亏损企业个数	亏损企业比重 (%)
衢州市	**571000**	**303**	**73**	**24.1**
柯城区	114289	50	15	30.0
衢江区	47347	35	9	25.7
常山县	58965	34	4	11.8
开化县	60485	37	9	24.3
龙游县	61629	50	10	20.0
江山市	141012	83	26	31.3
西区	74453	6		
绿色产业集聚区	12820	8		
舟山市	**355766**	**122**	**35**	**28.7**
定海区	214300	52	12	23.1
普陀区	82619	35	10	28.6
岱山县	24994	16	5	31.3
嵊泗县	6540	9	5	55.6
临城新区	27314	10	3	30.0
台州市	**1426220**	**378**	**45**	**11.9**
椒江区	202841	40	4	10.0
黄岩区	106232	38	6	15.8
路桥区	185443	33	9	27.3
三门县	118319	44	2	4.5
天台县	44863	22	2	9.1
仙居县	57041	29	2	6.9
温岭市	427902	95	10	10.5
临海市	248115	52	6	11.5
玉环市	35465	25	4	16.0
丽水市	**448577**	**219**	**34**	**15.5**
莲都区	118653	61	10	16.4
青田县	52694	19	3	15.8
缙云县	68053	27	2	7.4
遂昌县	48644	18	4	22.2
松阳县	22225	12	1	8.3
云和县	22900	14	6	42.9
庆元县	27666	20	7	35.0
景宁畲族自治县	48724	20	1	5.0
龙泉市	39018	28		

2-C-10　分地区总承包企业主要经济效益指标

地　区	产值利润率(%)	产值利税率(%)	资本利润率(%)	资本利税率(%)	人均利润(元/人)	人均利税(元/人)	资产负债率(%)
全　省	**2.3**	**4.9**	**18.5**	**39.4**	**6912**	**14763**	**61.9**
杭州市	**2.0**	**4.2**	**13.8**	**29.4**	**7085**	**15119**	**67.6**
上城区	1.6	3.1	19.1	37.7	5184	10232	78.6
下城区	2.4	3.8	17.3	26.7	16228	25086	75.2
江干区	1.5	3.8	8.5	21.4	6005	15165	64.9
拱墅区	1.9	4.1	11.8	25.1	7241	15472	65.8
西湖区	1.8	3.5	22.2	44.7	6339	12733	75.1
滨江区	3.2	5.2	22.5	36.0	12738	20355	74.6
萧山区	1.6	4.3	11.8	31.2	6134	16228	53.2
余杭区	1.5	4.9	6.5	20.7	4853	15431	63.2
富阳区	2.0	4.5	6.6	14.6	5194	11564	62.6
临安区	2.0	4.4	10.7	23.8	6149	13620	60.3
桐庐县	2.8	5.6	18.5	37.3	8820	17824	56.2
淳安县	1.6	5.2	4.7	15.5	4559	15048	48.2
经济技术开发区	2.2	6.2	7.3	20.8	5308	15161	47.1
西湖风景名胜区	-2.5	1.3	-12.4	6.2	-6164	3098	88.8
大江东	1.9	4.4	10.3	23.5	3750	8536	38.8
建德市	2.5	7.2	10.3	30.0	7087	20629	60.2
宁波市	**3.2**	**5.1**	**20.9**	**33.6**	**9512**	**15276**	**65.6**
海曙区	2.6	4.1	26.5	41.3	8539	13341	59.6
江北区	2.5	4.2	15.2	25.1	6089	10028	61.9
北仑区	6.6	9.6	26.4	38.7	12803	18764	62.8
镇海区	2.1	4.1	14.2	27.7	7365	14336	73.5
鄞州区	4.0	5.3	28.7	38.1	11960	15898	74.6
奉化区	2.6	5.5	15.4	33.3	8098	17478	68.2
象山县	3.2	5.0	32.8	51.4	10769	16902	66.8
宁海县	3.2	5.6	13.7	24.3	8674	15367	64.5
高新区	5.7	10.4	18.7	34.3	59050	108479	58.1
余姚市	2.1	4.8	6.5	14.6	4073	9178	60.6
慈溪市	1.6	3.9	4.6	11.0	3130	7529	48.1
温州市	**1.9**	**5.2**	**11.2**	**29.9**	**5045**	**13463**	**58.7**
鹿城区	1.6	4.2	9.2	24.3	4770	12571	66.8
龙湾区	1.2	4.0	8.8	28.3	3122	10060	59.8
瓯海区	1.2	3.5	5.6	15.9	2233	6389	62.4
洞头区	3.3	8.4	44.1	113.3	14816	38023	75.9
永嘉县	0.6	3.8	2.1	12.4	1350	8007	47.0

2-C-10 续表 1

地 区	产值利润率(%)	产值利税率(%)	资本利润率(%)	资本利税率(%)	人均利润(元/人)	人均利税(元/人)	资产负债率(%)
平阳县	1.9	5.0	12.9	33.4	6509	16916	38.8
苍南县	2.5	5.9	17.1	40.7	5829	13921	37.2
文成县	1.2	4.0	8.7	29.8	2681	9156	59.4
泰顺县	2.4	7.7	13.5	42.9	6139	19459	70.2
温州经济技术开发区	3.0	6.0	10.9	21.7	9782	19538	49.0
瑞安市	2.9	6.5	13.3	29.9	6937	15552	57.3
乐清市	1.3	3.5	8.8	24.5	3128	8685	46.2
嘉兴市	**1.4**	**3.4**	**14.0**	**33.3**	**6609**	**15742**	**69.3**
南湖区	2.1	4.1	17.3	34.6	8078	16203	66.1
经济开发区	1.2	4.3	12.8	45.3	4248	15071	59.2
秀洲区	1.0	2.8	9.4	26.9	3664	10539	73.3
嘉善县	0.6	2.4	4.6	17.5	2933	11175	56.6
海盐县	1.3	3.2	6.5	16.6	5202	13205	72.2
海宁市	1.1	2.9	15.3	39.0	8599	21930	76.0
平湖市	1.5	3.7	7.2	17.7	5871	14473	65.6
桐乡市	1.8	3.5	23.8	47.8	8187	16418	69.7
湖州市	**1.9**	**4.3**	**10.9**	**24.0**	**7194**	**15896**	**65.3**
吴兴区	1.7	3.7	22.0	47.9	6941	15095	64.7
南浔区	1.0	2.8	5.9	16.0	3239	8797	60.1
德清县	1.9	4.1	14.0	29.2	6308	13176	72.7
长兴县	3.2	7.3	26.5	59.8	11770	26560	61.1
安吉县	2.1	5.2	1.6	4.0	5137	12687	72.3
开发区	2.6	5.5	10.7	22.3	11709	24471	51.7
绍兴市	**2.1**	**5.0**	**31.1**	**74.0**	**6176**	**14694**	**49.6**
越城区	2.1	4.6	24.5	52.8	6361	13735	50.6
柯桥区	1.8	4.8	32.1	85.7	5653	15090	51.6
上虞区	2.2	5.3	30.8	75.6	5013	12304	44.9
新昌县	2.5	6.0	25.1	60.7	5864	14150	37.2
诸暨市	2.1	4.9	33.7	78.2	7233	16792	52.8
嵊州市	3.9	7.1	42.2	77.1	9662	17665	50.8
金华市	**2.7**	**5.5**	**24.6**	**49.5**	**7605**	**15289**	**61.5**
婺城区	0.3	2.7	1.7	17.1	1117	11216	76.0
金东区	2.7	4.7	13.5	23.0	9851	16776	49.0
经济技术开发区	4.2	7.5	23.7	41.9	13273	23447	41.9
武义县	1.9	4.8	8.7	21.9	5668	14270	57.8
浦江县	2.9	7.4	14.1	36.4	8009	20617	73.3
磐安县	2.2	5.1	20.0	46.9	6210	14591	58.4
兰溪市	3.2	6.7	15.7	32.7	8298	17320	50.4
义乌市	2.5	5.6	9.1	20.1	8548	18879	50.4
东阳市	2.8	5.4	37.5	72.8	7376	14313	64.2
永康市	4.0	7.5	20.8	38.6	12575	23340	36.4

2-C-10　续表 2

地　区	产值利润率(%)	产值利税率(%)	资本利润率(%)	资本利税率(%)	人均利润(元/人)	人均利税(元/人)	资产负债率(%)
衢州市	**2.8**	**6.5**	**15.0**	**34.9**	**6918**	**16094**	**51.6**
柯城区	2.4	5.8	10.2	24.3	5477	13121	55.6
衢江区	1.8	4.8	6.4	16.8	5005	13178	37.9
常山县	2.6	6.7	19.1	49.3	6030	15537	64.3
开化县	3.9	8.2	31.4	66.7	11146	23658	37.6
龙游县	2.3	5.6	11.3	27.4	4756	11533	42.1
江山市	3.3	7.3	17.8	40.0	7635	17124	63.1
西区	2.1	5.0	22.0	51.9	8616	20311	54.3
绿色产业集聚区	1.8	5.0	5.8	15.8	3829	10457	43.3
舟山市	**1.4**	**3.3**	**9.9**	**23.0**	**5165**	**11989**	**71.3**
定海区	1.6	3.5	13.1	28.5	5866	12733	76.5
普陀区	1.5	3.2	10.0	21.5	4732	10167	61.5
岱山县	0.6	2.5	2.7	11.2	2106	8867	58.9
嵊泗县	-0.4	2.7	-1.2	8.9	-846	6447	46.1
临城新区	1.8	3.9	14.6	32.3	15227	33807	78.4
台州市	**2.1**	**4.9**	**14.6**	**34.1**	**4913**	**11460**	**58.0**
椒江区	1.6	3.8	20.1	47.5	4501	10609	70.3
黄岩区	0.8	3.3	5.3	21.5	1966	7959	61.5
路桥区	2.7	5.7	10.3	21.7	7850	16584	40.8
三门县	3.4	6.9	29.7	60.6	8728	17796	55.1
天台县	3.7	7.1	16.1	30.6	7239	13787	33.5
仙居县	2.5	6.3	19.2	49.5	8134	20989	38.6
温岭市	2.3	5.2	12.0	27.4	3917	8917	59.4
临海市	1.9	4.5	16.9	40.3	3929	9381	66.6
玉环市	1.3	4.3	4.2	14.3	3306	11161	62.6
丽水市	**3.6**	**7.7**	**18.6**	**39.6**	**9924**	**21169**	**52.9**
莲都区	3.3	7.0	18.2	38.4	9065	19179	40.8
青田县	6.3	9.7	22.0	33.9	27958	43140	52.4
缙云县	3.1	6.7	18.2	39.8	9557	20935	64.1
遂昌县	2.8	7.4	27.4	71.8	7145	18750	70.0
松阳县	3.7	7.1	20.1	38.0	10822	20478	59.6
云和县	1.6	5.8	6.3	22.4	2312	8240	73.0
庆元县	3.0	8.4	13.1	36.4	9321	25871	62.2
景宁畲族自治县	5.1	8.6	28.9	48.7	12861	21675	55.9
龙泉市	3.4	10.1	14.6	43.9	8607	25822	41.8

2-C-11 分地区按资质等级划分的总承包企业单位数

单位：个

地 区	法人单位数				
		特级	一级	二级	三级及以下
全 省	**4903**	**66**	**754**	**1214**	**2869**
杭州市	**978**	**15**	**176**	**263**	**524**
上城区	27	1	10	2	14
下城区	24	2	2	11	9
江干区	59		16	24	19
拱墅区	77		19	24	34
西湖区	60	4	21	19	16
滨江区	43	4	14	16	9
萧山区	182	2	46	37	97
余杭区	173	1	18	41	113
富阳区	94	1	12	24	57
临安区	59		4	15	40
桐庐县	41		6	15	20
淳安县	58			11	47
经济技术开发区	10		3	2	5
西湖风景名胜区	1				1
大江东	36		4	13	19
建德市	34		1	9	24
宁波市	**657**	**12**	**106**	**150**	**389**
海曙区	46	3	12	8	23
江北区	38		5	6	27
北仑区	55		8	12	35
镇海区	52	1	7	3	41
鄞州区	78	3	20	19	36
奉化区	46		4	10	32
象山县	65	4	19	21	21
宁海县	72		8	15	49
高新区	15	1	4	2	8
余姚市	88		7	22	59
慈溪市	102		12	32	58
温州市	**549**	**1**	**73**	**141**	**334**
鹿城区	57		16	16	25
龙湾区	38		7	14	17
瓯海区	42	1	11	12	18
洞头区	24		1	6	17
洞头县					
永嘉县	45		5	13	27

2-C-11　续表 1　　　　单位：个

地　区	法人单位数	特级	一级	二级	三级及以下
平阳县	66		4	17	45
苍南县	67		5	19	43
文成县	29		1	4	24
泰顺县	41		8	6	27
温州经济技术开发区	28		4	9	15
瑞安市	60		6	16	38
乐清市	52		5	9	38
嘉兴市	**237**	**2**	**37**	**64**	**134**
南湖区	43		9	8	26
经济开发区	19		5	4	10
秀洲区	29		3	5	21
嘉善县	21		1	10	10
海盐县	17		1	6	10
海宁市	36	1	6	9	20
平湖市	36		7	7	22
桐乡市	36	1	5	15	15
湖州市	**235**	**2**	**33**	**39**	**161**
吴兴区	44	2	12	10	20
南浔区	19		2	4	13
德清县	27		7	6	14
长兴县	64		5	8	51
安吉县	59		5	6	48
开发区	22		2	5	15
绍兴市	**602**	**18**	**119**	**146**	**319**
越城区	95	4	27	29	35
柯桥区	139	5	24	30	80
上虞区	96	7	24	30	35
新昌县	44		4	11	29
诸暨市	182	2	31	31	118
嵊州市	46		9	15	22
金华市	**623**	**10**	**113**	**142**	**358**
婺城区	35		8	7	20
金东区	44		6	8	30
经济技术开发区	55		14	9	32
武义县	30		4	11	15
浦江县	28		2	8	18
磐安县	50		11	14	25
兰溪市	48		5	9	34
义乌市	131	1	15	33	82
东阳市	174	7	42	34	91
永康市	28	2	6	9	11

2-C-11 续表 2

单位：个

地 区	法人单位数	特级	一级	二级	三级及以下
衢州市	**303**		**22**	**78**	**203**
柯城区	50		6	21	23
衢江区	35		2	10	23
常山县	34		2	5	27
开化县	37		3	10	24
龙游县	50		3	14	33
江山市	83		2	15	66
西区	6		3	1	2
绿色产业集聚区	8		1	2	5
舟山市	**122**		**14**	**42**	**66**
定海区	52		10	21	21
普陀区	35		3	13	19
岱山县	16		1	3	12
嵊泗县	9			2	7
临城新区	10			3	7
台州市	**378**	**6**	**52**	**107**	**213**
椒江区	40	1	8	9	22
黄岩区	38	1	5	16	16
路桥区	33	1	3	9	20
三门县	44		5	15	24
天台县	22		4	7	11
仙居县	29		5	6	18
温岭市	95	2	14	20	59
临海市	52	1	7	19	25
玉环市	25		1	6	18
丽水市	**219**		**9**	**42**	**168**
莲都区	61		3	17	41
青田县	19		1	4	14
缙云县	27		2	4	21
遂昌县	18			2	16
松阳县	12		2	1	9
云和县	14			4	10
庆元县	20			2	18
景宁畲族自治县	20			3	17
龙泉市	28		1	5	22

2-C-12 分地区按资质等级划分的总承包企业期末从业人员

单位：人

地　区	建筑业企业期末人数	特级	一级	二级	三级及以下
全　省	**6200785**	**1826682**	**2679699**	**1019602**	**674802**
杭州市	**994989**	**322636**	**469921**	**126442**	**75990**
上城区	64712	38279	24310	264	1859
下城区	29443	15105	4839	7265	2234
江干区	77041		62058	11503	3480
拱墅区	56102		42090	10461	3551
西湖区	233546	148391	74484	7328	3343
滨江区	108809	56006	47011	5161	631
萧山区	188548	54786	99117	20489	14156
余杭区	84301	9860	40299	18195	15947
富阳区	34290	209	19102	7909	7070
临安区	25798		9843	11148	4807
桐庐县	28494		18914	5824	3756
淳安县	9275			5165	4110
经济技术开发区	7538		6285	860	393
西湖风景名胜区	50				50
大江东	34167		19494	10006	4667
建德市	12875		2075	4864	5936
宁波市	**763301**	**220695**	**298798**	**137562**	**106246**
海曙区	110280	57862	43979	4430	4009
江北区	89114		49756	25781	13577
北仑区	47433		23748	6709	16976
镇海区	28995	1895	14960	2406	9734
鄞州区	131998	58216	41575	24827	7380
奉化区	29258		5139	11630	12489
象山县	207478	100790	81283	19425	5980
宁海县	24023		6988	8745	8290
高新区	8592	1932	3431	1862	1367
余姚市	29254		5837	11850	11567
慈溪市	56876		22102	19897	14877
温州市	**541291**	**2962**	**275935**	**159643**	**102751**
鹿城区	101022		88325	7367	5330
龙湾区	48295		29480	12895	5920
瓯海区	51626	2962	37662	7199	3803
洞头区	15162		10284	3323	1555
永嘉县	24858		7054	8753	9051
平阳县	49515		9064	28595	11856

2-C-12 续表 1　　单位：人

地区	建筑业企业期末人数	特级	一级	二级	三级及以下
苍南县	84451		20340	35936	28175
文成县	13481		920	9861	2700
泰顺县	51295		32768	9154	9373
温州经济技术开发区	14854		7212	4218	3424
瑞安市	46174		15794	19486	10894
乐清市	40558		17032	12856	10670
嘉兴市	**232202**	**30781**	**119383**	**54374**	**27664**
南湖区	42627		31991	6148	4488
经济开发区	30846		25131	4011	1704
秀洲区	26690		19577	1789	5324
嘉善县	10354		4126	4081	2147
海盐县	12755		2710	7505	2540
海宁市	33844	12596	11291	7054	2903
平湖市	10941		3849	4697	2395
桐乡市	64145	18185	20708	19089	6163
湖州市	**198458**	**22303**	**123927**	**23971**	**28257**
吴兴区	113066	22303	77514	8851	4398
南浔区	10523		5691	1896	2936
德清县	26846		20841	3975	2030
长兴县	23244		9550	5620	8074
安吉县	18361		6270	2387	9704
开发区	6418		4061	1242	1115
绍兴市	**1686902**	**646128**	**769681**	**176544**	**94549**
越城区	244160	152811	68624	17481	5244
柯桥区	467962	192515	210213	31216	34018
上虞区	425741	245534	144141	27213	8853
新昌县	49008		13310	21569	14129
诸暨市	417371	55268	278116	60087	23900
嵊州市	82660		55277	18978	8405
金华市	**947072**	**476127**	**315531**	**83434**	**71980**
婺城区	23133		18793	2138	2202
金东区	18239		11636	2574	4029
经济技术开发区	31980		25717	2608	3655
武义县	8161		2874	3406	1881
浦江县	22289		5875	11573	4841
磐安县	68385		56306	9149	2930
兰溪市	21737		10497	4234	7006
义乌市	53647	8122	22025	11694	11806
东阳市	673030	455859	152953	32214	32004
永康市	26471	12146	8855	3844	1626

2-C-12　续表 2　　单位：人

地　区	建筑业企业期末人数	特级	一级	二级	三级及以下
衢州市	**151426**		**52558**	**65303**	**33565**
柯城区	26590		9611	12609	4370
衢江区	14269		3395	8674	2200
常山县	19044		6735	6382	5927
开化县	28778		10221	13209	5348
龙游县	22526		6162	10094	6270
江山市	27907		7411	12393	8103
西区	6464		5740	296	428
绿色产业集聚区	5848		3283	1646	919
舟山市	**87920**		**44939**	**28205**	**14776**
定海区	48370		27008	16188	5174
普陀区	24986		14781	6707	3498
岱山县	9460		3150	3072	3238
嵊泗县	3035			1581	1454
临城新区	2069			657	1412
台州市	**494987**	**105050**	**191931**	**126582**	**71424**
椒江区	80102	46067	25481	3823	4731
黄岩区	48870	16945	2571	20868	8486
路桥区	29896	5700	5051	10847	8298
三门县	41612		12529	18493	10590
天台县	28356		10411	12832	5113
仙居县	28835		19475	4418	4942
温岭市	112306	9927	68081	15929	18369
临海市	117883	26411	46741	37147	7584
玉环市	7127		1591	2225	3311
丽水市	**102237**		**17095**	**37542**	**47600**
莲都区	39282		8836	16026	14420
青田县	6369		1053	2611	2705
缙云县	7963		3536	1846	2581
遂昌县	9019			3470	5549
松阳县	8746		3603	558	4585
云和县	8289			4765	3524
庆元县	4264			599	3665
景宁畲族自治县	7870			1920	5950
龙泉市	10435		67	5747	4621

2-C-13 分地区按资质等级划分的总承包企业建筑业总产值

单位：万元

地 区	建筑业总产值	特级	一级	二级	三级及以下
全 省	**187920124**	**58305786**	**81958597**	**28396135**	**19259605**
杭州市	**36774660**	**12166813**	**18270763**	**4041553**	**2295530**
上城区	2372355	1021189	1268493	37785	44888
下城区	1699244	1037175	347774	197456	116839
江干区	2955427		2489034	391383	75011
拱墅区	2272469		1784742	345762	141966
西湖区	8581784	4895097	3144104	463325	79258
滨江区	5003616	2451037	2349469	185069	18041
萧山区	7132750	2350937	3722787	558665	500361
余杭区	2518926	406328	1105260	568946	438393
富阳区	911019	5051	424999	312719	168251
临安区	870391		380549	304553	185288
桐庐县	884298		683091	109936	91271
淳安县	314818			146938	167880
经济技术开发区	189678		123445	37462	28770
西湖风景名胜区	2995				2995
大江东	693744		315723	266808	111214
建德市	371146		131292	114748	125105
宁波市	**24548708**	**8750626**	**10224918**	**2986445**	**2586719**
海曙区	3952787	1589110	2076079	171079	116520
江北区	2215321		1663640	346322	205359
北仑区	887534		556203	163991	167340
镇海区	2053458	822217	813953	51313	365976
鄞州区	4199716	1826845	1434028	650630	288213
奉化区	862720		171064	418848	272808
象山县	6943523	4264381	2202008	350460	126675
宁海县	933435		276005	258930	398500
高新区	835975	248073	457724	66096	64083
余姚市	595890		121005	208815	266070
慈溪市	1068348		453211	299962	315175
温州市	**12944648**	**123326**	**6307785**	**3982966**	**2530571**
鹿城区	2640329		2116113	279710	244506
龙湾区	1186932		648527	395222	143183
瓯海区	964586	123326	540988	198346	101926
洞头区	667397		366072	248127	53198
永嘉县	513375		120666	209770	182939
平阳县	1300858		155631	792302	352925

2-C-13　续表 1

单位：万元

地　区	建筑业总产值				
		特级	一级	二级	三级及以下
苍南县	1773217		515905	754379	502933
文成县	273229		33105	131740	108384
泰顺县	1180133		819049	151525	209559
温州经济技术开发区	440053		223826	95116	121111
瑞安市	1030064		368964	404928	256173
乐清市	974476		398939	321802	253735
嘉兴市	**10818227**	**1897653**	**4918231**	**2576760**	**1425583**
南湖区	1628441		1052048	327553	248840
经济开发区	1110208		928230	95617	86362
秀洲区	1007281		529642	215811	261827
嘉善县	489274		164262	223110	101902
海盐县	511988		80755	312325	118908
海宁市	2501038	877812	919787	515002	188438
平湖市	700877		392140	149256	159481
桐乡市	2869121	1019841	851367	738086	259826
湖州市	**7484563**	**1259974**	**4195169**	**1008057**	**1021363**
吴兴区	4680088	1259974	2827904	452945	139265
南浔区	349058		157844	82914	108300
德清县	837267		604752	139542	92973
长兴县	837832		306701	207971	323161
安吉县	473017		130847	58879	283290
开发区	307301		167120	65806	74375
绍兴市	**47948850**	**16722325**	**23576781**	**4799339**	**2850406**
越城区	7001172	4157637	2168105	519702	155729
柯桥区	14596909	5553417	6885441	1004544	1153507
上虞区	9695522	5572089	3193117	661210	269106
新昌县	1170480		255094	475944	439442
诸暨市	13487538	1439183	9724443	1694766	629146
嵊州市	1997230		1350581	443173	203476
金华市	**26423231**	**14466970**	**7442143**	**2443006**	**2071112**
婺城区	1028690		872124	87781	68785
金东区	631848		360989	98419	172440
经济技术开发区	1021873		813161	92095	116617
武义县	260749		101781	116534	42434
浦江县	525714		90920	337092	97703
磐安县	1723995		1426017	227476	70502
兰溪市	553053		265549	104362	183143
义乌市	1736960	451324	601931	266213	417493
东阳市	18172432	13637122	2647667	1038946	848698
永康市	767916	378524	262005	74089	53299

2-C-13 续表 2 单位：万元

地 区	建筑业总产值				
		特级	一级	二级	三级及以下
衢州市	**3737086**		**1190178**	**1675806**	**871101**
柯城区	623074		151707	351370	119997
衢江区	395272		28059	253499	113714
常山县	430346		148511	176788	105047
开化县	819450		285740	387641	146070
龙游县	467892		93358	235658	138876
江山市	622794		195933	220888	205973
西区	255342		232552	9136	13653
绿色产业集聚区	122917		54318	40828	27771
舟山市	**2970648**		**1497677**	**913641**	**559330**
定海区	1652296		947806	541295	163194
普陀区	715884		466241	159613	90030
岱山县	326906		83630	149022	94254
嵊泗县	70630			22447	48183
临城新区	204932			41263	163669
台州市	**11395447**	**2918099**	**3795539**	**2932785**	**1749024**
椒江区	2257952	1017589	907240	134729	198394
黄岩区	1131765	420580	87207	420960	203017
路桥区	923412	395120	83281	229913	215099
三门县	1060096		283491	511755	264850
天台县	554104		228448	220908	104748
仙居县	938120		628230	131272	178617
温岭市	1926066	377607	958753	304571	285135
临海市	2414723	707203	598123	932343	177054
玉环市	189209		20768	46332	122109
丽水市	**2874059**		**539414**	**1035779**	**1298866**
莲都区	1069184		202119	514244	352821
青田县	270431		81432	104150	84850
缙云县	300138		142980	50967	106191
遂昌县	214336			80552	133783
松阳县	250037		110050	18028	121960
云和县	118784			48595	70189
庆元县	121948			37323	84626
景宁畲族自治县	216098			48208	167890
龙泉市	313103		2834	133713	176557

2-C-14　分地区按资质等级划分的总承包企业签订合同额

单位：万元

地　区	签订合同额	特级	一级	二级	三级及以下
全　省	**389523473**	**140077343**	**169530008**	**49322910**	**30593212**
杭州市	**76974350**	**29818046**	**35892454**	**7341349**	**3922501**
上城区	4883796	2549506	2211254	69142	53895
下城区	4942477	3437393	636648	422182	446255
江干区	6765912		5918617	738609	108686
拱墅区	4638685		3648023	765040	225622
西湖区	19378848	11370522	7014169	851607	142551
滨江区	12098112	8126353	3719409	225449	26901
萧山区	11180694	2958582	6257978	1063629	900505
余杭区	5612537	1365887	2456454	1089316	700880
富阳区	1627791	9805	743936	602223	271827
临安区	1289093		534795	492930	261367
桐庐县	1614490		1282558	188365	143566
淳安县	439775			218729	221045
经济技术开发区	352108		268348	47480	36280
西湖风景名胜区	1500				1500
大江东	1328268		823079	355296	149892
建德市	820266		377187	211351	231727
宁波市	**60245369**	**24500427**	**26282686**	**5542467**	**3919789**
海曙区	8497565	3020376	4885100	442397	149692
江北区	5331428		4395155	518435	417838
北仑区	1721373		1164599	284869	271905
镇海区	4488979	1623597	2374446	108574	382362
鄞州区	8715817	3858224	3266490	1226217	364887
奉化区	1458550		277877	614169	566505
象山县	21652118	14686537	5992009	762874	210698
宁海县	1660019		555820	519759	584440
高新区	3545512	1311693	2051812	99188	82819
余姚市	1114875		358284	354705	401887
慈溪市	2059130		961095	611279	486756
温州市	**28522415**	**632283**	**15529896**	**7919077**	**4441159**
鹿城区	7205173		5929726	555284	720163
龙湾区	2734873		1809535	644300	281038
瓯海区	2689921	632283	1551707	330321	175611
洞头区	1753126		879094	796456	77576
永嘉县	1041510		381312	387330	272868
平阳县	2431403		379253	1449476	602674

2-C-14 续表 1 单位：万元

地 区	签订合同额				
		特级	一级	二级	三级及以下
苍南县	2580304		605916	1263217	711171
文成县	414097		74403	184032	155662
泰顺县	2177818		1598716	243835	335268
温州经济技术开发区	1097644		541369	302453	253822
瑞安市	2658245		1138881	1058314	461050
乐清市	1738302		639986	704058	394258
嘉兴市	**17125325**	**3077102**	**7954603**	**3788742**	**2304877**
南湖区	2198185		1426857	332315	439014
经济开发区	1613926		1320000	168650	125276
秀洲区	2169518		1462360	320434	386724
嘉善县	937898		367093	417993	152812
海盐县	901408		146532	565339	189537
海宁市	3659474	1381525	1302524	712805	262620
平湖市	1257185		741951	191165	324069
桐乡市	4387730	1695577	1187287	1080041	424826
湖州市	**11765346**	**1836624**	**6852746**	**1603199**	**1472778**
吴兴区	7074701	1836624	4362317	643840	231922
南浔区	759138		396489	192727	169923
德清县	1482530		1072589	252668	157274
长兴县	1226514		546084	308921	371509
安吉县	731090		160163	112411	458515
开发区	491373		315104	92632	83637
绍兴市	**93084070**	**33359251**	**46497451**	**8840781**	**4386587**
越城区	14898937	9488521	4255713	919967	234736
柯桥区	29983250	11555759	14963158	1602041	1862292
上虞区	16911112	9647625	6009854	888268	365365
新昌县	1813548		338813	878166	596569
诸暨市	25480049	2667345	17844571	3999847	968286
嵊州市	3997174		3085342	552493	359339
金华市	**61879938**	**39264264**	**15510934**	**4052623**	**3052116**
婺城区	1711266		1469277	136761	105228
金东区	885001		577037	82296	225668
经济技术开发区	1539898		1269077	121540	149281
武义县	473308		235171	162589	75549
浦江县	847488		197803	506689	142996
磐安县	3234876		2707042	420335	107498
兰溪市	936081		469728	205149	261204
义乌市	3219447	981068	1048431	436493	753455
东阳市	47663380	37720668	6948831	1850110	1143771
永康市	1369193	562528	588537	130661	87466

2-C-14　续表 2　　　　单位：万元

地　区	签订合同额	特级	一级	二级	三级及以下
衢州市	**5991567**		**2017597**	**2514931**	**1459040**
柯城区	938895		284510	459087	195298
衢江区	759391		58897	477564	222930
常山县	768974		203478	311725	253771
开化县	1080347		367273	504980	208094
龙游县	713003		178524	342102	192376
江山市	1021799		341579	356027	324193
西区	379707		348318	11767	19622
绿色产业集聚区	329452		235017	51677	42757
舟山市	**4739294**		**2437553**	**1481867**	**819874**
定海区	2692835		1722241	763873	206722
普陀区	1076195		612609	336107	127479
岱山县	539824		102703	293339	143783
嵊泗县	132017			39408	92610
临城新区	298422			49142	249280
台州市	**23571577**	**7589348**	**8722002**	**4438930**	**2821297**
椒江区	5459568	2357667	2508423	225933	367545
黄岩区	2276336	1133583	264731	617871	260151
路桥区	2891026	2018329	327436	265164	280098
三门县	1610988		636182	657589	317217
天台县	927595		456107	332689	138798
仙居县	1988891		1528212	155124	305555
温岭市	4208908	819672	2067790	689768	631678
临海市	3828484	1260097	904102	1427225	237061
玉环市	379781		29020	67567	283194
丽水市	**5624224**		**1832086**	**1798945**	**1993192**
莲都区	1965311		574203	807312	583796
青田县	740870		397973	191398	151498
缙云县	595989		359851	88894	147243
遂昌县	305228			125665	179563
松阳县	709545		487018	50324	172203
云和县	257359			136063	121296
庆元县	258986			99903	159083
景宁畲族自治县	279385			83478	195907
龙泉市	511553		13041	215908	282604

2-C-15 分地区按资质等级划分的总承包企业竣工产值

单位：万元

地区	竣工产值				
		特级	一级	二级	三级及以下
全 省	**114722248**	**38582216**	**46000004**	**18506520**	**11633507**
杭州市	**18538806**	**5187017**	**9103925**	**2771595**	**1476269**
上城区	1203994	613435	561376		29182
下城区	580467	202033	167771	93222	117441
江干区	1604982		1185540	367850	51593
拱墅区	1158682		900281	191282	67119
西湖区	3828357	2454997	1045584	258381	69395
滨江区	2162656	1076071	1007351	67967	11267
萧山区	3471532	714471	2089153	383183	284726
余杭区	1927024	121977	1033477	458230	313341
富阳区	788922	4034	288750	372234	123904
临安区	358675		163957	149160	45558
桐庐县	382512		274615	47410	60487
淳安县	216984			106644	110340
经济技术开发区	94299		51382	24909	18008
西湖风景名胜区	3068				3068
大江东	560633		287271	185967	87395
建德市	196020		47419	65157	83444
宁波市	**15376340**	**5909463**	**6002653**	**1879630**	**1584595**
海曙区	2032233	772429	1137036	90858	31909
江北区	1810612		1414952	309561	86099
北仑区	441741		258503	81716	101523
镇海区	858203	211500	348502	35834	262367
鄞州区	2216632	969503	794219	282194	170716
奉化区	557029		114501	225336	217192
象山县	5718917	3901102	1439962	273811	104042
宁海县	388260		126616	93517	168127
高新区	179028	54928	36346	57355	30399
余姚市	373745		65175	146381	162189
慈溪市	799942		266842	283067	250033
温州市	**7911924**		**4292976**	**2383633**	**1235316**
鹿城区	1660977		1375407	197786	87784
龙湾区	779253		425336	264989	88928
瓯海区	835836		692834	103960	39043
洞头区	13872			1168	12704
永嘉县	427018		161644	146601	118774
平阳县	945738		132528	579661	233549

2-C-15　续表 1　　单位：万元

地　区	竣工产值	特级	一级	二级	三级及以下
苍南县	846437		249164	438917	158356
文成县	126308			76189	50120
泰顺县	753342		534170	104079	115094
温州经济技术开发区	320046		135913	72920	111213
瑞安市	665068		330789	258848	75432
乐清市	538029		255191	138516	144322
嘉兴市	**7158106**	**1269084**	**3306875**	**1697078**	**885069**
南湖区	1221828		818019	182493	221316
经济开发区	810540		635778	116329	58432
秀洲区	544239		280680	93502	170057
嘉善县	346905		142303	138179	66423
海盐县	379969		69520	257834	52614
海宁市	1216075	530993	337880	277588	69615
平湖市	429981		248178	84155	97648
桐乡市	2208569	738091	774517	546998	148964
湖州市	**4331056**	**973868**	**1998718**	**716557**	**641913**
吴兴区	2613570	973868	1208267	329587	101849
南浔区	191324		65748	79313	46263
德清县	590241		456019	72798	61424
长兴县	517441		150370	146585	220487
安吉县	304218		72286	43413	188519
开发区	114262		46028	44862	23372
绍兴市	**30908125**	**13765527**	**11988132**	**3418029**	**1736438**
越城区	4976984	3442912	1017793	433059	83220
柯桥区	10042752	4417792	3996855	816731	811374
上虞区	7497801	5009711	1884960	453025	150105
新昌县	665702		114134	323138	228430
诸暨市	6283390	895112	4003365	1089792	295121
嵊州市	1441497		971024	302285	168188
金华市	**15586193**	**8482142**	**4617773**	**1202382**	**1283896**
婺城区	695111		598606	60721	35784
金东区	206752		92584	38977	75192
经济技术开发区	477823		347575	48770	81479
武义县	127048		36567	55551	34931
浦江县	256796		47455	121003	88338
磐安县	740901		592052	115534	33315
兰溪市	338125		170395	59510	108221
义乌市	1017244	97972	448235	179273	291763
东阳市	11320580	8166280	2179272	486857	488171
永康市	405812	217890	105033	36186	46703

2-C-15 续表 2

单位：万元

地　区	竣工产值				
		特级	一级	二级	三级及以下
衢州市	**2494242**		**664495**	**1288051**	**541697**
柯城区	443522		93562	249503	100457
衢江区	205544		5128	140549	59867
常山县	368497		121803	170981	75714
开化县	566714		147578	289997	129139
龙游县	398018		89896	217472	90650
江山市	395405		132638	180483	82284
西区	50215		43890	6326	
绿色产业集聚区	66326		30000	32740	3586
舟山市	**1931694**		**926892**	**610146**	**394657**
定海区	1271797		740038	415786	115974
普陀区	262784		104559	109181	49045
岱山县	179719		82295	23107	74317
嵊泗县	43187			18008	25179
临城新区	174207			44064	130143
台州市	**8791262**	**2995116**	**2850679**	**1940598**	**1004869**
椒江区	2098537	1065469	914851	47882	70335
黄岩区	611217	82142	48999	399542	80535
路桥区	511706	121026	50332	161624	178723
三门县	712327		186649	316400	209278
天台县	321030		97131	158741	65158
仙居县	365513		180108	97114	88292
温岭市	1949966	837019	657646	297179	158123
临海市	2096695	889461	695758	420804	90672
玉环市	124271		19205	41313	63753
丽水市	**1694499**		**246888**	**598822**	**848789**
莲都区	646320		83359	323195	239766
青田县	199845		81432	52377	66036
缙云县	126368		15090	33255	78023
遂昌县	138756			34232	104524
松阳县	137804		67008	11211	59584
云和县	92524			50417	42107
庆元县	77716			9705	68010
景宁畲族自治县	97552			34845	62707
龙泉市	177616			49583	128032

2-C-16　分地区按资质等级划分的总承包企业房屋施工面积

单位：万平方米

地　区	房屋施工面积				
		特级	一级	二级	三级及以下
全　省	**172604**	**76751**	**67941**	**17995**	**9917**
杭州市	**25692**	**9589**	**12883**	**2376**	**843**
上城区	1522	1195	308		20
下城区	102	5		72	26
江干区	2547		2376	142	29
拱墅区	1674		1250	389	36
西湖区	7665	5243	2240	134	49
滨江区	792	285	460	46	
萧山区	4896	2100	2338	279	179
余杭区	2568	760	1365	294	150
富阳区	694	3	354	271	66
临安区	580		261	277	42
桐庐县	973		892	60	21
淳安县	126			89	36
经济技术开发区	160		149	11	
西湖风景名胜区	2				2
大江东	1122		755	251	116
建德市	269		135	62	72
宁波市	**19250**	**8054**	**7956**	**2018**	**1223**
海曙区	2570	1164	1388	6	12
江北区	3042		2730	181	131
北仑区	466		270	157	39
镇海区	1261	679	443		139
鄞州区	2920	1494	1068	312	46
奉化区	537		91	199	248
象山县	6058	4715	932	348	64
宁海县	665		213	291	161
高新区	25	2	1	15	8
余姚市	586		210	183	193
慈溪市	1120		610	327	183
温州市	**10631**	**245**	**6497**	**2615**	**1274**
鹿城区	2432		2057	224	151
龙湾区	1184		875	185	125
瓯海区	1452	245	1030	118	59
洞头区	418		131	254	33
永嘉县	270		97	94	79
平阳县	759		92	393	274

2-C-16 续表 1 单位：万平方米

地　区	房屋施工面积				
		特级	一级	二级	三级及以下
苍南县	260			150	111
文成县	98		7	55	36
泰顺县	865		744	73	48
温州经济技术开发区	490		277	178	35
瑞安市	1403		569	690	144
乐清市	1001		619	201	181
嘉兴市	**8112**	**1729**	**4082**	**1613**	**689**
南湖区	1086		830	166	91
经济开发区	882		672	98	112
秀洲区	723		613	81	29
嘉善县	453		217	157	80
海盐县	303		105	140	57
海宁市	1898	810	684	331	72
平湖市	521		323	130	68
桐乡市	2247	919	638	510	181
湖州市	**3919**	**348**	**2410**	**676**	**484**
吴兴区	2068	348	1504	166	50
南浔区	247		52	115	80
德清县	746		553	138	55
长兴县	393		174	124	96
安吉县	330		76	60	194
开发区	135		51	74	10
绍兴市	**47092**	**21839**	**20412**	**3078**	**1763**
越城区	6481	4946	1286	187	62
柯桥区	13356	6309	5452	880	714
上虞区	9415	6367	2635	307	106
新昌县	968		339	371	258
诸暨市	15525	4217	9854	1069	385
嵊州市	1348		846	263	238
金华市	**41586**	**30856**	**7823**	**1673**	**1234**
婺城区	1354		1320	25	9
金东区	187		48	68	70
经济技术开发区	143		92	10	41
武义县	175		80	64	31
浦江县	349		149	145	56
磐安县	2365		2075	267	24
兰溪市	346		175	79	93
义乌市	1413	611	411	195	196
东阳市	34596	29904	3254	774	664
永康市	658	340	219	48	51

2-C-16 续表 2 单位：万平方米

地 区	房屋施工面积	特级	一级	二级	三级及以下
衢州市	**1918**		**662**	**941**	**316**
柯城区	170		42	93	35
衢江区	120		16	84	20
常山县	268		86	169	13
开化县	436		99	240	97
龙游县	255		90	102	63
江山市	590		269	245	76
西区	65		60	4	1
绿色产业集聚区	14			4	11
舟山市	**1369**		**974**	**275**	**120**
定海区	758		569	153	35
普陀区	384		312	49	23
岱山县	157		93	34	30
嵊泗县	42			32	10
临城新区	29			6	22
台州市	**11359**	**4091**	**3778**	**2190**	**1301**
椒江区	2922	1162	1518	76	166
黄岩区	2065	1262	183	455	166
路桥区	312	28	14	141	130
三门县	790		216	442	132
天台县	328		74	182	72
仙居县	360		151	103	106
温岭市	2419	721	1005	376	318
临海市	2027	918	605	393	111
玉环市	136		13	22	101
丽水市	**1676**		**466**	**540**	**671**
莲都区	747		235	254	259
青田县	163		20	95	48
缙云县	209		115	39	55
遂昌县	64			28	36
松阳县	138		95		43
云和县	139			68	71
庆元县	58			11	48
景宁畲族自治县	70			20	49
龙泉市	88			26	63

2-C-17 分地区按资质等级划分的总承包企业自由施工机械设备台数

单位：台

地 区	总台数	特级	一级	二级	三级及以下
全 省	**1865149**	**111818**	**433210**	**175236**	**1144885**
杭州市	**114964**	**9363**	**66405**	**24837**	**14359**
上城区	3822	252	3247		323
下城区	4344	1174	502	2341	327
江干区	14722		12298	1995	429
拱墅区	6523		4138	1411	974
西湖区	9670	919	5998	1809	944
滨江区	12486	5116	6451	773	146
萧山区	26404	1747	18646	3269	2742
余杭区	11935	20	5873	3130	2912
富阳区	6178	135	3426	1547	1070
临安区	5173		1801	2174	1198
桐庐县	4177		1644	1674	859
淳安县	2503			1546	957
经济技术开发区	1251		1038	125	88
西湖风景名胜区					
大江东	3992		1068	2451	473
建德市	1784		275	592	917
宁波市	**156281**	**13393**	**110962**	**16395**	**15531**
海曙区	5976	695	4085	624	572
江北区	6277		5198	537	542
北仑区	6713		3321	1693	1699
镇海区	18587	3250	11761	1398	2178
鄞州区	8688	1869	3443	1322	2054
奉化区	3417		516	1775	1126
象山县	86197	6351	75647	2842	1357
宁海县	6234		2704	1467	2063
高新区	2462	1228	251	584	399
余姚市	6260		1744	2288	2228
慈溪市	5470		2292	1865	1313
奉化市					
温州市	**1074862**		**21777**	**20072**	**1033013**
鹿城区	6491		4959	944	588
龙湾区	4491		3239	1089	163
瓯海区	8383		6450	1499	434
洞头区	741			262	479
永嘉县	1025843		559	1784	1023500

2-C-17　续表 1　　　　单位：台

地　区	总台数				
		特级	一级	二级	三级及以下
平阳县	6293		959	3541	1793
苍南县	9377		1298	5523	2556
文成县	772			260	512
泰顺县	2701		1263	655	783
温州经济技术开发区	2274		983	1004	287
瑞安市	4136		751	2072	1313
乐清市	3360		1316	1439	605
嘉兴市	**41922**	**4050**	**17672**	**14156**	**6044**
南湖区	3998		1783	1073	1142
经济开发区	3406		2312	566	528
秀洲区	4817		2883	1148	786
嘉善县	1667		425	846	396
海盐县	2937		922	1211	804
海宁市	4588	425	867	2954	342
平湖市	2920		1294	1024	602
桐乡市	17589	3625	7186	5334	1444
湖州市	**23209**	**1593**	**8405**	**4856**	**8355**
吴兴区	7587	1593	3853	1170	971
南浔区	5767		654	402	4711
德清县	3386		1997	990	399
长兴县	3186		448	1377	1361
安吉县	2381		996	715	670
开发区	902		457	202	243
绍兴市	**239458**	**56623**	**133683**	**30198**	**18954**
越城区	25964	9864	10607	4483	1010
柯桥区	89909	26574	49020	4332	9983
上虞区	42500	18199	17184	5466	1651
新昌县	9257		4089	3253	1915
诸暨市	58136	1986	45048	7727	3375
嵊州市	13692		7735	4937	1020
金华市	**99732**	**22590**	**39192**	**18661**	**19289**
婺城区	3276		1996	649	631
金东区	2330		947	542	841
经济技术开发区	4212		2604	565	1043
武义县	1472		416	746	310
浦江县	2904		750	966	1188
磐安县	7354		4087	2274	993
兰溪市	5622		1939	1637	2046
义乌市	11464	1171	4264	2115	3914
东阳市	57079	20072	21474	7561	7972
永康市	4019	1347	715	1606	351

2-C-17 续表 2 单位：台

地 区	总台数	特级	一级	二级	三级及以下
衢州市	**20411**		**5008**	**10962**	**4441**
柯城区	2864		891	1182	791
衢江区	1902		296	1192	414
常山县	1176		585	125	466
开化县	6727		1199	4234	1294
龙游县	4293		737	2735	821
江山市	2362		767	1096	499
西区	655		466	136	53
绿色产业集聚区	432		67	262	103
舟山市	**10058**		**4318**	**3247**	**2493**
定海区	6666		3562	2098	1006
普陀区	1753		354	612	787
岱山县	866		402	262	202
嵊泗县	210			90	120
临城新区	563			185	378
台州市	**66114**	**4206**	**23899**	**26449**	**11560**
椒江区	6593	982	3050	2033	528
黄岩区	10193	349	6028	2792	1024
路桥区	4708	485	166	2789	1268
三门县	10387		2312	6221	1854
天台县	3215		1178	1232	805
仙居县	7775		4792	2340	643
温岭市	12533	718	4664	3907	3244
临海市	9000	1672	1416	4438	1474
玉环市	1710		293	697	720
丽水市	**18138**		**1889**	**5403**	**10846**
莲都区	10206		849	3049	6308
青田县	466			113	353
缙云县	1494		387	527	580
遂昌县	500			210	290
松阳县	1066		653		413
云和县	733			368	365
庆元县	1083			243	840
景宁畲族自治县	1158			190	968
龙泉市	1432			703	729

2-C-18 分地区按资质等级划分的总承包企业自由施工机械设备总功率

单位：万千瓦

地 区	总功率	特级	一级	二级	三级及以下
全 省	**1705.0**	**230.2**	**755.6**	**408.0**	**311.3**
杭州市	**252.3**	**21.9**	**128.5**	**55.7**	**46.3**
上城区	6.5	0.8	3.3		2.4
下城区	16.6	8.8	3.8	3.3	0.8
江干区	15.8		10.5	4.7	0.5
拱墅区	22.0		17.2	1.8	3.1
西湖区	25.1	3.8	14.2	3.0	4.1
滨江区	26.1	7.3	15.5	2.9	0.3
萧山区	58.3	0.7	39.7	8.2	9.6
余杭区	25.4	0.1	10.1	8.7	6.5
富阳区	14.3	0.3	7.0	4.4	2.6
临安区	10.9		2.1	4.2	4.7
桐庐县	7.9		2.2	2.8	2.9
淳安县	6.8			3.8	3.1
经济技术开发区	2.8		1.1	1.3	0.4
西湖风景名胜区					
大江东	9.5		1.4	5.8	2.3
建德市	4.4		0.4	0.8	3.2
宁波市	**187.3**	**30.8**	**78.2**	**39.8**	**38.4**
海曙区	19.9	6.9	8.6	2.3	2.0
江北区	9.4		5.9	0.8	2.6
北仑区	12.7		3.9	4.7	4.1
镇海区	28.5	1.7	17.1	2.6	7.2
鄞州区	22.3	6.6	9.1	3.7	2.9
奉化区	7.1		0.7	3.1	3.3
象山县	34.2	13.4	12.6	6.8	1.4
宁海县	15.1		6.2	3.8	5.1
高新区	7.0	2.3	2.4	2.1	0.1
余姚市	11.8		3.1	4.5	4.1
慈溪市	19.3		8.6	5.3	5.5
温州市	**133.7**		**48.0**	**58.5**	**27.2**
鹿城区	23.0		17.5	4.0	1.4
龙湾区	9.8		5.7	3.5	0.6
瓯海区	8.7		5.7	1.9	1.0
洞头区	1.9			1.4	0.5
永嘉县	6.1		1.1	2.3	2.7
平阳县	23.1		3.5	16.0	3.6

2-C-18 续表 1 单位：万千瓦

地 区	总功率				
		特级	一级	二级	三级及以下
苍南县	26.8		2.4	16.0	8.3
文成县	1.1			0.2	0.9
泰顺县	7.4		3.1	1.7	2.6
温州经济技术开发区	6.1		4.1	1.0	1.0
瑞安市	11.8		2.1	6.4	3.3
乐清市	7.8		2.6	4.1	1.2
嘉兴市	**89.4**	**14.5**	**32.5**	**28.7**	**13.7**
南湖区	12.5		8.6	2.0	1.9
经济开发区	5.9		2.6	2.0	1.2
秀洲区	10.0		4.2	3.2	2.5
嘉善县	3.1		0.5	1.8	0.8
海盐县	7.6		1.9	2.8	2.8
海宁市	12.1	0.6	4.0	6.5	0.9
平湖市	4.9		2.7	1.4	0.8
桐乡市	33.5	13.9	7.9	8.9	2.8
湖州市	**47.4**	**6.4**	**23.3**	**9.7**	**8.0**
市辖区					
吴兴区	24.1	6.4	15.2	1.6	0.9
南浔区	2.4		1.0	0.6	0.8
德清县	5.5		2.0	2.3	1.2
长兴县	7.3		1.7	2.6	3.0
安吉县	6.5		2.5	2.1	1.9
开发区	1.7		0.9	0.5	0.2
绍兴市	**480.7**	**103.9**	**283.0**	**58.3**	**35.6**
越城区	56.5	18.7	27.7	6.5	3.6
柯桥区	169.5	32.9	113.2	8.6	14.8
上虞区	96.8	33.5	48.5	10.5	4.2
新昌县	24.5		13.6	5.8	5.2
诸暨市	113.1	18.7	69.4	19.1	6.0
嵊州市	20.4		10.8	7.8	1.8
金华市	**224.7**	**36.6**	**89.2**	**48.3**	**50.6**
婺城区	10.8		5.0	1.0	4.9
金东区	9.1		4.5	1.9	2.6
经济技术开发区	16.6		12.3	2.6	1.7
武义县	3.3		1.2	1.8	0.3
浦江县	5.9		1.6	2.0	2.3
磐安县	9.1		3.8	4.0	1.3
兰溪市	14.6		3.8	5.1	5.8
义乌市	31.6	1.2	10.9	7.9	11.6
东阳市	111.2	31.1	42.9	18.7	18.6
永康市	12.4	4.4	3.2	3.3	1.5

2-C-18　续表 2　　单位：万千瓦

地　区	总功率	特级	一级	二级	三级及以下
衢州市	**63.0**		**17.5**	**33.0**	**12.6**
柯城区	6.0		1.3	3.3	1.4
衢江区	9.8		1.6	7.7	0.6
常山县	2.7		1.0	1.1	0.5
开化县	20.4		5.9	10.1	4.4
龙游县	10.3		2.0	5.1	3.2
江山市	8.0		2.3	4.1	1.6
西区	4.0		2.7	0.8	0.5
绿色产业集聚区	1.8		0.6	0.8	0.3
舟山市	**24.7**		**11.0**	**8.2**	**5.5**
定海区	15.0		8.0	4.9	2.1
普陀区	5.8		2.1	1.8	1.8
岱山县	2.4		0.8	0.8	0.8
嵊泗县	0.5			0.2	0.3
临城新区	0.9			0.5	0.5
台州市	**169.1**	**16.0**	**42.4**	**52.1**	**58.6**
椒江区	9.8	1.2	6.7	0.9	0.9
黄岩区	13.6	2.2	3.0	6.0	2.5
路桥区	9.2	3.5	0.5	3.0	2.1
三门县	19.9		2.7	11.4	5.8
天台县	36.6		3.5	2.9	30.2
仙居县	12.5		8.6	1.5	2.4
温岭市	32.4	2.3	13.8	9.5	6.9
临海市	26.6	6.9	2.9	13.5	3.4
玉环市	8.5		0.8	3.3	4.5
丽水市	**32.6**		**2.1**	**15.8**	**14.7**
莲都区	14.0		1.0	9.4	3.6
青田县	1.1			0.3	0.8
缙云县	2.5		0.1	1.0	1.4
遂昌县	1.8				1.8
松阳县	2.2		0.9		1.2
云和县	2.4			0.7	1.7
庆元县	1.1				1.1
景宁畲族自治县	2.8			1.0	1.8
龙泉市	4.8			3.4	1.4

2-C-19 分地区按资质等级划分的总承包企业资产

单位：万元

地 区	资产总计				
		特级	一级	二级	三级及以下
全 省	**118723174**	**38508476**	**47385203**	**18851532**	**13977963**
杭州市	**29526721**	**9715424**	**13605194**	**3876665**	**2329437**
上城区	2183711	748323	1284589	108200	42599
下城区	1398841	775441	276002	200938	146460
江干区	2507288		2053108	386382	67799
拱墅区	1827754		1332363	337338	158053
西湖区	6325025	4053252	1906400	271967	93407
滨江区	5306651	3210102	1910589	150047	35913
萧山区	4134221	491258	2605321	497728	539914
余杭区	2233831	434040	872094	580768	346930
富阳区	1152729	3007	536808	382413	230501
临安区	837663		345116	295540	197007
桐庐县	505519		240357	192281	72882
淳安县	276902			142411	134490
经济技术开发区	135926		61887	33931	40108
西湖风景名胜区	5452				5452
大江东	410955		131272	180146	99538
建德市	284253		49290	116576	118386
宁波市	**22734660**	**9407690**	**8277587**	**2910093**	**2139290**
海曙区	2297079	850476	1244540	116702	85362
江北区	1013621		804958	102446	106218
北仑区	1090203		752193	105532	232478
镇海区	1906824	688467	860037	166147	192173
鄞州区	3216029	1071667	957867	958620	227875
奉化区	599016		99416	327742	171858
象山县	8046983	6037693	1556625	362784	89881
宁海县	964848		221984	226356	516508
高新区	2008900	759387	1125044	52778	71691
余姚市	700985		287643	198095	215247
慈溪市	890173		367280	292892	230001
温州市	**7291565**	**47430**	**3756188**	**2041211**	**1446735**
鹿城区	1828892		1497843	208815	122234
龙湾区	606605		309176	207580	89849
瓯海区	638200	47430	402203	84963	103603
洞头区	319080		133452	142508	43120
永嘉县	447660		129602	112791	205267
平阳县	412582		88265	155315	169003

2-C-19　续表 1

单位：万元

地　区	资产总计				
		特级	一级	二级	三级及以下
苍南县	590620		162963	248507	179150
文成县	165651		3983	110233	51435
泰顺县	970397		598891	255481	116025
温州经济技术开发区	331892		93293	117822	120777
瑞安市	616573		245678	227367	143528
乐清市	363413		90840	169829	102745
嘉兴市	**5433089**	**903517**	**2203658**	**1322782**	**1003133**
南湖区	896583		417336	255437	223809
经济开发区	456560		369454	54393	32713
秀洲区	507376		284236	84893	138247
嘉善县	170406		37195	91673	41539
海盐县	465231		96556	281542	87133
海宁市	1217304	386653	463123	194947	172580
平湖市	553286		287890	93234	172163
桐乡市	1166343	516864	247867	266663	134949
湖州市	**3895802**	**405653**	**1908917**	**683195**	**898037**
吴兴区	1956200	405653	1127402	306224	116921
南浔区	176944		66352	39039	71553
德清县	477592		337912	73885	65795
长兴县	459978		106681	167105	186192
安吉县	556335		164329	52058	339949
开发区	268754		106242	44884	117628
绍兴市	**18677718**	**6367300**	**8004937**	**2559523**	**1745958**
越城区	2895110	1003753	1239501	526309	125548
柯桥区	5099016	2437479	1766641	476258	418639
上虞区	4919307	2466390	1560824	472801	419292
新昌县	444408		155917	181282	107209
诸暨市	4374006	459678	2746346	616222	551759
嵊州市	945871		535709	286652	123511
金华市	**17709559**	**9180209**	**5187551**	**1802548**	**1539251**
婺城区	898329		749987	65452	82890
金东区	402512		209723	64892	127897
经济技术开发区	662033		458656	106070	97307
武义县	214859		106766	75185	32908
浦江县	610468		159221	362894	88354
磐安县	938935		661659	212363	64912
兰溪市	386457		174895	97107	114455
义乌市	1343334	229972	381169	259346	472848
东阳市	11813303	8786885	2138422	485498	402497
永康市	439330	163352	147052	73742	55184

2-C-19 续表 2

单位：万元

地 区	资产总计				
		特级	一级	二级	三级及以下
衢州市	**2247823**		**821931**	**906089**	**519804**
柯城区	478508		212680	201295	64533
衢江区	236858		42947	143255	50656
常山县	277291		55981	124221	97089
开化县	295484		96771	127139	71574
龙游县	250360		53315	121949	75095
江山市	394672		103835	154448	136390
西区	212287		202976	6224	3087
绿色产业集聚区	102362		53425	27556	21380
市本级					
舟山市	**1980487**		**964237**	**591363**	**424887**
定海区	1161944		761235	252788	147921
普陀区	387127		172160	156692	58275
岱山县	201326		30841	94148	76337
嵊泗县	45345			15313	30032
临城新区	184744			72422	112322
台州市	**7516092**	**2481254**	**2381011**	**1592917**	**1060910**
椒江区	1387890	551318	480396	119379	236797
黄岩区	643205	169272	110509	255367	108057
路桥区	1164759	891396	49984	131880	91499
三门县	545970		198639	249326	98005
天台县	277792		165708	82500	29584
仙居县	334508		215185	39441	79882
温岭市	1482254	290111	795493	234292	162358
临海市	1512716	579157	336162	453502	143894
玉环市	166999		28936	27230	110833
丽水市	**1709660**		**273992**	**565146**	**870522**
莲都区	527834		107776	216901	203157
青田县	208384		49057	57366	101961
缙云县	169776		48053	38486	83237
遂昌县	103827			33447	70381
松阳县	171774		61697	12068	98009
云和县	121450			53515	67935
庆元县	106893			23274	83619
景宁畲族自治县	114148			32902	81245
龙泉市	185574		7410	97188	80977

2-C-20 分地区按资质等级划分的总承包企业所有者权益

单位：万元

地区	所有者权益合计	特级	一级	二级	三级及以下
全省	**45280833**	**12011350**	**18705061**	**8268446**	**6295976**
杭州市	**9563441**	**2309785**	**4466844**	**1641409**	**1145404**
上城区	466606	45142	348289	53051	20125
下城区	346395	151670	57305	80071	57348
江干区	879614		666335	173305	39974
拱墅区	625564		388869	140142	96553
西湖区	1572930	872457	519852	124163	56459
滨江区	1349876	825907	407599	90813	25557
萧山区	1933218	282571	1158163	222373	270112
余杭区	823132	130726	240293	286659	165454
富阳区	431206	1312	192179	121579	116135
临安区	332952		210043	54038	68872
桐庐县	221326		115467	70639	35219
淳安县	143447			74204	69243
经济技术开发区	71860		38898	20698	12264
西湖风景名胜区	612				612
大江东	251485		110697	83512	57275
建德市	113219		12855	46163	54201
宁波市	**7831814**	**2270053**	**3571852**	**1047100**	**942809**
海曙区	928181	346376	488118	57278	36410
江北区	386696		264228	63388	59080
北仑区	405706		259330	41937	104439
镇海区	505369	69713	284541	51001	100114
鄞州区	816986	238374	265534	231545	81533
奉化区	190727		23314	105133	62279
象山县	2675178	1429421	1045475	157670	42612
宁海县	342693		75992	69048	197653
高新区	842218	186169	612263	14562	29224
余姚市	276383		88006	80111	108267
慈溪市	461678		165052	175428	121198
温州市	**3013680**	**6895**	**1304330**	**912936**	**789519**
鹿城区	607826		416591	118129	73106
龙湾区	244083		129253	90502	24328
瓯海区	239841	6895	129967	54795	48184
洞头区	76816		22629	27239	26948
永嘉县	237137		32423	77432	127283
平阳县	252338		58791	102883	90664

2-C-20 续表 1 单位：万元

地 区	所有者权益合计				
		特级	一级	二级	三级及以下
苍南县	371146		99420	142115	129610
文成县	67306		-60	39628	27739
泰顺县	289099		186451	43334	59315
温州经济技术开发区	169159		75641	46244	47274
瓯江口					
瑞安市	263437		92969	81451	89017
乐清市	195492		60255	89186	46052
嘉兴市	**1665521**	**184099**	**644880**	**464003**	**372539**
南湖区	303833		144516	80351	78966
经济开发区	186052		151002	22200	12850
秀洲区	135703		41935	33844	59924
嘉善县	74005		15434	42347	16223
海盐县	129331		22609	76634	30088
海宁市	292541	55111	118351	58385	60694
平湖市	190249		89359	41979	58911
桐乡市	353809	128989	61675	108263	54883
湖州市	**1353166**	**145493**	**624631**	**284313**	**298730**
吴兴区	689620	145493	387798	110838	45491
南浔区	70550		18984	19215	32351
德清县	130338		73036	38742	18560
长兴县	179103		38307	61634	79162
安吉县	153864		61408	21993	70462
开发区	129693		45098	31890	52705
绍兴市	**9420702**	**3250561**	**4158506**	**1247785**	**763851**
越城区	1431607	445831	716939	201192	67646
柯桥区	2468817	1248896	824868	181882	213171
上虞区	2711988	1355296	994955	267373	94364
新昌县	279022		120845	98471	59705
诸暨市	2063680	200538	1252890	331934	278318
嵊州市	465589		248008	166934	50647
金华市	**6815836**	**3083221**	**2097978**	**838343**	**796294**
婺城区	215355		151883	24361	39111
金东区	205249		117704	24797	62747
经济技术开发区	384766		252342	77893	54531
武义县	90639		38659	38367	13614
浦江县	163073		26602	90140	46331
磐安县	390634		253387	89671	47576
兰溪市	191863		87529	46116	58218
义乌市	666715	69049	227967	171842	197856
东阳市	4227916	2885060	869114	221572	252170
永康市	279627	129111	72792	53583	24140

2-C-20　续表 2　　单位：万元

地　区	所有者权益合计	特级	一级	二级	三级及以下
衢州市	**1088938**		**361442**	**477833**	**249662**
柯城区	212655		65212	110324	37119
衢江区	147046		20280	101057	25709
常山县	99123		23491	38639	36993
开化县	184364		65907	82511	35946
龙游县	144952		35834	67891	41227
江山市	145785		27118	58720	59948
西区	97009		91947	3722	1341
绿色产业集聚区	58002		31654	14969	11379
舟山市	**569129**		**224122**	**213931**	**131076**
定海区	273108		127852	112419	32837
普陀区	148982		83367	45072	20543
岱山县	82771		12903	25633	44236
嵊泗县	24435			8425	16010
临城新区	39832			22382	17451
台州市	**3153920**	**761244**	**1108781**	**832049**	**451845**
椒江区	412532	92342	212201	52976	55014
黄岩区	247804	29910	58207	109031	50655
路桥区	688995	508251	31065	101329	48350
三门县	244884		73661	116873	54350
天台县	184700		115622	57507	11571
仙居县	205356		136127	26702	42527
温岭市	602194	81071	335604	102073	83445
临海市	504976	49670	136095	253604	65607
玉环市	62479		10199	11953	40327
丽水市	**804686**		**141696**	**308744**	**354247**
莲都区	312512		66262	130040	116209
青田县	99134		30143	35650	33342
缙云县	60876		12337	21182	27357
遂昌县	31157			3968	27189
松阳县	69465		32613	9754	27098
云和县	32845			14374	18471
庆元县	40389			4747	35642
景宁畲族自治县	50349			17789	32559
龙泉市	107961		341	71239	36381

2-C-21　分地区按资质等级划分的总承包企业负债

单位：万元

地　区	负债合计	特级	一级	二级	三级及以下
全　省	**73442341**	**26497126**	**28680142**	**10583086**	**7681987**
杭州市	**19963279**	**7405639**	**9138350**	**2235256**	**1184034**
上城区	1717105	703181	936301	55149	22474
下城区	1052447	623771	218697	120867	89112
江干区	1627674		1386772	213077	27825
拱墅区	1202190		943494	197196	61500
西湖区	4752095	3180795	1386548	147805	36948
滨江区	3956775	2384196	1502990	59234	10356
萧山区	2201003	208688	1447158	275355	269802
余杭区	1410699	303314	631801	294109	181476
富阳区	721523	1695	344629	260833	114366
临安区	504711		135074	241502	128135
桐庐县	284194		124889	121642	37662
淳安县	133455			68207	65248
经济技术开发区	64066		22989	13233	27844
西湖风景名胜区	4840				4840
大江东	159471		20574	96634	42263
建德市	171033		36435	70413	64185
宁波市	**14902846**	**7137637**	**4705736**	**1862993**	**1196481**
海曙区	1368898	504101	756422	59424	48951
江北区	626925		540730	39057	47138
北仑区	684497		492863	63595	128039
镇海区	1401455	618754	575496	115146	92059
鄞州区	2399043	833292	692333	727075	146342
奉化区	408289		76102	222608	109579
象山县	5371805	4608272	511150	205114	47269
宁海县	622155		145992	157308	318854
高新区	1166682	573218	512781	38217	42467
余姚市	424602		199637	117984	106981
慈溪市	428496		202229	117465	108803
温州市	**4277885**	**40535**	**2451858**	**1128275**	**657216**
鹿城区	1221066		1081251	90686	49128
龙湾区	362522		179923	117078	65521
瓯海区	398359	40535	272236	30168	55419
洞头区	242264		110822	115269	16173
永嘉县	210523		97180	35360	77983
平阳县	160244		29474	52432	78338

2-C-21　续表 1　　单位：万元

地　区	负债合计	特级	一级	二级	三级及以下
苍南县	219474		63542	106393	49540
文成县	98345		4043	70606	23696
泰顺县	681298		412441	212148	56710
温州经济技术开发区	162732		17651	71578	73503
瑞安市	353136		152709	145916	54511
乐清市	167921		30585	80643	56693
嘉兴市	**3767568**	**719417**	**1558777**	**858779**	**630594**
南湖区	592750		272820	175087	144843
经济开发区	270508		218452	32193	19863
秀洲区	371673		242301	51049	78323
嘉善县	96402		21761	49325	25315
海盐县	335901		73948	204908	57046
海宁市	924763	331542	344772	136562	111886
平湖市	363038		198531	51255	113252
桐乡市	812534	387875	186192	158400	80066
湖州市	**2542636**	**260160**	**1284287**	**398882**	**599307**
吴兴区	1266580	260160	739604	195386	71430
南浔区	106395		47368	19824	39203
德清县	347254		264876	35143	47235
长兴县	280875		68374	105471	107030
安吉县	402471		102921	30064	269486
开发区	139061		61144	12993	64924
绍兴市	**9257016**	**3116739**	**3846432**	**1311738**	**982107**
越城区	1463502	557922	522562	325117	57902
柯桥区	2630199	1188583	941773	294376	205468
上虞区	2207320	1111094	565869	205428	324929
新昌县	165386		35072	82811	47504
诸暨市	2310326	259141	1493456	284288	273441
嵊州市	480282		287701	119718	72863
金华市	**10893724**	**6096988**	**3089573**	**964205**	**742957**
婺城区	682974		598104	41091	43779
金东区	197264		92019	40095	65150
经济技术开发区	277267		206314	28177	42776
武义县	124220		68108	36818	19294
浦江县	447395		132620	272753	42022
磐安县	548301		408273	122693	17336
兰溪市	194594		87366	50991	56237
义乌市	676619	160922	153201	87504	274992
东阳市	7585387	5901825	1269308	263926	150328
永康市	159703	34241	74260	20158	31044

2-C-21 续表 2 单位：万元

地 区	负债合计				
		特级	一级	二级	三级及以下
衢州市	**1158885**		**460488**	**428256**	**270142**
柯城区	265853		147469	90971	27413
衢江区	89812		22667	42198	24947
常山县	178168		32490	85582	60096
开化县	111120		30864	44629	35628
龙游县	105407		17481	54058	33868
江山市	248887		76717	95729	76442
西区	115278		111030	2502	1746
绿色产业集聚区	44359		21772	12587	10001
舟山市	**1411358**		**740114**	**377433**	**293811**
定海区	888836		633383	140370	115083
普陀区	238145		88793	111620	37733
岱山县	118555		17939	68515	32102
嵊泗县	20910			6888	14022
临城新区	144911			50041	94871
台州市	**4362172**	**1720010**	**1272230**	**760868**	**609064**
椒江区	975359	458976	268196	66403	181784
黄岩区	395401	139362	52302	146336	57401
路桥区	475764	383145	18919	30551	43149
三门县	301086		124979	132453	43655
天台县	93091		50086	24993	18013
仙居县	129152		79058	12739	37355
温岭市	880060	209040	459888	132218	78913
临海市	1007739	529487	200067	199899	78287
玉环市	104520		18737	15277	70506
丽水市	**904973**		**132296**	**256402**	**516275**
莲都区	215323		41514	86861	86948
青田县	109250		18914	21716	68620
缙云县	108901		35716	17304	55881
遂昌县	72670			29478	43192
松阳县	102309		29084	2314	70911
云和县	88605			39141	49465
庆元县	66504			18527	47977
景宁畲族自治县	63799			15113	48686
龙泉市	77613		7069	25949	44596

2-C-22　分地区按资质等级划分的总承包企业营业收入

单位：万元

地　区	营业收入	特级	一级	二级	三级及以下
全　省	**152941393**	**45945908**	**66378106**	**24081343**	**16536036**
杭州市	**32517221**	**10930551**	**15423440**	**3930123**	**2233108**
上城区	2036838	751543	1200796	37645	46854
下城区	1544005	950986	276902	184765	131351
江干区	3071367		2575973	405810	89584
拱墅区	1975610		1517852	331268	126491
西湖区	6854499	3974654	2412405	378991	88449
滨江区	5096141	3089673	1800500	187026	18943
萧山区	5570699	1660647	2851118	535794	523139
余杭区	2530069	500540	985424	660415	383690
富阳区	851055	2508	377320	315411	155816
临安区	743983		333558	233391	177033
桐庐县	748388		583659	105623	59107
淳安县	273571			140781	132790
经济技术开发区	207581		135013	35341	37227
西湖风景名胜区	2280				2280
大江东	596590		250298	242218	104075
建德市	414548		122623	135645	156280
宁波市	**19748927**	**6733741**	**7944965**	**2763175**	**2307046**
海曙区	2967023	1013433	1737807	107301	108483
江北区	1645492		1175545	281417	188529
北仑区	838343		509378	120976	207989
镇海区	1665564	647330	576983	158512	282738
鄞州区	3052135	1260436	951477	576997	263224
奉化区	712876		99836	387111	225929
象山县	5694072	3338262	1739931	496178	119701
宁海县	807846		245196	199643	363006
高新区	998851	474281	428600	28661	67310
余姚市	480695		105301	163767	211627
慈溪市	886032		374910	242612	268510
温州市	**10837122**	**107441**	**5478390**	**3162497**	**2088794**
鹿城区	2161242		1757035	219028	185179
龙湾区	899755		439447	308222	152085
瓯海区	818888	107441	513245	108536	89665
洞头区	632857		340687	242958	49212
永嘉县	435620		103891	176699	155031
平阳县	844581		83661	534180	226740

2-C-22 续表 1 单位：万元

地　区	营业收入				
		特级	一级	二级	三级及以下
苍南县	1497258		411819	640357	445082
文成县	177894		12077	92145	73672
泰顺县	1394935		964794	215193	214948
温州经济技术开发区	402821		187312	90965	124545
瑞安市	954757		396562	332974	225221
乐清市	616515		267860	201242	147414
嘉兴市	**8069878**	**1262058**	**3494104**	**2006729**	**1306987**
南湖区	1350168		811789	285867	252512
经济开发区	904333		752371	81037	70925
秀洲区	859355		432876	197746	228733
嘉善县	336873		95842	164000	77031
海盐县	437611		65371	267533	104707
海宁市	1719733	600554	581273	354444	183463
平湖市	549630		280961	109753	158916
桐乡市	1912176	661505	473620	546351	230701
湖州市	**6066884**	**1203949**	**3043416**	**869966**	**949553**
吴兴区	3759894	1203949	2009621	402264	144060
南浔区	262422		111014	75612	75797
德清县	661039		463285	117101	80653
长兴县	666411		195965	171057	299390
安吉县	402366		104621	39910	257834
开发区	314752		158910	64023	91819
绍兴市	**37104955**	**12062110**	**18768179**	**3950832**	**2323834**
越城区	5995449	3393929	1954953	493056	153511
柯桥区	10759161	3869097	4968737	930379	990949
上虞区	7112262	3925680	2422169	558958	205455
新昌县	1001957		234849	448793	318315
诸暨市	10377730	873404	7859484	1164635	480208
嵊州市	1858396		1327987	355012	175397
金华市	**22024750**	**11842295**	**6505709**	**2013342**	**1663404**
婺城区	826603		680136	74143	72325
金东区	427536		230283	49663	147591
经济技术开发区	857963		644267	86204	127492
武义县	186673		75507	80549	30617
浦江县	483997		89237	320278	74482
磐安县	1593516		1320880	203465	69171
兰溪市	447500		215197	85333	146971
义乌市	1378596	326136	468543	232088	351828
东阳市	15175698	11166864	2606919	819575	582341
永康市	646669	349296	174741	62045	60588

2-C-22　续表 2　　　　单位：万元

地　区	营业收入				
		特级	一级	二级	三级及以下
衢州市	**3452068**		**1167906**	**1556478**	**727684**
柯城区	592091		159172	360778	72140
衢江区	337268		14895	230175	92198
常山县	396557		130573	163409	102575
开化县	650043		237465	301175	111403
龙游县	526996		136916	267677	122403
江山市	560899		184634	185682	190584
西区	250396		226896	9105	14395
绿色产业集聚区	137819		77355	38477	21986
舟山市	**1781205**		**773427**	**619362**	**388417**
定海区	966694		512425	349989	104280
普陀区	436589		231501	125010	80078
岱山县	162722		29501	73915	59305
嵊泗县	52845			21114	31732
临城新区	162355			49333	113022
台州市	**8956690**	**1803762**	**3358423**	**2370356**	**1424149**
椒江区	1734796	553779	919480	118395	143142
黄岩区	784858	268836	41790	328661	145571
路桥区	819918	327541	80839	216082	195456
三门县	903908		261398	439940	202570
天台县	476638		209413	203258	63966
仙居县	781732		515647	116373	149712
温岭市	1580699	269833	804831	265751	240284
临海市	1685878	383773	508237	642667	151202
玉环市	188264		16788	39230	132246
丽水市	**2381692**		**420147**	**838484**	**1123061**
莲都区	846999		146085	414702	286213
青田县	251358		75591	72748	103018
缙云县	229854		83735	47766	98353
遂昌县	167063			57028	110035
松阳县	230787		109024	13920	107842
云和县	95047			37016	58031
庆元县	111588			34323	77266
景宁畲族自治县	181351			43485	137867
龙泉市	267646		5712	117496	144437

2-C-23 分地区按资质等级划分的总承包企业利税总额

单位：万元

地 区	利税总额	特级	一级	二级	三级及以下
全 省	**9151295**	**2662859**	**3702586**	**1661236**	**1124614**
杭州市	**1547575**	**549749**	**687030**	**191400**	**119396**
上城区	72919	13567	53796	4746	811
下城区	63946	19357	15932	13760	14898
江干区	112536		83677	24487	4372
拱墅区	93353		69936	14687	8730
西湖区	303279	198673	84347	14748	5511
滨江区	258091	172031	76851	8480	730
萧山区	305327	97354	155355	27522	25097
余杭区	124045	48678	29916	32885	12565
富阳区	41144	90	18427	16427	6201
临安区	38366		31531	-1648	8483
桐庐县	49255		40115	5853	3288
淳安县	16427			9939	6488
经济技术开发区	11747		4262	3570	3915
西湖风景名胜区	38				38
大江东	30500		15216	8771	6513
建德市	26603		7671	7175	11757
宁波市	**1251369**	**359570**	**448095**	**265556**	**178148**
海曙区	161563	44714	94495	11569	10786
江北区	92481		50114	25832	16535
北仑区	85344		58948	10514	15882
镇海区	83685	27882	24900	16146	14757
鄞州区	221654	42580	42941	114575	21558
奉化区	47527		6346	19069	22112
象山县	349471	193009	113550	33998	8914
宁海县	52653		14412	10125	28116
高新区	86838	51385	25095	2605	7752
余姚市	28570		4366	9643	14561
慈溪市	41583		12928	11482	17174
温州市	**668579**	**5210**	**306204**	**226684**	**130480**
鹿城区	111978		88726	14347	8905
龙湾区	47236		23302	17738	6196
瓯海区	33487	5210	17909	3655	6712
洞头区	56221		22914	30736	2571
永嘉县	19644		3731	11051	4862
平阳县	65160		6725	38894	19541

2-C-23　续表 1　　单位：万元

地　区	利税总额				
		特级	一级	二级	三级及以下
苍南县	104401		30419	48863	25120
文成县	11005		357	5092	5556
泰顺县	91406		61254	17347	12805
温州经济技术开发区	26410		13675	4633	8102
瑞安市	67284		25513	22065	19706
乐清市	34348		11679	12263	10405
嘉兴市	**369975**	**59942**	**149438**	**90597**	**69999**
南湖区	67113		32091	18184	16839
经济开发区	47391		42856	2642	1893
秀洲区	28493		9355	9540	9598
嘉善县	11788		3374	4883	3532
海盐县	16554		3939	8768	3847
海宁市	72116	22086	23807	16784	9439
平湖市	25586		10464	3314	11808
桐乡市	100934	37856	23553	26482	13043
湖州市	**320227**	**39927**	**160488**	**61327**	**58486**
吴兴区	173973	39927	98651	29094	6302
南浔区	9872		3636	2954	3282
德清县	33979		24796	5736	3447
长兴县	61045		16959	15572	28515
安吉县	24529		7448	3151	13931
开发区	16828		8998	4821	3010
绍兴市	**2419516**	**780989**	**1194069**	**300270**	**144188**
越城区	324625	164231	120277	33304	6812
柯桥区	698655	304486	283978	54588	55604
上虞区	516351	268687	187966	45157	14541
新昌县	70113		17415	32860	19837
诸暨市	667032	43586	484710	104471	34265
嵊州市	142741		99722	29890	13129
金华市	**1447306**	**792663**	**374876**	**135392**	**144375**
婺城区	27689		15521	5810	6359
金东区	29503		12063	3525	13915
经济技术开发区	76598		54189	8412	13997
武义县	12590		3316	6987	2287
浦江县	38909		5124	27333	6452
磐安县	87934		62105	19410	6419
兰溪市	36895		15430	4718	16747
义乌市	97613	24564	27422	14498	31130
东阳市	981894	735908	164832	38379	42775
永康市	57680	32191	14874	6319	4296

2-C-23 续表 2

单位：万元

地　区	利税总额	特级	一级	二级	三级及以下
衢州市	**241869**		**89517**	**103499**	**48853**
柯城区	35952		10275	22251	3426
衢江区	19044		2678	13204	3163
常山县	28792		6553	10852	11387
开化县	67475		29453	27868	10154
龙游县	26071		6413	13008	6650
江山市	45561		20091	12500	12970
西区	12867		11634	849	385
绿色产业集聚区	6107		2421	2968	719
舟山市	**99332**		**50271**	**30995**	**18066**
定海区	58364		34942	19550	3872
普陀区	22634		13893	5083	3658
岱山县	8327		1436	4257	2635
嵊泗县	1914			752	1162
临城新区	8093			1354	6739
台州市	**563874**	**74809**	**212921**	**176160**	**99985**
椒江区	86463	26834	45928	7022	6679
黄岩区	36975	11510	3001	14088	8375
路桥区	52746	14047	2575	21867	14258
三门县	72936		17102	37399	18435
天台县	39361		17556	18270	3535
仙居县	59314		40225	7520	11568
温岭市	99268	14314	49761	14928	20265
临海市	108758	8104	36064	52900	11690
玉环市	8055		708	2165	5181
丽水市	**221673**		**29677**	**79357**	**112639**
莲都区	74359		10003	36617	27739
青田县	26212		4912	6294	15006
缙云县	20115		8275	4764	7076
遂昌县	15921			5152	10769
松阳县	17687		5364	1983	10340
云和县	6864			2053	4811
庆元县	10271			2663	7608
景宁畲族自治县	18537			6417	12120
龙泉市	31709		1124	13414	17171

2-C-24　分地区按资质等级划分的总承包企业利润总额

单位：万元

地　区	利润总额	特级	一级	二级	三级及以下
全　省	**4284424**	**1319275**	**1660474**	**789220**	**515455**
杭州市	**725206**	**294351**	**301933**	**86077**	**42845**
上城区	36945	1828	31229	4291	-403
下城区	41368	12529	9323	9026	10489
江干区	44561		29781	12823	1957
拱墅区	43691		33137	7896	2658
西湖区	150982	114498	31167	3829	1489
滨江区	161506	124657	33103	3666	80
萧山区	115416	28158	62657	13037	11565
余杭区	39011	12639	5531	19604	1237
富阳区	18481	44	7833	8545	2061
临安区	17319		25637	-9019	701
桐庐县	24373		20614	2507	1252
淳安县	4977			3858	1119
经济技术开发区	4113		933	1256	1923
西湖风景名胜区	-75				-75
大江东	13399		8473	2360	2565
建德市	9139		2515	2398	4227
宁波市	**779189**	**257819**	**253114**	**171346**	**96910**
海曙区	103408	31765	58789	7384	5471
江北区	56155		36100	10149	9906
北仑区	58231		46111	5136	6984
镇海区	42995	12601	16309	10252	3833
鄞州区	166751	32439	20519	100976	12818
奉化区	22020		2679	7104	12237
象山县	222672	153138	47560	16673	5301
宁海县	29722		6297	4651	18774
高新区	47269	27878	12372	1738	5283
余姚市	12679		1719	3429	7530
慈溪市	17287		4659	3855	8774
温州市	**250525**	**4070**	**107064**	**88678**	**50713**
鹿城区	42491		32095	7161	3234
龙湾区	14658		3065	9669	1924
瓯海区	11706	4070	2475	622	4539
洞头区	21908		13947	6918	1043
永嘉县	3313		316	4313	-1316
平阳县	25071		3239	13004	8828

2-C-24 续表 1

单位：万元

地 区	利润总额				
		特级	一级	二级	三级及以下
苍南县	43718		8945	24031	10742
文成县	3223		-37	2181	1079
泰顺县	28835		22577	4389	1869
温州经济技术开发区	13223		6725	1622	4876
瑞安市	30010		11588	8803	9619
乐清市	12370		2128	5965	4277
嘉兴市	**155331**	**30111**	**53863**	**35110**	**36248**
南湖区	33460		14018	9061	10380
经济开发区	13359		11948	827	583
秀洲区	9908		3674	2857	3376
嘉善县	3094		992	1187	915
海盐县	6521		861	4378	1282
海宁市	28277	7759	9999	4719	5800
平湖市	10379		4224	1349	4806
桐乡市	50335	22352	8147	10732	9104
湖州市	**144935**	**14532**	**74041**	**36007**	**20356**
吴兴区	79996	14532	42796	20834	1835
南浔区	3635		1841	733	1060
德清县	16268		13207	2437	624
长兴县	27053		8796	8065	10193
安吉县	9932		2001	1846	6085
开发区	8052		5399	2093	560
绍兴市	**1016882**	**285632**	**521780**	**148107**	**61364**
越城区	150344	66559	61958	18844	2983
柯桥区	261719	121002	98677	22760	19280
上虞区	210386	85578	94409	22751	7648
新昌县	29055		7106	13047	8901
诸暨市	287305	12494	203739	54599	16473
嵊州市	78074		55891	16105	6077
金华市	**719914**	**400638**	**182027**	**56360**	**80889**
婺城区	2759		-3613	2848	3524
金东区	17326		8156	1141	8029
经济技术开发区	43362		28520	5491	9351
武义县	5001		1022	2947	1031
浦江县	15114		-150	11924	3340
磐安县	37427		27376	6740	3311
兰溪市	17677		7793	1065	8819
义乌市	44197	9485	11944	6374	16394
东阳市	505975	372438	94473	14504	24560
永康市	31078	18715	6504	3328	2530

2-C-24　续表 2　　　单位：万元

地　区	利润总额	特级	一级	二级	三级及以下
衢州市	**103965**		**39285**	**44457**	**20223**
柯城区	15007		5702	8139	1166
衢江区	7233		2563	4677	-7
常山县	11175		2494	3495	5186
开化县	31790		11593	14535	5662
龙游县	10750		480	7638	2633
江山市	20315		10182	4822	5311
西区	5458		5017	318	124
绿色产业集聚区	2236		1255	834	148
舟山市	**42793**		**28150**	**9322**	**5321**
定海区	26886		19033	7509	345
普陀区	10535		8585	958	992
岱山县	1978		532	953	493
嵊泗县	-251			-64	-187
临城新区	3645			-33	3679
台州市	**241760**	**32121**	**82346**	**78825**	**48468**
椒江区	36682	12504	15393	4255	4531
黄岩区	9135	1610	764	3764	2997
路桥区	24968	5266	141	12833	6727
三门县	35770		8487	17580	9704
天台县	20669		8413	10393	1862
仙居县	22985		13928	2855	6203
温岭市	43610	6540	21136	5734	10200
临海市	45555	6201	14006	21101	4247
玉环市	2386		79	311	1997
丽水市	**103923**		**16872**	**34931**	**52120**
莲都区	35145		5054	18402	11689
青田县	16987		4360	3215	9412
缙云县	9182		3632	2359	3192
遂昌县	6067			1333	4733
松阳县	9347		3371	1150	4826
云和县	1926			621	1305
庆元县	3700			458	3242
景宁畲族自治县	10999			4038	6960
龙泉市	10570		454	3354	6762

2-C-25 分地区按资质等级划分的总承包企业税金总额

单位：万元

地 区	税金总额（万元）				
		特级	一级	二级	三级及以下
全 省	**4866871**	**1343584**	**2042112**	**872016**	**609158**
杭州市	**822369**	**255398**	**385097**	**105324**	**76551**
上城区	35974	11739	22567	455	1213
下城区	22578	6828	6608	4733	4408
江干区	67975		53896	11664	2416
拱墅区	49662		36799	6791	6072
西湖区	152297	84175	53179	10920	4023
滨江区	96585	47374	43748	4813	650
萧山区	189911	69196	92698	14485	13532
余杭区	85034	36039	24385	13281	11328
富阳区	22662	46	10594	7882	4140
临安区	21047		5894	7371	7782
桐庐县	24882		19501	3346	2036
淳安县	11450			6081	5369
经济技术开发区	7634		3329	2313	1991
西湖风景名胜区	113				113
大江东	17101		6743	6410	3948
建德市	17463		5157	4777	7530
宁波市	**472180**	**101751**	**194981**	**94210**	**81239**
海曙区	58155	12949	35706	4184	5315
江北区	36326		14014	15683	6630
北仑区	27114		12837	5378	8899
镇海区	40690	15281	8591	5894	10924
鄞州区	54904	10142	22422	13599	8741
奉化区	25507		3668	11965	9874
象山县	126800	39871	65989	17326	3613
宁海县	22931		8115	5474	9342
高新区	39568	23508	12724	867	2470
余姚市	15891		2647	6213	7031
慈溪市	24296		8269	7627	8400
温州市	**418054**	**1140**	**199141**	**138006**	**79768**
鹿城区	69487		56631	7186	5671
龙湾区	32578		20237	8069	4272
瓯海区	21781	1140	15434	3034	2173
洞头区	34313		8967	23818	1528
永嘉县	16331		3414	6739	6178
平阳县	40089		3486	25889	10714

2-C-25 续表 1

单位：万元

地 区	税金总额（万元）				
		特级	一级	二级	三级及以下
苍南县	60684		21474	24832	14378
文成县	7782		394	2911	4478
泰顺县	62570		38676	12958	10937
温州经济技术开发区	13187		6950	3011	3226
瑞安市	37274		13925	13262	10087
乐清市	21977		9551	6298	6128
嘉兴市	**214644**	**29831**	**95575**	**55487**	**33751**
南湖区	33653		18072	9123	6458
经济开发区	34032		30908	1815	1309
秀洲区	18586		5681	6683	6222
嘉善县	8694		2382	3696	2617
海盐县	10033		3078	4390	2566
海宁市	43839	14327	13809	12064	3639
平湖市	15207		6240	1965	7002
桐乡市	50600	15504	15406	15751	3939
湖州市	**175292**	**25395**	**86448**	**25320**	**38130**
吴兴区	93977	25395	55855	8260	4467
南浔区	6238		1794	2221	2222
德清县	17711		11589	3299	2824
长兴县	33992		8163	7507	18322
安吉县	14598		5447	1305	7846
开发区	8776		3599	2728	2449
绍兴市	**1402634**	**495357**	**672289**	**152163**	**82825**
越城区	174280	97672	58319	14461	3829
柯桥区	436937	183484	185301	31828	36324
上虞区	305965	183109	93558	22406	6893
新昌县	41058		10309	19813	10936
诸暨市	379726	31092	280971	49871	17792
嵊州市	64667		43831	13785	7051
金华市	**727392**	**392025**	**192849**	**79032**	**63486**
婺城区	24930		19133	2962	2835
金东区	12177		3907	2384	5886
经济技术开发区	33236		25668	2921	4646
武义县	7590		2294	4040	1256
浦江县	23795		5274	15409	3112
磐安县	50508		34729	12671	3108
兰溪市	19218		7637	3653	7928
义乌市	53417	15079	15478	8125	14736
东阳市	475920	363471	70359	23875	18215
永康市	26602	13476	8370	2991	1765

2-C-25 续表 2 单位：万元

地 区	税金总额(万元)				
		特级	一级	二级	三级及以下
衢州市	**137904**		**50232**	**59042**	**28630**
柯城区	20945		4573	14112	2261
衢江区	11811		115	8527	3169
常山县	17617		4059	7357	6201
开化县	35685		17860	13333	4492
龙游县	15321		5934	5370	4017
江山市	25246		9909	7678	7659
西区	7409		6617	531	261
绿色产业集聚区	3871		1166	2134	571
舟山市	**56538**		**22121**	**21673**	**12745**
定海区	31478		15909	12042	3527
普陀区	12099		5308	4125	2666
岱山县	6349		904	3304	2142
嵊泗县	2165			815	1349
临城新区	4448			1387	3061
台州市	**322114**	**42688**	**130575**	**97335**	**51517**
椒江区	49780	14330	30535	2767	2148
黄岩区	27839	9900	2238	10324	5378
路桥区	27778	8780	2434	9034	7530
三门县	37166		8616	19819	8731
天台县	18693		9143	7877	1673
仙居县	36329		26297	4666	5366
温岭市	55658	7774	28625	9194	10065
临海市	63203	1903	22058	31799	7443
玉环市	5668		630	1855	3184
丽水市	**117750**		**12805**	**44426**	**60519**
莲都区	39214		4949	18215	16050
青田县	9224		552	3079	5593
缙云县	10932		4643	2405	3884
遂昌县	9854			3819	6035
松阳县	8340		1993	833	5514
云和县	4939			1432	3506
庆元县	6571			2205	4366
景宁畲族自治县	7538			2378	5160
龙泉市	21139		669	10060	10410

2-C-26　分地区按资质等级划分的总承包企业主营业务收入

单位：万元

地　区	主营业务收入	特级	一级	二级	三级及以下
全　省	**151550930**	**45805115**	**65617895**	**23749072**	**16378847**
杭州市	**32250405**	**10826099**	**15321518**	**3889971**	**2212817**
上城区	1997873	748764	1164610	37645	46854
下城区	1537734	947543	275347	184068	130776
江干区	3043647		2551720	405070	86857
拱墅区	1962011		1509872	327599	124540
西湖区	6794536	3927654	2406097	378929	81855
滨江区	5030828	3039044	1787794	185331	18660
萧山区	5557315	1660452	2845011	529093	522759
余杭区	2501647	500135	981053	637401	383057
富阳区	847707	2508	375373	314018	155807
临安区	743206		333067	233187	176952
桐庐县	748229		583659	105508	59063
淳安县	270665			139246	131419
经济技术开发区	207317		135013	35078	37227
西湖风景名胜区	2280				2280
大江东	596395		250298	242154	103943
建德市	409016		122604	135645	150767
宁波市	**19580406**	**6719856**	**7925282**	**2648189**	**2287079**
海曙区	2953089	1013433	1723873	107301	108483
江北区	1645455		1175545	281417	188493
北仑区	835634		507440	120645	207549
镇海区	1550796	642697	575174	52418	280506
鄞州区	3041673	1256917	950840	570798	263118
奉化区	711604		99814	386002	225788
象山县	5690992	3335701	1739717	496173	119401
宁海县	806471		245196	199643	361632
高新区	995229	471108	428309	28661	67152
余姚市	480018		104774	163695	211548
慈溪市	869444		374599	241437	253408
温州市	**10814828**	**107441**	**5475695**	**3153902**	**2077791**
鹿城区	2159066		1755131	218756	185179
龙湾区	899150		438865	308201	152085
瓯海区	818017	107441	513104	107806	89665
洞头区	632857		340687	242958	49212
永嘉县	434175		103884	175261	155030
平阳县	841660		83661	533586	224413

2-C-26 续表 1 单位：万元

地区	主营业务收入				
		特级	一级	二级	三级及以下
苍南县	1488779		411759	634922	442099
文成县	177822		12077	92145	73600
泰顺县	1394821		964794	215180	214847
温州经济技术开发区	402748		187312	90965	124471
瑞安市	949359		396562	332974	219824
乐清市	616374		267860	201149	147365
嘉兴市	**8040178**	**1260775**	**3479563**	**2004550**	**1295290**
南湖区	1342643		807393	285867	249384
经济开发区	899950		748038	80988	70925
秀洲区	855956		430716	197746	227494
嘉善县	336779		95842	163906	77031
海盐县	431715		65371	267519	98824
海宁市	1713478	599271	578112	352930	183165
平湖市	548016		280646	109243	158126
桐乡市	1911642	661505	473445	546351	230341
湖州市	**6037754**	**1202949**	**3034568**	**866677**	**933560**
吴兴区	3748593	1202949	2002833	399082	143729
南浔区	262084		110688	75599	75797
德清县	660867		463154	117060	80653
长兴县	658821		195904	171004	291913
安吉县	395956		104621	39910	251425
开发区	311433		157367	64023	90043
绍兴市	**36473969**	**12058644**	**18195976**	**3921729**	**2297620**
越城区	5970300	3393293	1943103	486200	147704
柯桥区	10730538	3867896	4968205	909518	984919
上虞区	7109351	3924051	2421892	557996	205412
新昌县	985230		231768	448793	304669
诸暨市	9824471	873404	7307333	1164217	479518
嵊州市	1854079		1323676	355005	175397
金华市	**21979134**	**11825955**	**6481459**	**2011213**	**1660506**
婺城区	821759		678199	72848	70713
金东区	427221		230283	49663	147275
经济技术开发区	857355		643660	86204	127492
武义县	186673		75507	80549	30617
浦江县	483713		89124	320278	74311
磐安县	1571736		1299653	203465	68618
兰溪市	447438		215197	85273	146968
义乌市	1377917	325784	468421	232088	351624
东阳市	15159000	11150876	2606675	819147	582302
永康市	646323	349296	174741	61699	60588

2-C-26　续表 2　　单位：万元

地　区	主营业务收入				
		特级	一级	二级	三级及以下
衢州市	**3382082**		**1167363**	**1493875**	**720845**
柯城区	529434		158897	298403	72134
衢江区	337017		14685	230134	92198
常山县	396510		130573	163409	102527
开化县	647379		237465	301175	108739
龙游县	524284		136916	267490	119878
江山市	559303		184634	185682	188987
西区	250396		226896	9105	14395
绿色产业集聚区	137760		77297	38477	21986
舟山市	**1725409**		**763201**	**579307**	**382901**
定海区	924387		509384	310723	104280
普陀区	427254		224315	125005	77934
岱山县	162641		29501	73835	59305
嵊泗县	52610			20878	31732
临城新区	158517			48866	109651
台州市	**8892994**	**1803395**	**3353230**	**2342622**	**1393747**
椒江区	1733239	553412	918716	118011	143099
黄岩区	783441	268836	41790	328621	144195
路桥区	819414	327541	80839	216082	194952
三门县	878267		261398	414299	202570
天台县	470923		209413	202875	58635
仙居县	759741		515647	116373	127722
温岭市	1577177	269833	802405	264710	240228
临海市	1683078	383773	506266	642612	150427
玉环市	187714		16756	39039	131919
丽水市	**2373771**		**420041**	**837037**	**1116693**
莲都区	845473		145979	414702	284793
青田县	250774		75591	72748	102435
缙云县	229854		83735	47766	98353
遂昌县	167063			57028	110035
松阳县	230787		109024	13920	107842
云和县	93169			35569	57600
庆元县	111588			34323	77266
景宁畲族自治县	177417			43485	133933
龙泉市	267646		5712	117496	144437

2-C-27　分地区按资质等级划分的总承包企业管理费用

单位：万元

地　区	管理费用				
		特级	一级	二级	三级及以下
全　省	**3458256**	**761612**	**1264362**	**704739**	**727544**
杭州市	**872506**	**216866**	**352025**	**159683**	**143933**
上城区	79124	13239	57892	3381	4612
下城区	57315	35259	4926	10006	7124
江干区	99976		69940	25691	4344
拱墅区	59868		33290	14726	11852
西湖区	123791	61266	43438	12261	6826
滨江区	155285	96894	49451	6768	2172
萧山区	89838	4448	46801	13137	25452
余杭区	82794	5581	21712	26681	28820
富阳区	38675	178	8746	18786	10965
临安区	29014		4647	9051	15315
桐庐县	12416		5477	3743	3196
淳安县	15660			5750	9910
经济技术开发区	6224		2561	1623	2040
西湖风景名胜区	143				143
大江东	12001		2229	5323	4449
建德市	10383		914	2756	6713
宁波市	**652701**	**255947**	**209955**	**76818**	**109981**
海曙区	104086	37931	56204	5087	4864
江北区	24450		12863	5671	5916
北仑区	39849		19504	4190	16154
镇海区	54454	11299	14325	14694	14136
鄞州区	89255	26231	39179	10957	12887
奉化区	15729		2331	7214	6185
象山县	200617	152283	33707	9030	5598
宁海县	24587		5370	4862	14354
高新区	48957	28203	15513	1622	3619
余姚市	20820		2684	6146	11990
慈溪市	29897		8275	7344	14279
温州市	**266835**	**4222**	**82570**	**87759**	**92285**
鹿城区	56888		29244	15270	12374
龙湾区	24150		7220	11454	5476
瓯海区	21774	4222	8926	4580	4046
洞头区	11486		5484	4209	1794
永嘉县	19296		1506	8381	9409
平阳县	20335		2471	7534	10331

2-C-27　续表 1　　单位：万元

地　区	管理费用	特级	一级	二级	三级及以下
苍南县	33157		3771	15527	13859
文成县	10390		200	5013	5178
泰顺县	15602		9799	1948	3856
温州经济技术开发区	18727		5617	4034	9076
瑞安市	19825		4772	5953	9100
乐清市	15205		3560	3858	7787
嘉兴市	**161299**	**16464**	**49159**	**41783**	**53892**
南湖区	24949		11171	5082	8695
经济开发区	16360		12167	2202	1991
秀洲区	17150		4975	5814	6362
嘉善县	7516		976	3466	3074
海盐县	13224		543	6109	6573
海宁市	35488	10027	7337	6370	11754
平湖市	17445		6126	3722	7597
桐乡市	29167	6437	5865	9018	7847
湖州市	**142466**	**9947**	**57794**	**38068**	**36656**
吴兴区	85492	9947	42452	28142	4951
南浔区	5587		1285	1393	2910
德清县	11009		5247	2460	3302
长兴县	15074		2043	2602	10430
安吉县	13500		1567	1095	10838
开发区	11803		5201	2376	4226
绍兴市	**588063**	**96382**	**287339**	**126773**	**77569**
越城区	88334	26920	29747	23805	7863
柯桥区	162295	31277	81754	22283	26982
上虞区	90567	32915	36728	12879	8045
新昌县	21943		4372	9474	8098
诸暨市	178898	5270	105811	47955	19861
嵊州市	46026		28928	10378	6720
金华市	**358333**	**124573**	**123758**	**44485**	**65516**
婺城区	20068		13843	1684	4540
金东区	12349		5492	1185	5673
经济技术开发区	16573		11212	1571	3790
武义县	6094		1209	3124	1762
浦江县	8213		1037	2972	4205
磐安县	38688		29322	6213	3153
兰溪市	9694		3797	1575	4322
义乌市	46669	9358	10429	7243	19639
东阳市	182084	109851	40243	16641	15349
永康市	17900	5365	7174	2278	3083

2-C-27 续表 2

单位：万元

地　区	管理费用				
		特级	一级	二级	三级及以下
衢州市	**96998**		**22029**	**38851**	**36119**
柯城区	16262		2951	8657	4654
衢江区	13451		1327	7653	4471
常山县	10266		4579	2038	3649
开化县	19942		6517	7433	5993
龙游县	15319		1047	8947	5325
江山市	14828		1256	3152	10421
西区	3413		2636	209	569
绿色产业集聚区	3517		1716	763	1037
舟山市	**57815**		**18225**	**19188**	**20402**
定海区	27131		12109	9868	5153
普陀区	15259		5475	6121	3663
岱山县	5304		641	1543	3121
嵊泗县	2230			829	1401
临城新区	7892			827	7065
台州市	**199570**	**37211**	**55864**	**50519**	**55976**
椒江区	22304	5065	7794	3664	5781
黄岩区	16532	3034	1567	7576	4356
路桥区	34623	22614	1570	3991	6448
三门县	22110		4536	10473	7101
天台县	12259		5099	3196	3964
仙居县	16783		9353	1740	5690
温岭市	36723	2502	16047	6931	11242
临海市	30370	3995	9539	11820	5016
玉环市	7867		361	1129	6378
丽水市	**61671**		**5644**	**20812**	**35215**
莲都区	20539		2819	10561	7160
青田县	4617		259	1420	2938
缙云县	8798		1153	961	6684
遂昌县	4949			488	4461
松阳县	3278		1225	483	1569
云和县	3050			1263	1787
庆元县	2827			425	2402
景宁畲族自治县	5950			1094	4856
龙泉市	7665		189	4118	3358

2-C-28 分地区按资质等级划分的总承包企业财务费用

单位：万元

地 区	财务费用				
		特级	一级	二级	三级及以下
全 省	**869710**	**303627**	**381979**	**127187**	**56918**
杭州市	**196207**	**63395**	**100098**	**20957**	**11757**
上城区	5243	4184	1828	-900	130
下城区	6376	5145	901	180	150
江干区	14178		12743	1198	237
拱墅区	12224		11226	819	179
西湖区	53478	34868	14115	3967	527
滨江区	38499	17252	19929	1125	194
萧山区	24570	-3308	21798	2608	3472
余杭区	18751	5230	9020	2435	2066
富阳区	14247	24	6091	5040	3092
临安区	2180		495	1808	-123
桐庐县	2185		1374	612	198
淳安县	1566			997	569
经济技术开发区	255		338	29	-112
西湖风景名胜区	0				0
大江东	2104		244	918	942
建德市	352		-4	121	235
宁波市	**125954**	**43051**	**53902**	**20252**	**8750**
海曙区	11479	1790	8631	598	460
江北区	7881		6924	643	315
北仑区	1663		843	407	413
镇海区	4106	1254	3352	-1319	818
鄞州区	19600	8657	6904	4094	-55
奉化区	5517		776	3862	878
象山县	57769	35425	14561	7609	173
宁海县	6621		1367	1240	4014
高新区	4306	-4076	7366	819	197
余姚市	3462		968	1613	881
慈溪市	3551		2211	686	654
温州市	**29939**	**-226**	**18751**	**7724**	**3690**
鹿城区	13692		12832	829	31
龙湾区	2079		833	873	373
瓯海区	850	-226	909	144	23
洞头区	536		-74	597	14
永嘉县	2734		590	115	2030
平阳县	910		113	340	458

2-C-28 续表 1 单位：万元

地　区	财务费用				
		特级	一级	二级	三级及以下
苍南县	2582		1613	425	544
文成县	2891		-1	2873	20
泰顺县	996		864	57	76
温州经济技术开发区	1624		698	1019	-93
瑞安市	672		319	298	55
乐清市	373		58	154	161
嘉兴市	**37167**	**6710**	**17512**	**9310**	**3635**
南湖区	4618		3083	873	662
经济开发区	3043		2488	494	61
秀洲区	3902		3413	-17	506
嘉善县	1045		254	522	270
海盐县	4941		1493	3249	199
海宁市	4818	828	2558	824	607
平湖市	4787		2921	846	1020
桐乡市	10014	5882	1302	2519	311
湖州市	**26712**	**6161**	**13994**	**3557**	**3001**
吴兴区	20336	6161	11577	1617	981
南浔区	901		239	389	272
德清县	1858		962	613	284
长兴县	1138		339	797	3
安吉县	1386		353	52	981
开发区	1093		525	89	480
绍兴市	**176134**	**47946**	**86438**	**29202**	**12549**
越城区	23235	9876	8482	4602	275
柯桥区	44321	17157	22688	3464	1011
上虞区	42224	17234	16362	6516	2112
新昌县	8006		1587	4154	2264
诸暨市	48542	3679	32213	7377	5273
嵊州市	9807		5105	3089	1613
金华市	**193023**	**123327**	**54359**	**11434**	**3904**
婺城区	9422		8744	466	213
金东区	2894		2195	401	298
经济技术开发区	5021		3951	1098	-28
武义县	1230		459	664	107
浦江县	1963		1636	90	238
磐安县	8341		4878	3156	306
兰溪市	2545		1732	477	336
义乌市	10159	2863	6108	779	409
东阳市	149041	119096	23829	4137	1980
永康市	2408	1368	828	167	46

2-C-28　续表 2　　单位：万元

地　区	财务费用	特级	一级	二级	三级及以下
衢州市	**11054**		**3632**	**5087**	**2335**
柯城区	1389		525	625	239
衢江区	1679		624	716	339
常山县	979		171	521	286
开化县	2551		623	1088	840
龙游县	1590		532	842	216
江山市	1557		126	1185	246
西区	825		754	11	60
绿色产业集聚区	484		277	99	109
舟山市	**11796**		**3394**	**7318**	**1084**
定海区	4012		1795	1636	581
普陀区	3747		1600	2030	116
岱山县	2441		-1	2080	362
嵊泗县	459			215	243
临城新区	1137			1357	-220
台州市	**55543**	**13265**	**28665**	**10139**	**3474**
椒江区	8552	4347	3317	787	101
黄岩区	4389	773	428	2668	521
路桥区	10624	6896	1649	1532	548
三门县	4572		2516	1531	526
天台县	5361		4347	972	42
仙居县	2414		1921	342	151
温岭市	14293	191	12908	800	394
临海市	4847	1059	1430	1453	905
玉环市	490		149	55	286
丽水市	**6182**		**1233**	**2208**	**2740**
莲都区	1748		571	785	393
青田县	443		45	96	302
缙云县	71		28	54	-10
遂昌县	222			32	191
松阳县	1098		590	122	387
云和县	212			94	117
庆元县	297			11	287
景宁畲族自治县	1382			555	826
龙泉市	708			460	249

2-C-29 分地区按资质等级划分的总承包企业应收工程款

单位：万元

地 区	应收工程款	特级	一级	二级	三级及以下
全 省	**24593475**	**7026070**	**10380289**	**4023440**	**3163676**
杭州市	**5780401**	**1628012**	**2858372**	**752954**	**541063**
上城区	453075	104513	323223	16667	8673
下城区	252388	121151	46836	47095	37307
江干区	645609		527647	102690	15272
拱墅区	388873		287417	67450	34007
西湖区	1260678	718680	456640	69691	15667
滨江区	762914	484485	246427	28518	3484
萧山区	853184	130488	520773	95471	106453
余杭区	381226	67995	158040	94809	60383
富阳区	223646	701	126229	53032	43684
临安区	193596		52054	47200	94342
桐庐县	117430		57369	41707	18355
淳安县	56133			26360	29772
经济技术开发区	35656		22329	2915	10412
西湖风景名胜区	201				201
大江东	68652		5352	33164	30136
建德市	87140		28037	26185	32918
宁波市	**4972363**	**2050690**	**1913628**	**506416**	**501630**
海曙区	537554	181015	320256	20838	15446
江北区	408461		352774	23664	32023
北仑区	370801		306728	22977	41096
镇海区	406796	230138	104455	9273	62930
鄞州区	619315	241112	208895	118104	51204
奉化区	123440		13102	71422	38916
象山县	1592500	1271150	219387	84627	17336
宁海县	273372		72027	56623	144722
高新区	383516	127274	204871	21029	30341
余姚市	90807		26873	31239	32694
慈溪市	165803		84261	46619	34923
温州市	**1595758**	**9992**	**810575**	**448100**	**327092**
鹿城区	431362		368787	31877	30697
龙湾区	84798		49540	28178	7080
瓯海区	105800	9992	65914	11765	18130
洞头区	42396		33007	2335	7053
永嘉县	93099		13381	18001	61718
平阳县	98027		25640	38198	34189

2-C-29　续表 1

单位：万元

地　区	应收工程款				
		特级	一级	二级	三级及以下
苍南县	156811		62886	55468	38457
文成县	32240		282	22553	9405
泰顺县	283441		105974	140504	36963
温州经济技术开发区	62701		11652	19407	31642
瑞安市	150752		62078	59796	28878
乐清市	54334		11436	20018	22880
嘉兴市	**1028305**	**42176**	**490491**	**245059**	**250580**
南湖区	200888		64609	60273	76007
经济开发区	130047		107570	10391	12085
秀洲区	120894		69082	15309	36504
嘉善县	34802		1568	20058	13176
海盐县	62504		968	35453	26083
海宁市	221785	42176	118344	35809	25456
平湖市	107417		63295	9813	34309
桐乡市	149969		65056	57954	26960
湖州市	**758452**	**72969**	**333136**	**158565**	**193781**
吴兴区	330460	72969	172849	59072	25570
南浔区	56682		28762	10994	16926
德清县	107127		69061	25606	12460
长兴县	145154		27536	47111	70507
安吉县	70857		23358	4865	42634
开发区	48172		11570	10918	25684
绍兴市	**4039093**	**1366629**	**1661408**	**674168**	**336889**
越城区	549853	184515	201706	137432	26200
柯桥区	973852	390728	365906	131794	85424
上虞区	906752	595009	207023	66835	37886
新昌县	103670		28652	45888	29130
诸暨市	1277646	196376	710591	238763	131916
嵊州市	227320		147531	53456	26333
金华市	**3617541**	**1431763**	**1380167**	**468292**	**337319**
婺城区	258627		220000	14478	24149
金东区	91789		38125	13870	39795
经济技术开发区	160603		115544	26971	18087
武义县	42972		25018	9857	8097
浦江县	169237		34009	112466	22762
磐安县	337672		258689	60291	18692
兰溪市	57920		41640	-5745	22025
义乌市	229231	38688	90190	46831	53523
东阳市	2156675	1357534	524221	170094	104826
永康市	112815	35541	32732	19179	25363

2-C-29 续表 2 单位：万元

地 区	应收工程款	特级	一级	二级	三级及以下
衢州市	**571000**		**213157**	**219975**	**137868**
柯城区	114289		41709	58853	13727
衢江区	47347		4178	31007	12163
常山县	58965		13310	23867	21787
开化县	60485		26277	22168	12040
龙游县	61629		13755	23686	24188
江山市	141012		37719	56445	46848
西区	74453		72200	731	1522
绿色产业集聚区	12820		4008	3219	5594
舟山市	**355766**		**162190**	**121350**	**72226**
定海区	214300		114399	73909	25992
普陀区	82619		40498	27078	15043
岱山县	24994		7293	11545	6156
嵊泗县	6540			2732	3808
临城新区	27314			6087	21227
台州市	**1426220**	**423839**	**495433**	**292483**	**214465**
椒江区	202841	105888	46726	16161	34066
黄岩区	106232	32492	6982	42293	24466
路桥区	185443	128740	13357	16924	26422
三门县	118319		42694	55470	20154
天台县	44863		30675	9149	5040
仙居县	57041		22532	12688	21821
温岭市	427902	58349	266598	69340	33615
临海市	248115	98371	58634	64705	26404
玉环市	35465		7235	5752	22477
丽水市	**448577**		**61734**	**136078**	**250765**
莲都区	118653		11854	39317	67482
青田县	52694		15271	25667	11756
缙云县	68053		23833	10607	33613
遂昌县	48644			22473	26171
松阳县	22225		4566	1556	16104
云和县	22900			7352	15548
庆元县	27666			2920	24746
景宁畲族自治县	48724			15824	32900
龙泉市	39018		6209	10363	22446

D.专业承包建筑业企业

2-D-1　分地区专业承包企业签订合同情况

单位：万元

地　区	签订合同额	上年结转合同额	本年新签合同额
全　省	**26788777**	**6704743**	**20084034**
杭州市	**10797893**	**3134119**	**7663774**
上城区	587410	113125	474285
下城区	604548	172488	432060
江干区	815877	204427	611450
拱墅区	1106140	209928	896212
西湖区	2915179	830051	2085128
滨江区	293712	40464	253248
萧山区	3288450	1258907	2029542
余杭区	377024	138078	238946
富阳区	174802	38516	136285
临安区	331827	64126	267702
桐庐县	43760	7552	36208
淳安县	88065	23239	64826
经济技术开发区	34874	10823	24051
西湖风景名胜区	7568	2510	5058
大江东	38818	3878	34940
建德市	89842	16008	73834
宁波市	**4030491**	**1006852**	**3023639**
海曙区	291959	43971	247988
江北区	767499	161659	605840
北仑区	503579	75756	427824
镇海区	511125	223805	287320
鄞州区	745969	230395	515574
奉化区	135797	24252	111545
象山县	164654	47178	117475
宁海县	6743	420	6323
高新区	445288	64999	380289
余姚市	192963	44746	148217
慈溪市	264916	89671	175244
温州市	**1866999**	**407741**	**1459258**
鹿城区	596580	163356	433224
龙湾区	236705	49466	187240
瓯海区	142254	36523	105731
洞头区	44888	10138	34750
永嘉县	19063	8453	10610

2-D-1 续表 1

单位：万元

地 区	签订合同额		
		上年结转合同额	本年新签合同额
平阳县	125414	5251	120164
苍南县	91053	18419	72634
文成县	2949	1011	1938
泰顺县	237931	59149	178782
温州经济技术开发区	8219	2949	5270
瑞安市	132954	38375	94579
乐清市	228989	14652	214337
嘉兴市	**1057075**	**266027**	**791048**
南湖区	73555	8482	65074
经济开发区	106390	53139	53250
秀洲区	122615	21340	101275
嘉善县	104333	25044	79290
海盐县	42645	10849	31797
海宁市	285580	38157	247422
平湖市	109047	28042	81005
桐乡市	212910	80974	131936
湖州市	**903266**	**198970**	**704296**
吴兴区	225276	45710	179566
南浔区	25150	931	24219
德清县	290736	99767	190969
长兴县	104237	15248	88989
安吉县	77807	6147	71660
开发区	180060	31168	148893
绍兴市	**4619058**	**943486**	**3675572**
越城区	630554	97968	532586
柯桥区	1480431	514355	966076
上虞区	1549463	134113	1415350
新昌县	190608	14948	175661
诸暨市	504797	97166	407631
嵊州市	263206	84938	178269
金华市	**1402634**	**295331**	**1107302**
婺城区	130381	30775	99606
金东区	153145	44815	108330
经济技术开发区	247191	31434	215757
武义县	25847	4190	21657
浦江县	13504	509	12995
磐安县	107214	36405	70809
兰溪市	65141	15962	49179

2-D-1　续表 2　　单位：万元

地　区	签订合同额		
		上年结转合同额	本年新签合同额
义乌市	136163	37746	98417
东阳市	367498	55976	311521
永康市	156551	37519	119032
衢州市	**195754**	**48831**	**146922**
柯城区	39390	11531	27859
衢江区	50858	6660	44198
常山县	23235	12196	11039
开化县	1618	363	1255
龙游县	26398	1246	25153
江山市	5584	1271	4313
西区	33294	11418	21876
绿色产业集聚区	15377	4148	11229
舟山市	**371864**	**105915**	**265949**
定海区	118321	51049	67271
普陀区	128358	37750	90609
岱山县	90236	5431	84805
嵊泗县	16616	2785	13831
临城新区	18333	8900	9433
台州市	**1005830**	**216116**	**789714**
椒江区	268491	68022	200469
黄岩区	27946	4206	23739
路桥区	45583	7195	38389
三门县	25283	2673	22610
天台县	17394	1612	15783
仙居县	48008	17443	30565
温岭市	323198	68135	255063
临海市	243419	44874	198546
玉环市	6507	1956	4551
丽水市	**537913**	**81354**	**456560**
莲都区	230020	26854	203167
青田县	27971	6417	21554
缙云县	194884	34064	160821
遂昌县	23932	2974	20958
松阳县	30328	9989	20339
云和县	1076	226	850
景宁畲族自治县	13090		13090
龙泉市	16612	830	15782

2-D-2 分地区专业承包企业承包工程完成情况

单位：万元

地 区	直接从建设单位承揽工程完成的产值			从建设单位以外承揽工程完成的产值
		自行完成施工产值	分包出去工程的产值	
全 省	**17084535**	**16735254**	**349281**	**2054147**
杭州市	**6779315**	**6558232**	**221084**	**994634**
上城区	342680	317725	24956	82603
下城区	246998	232561	14437	121171
江干区	525829	512440	13390	30491
拱墅区	809585	757057	52529	233731
西湖区	1644106	1623167	20940	139584
滨江区	218017	216663	1354	111447
萧山区	2253938	2210711	43227	161565
余杭区	245161	232045	13117	42818
富阳区	126905	121929	4976	15474
临安区	151659	139364	12295	52762
桐庐县	32027	32006	21	432
淳安县	52765	50601	2165	
经济技术开发区	33033	26608	6426	2555
西湖风景名胜区	7331	7331		
大江东	32213	32213		
建德市	57068	45814	11254	
宁波市	**2295798**	**2253509**	**42289**	**435239**
海曙区	227671	214489	13183	19347
江北区	335114	335114		42774
北仑区	387753	372323	15431	46885
镇海区	191636	189869	1767	37266
鄞州区	465375	464064	1311	135992
奉化区	103095	103095		
象山县	87046	87046		10021
宁海县	5615	5615		
高新区	230085	224840	5244	80125
余姚市	115621	110268	5353	8390
慈溪市	146788	146788		54440
温州市	**1237138**	**1225671**	**11467**	**52321**
鹿城区	407101	400738	6363	10433
龙湾区	176092	175735	357	5122
瓯海区	95048	95048		11935
洞头区	18880	18880		16208
永嘉县	12290	12290		1398

2-D-2　续表 1　　单位：万元

地　区	直接从建设单位承揽工程完成的产值	自行完成施工产值	分包出去工程的产值	从建设单位以外承揽工程完成的产值
平阳县	67161	67066	95	4106
苍南县	70292	65640	4652	
文成县	2807	2807		
泰顺县	126150	126150		217
温州经济技术开发区	6644	6644		
瑞安市	85759	85759		2902
乐清市	168914	168914		
嘉兴市	**738004**	**731493**	**6511**	**61229**
南湖区	63797	62730	1067	1288
经济开发区	59279	59279		1026
秀洲区	65751	65155	596	28169
嘉善县	63523	63523		
海盐县	29969	27996	1973	4524
海宁市	241271	241271		1199
平湖市	63049	60175	2874	24998
桐乡市	151366	151366		25
湖州市	**555317**	**540905**	**14412**	**56458**
吴兴区	141054	140034	1020	29998
南浔区	20346	20346		
德清县	159968	146996	12972	19477
长兴县	75766	75766		165
安吉县	76785	76725	60	528
开发区	81399	81039	360	6290
绍兴市	**3131209**	**3112796**	**18413**	**170537**
越城区	471985	455756	16229	21627
柯桥区	600888	600162	727	130811
上虞区	1307032	1307032		15792
新昌县	160439	160439		
诸暨市	439290	437833	1457	1457
嵊州市	151575	151575		850
金华市	**1009512**	**1002604**	**6908**	**65953**
婺城区	100939	100939		735
金东区	94574	93050	1525	43240
经济技术开发区	187396	187286	110	2130
武义县	19437	18494	943	1569
浦江县	12305	11668	636	603
磐安县	67617	67617		9364
兰溪市	42426	42426		77

2-D-2 续表 2

单位：万元

地 区	直接从建设单位承揽工程完成的产值	自行完成施工产值	分包出去工程的产值	从建设单位以外承揽工程完成的产值
义乌市	110974	110738	236	1688
东阳市	256869	253480	3390	6016
永康市	116975	116906	69	531
衢州市	**117495**	**116484**	**1012**	**1992**
柯城区	29743	29743		
衢江区	40916	40651	265	925
常山县	10767	10767		602
开化县	1251	1251		
龙游县	6409	6409		
江山市	4008	4008		
西区	13797	13797		
绿色产业集聚区	10604	9857	747	465
舟山市	**243988**	**227341**	**16647**	**14342**
定海区	78550	61903	16647	12482
普陀区	99027	99027		1110
岱山县	52654	52654		
嵊泗县	7109	7109		750
临城新区	6647	6647		
台州市	**676546**	**666497**	**10048**	**157085**
椒江区	196076	193516	2560	14766
黄岩区	15089	15087	2	
路桥区	42119	41344	775	
三门县	12157	11111	1046	12283
天台县	15012	15012		
仙居县	35369	35369		
温岭市	166258	161106	5152	123161
临海市	190814	190301	513	6875
玉环市	3652	3652		
丽水市	**300215**	**299723**	**492**	**44357**
莲都区	141627	141627		19960
青田县	13008	13008		
缙云县	88582	88582		21929
遂昌县	14253	13762	492	492
松阳县	12779	12779		1976
云和县	1020	1020		
景宁畲族自治县	13310	13310		
龙泉市	15636	15636		

2-D-3　分地区专业承包企业建筑业总产值和竣工产值

单位：万元

地　区	建筑业总产值	#装饰装修产值	#在外省完成的产值	按构成分组			竣工产值
				建筑工程产值	安装工程产值	其他产值	
全　省	**18789401**	**6328553**	**4740547**	**12889638**	**5051486**	**848277**	**9641409**
杭州市	**7552865**	**2204579**	**2064177**	**5425762**	**1787214**	**339889**	**3354846**
上城区	400327	133099	64146	210152	180664	9512	104223
下城区	353732	88174	106046	138974	193463	21296	169401
江干区	542931	324462	80206	359429	135747	47754	286577
拱墅区	990787	235147	252629	690605	237843	62340	164581
西湖区	1762751	658212	487418	1510389	236131	16231	692170
滨江区	328110	1124	159283	261941	64987	1182	162890
萧山区	2372276	564930	767891	1748620	485488	138167	1354410
余杭区	274863	119459	61035	206630	68145	88	173536
富阳区	137403	18542	15264	91197	34504	11702	91118
临安区	192126	17506	55662	112013	48875	31238	49862
桐庐县	32438	6009	988	9320	23119		22450
淳安县	50601			13773	36448	379	8095
经济技术开发区	29162		5963	9723	19440		16500
西湖风景名胜区	7331	6645	686	7331			2991
大江东	32213	30647	5235	31554	660		29571
建德市	45814	624	1729	24112	21702		26473
宁波市	**2688748**	**779914**	**439845**	**1554254**	**947326**	**187168**	**1545454**
海曙区	233836	111485	6227	178466	33041	22329	167621
江北区	377888	16038	4953	144570	233318		254349
北仑区	419208	76483	130475	156026	141593	121589	282521
镇海区	227135	52548	29960	99889	120155	7091	171886
鄞州区	600056	239351	83921	484645	114647	764	314448
奉化区	103095	13063	15664	2743	100352		70201
象山县	97067	69907	22706	75068	18880	3119	35147
宁海县	5615	5615		3101	2198	316	45
高新区	304965	92139	68952	155386	133278	16301	78460
余姚市	118658	75838	29766	101624	16248	786	43250
慈溪市	201227	27447	47221	152736	33617	14874	127528
温州市	**1277992**	**524993**	**210523**	**845150**	**419924**	**12919**	**784976**
鹿城区	411171	192066	88677	371349	38844	978	199957
龙湾区	180857	113718	19074	88246	91746	866	102017
瓯海区	106984	17667	3172	95644	10539	801	68990
洞头区	35087	19873	20499		34055	1032	19245
永嘉县	13688	3585	24	2526	11085	77	8151

2-D-3 续表 1 单位：万元

地区	建筑业总产值	#装饰装修产值	#在外省完成的产值	按构成分组			竣工产值
				建筑工程产值	安装工程产值	其他产值	
平阳县	71172	1114	1283	13305	48867	9001	54079
苍南县	65640	20189	11125	31559	33915	166	115955
文成县	2807	2807	55	2807			
泰顺县	126368	81141	24221	107973	18395		45172
温州经济技术开发区	6644	26		4228	2416		3277
瑞安市	88661	15953	3921	17781	70880		59367
乐清市	168914	56852	38471	109733	59181		108766
嘉兴市	**792722**	**268710**	**197512**	**461332**	**265759**	**65632**	**394649**
南湖区	64018	51706	4614	60217	3231	570	38717
经济开发区	60305	18498	3099	38123	21680	502	33289
秀洲区	93324	47769	34393	59054	34270		59345
嘉善县	63523		10787	16683	45127	1713	61371
海盐县	32520	11340	8773	17410	7223	7886	28437
海宁市	242470	77901	90671	149421	77426	15623	74085
平湖市	85173	17955	12429	63707	20545	921	50166
桐乡市	151391	43542	32746	56717	56256	38417	49238
湖州市	**597363**	**137751**	**97885**	**438088**	**135717**	**23558**	**259673**
吴兴区	170032	56929	33873	136343	17865	15823	98087
南浔区	20346	1908	2724	13876	6470		15481
德清县	166473	31935	18565	136481	27467	2526	54639
长兴县	75931	34128	31285	65396	8856	1679	37437
安吉县	77253	6306	190	13196	62527	1531	30312
开发区	87329	6545	11249	72796	12533	2000	23717
绍兴市	**3283333**	**1690491**	**1330559**	**2444087**	**780383**	**58864**	**1846817**
越城区	477383	95801	124712	382344	74629	20410	314264
柯桥区	730972	329465	270876	626156	103532	1285	373320
上虞区	1322823	1089505	635394	1112149	195982	14692	878156
新昌县	160439	27760	55124	123614	34565	2260	99593
诸暨市	439290	38107	166319	80952	348949	9389	69942
嵊州市	152425	109852	78135	118871	22726	10828	111542
金华市	**1068558**	**342420**	**179827**	**643230**	**321919**	**103409**	**569978**
婺城区	101673	14378	7614	86948	9747	4979	23602
金东区	136290	85435	40600	114630	3506	18154	45017
经济技术开发区	189416	11917	15791	39576	131011	18829	72425
武义县	20063	728	451	7707	11400	956	19014
浦江县	12272			311	11961		9894
磐安县	76982	3792	6481	38583	27997	10402	44772
兰溪市	42503	2700	436	15184	25883	1435	37299

2-D-3 续表 2 单位：万元

地　区	建筑业总产值	#装饰装修产值	#在外省完成的产值	按构成分组 建筑工程产　值	安装工程产　值	其他产值	竣工产值
义乌市	112426	33579	2401	83126	16173	13127	65196
东阳市	259496	112068	69717	201149	49959	8388	186164
永康市	117437	77823	36336	56016	34282	27139	66596
衢州市	**118476**	**25628**	**2950**	**75895**	**33957**	**8624**	**90223**
柯城区	29743	20862		21721	7571	451	24191
衢江区	41576	3311		22320	15946	3311	33939
常山县	11369			7884		3484	6248
开化县	1251	275	220	1251			55
龙游县	6409	954	1494	6310		99	6646
江山市	4008	227		2679	79	1250	2157
西区	13797		80	4737	9032	28	4505
绿色产业集聚区	10322		1156	8993	1329		12482
舟山市	**241683**	**22976**	**25355**	**165247**	**63571**	**12865**	**168259**
定海区	74385	11278	18812	33794	38657	1934	38791
普陀区	100137	8198	6418	93687	6450		91949
岱山县	52654	913		27995	14448	10211	23720
嵊泗县	7859			6283	1576		6852
临城新区	6647	2588	125	3487	2440	720	6949
台州市	**823582**	**243399**	**146320**	**610076**	**202070**	**11436**	**403999**
椒江区	208282	95332	25012	145449	60807	2026	99930
黄岩区	15087	4671	267	12505	2582		8493
路桥区	41344		868	10002	31247	95	9766
三门县	23394	6214	876	21671	1723		15769
天台县	15012	10194	213	11177	3835		9683
仙居县	35369	6262	4173	22124	6033	7212	5263
温岭市	284267	64372	61912	239868	43725	675	166650
临海市	197176	56355	53000	145720	51409	48	86175
玉环市	3652			1560	710	1382	2270
丽水市	**344080**	**87692**	**45592**	**226518**	**93647**	**23915**	**222535**
莲都区	161588	18021	12489	119847	28308	13433	94888
青田县	13008	1237	329	329	11442	1237	12813
缙云县	110511	65683	32774	77070	26271	7170	71549
遂昌县	14253	641		2625	11628		2542
松阳县	14755	1092		4373	8406	1976	11988
云和县	1020	1020		1020			975
景宁畲族自治县	13310			7143	6167		12345
龙泉市	15636			14112	1425	99	15435

2-D-4 分地区专业承包企业房屋建筑面积

地 区	房屋施工面积（万平方米）	#本年新开工	房屋竣工面积（万平方米）	房屋竣工率（%）
全 省	**3112**	**1731**	**1835**	**58.9**
杭州市	**1150**	**651**	**702**	**61.0**
上城区	3			
下城区				
江干区	1	1		
拱墅区	3	3	2	56.3
西湖区				
滨江区	205	140	88	42.7
萧山区	696	341	488	70.2
余杭区	31	22	5	17.1
富阳区	148	115	104	70.6
临安区	57	28	13	23.3
桐庐县	1	1		
淳安县				
经济技术开发区				
西湖风景名胜区				
大江东	7	3	1	17.9
建德市				77.0
宁波市	**412**	**298**	**229**	**55.4**
海曙区	5	3	3	54.4
江北区				
北仑区				80.6
镇海区	21	3	8	35.5
鄞州区	147	125	86	58.6
奉化区				
象山县	11	7		
宁海县				
高新区	1	1	1	99.1
余姚市	9	8	7	74.5
慈溪市	219	151	124	56.9
温州市	**44**	**28**	**40**	**92.3**
鹿城区			6	
龙湾区				
瓯海区	5	2	2	43.6
洞头区				
永嘉县				

2-D-4　续表 1

地　区	房屋施工面积（万平方米）	#本年新开工	房屋竣工面积（万平方米）	房屋竣工率（%）
平阳县	3	2	2	44.3
苍南县	1	1		41.6
文成县				
泰顺县	13	9		
温州经济技术开发区	1		1	85.5
瑞安市				
乐清市	21	15	30	141.4
嘉兴市	**100**	**88**	**54**	**54.1**
南湖区	4	2	4	90.0
经济开发区	3	3	2	53.8
秀洲区				100.0
嘉善县	2	2		
海盐县				
海宁市	72	67	32	44.3
平湖市	19	14	17	89.2
桐乡市				
湖州市	**231**	**148**	**126**	**54.7**
吴兴区	109	88	60	55.1
南浔区	29	6	20	70.5
德清县	37	23	17	47.6
长兴县	54	31	28	52.2
安吉县	2			
开发区	1			69.0
绍兴市	**633**	**229**	**241**	**38.1**
越城区	40	30	33	83.2
柯桥区	573	188	197	34.3
上虞区	14	8	10	73.7
新昌县	1	1	1	95.4
诸暨市	5	3		
嵊州市				
金华市	**231**	**124**	**160**	**69.0**
婺城区	11	6	4	33.3
金东区				
经济技术开发区	46	26	28	60.4
武义县	12	7	12	96.0
浦江县				
磐安县	28	15	12	43.2
兰溪市	45	31	39	86.4

2-D-4 续表 2

地 区	房屋施工面积（万平方米）	#本年新开工	房屋竣工面积（万平方米）	房屋竣工率（%）
义乌市	19	8	14	71.9
东阳市	70	30	52	73.7
永康市	0	0	0	99.3
衢州市	**95**	**53**	**63**	**65.8**
柯城区				
衢江区	45	26	31	69.9
常山县	3	3	3	100.0
开化县				
龙游县	19	15	16	86.8
江山市	8	4	4	50.2
西区				
绿色产业集聚区	20	4	8	37.9
舟山市	**9**	**2**	**8**	**91.7**
定海区	9	2	8	92.2
普陀区	0	0		
岱山县				
嵊泗县				
临城新区				
台州市	**171**	**85**	**194**	**113.2**
椒江区	1			11.4
黄岩区				98.0
路桥区	10	3	8	89.2
三门县	1	1	1	92.0
天台县	1			
仙居县				159.6
温岭市	93	35	149	160.9
临海市	66	46	35	52.6
玉环市				
丽水市	**35**	**26**	**18**	**51.6**
莲都区	35	26	18	49.7
青田县				
缙云县				
遂昌县				
松阳县			1	
云和县				
景宁畲族自治县				
龙泉市				

2-D-5　分地区按主要用途分的专业承包企业房屋建筑竣工面积

单位：万平方米

地　区	竣工面积	住　宅房　屋	商业及服务用房　屋	办公用房　屋	科研、教育和医疗用 房 屋	文化、体育和娱乐用 房 屋	厂房及建筑物	仓库	其他未列明的房屋建 筑 物
全　省	**1835**	**63**	**124**	**30**	**14**	**57**	**1363**	**13**	**172**
杭州市	**702**	**34**	**97**	**1**	**3**	**34**	**466**	**2**	**65**
上城区									
下城区									
江干区									
拱墅区	2		1				1		
西湖区									
滨江区	88					27	53		7
萧山区	488	33	96		2	7	294		56
余杭区	5						5		1
富阳区	104						101	2	1
临安区	13		1	1	1		11		
桐庐县									
淳安县									
经济技术开发区									
西湖风景名胜区									
大江东	1						1		
建德市									
宁波市	**229**		**3**	**1**	**5**		**180**		**40**
海曙区	3		2				1		
江北区									
北仑区									
镇海区	8				1		7		
鄞州区	86		1		4		41		40
奉化区									
象山县									
宁海县									
高新区	1						1		
余姚市	7						7		
慈溪市	124			1			123		
温州市	**40**			**4**	**5**		**25**		**6**
鹿城区	6								6
龙湾区									
瓯海区	2						2		
洞头区									
永嘉县									

2-D-5 续表 1 单位：万平方米

地区	竣工面积	住宅房屋	商业及服务用房屋	办公用房屋	科研、教育和医疗用房屋	文化、体育和娱乐用房屋	厂房及建筑物	仓库	其他未列明的房屋建筑物
平阳县	2						1		
苍南县									
文成县									
泰顺县									
温州经济技术开发区	1						1		
瑞安市									
乐清市	30			4	5		20		
嘉兴市	**54**	**2**					**43**		**10**
南湖区	4						4		
经济开发区	2	2							
秀洲区									
嘉善县									
海盐县									
海宁市	32						22		10
平湖市	17						17		
桐乡市									
湖州市	**126**						**118**		**8**
吴兴区	60						60		
南浔区	20						20		
德清县	17						9		8
长兴县	28						28		
安吉县									
开发区									
绍兴市	**241**	**11**	**15**	**22**	**1**		**181**	**9**	**3**
越城区	33		1		1		21	9	2
柯桥区	197	11	14	22			150	1	
上虞区	10						10		
新昌县	1								1
诸暨市									
嵊州市									
金华市	**160**	**16**	**8**	**2**	**1**	**18**	**110**	**1**	**5**
婺城区	4					1	3		
金东区									
经济技术开发区	28						25		2
武义县	12						11		
浦江县									
磐安县	12		4		1		8		
兰溪市	39						39		

2-D-5　续表 2　　　　单位：万平方米

地　区	竣工面积	住　宅房　屋	商业及服务用房　屋	办公用房　屋	科研、教育和医疗用 房 屋	文化、体育和娱乐用 房 屋	厂房及建筑物	仓库	其他未列明的房屋建 筑 物
义乌市	14	14		0					
东阳市	52	2	4	2		17	24		3
永康市	0								
衢州市	**63**						**62**	**1**	
柯城区									
衢江区	31						31		
常山县	3						3		
开化县									
龙游县	16						16		
江山市	4						4		
西区									
绿色产业集聚区	8						7	1	
舟山市	**8**						**8**		
定海区	8						8		
普陀区									
岱山县									
嵊泗县									
临城新区									
台州市	**194**	**1**				**5**	**154**		**34**
椒江区									
黄岩区									
路桥区	8						8		
三门县	1								
天台县									
仙居县									
温岭市	149						142		8
临海市	35					5	4		26
玉环市									
丽水市	**18**						**18**		
莲都区	18						18		
青田县									
缙云县									
遂昌县									
松阳县	1								
云和县									
景宁畲族自治县									
龙泉市									

2-D-6 分地区按主要用途分的专业承包企业房屋建筑竣工价值

单位：万元

地区	竣工价值	住宅房屋	商业及服务用房屋	办公用房屋	科研、教育和医疗用房屋	文化、体育和娱乐用房屋	厂房及建筑物	仓库	其他未列明的房屋建筑物
全省	**1626870**	**74157**	**77564**	**34453**	**14536**	**90646**	**1043280**	**7139**	**285096**
杭州市	**711291**	**28447**	**45692**	**846**	**5129**	**46111**	**422764**	**1335**	**160967**
上城区									
下城区									
江干区									
拱墅区	2521	385	725	212	52	26	1121		
西湖区									
滨江区	124815					30622	61429		32764
萧山区	500607	27996	43938		4291	15454	281477		127451
余杭区	4593						4377		216
富阳区	68866			45			66951	1332	537
临安区	8835		928	578	781		6547		
桐庐县									
淳安县	195	66	101	11	5	9		3	
经济技术开发区									
西湖风景名胜区									
大江东	565						565		
建德市	295						295		
宁波市	**185916**		**3151**	**1791**	**6259**		**143278**		**31438**
海曙区	2824		1968				856		
江北区									
北仑区	121								121
镇海区	8092				2320		5772		
鄞州区	73126		1183		3939		36687		31317
奉化区									
象山县									
宁海县									
高新区	1399						1399		
余姚市	5568						5568		
慈溪市	94787			1791			92996		
温州市	**26593**			**1981**	**1940**		**15564**		**7108**
鹿城区	6185								6185
龙湾区									
瓯海区	2353						2353		
洞头区									
永嘉县									

2-D-6　续表 1　　　　单位：万元

地　区	竣工价值	住　宅房　屋	商业及服务用房　屋	办公用房　屋	科研、教育和医疗用 房 屋	文化、体育和娱乐用 房 屋	厂房及建筑物	仓　库	其他未列明的房屋建 筑 物
平阳县	876				104		772		
苍南县	923								923
文成县									
泰顺县									
温州经济技术开发区	834						834		
瑞安市									
乐清市	15422			1981	1836		11605		
嘉兴市	**75913**	**9246**					**46335**		**20332**
南湖区	3237						3237		
经济开发区	9246	9246							
秀洲区	415						415		
嘉善县									
海盐县									
海宁市	44382						24050		20332
平湖市	18633						18633		
桐乡市									
湖州市	**68786**	**67**	**224**	**49**	**81**		**62065**		**6301**
吴兴区	32217						32217		
南浔区	14181						14181		
德清县	12064		92		81		5590		6301
长兴县	9934			49			9885		
安吉县									
开发区	392	67	132				193		
绍兴市	**214275**	**12310**	**16362**	**26923**	**167**		**150515**	**4710**	**3290**
越城区	18042		495		167		10931	4212	2238
柯桥区	187174	12310	15585	26623			132159	497	
上虞区	8007		281	300			7426		
新昌县	1052								1052
诸暨市									
嵊州市									
金华市	**149261**	**22959**	**11981**	**2549**	**961**	**33991**	**66579**	**626**	**9615**
婺城区	3746					1638	1677		431
金东区									
经济技术开发区	20603						15918		4685
武义县	6296	136	119	123	98	85	5344	196	196
浦江县									
磐安县	18879		5275		863		12338	404	
兰溪市	14852						14852		

2-D-6 续表 2

单位：万元

地 区	竣工价值	住 宅 房 屋	商业及服务用房屋	办公用房 屋	科研、教育和医疗用房屋	文化、体育和娱乐用房屋	厂房及建筑物	仓 库	其他未列明的房屋建筑物
义乌市	20128	20069		33				27	
东阳市	64592	2754	6587	2393		32268	16286		4304
永康市	166						166		
衢州市	**27630**	**19**					**26732**	**468**	**411**
柯城区									
衢江区	13064						12653		411
常山县	1350						1350		
开化县									
龙游县	5356						5356		
江山市	2108	19					2089		
西区									
绿色产业集聚区	5751						5283	468	
舟山市	**3985**						**3985**		
定海区	3985						3985		
普陀区									
岱山县									
嵊泗县									
临城新区									
台州市	**155086**	**932**	**156**	**315**		**10523**	**97880**		**45280**
椒江区	315			315					
黄岩区	180						180		
路桥区	8644						8644		
三门县	679	396					284		
天台县									
仙居县	537	537							
温岭市	102836						85504		17332
临海市	41895		156			10523	3268		27948
玉环市									
丽水市	**8135**	**177**				**21**	**7583**		**355**
莲都区	7544						7544		
青田县									
缙云县									
遂昌县									
松阳县	592	177				21	39		355
云和县									
景宁畲族自治县									
龙泉市									

2-D-7　分地区专业承包企业机械设备情况

地　区	总台数 (台)	总功率 (千瓦)	净值 (万元)	技术装备率 (元/人)	动力装备率 (千瓦时/人)
全　省	**109616**	**1766469**	**401556**	**8813**	**3.9**
杭州市	**34116**	**522436**	**128030**	**7431**	**3.0**
上城区	1384	19074	3255	4335	2.5
下城区	1141	20855	1655	1410	1.8
江干区	2421	16465	3963	2700	1.1
拱墅区	2273	56171	11255	4101	2.0
西湖区	8649	77959	26504	5815	1.7
滨江区	581	16002	7699	19358	4.0
萧山区	11776	218783	53216	14146	5.8
余杭区	1790	17314	3704	4610	2.2
富阳区	918	21201	9058	20304	4.8
临安区	1203	41351	3447	5880	7.1
桐庐县	287	1827	560	4579	1.5
淳安县	190	1058	1685	31139	2.0
经济技术开发区	225	585	245	5688	1.4
西湖风景名胜区	71	146	18	609	0.5
大江东	103	2255	502	4150	1.9
建德市	1104	11390	1267	7508	6.7
宁波市	**17315**	**293972**	**79588**	**10718**	**4.0**
海曙区	1756	19306	2160	4769	4.3
江北区	977	23003	8692	12990	3.4
北仑区	2550	65810	16150	7933	3.2
镇海区	1432	36311	11835	20640	6.3
鄞州区	4031	53597	14138	9045	3.4
奉化区	252	2227	1996	11620	1.3
象山县	1231	24476	3811	7808	5.0
宁海县	26	427	25	3417	5.9
高新区	2123	35090	5998	9442	5.5
余姚市	1035	6690	4513	14290	2.1
慈溪市	1902	27035	10271	20001	5.3
温州市	**8716**	**181405**	**25466**	**5998**	**4.3**
鹿城区	2518	85217	8886	7453	7.1
龙湾区	438	7492	4480	5963	1.0
瓯海区	577	5173	1195	3341	1.4
洞头区	293	2082	838	7921	2.0
永嘉县	117	1330	573	13900	3.2

2-D-7 续表 1

地 区	总台数（台）	总功率（千瓦）	净值（万元）	技术装备率（元/人）	动力装备率（千瓦时/人）
平阳县	621	4376	1283	6427	2.2
苍南县	1596	3336	892	3502	1.3
文成县	55	105	51	6232	1.3
泰顺县	846	49619	2442	4399	8.9
温州经济技术开发区	4	300	15	794	1.6
瑞安市	545	7486	2009	8553	3.2
乐清市	1106	14889	2802	5325	2.8
嘉兴市	**6205**	**186659**	**19633**	**12589**	**12.0**
南湖区	1011	3323	1221	7349	2.0
经济开发区	238	2914	2219	14806	1.9
秀洲区	347	6057	942	4521	2.9
嘉善县	190	10799	1998	26215	14.2
海盐县	499	98811	5196	64229	122.1
海宁市	641	8392	862	2939	2.9
平湖市	1300	37635	2552	12406	18.3
桐乡市	1979	18728	4643	12251	4.9
湖州市	**4732**	**56533**	**19455**	**16059**	**4.7**
吴兴区	1550	20937	6592	14809	4.7
南浔区	189	787	1213	17655	1.1
德清县	2099	11191	2568	7842	3.4
长兴县	378	12386	5414	33440	7.7
安吉县	216	8494	1832	24458	11.3
开发区	300	2738	1836	13766	2.1
绍兴市	**12941**	**128602**	**38862**	**6431**	**2.1**
越城区	1917	42781	9909	8912	3.8
柯桥区	4077	21178	7782	6442	1.8
上虞区	2058	22509	5962	3269	1.2
新昌县	119	3287	4868	8916	0.6
诸暨市	3947	33080	6138	6772	3.6
嵊州市	823	5767	4204	9410	1.3
金华市	**12910**	**228608**	**35275**	**12763**	**8.3**
婺城区	1307	42335	3745	28547	32.3
金东区	585	24135	2202	10398	11.4
经济技术开发区	2758	23252	7722	28160	8.5
武义县	765	5061	644	12658	9.9
浦江县	36	56	321	8865	0.2
磐安县	809	15577	4084	14136	5.4
兰溪市	646	17615	3817	35147	16.2

2-D-7　续表 2

地　区	总台数（台）	总功率（千瓦）	净值（万元）	技术装备率（元/人）	动力装备率（千瓦时/人）
义乌市	702	7499	2047	5355	2.0
东阳市	4310	84086	9073	10131	9.4
永康市	992	8992	1620	4214	2.3
衢州市	**944**	**17253**	**3072**	**9714**	**5.5**
柯城区	161	1830	547	6171	2.1
衢江区	309	3098	1398	20112	4.5
常山县	5	180	48	658	0.2
开化县	42	1443	175	20798	17.2
龙游县	46	2210	43	3639	18.6
江山市	133	2091	372	22659	12.8
西区	151	1421	72	2760	5.4
绿色产业集聚区	97	4980	417	19128	22.8
舟山市	**2129**	**51008**	**11113**	**21599**	**9.9**
定海区	982	29547	7423	43692	17.4
普陀区	400	7735	1719	10606	4.8
岱山县	237	8934	1260	12116	8.6
嵊泗县	64	1220	154	5504	4.4
临城新区	446	3572	556	11008	7.1
台州市	**7393**	**83371**	**33568**	**10242**	**2.5**
椒江区	2765	4128	2296	3861	0.7
黄岩区	129	936	141	4058	2.7
路桥区	177	2620	924	21589	6.1
三门县	292	3308	1132	19592	5.7
天台县	249	5778	474	8767	10.7
仙居县	72	1928	4418	64779	2.8
温岭市	2399	42725	20462	12086	2.5
临海市	1305	21898	3694	5107	3.0
玉环市	5	50	26	2943	0.6
丽水市	**2215**	**16622**	**7494**	**7661**	**1.7**
莲都区	1142	10411	5423	12159	2.3
青田县	5	70	12	606	0.4
缙云县	839	3184	640	1737	0.9
遂昌县	39	111	25	919	0.4
松阳县	24	149	598	23348	0.6
云和县	2	2		7	
景宁畲族自治县					
龙泉市	164	2695	796	20452	6.9

2-D-8 分地区专业承包企业主要生产效益指标

地 区	法人单位数（个）	从事建筑业活动的平均人数（人）	按总产值计算的劳动生产率（元/人）	人均竣工产值（元/人）	人均施工面积（平方米/人）	人均竣工面积（平方米/人）
全 省	**1876**	**501228**	**374867**	**192356**	**62.1**	**36.6**
杭州市	**523**	**197638**	**382157**	**169747**	**58.2**	**35.5**
上城区	43	8716	459302	119577	3.5	
下城区	47	12346	286516	137211		
江干区	49	20364	266613	140727	0.3	
拱墅区	63	26350	376010	62459	1.0	0.6
西湖区	69	47771	369000	144893		
滨江区	14	5015	654258	324806	408.3	174.5
萧山区	110	53269	445339	254259	130.6	91.7
余杭区	48	7535	364782	230307	41.0	7.0
富阳区	25	4212	326217	216329	350.8	247.7
临安区	17	6491	295988	76816	87.7	20.5
桐庐县	12	1241	261389	180904	4.6	
淳安县	6	499	1014038	162226		3.1
经济技术开发区	7	521	559735	316697		
西湖风景名胜区	2	317	231249	94341		
大江东	3	1187	271385	249126	59.5	10.6
建德市	8	1804	253960	146745	1.3	1.0
宁波市	**337**	**88612**	**303429**	**174407**	**46.5**	**25.8**
海曙区	50	5216	448304	321359	9.2	5.0
江北区	19	16622	227342	153019		
北仑区	44	21043	199215	134259	0.1	0.1
镇海区	31	6163	368546	278899	34.5	12.2
鄞州区	78	17689	339225	177765	83.0	48.7
奉化区	22	1763	584769	398188		
象山县	14	4654	208566	75520	22.7	
宁海县	3	105	534762	4248		
高新区	11	6110	499125	128412	1.6	1.6
余姚市	28	3748	316590	115395	24.3	18.1
慈溪市	37	5499	365935	231912	397.8	226.2
温州市	**213**	**44657**	**286179**	**175779**	**9.8**	**9.0**
鹿城区	75	12431	330762	160853		5.0
龙湾区	21	7142	253230	142842		
瓯海区	16	3724	287282	185257	12.0	5.2
洞头区	6	1102	318397	174640		
永嘉县	10	497	275408	163994		

2-D-8　续表 1

地　区	法人单位数（个）	从事建筑业活动的平均人数（人）	按总产值计算的劳动生产率（元/人）	人均竣工产　值（元/人）	人均施工面　积（平方米/人）	人均竣工面　积（平方米/人）
平阳县	13	2180	326478	248067	15.2	6.7
苍南县	13	2519	260579	460322	2.4	1.0
文成县	1	94	298617			
泰顺县	17	5675	222674	79599	23.4	
温州经济技术开发区	4	247	268984	132660	43.3	37.0
瑞安市	20	2703	328008	219634		
乐清市	17	6343	266299	171475	32.8	46.4
嘉兴市	**121**	**17246**	**459656**	**228835**	**58.2**	**31.5**
南湖区	18	1650	387985	234646	24.1	21.7
经济开发区	16	1452	415324	229262	20.0	10.8
秀洲区	16	2266	411844	261895	1.5	1.5
嘉善县	9	748	849239	820472	27.4	
海盐县	12	759	428456	374668		
海宁市	13	3516	689618	210709	205.3	90.9
平湖市	21	2573	331025	194969	73.7	65.7
桐乡市	16	4282	353551	114989		
湖州市	**92**	**13386**	**446260**	**193988**	**172.4**	**94.3**
吴兴区	23	4544	374189	215860	239.6	132.0
南浔区	5	690	294867	224368	418.8	295.4
德清县	24	3758	442983	145394	97.3	46.3
长兴县	16	2218	342338	168785	242.7	126.7
安吉县	12	788	980369	384674	27.0	
开发区	12	1388	629171	170868	3.9	2.7
绍兴市	**194**	**61884**	**530563**	**298432**	**102.3**	**38.9**
越城区	67	13907	343268	225975	28.9	24.0
柯桥区	42	12015	608383	310711	477.0	163.7
上虞区	27	16111	821068	545066	8.7	6.4
新昌县	9	4961	323401	200752	1.2	1.1
诸暨市	32	10318	425751	67786	5.1	
嵊州市	17	4572	333387	243968		
金华市	**144**	**27653**	**386417**	**206118**	**83.6**	**57.7**
婺城区	11	1495	680090	157872	71.9	23.9
金东区	8	1828	745567	246265		
经济技术开发区	23	2690	704150	269238	169.7	102.6
武义县	8	513	391084	370639	240.5	230.8
浦江县	3	367	334379	269580		
磐安县	16	3093	248890	144752	90.9	39.3
兰溪市	9	1127	377131	330955	395.6	341.7

2-D-8 续表 2

地 区	法人单位数（个）	从事建筑业活动的平均人数（人）	按总产值计算的劳动生产率（元/人）	人均竣工产 值（元/人）	人均施工面 积（平方米/人）	人均竣工面 积（平方米/人）
义乌市	27	3845	292396	169560	50.0	36.0
东阳市	22	8682	298890	214426	80.9	59.6
永康市	17	4013	292642	165951	0.7	0.7
衢州市	**38**	**3248**	**364764**	**277781**	**293.8**	**193.3**
柯城区	14	935	318109	258723		
衢江区	7	733	567209	463019	609.6	426.1
常山县	4	746	152395	83752	44.9	44.9
开化县	2	80	156363	6863		
龙游县	2	121	529702	549273	1559.0	1353.1
江山市	3	151	265444	142868	543.1	272.5
西区	3	262	526603	171950		
绿色产业集聚区	3	220	469168	567368	924.0	350.5
舟山市	**45**	**4885**	**494744**	**344441**	**18.2**	**16.7**
定海区	22	1713	434238	226448	51.7	47.7
普陀区	7	1575	635792	583803	0.3	
岱山县	4	820	642121	289265		
嵊泗县	4	302	260242	226871		
临城新区	8	475	139939	146286		
台州市	**120**	**32297**	**255003**	**125089**	**53.0**	**60.0**
椒江区	32	6354	327796	157271	1.4	0.2
黄岩区	6	515	292957	164915	5.0	4.9
路桥区	7	423	977388	230870	223.6	199.5
三门县	7	583	401268	270479	12.4	11.4
天台县	6	546	274951	177344	11.9	
仙居县	9	688	514077	76499	1.7	2.7
温岭市	30	16424	173080	101467	56.5	90.9
临海市	18	6676	295351	129082	99.4	52.3
玉环市	5	88	414955	257943		
丽水市	**49**	**9722**	**353919**	**228898**	**36.2**	**18.7**
莲都区	20	4244	380743	223582	83.0	41.2
青田县	4	200	650385	640635		
缙云县	8	3535	312618	202401		
遂昌县	4	270	527904	94133		
松阳县	4	253	583217	473850		27.5
云和县	1	286	35664	34091		
景宁畲族自治县	2	250	532380	493804		
龙泉市	6	684	228595	225652		

2-D-9　分地区专业承包企业资产构成

单位：万元

地　区	资产总计	#流动资产合计	#存货
全　省	**18468305**	**14746084**	**3251616**
杭州市	**8085950**	**6232222**	**1606863**
上城区	288444	252966	19897
下城区	315347	265028	25276
江干区	360426	285563	34154
拱墅区	772111	685083	132177
西湖区	1614024	1392258	496421
滨江区	294848	252024	77874
萧山区	3090500	2295804	683227
余杭区	344108	284489	58114
富阳区	619438	214928	46593
临安区	136032	117165	11609
桐庐县	42750	38712	3079
淳安县	44471	37927	8354
经济技术开发区	57553	29655	3821
西湖风景名胜区	17153	14761	972
大江东	30094	17982	1972
建德市	58652	47877	3324
宁波市	**2408524**	**2040989**	**483066**
海曙区	173452	151606	33665
江北区	341122	293470	68888
北仑区	294571	251911	52221
镇海区	358196	314638	106726
鄞州区	457011	374372	67350
奉化区	116211	105619	42080
象山县	70856	53654	14316
宁海县	9124	8753	99
高新区	224819	191007	46173
余姚市	121145	104393	14118
慈溪市	242017	191567	37432
温州市	**771066**	**634864**	**134911**
鹿城区	269687	225587	48973
龙湾区	110385	87466	11239
瓯海区	45125	40274	5596
洞头区	22473	15643	2354
永嘉县	21595	14973	1262

2-D-9 续表 1 单位：万元

地区	资产总计	#流动资产合计	#存货
平阳县	52919	46356	20889
苍南县	44840	38428	11674
文成县	6105	5044	41
泰顺县	52769	41912	9954
温州经济技术开发区	3188	1657	792
瑞安市	55741	48801	13003
乐清市	86239	68724	9136
嘉兴市	**834114**	**606927**	**91040**
南湖区	68961	59503	8880
经济开发区	39684	32727	3916
秀洲区	167287	128313	24067
嘉善县	78970	63506	16542
海盐县	28158	21275	3491
海宁市	285324	168056	14166
平湖市	84401	63664	6196
桐乡市	81330	69883	13783
湖州市	**617402**	**511949**	**100427**
吴兴区	98715	78472	20326
南浔区	23734	21871	3686
德清县	141443	104605	18587
长兴县	144372	123485	5481
安吉县	48790	36325	20906
开发区	160349	147193	31441
绍兴市	**3536527**	**2934230**	**479758**
越城区	401540	335258	72987
柯桥区	543030	465701	94122
上虞区	2071470	1698212	161343
新昌县	116146	94713	26344
诸暨市	276758	234205	75393
嵊州市	127584	106140	49569
金华市	**898601**	**713325**	**147704**
婺城区	73136	65920	13292
金东区	55674	40873	8805
经济技术开发区	189060	152672	37741
武义县	43309	34260	10999
浦江县	8004	6135	665
磐安县	58864	47612	7082
兰溪市	45965	35392	11100

2-D-9　续表 2　　　　单位：万元

地　区	资产总计	#流动资产合计	#存货
义乌市	154363	116585	16278
东阳市	188703	146089	27710
永康市	81523	67786	14032
衢州市	**121471**	**96841**	**16495**
柯城区	29405	21889	1724
衢江区	40366	31346	5247
常山县	9597	7989	284
开化县	2963	2523	28
龙游县	8509	6627	1829
江山市	5904	4392	1316
西区	10977	10883	2026
绿色产业集聚区	13751	11192	4042
舟山市	**219869**	**182994**	**51071**
定海区	103061	77266	12650
普陀区	74703	71440	27924
岱山县	15478	12102	3339
嵊泗县	11074	9211	3036
临城新区	15553	12976	4122
台州市	**712039**	**584393**	**106229**
椒江区	136723	120836	25675
黄岩区	10512	9424	1645
路桥区	50504	38783	9865
三门县	14337	9879	2690
天台县	7309	5656	464
仙居县	28824	20499	3792
温岭市	277886	212201	40174
临海市	121474	102909	20941
玉环市	64471	64206	983
丽水市	**262741**	**207351**	**34052**
莲都区	136810	99292	15237
青田县	11070	9119	363
缙云县	67725	63467	12970
遂昌县	10079	8679	678
松阳县	11018	9457	2664
云和县	4042	4041	134
景宁畲族自治县	10202	3554	619
龙泉市	11797	9742	1387

2-D-10 分地区专业承包企业负债及所有者权益

单位：万元

地区	负债合计	#流动负债	#应付账款	所有者权益	#实收资本
全省	**11334211**	**10834233**	**4510192**	**7134094**	**3589514**
杭州市	**5024052**	**4794477**	**2179587**	**3061899**	**1449525**
上城区	211923	208171	110599	76520	62080
下城区	185601	185640	89494	129746	70510
江干区	215590	202900	85290	144836	109758
拱墅区	588167	584130	270558	183944	148242
西湖区	1162650	1064980	607418	451374	218655
滨江区	149162	146821	83466	145686	55840
萧山区	1844009	1817213	728348	1246491	546636
余杭区	229188	206541	83127	114920	73924
富阳区	209622	154994	16939	409815	49696
临安区	97365	97365	43585	38667	27908
桐庐县	24222	19222	14402	18527	13410
淳安县	24392	24392	11399	20078	9452
经济技术开发区	32892	32841	10761	24661	26154
西湖风景名胜区	5843	5843	243	11310	4680
大江东	10730	10730	6893	19365	18200
建德市	32694	32694	17064	25958	14378
宁波市	**1558633**	**1534026**	**532671**	**849891**	**524709**
海曙区	91039	91019	42422	82413	56157
江北区	280736	280049	88682	60386	41012
北仑区	180820	178861	86504	113751	57551
镇海区	261409	252002	100014	96787	52675
鄞州区	286128	285214	69234	170883	125805
奉化区	62894	62874	6255	53317	26460
象山县	49188	44007	8552	21668	19853
宁海县	8026	8026	-62	1098	1618
高新区	123128	122164	51811	101691	51803
余姚市	75095	73602	40395	46050	28723
慈溪市	140170	136209	38865	101847	63052
温州市	**403761**	**396065**	**156743**	**367305**	**248814**
鹿城区	130376	129556	43096	139311	89619
龙湾区	56956	56956	16587	53429	42546
瓯海区	30356	30355	10030	14769	10013
洞头区	8525	8329	2194	13949	11090
永嘉县	7488	7488	1167	14108	10184

2-D-10 续表 1

单位：万元

地 区	负债合计	#流动负债	#应付账款	所有者权益	#实收资本
平阳县	35964	35964	25912	16955	8841
苍南县	19510	19510	12310	25330	17964
文成县	3808	3808	2641	2297	2000
泰顺县	28735	28716	13180	24034	20619
温州经济技术开发区	353	353	97	2835	3286
瑞安市	28735	24269	14170	27006	14692
乐清市	52956	50762	15360	33283	17961
嘉兴市	**579660**	**572824**	**139912**	**254454**	**188492**
南湖区	43857	43421	23525	25104	21696
经济开发区	22798	21108	8259	16886	12432
秀洲区	115097	113371	24021	52190	28419
嘉善县	47823	45025	16237	31147	21420
海盐县	16596	16582	5196	11561	9896
海宁市	221985	221872	31798	63339	59938
平湖市	61169	61116	9705	23233	14992
桐乡市	50334	50329	21173	30995	19698
湖州市	**387536**	**368004**	**92792**	**229865**	**134130**
吴兴区	48103	47459	-3555	50612	25647
南浔区	8283	4044	293	15451	3068
德清县	85258	76053	35254	56184	42824
长兴县	113207	111984	29539	31166	27846
安吉县	31893	29046	1300	16896	15100
开发区	100792	99419	29962	59557	19645
绍兴市	**2145081**	**2095481**	**1061617**	**1391447**	**470344**
越城区	257122	247267	95593	144418	83223
柯桥区	413021	389437	115894	130009	105156
上虞区	1204456	1203006	781279	867014	180998
新昌县	74505	73214	41682	41641	17433
诸暨市	124471	115844	14272	152287	61978
嵊州市	71506	66715	12896	56078	21557
金华市	**479681**	**383310**	**109554**	**418920**	**233684**
婺城区	39877	39877	15013	33259	17710
金东区	31965	31586	16401	23710	15477
经济技术开发区	116102	30935	6701	72958	36704
武义县	21423	21204	2088	21886	8754
浦江县	3802	3802	426	4202	2408
磐安县	15114	14864	5457	43750	28557
兰溪市	26367	26363	8080	19597	10891

2-D-10 续表 2 单位：万元

地 区	负债合计	#流动负债	#应付账款	所有者权益	#实收资本
义乌市	104173	99392	8901	50190	45725
东阳市	89923	84379	34922	98780	43483
永康市	30935	30911	11565	50589	23976
衢州市	**67391**	**64352**	**23715**	**54080**	**48288**
柯城区	10156	8519	4163	19249	14702
衢江区	21574	21574	7753	18792	17390
常山县	6816	6514	3046	2780	1826
开化县	294	294	33	2669	2666
龙游县	9157	8057	650	-648	2799
江山市	2040	2040	458	3864	1850
西区	7929	7929	6388	3048	2805
绿色产业集聚区	9426	9426	1224	4326	4250
舟山市	**139787**	**125482**	**65984**	**80082**	**47015**
定海区	53965	41230	16843	49096	19782
普陀区	62441	61046	40607	12262	10289
岱山县	9320	9295	5418	6158	6200
嵊泗县	4123	3973	1801	6951	5330
临城新区	9938	9938	1315	5615	5414
台州市	**413047**	**366154**	**87721**	**298993**	**175423**
椒江区	81771	77862	15000	54953	40202
黄岩区	2862	2862	1685	7649	3911
路桥区	36437	36433	1208	14068	7559
三门县	4693	4662	668	9644	6591
天台县	3116	3116	135	4192	2202
仙居县	12609	11356	5306	16215	9997
温岭市	156628	155037	32843	121258	60924
临海市	66491	68941	30541	54984	30657
玉环市	48440	5883	335	16031	13380
丽水市	**135584**	**134058**	**59896**	**127158**	**69090**
莲都区	57511	57024	18498	79299	40284
青田县	8691	8691	2639	2379	1380
缙云县	45130	44747	28838	22595	12043
遂昌县	4553	4553	1409	5526	4458
松阳县	5507	5296	1828	5511	4052
云和县	3441	3441	1845	601	522
景宁畲族自治县	4737	4737	2015	5465	1800
龙泉市	6015	5569	2825	5782	4552

2-D-11　分地区专业承包企业实收资本

单位：万元

地　区	合　计	国家资本	集体资本	法人资本	个人资本	港澳台资本	外商资本
全　省	**3589514**	**102484**	**166807**	**1235047**	**2070949**	**11109**	**3118**
杭州市	**1449525**	**58120**	**34273**	**511278**	**832745**	**9992**	**3118**
上城区	62080	325	1103	24576	36077		
下城区	70510	5200		35233	29031	1046	
江干区	109758	500		11385	97873		
拱墅区	148242	33200	420	47124	67498		
西湖区	218655	16392		100102	99544		2618
滨江区	55840			28767	27074		
萧山区	546636		25000	175642	342994	3000	
余杭区	73924	2000		29722	42101	102	
富阳区	49696		800	12347	34048	2000	500
临安区	27908			21275	6633		
桐庐县	13410	503		850	12057		
淳安县	9452		2950	3280	3222		
经济技术开发区	26154			20975	1336	3843	
西湖风景名胜区	4680				4680		
大江东	18200				18200		
建德市	14378		4000		10378		
宁波市	**524709**	**12000**	**7000**	**189875**	**315540**	**294**	
海曙区	56157	3000		27052	26104		
江北区	41012	5080		10566	25367		
北仑区	57551	1500		13813	41988	250	
镇海区	52675	2000	5000	18267	27364	44	
鄞州区	125805			54796	71009		
奉化区	26460		2000	7491	16969		
象山县	19853			6395	13458		
宁海县	1618			500	1118		
高新区	51803			31429	20374		
余姚市	28723			8448	20275		
慈溪市	63052	420		11117	51515		
温州市	**248814**	**1084**	**12303**	**49550**	**185877**		
鹿城区	89619	444	1800	16793	70582		
龙湾区	42546			2070	40476		
瓯海区	10013	641		1410	7963		
洞头区	11090		1577	6726	2787		
永嘉县	10184			5068	5116		

2-D-11 续表 1 单位：万元

地 区	合 计	国家资本	集体资本	法人资本	个人资本	港澳台资本	外商资本
平阳县	8841		3826		5015		
苍南县	17964		2000	3400	12564		
文成县	2000				2000		
泰顺县	20619		800	340	19479		
温州经济技术开发区	3286			2478	808		
瑞安市	14692		2300	2331	10061		
乐清市	17961			8934	9026		
嘉兴市	**188492**	**300**	**10000**	**82610**	**95581**		
南湖区	21696			10703	10993		
经济开发区	12432			4297	8135		
秀洲区	28419			7627	20792		
嘉善县	21420		10000	5190	6230		
海盐县	9896			5300	4596		
海宁市	59938			41708	18230		
平湖市	14992	300		2845	11847		
桐乡市	19698			4940	14758		
湖州市	**134130**	**12006**	**9298**	**63045**	**49782**		
吴兴区	25647			13425	12223		
南浔区	3068	506		2202	360		
德清县	42824	10000		20551	12274		
长兴县	27846		1500	20561	5785		
安吉县	15100		7798	5114	2189		
开发区	19645	1500		1193	16952		
绍兴市	**470344**	**4000**	**37932**	**198072**	**230340**		
越城区	83223	4000	651	30449	48123		
柯桥区	105156		25200	50526	29429		
上虞区	180998		2500	85198	93300		
新昌县	17433		2301	12257	2875		
诸暨市	61978		7280	15105	39593		
嵊州市	21557			4537	17020		
金华市	**233684**	**1989**	**28098**	**64811**	**138705**	**81**	
婺城区	17710	400		2069	15241		
金东区	15477			6618	8859		
经济技术开发区	36704		10541	4899	21265		
武义县	8754	1589	3994	1794	1377		
浦江县	2408		1200	200	1008		
磐安县	28557		808	6207	21542		
兰溪市	10891		3500	635	6756		

2-D-11　续表 2　　　　单位：万元

地　区	合　计						
		国家资本	集体资本	法人资本	个人资本	港澳台资本	外商资本
义乌市	45725			15252	30473		
东阳市	43483		8055	9648	25781		
永康市	23976			17490	6405	81	
衢州市	**48288**			**7553**	**40735**		
柯城区	14702			3600	11102		
衢江区	17390			300	17090		
常山县	1826			1122	704		
开化县	2666				2666		
龙游县	2799			991	1808		
江山市	1850			50	1800		
西区	2805				2805		
绿色产业集聚区	4250			1490	2760		
舟山市	**47015**	**10889**	**3012**	**5692**	**27412**	**10**	
定海区	19782	8839		2609	8324	10	
普陀区	10289		52	658	9579		
岱山县	6200	2000	1000		3200		
嵊泗县	5330		1930	1000	2400		
临城新区	5414	50	30	1424	3910		
台州市	**175423**	**1746**	**5666**	**49516**	**117763**	**733**	
椒江区	40202			13668	26534		
黄岩区	3911		480	1508	1923		
路桥区	7559		3086	1840	2633		
三门县	6591			1008	5583		
天台县	2202			800	1402		
仙居县	9997		2050	1026	6921		
温岭市	60924			12403	48520		
临海市	30657	1246	50	5663	22966	733	
玉环市	13380	500		11600	1280		
丽水市	**69090**	**350**	**19226**	**13046**	**36469**		
莲都区	40284		10821	2100	27363		
青田县	1380		1000	240	140		
缙云县	12043	350		6310	5383		
遂昌县	4458		2571	1094	794		
松阳县	4052		2034	1518	500		
云和县	522				522		
景宁畲族自治县	1800		800		1000		
龙泉市	4552		2000	1784	768		

2-D-12 分地区专业承包企业收入情况

单位：万元

地区	主营业务收入	#主营业务成本	#主营业务税金及附加	其他业务收入	#其他业务成本	#其他业务利润
全省	**17399684**	**15555408**	**80760**	**457266**	**398597**	**37982**
杭州市	**7512096**	**6777277**	**25542**	**261942**	**228796**	**11765**
上城区	392893	369254	1451	696	436	212
下城区	397080	353534	1233	39013	34858	921
江干区	562865	524955	1864	603	28	142
拱墅区	1008672	932576	2737	11950	10025	1423
西湖区	1627104	1454044	4986	20946	18517	871
滨江区	294554	264775	871	1324	496	115
萧山区	2351642	2098352	8349	164107	147673	5914
余杭区	323157	279683	1340	18172	14183	501
富阳区	147640	129852	911	2187	1112	735
临安区	177685	166086	971	643	378	289
桐庐县	32019	27793	182			
淳安县	50238	43380	202	16	9	
经济技术开发区	38118	34351	139	748	138	610
西湖风景名胜区	7172	6379	11			
大江东	32498	29824	22	33		33
建德市	68760	62440	273	1504	944	
宁波市	**2501502**	**2229378**	**12974**	**90369**	**72550**	**16003**
海曙区	230306	202241	934	1066	667	426
江北区	384621	356986	1236	21420	18704	2485
北仑区	409312	364562	2436	22767	17795	3763
镇海区	225021	205141	1175	25712	23721	530
鄞州区	526040	464929	3059	8891	5196	3695
奉化区	89194	74942	273	669	318	21
象山县	58228	51154	495		270	
宁海县	4390	4085	35			
高新区	298463	268827	1147	9042	5678	4655
余姚市	100295	84795	1445	5	17	-6
慈溪市	175633	151716	740	799	187	435
温州市	**1108596**	**988257**	**6286**	**14781**	**18531**	**916**
鹿城区	356617	311924	1955	11791	16560	177
龙湾区	154771	139965	1138	231	83	15
瓯海区	80577	76205	410	41	16	15
洞头区	29387	27442	201	72		72
永嘉县	15772	14350	120	88	55	34

2-D-12　续表 1　　　　　　　　　　　　　　　　　　　　　　　　单位：万元

地　区	主营业务收　入	#主营业务成　本	#主营业务税金及附加	其他业务收　入	#其他业务成　本	#其他业务利　润
平阳县	66990	59606	191			
苍南县	66233	58859	232	1679	1065	604
文成县	2687	2351	12			
泰顺县	106314	101662	718	878	751	
温州经济技术开发区	15346	12659	112			
瑞安市	74143	60430	510			
乐清市	139760	122805	689		1	
嘉兴市	**694121**	**624708**	**2816**	**4581**	**3250**	**1028**
南湖区	57379	51949	212	127	58	59
经济开发区	61144	56366	195	33		28
秀洲区	94460	74651	249	6	64	2
嘉善县	64307	58619	274	3042	2544	498
海盐县	30424	26539	231			
海宁市	156640	145098	574	749	366	378
平湖市	82059	73595	400	37		14
桐乡市	147708	137892	681	587	218	49
湖州市	**579177**	**496001**	**3532**	**3448**	**5860**	**147**
吴兴区	144333	128882	577	465	147	-3
南浔区	18193	15150	116			
德清县	146768	130553	685	656	3553	132
长兴县	118460	90287	1281	305	138	19
安吉县	61820	52106	285	2022	2022	
开发区	89603	79022	589			
绍兴市	**2642616**	**2347746**	**12772**	**28499**	**23107**	**7125**
越城区	495940	451708	2796	7329	6018	368
柯桥区	530510	484219	2453	14566	9587	4044
上虞区	923282	793877	3453	1180	4090	729
新昌县	158361	143351	1128	93	100	
诸暨市	382667	347226	1735	2659	847	1779
嵊州市	151857	127365	1208	2672	2466	206
金华市	**931152**	**825657**	**7236**	**10106**	**9804**	**517**
婺城区	103646	92735	436	39	1000	39
金东区	68837	62168	304			
经济技术开发区	201467	179534	1291	3384	3049	333
武义县	23114	18203	143	92	97	
浦江县	3303	3589	57			
磐安县	75741	65347	927	601	628	65
兰溪市	38449	34585	219	4500	4187	

2-D-12 续表 2

单位：万元

地　区	主营业务收　入	#主营业务成　本	#主营业务税金及附加	其他业务收　入	#其他业务成　本	#其他业务利　润
义乌市	84066	75949	477	278	109	19
东阳市	218943	195704	2353	1145	602	5
永康市	113586	97845	1029	67	130	56
衢州市	**102033**	**91629**	**912**	**6218**	**5581**	**-10**
柯城区	27945	23695	305	192	104	
衢江区	35305	32909	274	266	11	32
常山县	8320	7538	66			
开化县	1202	820	8			
龙游县	4497	3599	91			
江山市	2886	2531	75	78	64	
西区	17725	16781	38			
绿色产业集聚区	4152	3755	55	5681	5403	-43
舟山市	**221839**	**203781**	**1059**	**2043**	**1741**	**299**
定海区	88231	82322	362	297	500	-248
普陀区	94564	88255	287	1588	1101	547
岱山县	20473	17533	58			
嵊泗县	7596	5947	200	158	140	
临城新区	10976	9723	152			
台州市	**722374**	**637521**	**4712**	**19551**	**16041**	**97**
椒江区	201714	183277	744			
黄岩区	15978	13665	69			
路桥区	42277	35592	186			13
三门县	21454	17648	249			
天台县	12538	10711	217			
仙居县	18656	15834	127	16626	13855	
温岭市	257537	225634	2095	2788	2122	11
临海市	148855	132637	1014	137	64	73
玉环市	3366	2521	11			
丽水市	**384178**	**333455**	**2920**	**15729**	**13338**	**96**
莲都区	185421	157613	1936	1961	1547	71
青田县	1853	1783	14	12898	10940	
缙云县	125738	117105	550	371	351	11
遂昌县	17842	15313	55	110	118	
松阳县	17275	12972	89	2	1	1
云和县	1342	1243	10	29	26	3
景宁畲族自治县	15802	12899	149	354	347	7
龙泉市	18906	14527	117	4	8	4

2-D-13　分地区专业承包企业费用情况

单位：万元

地　区	管理费用	销售费用	财务费用		
				#利息收入	#利息支出
全　省	**922502**	**129107**	**119027**	**9824**	**100771**
杭州市	**389246**	**53638**	**46895**	**4194**	**36102**
上城区	16093	1185	1361	-1	1211
下城区	26615	3012	1199	335	597
江干区	29117	5442	2562	243	2138
拱墅区	43133	12523	3413	1446	2381
西湖区	89465	11209	11700	108	10900
滨江区	12806	2546	1955	11	1276
萧山区	114655	10313	13450	1945	9432
余杭区	26876	3031	3223	-152	3413
富阳区	7413	1904	4980	44	2798
临安区	6482	909	1608	9	793
桐庐县	2067	891	154	31	212
淳安县	4122	407	298	70	352
经济技术开发区	3157	232	288	-7	123
西湖风景名胜区	588	2	382		270
大江东	2152		147	25	45
建德市	4505	33	176	90	161
宁波市	**147016**	**15856**	**17725**	**3538**	**16935**
海曙区	16976	2284	606	57	388
江北区	14973	366	-445	960	711
北仑区	20097	2471	1828	117	1792
镇海区	14210	232	2219	270	2463
鄞州区	32616	4619	6331	679	6018
奉化区	6641	452	584	2	471
象山县	2514	961	715	5	596
宁海县	228	10	81		81
高新区	20073	1110	1679	-8	1565
余姚市	6922	426	517	133	652
慈溪市	11768	2927	3610	1322	2197
温州市	**65643**	**9100**	**3328**	**176**	**2488**
鹿城区	21803	3284	1886	41	1442
龙湾区	9087	148	276	28	82
瓯海区	2362	597	283	2	234
洞头区	962		126	2	124
永嘉县	1030	11	29		3

2-D-13 续表 1 单位：万元

地 区	管理费用	销售费用	财务费用		
				#利息收入	#利息支出
平阳县	4231	231	-38	-1	
苍南县	3838	23	69	13	15
文成县	136		147		147
泰顺县	4018	283	26	8	20
温州经济技术开发区	1578	18	-30		
瑞安市	7414	2331	221	35	205
乐清市	9185	2175	332	48	216
嘉兴市	**37186**	**1492**	**10495**	**1062**	**8102**
南湖区	3473	422	1251	-30	1283
经济开发区	3598	8	433	65	377
秀洲区	7636	525	1902	324	535
嘉善县	3659	158	292	170	386
海盐县	2731	115	270	28	150
海宁市	5706	114	3974	190	3956
平湖市	5097	85	1608	319	704
桐乡市	5285	64	766	-3	712
湖州市	**34011**	**8751**	**9872**	**-2283**	**10028**
吴兴区	5505	1065	3043	-39	3103
南浔区	888	392	268	-8	
德清县	8777	172	1257	46	1104
长兴县	10397	6322	5253	-2460	5570
安吉县	4306	685	45	131	136
开发区	4139	115	7	48	115
绍兴市	**107641**	**26899**	**15663**	**1503**	**16371**
越城区	15242	2255	4268	229	3533
柯桥区	26267	4672	2532	-313	3072
上虞区	44424	16259	6186	1866	7484
新昌县	2772	1305	412	80	303
诸暨市	9085	1275	1766	-440	1481
嵊州市	9851	1134	499	81	499
金华市	**48683**	**3966**	**6254**	**782**	**3759**
婺城区	3642	77	1054	21	1017
金东区	3491	389	651	41	94
经济技术开发区	11400	770	238	403	444
武义县	3057	131	113	23	132
浦江县	798	2	-4		0
磐安县	4047	168	180	17	176
兰溪市	2146	78	576	73	647

2-D-13 续表 2

单位：万元

地 区	管理费用	销售费用	财务费用		
				#利息收入	#利息支出
义乌市	4119	292	2351	16	511
东阳市	8027	1674	888	39	358
永康市	7957	385	207	151	381
衢州市	**6023**	**666**	**1335**	**6**	**1025**
柯城区	2012	184	144		56
衢江区	1414	130	357	7	276
常山县	568		72		72
开化县	243	75			
龙游县	351	193	347		346
江山市	145	16	2		
西区	579	0	86	-1	2
绿色产业集聚区	711	68	326		272
舟山市	**14760**	**301**	**1245**	**14**	**1270**
定海区	5203	250	531	9	382
普陀区	5071	28	561	-1	791
岱山县	2232		49	8	
嵊泗县	1106	22	26	-2	28
临城新区	1148		78		69
台州市	**44910**	**7276**	**4835**	**529**	**3532**
椒江区	10773	260	1564	41	538
黄岩区	1028	456	12	9	19
路桥区	4453	115	-113	189	90
三门县	1198	69	135	3	81
天台县	946	74	54		
仙居县	3108	116	120	19	78
温岭市	14660	4775	2331	187	2184
临海市	8210	1404	735	46	537
玉环市	535	9	-2	36	3
丽水市	**27385**	**1162**	**1380**	**303**	**1160**
莲都区	11573	355	695	122	414
青田县	1835	1	22	18	16
缙云县	3071	698	644	47	683
遂昌县	1829	3	-47	49	
松阳县	3684	12	8	22	
云和县	65	5	6		6
景宁畲族自治县	1722	89	-4	8	
龙泉市	3605	2	56	38	40

2-D-14 分地区专业承包企业利润及税金情况

单位：万元

地 区	利润总额	税金总额		
			主营业务税金及附加	应交增值税
全 省	**659426**	**450509**	**80760**	**369748**
杭州市	**259999**	**156497**	**25542**	**130955**
上城区	3778	8513	1451	7062
下城区	15242	8789	1233	7556
江干区	6019	13585	1864	11721
拱墅区	16950	22311	2737	19574
西湖区	52184	37056	4986	32070
滨江区	16118	7086	871	6215
萧山区	129113	34617	8349	26269
余杭区	11240	8168	1340	6829
富阳区	3462	4056	911	3145
临安区	1705	5887	971	4917
桐庐县	922	511	182	329
淳安县	1928	1720	202	1518
经济技术开发区	-319	1455	139	1315
西湖风景名胜区	-192	126	11	115
大江东	389	245	22	223
建德市	1459	2371	273	2098
宁波市	**101911**	**67533**	**12974**	**54559**
海曙区	7921	5313	934	4379
江北区	19445	6399	1236	5163
北仑区	23979	17567	2436	15131
镇海区	5112	5718	1175	4543
鄞州区	18412	13141	3059	10082
奉化区	6566	1109	273	836
象山县	1910	2559	495	2064
宁海县	-48	69	35	33
高新区	9425	7279	1147	6133
余姚市	3981	3429	1445	1985
慈溪市	5209	4951	740	4211
温州市	**32867**	**34282**	**6286**	**27996**
鹿城区	11152	10449	1955	8495
龙湾区	3906	5143	1138	4004
瓯海区	753	2141	410	1731
洞头区	864	1263	201	1062
永嘉县	266	384	120	264

2-D-14 续表 1

单位：万元

地 区	利润总额	税金总额		
			主营业务税金及附加	应交增值税
平阳县	2788	1903	191	1713
苍南县	3909	1631	232	1400
文成县	37	53	12	41
泰顺县	451	6087	718	5369
温州经济技术开发区	1163	146	112	35
瑞安市	3142	1779	510	1269
乐清市	4436	3303	689	2614
嘉兴市	**14999**	**16692**	**2816**	**13875**
南湖区	910	1344	212	1132
经济开发区	577	1061	195	866
秀洲区	9376	1984	249	1735
嘉善县	2039	1292	274	1018
海盐县	529	705	231	474
海宁市	-3259	4111	574	3537
平湖市	1290	1769	400	1369
桐乡市	3538	4425	681	3744
湖州市	**29094**	**22057**	**3532**	**18525**
吴兴区	6275	4362	577	3785
南浔区	1667	529	116	413
德清县	5930	3130	685	2444
长兴县	4900	3882	1281	2602
安吉县	4310	1515	285	1230
开发区	6012	8639	589	8051
绍兴市	**129058**	**73817**	**12772**	**61044**
越城区	21020	12259	2796	9463
柯桥区	17939	21728	2453	19276
上虞区	47098	17434	3453	13980
新昌县	9439	6264	1128	5137
诸暨市	22742	6036	1735	4301
嵊州市	10819	10097	1208	8889
金华市	**40294**	**29043**	**7236**	**21807**
婺城区	4734	2474	436	2039
金东区	1890	1789	304	1485
经济技术开发区	8258	7056	1291	5765
武义县	1474	520	143	377
浦江县	-1157	79	57	22
磐安县	5471	2414	927	1487
兰溪市	1069	1162	219	944

2-D-14 续表 2 单位：万元

地区	利润总额	税金总额		
			主营业务税金及附加	应交增值税
义乌市	2450	2425	477	1948
东阳市	10338	6802	2353	4449
永康市	5769	4322	1029	3293
衢州市	**3189**	**3494**	**912**	**2582**
柯城区	1745	1156	305	851
衢江区	510	1124	274	850
常山县	57	508	66	442
开化县	56	24	8	16
龙游县	-90	198	91	107
江山市	149	135	75	60
西区	304	252	38	214
绿色产业集聚区	458	97	55	42
舟山市	**1005**	**5495**	**1059**	**4437**
定海区	-647	2286	362	1923
普陀区	879	2213	287	1927
岱山县	586	377	58	319
嵊泗县	324	222	200	22
临城新区	-138	397	152	246
台州市	**26849**	**27078**	**4712**	**22366**
椒江区	4731	5682	744	4938
黄岩区	671	451	69	381
路桥区	2063	601	186	414
三门县	2138	652	249	403
天台县	536	1041	217	825
仙居县	2086	932	127	805
温岭市	9509	13353	2095	11258
临海市	4826	4284	1014	3270
玉环市	291	82	11	72
丽水市	**20162**	**14521**	**2920**	**11601**
莲都区	13540	7094	1936	5159
青田县	138	356	14	342
缙云县	3535	3695	550	3145
遂昌县	712	321	55	266
松阳县	481	853	89	764
云和县	17	61	10	51
景宁畲族自治县	1081	1359	149	1210
龙泉市	659	782	117	665

2-D-15　分地区专业承包企业应收工程款及企业亏损情况

地　区	应收工程款（万元）	企业个数（个）	#亏损企业个数	亏损企业比重（%）
全　省	**5485537**	**1876**	**298**	**15.9**
杭州市	**2134641**	**523**	**100**	**19.1**
上城区	105323	43	9	20.9
下城区	111834	47	11	23.4
江干区	128602	49	6	12.2
拱墅区	257528	63	12	19.0
西湖区	433404	69	12	17.4
滨江区	77234	14	4	28.6
萧山区	727260	110	19	17.3
余杭区	101853	48	10	20.8
富阳区	64294	25	4	16.0
临安区	54394	17	4	23.5
桐庐县	13782	12	2	16.7
淳安县	17002	6	2	33.3
经济技术开发区	12896	7	1	14.3
西湖风景名胜区	2731	2	2	100.0
大江东	6031	3	1	33.3
建德市	20473	8	1	12.5
宁波市	**717622**	**337**	**61**	**18.1**
海曙区	50901	50	10	20.0
江北区	68476	19	3	15.8
北仑区	100668	44	10	22.7
镇海区	89065	31	6	19.4
鄞州区	152730	78	12	15.4
奉化区	16733	22	3	13.6
象山县	16745	14	2	14.3
宁海县	-61	3	1	33.3
高新区	86203	11	1	9.1
余姚市	51679	28	6	21.4
慈溪市	84484	37	7	18.9
温州市	**223311**	**213**	**37**	**17.4**
鹿城区	70460	75	11	14.7
龙湾区	35410	21	3	14.3
瓯海区	18129	16	3	18.8
洞头区	6482	6		
永嘉县	4568	10	2	20.0

2-D-15 续表 1

地 区	应收工程款(万元)	企业个数(个)	#亏损企业个数	亏损企业比重(%)
平阳县	10569	13	2	15.4
苍南县	13557	13	1	7.7
文成县	1767	1		
泰顺县	15765	17	5	29.4
温州经济技术开发区	273	4	2	50.0
瑞安市	11240	20	6	30.0
乐清市	35093	17	2	11.8
嘉兴市	**214586**	**121**	**23**	**19.0**
南湖区	15371	18	3	16.7
经济开发区	11982	16	3	18.8
秀洲区	52391	16	5	31.3
嘉善县	18083	9	3	33.3
海盐县	8009	12	1	8.3
海宁市	63717	13	3	23.1
平湖市	19068	21	3	14.3
桐乡市	25964	16	2	12.5
湖州市	**176593**	**92**	**9**	**9.8**
吴兴区	27859	23	3	13.0
南浔区	5229	5		
德清县	44932	24	2	8.3
长兴县	31418	16		
安吉县	4887	12	4	33.3
开发区	62268	12		
绍兴市	**1424077**	**194**	**12**	**6.2**
越城区	102288	67	4	6.0
柯桥区	114676	42	6	14.3
上虞区	1089396	27	1	3.7
新昌县	42252	9		
诸暨市	47071	32	1	3.1
嵊州市	28394	17		
金华市	**260719**	**144**	**18**	**12.5**
婺城区	29663	11		
金东区	15423	8	1	12.5
经济技术开发区	67702	23	5	21.7
武义县	5962	8	2	25.0
浦江县	816	3	2	66.7
磐安县	20981	16	1	6.3
兰溪市	12726	9	3	33.3

2-D-15　续表 2

地　区	应收工程款（万元）	企业个数（个）	#亏损企业个数	亏损企业比重（%）
义乌市	33626	27	2	7.4
东阳市	43753	22	2	9.1
永康市	30069	17		
衢州市	**26302**	**38**	**10**	**26.3**
柯城区	4667	14	5	35.7
衢江区	9305	7	2	28.6
常山县	3099	4	1	25.0
开化县	70	2		
龙游县	1875	2	1	50.0
江山市	1614	3		
西区	2083	3		
绿色产业集聚区	3589	3	1	33.3
舟山市	**69819**	**45**	**13**	**28.9**
定海区	33897	22	8	36.4
普陀区	24977	7	1	14.3
岱山县	4081	4		
嵊泗县	3081	4		
临城新区	3783	8	4	50.0
台州市	**161758**	**120**	**13**	**10.8**
椒江区	38961	32	3	9.4
黄岩区	3536	6	2	33.3
路桥区	9857	7	1	14.3
三门县	2490	7	1	14.3
天台县	339	6		
仙居县	4731	9	1	11.1
温岭市	65381	30	2	6.7
临海市	35303	18	2	11.1
玉环市	1160	5	1	20.0
丽水市	**76109**	**49**	**2**	**4.1**
莲都区	24513	20	1	5.0
青田县	4981	4	1	25.0
缙云县	36006	8		
遂昌县	1349	4		
松阳县	2215	4		
云和县	2216	1		
景宁畲族自治县	1631	2		
龙泉市	3198	6		

2-D-16 分地区专业承包企业主要经济效益指标

地 区	产值利润率(%)	产值利税率(%)	资本利润率(%)	资本利税率(%)	人均利润(元/人)	人均利税(元/人)	资产负债率(%)
全 省	**3.5**	**5.9**	**18.4**	**30.9**	**13156**	**22144**	**61.4**
杭州市	**3.4**	**5.5**	**17.9**	**28.7**	**13155**	**21074**	**62.1**
上城区	0.9	3.1	6.1	19.8	4335	14102	73.5
下城区	4.3	6.8	21.6	34.1	12346	19465	58.9
江干区	1.1	3.6	5.5	17.9	2955	9626	59.8
拱墅区	1.7	4.0	11.4	26.5	6433	14900	76.2
西湖区	3.0	5.1	23.9	40.8	10924	18681	72.0
滨江区	4.9	7.1	28.9	41.6	32139	46269	50.6
萧山区	5.4	6.9	23.6	30.0	24238	30736	59.7
余杭区	4.1	7.1	15.2	26.3	14917	25758	66.6
富阳区	2.5	5.5	7.0	15.1	8220	17850	33.8
临安区	0.9	4.0	6.1	27.2	2626	11696	71.6
桐庐县	2.8	4.4	6.9	10.7	7429	11543	56.7
淳安县	3.8	7.2	20.4	38.6	38637	73104	54.9
经济技术开发区	-1.1	3.9	-1.2	4.3	-6115	21806	57.2
西湖风景名胜区	-2.6	-0.9	-4.1	-1.4	-6041	-2054	34.1
大江东	1.2	2.0	2.1	3.5	3280	5341	35.7
建德市	3.2	8.4	10.1	26.6	8089	21233	55.7
宁波市	**3.8**	**6.3**	**19.4**	**32.3**	**11501**	**19122**	**64.7**
海曙区	3.4	5.7	14.1	23.6	15187	25373	52.5
江北区	5.1	6.8	47.4	63.0	11699	15548	82.3
北仑区	5.7	9.9	41.7	72.2	11395	19744	61.4
镇海区	2.3	4.8	9.7	20.6	8294	17572	73.0
鄞州区	3.1	5.3	14.6	25.1	10409	17837	62.6
奉化区	6.4	7.4	24.8	29.0	37243	43530	54.1
象山县	2.0	4.6	9.6	22.5	4104	9603	69.4
宁海县	-0.9	0.4	-3.0	1.3	-4590	1962	88.0
高新区	3.1	5.5	18.2	32.2	15425	27338	54.8
余姚市	3.4	6.2	13.9	25.8	10621	19771	62.0
慈溪市	2.6	5.0	8.3	16.1	9472	18474	57.9
温州市	**2.6**	**5.3**	**13.2**	**27.0**	**7360**	**15037**	**52.4**
鹿城区	2.7	5.3	12.4	24.1	8971	17377	48.3
龙湾区	2.2	5.0	9.2	21.3	5469	12670	51.6
瓯海区	0.7	2.7	7.5	28.9	2022	7770	67.3
洞头区	2.5	6.1	7.8	19.2	7842	19305	37.9
永嘉县	1.9	4.7	2.6	6.4	5342	13070	34.7

2-D-16　续表 1

地　区	产值利润率(%)	产值利税率(%)	资本利润率(%)	资本利税率(%)	人均利润(元/人)	人均利税(元/人)	资产负债率(%)
平阳县	3.9	6.6	31.5	53.1	12789	21520	68.0
苍南县	6.0	8.4	21.8	30.8	15520	21996	43.5
文成县	1.3	3.2	1.8	4.5	3904	9543	62.4
泰顺县	0.4	5.2	2.2	31.7	794	11520	54.5
温州经济技术开发区	17.5	19.7	35.4	39.8	47077	53000	11.1
瑞安市	3.5	5.6	21.4	33.5	11624	18205	51.6
乐清市	2.6	4.6	24.7	43.1	6993	12201	61.4
嘉兴市	**1.9**	**4.0**	**8.0**	**16.8**	**8697**	**18376**	**69.5**
南湖区	1.4	3.5	4.2	10.4	5516	13662	63.6
经济开发区	1.0	2.7	4.6	13.2	3971	11278	57.4
秀洲区	10.0	12.2	33.0	40.0	41376	50133	68.8
嘉善县	3.2	5.2	9.5	15.6	27257	44532	60.6
海盐县	1.6	3.8	5.3	12.5	6967	16250	58.9
海宁市	-1.3	0.4	-5.4	1.4	-9269	2424	77.8
平湖市	1.5	3.6	8.6	20.4	5012	11888	72.5
桐乡市	2.3	5.3	18.0	40.4	8263	18597	61.9
湖州市	**4.9**	**8.6**	**21.7**	**38.1**	**21735**	**38212**	**62.8**
吴兴区	3.7	6.3	24.5	41.5	13810	23410	48.7
南浔区	8.2	10.8	54.3	71.6	24162	31830	34.9
德清县	3.6	5.4	13.8	21.2	15779	24107	60.3
长兴县	6.5	11.6	17.6	31.5	22090	39594	78.4
安吉县	5.6	7.5	28.5	38.6	54698	73918	65.4
开发区	6.9	16.8	30.6	74.6	43313	105557	62.9
绍兴市	**3.9**	**6.2**	**27.4**	**43.1**	**20855**	**32783**	**60.7**
越城区	4.4	7.0	25.3	40.0	15115	23930	64.0
柯桥区	2.5	5.4	17.1	37.7	14931	33015	76.1
上虞区	3.6	4.9	26.0	35.7	29234	40054	58.1
新昌县	5.9	9.8	54.1	90.1	19027	31653	64.1
诸暨市	5.2	6.6	36.7	46.4	22041	27890	45.0
嵊州市	7.1	13.7	50.2	97.0	23664	45748	56.0
金华市	**3.8**	**6.5**	**17.2**	**29.7**	**14571**	**25074**	**53.4**
婺城区	4.7	7.1	26.7	40.7	31663	48214	54.5
金东区	1.4	2.7	12.2	23.8	10339	20123	57.4
经济技术开发区	4.4	8.1	22.5	41.7	30697	56928	61.4
武义县	7.3	9.9	16.8	22.8	28741	38879	49.5
浦江县	-9.4	-8.8	-48.1	-44.8	-31537	-29392	47.5
磐安县	7.1	10.2	19.2	27.6	17687	25491	25.7
兰溪市	2.5	5.2	9.8	20.5	9484	19797	57.4

2-D-16 续表 2

地 区	产值利润率(%)	产值利税率(%)	资本利润率(%)	资本利税率(%)	人均利润(元/人)	人均利税(元/人)	资产负债率(%)
义乌市	2.2	4.3	5.4	10.7	6371	12679	67.5
东阳市	4.0	6.6	23.8	39.4	11907	19742	47.7
永康市	4.9	8.6	24.1	42.1	14377	25146	37.9
衢州市	**2.7**	**5.6**	**6.6**	**13.8**	**9817**	**20574**	**55.5**
柯城区	5.9	9.8	11.9	19.7	18662	31030	34.5
衢江区	1.2	3.9	2.9	9.4	6956	22285	53.4
常山县	0.5	5.0	3.1	30.9	757	7570	71.0
开化县	4.5	6.4	2.1	3.0	6988	9950	9.9
龙游县	-1.4	1.7	-3.2	3.9	-7438	8926	107.6
江山市	3.7	7.1	8.0	15.3	9848	18768	34.6
西区	2.2	4.0	10.8	19.8	11611	21229	72.2
绿色产业集聚区	4.4	5.4	10.8	13.1	20836	25259	68.5
舟山市	**0.4**	**2.7**	**2.1**	**13.8**	**2056**	**13305**	**63.6**
定海区	-0.9	2.2	-3.3	8.3	-3778	9565	52.4
普陀区	0.9	3.1	8.5	30.1	5580	19633	83.6
岱山县	1.1	1.8	9.5	15.5	7149	11748	60.2
嵊泗县	4.1	6.9	6.1	10.2	10738	18079	37.2
临城新区	-2.1	3.9	-2.5	4.8	-2899	5467	63.9
台州市	**3.3**	**6.5**	**15.3**	**30.7**	**8313**	**16697**	**58.0**
椒江区	2.3	5.0	11.8	25.9	7445	16387	59.8
黄岩区	4.4	7.4	17.1	28.7	13023	21777	27.2
路桥区	5.0	6.4	27.3	35.2	48768	62969	72.1
三门县	9.1	11.9	32.4	42.3	36666	47854	32.7
天台县	3.6	10.5	24.3	71.6	9808	28881	42.6
仙居县	5.9	8.5	20.9	30.2	30317	43866	43.7
温岭市	3.3	8.0	15.6	37.5	5790	13920	56.4
临海市	2.4	4.6	15.7	29.7	7229	13645	54.7
玉环市	8.0	10.2	2.2	2.8	33057	42409	75.1
丽水市	**5.9**	**10.1**	**29.2**	**50.2**	**20738**	**35674**	**51.6**
莲都区	8.4	12.8	33.6	51.2	31903	48620	42.0
青田县	1.1	3.8	10.0	35.8	6890	24675	78.5
缙云县	3.2	6.5	29.4	60.0	10000	20451	66.6
遂昌县	5.0	7.2	16.0	23.2	26359	38256	45.2
松阳县	3.3	9.0	11.9	32.9	19016	52735	50.0
云和县	1.6	7.5	3.2	14.8	577	2692	85.1
景宁畲族自治县	8.1	18.3	60.1	135.5	43244	97596	46.4
龙泉市	4.2	9.2	14.5	31.7	9633	21070	51.0

2-D-17　分地区按资质等级划分的专业承包企业单位数

单位：个

地　区	合　计			
		一级	二级	三级及以下
全　省	**1876**	**398**	**699**	**779**
杭州市	**523**	**144**	**188**	**191**
上城区	43	10	12	21
下城区	47	11	26	10
江干区	49	13	21	15
拱墅区	63	18	17	28
西湖区	69	24	22	23
滨江区	14	6	3	5
萧山区	110	32	36	42
余杭区	48	11	20	17
富阳区	25	12	7	6
临安区	17	1	12	4
桐庐县	12		6	6
淳安县	6	1	1	4
经济技术开发区	7	2	1	4
西湖风景名胜区	2	2		
大江东	3	1	1	1
建德市	8		3	5
宁波市	**337**	**69**	**140**	**128**
海曙区	50	5	21	24
江北区	19	4	6	9
北仑区	44	7	21	16
镇海区	31	4	10	17
鄞州区	78	22	29	27
奉化区	22	3	8	11
象山县	14	6	7	1
宁海县	3		1	2
高新区	11	6	4	1
余姚市	28	3	19	6
慈溪市	37	9	14	14
温州市	**213**	**32**	**84**	**97**
鹿城区	75	16	23	36
龙湾区	21	4	9	8
瓯海区	16	2	8	6
洞头区	6	1	3	2
永嘉县	10		4	6

2-D-17 续表 1 单位：个

地 区	合 计			
		一级	二级	三级及以下
平阳县	13	1	5	7
苍南县	13		6	7
文成县	1	1		
泰顺县	17	4	5	8
温州经济技术开发区	4		3	1
瑞安市	20	1	9	10
乐清市	17	2	9	6
嘉兴市	**121**	**22**	**38**	**61**
南湖区	18	5	6	7
经济开发区	16		6	10
秀洲区	16	4	8	4
嘉善县	9	2	1	6
海盐县	12		4	8
海宁市	13	5	2	6
平湖市	21	3	7	11
桐乡市	16	3	4	9
湖州市	**92**	**14**	**31**	**47**
吴兴区	23	6	6	11
南浔区	5		3	2
德清县	24	2	10	12
长兴县	16	2	4	10
安吉县	12	2	2	8
开发区	12	2	6	4
绍兴市	**194**	**39**	**70**	**85**
越城区	67	12	23	32
柯桥区	42	12	20	10
上虞区	27	6	10	11
新昌县	9	1	1	7
诸暨市	32	6	11	15
嵊州市	17	2	5	10
金华市	**144**	**41**	**60**	**43**
婺城区	11	3	6	2
金东区	8	4	3	1
经济技术开发区	23	7	11	5
武义县	8	2	3	3
浦江县	3			3
磐安县	16		13	3
兰溪市	9	1	4	4

2-D-17　续表 2　　单位：个

地　区	合　计	一级	二级	三级及以下
义乌市	27	8	9	10
东阳市	22	11	4	7
永康市	17	5	7	5
衢州市	**38**	**6**	**20**	**12**
柯城区	14	1	8	5
衢江区	7	1	3	3
常山县	4		1	3
开化县	2	1	1	
龙游县	2		2	
江山市	3		2	1
西区	3	1	2	
绿色产业集聚区	3	2	1	
舟山市	**45**	**5**	**14**	**26**
定海区	22	1	4	17
普陀区	7	3	4	
岱山县	4		1	3
嵊泗县	4		1	3
临城新区	8	1	4	3
台州市	**120**	**22**	**34**	**64**
椒江区	32	5	9	18
黄岩区	6		1	5
路桥区	7		3	4
三门县	7	1	3	3
天台县	6		2	4
仙居县	9		2	7
温岭市	30	10	9	11
临海市	18	6	5	7
玉环市	5			5
丽水市	**49**	**4**	**20**	**25**
莲都区	20	2	10	8
青田县	4		1	3
缙云县	8	2	2	4
遂昌县	4		3	1
松阳县	4		2	2
云和县	1		1	
景宁畲族自治县	2			2
龙泉市	6		1	5

2-D-18 分地区按资质等级划分的专业承包企业从业人员

单位：人

地 区	从业人员	一级	二级	三级及以下
全 省	**455653**	**252835**	**114508**	**88310**
杭州市	**172292**	**105805**	**34829**	**31658**
上城区	7508	2775	1652	3081
下城区	11736	8856	2218	662
江干区	14678	9609	3676	1393
拱墅区	27446	11348	10159	5939
西湖区	45582	40042	3573	1967
滨江区	3977	3356	190	431
萧山区	37619	17005	7288	13326
余杭区	8035	4230	1631	2174
富阳区	4461	3752	338	371
临安区	5862	2974	2806	82
桐庐县	1222		632	590
淳安县	541	245	89	207
经济技术开发区	430	177	143	110
西湖风景名胜区	297	297		
大江东	1210	1139	54	17
建德市	1688		380	1308
宁波市	**74259**	**33070**	**31516**	**9673**
海曙区	4529	1466	1787	1276
江北区	6691	4195	833	1663
北仑区	20358	3041	16270	1047
镇海区	5734	2789	1679	1266
鄞州区	15630	8443	4683	2504
奉化区	1718	721	369	628
象山县	4881	3830	1006	45
宁海县	72		25	47
高新区	6353	5227	998	128
余姚市	3158	998	1897	263
慈溪市	5135	2360	1969	806
温州市	**42459**	**18739**	**12649**	**11071**
鹿城区	11922	7309	3246	1367
龙湾区	7514	4486	2552	476
瓯海区	3576	2543	839	194
洞头区	1058	541	430	87
永嘉县	412		220	192

2-D-18　续表 1　　单位：人

地　区	从业人员	一级	二级	三级及以下
平阳县	1997	53	609	1335
苍南县	2546		730	1816
文成县	82	82		
泰顺县	5552	930	1216	3406
温州经济技术开发区	189		148	41
瑞安市	2349	245	1120	984
乐清市	5262	2550	1539	1173
嘉兴市	**15595**	**6551**	**5011**	**4033**
南湖区	1661	968	394	299
经济开发区	1499		885	614
秀洲区	2084	773	1145	166
嘉善县	762	274	65	423
海盐县	809		301	508
海宁市	2933	1837	211	885
平湖市	2057	1077	595	385
桐乡市	3790	1622	1415	753
湖州市	**12115**	**3261**	**2937**	**5917**
吴兴区	4451	1761	325	2365
南浔区	687		482	205
德清县	3275	520	1296	1459
长兴县	1619	292	297	1030
安吉县	749	102	145	502
开发区	1334	586	392	356
绍兴市	**60429**	**44486**	**7583**	**8360**
越城区	11119	7039	2284	1796
柯桥区	12081	8925	1789	1367
上虞区	18239	15111	1969	1159
新昌县	5459	4025	350	1084
诸暨市	9064	6640	501	1923
嵊州市	4467	2746	690	1031
金华市	**27639**	**16341**	**7489**	**3809**
婺城区	1312	793	416	103
金东区	2118	952	1122	44
经济技术开发区	2742	1676	813	253
武义县	509	177	63	269
浦江县	362			362
磐安县	2889		2644	245
兰溪市	1086	116	570	400

2-D-18 续表 2 单位：人

地　区	从业人员	一级	二级	三级及以下
义乌市	3823	2551	781	491
东阳市	8955	7142	668	1145
永康市	3843	2934	412	497
衢州市	**3163**	**712**	**1215**	**1236**
柯城区	887	300	441	146
衢江区	695	83	311	301
常山县	734		1	733
开化县	84	53	31	
龙游县	119		119	
江山市	164		108	56
西区	262	108	154	
绿色产业集聚区	218	168	50	
舟山市	**5145**	**1210**	**1381**	**2554**
定海区	1699	29	601	1069
普陀区	1621	1146	475	
岱山县	1040		72	968
嵊泗县	280		32	248
临城新区	505	35	201	269
台州市	**32775**	**19794**	**5494**	**7487**
椒江区	5948	2855	401	2692
黄岩区	347		111	236
路桥区	428		226	202
三门县	578	40	374	164
天台县	541		361	180
仙居县	682		275	407
温岭市	16930	13576	1638	1716
临海市	7234	3323	2108	1803
玉环市	87			87
丽水市	**9782**	**2866**	**4404**	**2512**
莲都区	4460	598	3151	711
青田县	198		20	178
缙云县	3686	2268	800	618
遂昌县	270		64	206
松阳县	256		54	202
云和县	273		273	
景宁畲族自治县	250			250
龙泉市	389		42	347

2-D-19　分地区按资质等级划分的专业承包企业建筑业总产值

单位：万元

地　区	总产值	一级	二级	三级及以下
全　省	**18789401**	**11774768**	**3671503**	**3343130**
杭州市	**7552865**	**5265816**	**1278935**	**1008114**
上城区	400327	146734	73509	180084
下城区	353732	255055	71557	27121
江干区	542931	385408	108671	48852
拱墅区	990787	625246	263337	102204
西湖区	1762751	1549892	140138	72721
滨江区	328110	284928	4083	39099
萧山区	2372276	1607680	427746	336850
余杭区	274863	137164	70744	66956
富阳区	137403	112987	11145	13271
临安区	192126	103133	76369	12624
桐庐县	32438		15880	16559
淳安县	50601	5817	4643	40141
经济技术开发区	29162	13795	5237	10130
西湖风景名胜区	7331	7331		
大江东	32213	30647	1297	269
建德市	45814		4580	41234
宁波市	**2688748**	**1394017**	**907744**	**386987**
海曙区	233836	98527	61840	73468
江北区	377888	116142	234522	27224
北仑区	419208	125210	254638	39360
镇海区	227135	99434	59085	68616
鄞州区	600056	366941	158012	75104
奉化区	103095	43170	7516	52409
象山县	97067	82027	12880	2160
宁海县	5615		3101	2514
高新区	304965	285598	14050	5317
余姚市	118658	61810	42753	14094
慈溪市	201227	115158	59347	26723
温州市	**1277992**	**557084**	**358324**	**362584**
鹿城区	411171	273873	89171	48127
龙湾区	180857	81988	88747	10122
瓯海区	106984	77523	25721	3740
洞头区	35087	16208	15837	3042
永嘉县	13688		4776	8911

2-D-19 续表 1　　　　单位：万元

地 区	总产值			
		一级	二级	三级及以下
平阳县	71172	790	24807	45575
苍南县	65640		16577	49063
文成县	2807	2807		
泰顺县	126368	24126	31322	70920
温州经济技术开发区	6644		4228	2416
瑞安市	88661	7067	23379	58215
乐清市	168914	72703	33759	62452
嘉兴市	**792722**	**359469**	**212975**	**220278**
南湖区	64018	34507	20935	8575
经济开发区	60305		24221	36084
秀洲区	93324	35031	52309	5984
嘉善县	63523	12227	1713	49583
海盐县	32520		16886	15634
海宁市	242470	175677	8726	58067
平湖市	85173	37838	32886	14449
桐乡市	151391	64190	55299	31902
湖州市	**597363**	**186600**	**110138**	**300626**
吴兴区	170032	66871	10740	92422
南浔区	20346		15432	4914
德清县	166473	22739	53132	90603
长兴县	75931	31428	12815	31688
安吉县	77253	11562	5350	60341
开发区	87329	54000	12671	20659
绍兴市	**3283333**	**2705496**	**251267**	**326570**
越城区	477383	326143	94164	57076
柯桥区	730972	643927	51829	35216
上虞区	1322823	1195009	56130	71684
新昌县	160439	111030	9923	39487
诸暨市	439290	332237	20494	86560
嵊州市	152425	97150	18727	36548
金华市	**1068558**	**693889**	**185448**	**189221**
婺城区	101673	79742	17398	4534
金东区	136290	91119	43880	1290
经济技术开发区	189416	156370	20396	12651
武义县	20063	6995	1357	11710
浦江县	12272			12272
磐安县	76982		53766	23216
兰溪市	42503	9211	7510	25781

2-D-19　续表 2　　单位：万元

地　区	总产值	一级	二级	三级及以下
义乌市	112426	88255	14350	9821
东阳市	259496	186022	20321	53154
永康市	117437	76175	6470	34793
衢州市	**118476**	**35174**	**55580**	**27721**
柯城区	29743	10150	12452	7141
衢江区	41576	9519	22521	9537
常山县	11369		1575	9794
开化县	1251	976	275	
龙游县	6409		6409	
江山市	4008		2758	1250
西区	13797	5659	8138	
绿色产业集聚区	10322	8870	1452	
舟山市	**241683**	**90642**	**37852**	**113189**
定海区	74385	2073	17731	54581
普陀区	100137	86374	13763	
岱山县	52654		913	51741
嵊泗县	7859		1576	6283
临城新区	6647	2195	3869	583
台州市	**823582**	**378216**	**160515**	**284851**
椒江区	208282	108994	19447	79841
黄岩区	15087		4065	11022
路桥区	41344		10392	30952
三门县	23394	1457	11109	10827
天台县	15012		10320	4692
仙居县	35369		8402	26967
温岭市	284267	190451	36224	57592
临海市	197176	77313	60556	59307
玉环市	3652			3652
丽水市	**344080**	**108366**	**112725**	**122989**
莲都区	161588	31063	82898	47626
青田县	13008		329	12679
缙云县	110511	77303	22120	11088
遂昌县	14253		2702	11551
松阳县	14755		2692	12064
云和县	1020		1020	
景宁畲族自治县	13310			13310
龙泉市	15636		964	14672

2-D-20　分地区按资质等级划分的专业承包企业签订合同额

单位：万元

地　区	签订合同额			
		一级	二级	三级及以下
全　省	**26788777**	**16712775**	**5357524**	**4718478**
杭州市	**10797893**	**7586319**	**1864958**	**1346617**
上城区	587410	211523	101638	274248
下城区	604548	405543	152838	46167
江干区	815877	568099	171430	76348
拱墅区	1106140	612771	368645	124724
西湖区	2915179	2606062	210960	98157
滨江区	293712	253349	7246	33117
萧山区	3288450	2323483	548607	416359
余杭区	377024	181782	139542	55700
富阳区	174802	144401	13991	16410
临安区	331827	211931	106563	13334
桐庐县	43760		19260	24500
淳安县	88065	6928	6808	74330
经济技术开发区	34874	16423	8375	10076
西湖风景名胜区	7568	7568		
大江东	38818	36458	2034	327
建德市	89842		7023	82819
宁波市	**4030491**	**1971076**	**1448541**	**610874**
海曙区	291959	126769	72761	92429
江北区	767499	142202	599879	25419
北仑区	503579	161482	292562	49535
镇海区	511125	216003	67324	227798
鄞州区	745969	401535	252090	92344
奉化区	135797	62669	10802	62325
象山县	164654	151603	10771	2280
宁海县	6743		3770	2973
高新区	445288	414463	24508	6317
余姚市	192963	123574	51315	18074
慈溪市	264916	170775	62760	31381
温州市	**1866999**	**777661**	**523081**	**566258**
鹿城区	596580	382954	139146	74479
龙湾区	236705	106798	116401	13506
瓯海区	142254	103220	33724	5310
洞头区	44888	20793	17284	6811
永嘉县	19063		7308	11755

2-D-20 续表 1

单位：万元

地 区	签订合同额			
		一级	二级	三级及以下
平阳县	125414	2308	59019	64087
苍南县	91053		23437	67616
文成县	2949	2949		
泰顺县	237931	41609	43457	152865
温州经济技术开发区	8219		5759	2460
瑞安市	132954	13407	31122	88426
乐清市	228989	103623	46423	78943
嘉兴市	**1057075**	**471115**	**273742**	**312218**
南湖区	73555	37459	21967	14129
经济开发区	106390		35639	70750
秀洲区	122615	50501	65921	6193
嘉善县	104333	19042	1781	83510
海盐县	42645		25438	17208
海宁市	285580	196234	15700	73646
平湖市	109047	58824	35159	15065
桐乡市	212910	109055	72138	31717
湖州市	**903266**	**313231**	**195702**	**394332**
吴兴区	225276	105495	17032	102750
南浔区	25150		18211	6939
德清县	290736	34888	126205	129643
长兴县	104237	32604	13600	58033
安吉县	77807	11146	4840	61821
开发区	180060	129100	15814	35146
绍兴市	**4619058**	**3842203**	**328845**	**448011**
越城区	630554	411732	143842	74980
柯桥区	1480431	1381382	59282	39767
上虞区	1549463	1402100	67640	79722
新昌县	190608	140097	11250	39261
诸暨市	504797	376882	22378	105537
嵊州市	263206	130010	24454	108743
金华市	**1402634**	**917447**	**260937**	**224250**
婺城区	130381	97219	24842	8320
金东区	153145	100341	51269	1536
经济技术开发区	247191	206714	23520	16957
武义县	25847	9624	2379	13843
浦江县	13504			13504
磐安县	107214		83028	24186
兰溪市	65141	10886	21669	32586

2-D-20 续表 2 单位：万元

地　区	签订合同额			
		一级	二级	三级及以下
义乌市	136163	106846	16672	12645
东阳市	367498	280714	25885	60899
永康市	156551	105104	11674	39773
衢州市	**195754**	**58716**	**91371**	**45666**
柯城区	39390	11700	18179	9511
衢江区	50858	10421	27146	13290
常山县	23235		1750	21485
开化县	1618	1093	525	
龙游县	26398		26398	
江山市	5584		4204	1380
西区	33294	21213	12081	
绿色产业集聚区	15377	14289	1088	
舟山市	**371864**	**117960**	**44584**	**209320**
定海区	118321	3951	17497	96872
普陀区	128358	112367	15992	
岱山县	90236		809	89427
嵊泗县	16616		2961	13656
临城新区	18333	1642	7326	9366
台州市	**1005830**	**461935**	**190267**	**353628**
椒江区	268491	135031	25527	107933
黄岩区	27946		5906	22040
路桥区	45583		14157	31426
三门县	25283	1695	11943	11645
天台县	17394		10369	7025
仙居县	48008		11428	36580
温岭市	323198	240555	24603	58041
临海市	243419	84655	86335	72430
玉环市	6507			6507
丽水市	**537913**	**195113**	**135495**	**207305**
莲都区	230020	41603	98897	89521
青田县	27971		329	27642
缙云县	194884	153510	27157	14217
遂昌县	23932		3899	20033
松阳县	30328		2892	27437
云和县	1076		1076	
景宁畲族自治县	13090			13090
龙泉市	16612		1246	15366

2-D-21　分地区按资质等级划分的专业承包企业房屋施工面积

单位：万平方米

地　区	施工面积			
		一级	二级	三级及以下
全　省	**3112**	**2220**	**599**	**293**
杭州市	**1150**	**1021**	**70**	**59**
上城区	3			3
下城区				
江干区	1		1	
拱墅区	3	1		2
西湖区				
滨江区	205	205		
萧山区	696	603	40	53
余杭区	31	24	6	1
富阳区	148	139	9	
临安区	57	49	8	
桐庐县	1			1
淳安县				
经济技术开发区				
西湖风景名胜区				
大江东	7		7	
建德市	0			
宁波市	**412**	**237**	**157**	**19**
海曙区	5		5	
江北区				
北仑区				
镇海区	21	20	1	
鄞州区	147	130	8	9
奉化区				
象山县	11	11		
宁海县				
高新区	1			1
余姚市	9		9	
慈溪市	219	77	133	9
温州市	**44**	**3**	**26**	**15**
鹿城区				
龙湾区				
瓯海区	5	3	2	
洞头区				
永嘉县				

2-D-21 续表 1 单位：万平方米

地　区	施工面积			
		一级	二级	三级及以下
平阳县	3		2	2
苍南县	1		1	
文成县				
泰顺县	13			13
温州经济技术开发区	1		1	
瑞安市				
乐清市	21		21	
嘉兴市	**100**	**55**	**17**	**29**
南湖区	4		4	
经济开发区	3			3
秀洲区				0
嘉善县	2			2
海盐县				
海宁市	72	49		24
平湖市	19	6	13	
桐乡市				
湖州市	**231**	**69**	**69**	**93**
吴兴区	109	39		70
南浔区	29		27	2
德清县	37	30	6	
长兴县	54		33	21
安吉县	2		2	
开发区	1			1
绍兴市	**633**	**574**	**2**	**57**
越城区	40	40		
柯桥区	573	527		47
上虞区	14	7	2	5
新昌县	1	1		
诸暨市	5			5
嵊州市				
金华市	**231**	**177**	**47**	**8**
婺城区	11	11		
金东区				
经济技术开发区	46	43	2	
武义县	12	12		
浦江县				
磐安县	28		28	
兰溪市	45	22	16	7

2-D-21　续表 2

单位：万平方米

地　区	施工面积			
		一级	二级	三级及以下
义乌市	19	18	1	
东阳市	70	70		
永康市				
衢州市	**95**	**15**	**80**	
柯城区				
衢江区	45		45	
常山县	3		3	
开化县				
龙游县	19		19	
江山市	8		8	
西区				
绿色产业集聚区	20	15	5	
舟山市	**9**		**9**	
定海区	9		9	
普陀区				
岱山县				
嵊泗县				
临城新区				
台州市	**171**	**71**	**88**	**13**
椒江区	1			1
黄岩区				
路桥区	10		10	
三门县	1		1	
天台县	1			1
仙居县				
温岭市	93	65	21	7
临海市	66	6	57	4
玉环市				
丽水市	**35**		**35**	
莲都区	35		35	
青田县				
缙云县				
遂昌县				
松阳县				
云和县				
景宁畲族自治县				
龙泉市				

2-D-22 分地区按资质等级划分的专业承包企业房屋竣工面积

单位：万平方米

地　区	竣工面积			
		一级	二级	三级及以下
全　省	**1835**	**1212**	**434**	**189**
杭州市	**702**	**615**	**37**	**50**
上城区				
下城区				
江干区				
拱墅区	2			2
西湖区				
滨江区	88	88		
萧山区	488	422	19	48
余杭区	5	3	2	1
富阳区	104	96	9	
临安区	13	7	6	
桐庐县				
淳安县				
经济技术开发区				
西湖风景名胜区				
大江东	1		1	
建德市				
宁波市	**229**	**152**	**65**	**12**
海曙区	3		3	
江北区				
北仑区				
镇海区	8	8		
鄞州区	86	80		6
奉化区				
象山县				
宁海县				
高新区	1			1
余姚市	7		7	
慈溪市	124	64	55	5
温州市	**40**	**6**	**34**	
鹿城区	6	6		
龙湾区				
瓯海区	2		2	
洞头区				
永嘉县				

2-D-22　续表 1　　　　单位：万平方米

地　区	竣工面积	一级	二级	三级及以下
平阳县	2		1	
苍南县				
文成县				
泰顺县				
温州经济技术开发区	1		1	
瑞安市				
乐清市	30		30	
嘉兴市	**54**	**16**	**15**	**24**
南湖区	4		4	
经济开发区	2			2
秀洲区				
嘉善县				
海盐县				
海宁市	32	10		22
平湖市	17	6	11	
桐乡市				
湖州市	**126**	**24**	**53**	**50**
吴兴区	60	14		46
南浔区	20		19	2
德清县	17	10	6	2
长兴县	28		28	
安吉县				
开发区				
绍兴市	**241**	**195**	**4**	**42**
越城区	33	31	2	
柯桥区	197	160		37
上虞区	10	4	1	5
新昌县	1	1		
诸暨市				
嵊州市				
金华市	**160**	**126**	**29**	**5**
婺城区	4	4		
金东区				
经济技术开发区	28	25	2	
武义县	12	12		
浦江县				
磐安县	12		12	
兰溪市	39	20	14	5

2-D-22 续表 2

单位：万平方米

地　区	竣工面积	一级	二级	三级及以下
义乌市	14	14		
东阳市	52	52		
永康市				
衢州市	**63**	**4**	**58**	
柯城区				
衢江区	31		31	
常山县	3		3	
开化县				
龙游县	16		16	
江山市	4		4	
西区				
绿色产业集聚区	8	4	3	
舟山市	**8**		**8**	
定海区	8		8	
普陀区				
岱山县				
嵊泗县				
临城新区				
台州市	**194**	**73**	**113**	**8**
椒江区				
黄岩区				
路桥区	8		8	
三门县	1		1	
天台县				
仙居县				
温岭市	149	68	78	4
临海市	35	5	26	4
玉环市				
丽水市	**18**		**18**	
莲都区	18		18	
青田县				
缙云县				
遂昌县				
松阳县	1		1	
云和县				
景宁畲族自治县				
龙泉市				

2-D-23　分地区按资质等级划分的专业承包企业竣工产值

单位：万元

地　区	竣工产值	一级	二级	三级
全　省	**9641409**	**5607862**	**2022325**	**2011221**
杭州市	**3354846**	**2257300**	**539529**	**558018**
上城区	104223	11917	43016	49290
下城区	169401	110044	49223	10134
江干区	286577	219316	43518	23742
拱墅区	164581	101700	18660	44221
西湖区	692170	562704	76564	52903
滨江区	162890	149769		13121
萧山区	1354410	878758	213789	261863
余杭区	173536	93464	31296	48776
富阳区	91118	75211	7032	8875
临安区	49862	6875	39800	3188
桐庐县	22450		13690	8761
淳安县	8095	3866	196	4033
经济技术开发区	16500	11962		4538
西湖风景名胜区	2991	2991		
大江东	29571	28725	577	269
建德市	26473		2167	24305
宁波市	**1545454**	**714174**	**592469**	**238812**
海曙区	167621	67677	46606	53339
江北区	254349	108368	125865	20116
北仑区	282521	62941	191820	27761
镇海区	171886	119151	41828	10907
鄞州区	314448	163499	104200	46750
奉化区	70201	16074	4093	50034
象山县	35147	29387	5760	
宁海县	45			45
高新区	78460	61925	11217	5317
余姚市	43250	22446	14725	6079
慈溪市	127528	62708	46356	18465
奉化市				
温州市	**784976**	**245702**	**301976**	**237298**
鹿城区	199957	119314	51247	29396
龙湾区	102017	26492	74079	1447
瓯海区	68990	41823	23821	3346
洞头区	19245	3484	12614	3147
永嘉县	8151		814	7337

2-D-23 续表 1

单位：万元

地区	竣工产值			
		一级	二级	三级
平阳县	54079		9258	44821
苍南县	115955		91888	24067
文成县				
泰顺县	45172	5366	12255	27551
温州经济技术开发区	3277		860	2416
瑞安市	59367	3462	7911	47994
乐清市	108766	45761	17230	45776
嘉兴市	**394649**	**136731**	**72921**	**184997**
南湖区	38717	26571	9830	2317
经济开发区	33289		3316	29973
秀洲区	59345	35031	18952	5363
嘉善县	61371	11893		49478
海盐县	28437		12947	15490
海宁市	74085	21360	6146	46579
平湖市	50166	25067	19998	5100
桐乡市	49238	16808	1733	30697
湖州市	**259673**	**54866**	**58776**	**146031**
吴兴区	98087	32282	2983	62822
南浔区	15481		10567	4914
德清县	54639	9516	17088	28035
长兴县	37437	3906	12291	21241
安吉县	30312	9162	3212	17938
开发区统计局	23717		12635	11082
绍兴市	**1846817**	**1446976**	**143552**	**256288**
越城区	314264	242971	35967	35326
柯桥区	373320	266199	45494	61626
上虞区	878156	766737	48691	62729
新昌县	99593	70675		28918
诸暨市	69942	22986	12421	34534
嵊州市	111542	77408	980	33154
金华市	**569978**	**333523**	**100147**	**136308**
婺城区	23602	12907	6214	4481
金东区	45017	31766	13251	
经济技术开发区	72425	44599	17557	10268
武义县	19014	6795	509	11710
浦江县	9894			9894
磐安县	44772		38343	6429
兰溪市	37299	8374	5097	23828
义乌市	65196	47151	12030	6015
东阳市	186164	151510	4623	30032
永康市	66596	30420	2523	33653

2-D-23　续表 2　　单位：万元

地　区	竣工产值			
		一级	二级	三级
衢州市	**90223**	**29481**	**43590**	**17152**
柯城区	24191	10150	11098	2943
衢江区	33939	5209	19194	9537
常山县	6248		1575	4673
开化县	55		55	
龙游县	6646		6646	
江山市	2157		2157	
西区	4505	4505		
绿色产业集聚区	12482	9617	2865	
舟山市	**168259**	**87743**	**29664**	**50852**
定海区	38791		18181	20610
普陀区	91949	85513	6436	
岱山县	23720		913	22807
嵊泗县	6852		392	6459
临城新区	6949	2230	3742	977
台州市	**403999**	**227141**	**93809**	**83049**
椒江区	99930	51255	18667	30008
黄岩区	8493		3859	4634
路桥区	9766		9305	461
三门县	15769		10853	4916
天台县	9683		8796	887
仙居县	5263			5263
温岭市	166650	125426	10490	30733
临海市	86175	50459	31839	3877
玉环市	2270			2270
丽水市	**222535**	**74226**	**45892**	**102417**
市辖区				
莲都区	94888	31063	17673	46153
青田县	12813		329	12484
缙云县	71549	43163	20832	7553
遂昌县	2542		2542	
松阳县	11988		2692	9297
云和县	975		975	
庆元县				
景宁畲族自治县	12345			12345
龙泉市	15435		850	14585

2-D-24　分地区按资质等级划分的专业承包企业自有施工机械设备台数

单位：台

地　区	自有施工机械设备	一级	二级	三级及以下
全　省	**109616**	**50695**	**29185**	**29736**
杭州市	**34116**	**17616**	**7219**	**9281**
上城区	1384	636	466	282
下城区	1141	545	169	427
江干区	2421	1184	728	509
拱墅区	2273	1009	551	713
西湖区	8649	4188	810	3651
滨江区	581	475	8	98
萧山区	11776	7238	2980	1558
余杭区	1790	687	564	539
富阳区	918	410	380	128
临安区	1203	919	226	58
桐庐县	287		178	109
淳安县	190	36		154
经济技术开发区	225	146	79	
西湖风景名胜区	71	71		
大江东	103	72	20	11
建德市	1104		60	1044
宁波市	**17315**	**7441**	**6978**	**2896**
海曙区	1756	314	1052	390
江北区	977	468	393	116
北仑区	2550	808	1407	335
镇海区	1432	955	148	329
鄞州区	4031	1980	899	1152
奉化区	252	127	57	68
象山县	1231	715	516	
宁海县	26			26
高新区	2123	1664	414	45
余姚市	1035	99	725	211
慈溪市	1902	311	1367	224
温州市	**8716**	**3086**	**3839**	**1791**
鹿城区	2518	1316	967	235
龙湾区	438	64	232	142
瓯海区	577	310	172	95
洞头区	293	66	222	5
永嘉县	117		62	55

2-D-24　续表 1　　　　单位：台

地　区	自有施工机械设备			
		一级	二级	三级及以下
平阳县	621	458	136	27
苍南县	1596		1543	53
文成县	55	55		
泰顺县	846	592	63	191
温州经济技术开发区	4		4	
瑞安市	545	15	239	291
乐清市	1106	210	199	697
嘉兴市	**6205**	**2337**	**1482**	**2386**
南湖区	1011	713	86	212
经济开发区	238		20	218
秀洲区	347	274	50	23
嘉善县	190	96		94
海盐县	499		63	436
海宁市	641	334	135	172
平湖市	1300	815	303	182
桐乡市	1979	105	825	1049
湖州市	**4732**	**715**	**872**	**3145**
吴兴区	1550	514	56	980
南浔区	189		100	89
德清县	2099	60	312	1727
长兴县	378	86	132	160
安吉县	216	50	58	108
开发区	300	5	214	81
绍兴市	**12941**	**8281**	**2662**	**1998**
越城区	1917	1029	427	461
柯桥区	4077	2871	1099	107
上虞区	2058	1081	638	339
新昌县	119	20	1	98
诸暨市	3947	2865	212	870
嵊州市	823	415	285	123
金华市	**12910**	**7298**	**3117**	**2495**
婺城区	1307	439	126	742
金东区	585	495	90	
经济技术开发区	2758	2174	534	50
武义县	765	247	67	451
浦江县	36			36
磐安县	809		809	
兰溪市	646	78	514	54

2-D-24 续表 2 单位：台

地 区	自有施工机械设备	一级	二级	三级及以下
义乌市	702	356	124	222
东阳市	4310	2825	556	929
永康市	992	684	297	11
衢州市	**944**	**261**	**532**	**151**
柯城区	161	120	31	10
衢江区	309	68	146	95
常山县	5		5	
开化县	42	29	13	
龙游县	46		46	
江山市	133		87	46
西区	151		151	
绿色产业集聚区	97	44	53	
舟山市	**2129**	**157**	**471**	**1501**
定海区	982		136	846
普陀区	400	157	243	
岱山县	237		32	205
嵊泗县	64			64
临城新区	446		60	386
台州市	**7393**	**2490**	**1475**	**3428**
椒江区	2765	351	56	2358
黄岩区	129		86	43
路桥区	177		40	137
三门县	292		78	214
天台县	249		173	76
仙居县	72		28	44
温岭市	2399	1370	632	397
临海市	1305	769	382	154
玉环市	5			5
丽水市	**2215**	**1013**	**538**	**664**
莲都区	1142	277	440	425
青田县	5			5
缙云县	839	736	65	38
遂昌县	39		26	13
松阳县	24		5	19
云和县	2		2	
景宁畲族自治县				
龙泉市	164			164

2-D-25　分地区按资质等级划分的专业承包企业实收资本

单位：万元

地　区	实收资本	一级	二级	三级及以下
全　省	**3589514**	**1913553**	**836482**	**839479**
杭州市	**1449525**	**909422**	**287766**	**252337**
上城区	62080	21955	10548	29577
下城区	70510	39143	20421	10946
江干区	109758	51978	37015	20766
拱墅区	148242	76786	37291	34164
西湖区	218655	161298	34971	22386
滨江区	55840	31264	10618	13958
萧山区	546636	401750	77481	67406
余杭区	73924	27542	26982	19400
富阳区	49696	42530	4321	2845
临安区	27908	15000	10208	2700
桐庐县	13410		8412	4998
淳安县	9452	2016	2000	5436
经济技术开发区	26154	16380	2560	7214
西湖风景名胜区	4680	4680		
大江东	18200	17100	900	200
建德市	14378		4038	10340
宁波市	**524709**	**259365**	**158061**	**107282**
海曙区	56157	15969	20103	20085
江北区	41012	16253	12926	11833
北仑区	57551	20007	28566	8978
镇海区	52675	19462	14524	18689
鄞州区	125805	77542	27626	20637
奉化区	26460	15036	3874	7550
象山县	19853	14156	3697	2000
宁海县	1618		500	1118
高新区	51803	38333	12600	870
余姚市	28723	8075	15484	5165
慈溪市	63052	34533	18162	10357
温州市	**248814**	**89268**	**98767**	**60779**
鹿城区	89619	50580	24258	14781
龙湾区	42546	12266	24644	5636
瓯海区	10013	2100	6451	1462
洞头区	11090	5058	5774	258
永嘉县	10184		4568	5616

2-D-25 续表 1 单位：万元

地 区	实收资本			
		一级	二级	三级及以下
平阳县	8841	1100	2515	5226
苍南县	17964		7938	10026
文成县	2000	2000		
泰顺县	20619	8111	5061	7447
温州经济技术开发区	3286		3286	
瑞安市	14692	2778	5997	5917
乐清市	17961	5275	8276	4410
嘉兴市	**188492**	**93964**	**37665**	**56863**
南湖区	21696	11863	3596	6237
经济开发区	12432		6097	6335
秀洲区	28419	14784	11275	2360
嘉善县	21420	5300	600	15520
海盐县	9896		3916	5980
海宁市	59938	47520	600	11818
平湖市	14992	5788	6198	3007
桐乡市	19698	8709	5383	5606
湖州市	**134130**	**37154**	**26794**	**70183**
吴兴区	25647	7844	2839	14964
南浔区	3068		2202	866
德清县	42824	6300	11785	24739
长兴县	27846	12088	2362	13397
安吉县	15100	122	2715	12263
开发区	19645	10800	4891	3954
绍兴市	**470344**	**321618**	**67182**	**81545**
越城区	83223	33617	29898	19708
柯桥区	105156	84624	15054	5477
上虞区	180998	155060	9393	16545
新昌县	17433	10056	1215	6162
诸暨市	61978	27254	8243	26481
嵊州市	21557	11007	3378	7172
金华市	**233684**	**112317**	**68923**	**52445**
婺城区	17710	11300	4210	2200
金东区	15477	9728	5249	500
经济技术开发区	36704	23609	9545	3550
武义县	8754	3577	1777	3400
浦江县	2408			2408
磐安县	28557		20731	7826
兰溪市	10891	3000	3153	4738

2-D-25　续表 2　　单位：万元

地　区	实收资本	一级	二级	三级及以下
义乌市	45725	23866	14766	7093
东阳市	43483	29375	4066	10042
永康市	23976	7862	5426	10688
衢州市	**48288**	**11399**	**19283**	**17606**
柯城区	14702	5018	3414	6270
衢江区	17390	808	8072	8510
常山县	1826			1826
开化县	2666	613	2053	
龙游县	2799		2799	
江山市	1850		850	1000
西区	2805	1700	1105	
绿色产业集聚区	4250	3260	990	
舟山市	**47015**	**9592**	**7685**	**29738**
定海区	19782	257	3836	15690
普陀区	10289	8318	1971	
岱山县	6200		200	6000
嵊泗县	5330		400	4930
临城新区	5414	1018	1278	3118
台州市	**175423**	**58610**	**35084**	**81729**
椒江区	40202	8271	9107	22825
黄岩区	3911		500	3411
路桥区	7559		3363	4196
三门县	6591	1008	4157	1426
天台县	2202		726	1476
仙居县	9997		2650	7347
温岭市	60924	33766	9705	17452
临海市	30657	15565	4876	10216
玉环市	13380			13380
丽水市	**69090**	**10845**	**29272**	**28973**
莲都区	40284	8100	18571	13613
青田县	1380		132	1248
缙云县	12043	2745	6560	2738
遂昌县	4458		1887	2571
松阳县	4052		1000	3052
云和县	522		522	
景宁畲族自治县	1800			1800
龙泉市	4552		600	3952

2-D-26 分地区按资质等级划分的专业承包企业资产

单位：万元

地 区	资产总计			
		一级	二级	三级及以下
全 省	**18468305**	**11956593**	**3263133**	**3248579**
杭州市	**8085950**	**5793451**	**1339478**	**953021**
上城区	288444	98335	42437	147672
下城区	315347	215049	71004	29294
江干区	360426	194044	109616	56767
拱墅区	772111	377769	286743	107599
西湖区	1614024	1419855	125652	68517
滨江区	294848	246716	17303	30829
萧山区	3090500	2355556	461547	273398
余杭区	344108	125999	125127	92983
富阳区	619438	595995	11965	11478
临安区	136032	74318	48997	12717
桐庐县	42750		22079	20670
淳安县	44471	4236	5782	34453
经济技术开发区	57553	40819	3637	13098
西湖风景名胜区	17153	17153		
大江东	30094	27609	2159	326
建德市	58652		5431	53222
宁波市	**2408524**	**1268562**	**696217**	**443745**
海曙区	173452	58669	59738	55045
江北区	341122	73908	215362	51852
北仑区	294571	105577	157776	31218
镇海区	358196	191093	40916	126187
鄞州区	457011	305148	86823	65040
奉化区	116211	51727	9435	55049
象山县	70856	48276	18580	4000
宁海县	9124		418	8707
高新区	224819	201798	20365	2656
余姚市	121145	65977	39579	15589
慈溪市	242017	166390	47226	28401
温州市	**771066**	**331219**	**208166**	**231681**
鹿城区	269687	184606	52250	32831
龙湾区	110385	46861	49815	13710
瓯海区	45125	27511	14259	3355
洞头区	22473	12936	9278	259
永嘉县	21595		9549	12046

2-D-26　续表 1　　单位：万元

地　区	资产总计			
		一级	二级	三级及以下
平阳县	52919	1785	9883	41251
苍南县	44840		12211	32629
文成县	6105	6105		
泰顺县	52769	15680	12057	25033
温州经济技术开发区	3188		3188	
瑞安市	55741	6611	15793	33336
乐清市	86239	29124	19884	37232
嘉兴市	**834114**	**451946**	**195976**	**186192**
南湖区	68961	49444	7497	12020
经济开发区	39684		16622	23062
秀洲区	167287	71725	90309	5254
嘉善县	78970	16918	619	61433
海盐县	28158		9575	18583
海宁市	285324	249555	11121	24648
平湖市	84401	30030	32815	21557
桐乡市	81330	34275	27419	19636
湖州市	**617402**	**247042**	**108860**	**261500**
吴兴区	98715	32908	11952	53855
南浔区	23734		17467	6267
德清县	141443	17048	45733	78661
长兴县	144372	97521	12684	34168
安吉县	48790	5793	4639	38357
开发区	160349	93772	16385	50192
绍兴市	**3536527**	**2860547**	**289871**	**386109**
越城区	401540	210918	124698	65924
柯桥区	543030	450958	79061	13012
上虞区	2071470	1954478	54116	62876
新昌县	116146	77987	6315	31844
诸暨市	276758	133333	16092	127333
嵊州市	127584	32873	9589	85121
金华市	**898601**	**541334**	**165950**	**191317**
婺城区	73136	46339	15067	11730
金东区	55674	34133	19739	1802
经济技术开发区	189060	164266	19352	5443
武义县	43309	16182	2961	24165
浦江县	8004			8004
磐安县	58864		36717	22147
兰溪市	45965	6649	10728	28587

2-D-26 续表 2 单位：万元

地区	资产总计			
		一级	二级	三级及以下
义乌市	154363	98920	40431	15013
东阳市	188703	143799	11286	33618
永康市	81523	31047	9668	40808
衢州市	**121471**	**33560**	**44573**	**43338**
柯城区	29405	7547	6799	15058
衢江区	40366	5813	18630	15923
常山县	9597			9597
开化县	2963	682	2282	
龙游县	8509		8509	
江山市	5904		3143	2761
西区	10977	7964	3014	
绿色产业集聚区	13751	11554	2197	
舟山市	**219869**	**73415**	**20927**	**125528**
定海区	103061	938	8751	93372
普陀区	74703	68141	6562	
岱山县	15478		326	15152
嵊泗县	11074		1489	9585
临城新区	15553	4335	3799	7419
台州市	**712039**	**282536**	**111311**	**318192**
椒江区	136723	58907	20939	56877
黄岩区	10512		1056	9456
路桥区	50504		9445	41059
三门县	14337	2475	8053	3809
天台县	7309		2618	4691
仙居县	28824		5873	22951
温岭市	277886	176765	34089	67032
临海市	121474	44389	29239	47846
玉环市	64471			64471
丽水市	**262741**	**72981**	**81804**	**107956**
莲都区	136810	37831	45795	53184
青田县	11070		3588	7482
缙云县	67725	35150	23154	9420
遂昌县	10079		2318	7761
松阳县	11018		1573	9445
云和县	4042		4042	
景宁畲族自治县	10202			10202
龙泉市	11797		1334	10463

2-D-27　分地区按资质等级划分的专业承包企业所有者权益

单位：万元

地　区	所有者权益	一级	二级	三级及以下
全　省	**7134094**	**4479882**	**1273877**	**1380335**
杭州市	**3061899**	**2142355**	**490008**	**429535**
上城区	76520	25103	12111	39306
下城区	129746	78087	35241	16418
江干区	144836	72639	45329	26868
拱墅区	183944	93892	51693	38359
西湖区	451374	364216	57190	29968
滨江区	145686	117162	13280	15244
萧山区	1246491	881902	198850	165739
余杭区	114920	42773	36518	35629
富阳区	409815	399936	4683	5196
临安区	38667	19992	15009	3666
桐庐县	18527		10490	8037
淳安县	20078	2078	3225	14775
经济技术开发区	24661	15214	2854	6593
西湖风景名胜区	11310	11310		
大江东	19365	18052	993	320
建德市	25958		2542	23417
宁波市	**849891**	**430913**	**242439**	**176538**
海曙区	82413	23458	29545	29411
江北区	60386	21790	24351	14246
北仑区	113751	34163	69555	10033
镇海区	96787	33679	15995	47113
鄞州区	170883	104331	38145	28407
奉化区	53317	30906	4031	18380
象山县	21668	13614	4709	3345
宁海县	1098		-67	1165
高新区	101691	88134	12540	1017
余姚市	46050	18500	18895	8655
慈溪市	101847	62340	24739	14768
温州市	**367305**	**142827**	**123884**	**100593**
鹿城区	139311	91073	30413	17826
龙湾区	53429	15333	29487	8610
瓯海区	14769	2808	10300	1661
洞头区	13949	6169	7522	258
永嘉县	14108		6611	7497

2-D-27 续表 1

单位：万元

地 区	所有者权益	一级	二级	三级及以下
平阳县	16955	1123	3091	12741
苍南县	25330		8210	17119
文成县	2297	2297		
泰顺县	24034	8782	5779	9473
温州经济技术开发区	2835		2835	
瑞安市	27006	2861	9304	14841
乐清市	33283	12382	10334	10567
嘉兴市	**254454**	**116638**	**68786**	**69030**
南湖区	25104	14591	4445	6068
经济开发区	16886		8296	8589
秀洲区	52190	15156	33964	3070
嘉善县	31147	10951	600	19596
海盐县	11561		4224	7338
海宁市	63339	49203	1871	12265
平湖市	23233	11904	7495	3834
桐乡市	30995	14834	7891	8270
湖州市	**229865**	**77645**	**47159**	**105062**
吴兴区	50612	18370	5235	27007
南浔区	15451		9735	5716
德清县	56184	7183	11035	37966
长兴县	31166	12974	6636	11555
安吉县	16896	1890	2426	12580
开发区	59557	37228	12092	10237
绍兴市	**1391447**	**1160867**	**86194**	**144386**
越城区	144418	77596	39194	27627
柯桥区	130009	123911	-1298	7395
上虞区	867014	812272	28847	25895
新昌县	41641	24114	1215	16312
诸暨市	152287	95637	10996	45654
嵊州市	56078	27337	7239	21502
金华市	**418920**	**227963**	**91154**	**99804**
婺城区	33259	22380	4959	5919
金东区	23710	16405	6601	704
经济技术开发区	72958	58200	12187	2571
武义县	21886	3690	1867	16330
浦江县	4202			4202
磐安县	43750		30133	13617
兰溪市	19597	3802	6969	8826

2-D-27　续表 2　　　　单位：万元

地　区	所有者权益			
		一级	二级	三级及以下
义乌市	50190	28635	12687	8867
东阳市	98780	73848	7767	17165
永康市	50589	21002	7984	21602
衢州市	**54080**	**13492**	**18836**	**21752**
柯城区	19249	6732	4155	8361
衢江区	18792	1014	9406	8372
常山县	2780			2780
开化县	2669	616	2053	
龙游县	-648		-648	
江山市	3864		1626	2238
西区	3048	1794	1254	
绿色产业集聚区	4326	3336	990	
舟山市	**80082**	**11814**	**10725**	**57543**
定海区	49096	551	4728	43817
普陀区	12262	9826	2436	
岱山县	6158		257	5901
嵊泗县	6951		400	6551
临城新区	5615	1437	2904	1274
台州市	**298993**	**116064**	**55967**	**126962**
椒江区	54953	13703	11904	29346
黄岩区	7649		656	6993
路桥区	14068		3754	10313
三门县	9644	1011	5983	2650
天台县	4192		2269	1924
仙居县	16215		4591	11624
温岭市	121258	74438	15085	31735
临海市	54984	26912	11725	16347
玉环市	16031			16031
丽水市	**127158**	**39302**	**38725**	**49131**
莲都区	79299	29608	24551	25140
青田县	2379		132	2247
缙云县	22595	9694	9523	3377
遂昌县	5526		2051	3475
松阳县	5511		1087	4424
云和县	601		601	
景宁畲族自治县	5465			5465
龙泉市	5782		780	5002

2-D-28 分地区按资质等级划分的专业承包企业负债

单位：万元

地 区	负债合计			
		一级	二级	三级及以下
全 省	**11334211**	**7476711**	**1989256**	**1868245**
杭州市	**5024052**	**3651096**	**849470**	**523486**
上城区	211923	73232	30326	108366
下城区	185601	136962	35764	12876
江干区	215590	121405	64287	29899
拱墅区	588167	283877	235050	69240
西湖区	1162650	1055640	68462	38549
滨江区	149162	129554	4023	15585
萧山区	1844009	1473654	262697	107659
余杭区	229188	83226	88608	57354
富阳区	209622	196059	7283	6281
临安区	97365	54326	33988	9052
桐庐县	24222		11589	12633
淳安县	24392	2158	2557	19677
经济技术开发区	32892	25605	783	6505
西湖风景名胜区	5843	5843		
大江东	10730	9557	1166	7
建德市	32694		2889	29805
宁波市	**1558633**	**837649**	**453777**	**267207**
海曙区	91039	35211	30193	25635
江北区	280736	52119	191011	37606
北仑区	180820	71415	88221	21185
镇海区	261409	157414	24921	79075
鄞州区	286128	200817	48678	36633
奉化区	62894	20821	5405	36669
象山县	49188	34662	13871	655
宁海县	8026		484	7542
高新区	123128	113664	7825	1640
余姚市	75095	47477	20684	6934
慈溪市	140170	104050	22486	13634
温州市	**403761**	**188392**	**84282**	**131088**
鹿城区	130376	93534	21838	15005
龙湾区	56956	31528	20328	5100
瓯海区	30356	24703	3959	1694
洞头区	8525	6767	1757	1
永嘉县	7488		2939	4549

2-D-28　续表 1　　单位：万元

地　区	负债合计	一级	二级	三级及以下
平阳县	35964	662	6792	28510
苍南县	19510		4001	15509
文成县	3808	3808		
泰顺县	28735	6898	6277	15560
温州经济技术开发区	353		353	
瑞安市	28735	3750	6489	18495
乐清市	52956	16742	9550	26665
嘉兴市	**579660**	**335308**	**127189**	**117163**
南湖区	43857	34853	3052	5952
经济开发区	22798		8326	14473
秀洲区	115097	56569	56345	2183
嘉善县	47823	5967	19	41837
海盐县	16596		5351	11246
海宁市	221985	200352	9250	12383
平湖市	61169	18126	25320	17723
桐乡市	50334	19441	19527	11366
湖州市	**387536**	**169397**	**61701**	**156438**
吴兴区	48103	14538	6717	26848
南浔区	8283		7732	551
德清县	85258	9865	34698	40695
长兴县	113207	84547	6047	22613
安吉县	31893	3903	2214	25777
开发区	100792	56544	4293	39955
绍兴市	**2145081**	**1699680**	**203678**	**241724**
越城区	257122	133322	85504	38296
柯桥区	413021	327046	80358	5617
上虞区	1204456	1142206	25269	36981
新昌县	74505	53873	5100	15531
诸暨市	124471	37696	5096	81679
嵊州市	71506	5536	2351	63619
金华市	**479681**	**313371**	**74796**	**91513**
婺城区	39877	23959	10108	5811
金东区	31965	17727	13139	1099
经济技术开发区	116102	106066	7165	2871
武义县	21423	12493	1095	7835
浦江县	3802			3802
磐安县	15114		6584	8530
兰溪市	26367	2847	3759	19761

2-D-28 续表 2

单位：万元

地 区	负债合计			
		一级	二级	三级及以下
义乌市	104173	70284	27743	6146
东阳市	89923	69950	3519	16454
永康市	30935	10045	1684	19206
衢州市	**67391**	**20067**	**25737**	**21586**
柯城区	10156	815	2644	6697
衢江区	21574	4799	9224	7551
常山县	6816			6816
开化县	294	65	229	
龙游县	9157		9157	
江山市	2040		1518	522
西区	7929	6170	1759	
绿色产业集聚区	9426	8218	1207	
舟山市	**139787**	**61600**	**10202**	**67985**
定海区	53965	388	4023	49554
普陀区	62441	58315	4126	
岱山县	9320		69	9251
嵊泗县	4123		1089	3034
临城新区	9938	2898	895	6145
台州市	**413047**	**166473**	**55344**	**191230**
椒江区	81771	45205	9035	27531
黄岩区	2862		400	2463
路桥区	36437		5691	30746
三门县	4693	1464	2070	1159
天台县	3116		350	2767
仙居县	12609		1282	11327
温岭市	156628	102327	19003	35298
临海市	66491	17477	17514	31500
玉环市	48440			48440
丽水市	**135584**	**33679**	**43079**	**58826**
莲都区	57511	8223	21244	28044
青田县	8691		3456	5235
缙云县	45130	25456	13631	6043
遂昌县	4553		267	4286
松阳县	5507		486	5021
云和县	3441		3441	
景宁畲族自治县	4737			4737
龙泉市	6015		554	5461

2-D-29　分地区按资质等级划分的专业承包企业营业收入

单位：万元

地　区	营业收入			
		一级	二级	三级及以下
全　省	**17856950**	**10905320**	**3628937**	**3322693**
杭州市	**7774038**	**5343835**	**1402273**	**1027930**
上城区	393589	153463	69331	170796
下城区	436092	312262	90570	33260
江干区	563468	389800	125308	48360
拱墅区	1020622	614806	303378	102439
西湖区	1648051	1407219	160942	79890
滨江区	295878	248670	5737	41471
萧山区	2515749	1780206	429209	306335
余杭区	341329	167155	86231	87944
富阳区	149827	123575	15351	10901
临安区	178328	88968	77032	12328
桐庐县	32019		15711	16308
淳安县	50254	4033	5339	40882
经济技术开发区	38866	19523	7289	12054
西湖风景名胜区	7172	7172		
大江东	32531	26985	5351	196
建德市	70264		5496	64768
宁波市	**2591871**	**1331149**	**856665**	**404057**
海曙区	231372	99445	61773	70154
江北区	406041	112709	250059	43274
北仑区	432079	125607	266668	39804
镇海区	250733	147320	28569	74844
鄞州区	534930	331627	132416	70887
奉化区	89863	32434	6457	50972
象山县	58228	48409	7818	2001
宁海县	4390		2465	1924
高新区	307505	280405	21878	5222
余姚市	100299	54815	25914	19570
慈溪市	176431	98378	52649	25405
温州市	**1123377**	**475659**	**317469**	**330249**
鹿城区	368408	240841	85886	41681
龙湾区	155002	65126	80304	9572
瓯海区	80618	56510	20239	3868
洞头区	29459	15888	13139	433
永嘉县	15860		6746	9114

2-D-29 续表 1 单位：万元

地 区	营业收入			
		一级	二级	三级及以下
平阳县	66990	790	20635	45565
苍南县	67913		16404	51509
文成县	2687	2687		
泰顺县	107192	23244	22095	61852
温州经济技术开发区	15346		4293	11053
瑞安市	74143	5139	20639	48365
乐清市	139760	65433	27090	47237
嘉兴市	**698702**	**292635**	**199092**	**206975**
南湖区	57506	32674	12209	12623
经济开发区	61177		22314	38863
秀洲区	94466	27472	60777	6218
嘉善县	67349	11155	1089	55105
海盐县	30424		12837	17587
海宁市	157390	119035	7237	31117
平湖市	82095	38218	31081	12797
桐乡市	148295	64081	51549	32666
湖州市	**582625**	**218448**	**100749**	**263428**
吴兴区	144798	65622	10554	68622
南浔区	18193		13333	4860
德清县	147424	19029	49857	78538
长兴县	118765	69757	10209	38799
安吉县	63842	8135	4218	51489
开发区	89603	55905	12579	21119
绍兴市	**2671115**	**2045811**	**269988**	**355317**
越城区	503269	336626	98986	67657
柯桥区	545077	458889	74166	12022
上虞区	924461	810838	49881	63742
新昌县	158453	105762	9875	42816
诸暨市	385326	252277	19317	113733
嵊州市	154529	81420	17763	55346
金华市	**941258**	**588809**	**173230**	**179219**
婺城区	103685	74101	22810	6774
金东区	68837	37852	30080	905
经济技术开发区	204851	173493	19821	11537
武义县	23206	7132	2070	14004
浦江县	3303			3303
磐安县	76342		53603	22739
兰溪市	42949	8374	7041	27534

2-D-29　续表 2

单位：万元

地　区	营业收入			
		一级	二级	三级及以下
义乌市	84344	59124	15455	9766
东阳市	220087	157148	16214	46726
永康市	113654	71585	6137	35931
衢州市	**108251**	**36927**	**44349**	**26975**
柯城区	28137	8009	11931	8197
衢江区	35572	9052	17414	9105
常山县	8320			8320
开化县	1202	1029	173	
龙游县	4497		4497	
江山市	2964		1612	1352
西区	17725	9588	8138	
绿色产业集聚区	9833	9249	584	
舟山市	**223882**	**93666**	**29514**	**100701**
定海区	88528	2713	11867	73948
普陀区	96151	85036	11116	
岱山县	20473		832	19641
嵊泗县	7754		1692	6061
临城新区	10976	5917	4007	1051
台州市	**741925**	**339940**	**126947**	**275038**
椒江区	201714	111995	19026	70693
黄岩区	15978		3282	12696
路桥区	42277		11325	30952
三门县	21454	1378	9208	10867
天台县	12538		7750	4789
仙居县	35282		9170	26112
温岭市	260325	172302	29919	58104
临海市	148992	54265	37267	57459
玉环市	3366			3366
丽水市	**399907**	**138441**	**108660**	**152806**
莲都区	187382	45421	79518	62443
青田县	14751		329	14422
缙云县	126109	93020	22120	10969
遂昌县	17952		2615	15337
松阳县	17277		1684	15593
云和县	1371		1371	
景宁畲族自治县	16156			16156
龙泉市	18910		1023	17887

2-D-30 分地区按资质等级划分的专业承包企业利税总额

单位：万元

地区	利税总额			
		一级	二级	三级及以下
全 省	**1109935**	**633527**	**243798**	**232610**
杭州市	**416496**	**284018**	**74971**	**57508**
上城区	12291	3549	1259	7483
下城区	24032	18606	3352	2074
江干区	19603	13021	4653	1930
拱墅区	39261	17259	14061	7942
西湖区	89241	75707	9656	3878
滨江区	23204	20814	626	1764
萧山区	163730	117308	31036	15387
余杭区	19409	6897	5158	7353
富阳区	7518	6416	585	517
临安区	7592	3270	3556	765
桐庐县	1433		540	892
淳安县	3648	13	233	3401
经济技术开发区	1136	633	153	351
西湖风景名胜区	-65	-65		
大江东	634	590	35	9
建德市	3830		68	3762
宁波市	**169444**	**76833**	**66645**	**25967**
海曙区	13234	3883	6555	2797
江北区	25844	6548	17029	2267
北仑区	41547	7094	31891	2562
镇海区	10829	2660	1451	6719
鄞州区	31552	19906	7824	3823
奉化区	7674	3484	314	3876
象山县	4469	3461	648	360
宁海县	21		37	-16
高新区	16704	19958	-3421	166
余姚市	7410	4631	1482	1297
慈溪市	10159	5209	2835	2116
温州市	**67149**	**25110**	**20612**	**21428**
鹿城区	21602	14744	4454	2404
龙湾区	9049	2824	5626	600
瓯海区	2894	1712	819	362
洞头区	2127	448	1658	22
永嘉县	650		314	336

2-D-30　续表 1　　单位：万元

地　区	利税总额			
		一级	二级	三级及以下
平阳县	4691	61	1221	3409
苍南县	5541		2232	3309
文成县	90	90		
泰顺县	6538	438	762	5338
温州经济技术开发区	1309		-31	1340
瑞安市	4921	390	1863	2668
乐清市	7739	4405	1693	1641
嘉兴市	**31691**	**8219**	**14957**	**8515**
南湖区	2254	1453	395	407
经济开发区	1638		790	847
秀洲区	11360	1192	9963	205
嘉善县	3331	648	131	2552
海盐县	1233		405	829
海宁市	852	-785	403	1235
平湖市	3059	1805	748	505
桐乡市	7963	3906	2122	1935
湖州市	**51151**	**19087**	**7145**	**24919**
吴兴区	10638	4481	768	5388
南浔区	2196		1404	793
德清县	9059	367	2493	6200
长兴县	8782	4123	396	4263
安吉县	5825	531	-118	5412
开发区	14651	9585	2203	2864
绍兴市	**202875**	**140607**	**23028**	**39239**
越城区	33279	25096	4962	3221
柯桥区	39668	31713	7358	597
上虞区	64532	54107	4973	5452
新昌县	15703	9631	895	5177
诸暨市	28777	14397	1975	12406
嵊州市	20916	5664	2865	12387
金华市	**69338**	**39346**	**13802**	**16190**
婺城区	7208	3709	1887	1612
金东区	3678	1821	1847	11
经济技术开发区	15314	13873	1565	-124
武义县	1995	65	134	1796
浦江县	-1079			-1079
磐安县	7884		4259	3626
兰溪市	2231	540	562	1129

2-D-30 续表 2

单位：万元

地　区	利税总额			
		一级	二级	三级及以下
义乌市	4875	3355	725	795
东阳市	17140	10559	1506	5075
永康市	10091	5424	1317	3350
衢州市	**6682**	**1311**	**2779**	**2592**
柯城区	2901	688	570	1644
衢江区	1634	194	1162	277
常山县	565			565
开化县	80	69	10	
龙游县	108		108	
江山市	283		178	106
西区	556	283	273	
绿色产业集聚区	556	77	479	
舟山市	**6500**	**3173**	**1409**	**1918**
定海区	1638	288	499	851
普陀区	3092	2538	555	
岱山县	963		33	930
嵊泗县	546		112	434
临城新区	260	347	211	-298
台州市	**53927**	**25194**	**11080**	**17653**
椒江区	10412	5360	1072	3980
黄岩区	1122		215	907
路桥区	2664		691	1972
三门县	2790	58	1224	1508
天台县	1577		1121	456
仙居县	3018		1346	1672
温岭市	22862	15855	2729	4278
临海市	9110	3921	2683	2506
玉环市	373			373
丽水市	**34682**	**10629**	**7372**	**16682**
莲都区	20634	4915	6752	8967
青田县	494		-317	810
缙云县	7230	5714	552	964
遂昌县	1033		102	931
松阳县	1334		88	1246
云和县	77		77	
景宁畲族自治县	2440			2440
龙泉市	1441		118	1324

2-D-31　分地区专业承包企业利润情况

单位：万元

地　区	利润总额	一级	二级	三级及以下
全　省	**659426**	**385860**	**143301**	**130266**
杭州市	**259999**	**190504**	**42979**	**26517**
上城区	3778	881	217	2681
下城区	15242	12468	1647	1128
江干区	6019	3327	2024	668
拱墅区	16950	6890	6855	3205
西湖区	52184	44268	6307	1609
滨江区	16118	14852	227	1039
萧山区	129113	99708	21746	7659
余杭区	11240	3708	2777	4756
富阳区	3462	3111	152	199
临安区	1705	755	587	362
桐庐县	922		329	593
淳安县	1928	3	105	1820
经济技术开发区	-319	322	54	-695
西湖风景名胜区	-192	-192		
大江东	389	403	-15	2
建德市	1459		-32	1491
宁波市	**101911**	**46050**	**41678**	**14183**
海曙区	7921	2787	4535	599
江北区	19445	3571	15336	538
北仑区	23979	4246	18432	1301
镇海区	5112	143	955	4013
鄞州区	18412	11773	4651	1988
奉化区	6566	2862	144	3560
象山县	1910	1314	329	267
宁海县	-48		15	-63
高新区	9425	14183	-4796	38
余姚市	3981	2230	833	918
慈溪市	5209	2940	1245	1024
温州市	**32867**	**12360**	**9866**	**10642**
鹿城区	11152	8072	1930	1150
龙湾区	3906	1305	2352	249
瓯海区	753	298	278	177
洞头区	864	188	668	8
永嘉县	266		130	135

2-D-31 续表 1

单位：万元

地 区	利润总额			
		一级	二级	三级及以下
平阳县	2788	25	775	1988
苍南县	3909		1818	2091
文成县	37	37		
泰顺县	451	-331	119	663
温州经济技术开发区	1163		-81	1243
瑞安市	3142	208	900	2035
乐清市	4436	2558	975	903
嘉兴市	**14999**	**-54**	**11123**	**3931**
南湖区	910	579	125	206
经济开发区	577		370	207
秀洲区	9376	276	9100	0
嘉善县	2039	443	13	1583
海盐县	529		197	332
海宁市	-3259	-3641	78	303
平湖市	1290	691	421	178
桐乡市	3538	1598	819	1122
湖州市	**29094**	**7738**	**4726**	**16630**
吴兴区	6275	2904	447	2924
南浔区	1667		1078	589
德清县	5930	145	1235	4550
长兴县	4900	2285	305	2309
安吉县	4310	241	-188	4257
开发区	6012	2164	1848	2001
绍兴市	**129058**	**89113**	**14840**	**25104**
越城区	21020	17054	2626	1341
柯桥区	17939	12990	4761	188
上虞区	47098	39733	3334	4031
新昌县	9439	5069	858	3512
诸暨市	22742	11599	1247	9896
嵊州市	10819	2668	2015	6137
金华市	**40294**	**22286**	**7125**	**10884**
婺城区	4734	2481	840	1412
金东区	1890	1009	892	-11
经济技术开发区	8258	7763	898	-403
武义县	1474	-103	63	1514
浦江县	-1157			-1157
磐安县	5471		2229	3242
兰溪市	1069	335	235	499

2-D-31　续表 2　　　　单位：万元

地　区	利润总额	一级	二级	三级及以下
义乌市	2450	1829	133	488
东阳市	10338	6164	761	3413
永康市	5769	2808	1075	1886
衢州市	**3189**	**589**	**1287**	**1312**
柯城区	1745	327	186	1232
衢江区	510	70	476	-36
常山县	57			57
开化县	56	52	4	
龙游县	-90		-90	
江山市	149		89	60
西区	304	150	154	
绿色产业集聚区	458	-9	468	
舟山市	**1005**	**1048**	**486**	**-530**
定海区	-647	273	86	-1006
普陀区	879	695	184	
岱山县	586		5	581
嵊泗县	324		85	239
临城新区	-138	81	126	-344
台州市	**26849**	**9477**	**5741**	**11631**
椒江区	4731	1968	512	2251
黄岩区	671		64	606
路桥区	2063		381	1682
三门县	2138	45	1081	1012
天台县	536		278	257
仙居县	2086		770	1316
温岭市	9509	5597	1349	2562
临海市	4826	1867	1305	1655
玉环市	291			291
丽水市	**20162**	**6749**	**3450**	**9963**
莲都区	13540	3982	3349	6210
青田县	138		-328	466
缙云县	3535	2768	314	453
遂昌县	712		34	678
松阳县	481		27	454
云和县	17		17	
景宁畲族自治县	1081			1081
龙泉市	659		38	621

2-D-32 分地区按资质等级划分的专业承包企业税金总额

单位：万元

地区	合计			
		一级	二级	三级及以下
全省	**450509**	**247667**	**100497**	**102344**
杭州市	**156497**	**93514**	**31992**	**30991**
上城区	8513	2668	1042	4802
下城区	8789	6138	1705	946
江干区	13585	9694	2629	1262
拱墅区	22311	10369	7206	4736
西湖区	37056	31438	3349	2269
滨江区	7086	5962	399	725
萧山区	34617	17600	9290	7728
余杭区	8168	3190	2381	2598
富阳区	4056	3305	433	318
临安区	5887	2515	2969	403
桐庐县	511		212	299
淳安县	1720	11	128	1582
经济技术开发区	1455	310	99	1046
西湖风景名胜区	126	126		
大江东	245	187	51	7
建德市	2371		100	2271
宁波市	**67533**	**30783**	**24966**	**11784**
海曙区	5313	1095	2019	2198
江北区	6399	2977	1694	1729
北仑区	17567	2847	13459	1262
镇海区	5718	2516	496	2706
鄞州区	13141	8134	3173	1834
奉化区	1109	622	170	316
象山县	2559	2147	319	93
宁海县	69		22	47
高新区	7279	5775	1376	128
余姚市	3429	2401	649	379
慈溪市	4951	2268	1590	1092
温州市	**34282**	**12750**	**10746**	**10786**
鹿城区	10449	6672	2523	1254
龙湾区	5143	1518	3274	351
瓯海区	2141	1414	541	185
洞头区	1263	260	990	14
永嘉县	384		184	200

2-D-32 续表 1

单位：万元

地 区	合 计	一级	二级	三级及以下
平阳县	1903	36	446	1422
苍南县	1631		413	1218
文成县	53	53		
泰顺县	6087	769	643	4675
温州经济技术开发区	146		50	97
瑞安市	1779	182	964	633
乐清市	3303	1847	718	738
嘉兴市	**16692**	**8273**	**3834**	**4584**
南湖区	1344	874	269	201
经济开发区	1061		420	641
秀洲区	1984	916	863	205
嘉善县	1292	206	118	968
海盐县	705		208	497
海宁市	4111	2856	325	931
平湖市	1769	1114	327	328
桐乡市	4425	2309	1303	813
湖州市	**22057**	**11349**	**2419**	**8289**
吴兴区	4362	1577	321	2464
南浔区	529		325	204
德清县	3130	222	1258	1650
长兴县	3882	1838	91	1954
安吉县	1515	290	70	1155
开发区	8639	7421	355	863
绍兴市	**73817**	**51494**	**8187**	**14135**
越城区	12259	8042	2337	1880
柯桥区	21728	18723	2597	409
上虞区	17434	14374	1639	1420
新昌县	6264	4562	37	1666
诸暨市	6036	2798	728	2509
嵊州市	10097	2996	850	6250
金华市	**29043**	**17061**	**6677**	**5306**
婺城区	2474	1228	1047	200
金东区	1789	812	955	22
经济技术开发区	7056	6110	667	279
武义县	520	167	71	282
浦江县	79			79
磐安县	2414		2030	384
兰溪市	1162	205	328	630

2-D-32 续表 2 单位：万元

地 区	合 计	一级	二级	三级及以下
义乌市	2425	1526	593	306
东阳市	6802	4395	745	1662
永康市	4322	2617	242	1463
衢州市	**3494**	**722**	**1492**	**1280**
柯城区	1156	361	384	412
衢江区	1124	125	686	314
常山县	508			508
开化县	24	18	6	
龙游县	198		198	
江山市	135		89	46
西区	252	133	119	
绿色产业集聚区	97	86	11	
舟山市	**5495**	**2124**	**923**	**2448**
定海区	2286	15	413	1857
普陀区	2213	1843	370	
岱山县	377		29	349
嵊泗县	222		27	195
临城新区	397	266	85	47
台州市	**27078**	**15717**	**5339**	**6022**
椒江区	5682	3392	560	1730
黄岩区	451		150	301
路桥区	601		310	291
三门县	652	13	143	496
天台县	1041		842	199
仙居县	932		576	356
温岭市	13353	10258	1379	1716
临海市	4284	2054	1378	852
玉环市	82			82
丽水市	**14521**	**3880**	**3922**	**6719**
莲都区	7094	934	3403	2758
青田县	356		11	344
缙云县	3695	2946	238	510
遂昌县	321		68	253
松阳县	853		61	792
云和县	61		61	
景宁畲族自治县	1359			1359
龙泉市	782		79	703

2-D-33　分地区按资质等级划分的专业承包企业主营业务收入

单位：万元

地　区	主营业务收入			
		一级	二级	三级及以下
全　省	**17399684**	**10605642**	**3585986**	**3208056**
杭州市	**7512096**	**5111219**	**1390736**	**1010142**
上城区	392893	153407	69217	170270
下城区	397080	275301	88576	33203
江干区	562865	389634	124975	48256
拱墅区	1008672	609112	297707	101854
西湖区	1627104	1386598	160617	79890
滨江区	294554	248256	4827	41471
萧山区	2351642	1619019	427420	305203
余杭区	323157	161632	86041	75484
富阳区	147640	122794	15351	9494
临安区	177685	88535	76822	12328
桐庐县	32019		15711	16308
淳安县	50238	4033	5339	40866
经济技术开发区	38118	18775	7289	12054
西湖风景名胜区	7172	7172		
大江东	32498	26952	5351	196
建德市	68760		5496	63264
宁波市	**2501502**	**1295104**	**838917**	**367481**
海曙区	230306	99445	61583	69278
江北区	384621	112709	242297	29616
北仑区	409312	124256	262909	22147
镇海区	225021	126178	24034	74809
鄞州区	526040	327890	131040	67111
奉化区	89194	32280	6436	50479
象山县	58228	48409	7818	2001
宁海县	4390		2465	1924
高新区	298463	271363	21878	5222
余姚市	100295	54811	25914	19570
慈溪市	175633	97764	52545	25323
温州市	**1108596**	**472750**	**307384**	**328462**
鹿城区	356617	238882	76069	41666
龙湾区	154771	65126	80088	9557
瓯海区	80577	56510	20198	3868
洞头区	29387	15816	13139	433
永嘉县	15772		6746	9026

2-D-33 续表 1 单位：万元

地 区	主营业务收入			
		一级	二级	三级及以下
平阳县	66990	790	20635	45565
苍南县	66233		16393	49840
文成县	2687	2687		
泰顺县	106314	22367	22095	61852
温州经济技术开发区	15346		4293	11053
瑞安市	74143	5139	20639	48365
乐清市	139760	65433	27090	47237
嘉兴市	**694121**	**291731**	**198560**	**203831**
南湖区	57379	32547	12209	12623
经济开发区	61144		22314	38830
秀洲区	94460	27472	60777	6212
嘉善县	64307	11155	1089	52063
海盐县	30424		12836	17587
海宁市	156640	118306	7217	31117
平湖市	82059	38205	31079	12775
桐乡市	147708	64045	51039	32625
湖州市	**579177**	**218382**	**99864**	**260931**
吴兴区	144333	65573	10219	68541
南浔区	18193		13333	4860
德清县	146768	19012	49325	78431
长兴县	118460	69757	10190	38513
安吉县	61820	8135	4218	49467
开发区	89603	55905	12579	21119
绍兴市	**2642616**	**2030598**	**268699**	**343320**
越城区	495940	336167	98382	61391
柯桥区	530510	445304	73491	11715
上虞区	923282	809669	49871	63742
新昌县	158361	105762	9875	42723
诸暨市	382667	252277	19317	111074
嵊州市	151857	81420	17763	52675
金华市	**931152**	**585101**	**173045**	**173006**
婺城区	103646	74062	22810	6774
金东区	68837	37852	30080	905
经济技术开发区	201467	170149	19781	11537
武义县	23114	7040	2070	14004
浦江县	3303			3303
磐安县	75741		53603	22138
兰溪市	38449	8374	7041	23034

2-D-33　续表 2　　　　单位：万元

地　区	主营业务收入			
		一级	二级	三级及以下
义乌市	84066	58924	15376	9766
东阳市	218943	157115	16214	45614
永康市	113586	71585	6070	35931
衢州市	**102033**	**31246**	**43883**	**26904**
柯城区	27945	8009	11739	8197
衢江区	35305	9052	17218	9035
常山县	8320			8320
开化县	1202	1029	173	
龙游县	4497		4497	
江山市	2886		1534	1352
西区	17725	9588	8138	
绿色产业集聚区	4152	3568	584	
舟山市	**221839**	**92079**	**29356**	**100404**
定海区	88231	2713	11867	73651
普陀区	94564	83448	11116	
岱山县	20473		832	19641
嵊泗县	7596		1534	6061
临城新区	10976	5917	4007	1051
台州市	**722374**	**339353**	**126919**	**256103**
椒江区	201714	111995	19026	70693
黄岩区	15978		3282	12696
路桥区	42277		11325	30952
三门县	21454	1378	9208	10867
天台县	12538		7750	4789
仙居县	18656		9170	9486
温岭市	257537	171762	29890	55885
临海市	148855	54218	37267	57370
玉环市	3366			3366
丽水市	**384178**	**138082**	**108623**	**137473**
莲都区	185421	45421	79510	60490
青田县	1853		329	1524
缙云县	125738	92661	22120	10957
遂昌县	17842		2615	15227
松阳县	17275		1684	15591
云和县	1342		1342	
景宁畲族自治县	15802			15802
龙泉市	18906		1023	17883

2-D-34 分地区按资质等级划分的专业承包企业应收工程款

单位：万元

地区	应收工程款	一级	二级	三级及以下
全省	**5485537**	**3888989**	**810473**	**786075**
杭州市	**2134641**	**1543377**	**342195**	**249069**
上城区	105323	36228	7745	61350
下城区	111834	82113	19317	10405
江干区	128602	89788	20683	18131
拱墅区	257528	156633	69239	31656
西湖区	433404	375487	37180	20738
滨江区	77234	63795	8500	4938
萧山区	727260	604982	82852	39426
余杭区	101853	36599	50306	14948
富阳区	64294	58381	2981	2932
临安区	54394	21133	29155	4107
桐庐县	13782		8314	5468
淳安县	17002	1661	1605	13736
经济技术开发区	12896	8502	1636	2759
西湖风景名胜区	2731	2731		
大江东	6031	5346	531	155
建德市	20473		2152	18321
宁波市	**717622**	**454981**	**147599**	**115042**
海曙区	50901	19185	12178	19538
江北区	68476	33745	12908	21823
北仑区	100668	47035	47237	6396
镇海区	89065	55246	9593	24226
鄞州区	152730	99770	28874	24086
奉化区	16733	9025	2228	5480
象山县	16745	10629	6116	
宁海县	-61		-86	25
高新区	86203	78715	6501	987
余姚市	51679	37661	7494	6524
慈溪市	84484	63969	14557	5958
温州市	**223311**	**115685**	**50017**	**57609**
鹿城区	70460	45064	12185	13211
龙湾区	35410	21445	10843	3122
瓯海区	18129	12389	4187	1553
洞头区	6482	5458	969	55
永嘉县	4568		3117	1452

2-D-34　续表 1　　　　单位：万元

地　区	应收工程款			
		一级	二级	三级及以下
平阳县	10569	459	2750	7360
苍南县	13557		2001	11555
文成县	1767	1767		
泰顺县	15765	4114	3983	7668
温州经济技术开发区	273		273	
瑞安市	11240	929	4532	5780
乐清市	35093	24062	5177	5854
嘉兴市	**214586**	**107863**	**60531**	**46191**
南湖区	15371	9777	1894	3701
经济开发区	11982		3878	8103
秀洲区	52391	19217	30815	2359
嘉善县	18083	3973	129	13981
海盐县	8009		1997	6012
海宁市	63717	56351	2123	5244
平湖市	19068	8439	7678	2951
桐乡市	25964	10105	12018	3841
湖州市	**176593**	**87037**	**27667**	**61889**
吴兴区	27859	8929	3110	15819
南浔区	5229		3931	1299
德清县	44932	4897	14814	25222
长兴县	31418	17940	2315	11164
安吉县	4887	1869	1262	1756
开发区	62268	53403	2236	6629
绍兴市	**1424077**	**1271004**	**71417**	**81656**
越城区	102288	59188	27317	15784
柯桥区	114676	86845	21413	6417
上虞区	1089396	1064550	12168	12677
新昌县	42252	29150	3013	10089
诸暨市	47071	20573	5394	21104
嵊州市	28394	10697	2112	15585
金华市	**260719**	**166989**	**42411**	**51319**
婺城区	29663	18573	7967	3122
金东区	15423	10627	4580	216
经济技术开发区	67702	59412	6628	1663
武义县	5962	3858	339	1764
浦江县	816			816
磐安县	20981		12675	8306
兰溪市	12726	1842	2743	8141

2-D-34 续表 2

单位：万元

地 区	应收工程款			
		一级	二级	三级及以下
义乌市	33626	24771	4381	4474
东阳市	43753	33511	1784	8459
永康市	30069	14396	1314	14359
衢州市	**26302**	**6844**	**10337**	**9121**
柯城区	4667	722	2632	1314
衢江区	9305	2079	3628	3598
常山县	3099			3099
开化县	70	70		
龙游县	1875		1875	
江山市	1614		503	1110
西区	2083	805	1278	
绿色产业集聚区	3589	3168	421	
舟山市	**69819**	**24378**	**5335**	**40106**
定海区	33897	292	1405	32200
普陀区	24977	22250	2728	
岱山县	4081		78	4003
嵊泗县	3081		198	2883
临城新区	3783	1837	926	1020
台州市	**161758**	**75665**	**29094**	**56999**
椒江区	38961	19389	4363	15210
黄岩区	3536		367	3169
路桥区	9857		2823	7034
三门县	2490	229	1672	590
天台县	339			339
仙居县	4731		2865	1866
温岭市	65381	44100	11330	9950
临海市	35303	11947	5675	17681
玉环市	1160			1160
丽水市	**76109**	**35166**	**23870**	**17073**
莲都区	24513	8536	13002	2975
青田县	4981		3424	1557
缙云县	36006	26630	3875	5501
遂昌县	1349		540	809
松阳县	2215		600	1615
云和县	2216		2216	
景宁畲族自治县	1631			1631
龙泉市	3198		214	2984

E.劳务分包建筑业企业

2-E-1　分地区劳务分包企业生产经营情况

单位：万元

地　区	建筑业总产值	营业收入	主营业务税金及附加	利润总额	应付职工薪　酬
全　省	**9134120**	**9810232**	**49924**	**36951**	**3958535**
杭州市	**7381539**	**8145108**	**41084**	**21174**	**3262253**
上城区	227405	226570	825	557	98638
下城区	525849	485467	1711	1139	180244
江干区	1785694	1988864	9257	5828	981027
拱墅区	2069139	2540053	15212	6019	536115
西湖区	1615335	1674164	7916	4112	837842
滨江区	310398	378373	1885	1004	140488
萧山区	305568	296387	1755	830	194947
余杭区	225010	231062	985	646	146004
富阳区	124087	119340	532	816	99290
临安区	115368	115336	411	269	45708
桐庐县					
淳安县					
经济技术开发区	61233	77388	549	-54	393
西湖风景名胜区					
建德市					
宁波市	**220149**	**213939**	**1178**	**1620**	**168997**
海曙区	23294	16309	58	107	13597
江北区	1261	1856	13	28	135
北仑区	20388	20388	95	10	59
镇海区	114392	114580	640	495	96030
鄞州区	152	148	1	41	96
奉化区					
象山县	49	46	2	11	45
宁海县					
高新区	59978	59978	365	925	58861
余姚市	635	635	5	3	174
慈溪市					
温州市	**560800**	**532500**	**1948**	**3733**	**191201**
鹿城区	47031	46973	150	341	29084
龙湾区					
瓯海区	158639	147294	570	1288	142229
洞头区	47764	47704	160	134	3608
洞头县					
永嘉县					
平阳县	20357	20357	142	8	14848

2-E-1 续表 1 单位：万元

地 区	建筑业总产值	营业收入	主营业务税金及附加	利润总额	应付职工薪酬
苍南县	909	1812	7	31	37
文成县					
泰顺县	285152	266932	911	1901	974
温州经济技术开发区					
瑞安市	947	1348	10	31	421
乐清市					
嘉兴市	**263078**	**263059**	**1147**	**989**	**106174**
南湖区					
经济开发区					
秀洲区	29239	29239	164	141	618
嘉善县	83	83		-1	29
海盐县	4843	4843	28	93	460
海宁市	3054	3024	12	19	2311
平湖市	572	583	2	-7	117
桐乡市	225286	225286	942	743	102640
湖州市	**891**	**6002**	**144**	**352**	**116**
吴兴区	1				
南浔区					
德清县					
长兴县					
安吉县	570	5700	135	338	
开发区	320	302	10	13	116
绍兴市	**200354**	**185283**	**1436**	**1964**	**78452**
越城区	78109	69655	547	-75	23807
柯桥区	27090	35414	289	481	28369
上虞区	17682	10559	152	328	5049
新昌县	8950	8950	58	0	
诸暨市	32495	30350	258	692	8572
嵊州市	36026	30355	132	539	12656
金华市	**115154**	**93568**	**904**	**1693**	**16275**
婺城区	3762	3571	38	-59	37
金东区					
经济技术开发区	217	217	1	86	7
武义县	1659	1659	12	54	228
浦江县	38028	21584	77	310	2987
磐安县					
兰溪市					
义乌市	2623	2404	30	46	518
东阳市	68865	64133	747	1256	12498
永康市					

2-E-1　续表 2　　　　单位：万元

地　区	建筑业总产值	营业收入	主营业务税金及附加	利润总额	应付职工薪　酬
衢州市	**14923**	**14933**	**338**	**5**	**9906**
柯城区					
衢江区					
常山县	13394	13404	333	2	9356
开化县	1529	1529	6	4	550
龙游县					
江山市					
西区					
绿色产业集聚区					
舟山市	**6691**	**6626**	**29**	**199**	**508**
定海区	6691	6626	29	199	508
普陀区					
岱山县					
嵊泗县					
临城新区					
台州市	**365522**	**344125**	**1700**	**5208**	**118130**
椒江区	169771	169717	712	2469	66505
黄岩区	390	390	2	13	56
路桥区	9821	10055	32	354	3628
三门县					
天台县	508	493	27	41	229
仙居县					
温岭市	25029	24770	85	541	11366
临海市	160003	138701	843	1789	36346
玉环市					
丽水市	**5019**	**5092**	**15**	**15**	**6525**
莲都区					
青田县					
缙云县					
遂昌县	166	239	1	1	48
松阳县	4853	4853	15	14	6477
云和县					
庆元县					
景宁畲族自治县					
龙泉市					

2-E-2 分地区劳务分包企业个数和人员情况

地 区	法 人 单位数（个）	从事建筑业活动的平均人数（人）	建筑业企业期末人数（人）	#工程技术人员	#现场施工人员
全 省	**377**	**756315**	**845997**	**32866**	**495564**
杭州市	**196**	**643974**	**732754**	**23875**	**411293**
上城区	7	25912	25638	690	24087
下城区	6	49558	49037	1157	34978
江干区	41	197002	184960	11431	141983
拱墅区	46	92011	91808	2128	51894
西湖区	26	189966	292535	2091	83943
滨江区	10	13814	13832	861	13035
萧山区	27	19885	21278	1132	20112
余杭区	13	25297	24348	1183	17547
富阳区	10	24054	23014	2892	18810
临安区	5	6148	5984	261	4656
桐庐县					
淳安县					
经济技术开发区	2	71	70	29	40
西湖风景名胜区					
大江东	3	256	250	20	208
建德市					
宁波市	**18**	**16489**	**16697**	**552**	**15965**
海曙区	2	1276	1448	329	1117
江北区	1	32	56	5	31
北仑区	1	10	10	2	2
镇海区	8	15065	15060	177	14749
鄞州区	1		22	6	10
奉化区					
象山县	1	20	15	10	5
宁海县					
高新区	1	52	52	12	40
余姚市	3	34	34	11	11
慈溪市					
温州市	**29**	**26947**	**29123**	**3453**	**22184**
鹿城区	7	2388	2485	53	106
龙湾区					
瓯海区	6	21023	23069	2955	19302
洞头区	3	2259	2255	111	2145
洞头县					
永嘉县					

2-E-2　续表 1

地　区	法　人单位数(个)	从事建筑业活动的平均人数(人)	建筑业企业期末人数(人)	#工程技术人员	#现场施工人员
平阳县	2	810	812	250	495
苍南县	3	5	6	2	4
文成县					
泰顺县	5	347	365	31	52
温州经济技术开发区					
瑞安市	3	115	131	51	80
乐清市					
嘉兴市	**26**	**21316**	**16118**	**925**	**4590**
南湖区					
经济开发区					
秀洲区	2	5510	6785	2	6
嘉善县	1	8	8	2	6
海盐县	6	117	112	18	96
海宁市	4	208	387	14	371
平湖市	5	23	23	3	13
桐乡市	8	15450	8803	886	4098
湖州市	**3**	**29**	**348**	**48**	**300**
吴兴区	1				
南浔区					
德清县					
长兴县					
安吉县	1				
开发区	1	29	348	48	300
绍兴市	**42**	**11963**	**12096**	**1439**	**7220**
越城区	17	4729	4762	559	3425
柯桥区	6	2063	2183	136	849
上虞区	4	911	953	135	819
新昌县	1	270	282	238	36
诸暨市	8	1736	1676	183	1389
嵊州市	6	2254	2240	188	702
金华市	**20**	**5946**	**6439**	**509**	**5630**
婺城区	2	802	746	40	695
金东区					
经济技术开发区	1				
武义县	1	24	30	6	10
浦江县	3	261	348	18	324
磐安县					
兰溪市					
义乌市	2	152	120	46	103
东阳市	11	4707	5195	399	4498
永康市					

2-E-2 续表 2

地　区	法　人单位数（个）	从事建筑业活动的平均人数（人）	建筑业企业期末人数（人）	#工程技术人员	#现场施工人员
衢州市	**3**	**1669**	**1654**	**51**	**1607**
柯城区					
衢江区					
常山县	2	1590	1575	39	1540
开化县	1	79	79	12	67
龙游县					
江山市					
西区					
绿色产业集聚区					
舟山市	**5**	**138**	**162**	**12**	**125**
定海区	5	138	162	12	125
普陀区					
岱山县					
嵊泗县					
临城新区					
台州市	**33**	**26708**	**29329**	**1830**	**25607**
椒江区	12	12064	13839	1041	12573
黄岩区	1	9	9	1	7
路桥区	4	820	793	29	250
玉环县					
三门县					
天台县	1	58	60	3	
仙居县					
温岭市	2	6720	6742	64	6678
临海市	13	7037	7886	692	6099
玉环市					
丽水市	**2**	**1136**	**1277**	**172**	**1043**
莲都区					
青田县					
缙云县					
遂昌县	1	13	13	7	11
松阳县	1	1123	1264	165	1032
云和县					
庆元县					
景宁畲族自治县					
龙泉市					

附　录

主要指标解释

主要指标解释

研究与试验发展(R&D)　指在科学技术领域，为增加知识总量，以及运用这些知识去创造新的应用进行的系统的创造性的活动，包括基础研究、应用研究、试验发展三类活动。国际上通常采用 R&D 活动的规模和强度指标反映一国的科技实力和核心竞争力。

R&D 人员　指参与研究与试验发展项目研究、管理和辅助工作的人员，包括项目(课题)组人员，企业科技行政管理人员和直接为项目(课题)活动提供服务的辅助人员。反映投入从事拥有自主知识产权的研究开发活动的人力规模。

R&D 人员全时当量　指全时人员数加非全时人员按工作量折算为全时人员数的总和。例如：有两个全时人员和三个非全时人员(工作时间分别为 20%、30%和 70%)，则全时当量为 2+0.2+0.3+0.7=3.2 人年。为国际上比较科技人力投入而制定的可比指标。

R&D 经费内部支出　指调查单位用于内部开展 R&D 活动（基础研究、应用研究和试验发展）的实际支出。包括用于 R&D 项目（课题）活动的直接支出，以及间接用于 R&D 活动的管理费、服务费、与 R&D 有关的基本建设支出以及外协加工费等。不包括生产性活动支出、归还贷款支出以及与外单位合作或委托外单位进行 R&D 活动而转拨给对方的经费支出。

R&D 经费支出中政府资金　指 R&D 经费内部支出中来自各级政府部门的各类资金，包括财政科学技术拨款、科学基金、教育等部门事业费以及政府部门预算外资金的实际支出。

R&D 经费支出中企业资金　指 R&D 经费内部支出中来自本企业的自有资金和接受其他企业委托而获得的经费，以及科研院所、高校等事业单位从企业获得的资金的实际支出。

R&D 项目数　指在当年立项并开展研究工作、以前年份立项仍继续进行研究的研发项目（课题）数，包括当年完成和年内研究工作已告失败的研发项目（课题），但不包括委托外单位进行的研发项目（课题）数。

R&D 项目人员全时当量　指实际参加研发项目（课题）活动人员折合的全时当量。

R&D 项目经费支出　指调查单位内部在报告年度进行研发项目（课题）研究和试制等的实际支出。包括劳务费、其他日常支出、固定资产购建费、外协加工费等，不包括委托或与外单位合作进行项目（课题）研究而拨付给对方使用的经费。

新产品销售收入　指报告期企业销售新产品实现的销售收入。新产品是指采用新技术原理、新设计构思研制、生产的全新产品，或在结构、材质、工艺等某一方面比原有产品有明显改进，从而显著提高了产品性能或扩大了使用功能的产品。既包括经政府有关部门认定并在有效期内的新产品，也包括企业自行研制开发，未经政府有关部门认定，从投产之日起一年之内的新产品。

技术改造经费支出　指报告期内企业进行技术改造而发生的费用支出。技术改造指企业在坚持科技进步的前提下，将科技成果应用于生产的各个领域（产品、设备、工艺等），用先进工艺、设备代替落后工艺、设备，实现以内涵为主的扩大再生产，从而提高产品质量、促进产品更新换代、节约能源、降低消耗，全面提高综合经济效益。

购买境内技术经费支出　指报告期内企业购买境内其他单位科技成果的经费支出。包括购买产品设计、工艺流程、图纸、配方、专利、技术诀窍及设备的费用支出。

引进境外技术经费支出　指报告期内企业用于购买国外或港澳台技术的费用支出，包括产品设计、工艺流程、图纸、配方、专利等技术资料的费用支出，以及购买设备、仪器、样机和样件等的费用支出。

引进境外技术的消化吸收经费支出　指报告期内企业引进国外或港澳台技术的消化吸收经费支出。引进技术的消化吸收指对引进技术的掌握、应用、复制而开展的工作，以及在此基础上的创新。引进技术的消化吸收经费支出包括：人员培训费、测绘费、参加消化吸收人员的工资、工装、工艺开发费、必备的配套设备费、翻版费等。